SOCIÉTÉ DES AN

DE LA MOF

CHRONIQUE

DE

LAMBERT D'ARDRE.

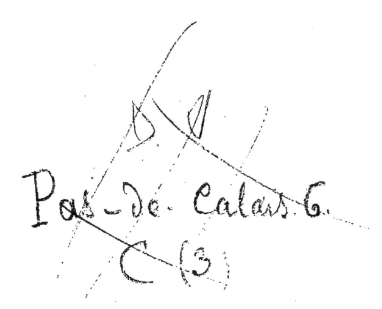

CHRONIQUE

DE GUINES ET D'ARDRE

PAR

LAMBERT, curé d'Ardre

(918—1203)

REVUE SUR HUIT MANUSCRITS

avec

NOTES, CARTES GÉOGRAPHIQUES,
GLOSSAIRES ET TABLES

par

LE Mis DE **GODEFROY MENILGLAISE**

Membre de la Société des antiquaires de la Morinie, de celles de Normandie
et de Poitiers, des Académies de Gand et d'Arras.

PARIS

JULES RENOUARD & CIE

LIBRAIRES DE LA SOCIÉTÉ DE L'HISTOIRE DE FRANCE
Rue de Tournon, n° 6.

M DCCC LV.

LAMBERTI

ARDENSIS ECCLESIÆ PRESBYTERI

CHRONICON

GHISNENSE ET ARDENSE

(918—1203)

AD FIDEM OCTO MANUSCRIPTORUM

recensuit

ADNOTATIONIBUS, TABULIS GEOGRAPHICIS, GLOSSARIIS ET INDICIBUS

illustravit

Dion. Car. GOTHOFREDUS

MARCHIO DE MENILGLAISE

Antiquariorum Morinensium, Normannicorum, Pictavensium, necnon Academicorum
Gandavensium et Atrebatensium socius.

PARISIIS

APUD JULIUM RENOUARD & Sos

GALLICÆ HISTORIÆ SOCIETATIS BIBLIOPOLAS

Viâ dictâ de Tournon, n. 6.

M DCCC LV.

Imprimerie de W. Remquet et Cie, rue Garancière, 5.

INTRODUCTION.

———o ♀ o———

I. La Chronique de Lambert d'Ardre a, jusqu'à présent, peu attiré l'attention. L'auteur, simple curé, n'a laissé aucun autre écrit. Il ne s'occupe guère que de sa petite contrée de Guines et d'Ardre, depuis longtemps dépouillée de toute importance, soit historique, soit politique. Les collaborateurs de D. Bouquet le considèrent comme intéressant pour la Flandre et les pays voisins, mais lui accordent une médiocre estime, frappés surtout de son manque de critique quand il traite des siècles antérieurs au sien [1]. Daunou, dans l'*Histoire littéraire de France* [2], ne lui consacre qu'une courte notice : il y reproduit leur jugement défavorable, ajoutant seulement quelques observations sur l'intérêt qu'offre le chapitre LXXXI, où est inventoriée la bibliothèque du comte Bauduin II.

Quoique citée et mise à profit par Valois, Duchesne, Du Cange, Le Mire, de Vrée, cette Chronique n'a point

---

[1] *Recueil des Historiens de France*, t. XI, p. lxxix ; t. XIII, p. xliij.
[2] T. XVI, p. 528-531.

a

été, comme tant d'autres, l'objet d'une étude spéciale. Elle n'a même reçu qu'une publicité restreinte. Duchesne la reproduisit par longs fragments dans les preuves de l'*Histoire de la Maison de Guines*[1]. On en trouve des extraits dans le grand *Recueil des Historiens de France*[2]. La seule édition à peu près complète est celle donnée par P. de Ludewig[3]. Ce jurisconsulte hanovrien se servit d'un manuscrit portant la date de 1586, acheté en Hollande, et aujourd'hui déposé à la bibliothèque de Wolfenbuttel. Privé de textes à comparer, même de l'ouvrage de Duchesne, il laissa échapper maintes leçons fautives et estropia beaucoup de noms de lieux, qu'en sa qualité d'étranger il ne pouvait connaître.

II. Les éditeurs de la belle collection des *Monumenta Germaniæ* n'ont pas réservé de place à Lambert; ils avaient pour le xiie siècle abondance de documents, et ont jugé que celui-ci, relatif à une contrée plus gauloise que germanique, reste un peu en dehors de leur cadre.

En y regardant de plus près cependant, ils auraient pu l'y faire rentrer; car la population de cette même contrée était, il y a sept cents ans, bien plus germanique que gauloise. Sur 152 noms propres qui figurent dans la narration de Lambert, 90 appartiennent évidemment à l'idiome tudesque; 18 peuvent appartenir à l'idiome celtique; 44 sont pris dans le calendrier chrétien. Sur

---

[1] Paris. Cramoisy. 1631, in-fol.

[2] T. xi, p. 295-307. T. xiii, p. 423-453. T. xviii, p. 583-588.

[3] Dans le tome viii des *Reliquiæ manuscriptorum omnis ævi diplomatum;* Francofurti et Lipsiæ, 1727, in-8°, p. 369-613. Ce recueil est assez rare en France.

171 noms de lieux, 98 sont tudesques ou du moins à terminaison tudesque; 10 sont latins; 63 paraissent celtiques. La Chronique d'Andre témoigne qu'aux XIIe et XIIIe siècles, on parlait flamand dans le comté de Guines [1]. En effet, les émigrants du Nord qui ont peuplé le *littus saxonicum* et les Francs de l'invasion mérovingienne ont dû déborder jusque-là, et même pousser plus loin leurs établissements, puisque la géographie du Boulonais est toute hérissée de mots tudesques. Encore aujourd'hui, quoique le flamand ait perdu beaucoup de terrain, ne le voyons-nous pas conserver un poste avancé dans un faubourg de Saint-Omer? Enfin, le premier comte de Guines, Sifrid, étant venu du Danemark, n'a pu manquer d'attirer bon nombre de ses compatriotes, et de compléter ainsi l'élément germanique.

III. A la Société des antiquaires de la Morinie échéait de tirer de ce demi-oubli un auteur né dans son ressort, et qui, tout en éclairant une époque de l'histoire locale, fournit de précieuses données sur les mœurs et les habitudes du moyen âge. En effet, avec lui nous pénétrons dans les châteaux des seigneurs et dans les chaumières des serfs; nous entendons leur langage, nous saisissons leurs idées : la chevalerie, les tournois, les guerres de voisinage, les conditions sociales, les usages domestiques, l'architecture civile et militaire, la littérature du temps, sont là sous nos yeux. Le récit qui nous les fait passer en revue n'est point sec et écourté : Lambert entend la mise en scène; ses tableaux ont tantôt de

---

[1] Voir aux années 1137 et 1207.

a.

la grâce, tantôt du mouvement. L'entrevue du comte Arnoul et de Sifrid [1], la fin tragique du comte Regemar [2], la demande en mariage de la jeune Chrétienne d'Ardre [3], le festin offert à l'archevêque de Reims [4], la bénédiction du lit nuptial [5], les travaux de l'enceinte d'Ardre [6], le combat des Blavotins [7] et celui entre les gens d'Ardre et de Merck [8], peuvent être cités en preuve. L'anecdote même ne manque point; témoin la facétie bachique du comte Bauduin II [9] et le mariage manqué du sire d'Ardre et de la comtesse de Boulogne [10].

IV. La langue aussi qu'employe Lambert appelle l'examen; dans ce latin travaillé, encore classique, semé même de quelques archaïsmes, font invasion les mots nouveaux ou d'acception nouvelle. Peu d'auteurs marquent mieux la transition de l'idiome des Romains aux idiomes qui lui ont succédé dans le Midi de l'Europe : peu ont été autant rappelés dans le grand Glossaire de Du Cange. C'est ce qui nous a déterminé à insérer dans notre édition un glossaire spécial et assez étendu.

V. Lambert n'est pas moins précieux pour la topographie. Vingt-cinq villes, quatre-vingt-cinq villages, vingt-neuf localités d'un ordre inférieur, peuvent demander à son témoignage le titre de leur existence antérieure au XIIIe siècle. Dix autres sont nommées, qui ne subsistent plus. (Voir l'*Index géographique*.)

VI. Les événements racontés ici ne sont guère considérables, et le théâtre en est très-circonscrit. Mais de

---

[1] Ch. IX. — [2] Ch. XXI, II. — [3] Ch. LXVII. — [4] Ch. LXXXVII. [5] Ch. CXLIX. — [6] Ch. CLII. — [7] Ch. CLIII. — [8] Ch. CLIV. [9] Ch. LXXXVII. — [10] Ch. XCIII, XCIV, XCV.

cela même résulte un ensemble de détails plus rappro-
chés de la vie ordinaire, détails que l'école historique
moderne recherche et a raison d'apprécier ; car c'est
avec leur aide qu'elle *restitue* le passé, et rend à nos ancêtres leur physionomie. On y voit commencer et se
développer une de ces petites formations féodales qui,
agglomérées et coordonnées, composaient l'assemblage
social d'alors. C'est l'aventurier danois plantant sa lance
sur un rivage presque abandonné [1], y érigeant hardi-
ment la *motte* seigneuriale [2], puis faisant ratifier son occupation par le comte de Flandre, satisfait d'avoir un
vassal de plus et un gardien de sa frontière maritime [3].
C'est le propriétaire terrien convertissant ses alleux en
fief épiscopal pour se couvrir de la protection de l'É-
glise [4], mettant en valeur marais et cours d'eau [5], puis
fondant un donjon et une ville sous son abri, avec échevins, pairs et barons, moyennant l'agrément acheté du
seigneur [6]. C'est ensuite un comte s'instruisant avec ses
clercs [7], *plus qu'il n'était nécessaire,* dit naïvement notre
curé, se donnant la singularité d'une bibliothèque [8],
exerçant une splendide hospitalité [9], établissant ses enfants [10], fortifiant et embellissant ses châteaux [11], montré
dans sa vie privée plus encore que dans sa vie publique.

VII. D'ailleurs Guines et Ardre, aujourd'hui humbles
chefs-lieux de canton dans le département du Pas-de-
Calais, avaient, au XIIᵉ siècle, acquis une importance

---

[1] Ch. VII. — [2] Ch. VIII. — [3] Ch. X. — [4] Ch. XCVIII, XCIX.
[5] Ch. CIV, CIX. — [6] Ch. CIX, CXI. — [7] Ch. LXXX.
[8] Ch. LXXXI. — [9] Ch. LXXXVI, LXXXVII.
[10] Ch. LXXXIX, LXXIX, CXLIX. — [11] Ch. LXXVII, LXXVIII, LXXXIII.

qui leur méritait un historien. Les comtes de Guines, enrichis de la seigneurie d'Ardre et de la châtellenie de Bourbourg par leurs alliances, venaient immédiatement après ceux de Boulogne et de Saint-Pol dans l'ordre des mouvances du puissant comté de Flandre. Ils occupaient au bord de la Manche une contrée d'un accès difficile, protégée par de bonnes forteresses. La portion en plaine était couverte au nord-est par la ligne de marais se prolongeant de Calais vers Saint-Omer, marais en ce temps-là plus étendus et moins praticables qu'aujourd'hui. Cette plaine s'appuie à un canton montagneux, dont les croupes boisées, parfois abruptes, allant finir aux caps Grisnez et Blancnez, formaient barrière au sud-ouest. Entre ces croupes, courent des vallées, à présent riantes et fertiles, alors assombries par d'épaisses forêts; elles débouchent, vers l'Artois, à une gorge que fermait le château de Tournehem. Retranchés dans cette enceinte, les comtes de Guines commandaient en quelque sorte le passage vers Douvres, qui, au moyen âge, se faisait surtout par Wissant. Possesseurs en outre de grands domaines en Angleterre, ils avaient un pied de l'autre côté du détroit.

VIII. Cette fortune atteignait son apogée à l'instant où s'arrête notre chroniqueur (fin du XIIᵉ siècle). Elle ne tarda pas à décroître. En 1203, le comte Bauduin II était dans les fers de Philippe Auguste, où il languit deux ans. Délivré en 1205, il descendit presque aussitôt dans la tombe. Arnoul II, son fils, dont Lambert nous a retracé la jeunesse agitée, soutint deux guerres malheureuses, contre le roi de France, puis contre le comte de Flandre, vit son pays envahi et abîmé, ses châteaux détruits. Il mourut en 1220. Le règne de Bauduin III, qui dura vingt-cinq ans, fut moins tourmenté. De son temps, en 1238, saint Louis érigea l'Artois en comté, et y rattacha les hommages de Boulogne, de Saint-Pol, et de Guines. Arnoul III gouverna si mal ses affaires qu'en 1283, accablé de dettes, il vendit le comté de Guines au roi de France, Philippe le Hardi. Il mourut peu après. Bauduin IV essaya vainement d'attaquer cette vente par les voies judiciaires, et cessa de vivre en 1293, n'ayant pas d'héritier mâle. Sa fille Jeanne, mariée à Jean de Brienne, comte d'Eu, fut plus heureuse : un arrêt lui rendit le comté de Guines en 1295. Elle le transmit, en 1331, à son fils Raoul, comte d'Eu et connétable de France, tué dans un tournoi, en 1345. Le fils de celui-ci, aussi comte d'Eu et connétable, ayant été décapité en 1350, comme coupable de haute trahison, ses possessions furent réunies au domaine de la couronne. Depuis lors, le comté de Guines n'en a été distrait que temporairement, notamment par la conquête anglaise, qui en absorba une partie. A dater de 1504, il y est resté invariablement attaché, et la reprise du Calaisis sous Henri II le remit tout entier en la main de nos rois.

IX. Nous ne savons de Lambert que le peu qu'il nous apprend lui-même. Au chapitre cxxxiv, il se qualifie, *magistri Lamberti Ardensis ecclesiæ quandoque presbyteri :* au chapitre cxlix, il dit : *in Ardensi ecclesiâ tunc temporis sacerdotali fungebamur officio.* Ces mots *presbyteri, sacerdotali,* désignaient alors des fonctions curiales : Du Cange en fournit plusieurs exemples.

Il avait été marié avant d'entrer dans les ordres. Il parle de sa fille, Chrétienne, femme de Raoul, fils de

Robert, lequel Robert était bâtard d'Arnoul III d'Ardre [1]. Plus loin, il nomme ses deux fils, Bauduin et Guillaume [2].

Le dernier événement qu'il raconte appartient à l'an 1203 [3]. Mais il doit avoir vécu quelques années au delà, puisqu'il déclare avoir catéchisé le fils aîné d'Arnoul II, Bauduin, né vers 1200 [4].

C'était un homme instruit pour son temps, connaissant l'antiquité, nourri des bons auteurs latins, notamment des poëtes, que volontiers il cite, imite, découpe en centons. On peut conclure de son livre que la petite cour de Guines était assez lettrée, un peu pédantesque, mieux au courant de l'histoire ancienne que de la moderne. A l'entendre, son entreprise de rédiger pour la première fois la chronique locale des trois derniers siècles y aurait paru téméraire, et soulevé des critiques auxquelles il se montre très-sensible [5].

Souvent prétentieux et entortillé, il prodigue les vers, les allusions érudites et recherchées [6], les jeux de mots [7], les répétitions de consonnances [8]; il a des pé-

---

[1] Ch. cxxxiv. — [2] Ch. cxlix. — [3] Ch. cliv. — [4] Ch. cl.
[5] Voir le Prologue.
[6] Ex. chap. lxxviii, l'allusion à l'hydre de Lerne; chap. cxiv et cxlix, les éloges d'Arnoul I d'Ardre et de la châtelaine de Bourbourg.
[7] Ex. chap. v : *In hujus rei monimento vel monumentum.* Ch. xv : *Commutatum.... imò commentatum,* etc.
[8] Ex. chap. lxxi : *gratia, grato, gratuitoque,* etc. Chap. cxxvii : *solium solio longè à solo,* etc. Chap. cxxx : *à secularibus.... in seculo secularis,* etc., *dum militando cum militibus Christo militantibus.* Chap. cl : *inter beatas beatissima Beatrix.* Chap. xxxvi : *contra quoslibet inprobantes et reprobos se paratam comprobare.*

riodes interminables [1] ; il aime la périphrase et l'hyperbole. Malgré ces défauts de style, on le lit avec attrait ; car il narre bien, peint chaudement, donne la vie à ses personnages, apprend beaucoup de choses, et est exempt de la sécheresse de la plupart des chroniqueurs contemporains.

X. Sa sincérité paraît hors de doute. Il ne cherche point à se faire valoir personnellement ; il confesse sans détour sa frayeur extrême, presque comique, devant l'emportement du comte Bauduin II [2] ; il confesse aussi son très-grand désir de lui complaire, de complaire au jeune Arnoul d'Ardre, auquel l'ouvrage est dédié. Et cependant, s'il leur donne parfois des louanges emphatiques [3], il ne dissimule pas des vérités piquantes ou sévères. A quelques pages de distance, nous lisons, ici, que le comte Bauduin II était un prince accompli [4], là, que le déréglement de ses mœurs fut extrême [5] ; ici, que le jeune Arnoul avait mérité tous les suffrages à la cour de Flandre [6], là, que sa prodigalité dépassait toute mesure [7], que, mettant en oubli son vœu pour la croisade, il avait follement et déloyalement dissipé les deniers destinés à cette sainte expédition [8].

XI. Lambert est donc croyable sur les faits dont il est témoin ou contemporain. Son assertion n'a pas le même

---

[1] Ex. le § du Prologue : *Incipit præfatio ;* et le chap. VIII, composés chacun d'une seule phrase.

[2] Ch. CXLIX. — [3] Ch. LXXXVIII.

[4] Ch. LXXIV, LXXXVI.

[5] Ch. LXXXVIII, LXXXIX. — [6] Ch. XC.

[7] Ch. XCI, XCV, XCVII. — [8] Ch. XCV.

poids quant aux faits plus anciens : car la critique historique, chez lui, laisse à désirer.

Ainsi comment ne pas suspecter son récit d'un événement, capital pour son sujet, l'établissement de Sifrid[1] ? Il le fait arriver à Guines en 928, et séduire Elstrude au temps où Bauduin III, frère d'Elstrude, était comte de Flandre. Or, Bauduin commençait à régner, par l'abdiction de son père Arnoul Ier, en 958. Quel âge devait avoir le séducteur, lequel, en 928, n'était plus de la première jeunesse, ayant déjà servi le roi de Dacie, *plurimis annis*[2] ?

En outre, il paraît ignorer qu'Arnoul Ier ait abdiqué en 958, et qu'il ait repris le gouvernement pendant trois ans encore, après son fils Bauduin III, décédé en 961. Il articule que Sifrid mourut peu de jours avant Bauduin, laissant Elstrude grosse, et qu'Arnoul II, fils de Bauduin, prit soin de sa tante, laquelle accoucha bientôt. Or Arnoul II était alors enfant, et sa minorité dura longtemps, puisqu'après la mort de son grand-père, en 964, la régence fut confiée à Bauduin dit *Balzon*.

Dans les notes, nous avons relevé d'autres erreurs.

Ces erreurs doivent-elles être jugées sévèrement ? Pour répondre, nous aurions besoin de savoir les sources auxquelles notre auteur a pu puiser. Il ne s'exprime à cet égard qu'en termes généraux. « Il a eu entre les « mains des chroniques *recommandables* ; il n'a pas dé- « daigné des écrits anonymes ; il a interrogé la mémoire

---

[1] Ch. VII-XII. — [2] Ch. VII.

« des vieillards, les traditions parfois contradictoires,
« même les fables [1]. »

Voilà tout ce que nous apprenons de lui-même.

Dans son œuvre, nous reconnaissons des emprunts
faits aux écrits de l'antiquité, point aux documents du
moyen âge parvenus jusqu'à nous. Et l'on peut croire,
par l'aperçu qu'il donne de la bibliothèque du comte
Bauduin II, que ces documents, quant au pays même,
ne devaient être ni nombreux, ni tenus en grande estimé; aucun n'y est cité.

XII. Comme nous l'avons déjà indiqué, c'est particulièrement le témoignage des idées et des usages de son
temps qu'on peut demander à Lambert. Pour ne rappeler qu'un seul exemple, on ne saurait trop faire attention
à la manière dont il s'exprime sur la servitude. (Voir
aux chap. XXVII, XXXVI, CXXVIII, CXXIX, CLIII.) De ses récits ressort clairement que dans l'esprit des populations
germaniques au milieu desquelles il vivait, l'assujétisse-
ment à une taxe quelconque était considéré comme une
tache et un signe de servitude, et dès lors motivait des
répulsions indomptables.

Ces *Colvekerls,* victimes de la tyrannie du comte Raoul,
quel était donc leur sort, déploré par notre chroniqueur
en termes si amers [2]? Il n'est pas question pour eux de
corvées personnelles : on leur interdit toute autre arme
qu'une massue; on les soumet à un cens en argent;
l'une et l'autre prescriptions sont qualifiées par Ipérius,
servitude. Aussi cela suffit pour qu'ils se regardent

---

[1] Prol. , § II, XII. Chap. I, III , V, VII, XV, XCVII, C, CI, CXII, CXXI.
[2] Ch. XXXVI.

comme opprimés et déshonorés, et que le déshonneur en rejaillisse sur le comté de Guines. (*Terræ miserias et opprobrium.*)

Ailleurs (chap. xxxi), Lambert, pour dire que le monastère de la Capelle n'était soumis à aucun cens ni redevance, employera ces mots : *ab omni turpitudinis et exactionis et indebitæ consuetudinis objectu liberrimus.*

Lorsqu'en 1070 le gouvernement arbitraire de Richilde de Hainaut soulève la Flandre, et suscite cette grande guerre civile dont la sanglante bataille de Cassel fut le dénoûment, quel est, aux yeux de Lambert, le grief populaire contre la veuve du bon comte Bauduin VI ? Sont-ce ses injustices ? ses violences ? les nombreuses têtes qu'elle fait tomber ? Le chapitre est intitulé : « que Richilde voulut réduire la Flandre en *ser-* « *vitude.* » Et comment ? « Elle osait, dit-il, réclamer « aux Flamands des tributs inaccoutumés, inouïs, non « dus. Elle exigeait partout, *honteusement, insolemment,* « *impudemment,* quatre deniers par lit et par porte » (chap. xxvii), c'est-à-dire, quelque chose comme notre contribution mobilière et des portes et fenêtres. Et ensuite, il caractérise le succès et l'élévation illégitime de Robert le Frison par ces mots : « La liberté de la Flan- « dre obtenue. » (*De libertatis Flandriæ acquisitione,* chap. xxix.)

En 1127, Guillaume Cliton, à peine installé comte de Flandre, essaye de rétablir les taxes qu'à son avénement il avait abolies. La châtellenie de Bruges donne le signal de la révolte, qui se propage rapidement. Il perd bientôt la vie. Thierri d'Alsace, son compétiteur, est reconnu, et débute en confirmant par serment cette abolition.

Pourquoi, en 1201, le pays de Furnes s'insurge-t-il contre la veuve de Philippe d'Alsace? parce qu'elle exigeait des taxes *inaccoutumées* (chap. CLIII).

C'était là tellement une idée nationale, qu'à l'époque de Richilde, toute la partie germanique de ses États prit les armes contre elle, toute la partie wallonne lui demeura fidèle.

Pour expliquer cet état de choses, il faut remonter aux origines.

Les Germains, dans leurs forêts, avaient le sentiment passionné de la liberté, et par là même l'horreur et le mépris de la servitude. Celle-ci, toutefois, était plus douce chez eux que chez les Romains. L'esclave romain était esclave de corps; l'esclave germain n'était guère que *tributaire,* c'est-à-dire colon tenu à des redevances. (Tacite, *De Mor. Germ.,* c. 25.)

Les Germains ne payaient pas d'impôt. Ils le détestaient comme incompatible avec la liberté. Mais ils apportaient individuellement à leur chef ou roi des dons volontaires dans l'assemblée annuelle du Champ de Mars [1]. On aperçoit là le principe politique du vote de l'impôt par celui qui l'acquitte. Et lors de leur établis-

---

[1] Certo enim die, semel in anno, in Martis campo, *secundum antiquam consuetudinem,* dona illis regibus à populo offerebantur. (Ann. Franc., XII, anno DCCL.)

In Martis campum qui rex dicebatur, plaustro bobus trahentibus vectus, atque in loco eminenti sedens, semel in anno populis visus, publica dona solemniter sibi oblata accipiebat. (Ann. Franc. Fuldenses. DCCI. *Rec. des Hist. de Fr.,* t. II, p. 647, 676.)

sement dans les Gaules, la royauté reçut des dotations considérables en domaines, afin qu'elle pût d'autant se suffire à elle-même. Celui donc qui prétendait les soumettre à une contribution non consentie par eux leur semblait les ravaler au rang des esclaves.

Nithard, écrivain du ixe siècle, constate chez les Saxons une classification qui existait aussi chez les Francs : nobles, ingénus, serfs.

Aux nobles étaient réservés certains offices. De leurs rangs sortaient les chefs ou rois.

Les ingénus étaient les hommes nés libres. L'impôt ne les atteignait point. Grégoire de Tours reproche à un satellite de Frédégonde d'avoir imposé des ingénus. (*Multos de Francis qui tempore Childeberti ingenui fuerant publico tributo subegit.* Hist. Fr., l. vii, c. xv.) Ils avaient le droit de porter toutes sortes d'armes.

Les serfs ne pouvaient porter qu'une crosse ou massue (*kolve*). Si l'on en trouvait un avec une lance, on la lui rompait sur le dos (Capit. lib. v, cap. CCXLVII. VI, CCLXXI). La tache servile était héréditaire.

Or, il paraît que les Saxons qui peuplaient le littoral Menapien et Morin, race d'ailleurs rude et violente, se considéraient tous comme ingénus. De là, l'humiliation que ressentaient les *Colvekerls* : de là, les révoltes qui agitèrent tant cette contrée, chaque fois qu'on essaya d'y régler le port d'armes, ou d'y introduire quelque taxe.

Mais depuis la conversion au christianisme, l'opinion avait admis une distinction favorable lorsque le tribut était dû à l'Église. Cette capitation d'un denier par an, de quatre deniers au mariage et au décès, que les *Colve-*

kerls trouvaient si odieuse, Bauduin d'Ardre, en affranchissant des serfs jadis privés injustement de la liberté, veut qu'ils la payent à l'abbaye de la Capelle ; et son ordonnance est acceptée comme un bienfait (chap. cxxix). De même le comte de Flandre, Arnoul III, affranchit, en 1071, quatre serfs, sous la condition de pareil payement à l'abbaye d'Hasnon. (Catal. des mss de Douai, p. 25.) C'est ainsi encore que l'on comprend tant d'actes par lesquels des hommes, des femmes libres s'offrent eux-mêmes et leurs enfants à telle église, s'en rendent serfs ou du moins tributaires. La dévotion, le besoin de protection dans des temps où le faible était si souvent à la merci du fort, la douceur du joug du clergé, motivent et expliquent sans doute ces oblations personnelles. Néanmoins, elles n'auraient pas été fréquentes, elles auraient même difficilement eu lieu, si l'opinion eût attaché à la servitude ecclésiastique le même déshonneur qu'à la servitude civile.

NOTICE

SUR

LES MANUSCRITS ET PUBLICATIONS

DE LAMBERT D'ARDRE.

———◦❂◦———

Notre tâche d'éditeur est assez ingrate. Sans prétendre
à la fortune qui naguère fit retrouver les autographes
de Richer et de Sigebert de Gembloux, nous aurions
voulu avoir à comparer plusieurs textes anciens. Un
seul existe, à notre connaissance, mais non contemporain de l'auteur; tout le reste est moderne.

I. Manuscrit du Vatican, fonds de la reine Christine,
n° 696. Petit in-folio sur parchemin commun; en bon
état. Paraît avoir été exécuté en France, au xive siècle.
Écriture semi-gothique, bien lisible. Les chiffres romains sont en rouge. Quelques initiales sont dorées,
avec peu d'ornements. Le page 10 a une miniature assez
grossière. Le texte est renfermé dans un encadrement
de 12 centimètres sur 10 et demi, contenant 33 lignes.
L'orthographe, les abréviations, la ponctuation man-
quent d'uniformité. Une main plus récente a numéroté
les pages, a cherché à régulariser la ponctuation, et a

FAC SIMILE

du Manuscrit du Vatican.

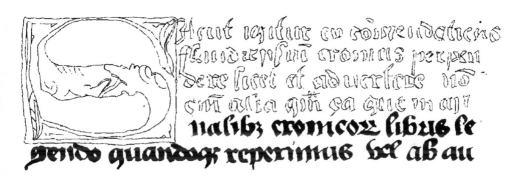

inscrit ce titre : *Lamberti Ardensis ecclesiæ presbyteri Ghisnensis Historia.*

Le volume a **123** feuillets, folio et verso, et est incomplet. Le commencement du prologue manque jusqu'à ces mots du paragraphe II : *Aperta tacere, minus plana subtexere.* Le chapitre CLIV s'arrête brusquement aux mots : *Et si quid in ipsis et..*, le reste du chapitre est perdu, ainsi que les deux suivants. On ne les retrouve dans aucun des manuscrits postérieurs.

M. l'abbé P. Matranga, connu par plusieurs publications érudites, et l'un des employés de la bibliothèque papale, a levé pour nous une copie de ce manuscrit.

II. Ms. de la bibliothèque impériale de ·Paris, n° **5996**, petit in-folio, papier, **178** pages. Écriture lisible, du XVIᵉ siècle. Le même volume renferme une courte chronique des comtes d'Eu. Il vient du président de Thou, et a ensuite appartenu à Colbert. On lit au bas de la première page cette signature autographe, *Jac. Aug. Thuani.*

Le titre est : *Collectanea ex Lamberto Ardensis ecclesiæ presbytero super Ghisnensium historiam et Arnoldum de Ghisnes.* La table des chapitres manque ; le prologue et les onze premiers chapitres ne sont donnés que par extrait et analyse. Il y a des incorrections et des omissions qu'une main récente a quelquefois réparées.

III. Ms. de la bibliothèque de Wolfenbuttel (Helmst. **468**). Papier. C'est la copie dressée en **1586**, à Audruick, et certifiée conforme par le bailli du lieu, laquelle a servi à Ludewig pour son édition. Il l'avait acquise à La Haye, lors de la vente des livres de Nic. Jos. Foucault.

Le certificat est ainsi rédigé :

b

« Collation faicte a certain livre en parchemin au
« commencement duquel sont depainctes les armes du
« roy de France avec le colleau de l'ordre de S.-Michiel
« dependant unes aultres armes cy devant specifiez
« avecq semblens colleaux et celles du comte de Ghis-
« nes auquel livre se trouve concorder de mot a aultre,
« par Franchois de Robins bailly d'Audruicq et pays de
« Bredenarde, et Joachim Noel maitre de escolle du dit
« Audruicq, le mois de janvier MDLXXXVI.

« F. DE ROBINS

« NOEL. »

IV. Ms. de la bibliothèque d'Amiens; in-folio, papier,
n° 501 du catalogue imprimé. Écriture de la fin du XVIᵉ
siècle, très-nette et de trois mains : du prologue au
chapitre XI; du chapitre XII au milieu du chapitre LX;
de là jusqu'à la fin tronquée du chapitre CLIV; cette dernière portion est d'un caractère plus rond et plus agréable. Une main récente l'a revu et y a fait des corrections,
mettant quelquefois deux variantes en regard.

On trouve à la fin le certificat de collation qui est imprimé page 606 de l'édition de Ludewig. La table, après
l'intitulé du chapitre CLIV, ajoute celui du CLV, *Apostrophatio ad invidos*; puis en dernier lieu : *Continuatio et
adaptatio principii ad finem et perfectionem totius operis.*

V. Ms. de la bibliothèque de Saint-Omer, petit in-
quarto, papier, 216 pages, faisant partie du volume
n° 819 intitulé : *Vita S. Bertini.* Transcrit en 1616
sur le manuscrit d'Audruick, par D. Guillᵉ de Whitte,

bibliothécaire et archiviste de Saint-Bertin [1]. Écriture nette et serrée. Des annotations marginales ; quelques-unes d'une main plus récente. Après les mots *in ipsis et....* qui terminent brusquement le chapitre CLIV, on lit :

Explicit Chronica Ghisnensis et Ardensis quam imperfectam et multilatam mss tamen Petri Morage ballivi Alderwicani ope recuperatam descripsit ad autographum tabellionis manuscriptum (anno C IƆ IƆ LXXXVI) *Dominus Guilielmus de Whitte religiosus S. Bertini.*

Ensuite vient la collation imprimée dans Ludewig, mais avec une addition : après ces mots, *unes aultres armes cy devant specifiez,* on lit : « qui sont ung escusson « esquartelé au premier au quartier d'or à la croix de « sable, et au second de gueulles au saultoir en filet « d'argent, aiant pareillement le colliau de S. Michel et « celles du comté de Guisnes, auquel livre se trouve... »

Qu'est devenu ce manuscrit type, sauvé par le bailli Morage, connu de Duchesne, et qui était orné non-seulement d'écussons, mais encore d'une double miniature représentant l'auteur offrant son livre au comte de Guines ? quelle était sa date ? Toute notion nous manque à cet égard.

Nous avons attentivement interrogé la transcription de D. de Whitte, comme étant l'œuvre d'un copiste intelligent et érudit.

---

[1] *Ñ. B.* Ce religieux, appartenant à une famille noble d'Angleterre, était distingué à la fois par ses lumières et sa piété. Il a beaucoup travaillé. La mort l'enleva en 1640, à l'âge de cinquante-deux ans. Il est mentionné dans le savant travail sur les abbés de Saint-Bertin que publie notre collègue, M. H. de La Plane.

VI. Autre Ms. de la bibliothèque de Saint-Omer, de la main de D. Leborgne. Petit in-4°, papier, faisant partie du volume n° 773. Écriture moins serrée, et à peu près du même temps que le précédent. On trouve d'abord une Vie de saint Bertin, par Folcard, puis la première moitié environ de notre Chronique. Le copiste s'est arrêté à ces mots du chapitre xciv : *O femineæ levitatis fidem !* Viennent ensuite des fragments de la vie de saint Benoit, d'une autre main.

C'est peut-être de ce manuscrit que fait mention une note marginale ajoutée au précédent, et ainsi conçue : *Similem imperfectum vidi Bononiæ Gallicæ, anno* 1628, *augusti* 29, *apud œdes Dñi decani cathedralis ecclesiæ : Abb. Belli Loci.*

VII. Manuscrit de la bibliothèque de Bruges, qui l'a acquis en 1834, moyennant *deux francs.* In-fol., grand papier, 209 pages ; d'une écriture nette, correcte, bien alignée. Transcrit en 1630. On y trouve, comme dans celui d'Amiens, les analyses du prologue et des onze premiers chapitres, telles que les fournit le manuscrit de Thou, et en outre, le prologue même et les onze chapitres.

VIII. Ms. de la bibliothèque de Bourgogne, à Bruxelles, n° 7813, in-fol., papier ; 255 pages, dont quelques-unes endommagées par l'humidité. Écriture du xviie siècle, fort nette et correcte. Il y a des annotations d'une main plus récente. Le prologue entier et la table comme au Ms. d'Amiens. Ce volume vient des Bollandistes.

IX. Ms. de la bibliothèque de Boulogne-sur-Mer. In-folio, papier, gâté par l'humidité. Écriture lisible et correcte. C'est une copie exécutée en 1745 par Louis

Fort, curé d'Ardre. Elle dénote peu d'intelligence. Il
y a des fautes de latin, qui étonnent de la part d'un
prêtre, et des bévues de noms locaux, singulières chez
un habitant de la contrée. Louis Fort ne dit point quel
texte il eut à sa disposition.

Nous avons consulté tous ces manuscrits, sauf celui
de Wolfenbuttel. Nous avons en outre accordé une attention particulière aux textes imprimés par les soins de
Ludewig, de Duchesne, et des collaborateurs de D. Bouquet. Ceux-ci n'ont donné que des extraits, tirés des
chapitres XIII à XXVIII, XXIX à LXXXIX, CXVIII à CXLIV,
CXLIX à CLIV. Ils se sont servis de Duchesne et de
Ludewig comparés.

Duchesne s'est servi du manuscrit du président de
Thou, et l'a corrigé à l'aide du manuscrit d'Audruick.
Il laisse de côté, n'en ayant pas besoin pour son sujet,
la préface, les chapitres V, XXI, XXII, XXVII, XXVIII,
XXXI, XXXII, XXXVIII, XXXIX, XL, XLI, LXVIII, LXIX, LXX,
CXLVII, les 15 dernières lignes du chapitre CXXI, et les
quatre dernières du CXXVII.

Enfin, notre travail terminé, nous avons appris que
dans le siècle dernier, M. l'abbé de Saint-Just, prêtre
docte et laborieux, d'une ancienne et honorable famille
de l'Ardresis, avait préparé une édition et une traduction de Lambert d'Ardre. M. son neveu, qui habite le
Bois en Ardre, c'est-à-dire, le berceau même des sires
d'Ardre, nous a obligeamment ouvert sa bibliothèque.
Nous n'y avons point retrouvé la traduction, mais seulement une copie du texte latin, accompagnée de notes,
de corrections, de variantes, et même d'additions, dont

plusieurs éclairciraient heureusement des passages ob-
curs ou incomplets. En outre, plusieurs phrases sont
versifiées. Malheureusement, M. l'abbé de Saint-Just
n'indique point les sources où il a puisé : il ne nous a
pas été possible de nous rendre compte de l'authenticité
des leçons qu'il semble adopter, et qui sont peut-être
le résultat de ses seules conjectures. Dans le doute,
nous avons dû nous abstenir d'en faire usage.

On nous avait conseillé d'ajouter au travail d'éditeur
celui de traducteur. Sous les auspices de la Société de
l'histoire de France, les récents éditeurs de Grégoire de
Tours, d'Éginhard, de Richer, ont agi ainsi.

La narration de Lambert offre assez de variété, d'intérêt, de détails piquants, pour attirer d'autres lecteurs
encore que les érudits. Cela avait été déjà compris il y a
quatre cents ans. Nous possédons dans notre bibliothèque particulière une traduction manuscrite anonyme,
qui par le style semble contemporaine de Charles VII
ou de Louis XI. Nous la mettons en regard du texte latin. Ce français vieilli, à l'allure naïve, nous paraît plus
sympathique que le langage moderne, à un chroniqueur
du moyen âge. On pourra d'ailleurs étudier ici le parler
de nos contrées au xvᵉ siècle; car le vieux traducteur
doit leur appartenir, à en juger par certaines locutions.

Nous n'avons aucune autre notion sur lui ni sur son
œuvre. Notre manuscrit, qui jadis appartint à M. de
Calonne Beaufaict, chanoine de Tournay, mort en 1762,
n'est point original. C'est une copie sur papier, in-folio
de 156 pages, exécutée en 1666, assez fautive, et de la
disgracieuse écriture qui régnait dans les greffes d'alors.

Nous n'en connaissons point d'autre exemplaire. Elle s'arrête à la phrase tronquée du chapitre CLIV, et est terminée ainsi :

« Ceste presente copie at este conforme et trouvee
« concorder a son originel p^r mot a aultres par le nottaire
« apostolique de la residence de Douay soubsignez le
« dixhuictiesme de juin seize centz soixsantsix. Tesm.

     « JODOCUS DU QUESNE notarius apostolicus.

« 1666.

        « *Avec paraphe.* »

L'orthographe en est incorrecte et capricieuse : le même mot est écrit de diverses façons. Nous avons cru devoir faire disparaître quelques-unes de ces inégalités, sans cependant les rectifier toutes. La traduction elle-même laisse parfois à désirer, comme précision et comme exactitude ; elle a des omissions, et élude sans façon certaines difficultés. Nous avons relevé ce qui mérite le plus de l'être : nous nous sommes d'ailleurs permis peu de corrections, n'ayant pas le contrôle d'un second texte, et ne pouvant ainsi distinguer facilement ce qui appartient au traducteur lui-même ou à son copiste malhabile.

L'éditeur ne doit pas se substituer à son auteur. Nous nous sommes donc borné à donner les notes et éclaircissements qui nous ont paru vraiment nécessaires pour l'intelligence du texte ; et afin de ne pas distraire et fatiguer le lecteur, nous les avons rejetés à la suite, avec des numéros de renvoi (p. 409-463). Le Glossaire des mots de la basse latinité, celui d'un petit nombre de mots français vieillis, et l'Index géographique, sont des compléments obligés de ce travail un peu minutieux, pour lequel nous réclamons l'indulgence due à un premier essai. Descendant des savants historiographes [1] qui, au dix-septième siècle, ont bien mérité de la France par leurs vastes et profondes investigations sur son passé, par la mise au jour de tant de précieux documents, nous avons cru obéir à une vocation de famille, non moins qu'au goût de notre époque, en étudiant et publiant une Chronique encore peu connue, qui jette une vive lumière sur une contrée de nos provinces du Nord. Les érudits voudront bien ne pas être trop rigoureux envers notre inexpérience, qui n'a pu prétendre tout élucider, et nous tiendront compte de nos recherches consciencieuses, de nos soins patients pour la correction d'un texte fort altéré, seul mérite de ce modeste labeur. Nous avons attentivement interrogé les autres chroniques du pays, notamment celles des abbayes de Saint-Bertin et d'Andre, éditées par les Bénédictins. Elles nous ont fourni des rapprochements, des développements, et des rectifications.

---

[1] Qu'il nous soit permis de rappeler Denis Godefroy de Guignecourt, l'un des grands jurisconsultes du xvie siècle, l'auteur du *Corpus juris civilis*, si connu sous le nom de *Dionysius Gothofredus*, qu'Henri IV nomma grand-bailli de Gex et conseiller au Parlement de Paris, et qui revint plus tard auprès du même roi comme ambassadeur de l'Électeur Palatin, dont était ministre son frère Léon, précédemment l'un des cent gentilshommes de la chambre du roi Henri III : Théodore, conseiller d'État sous Louis XIII, faisant partie de l'ambassade française à Munster lors du traité de Westphalie, en 1648 : Denys, premier directeur de la chambre des comptes de Lille, auteur, avec son père, du *Cérémonial français*, etc.

Il nous reste à consigner ici notre sincère gratitude envers les hommes instruits qui nous ont gracieusement aidé de leurs lumières. Nous plaçons au premier rang nos collègues de la Société de la Morinie, du nom et du concours desquels notre œuvre est honorée. Nous avons des obligations toutes particulières à M. Courtois, qui a mis à notre disposition sa connaissance de la géographie locale, qu'il possède à fond. Une partie des explications topographiques lui appartiennent (nous les avons désignées par la lettre C). Les cartes sont dues à ses soins, ainsi que l'appendice où le lecteur reconnaîtra les subdivisions du pays aux différentes époques.

AVIS

————•○•————

La maison de Guines, proprement dite, n'a pas duré deux siècles, depuis Sifrid le Danois son fondateur, en 928, jusqu'à Rose, fille unique du comte Manasses, mariée au châtelain de Bourbourg, et morte en 1112, laissant une fille qui elle-même mourut sans postérité en 1141.

Alors le comté de Guines passa dans la maison de Gand, en la personne d'Arnoul, fils aîné de Winemar, châtelain de Gand, et de Gisele, sœur du comte Manasses. Arnoul le recueillit du chef de sa mère, et le transmit à son fils aîné Bauduin II, qui continua la seconde maison de Guines et quitta le nom de Gand. Cette seconde maison de Guines dura jusqu'à Bauduin IV, mort en 1293, dont la fille et héritière, Jeanne, épousa Raoul de Brienne, comte d'Eu. Leur petit-fils, Raoul comte de Guines et d'Eu, connétable de France, mourut en 1350, sans postérité.

La seconde maison de Guines eut donc une durée plus courte encore que la première. Mais au moment où le comté passait aux Brienne par défaut d'hoir mâle de Bauduin IV, un frère puîné de Bauduin, nommé Enguerran, recueillait l'héritage de Coucy, du chef de leur mère Alix, en prenait le nom, et commençait cette illustre branche de Coucy, qui, après s'être alliée aux maisons d'Autriche, de Lorraine, d'Angleterre, d'Écosse, se fondit à la fin du quatorzième siècle dans la maison de Bar. Jeanne de Bar, petite-fille de Marie de Coucy et de Henri de Bar, épousa Louis de Luxembourg ; leur petite-fille, Marie de Luxembourg, épousa François de Bourbon Vendôme, et fut bisaïeule du roi de France Henri IV.

Le nom et la maison de Gand furent continués par Siger I, frère puîné d'Arnoul, et troisième fils du châtelain Winemar. Il recueillit la châtellenie, la transmit à son fils Siger II, dit *le Bon*, et celui-ci à son fils Hugues I.

A Hugues I succédèrent en ligne directe Hugues II et Hugues III. La fille de celui-ci, Marie, épousa en 1280 Gérard, sire de Sotthenghien, issu d'un cadet de la maison d'Enghien, et lui apporta la châtellenie. Ils eurent un fils, Hugues IV, et un petit-fils, Hugues V. Celui-ci étant mort sans enfants, Isabeau d'Antoing, sa cousine germaine, devint châtelaine de Gand. Mariée trois fois, de son premier époux, Henri de Louvain, elle n'eut pas d'enfants ; du second, Alphonse de Castille dit de la Cerda, elle eut Charles de la Cerda, connétable de France ; du troisième, Jean, vicomte de Melun, elle eut Hugues, à qui la châtellenie passa, sous le titre de vicomté. Isabeau mourut en 1354.

C'est d'un frère puîné de Hugues I, Gautier, dit Villain, mort vers 1260, que vient la branche de la maison de Gand qui s'est perpétuée jusqu'à nos jours. Il fut la tige des Villains, barons de Saint-Jean Steene, et Rassenghien, comtes d'Isenghien.

Cet exposé était nécessaire pour faire comprendre l'objet et les détails des tableaux qui vont suivre. On y voit qu'à Gisele de Guines, sœur du comte Manasses, remontent toute la maison de Gand et la branche royale de Bourbon.

Nous y avons joint la filiation des sires d'Ardre, qui au bout d'un siècle se confondirent avec les comtes de Guines, et celle des sires de Fiennes, descendants de la fondatrice de la maison d'Ardre.

Notre auteur donne plusieurs autres généalogies. Comme elles sont d'une importance secondaire, nous ne les reproduisons point ici : le lecteur les trouvera dans le texte. Mais nous croyons devoir transcrire, après Duchesne et d'Achery, une généalogie en vers qui se trouvait consignée sur un vieux parchemin joint au manuscrit de la Chronique d'Andre :

Isti sunt Comites Ghisnensis terræ, quorum primus Balduinus fundavit Ecclesiam Andrensem, anno Dominicæ Incarnationis MLXXXIV. Manasses et Emma fundaverunt templum Sancti Leonardi, anno Dni MCII.

	Pluribus ex annis sic fantur scripta Joannis.
	Qui fuerant quondam Comites in carmina fundam
	Ghisnensis terræ, fortes in tempore guerræ.
1. 2. 3.	Primus SIFRIDUS, ARDULPHUS, et inde RODULPHUS :
4. 5.	EUSTACIUS, BALDEVINUS fundator honesti
6.	Andrensis templi, MANASSES sextus, et EMMA.
	Hi duo struxerunt templum sancti Leonardi.
7. 8.	ALBRICUS, BALDEVINUS qui præfuit Ardæ;
	Hi fuerant Comites, non re, sed nomine tantùm.
9.	Inclytus ARNOLDUS de Gandâ qui veniebat,
	Hic priùs in terrâ quæ nunc sunt arma gerebat.
10.	Filius illius BALDEVINUS generosus
	Hunc sequitur, probitate pari, nimis ingeniosus.
11.	Nobilis ARNOLDUS mitissimus atque benignus
	Posteà processit, cœlesti munere dignus.
12.	Huic BALDEVINUS successit, pacis amator,
	Consilii speculum, probus in terrâ moderator.
13.	Egregius juvenis ARNOLDUS nomine dictus
	Imperat huic terræ, (valeat, vivat benedictus !)
	Tredecimusque Comes extat : sit justus ad omnes.
	Hic Baldevinus Comes inclytus intumulatur,
	Sub quo Ghisnia florida patria pacificatur,
	Cujus subsidio Cæsar, Dux, Rex hilaratur,
	Andria protegitur. Super æthera suscipiatur !
	Annus millenus ducentenus quadragenus
	Quartus cum Christo stat in ejus funere plenus.

Ces dernières lignes indiquent que l'auteur était un moine d'Andre, écrivant un peu après 1244. Un demi-siècle plus tard, une autre main ajoutait un quatrain qui rappelle les malheurs de ce même Arnoul III, et mentionne son fils Bauduin IV, puis Jean de Brienne, époux de sa petite-fille Jeanne, mort en 1302 :

Infortunatus Arnoldus posteà natus,
Undique vexatus et ab omni parte gravatus.
Hinc BALDEVINUS facto patris sine terrâ
Vixit, et inde pius Joannes, cui quoque guerra.

MAISON D'ARDRE.

Hernad de Furnes. — **ADÈLE** de Selnesse. — ELBODON, frère du châtelain de Bergues.

Adèle. — EUSTACHE Ier, Sr de Fiennes. (*Voir* Maison de Fiennes.)	Adélide. — ROBRS, S^r d'Alembon, dit *Puupelice*.		Arnoul Ier, sire de Selnesse, puis d'Ardre, — 1° *Mahaud* de Marquise; — 2° *Clémence*, veuve du comte de S. Pol. † 1038, dit *Aroud*, sénéchal du Boulonais. † 1094. (Point d'enfants de cette seconde femme.)

Guy II, S^r d'Alembon.

	Arnoul II, sire d'Ardre, — Gertrude dit *le Vieil.* d'Alost. † 1139. † 1138.	Ermentrude. — N... Sr de Norhout.	Heilewide. — HAWRON, S^r d'Odre.	Jocasse. Étirnns, Sr de Bru- nembert.	Emma. — JEAN, Sr de Belle- brusse.	Geoffroy, S^r — N. de Marquise.

Guy IV, dit *le Vieil.* Guy V, dit *le Jeune.* JEAN.

Guy. Henry.

BAUDOIN *le Vieil* Sr de Marquise.

BAUDOIN, S^r — Adélis de de Marquise. Guines.

Arnoul III, sire d'Ardre, — *Pétronille* de dit *le Jeune.* † 1139. Buchenium. (Sans enfants.)	MANASSÈS, — *Béatrix* de † en Palestine. Buchenium.	**Bauduin**, sire d'Ardre. — *Béatrix* de † 1146. Bourbourg. (Sans enfants.) † 1141.	Agnès. — FRANÇON, Sr de Wormezeele.	Adeline, dame d'Ardre, — ARNOUL, vicomte de Merck, après ses frères. † 1176. devient **Arnoul** IV d'Ardre, du chef de sa femme. † vers 1176.	*Alaise*, non mariée.

BAUDOIN, Sr de Wormezeele.

Chrétienne, dame d'Ardre, de Merck, et de Colewide. † 1177. — BAUDOIN II, comte de Guines.
(*Voir* Deuxième Maison de Guines, à la 2e génération.)

MAISON DE FIENNES.

EUSTACHE Ier de Fiennes. — *Adèle* de Selnesse.

Conon, vivait en — *Aliz* de Bour- 1099, 1107, 1112. nouville.	N... — *Adelaïs.*	

Conon. Warin.

EUSTACHE II, dit *le Vieil*, fonde l'abbaye de Beaulieu. — N... Robrs. Anselme. Guillaume.

EUSTACHE III. — *Marguerite* de Guines, re- Sans enfants. mariée à Roger de Courtrai.	ENGUERRAN. — *Sibille* de Tingry.	GILBERT, Sr de Bléquin.	RAOUL. — *Adèle* de Campagne. Sans enfants.	*Adelaïs.* — BAUDUIN de Campagne, Sr de Hames.

GUILLAUME, Sr de Fiennes et — 1° *Agnès* de Dammartin; de Tingry, vivait encore en 1333. 2° *Isabeau.*	THOMAS. EUSTACHE.	EUSTACHE. — *Mahaud* de Pollet. ENGUERRAN. BAUDUIN.

ENGUERRAN II. BAUDUIN. MICHEL. *Matilde.* — BAUDUIN III, comte de Guines. † 1244.

MAISON DE GAND.

SIGER Ier, châtelain de Gand. † après 1201. — *Pétronille* de Courtrai. † après 1204. (*Voir* Deuxième Maison de Guines, à la 2e génération.)

Arnoul. † jeune.	SIGER II, dit *le Bon*, châ- — *Béatrix* de telain de Gand. † 1227. Houtsioa.	DANIEL. — *Adélis* de Baluighem.	GILLES.	THIERRY, Sr de Dam — *Erkeurode.* † après 1271.	GAUTIER.	BERNARD, prévôt de Harlebeke.	GUILLAUME, — prévôt de S. Pierre de Lille.	*Béatrix*, religieuse.	*Pétronille*, religieuse.

ARNOUL.

HUGUES Ier, châtelain de Gand. † 1232. — *Oée* de Champlite.	Sept autres fils.

HUGUES II, châtelain de Gand. † 1265. — *Marie* de Govre.	GAUTIER, dit *Villain.* † 1260. — N... Honevoete. (Par qui s'est perpétuée la Maison de Gand.)	Quatre autres fils.

HUGUES III, châtelain de Gand. † 1289. — *Marie* du Reulz.

Marie, châtelaine de Gand. † 1289. — GÉRARD, Sr de Suttonghiem.

DEUXIÈME MAISON DE COUCY
(SORTANT DE LA DEUXIÈME MAISON DE GUINES).

ENGUERRAN de Guines, sire de Coucy, Laffère, Oisy, Marle, Montmirail. † 1321. — **Chrétienne** de Balleul. (*Voir* Deuxième Maison de Guines, à la 6e génération.)

GUILLAUME, sire de Coucy, Laffère, — *Isabeau*, fille de Guy de Oisy, Marle, Montmirail. † 1335.	Chastillon, comte de S. Pol.	ENGUERRAN, vicomte de Meaux, Sr de Condé en Brie, — 1° *Marie* de Vienne; 2° *Alemande* Flotte de Revel. La Ferté Ancoul, Autrescion, Tresmes, Belu. † 1344.		BAUDUIN. † jeune.	ROBERT, chautre de Cambray.

ENGUERRAN, — *Catherine*, d'Austri- Sr de Coucy, che, fille de Léo- Marle, Laffère, pold Ier, duc d'Au- Oisy. † 1344. triche. † 1350.	N. B. Un se mentionne point ici les frères et sœurs d'Enguer- ran, ayant également impossible de montrer la filiation jusqu'à la branche royale de Bourbon.	PHILIPPE, vicomte de Meaux, Sr de Condé en Brie, et de la Ferté Ancoul. † 1350. — *Jeanne* de Cauny.	JEANNE, — JEAN de Bé- dame d'A- thune, S^r de trencha. Vandeuil. † 1363. † 1378.	*Marie.* — GAUCHER, de † 1335. Chastillon.

ENGUERRAN, sire de Coucy, Laffère, — 1° *Isabeau*, fille d'Édouard; — 2° *Isabeau*, fille de Jean Ier, Marle, Oisy, grand bouteiller de duc de Lorraine. France, comte de Soissons. † 1397.	ROBERT de — 1° *Jeanne* de Chastillon; Béthune, S^r — 2° *Jeanne* de Barbançon; — 3° *Isabeau* de Ghistelle.	Point d'enfants des deux premières femmes.	JEAN de Béthune, dit de *Locres.*	*Isabeau* d'Es- tonteville.

Marie de Coucy. — HENRI de Dame de Coucy et Bar, marquis d'Oisy, comtesse de de Pont. Soissons. † 1405. † 1397.	*Philippe* de Coucy.	ROBERT de Vère, comte d'Oxford.	*Isabeau* de Coucy. † 1411. Sans enfants.	PHILIPPE de Bourgo- gne, comte de Nevers.	*Jeanne* de Béthune.	*Jacqueline.*	RAOUL, S^r d'Ailly, vidame d'Amiens.	ANTOINE du Bé- thune.	ROBERT de Béthune, Sr de Baye. (De lui descend, dit Duchesne, toute la famille de Béthune.)	*Marie.* — EUSTACHE de Vendeuy. Sans enfants.	*Jeanne.*	JEAN de Roye. † 1398.

ROBERT de Bar, comte de Soissons, de Marle, Oisy, Bourbourg, Warneton. † 1415. — *Jeanne* de Béthune.

MAHIEU, — 1° *Marguerite* de Ghistelles; *Jeanne* JEAN, S^r de *Marie* THIBAUD de Roye. 2° *Catherine* de Montmorency. de Roye. Crequy. de Roye. de Rivery.

Jeanne, comtesse de Soissons et de Marle. † 1462. — LOUIS de Luxembourg, comte de S. Pol, connétable de France. † 1475.
Leur petite-fille, Marie de Luxembourg, épouse François de Bourbon, comte de Vendôme, bisaïeul du roi Henri IV.

TABLEAUX GÉNÉALOGIQUES.

PREMIÈRE MAISON DE GUINES.

SIFRID le Danois. — ELSTRUDE, fille d'Arnoul Ier, comte de Flandre. † 961.

Ardolphe, premier comte de Guines. † 997. — Mathilde, fille d'Ernicule, comte de Boulogne.

Raoul, 2e comte de Guines. † 1034. — Roselle, fille du Roger, comte de S. Pol. † jeune.

Eustache, 3e comte de Guines. † 1080. — Susanne de Gheminstudio. Plusieurs fils et filles, non connus.

Bauduin Ier, 4e comte de Guines. † 1092. — Adèle, autrement Chrétienne, fille d'un duc Lorrain. † 1084.

Manasses, autrement Robert. — Emma, fille de Robert de Tancarville. Foulques, comte de Beyrout. Guy, comte de Forois. Hugues, archidiacre de Térouenne, puis chevalier. Alix. — Geofroy Ier, sire de Semur en Brionnais. Gisèle. Winemann, châtelain de Gand. † 1161.

Sibille, autrement Rose. † 1111. — Henri, châtelain de Bourbourg. † 1161.

Béatrix de Bourbourg, comtesse de Guines. † 1146. Sans enfants. — 1° Albert Sanglier. 2° Bauduin, sire d'Ardre. † 1146.

Geofroy II, sire de Semur en Brionnais. Plusieurs fils et filles.

Arnoul de Gand, sire de Tournehem, 7e comte de Guines. † 1169. — Mathilde, fille de Guillaume II, châtelain de S. Omer. Winemann. Sigor. Bauduin, moine, puis chevalier. Marguerite. — Siefroy. Sixer.

Fille naturelle de Manasses, comte de Guines. Adèle. — Eustache de Balinghem.

Eustache, chevalier. † jeune. Bauduin. † en bas âge. Hugues de Balinghem. — Noland de Bawer. Grégoire, comte. Simon. Frumold. Maurice. — Bauduin d'Hermalinghem, connétable de Boulonois.

Adèle de Balinghem. — 1° Arnoul de Caieu; 2° Daniel de Gand. Adeline. — Guillaume, Arnoul.

Guillaume. Renauld. Adèle. Béatrix.

DEUXIÈME MAISON DE GUINES

(SORTANT DE LA MAISON DE GAND).

ARNOUL de Gand, sire de Tournehem, 7e comte de Guines. † 1169. — MATHILDE, fille de Guillaume II, châtelain de S. Omer.

Bauduin II, 8e comte de Guines. † 1205. — Chrétienne, dame d'Ardre, de Merck, et de Colvelde. Guillaume, sire d'Ardre. Flandrine, fille de Robert I, sire de Bove, Cte d'Auxerre. Manasses. Arnoul. Sigor Ier, châtelain de Gand. † 1204. Pétronille, fille du Gand. Marguerite. — 1° Eustache de France; 2° Roger, châtelain de Courtrai et du Gand. † 1190. Béatrix. Guillaume. — Faramus, Sr de Tingry, sire d'Ecures, châtelain de Beaumez. Adèle. — 1° Renaud, châtelain de Lille; 2° Robert de Wavrin. Euphémie, abbesse de S. Léonard. Lutgarde, abbesse id. Mahilde. Bauduin de Hondschoten. Gisèle. — Gautier J.An. Sr de Puffar, et mort ou en Campagne, tué. Agnès, mariée de Puffar.

Guillaume. Bauduin. (Voir Ardre.) Mahaut de Puffar. — Eustache de Palerme, tué.

Arnoul II, 9e Cte de Guines, sire d'Ardre. † 1220. Béatrix, châtelaine de Bourbourg. † jeune. Guillaume. Manasses, Sr de Colvelde. Adèle de Thiembronne. Bauduin, chanoine de Térouenne. Gilles, Sr de Lorsane. Chrétienne de Mongardin. Sigor. Adèle de Selnes. Mahilde. Guillaume de Thiembronne. Marguerite. Raddod de Ramen. Adeline. — 1° Bauduin de Marquise; 2° Hugues de Melanny. Mabile. Jean de Courcetinq. Béatrix. Anselme, Sr de Cretosque.

Bauduin III, 10e comte de Guines, sire d'Ardre, châtelain de Bourbourg. † 1244. — Mahaut de Fiennes. Chrétienne, abbesse de Bonham. Arnoul. Jolin. Béatrix, abbesse de Bonham. Mahaut. — Hugues V, Cte de S. Pol.

Arnoul III, 11e comte de Guines, sire d'Ardre, châtelain de Bourbourg. † après 1282, ayant vendu le comté de Guines au roi Philippe III. — Alix de Coucy. Bauduin, Sr de Sangate. — Isabeau, dame d'Aumquin. Adeline. — Guillaume VII, châtelain de S. Omer, sieur de Fauquemberg. † 1259.

Bauduin IV, dépossédé de Guines, châtelain de Bourbourg. † 1293. — Catherine de Montmorency. Enguerand, Sr de Coucy. † 1311. (Voir Coucy.) Chrétienne de Belliol. Jean, Vme de Meaux. † après 1343. — Jeanne de Chantilly. Isabeau. — 1° Gaucher, Sr de Bazoches; 2° N***, sire de Faillouel. Alix. — Gautier Berthout, sire de Mulines. † 1311. Guillaume VIII, châtelain de S. Omer, Sr de Fauquemberg. † 1189. Éléonore.

Jeanne, comtesse de Guines. † 1331. — Jean de Brienne, comte d'Eu. † 1302. Jeanne, Vme de Meaux. — Gaucher de Chastillon. Blanche. † 1351. Depuis fils. †† sans postérité, avant leur mère. Éléonore de S. Omer. — Razes de Gavre.

Raoul de Brienne comte de Guines et d'Eu, connétable de France. † 1345. — Jeanne de Melun. Marie. † jeune. Jeanne, sans enfants. — 1° Gautier de Brienne, duc d'Athènes, connétable de France; 2° Louis d'Evreux, comte d'Etampes. Béatrix de Gavre. † 1063. Sans enfants. Robert de Fiennes, dit Moreau, connétable de France. † 1385.

Raoul de Brienne, comte de Guines et d'Eu, connétable de France. † 1350. Sans enfants. — Catherine de Savoie.

(L'année indiquée est celle de la mort.)

COMTES DE GUINES.	SIRES D'ARDRE.	COMTES DE FLANDRE.	COMTES DE BOULOGNE.	ANNÉES.	COMTES DE SAINT-POL.	ROIS DE FRANCE.	ÉVÊQUES DE TÉROUENNE.
		Bauduin II, dit le Chauve...	Bauduin II, dit le Chauve..	918			
			Adaloffe..........	933			
				935			
				964		Louis IV, dit d'Outremer.	Etienne.
		Arnoul I, dit le Vieux. *Abtique*.	Arnoul I, dit le Vieux.	958			
				959			Wicfrid.
Sifrid le Danois.		Bauduin III.	Bauduin III.	981			
		Arnoul I, dit le Vieux	Arnoul I, dit le Vieux.	982			David.
			Ernicule........	972			Lindolf.
				988		Lothaire.	
		Arnoul II, dit le Jeune....		987		Louis V, dit le Fainéant.	
				996		Hugues Capet.	
Adolphe.				997			
				1094			Frameric.
				1030			Bauduin.
				1031		Robert.	
			Bauduin.	1083			
Raoul.		Bauduin IV, dit le Barbu.		1084			
				1036			
			Enguerrand.	1046			
Eustache.			Eustache I, dit à l'Oeil.	1049			
				1066		Henri I.	
		Bauduin V, dit de Lille.		1087	Roger.		
		Bauduin VI, dit de Mons.		1070	Hugues I.		
		Arnoul III, dit le Malheureux.		1071			
				1078			Drogon.
				1081			Hubert.
Bauduin I.		Robert I, dit le Frison.	Eustache II, dit aux Gernons.	1093	Guy I		Lambert I, dit de Bailleul.
	Arnoul I, dit l'Avoué			1091			
				1093			
				1094			
				1097			Gérard I.
		Robert II, dit de Jérusalem		1108		Philippe I.	
		Bauduin VII, dit à la Hache.		1111			
				1119			
			Eustache III.	1126			
		Charles, dit le Bon		1127			
		Guillaume Cliton		1128			
Manasses.	Arnoul II, dit l'Ancien.			1136	Hugues II.	Louis VI, dit le Gros.	Jean I, dit de Comines.
	Arnoul III, dit le Jeune.			1139			
				1120			
Béatrix de Bourbourg.	Bauduin.			1141	Hugues III.		
				1142			
				1146			
			Etienne	1150	Enguerrand.		
			Eustache IV	1153			
			Guillaume II	1159			Milon I.
Arnoul de Gand		Thierri d'Alsace		1188			Milon II.
				1169			
			Mathieu d'Alsace (comte après de Marie de Bourgogne)	1173	Anselme.		
	Arnoul IV, de Merck.			1176			
		Philippe d'Alsace		1180		Louis VII, dit le Jeune.	Didier.
		Marguerite d'Alsace		1191			
		Bauduin, dit de Constantinople.		1205	Hugues IV.		
Bauduin II.				1206			
				1207			Lambert II.
			Yde, mariée à Renaud de Dammartin	1516			
				1290			
Arnoul II.	Arnoul II, comte de Guines (*devenu sire...*)			1223		Philippe II, dit Auguste.	

CHRONOLOGIE DES ÉVÉNEMENTS

———◦◉◦———

Je commence cette Chronologie au comte de Flandre, Bauduin II, dit le Chauve, les temps antérieurs n'offrant que confusion et doute, surtout en ce qui concerne les pays de Guines et d'Ardre, alors à peu près inhabités.

Quelques-unes des dates que j'assignerai ne me semblent pas bien certaines ; je les noterai par une ?. Parfois même, faute de documents, je serai obligé de laisser les dates en blanc.

918. Mort de Bauduin II, comte de Flandre. Il laisse à son fils aîné, Arnoul I, la Flandre et une partie de l'Artois ; à son fils cadet, Adalolfe, les pays de Boulogne et de Terouenne, c'est-à-dire l'ancien territoire des Morins, dans lequel était comprise la contrée où s'élevèrent Guines et Ardre. — CH. I.

928. Sifrid, chef danois, s'établit à Guines, alors ville ouverte, et la fortifie. CH. VII-X.

933. Mort d'Adalolfe. Son frère Arnoul I recueille sa succession. CH. I.

961. Sifrid séduit Elstrude, fille d'Arnoul I, s'enfuit à Guines, y tombe malade, et meurt. CH. XI.

962. Elstrude met au monde Ardolphe, fils posthume de Sifrid. CH. XII.

. . . Arnoul II comte de Flandre, parrain d'Ardolphe, le fait chevalier, l'institue comte de Guines, et lui donne la terre de Bredenarde. CH. XII, XIII.

. . . Ardolphe épouse Matilde, fille du comte de Boulogne. CH. XIV.

997. Mort d'Ardolphe. Son fils Raoul lui succède. CH. XVI.

1000. Raoul épouse Roselle, fille du comte de Saint-Pol. CH. XVII.

. . . Commencements de la ville d'Ardre. Adèle de Selnesse, de qui descendent les sires d'Ardre, épouse Herred de Furnes, puis Elbodon de Bergues. CH. XCIX, CIII.

1034. Le comte Raoul périt dans un tournoi sur les bords de la Seine. Son fils Eustache lui succède, et fait hommage à Bauduin IV, comte de Flandre. CH. XVIII.

1052. Le comte Eustache assiste à la levée solennelle du corps de saint Bertin. (*Iperius.*)

1055 ? Eustache II, comte de Boulogne, fait Arnoul I d'Ardre son sénéchal, et lui concède l'hommage des terres d'Hénin-Liétard et L'Écluse. CH. CVIII.

1060 ? Mort d'Eustache comte de Guines. Son fils Bauduin I lui succède. CH. XXIII, XXIV. Il épouse Adèle de Lorraine. CH. XXV.

. . . Arnoul I d'Ardre, dit l'avoué, construit un donjon à Ardre, et érige cette ville en commune, du consentement du comte Bauduin. CH. CIX, CXI.

1066. Ses fils, Arnoul et Gonfroi, prennent part à la conquête de l'Angleterre par Guillaume de Normandie, qui leur assigne plusieurs terres dans cette île. CH. CXIII.

1070. Robert dit le Frison gagne la bataille du mont Cassel, se fait comte de Flandre, et fonde plusieurs églises. CH. XXVII, XXVIII.

1071. Arnoul I d'Ardre, veuf de Matilde de Marquise, épouse Clémence, veuve de Hugues 1, comte de Saint-Pol, et est chargé de l'administration du comté. CH. CXIV.

1073. Il fonde la collégiale d'Ardre. CH. XXXII, CXV, CXVI, CXVII, CXVIII.

1078. Clémence meurt. Arnoul 1, se retire à Ardre, et y construit une église. CH. CXVII, CXVIII.

1084. Le comte Bauduin I, de retour du pèlerinage de Saint-Jacques de Compostelle, fonde l'abbaye d'Andre. CH. XXX.

1084. Adèle, sa femme, y est inhumée. CH. XXXIII. (*Chr. d'Andre.*)

Arnoul, fils d'Arnoul I d'Ardre, épouse Gertrude d'Alost. CH. CXXIII.

1091. Bauduin I, comte de Guines, meurt. Son fils Manasses lui succède. CH. XXXIII.

Ide, comtesse de Boulogne, mère de Godefroi de Bouillon, fonde l'abbaye de la Capelle. CH. XXXI, XXXII.

. . . Manasses, comte de Guines, épouse Emma de Tancarville. CH. XXXV. A sa prière, il abolit l'impôt de la *Colvekerlie*. CH. XXXVI.

Winemar, châtelain de Gand, père d'Arnoul, meurt. La châtellenie passe à Roger de Courtray. CH. LXII.

1144. Acte par lequel la collégiale d'Ardre est remise aux moines de la Capelle. CH. CXXXVII.

1146. Bauduin d'Ardre part pour la croisade. CH. LXV, CXLI. — Il meurt à Satallie. CH. CXLII.

1147. Arnoul, vicomte de Merck, époux de sa sœur Adeline, lui succède. CH. LXVI, CXLIV.

1152? Mort d'Henri I, châtelain de Bourbourg. Il est inhumé à Saint-Bertin. CH. CXXII.

1153? Eustache de Fiennes fonde l'abbaye de Beaulieu. CH. XL.

1155? Bauduin, fils aîné d'Arnoul de Gand, épouse Chrétienne, héritière d'Ardre. CH. LXVII.

1158? Saint Thomas de Cantorbery, alors chancelier d'Angleterre, lui confère la chevalerie. CH. LXXXVII.

1160. Milon II, évêque de Terouenne, montre au peuple et met en châsse le corps de sainte Rotrude. CH. XXX.

1169. Arnoul de Gand, comte de Guines, meurt en Angleterre, et est inhumé à Saint-Inglevert. CH. LXXIII.

Bauduin II, son fils, lui succède. CH. LXXIV.

Marie, comtesse de Boulogne, reprend l'habit religieux. CH. LXXIII.

1170. Bauduin II accueille avec grand honneur saint Thomas de Cantorbery qui retournait en Angleterre. CH. LXXXVII.

1176. Apparition d'un faux Bauduin d'Ardre. CH. CXLIII.

Mort d'Arnoul de Merck, sire d'Ardre, et de sa femme Adeline d'Ardre. CH. LXXXV.

1177. Mort de leur fille Chrétienne, mariée à Bauduin II. CH. LXXXV.

1178. Bauduin II héberge magnifiquement à Ardre l'archevêque de Reims. CH. LXXXVII.

1179. Bauduin II accompagne le roi Louis VII au tombeau de saint Thomas de Cantorbery. (*Roger de Hoveden.*)

1181. Bauduin II confère à son fils aîné, Arnoul, l'ordre de chevalerie. CH. XCI.

. . . Bauduin II fait diverses constructions à la Montoire, à Guines, et à Tournehem. CH. LXXV, LXXVI, LXXVII. — Il fortifie Audruick. CH. LXXVIII.

1188. Arnoul, fils de Bauduin II, prend la croix avec Philippe d'Alsace, comte de Flandre, mais ne tient compte de son vœu. CH. XCV.

1190. Au moment d'épouser Ide, comtesse de Boulogne, Arnoul est supplanté par Renaud de Dammartin. CH. XCIV, XCV.

—◦◦◦◦◦—

AVIS.

Dans le texte qui va suivre, les chiffres arabes entre parenthèses (1) indiquent le renvoi aux notes et éclaircissements qui commencent à la page 409. Les chiffres arabes supérieurs [1] indiquent le renvoi au bas de la page, où se trouvent principalement les variantes.

Les lettres qui précèdent ces variantes désignent :

A. le manuscrit d'Amiens.
B. le manuscrit des Bollandistes, à Bruxelles.
Br. le manuscrit de Bruges.
D. le texte imprimé de Duchesne.
L. le texte imprimé de-Ludewig.
O. les deux manuscrits de Saint-Omer.
P. le manuscrit de la Bibliothèque impériale de Paris.
V. le manuscrit du Vatican.

CHRONIQUE

DE

LAMBERT D'ARDRE.

CHRONICQUES ANCHIENS

DE LA CONTÉ DE GUISNES

ET

DE LA SEIGNEURIE D'ARDRE,

FAIS ET COMPOSEZ PAR UNG NOTABLE HOMME D'ÉGLISE CURÉ DE LA VILLE D'ARDRE

NOMMÉ **LAMBERT**,

PUIS NAGUERES TRANSLATEZ DE LATIN EN FRANCEOIS.

———◦◉◦———

PRIMES LE PROLOGUE DE L'AUTEUR.

I. Combien que trop soie empeschié en mon affaire particulier, au moien de quoy ne debvroy emprendre estat ny office de historiographe, toutesfois, pour satisfaire aulx fréquentes exortations de vous, très vertueux prince Arnoul conte de Guisnes, qui estes mon protecteur et vray seigneur, j'ay emprins une œuvre difficille et haulte, pour aultant qu'elle concerne le lignaige faict et generation tant estimée. En quoy faisant cognois ma presumption, et de tant plus que scay l'incapacité de mon engin qui n'est suffissant de mener à fin deue ung tel acte. Sy prevoy assez que par les bouches venimeuses de mes envieulx murmurans seray detracté; mesmement pour ce que les plus famez et renommez gens litterez de ce pais et conté de Guisnes n'ont jamais entamé ceste matiere, mais l'ont delaissié sans y touchier.

II. Et posé que entende principallement me aidier de histoire et renommée ancienne plus que de chose par moy veue, sinon vers la fin de mon œuvre, et que n'aie intention seullement escrire ce que j'ay veu, mais ce que j'ay cogneu et ouy, et que mes pre-

LAMBERTI

ARDENSIS ECCLESIÆ PRESBYTERI

CHRONICON

GHISNENSE ET ARDENSE.

———◦◦◦———

INCIPIT PROLOGUS.

I. Licèt familiaris curæ (1) præpediti negotiis implicemur,
quo minùs scribendi officio vacare debeamus; vestris tamen,
militum strenuissime, crebris succumbentes postulationibus,
Ghisnensis Arnolde; qui nobis patricius estis et Dominus (2),
arduum quidem opus, si[1] prospicui stemmatis materiam (3),
aggredimur. In cujus rei perceptione præsumptionem nostram non ignoramus; præsertìm cùm ad tanti operis execu-
tionem nostri parvitatem ingenii minùs sufficientem perspi-
cimus, et lividis oblatrantium nobis dentibus æmulorum nos
dilacerandos prænosticamus : maximè cùm nominatissimi
Ghisnensis terræ clerici hujus operis materiam dudùm intactam et illibatam reliquerunt, et cùm veterum famam magis
quàm rem visam, nisi circà finem operis, disserere com-
plectimur.

II. Non enim tantùm visa, sed quanta audivimus et re-
cognovimus, et patres nostri narraverunt nobis, commemo-

---

[1] *Supple*, respicimus.

1,

decesseurs m'ont refferé, aveucques ce que j'ay trouvé escript et
noté cha et la en aulcuns livres et papiers autenticques et aultres
dont on ne faisoit estime, et es marges et extremitez d'iceulx,
en petits recœulz et traictiez particuliers, brefs et assez incorrects,
neantmoins deuement certiffié et informé ne veul ne entens aller
hors du train de verité. Mais je ne fay doubte que seray incipé [1]
et blasmé de mes haineux et ceux qui penseront estre bien sages,
lesquels me vouldront arguer une fois de brefveté, l'aultre de prolixité, et que ne diray chose veritable : mais je ne puis estre present pour satisfaire à tous ceulx qui me poindront de leur mauvaise
langue, et ne pouray respondre à tous, et leur déclarer les histoires
et cronicques des regions et provinces ; car à ce ne suis souffis-
sant [2].

III. Et par adventure me vouldront obvyer que moy quy
veulx traicter l'histoire de Guisnes, pren mes exorde et commencement à Arnoul le conte de Flandres, surnommé le grand, aultrement l'anchien, mesmes à ung nommé Walbert, jadis conte de
Ponthieu, sieur de Therouanne S. Pol et Guisnes, qui regna pres
de deulx cents ans par avant ledit Arnoul le Grand. Et que si on
veult dilligemment veoir la cronicque de Flandres, le dict Walbert
domina au pais de Guisnes plus de cc ans devant Siffroy qui est
celluy que l'on dict et tient après Walbert avoir esté chief et autheur de la noblesse de Guisnes ; et qui ne faut revocquer en
doubte que ce bon et vertueux personnaige Siffroy estoit procréé

---

[1] Au lieu d'*incipé*, il faut sans doute lire *increpé*, vieux mot qui est la
traduction exacte de l'*increpandos* du texte latin.

[2] Ces deux premiers paragraphes sont d'un style obscur et entortillé : le
traducteur ne les a pas bien compris. Le sens sommaire est :

« Nous sommes bien hardis de faire cette entreprise : car nous prévoyons
être rudement critiqués, pour plusieurs causes. 1° Les plus habiles clercs du
comté ne se sont point occupés de son histoire. 2° Notre plan embrasse encore plus de faits antérieurs que de faits de nos jours, plus de choses à nous
racontées que de choses par nous vues ; si ce n'est vers la fin de l'ouvrage.
3° Nous osons tenir peu de compte de certaines chroniques marginales apo-

rare intendimus. Et quòd quorumdam apocryphorum scriptis, inter authenticas quidem scripturas et divinas, in librorum marginibus (4) vel extremitatibus, hìc illìc, aut in paginulis aut in schedulis particulariter aut breviter et corruptè annotatis et inventis, lucidiori veritatis illustrati et certificati radio, obviare non abhorremus aut curamus; et quòd plana et aperta tacere, minùs plana subtexere et elucidare curamus [1], invidis aut sciolis argumentantibus [2] nimiæ nos brevitati nunc insistere, nunc dispendiosæ prolixitati incubare, et sic à vero plerumque dissentire; nos increpandos et discerpendos (eò quòd omnibus malevolam in nos linguam exacuentibus præsentiam nostram exhibere, et chronicas regionum et provinciarum annotationes et locorum opiniones singulis enodare, et ad singula respondere non sufficimus) non dubitamus.

III. Opponent enim nobis forsitan, quod Ghisnensium historiam tractaturi, cur à Comite Flandriæ Arnoldo magno vel vetulo, imò à quodam Walberto Pontivi et Teruannici populi vel S. Pauli et Ghisnarum quondam Comite, qui ante Arnoldum magnum ferè ducentis annis extitit, narrationis sumamus exordium. Cùm idem Walbertus, secundùm diligentem Flandrensium Chronicorum computationem, ducentis annis et ampliùs Ghisnarum dominio præfuit antè Sifridum, qui Ghisnensis nobilitatis post Walbertum auctor autumatur et dicitur. Hic [3] enim Sifridus de ejusdem Walberti cognatione progenitus non dubitatur, et demùm post

---

cryphes, de certaines annotations suspectes, éclairés que nous sommes par des documents meilleurs et plus sincères. 4° Laissant de côté ce que tout le monde sait, cherchant à éclaircir ce qui est moins constant, nous nous exposons au reproche d'être, ici trop brefs, là trop prolixes. Or, il nous est impossible de faire face à tous les arguments, de discuter toutes les opinions et tous les textes. »

[1] *Sic corrigendum.* V *et* L, curantes. — [2] V. Br. argumentationibus.
[3] L, nec.

de la ligne dudict Walbert ; et que en la fin appres avoir longtemps attendu comme s'il eust esté a ce predestiné, fut joieusement receu en son heritaige patrimonial de Guisnes, au desceu toutesfois du dict Arnoul conte de Flandres dict le grand.

IV. Dont ne se faut esmerveiller ; car les anciens [1] par semblable moien et attente esperrent et entendent estre venus [2] et reinterez en temps advenir au roiaulme d'Engleterre, que par chy devant ils ont aulcunement occuppé et detenu.

V. Me pourra aussy estre mis au devant la longue distance et laps de temps d'entre les dicts Walbert et Siffroy ; aveucques ce, de quels autheurs me veulx aidier, et comment en veullant par folle hardiesse diffinir choses doubteuses, je suis si ozé que de faire mention d'une telle noblesse occulte et incognue de si longtemps tant aulx gens saiges et prudens comme aulx simples ; par ce que le dict Siffroy dominoit à Guisnes environ CCXXXIII ans avant que j'aye commencé à escrire ; et comme il est dict cy-dessus, le dict Walbert domina plus de deulx cens ans devant ledict Siffroy.

VI. Et jassoit que tels argumens se facent par maniere d'opprobre, et que à force d'exclamations on poura demander en quel lieu et de quy j'ay apprins cecy, toutesfois selon la doctrine de l'apostolle je le porteray en pacience ; mais en ce faisant me logeray entre l'enclume et le marteau. Et audictes objections odieuses et clameur reprehensible de ceulx quy murmurent contre moy, respond que c'est chose veritable et quy ne se peult ignorer, que le legislateur Moyse, maistre et conducteur du peuple d'Israel, quy a redigé par escript la création du monde, naquist au temps de Pharaon et longtemps après le déluge. Et finablement, par grace divine, au moien de ses œuvres fut grandement exalté par tout le pais d'Egipte. Et lequel toutesfois en traictant sa matiere au livre de Genese, commence à Adam, qui selon la vérité et oppinion infaillible des Hebrieux fut créé à la semblance de Dieu, 2242 ans

[1] Le mot *Danois* est omis, ou remplacé fautivement par le mot *anciens*.
[2] Au lieu de *venuz*, il faut sans doute lire *receuz*.

multos annos in hæreditatem paternam apud Ghisnas, longâ expectatione repromissus [1], ignorante Flandriæ Comite Arnoldo magno vel vetulo, cum gaudio est receptus.

IV. Nec admiratione hoc dignum esse arbitramur, cùm et Dachi simili expectatione præstolantes, post aliquot annorum spatia in Anglorum regnum, quod olìm quandocumque quomodocumque obtinuerunt , restitui et reformari sperant et expectant (5).

V. Opponent etiam nobis tot annorum curricula inter Walbertum et Sifridum interjecta. Opponent et [2] quibus auctoribus freti, quasi de dubiis temerè diffinire, et tantæ nobilitatis genealogiam, tanto tempore prudentioribus imò simplicioribus occultam et incognitam, commemorare audeamus : cùm Sifridus ducentis fermè triginta tribus annis (6), antequàm huic operi scribendo [3] calamum accommodaremus, apud Ghisnas Comes extiterit; Comes verò Walbertus ante Sifridum, sicuti jam prædiximus, ducentis annis et ampliùs.

VI. Quibus, licèt improbranter opponentibus et indignantibus, et undè hoc acceperimns, vel ubi, vociferantibus, et nobis clamore represso murmurantibus, *cum patientiâ* juxta Apostolum (7) *supportantes,* licèt inter malleum et incudem constituti medii, respondemus : Moÿsen legiferum, Israeliticæ plebis ductorem et doctorem, mundique creationis descriptorem, quis nesciat in tempore Pharaonis post multos annos à cataclysmo progenitum, et demùm per totam Ægyptum ingenio et divinâ floruisse gratiâ? Ipse tamen divinam genesim tractandam suscipiens, ab Adam qui ante diluvii tempora duobus millibus ducentis quadraginta duobus annis, secundùm diligentem et infallibilem Hebræorum computationem et veritatem, ad imaginem et similitudinem Dei creatus est, incipit, et dicit. « In principio fecit Deus cœlum et terram [4]. » Et sic post primi hominis creationem et mul-

---

[1] P. retromissus, — [2] V. etiam. — [3] V. L. scribendi. — [4] *Genes.* I. 1.

devant le deluge, et dict ainsy : *In principio Deus creavit cœlum
et terram*, etc., continue son œuvre depuis la création du premier
homme et la multiplication de plusieurs aultres de sa posterité jusques à Pharaon, par-dessus lequel il monte et transcende. Et
neantmoins l'on ne trouve ung seul entre tous les saiges qui en
lisant s'enquierre où il peut avoir recouvré et prins mathiere tant
divigne ne sy haulte. Car il est certain que le Sainct-Esprit luy a
ce révélé, et apres que Dieu lui a escript de sa maing, il a dict et
noncé aulx aultres.

VII. Ovide pareillement, quy a besoingnié et escript au temps
d'Augustus Cesar, et quy pour recouvrer la grace d'icelluy, laquelle il avoit perdue par quelque petite offense, contendant de
le louer au moien de la noblesse de son lignaige, commence bien
hault, et comme s'il vouloit descrire tout le monde, apres qu'il at
achevé son exorde et proposition premiere, ainsy que ont acoustumé faire tels autheurs et maistres, en continuant sa mathiere commence à la création du monde, et dict :

Ante mare et terras, etc. [1]

Et ainsy condescend à parler convenablement d'icelluy Cesar à
l'honneur duquel il emprend ung si gros affaire. Et toutesfois il n'y
a aulcun qui desprise son œuvre, mais ung chascun le list et retient,
expose prise et honnore, disant :

In nova fert animus, etc.

VIII. Et ainsy poeult-on dire de cest orateur [2] Homere quy
est ensieuvy pas à pas du plus saige et renommé d'entre tous

---

[1] Le traducteur laisse de côté les citations d'Ovide.
[2] Le traducteur emploie deux fois ce mot dans le sens de poëte. Le moine
Théophyle, dans la *Diversarum artium schedula* (l. ii. prol.), écrit *orator*
dans le même sens.

torum posteritatis ejus hominum multiplicationem [1], ad ipsum Pharaonem tractatum suum usquè perducit et altiùs evolat atque ascendit. Nec invenitur in numero [2] sapientum unus qui legendo quærat, ubi tantæ divinitatis acceperit eloquium vel arcanum, cùm divinus Spiritus hoc ei insufflaverit, et digito Dei scriptum aliis [3] intimaverit ac dictaverit [4].

VII. Ovidius quoque in tempore Germanici Cæsaris studuit et libros composuit; qui tamen ut ejusdem Cæsaris gratiam (8) à quà peccando pusillùm quandòque declinaverat, recuperare mereretur, à nobilitate generis cum commendare intendens, altiùs orditur, et cosmographiam tractaturus, à mundi principio incipiens, post propositionem, uti moris est auctorum, et invocationem, infrà narrationem suam continuans, incipit et dicit :

[5] Antè maré et terras et quod tegit omnia cœlum,
Unus erat toto naturæ vultus in orbe,
Quem dixère chaos [6].

Divinorum autem spirituum invocans auxilium, dicit :

[7] Di, cœptis adspirate meis, primàque ab origine mundi
Ad mea perpetuum deducite tempora carmen.

Et sic ad ipsum Germanicum quem laudare intendit, et cujus gratià tantùm opus incipit, convenienter ascendit. Nec tamen est aliquis damnans opus Ovidianum; sed legit et relegit, docet et colit et veneratur :

In nova fert animus mutatas dicere formas
Corpora [8].

VIII. Sic et ille, ille quem poetarum eximius et doctissimus in divinà Æneide pedetentìm imitatus est ad unguem,

---

[1] D. multitudinem. — [2] L. mundo. — [3] L. ab iis.
[4] A. B. Br. dictitaverit. — [5] *Metam.* I. 1, 2, 3. — [6] L. quod.
[7] *Metam.* prol. — [8] *Metam.* prol.

les pouetes en ses Eneides ; lequel Homere ainsy que tesmoignent Cornille l'africain, mesmement Pindare et Darès de Phrige, naquit longtemps depuis la destruction de Troye. Néantmoins il descript elegamment, enseigne et traicte à suffissance la dite destruction ; et sy ne s'enquiert ce notable poete Virgille où Homere a prins et trouvé ceste histoire.

IX. Priscian aussy maistre en gramaire se dict par gloire imitateur d'Apolo et Herodian, lesquels toutesfois longtemps devant luy avoient eu grant nom au pays de Grece en cest art de gramaire. Et ainsy en est d'aultres innumerables. Et n'ont les aucteurs anciens faict estime de tels difficultez ausquels en mathiere de cronicque et histoire l'on ' non plus imputé le temps de mille ans que le jour precedent. Et en telle forme ont bien osé escrire et faire mention des gestes de leurs predecesseurs aussy bien pour le temps pieça passé comme pour le temps present. En quoy les a secouru et aidié celluy mesmes où quand et ainsy qu'il luy plaist, se distribue et donne ung chascun.

X. Toutes voyes si on voeult croire et adjouster foy à une chose de tres aparante verité, grande envie procedant de malinité sourdera et sera contre moy replicquée par forme d'estrif derision et mocquerye, que veux parler de chose advenue passé 233 ans ou environ.

XI. Mais ceulx là n'ont aulcun regart à ce que noz historiographes anciens, entre lesquels Eusebe est le premier et principal ; son imitateur prochain est Mons' sainct Jerosme ; apres eulx viennent Prospere et Sigibert homme de religion, aveucques Bede cest homme d'Eglise vénérable (neantmoins ne me veux équiparer à eux tous) lesquels dessus nommez en escripvant ont revolvé en leur temps le cours de 2395 ; et par adventure, plus : car ils ont souffisamment enseingnié et escript l'histoire et cronicque de plusieurs royaulmes tant Hebrieux, Paiens, que Latins.

----

¹ *Il faut sans doute lire :* l'on n'a non plus, etc.

Homerus [1], multis annis, teste Cornelio Africano (9), imò
Pindaro (10) et Phrygio Darete (11), post excidium Trojanum natus est, qui tamen Trojanum sufficienter vel eleganter tractavit et docuit excidium. Nec quærit ab aliquo Vir-
gilius, ubi tantæ veritatis fabulam invenerit vel acceperit
Homerus.

IX. Sic et Priscianus (2) noster artigraphus Apollonii [2] et
Herodiani (13) se imitatorem esse gloriatur, qui tamen multo
tempore antè Priscianum in arte grammaticà apud suos in
Græcià floruerant. Sic et innumerabiles multi. Nec enim hoc
antiqui curaverunt auctores, quibus mille imputabantur anni
in scribendo tamquàm hesterna dies quæ præteriit. Sic audacter et confidenter de præteritis multo tempore veterum
gestis, tamquàm de præsentibus, tractaverunt et scripserunt,
dictante et operante in eis uno eodemque Spiritu, qui ubi
vult, et quandò vult, « dividit singulis prout vult [3]. »

X. Verissimo tamen siquidem credimus [4] vaticinio, æmu-
lationem malignam non modicè nobis obstrepere, et subsanna-
tionis rugas in nostri innocentiam nominis certatim replicare,
eò quòd ducentorum fermè triginta trium annorum temporis
cursum metiri suscipimus.

XI. Sed non attendunt quòd antiquiores nostri auctores,
quorum primus invenitur et præcipuus Eusebius (14), post
quem imitator ejus Jeronymus, post quos Prosper et Sige-
bertus monachus et venerabilis presbyter Beda (nec tamen

Meme nominibus furiosus confero tautis),

duo millium trecentorum nonaginta quinque annorum et for-
tassè plurium cursum suis temporibus scribendo digesserunt.
Illi enim multorum regnorum, Hebræorum videlicet Gentilium et Latinorum, chronographiam sufficienter edocuerunt

---

[1] O. Homerum. — [2] L. Apollini. — [3] I. Cor. XII. 11.

[4] A. Br. Tamen si quid idem credimus

V. Tamen si quidem idem credimus

L. Tamen signum idem veremur.

XII. Et au regard de moy je desire seullement traicter succinctement et en brief les gestes d'ung bien petit pais et Compté, enssemble ceulx des illustres et nobles contes et seigneurs d'iceluy. Sy ce n'est pour raison des choses survenantes en l'histoire dont veul faire mention, et, que en escripvant soie contrainct par maniere d'incident dillater et estendre ma plume au loing, et hors de mon nid. Et si aulcuns persistans en leur mauvais vouloir dient que je traicte choses que jamais on ne ouyt, et que veul forgier œuvre toutte nouvelle en parlant de faicts si anticques a eulx incongnuz, que oncques ils n'oirent, et lesquels ils porront murmurer et dire avoir esté par moy extraictz furtivement d'aulcuns livres et caiers, leur diray que j'ay obtenu à l'encontre d'eulx en disant à haultes vois ce proverbe commun, que c'est chose vertueuse et noble de extorquer par quelque moien des mains d'ung si puissant homme que Hercules, sa clave, c'est-à-dire son baston criminel; et que ce que j'ay faict, que ce a esté pour me relever de paine et labeur, et adfin d'aller plus legierement en besoingne : parquoy doncques veulent ou non mes envieulx, ce n'est chose à moy prejudiciable de dire que je me soie aidié des dicts et auctoritez des clers anciens.

XIII. Et si derechief arguent et dient que je fay œuvre nouvelle, dont totallement ne me scauroy excuser; et que en pervertissant l'ordre d'escrire, ainsy que pour plusieurs raisons il advient souvent, j'auroy preposteré et changié le temps; avecques ce pour conjecture me imputeront d'avoir diversite et mis les noms convenables aulx hommes et aulx choses comme estranges et baillés à volunté : le moien d'estaindre la fureur d'une telle morsure, à laquelle on ne poeult, sinon celluy qui est du tout habitué en cronicque et histoire, sy est de soy enquerre à diligence de la vérité à ceulx qui le scavent et cognoissent. Ou se quelque chose en lisant leur desplaist, ne procedent non plus avant.

XIV. Toutesfois le bon et pacifique orateur se taist aulcunes fois et ne dict mot : et comme dict monsieur sainct Jerosme, celuy quy est réputé très éloquent à difficulté poeult auculnes fois parler. A ceste cause prie et instamment requiers celluy quy lira mon livre, qu'il le veulle bien veoir avant qu'il en juge, et souvent l'épilogue et revoie

XII. Nos autem angustissimi Comitatûs tantùm (nisi propter quædam susceptæ narrationis accidentia à nido nostro pennam scribendo aut longè tamen incidenter extenderimus), illustrium Comitum simul et procerum gesta breviter et succinctè perstringimus. Qui si malignitatis zelo perstiterint, et nos inaudita commemorare vel etiam nova cudere aut fictitare contenderint, dicimus: Si qua vetera et sibi inaudita aut incognita audierint, quæ nos furtìm à commentariorum libris excerpsisse nobis oblatraverint, vicimus, vicimus, et exclamando dicimus : quia maxima virtus est clavam Herculis ab eo quoquo modo extorquere ad minuendas, immò dilatandas novi operis et suscepti laboris vias. Præjudicium igitur velint nolint nobis faciunt, ut aliquorum auctoritatibus scriptorum fulciamur.

XIII. Si autem nova nos cudere (quod omninò negare non possumus) iterùm clamaverint, et temporum ordinem (quod multis de causis plerumquè contingere solet) verso narrandi ordine commutatum et præposteratum, vel et nomina principibus aut rebus quidem congruentia, quasi exteriùs assumpta vel etiam ficta, nobis conjectaverint : si quid est quod dentium rubiginem marcescat (15) in eis, quibus nemo (nisi qui vel omninò scribere vel dictare [1] consuevit) satisfacere potest, ab ipsis verum diligenter inquirant, à quibus nil nisi verum quandoque libavimus. Vel si quid displicet, ut à quodam audivimus, ulteriùs legendo non procedant.

XIV. Et tamen *quandòque bonus dormitat Homerus* [2], et eloquentissimum, ut ait Jeronymus, poetam aliquandò vix

---

[1] Br. dictitare. — [2] Horat. *De Art. poet.*, v. 360,

avant qu'il le blasme ou dampne ; car on dict communément que l'oppinion de lire d'ung juge qui n'est bien advisé faict honte à ce qu'il condempne, et sy ne se faict guéres d'honneur.

XV. Pour ce est il que à vous, tres redoubté prince et seigneur, quy estes cause mouvente et finable avecques le loyer de l'œuvre que j'ai emprins, à vous qui estes ma gloire, à vous qui m'avez préféré pardessus tous mes ennemis, à vous qui estes ma protection et sauvegarde, à vous derechief destine et recommande ce present œuvre que j'ay rédigé par escript en grant labeur et à la sueur de mon corps. Et sy en icelluy l'on trouve aulcun fruict, la gloire en soit à Dieu et à vous, non pas à moy; car je ne cherche ma gloire, mais la vostre et celle de vostre excellent predecesseur et pere, de sa noble lignée, et la vostre; et que en tout et par tout ung seul Dieu maistre et seigneur de toutes choses et Pere et Filz et Sainct Esprit, qui magnifie et tient les princes en prospérité, soit gloire perpétuellement et à tous jours. Amen.

FIN DU PROLOGUE.

loquentem invenire sufficimus. Quà in re lectorem piè roga-
mus et arctiùs attestamur, quatenùs hoc opus priùs inspiciat
quàm judicet, priùs iteratà voce epiloget quàm condemnet.
Inconsulta enim, ut dicitur, facilitas judicantis suo privat
honore sententiam, et judicem exauctorat[1].

XV. Vobis igitur, amantissime princeps et Domine, qui
estis suscepti laboris principium, finis, et proemium; vobis
qui estis gloria mea; vobis qui exaltatis caput meum [2]
super inimicos meos; vobis qui estis clypeus et protector
meus, Domine; vobis, inquam, commendamus et devovemus
hoc opus in sudore vultûs nobis arreptum, ut si qua in eo
inventa fuerit legendo gloria [3] : *non nobis, Domine, non
nobis, sed nomini tuo da gloriam* [4]. Non enim propriam
nobis quærimus gloriam, sed vestram et gloriosissimi nichilominùs patris vestri et nobilis ejus prolis et vestræ, ut
ab omnibus et in omnibus glorificetur Pater et Filius et Spi-
tus sanctus, unus Deus et Dominus omnium, qui magni-
ficat salutes regum [5] et glorificat in magnificentiâ et gloriâ,
per omnia secula seculorum. Amen.

---

[1] V. L. exactorat.

Alludit psalmo III, v. 3 : Gloria mea et exaltans caput meum.

[3] V. gratia. — [4] Ps. cxiii. 9. — [5] Magnificans salutes regis. Ps. XVII, 54.

EXPLICIT PROLOGUS.

S'ENSSUYT LE PRÉFACE

DUDICT **LAMBERT**, CURÉ D'ARDRE, SUR LESDITES CRONICQUES.

———

Considerant et reduisant à memoire que les ans s'en vont comme l'eaue qui court et fleue, que le temps passé ne poeult retourner, que toutes choses de dessoubs le ciel à traict de temps viennent caducques et transitoires, si elles ne sont couchiez par escript ; et que ce que à présent est en la cognoissance des hommes de ce mortel monde, à tourner la main et en un mouvement d'œil chiet de la memoire, j'ay advisé que ce seroit chose fructueuse, honeste et necessaire, d'escrire et articuler les faicts et gestes recommandables et dignes de mémoire, ensemble les noms des vertueulx contes de Guisnes et de la seigneurie et noblesse d'Ardre. Ce que j'ay intention de faire à la louenge et gloire d'iceulx nobles hommes et leur louable postérité tant mors que vifs, et signamment, vous tres redoubté seigneur et prince Arnoul conte de Guisnes, pour quy je veul en ce labourer sy avant que pouray, et que par vraye relation et tesmoignage j'ay peu cognoistre. Et sy toucheray, quand il viendra à propos, de la construction d'aulcunes eglises dudict pays et conté de Guisnes, et de celles des lieux voisins. Desquelles choses ne seroit tantost memoire, mais en seroit la cognoissance perdue au moien de l'envie ou par adventure de la paresseuse negligence de ceulx quy sont tenuz de ce faire ; quy est à eulx scandalle et honte.

Or doncques à l'honneur louange et gloire des comptes de Guisnes, des gentilz hommes d'Ardre et pays environ, j'ay délibéré et conclud prendre mon exordre et commenchier l'histoire dont veul parler, à ung compte et seigneur nommé Arnoul, et finer à ung aultre de pareil nom, qui est celluy pour qui je labeure, à qui j'ay attribué et baillé la gloire de mon œuvre, et lequel, comme j'ay dict cy dessus, tant que viveray tiendray et reputeray mon seigneur et maistre. Mais adfin que la mathiere puist estre mieulx entendue, est besoing avant toutes œuvres parler d'aultre chose qui guere n'excede le propos, jassoit qu'elle procede de plus hault.

———

INCIPIT PRÆFATIO

EJUSDEM **LAMBERTI** ARDENSIS ECCLESIÆ PRESBYTERI SUPER GHISNENSIUM HISTORIAM AD EUMDEM ARNOLDUM.

Considerantes igitur et ad memoriam reducentes quod

> Eunt anni more fluentis aquæ,
> Nec quæ præteriit hora redire potest [1],

omnia autem quæ sub cœlo sunt, nisi litterarum commendentur apicibus, caduca esse in tempore et transitoria, et quæ modò mortalium capit notitia, versà manu in ictu oculi labuntur à memorià, memorabilium virorum et illustrium Ghisnensium videlicet Comitum nichilominùs et Ardensium procerum dignè memoranda nomina simul et gesta, languenti scriptorum invidià vel fortasse negligentià à frequenti recordatione (proh pudor!) ferè deleta, ad eorumdem nobilium virorum et memorabilium successorum non minùs quàm modernorum et vestri potissimùm, amantissime princeps et Domine Ghisnensis Arnolde, cui insudamus, laudem et gloriam, quantùm sufficimus et veridicæ testimonio relationis agnovimus, interserentes loco et tempore de quarumdam Ecclesiarum tam Ghisnensium quam adjacentium fundationibus, memorare, scribere gloriosum duximus, honestum ac necessarium.

Ad laudem igitur et gloriam et honorem Ghisnensium Comitum et Ardensium procerum, à quodam Arnoldo narrationis sumentes exordium, in quemdam Arnoldum, videlicet in eum cui scribimus, cui operis gloriam attribuimus, qui nobis, ut jàm diximus, et quamdiù nobis loqui dabitur, semper dicturi sumus, patricius est et dominus, suscepti operis laborem terminare decrevimus. Sed ut competentiùs ad propositi negotium ascendamus, ad alia quædam, proposito quidem nostro non aliena, licèt altiora, stylum convertamus.

EXPLICIT PRÆFATIO.

---

[1] Ovid., *de Arte am.*, III, v. 62, 63.

2

LES CHRONICQUES.

———o⊙o———

CH. I. *De Bauduin le calve et de la division du pays*
de Flandres et Boullenois.

Apres le decez de Beauduin le calve, conte de Flandres de Bou
longne, et sieur du pays allenviron de Therouenne, ses deux fils,
asscavoir *Arnoul*, surnommé le grand, autrement le viel, de quy
j'ay dessus parlé, et *Aldolf*, diviserent ensemble la succession de
leur pere qui s'estendoit en trois parties. Et eust ledit Arnoul qui
estoit l'aisné, le pais de Flandres; et le dit Aldolf, le pais de Boullenois et quartier de Therouenne. Mais au moien de ce que ledit Aldolf
deceda sans enfans, et que sa sepulture luy fut ordonnée au monastere de S. Bertin, Arnoul son frere receut et recœulla sadite
portion de succession; ainsy que l'on poeut veoir et cognoistre par
les cronicques de Flandres approuvées. Car en ce petit œuvre je
n'ay aultre chose escript sinon ce que j'ay recouvré en lisant aulcunes fois livres et histoires, ou que j'ay ouy et aprins de mes
predecesseurs anciens et gens veritables, ou que j'ay veu à mes
yeulx, en joindant choses plaisantes aueucques choses graues, et
entreprenant paine sur le labeur.

CH. II. *De Arnoul le grand fils dudict Bauduin le calve.*

Cestuy Arnoul comme j'ay desja dict surnommé le grant, aultrement le viel, troisiesme conte de Flandres, après Bauduin dict
le ferré, et sixiesme en la genealogie et lignée desdicts contes après
Lydericq de Harbecque, lequel fut créé premier conte de Flandres,
en l'an de l'incarnation Nostre Seigneur sept cens iiij^{xx} et xij,

INCIPIT CHRONICON.

CAP. I. *De Balduino calvo, et de divisione Flandrensis et Boloniensis terræ.*

Sicut igitur ex commendaticiis Flandrensium chronicis perpendere licet et advertere (non enim alia quàm ea quæ in annalibus chronicorum libris legendo quandoquè reperimus, vel ab authenticis et grandævis patribus et veridicis didicimus, vel quæ oculis fine tenùs aspeximus, authenticis ficta miscendo, et sic sudori sudorem accumulando, nostro appingimus opusculo), defuncto Flandriæ simul et Boloniæ et Teruannici populi Comite Balduino calvo, filii ejus, Arnoldus videlicet (de quo jàm mentionem fecimus) cognomento magnus vel vetulus, et Ardolphus terram patris sui triplici distinctam nomine inter se diviserunt. Arnoldus itaque, qui major erat natu, Flandriam; Ardolphus verò Boloniensem terram et Teruannicam simul suscepit. Sed Ardolpho absque liberis et hærede corporis defuncto et apud S. Bertinum tumulato, Arnoldus Comitatum ejus in manu [1] recepit.

CAP. II. *De Arnoldo magno ejusdem Balduini calvi filio.*

Hic siquidem Arnoldus (ut jàm diximus) cognomento magnus vel vetulus, à Balduino ferreo tertius, à Lidrico autem Harlebeccense qui ab incarnatione Domini anno sep-

---

[1] Br. P. in manus.

2.

domina au pays de Flandres , et tint en sa main uny à sa seigneurie le pais de Guisnes, comme avoient faict ses predecesseurs après Lidericq , premier seigneur de Flandres.

CH. III. *Du conte Walbert.*

Ainsy que l'on treuve es histoires et livres anciens , le *conte Walbert* qui en temps passé joist à tiltre de succession de la conté de Ponthieu , S. Pol , et de tout le pais depuis la ville d'Arques jusques aulx limites du lieu que l'on nomme *Scallis* , et de tous costéz jusques à la mer occidentalle , sans excepter *Sithiu* qui de présent est la ville de S. Omer (lequel lieu ung nommé *Adroald* , homme riche et puissant, avoit baillié et donné à Mons' sainct Omer , lors evesque de Therouenne), donna à tiltre d'aulmosne à ung personnage de saincte recordation , assavoir Mons' sainct Bertin , la dicte ville d'Arques et ses appendences, Sithiu et Longuenesse, Kelmes , Aquin, Quoyeque, Audenfort, et Scalles, aveucq plusieurs aultres terres. Et fut ledict conte Walbert meu de ce faire pour ce que mondict sieur sainct Bertin avoit tenu son fils sur fons, le nommé de son nom Bertin, et en faict son fils par adoption : à ceste cause se offrit et voua ledict conte Walbert aveucq son dict fils, au service de Nostre Seigneur, par forme de service agréable ; et se rendirent religieulx soubz l'obédience de mondict sieur S. Bertin, en son monastere de Sithiu, naguere par luy construict en l'honneur des glorieulx apostres sainct Pierre et sainct Paul.

CH. IV. *Comment et pour quelle cause les relligieulx de S. Bertin imaginent et cuydent que la conté de Guisnes leur appartient.*

A l'occasion dessus dicte, les relligieulx dudict monastere de S. Bertin en devisant entre eulx murmurent et dient, sans toutes fois l'oser publicquement maintenir, que le dict pais et conté de Guisnes leur appartient par don que leur en auroit faict le dict Walbert ; mesmement pour ce que les dicts relligieulx tiennent et

tingentesimo nonagesimo secundo Flandriæ Comes factus et constitutus est primus, in genealogiæ lineâ sextus (16) computatur Comes et Palatinus (17). Qui super universas [1] Flandriæ partes manus extendens, etiam [2] Ghisnensium prædia suæ dominationis continuavit imperio. Sic enim et prædecessores sui priùs fecerant post Lidricum.

CAP. III. *De Comite Walberto.*

Comes enim Walbertus, ut in vetustissimis invenitur paginulis, qui Pontivi Comitatum et S. Pauli, totamque terram (nec excepto Sithiu fundo quem prædives quidam [3] Adroaldus nomine beato contulit Audomaro (18), Morinensis Ecclesiæ tunc episcopo), ab Archis usque ad Scalarum terminos ab utroque latere ad mare occidentale hereditariâ possessione (19) olim occupaverat, beatæ recordationis viro sancto Bertino, qui Comitis jam dicti Walberti filium de fonte baptismatis levavit et in filium recepit adoptionis, Bertinumque ei nomen indidit et nominavit, Archas vel Archarum villam cum ejus appenditiis, Sithiu etiam et Longonessam, Kelmas quoque et Aquinum, et Coekas, cum Audenfordio et Scalis et multis aliis, in liberam contulit eleemosynam. Et se ipsum unâ cum filio suo Bertino apud Sithiu, in monasterio in honorem apostolorum Petri et Pauli nuper constructo, sub beati Bertini custodiâ Deo placentem obtulit hostiam et monachum constituit.

CAP. IV. *Quod S. Bertini monachi conjectant totam Ghisniam suam esse eleemosynam* (20).

Undè etiam occasione sumptâ jàm dicti loci cœnobitæ, quasi omnia prædia sua, quæ nunc Ghisnensis terra nomi-

---

[1] D. diversas. — [2] P. et. — [3] Br. P. quondàm.

pocessent à present audict pais plusieurs terres revenus et pocessions ; pour ce aussy que l'eglise paroissialle de la ville de Guisnes
est construicte et fondée à l'honneur de Monsr sainct Bertin leur pere
et patron ; et encor par plus forte raison, pour ce qu'ilz maintiennent que le conte de Guisnes doibt tenir d'eux à tiltre d'heritaige le dongeon et forteresse de Guisnes, lieu capital de toutte la
conté, aveucques aulcune petite portion de terres y appendans ;
et ce, moiennant la redevance de quelque espece anchienne nommée *fierton*, ou la somme de cincq solz.

Et pour satisfaire à ceulx qui se pourroient enquerre à la verité
dont procede ceste erreur, et l'origine et source d'une si folle
oppinion ; est vray que anciennement, du temps dudict conte
Walbert, les dicts de S. Bertin avoient en la'ville de Guisnes ung
fermier commis, que par leurs tiltres anchiens ils appelloient leur
vassal, lequel auoit l'entremise de tout le revenu qu'ils auoient et
dont ils pocessoient en la dicte terre de Guisnes, et leur estoit
comptable. Cestuy censier recepveur ou fermier fist longtemps sa
residence en ung lieu joingnant ledict dongeon ou forteresse ; et
quant Siffroy, premier conte de Guisnes, chief et anchien de la
noblesse de ce pais, eust en propos et volenté de fortiffier ledict
lieu et forteresse de Guisnes, et faire à l'environ de celle double
fossé, pour ce qu'il n'avoit lieu de son domaine à ce suffisant,
bailla à tiltre d'eschange audict fermier et commis, aultant de terre
qu'il occupoit auprès de la dicte forteresse, et acheva le dict fossé ;
et de ceste cotiere et roturiere contenant iiij^{xx} mesures ou environ,
promist et se submit paier chascun an ledict conte *Siffroy* ausdicts
Relligieulx une espece de monnoye lors apeilée *fierton*, ou la somme
de cincq solz. Et delaissa ledict estat ou office audict commis pour
luy et ses hoirs, et d'eulx est succedé cest office aulx sieurs d'Ardre
qui en jouissent à present. A ceste cause ung noble homme *Arnoul*,
sieur de la uille d'Ardre, fundateur de l'eglise d'icelle, duquel sieur
sera plus amplement parlé, en aulcuns des tiltres et anchiens

natur, eidem loco et sibi funditùs contulerit idem Comes
Walbertus, non audentes palàm proferre, verbum absconditum mutuò loquuntur et annuunt oculis. Maximè quia terras
et rapeia [1] et silvulas, decimasque et redditus, aliasque
possessiunculas nunc in terrâ Ghisnensi possideant; præcipuè tamen eò quòd in memoriam et venerationem patris eorum et patroni sancti Bertini fundata est et constructa Ghisnensis oppidi mater ecclesia; magis verò præcipuè et quasi
valentiori causâ, quòd Ghisnarum dunjonem, utpotè Ghisnensis comitatûs caput et principium, cum quibusdam (licèt
paucis) adjacentibus terris, annuà pensione pro uno fiertone
vel pro quinque solidis ab ipsis hæreditario jure tenere debeat Ghisnensis Comes.

Undè tamen tam vana superstitio minùsque providæ et
inconsideratæ hujus opinionis emerserit et emanaverit surculus, verum inquirentibus et sanè credentibus dicimus :
quòd ab antiquo comitis Walberti tempore quemdam villi-
cum vel præpositum (quem antiquiora eorum scripta *vassum*
suum appellant) in terrâ Ghisnensi habebant, qui de omnibus
decimis et possessiunculis quas in eâdem terrâ possidebant,
eis ut villicus sufficienter respondebat. Hic super jàm dictam
terram censualem juxtà Ghisnensis oppidi dunjonem multo
tempore mansit. Sed cùm posteà Ghisnensis nobilitatis et generis [2] auctor Sifridus Ghisnensis oppidi munitionem sive
dunjonem fossato duplici circumcingere voluisset, nec ei ad
perficiendum in propriâ terrâ locus sufficeret, de totâ terrâ
censuali juxtà dunjonem tunc existenti villico concambium
dedit, et sic demùm fossatum perfecit, et sic de terrâ illâ
censuali (quæ ferè octoginta jugera sive geometricalium perticarum mensuras (21) continet) singulis annis unum fiertonem
vel quinque solidos jàm dictis reddidit cœnobitis. Ghisnensis
Comes factus Sifridus villicaturam sive præposituram villico
et suis reliquit hæredibus, à quibus denuò Ardensibus us-

---

[1] L. prata. — [2] L. gentis. Br. O. sanguinis.

priuileges desdicts relligieulx et aussy des nostres, est nommé leur
advoué au pais et conté de Guisnes; et lequel en signe de ce, en
la fin de ses jours, se rendit religieux audict monastere de S. Bertin, où finablement il mourut et fut inhumé.

CH. V. *De la cause de l'ediffication d'une maison et de la construction*
d'une eglise au lieu de Scalles.

A ceste cause lesdicts de S. Bertin, en signe de ce et pour mieulx
corroborer leur propos sur la fin et limitte de leur pocession, ont
édiffié une maison manable aveucques une eglise à l'honneur et
révérence de Mons.r sainct Bertin leur pere et patron : tout ainsy come
s'ils debvoient avoir à perpétuité le pais d'entre ladicte ville de
Scalles et Arques; laquelle ville d'Arques aveucques Audenfort
comme il est souvent dict cy dessus, ledict compte Walbert leur
avoit donné par la forme avant dicte. Mais pour ce que est office de
folles gens dont le nombre est infiny, de vouloir diffinir choses
doubteuses, sy de ce on se veut plus avant enquerre, et que on
tienne la chose obscure et moins que souffissamment deduicte et
declarée, je le laisse en la disposition de ceulx qui aulcunes fois
ont veu et leu les faicts et gestes du venerable pere et abbé sainct Walbert en l'abbaye de Luxone, laquelle il nomma en latin *Luxvovium*
pour raison de la vertu de saincteté de ceulx qui résidoient leens
de son temps. Or doncques presentement entreray en matiere,
si avant que Dieu le m'a enseingné et que j'ay peu congnoistre par
vray enseingnement.

CH. VI. *Comment apres que la conté de Guisne fut vacquant et destituee*
de seigneurs les Flamengs la prindrent en leur main.

Quant ce bon personnaige et digne de memoire recommandable
le conte *Walbert* eust prins estat de religion audict monastere de
Sithiu à présent nommé S. Bertin, qu'il fut promeu aux saincts
ordres et depuis esleu et institué de Dieu abbé de Luxoeu en
Bourgongne après sainct Eustache, ses heritiers et plus prochains

que [1] hodiernum diem villicatura sive præpositura suc cessit Dominis. Undè et Ardensis instaurator ecclesiæ egregius Arnoldus in quibusdam privilegiis suis et nostris invenitur *advocatus* vel præpositus eorum in terrà videlicet Ghisnensium appellatus, et ob hujus rei gratiam circà finem vitæ apud S. Bertinum monachus effectus, demùm ibi mortuus est et sepultus [2].

CAP. V. *De ædificatione cellæ et constructione ecclesiæ apud Scalas.*

Undè ergò est quod (quasi interjacentem terram ab Archis circumquaquè usque ad Scalas, quam videlicet villam cum Audenfordio, sicuti jàm diximus, sæpedictus et nichilominùs dicendus Comes Walbertus ipsis similiter erogavit, sub jàm dictæ conditionis dono continuè habere debeant) in fine quasi possessionis suæ, in hujus rei monimento vel munimentum, sub honore et patrocinio patris eorum et patroni sancti Bertini, sibi habitaculum et cellam non longè ab Oceani littore ædificarunt, et ecclesiam. Sed quoniam *stultorum*, quorum *infinitus est numerus* [3], est, de dubiis diffinitam dare sententiam, super jàm dictis et minùs sufficienter definitis scrupulosiùs inquirentibus diffiniendum illis relinquimus, qui in venerabilis patris Walberti abbatis et Comitis confessionibus apud Luxonium, quòd ipse propter inhabitantium sanctitatem dicit Lux ovium, quandoquè verè legerunt et studuerunt. Nos autem, proùt Deus donavit et ex veri relatione cognovimus, rerum ordinem prosequamur.

CAP. VI. *Quòd Ghisnensis terra desolata et propinquioribus hæredibus destituta in manus Flandrensium [4] sit contracta.*

Postquàm igitur amandæ et dignè recolendæ memoriæ Comes Walbertus in Sithiu monasterio monachus effectus, et

---

[1] L. usquè ad. — [2] *Vide infrà*, cap. CXII et CXIX. — [3] Eccles. I. 15.
[4] V. L. in manibus Flandrensis.

converserent quelque temps aveucques Bertin son filz; et qui bien
s'en vouldroit enquerre, l'on trouveroit qu'ilz se disperserent en
divers lieulx, et en estat finerent leurs iours. De chascun d'eulx
n'est jà besoing de parler en particulier, combien qu'il est
certain, et ne le fault revocquer en doubte, que la plus part
d'iceulx sont colloquiez ès cieulx. Et après ce que sainct Pharon
frere audict compte Walbert et depuis Euesque de Meaulx eust
apprehendé, come plus prochain, le résidu dudict pais de Guisnes
à luy delaissié par son dict frere, et ainsy que tesmoingne l'histoire
de Meaulx, qu'il eust faict construire ung monastere de religieulx
en ung lieu scitué auprès d'ung port de mer qui maine au pais
d'Engleterre, pour la raison et blancheur du lieu de la terre sablon-
neuse communément apellée *Witsandt* (lequel monastere par la
guerre advenue à l'occasion des maulx qui se faisoient au pais en
la persecution de deux personnaiges, l'ung nommé *Gurmond* et
l'aultre *Ysembart*, fut entierement subuerty et desmoly), ledict sainct
Pharon aveucq saincte Phare sa sœur rendit son ame à Dieu et son
corps à la terre. Et pour ce qu'ils ne delaisserent aulcuns enfans,
le pais de Guisnes, après avoir esté longtemps vacquant et destitué
de maistre et sieur direct, tomba pour grant partie en la main des
Flamengs. Et par ce moien le lieu que l'on nomme à present
S. Omer, qui par la permission divine avoit esté donné par Adrouart
a Monsr sainct Omer, la ville d'Arques et ses appendences qui par
charité avoient este distribuez et bailliez par ledict compte Walbert
à Monsr sainct Bertin, comme s'ils eussent esté de l'essence du pais de
Flandres, furent séparées de la conté de Guisnes, et unis jusques
à présent audict pais de Flandres. Le lieu et les appartenances
d'Esprelecque furent bailliez par les contes de Flandres au compte
de Boullongne à tenir en fief; le lieu d'Esque et les terres y appendans au chastelain de S. Omer; Monteque et Quelmes mis es
mains du conte Varennes et par luy prins à tiltre de fief sans aulcun
contredict : et sy y eult semblablement plusieurs aultres parties
bailliez en fief aulx barons et gentilz hommes du quartier. Beaucoup
en y eust aussy attribué en jouissance perpetuelle aulx eglises, tant
a tiltre d'achapt que d'aulmosne. Et le reste des terres demourées
au circuit et pourprins dudict pais de Guisnes comme vacans et

presbyterii sublimatus honore, apud Burgundiæ Luxonium (22) post sanctum Austasium est abbas à Deo electus et constitutus; hæredibus suis propinquioribus (de quibus nostri non refert propositi dicendum de singulis per singula, quorum tamen multorum certè nomina in cœlo esse scripta non ambigimus) cum filio Walberti Bertino aliquamdiù conversantibus et, sicut scrupulosiùs investigantibus clariùs patet. hìnc illìnc dispersis et obeuntibus : postquàm [1] sanctus Pharo frater ejusdem Walberti, episcopus factus posteà Meldensis, et residuum terræ à fratre sibi relictæ jure propinquitatis ei successit, et apud Stronas, Britannicum secùs portum qui ab albedine arenæ vulgari [2] nomine appellatur *Witsant* (23), sicuti verè contestatur historia Meldensium, monachorum construxit monasterium, quod posteà, peccatis exigentibus, bellantium exercitu in persecutione Gurmundi et Hisembardi (24) commolitum est et eversum funditùs, cum beatâ Pharâ (25) virgine sorore suâ Deo spiritum reddidit, ossa solo, nullis ab eo relictis liberis ; multorum annorum labente curriculo Ghisnensis terra rectore et domino recto [3] quasi desolata et destituta, in manus Flandrensium magnâ in parte contracta est. Unde et Audomarensia prædia quæ ab Adroaldo sancto sunt Audomaro cœlitùs commissa et collata, et Archarum nichilominùs prædia cum eorum appenditiis à Comite Walberto sancto Bertino piè in Domino commendata et distributa, quasi de corpore Flandriæ, à [4] Ghisnensis terræ integritate separata, Flandriæ partibus usquè hodiè continuata [5] sunt atque conjuncta. Sperlekensia prædia [6] Boloniensi Comiti à Flandrensibus Comitibus in feodum data ; Elchekensia prædia Audomarensi castellano ; Minthekensia et Quadhemensia prædia in manus Warennensis [7] Comitis (26) resignata, et ab eo nullo adhuc præsente et contradicente in feodum suscepta ; aliaque perplura [8] à Baronibus et

---

[1] Br. post quæ. — [2] A. V. vulgali. — [3] L. certo. P. carens. — [4] L. et.
[5] L. continua. — [6] L. prædia et. D. prædia ut. Br. O. prædia etiam.
[7] Br. O. Warciniensis. V. Waremiensis. — [8] L. perpauca.

sans seigneur inutilles, ont esté usurpées et prinses par ledict conte de Flandres Arnoul dict le grand ou l'anchien. Et comme il est desja dict cy dessus, ainsy en avoient faict ses predecesseurs deppuis Lidericq premier conte de Flandres. Lequel Arnoul, apres le trespas dudict compte Walbert et que ladicte terre fut vaccant, usurpa icelle terre de Guisnes, l'applicqua audict pais de Flandres, et y constitua ung lieutenant et capitaine soubz luy. En ce temps là que le susdict compte Arnoul le grant domina en Flandres, Nostre Seigneur aiant pitié du pais de Guisnes et du peuple, inclinant à ses devotes prieres, leur en la fin par droict et vraye succession procuré ung seigneur et heritier par la forme que s'enssieult.

CH. VII, *Comment Siffroy de Dace arriva au pais de Guisnes.*

Environ l'an de l'incarnation Nostre Seigneur nœuf cent et vingt huict, que dominoit en Flandres ledict Arnoul le grand, et que feu de bonne memoire l'evesque Estienne tenoit le baston et siege episcopal de l'eglise de Therouenne, olt ung homme noble et de vertu et de lignaige, nommé Siffroy, qui descendit de la lignée du devant dict Walbert compte de Ponthieu Therouenne S. Pol et Guisnes. Et combien que ce soit chose anchienne et difficille à croire à gens qui n'ont mis paine de le scavoir et qui seroient mes envieulx, toutesfois se on recorde bien de ceste genealogie que l'on treuve par escript, et si on veult bien réduire à mémoire les choses vraies, l'on congnoistra et tiendra pour certain que ainsy est. Or ledict Siffroy estoit surnommé de Dace pour ce qu'il avoit longtemps servy le roy de Dace; et estoit fort estimé au faict de la guerre, et tres famé et renommé par les Daciens comme s'il eust esté filz, nepveu, cousin germain, ou prochain parent du

militibus (27) terræ ipsius similiter in feodum sunt accepta.
Multa quoque [1] ecclesiis in eleemosynam largita et ab ecclesiis pretio comparata, in perpetuam possessionem privile-
giata. Alia autem omnia quæ infrà Ghisnensis terræ ambitum
continebantur prædia, quasi desolata et ab hærede legitimo
pro nichilo reputata usurpavit sibi et vindicavit Flandriæ
Comes Arnoldus cognomento magnus vel vetulus. Sic enim,
ut jàm dictum est, et prædecessores sui fecerant à tempore
Lidrici Flandrensis Comitis primi. Qui, postquàm Comes Walbertus seculo valedixit et terram simul cum seculo dereliquit, Ghisnensem terram Flandriæ continuavit et sibi usurpavit, et in terrâ Ghisnensi in loco suo præpositum substituit.
Tempore autem illo quo sæpe dictus Flandriæ Comes Arnoldus magnus Flandrensibus imperavit, principibus et populis
misertus Dominus Deus ad se devotè clamantis Ghisnensis
populi tandem Ghisnensibus rectà et hæreditariâ possessione
prodeuntem procuravit hæredem.

CAP. VII. *Quomodò Sifridus de Dachiâ in Ghisniam venit.*

Anno igitur dominicæ incarnationis nongentisemo fermè
vigesimo octavo, dùm jàm dictus Arnoldus magnus Flandrensibus imperaret, et piæ recordationis episcopus Stephanus (28) pastoralem baculum in Morinorum bajularet ecclesiâ,
vir quidam animo nobilis et genere spectabilis, à sæpedicti
Walberti Pontivi quidem et Teruannici populi sive S. Pauli
atque Ghisnarum comitis sanguine (licèt negligentibus et
nobis æmulantibus [2] longa retrò series videatur, veritatis
autem [3] genealogiam scripto recordantibus et verum verisimile adhuc in memoriam conservantibus, satis memorabile
pro certo cognoscatur et teneatur) ducens originem, nomine
Sifridus, qui eò quòd regi Dachorum plurimis servivit annis

---

[1] V. L. quoque in. — [2] L. simulantibus.
[3] Br. veritatis-authoritate.

roy de Dace; et estoit le plus réputé apres luy. Et quant il eust longuement attendu et surporté de grandes charges et affaires, et qu'il eust cognoissance de plusieurs choses dont il estoit adverty d'ung costé et d'aultre en renommée commune et par escript, qu'il fust informé de sa généalogie, et qu'il sceut certainement comment son predecesseur conte Walbert, son filz Bertin, aveucques son frère Pharon et Phare sa sœur estoient mors et terminés, et qu'il eust cogneu comment Arnoul le grand conte de Flandres, comme avoient faict ses predecesseurs, usurpoit et détenoit en sa subjection la conté de Guisnes qui luy appartenoit à cause de sa succession, il habandonnà le pais aveucques l'honneur et auctorité qu'il avoit à la court du roy de Dace, et après avoir asemblé certain nombre de gens expérimentez à la guerre tant de son lignaige que estrangers, se transporta aveucques eulx à diligence en la terre de Guisnes comme siegne et à luy debue et delaissiée par ses predecesseurs et justement luy apartenant à tiltre d'heritaige, sans avoir aulcun regart ausdicts contés de Ponthieu, Therouenne, S. Pol, nonobstant que ledict pais de Guisnes fust lors en ruine, sans labeur, et mal poeuplé et habité.

CH. VIII. *Comment Siffroy fist faire le chastiau et forteresse de Guisnes et le environner et clore de fossez.*

Pour ce que Siffroy vit que par la negligence de ses predecesseurs le pais de Guisnes estoit sans forteresse, et que de touttes pars il estoit au dangier de ses ennemis, mesmement que la ville de Guisnes n'estoit close ne fermée de muraille ne de fossez, il fist eslever une motte qu'il cloit et environna d'ung double fossé, sur laquelle il fist de nouveau construire un fort (que l'on a deppuis nommé la cuve de Guisnes) [1], au desceu toutesfois dudict Arnoul le grand conte de Flandres, duquel est cy-dessus parlé; sy aplicqua et apprehenda à luy tout le pais, et le mist du tout en son obéissance.

---

[1] Cette parenthèse n'est pas dans le texte latin.

agnominatus est Dachus, vir quidem in bellicis apparatibus
admodùm strenuus et per totam Dachiam, utpotè nepos et
cognatus germanus Regis et colateralis et à Rege secundus,
famosissimus extitit et nominatissimus ; cùm diutino diutiùs
sustinuisset, et hìnc illìnc in auribus, famæ rutilante pennâ
et verissimâ scripti genealogici assertione, de prædecessore
suo Comite videlicet Walberto et filio ejus Bertino, necnon
et de fratre ejusdem Walberti Pharone, et Pharà sorore similiter eorum, rei percepisset eventum, et Flandriæ Comitem Arnoldum magnum, sicuti et prædecessores suos,
Ghisnensis terræ Comitatum, quem hæreditariâ successione
ad se spectare et pertinere didicerat, injustè sibi usurpasse
et adhuc in suâ ditione tenere cognovisset, relictâ Dachiâ et
regalis honore curiæ, congregatis militibus et satellitibus
tàm sui generis quàm alieni, terram Ghisnensem utpotè
suam 'et sibi ab [1] antecessoribus relictam et debitam et
ad se justissimè pertinentem et ad hæc ipsum expectantem,
licèt adhuc silvestrem et incultam et paucis habitatoribus ha-
bitatam, nullo habito Pontivi aut Teruannensis sive S. Pauli
Comitatûs respectu, properanter adiit et occupavit.

CAP. VIII. *Quomodò Sifridus apud Ghisnas dunjonem fecit et fossato*
circumcinxit et firmavit.

Et cùm prædecessorum negligentiâ terram videret immu-
nitam et hostium quorumlibet circumquaquè assultibus perciperet expositam, et cùm Ghisnarum oppidum nullius valli
aut firmitatis aggere vallatum fuisset aut munitum, in eo firmissimum (29) munitionis aggerem primus elevavit, et fossato
duplici circumcinxit et sepivit, et inconsulto Flandriæ Comite,
de quo inprimis mentionem fecimus, Arnoldo magno, totam
terram Ghisnensem sibi, nimirùm ut debuit, appropriavit,
et suæ dominationis vindicavit arbitrio.

---

[1] D. sibi et.

CH. IX. *Comment Arnoul conte de Flandres dict l'ancien print mal en gré que Siffroy vouloit dominer au pais de Guisnes.*

Quant Arnoul conte de Flandres dict le grand fust adverty que Siffroy vouloit dominer au pais de Guisnes, tout courouce et remply d'ire et indignation se voulut vengier de luy. Toutesfois il envoia à diligence ses heraultz et ambassadeurs et le manda vers luy. Et après que ledict Siffroy ot receu en joie et magnificence lesdicts ambassadeurs, leur presté l'oreille, et bien entendu la cause de leur venue, considerant qu'il estoit en l'indignation d'ung tel prince, regarda qu'il estoit de faire, et comme bien advisé communicqua aveucques les saiges anciens et gens d'auctorité du pais. Par l'advis desquelz soy sentant coupable, ou par constrainte, assembla ses plus prochains amis et parens, et soy tousjours confiant en Nostre Seigneur Dieu, en sa vertu et puissance, se transporta sans estre estonné vers ledict seigneur conte de Flandres; lequel il trouva jouant et esbattant aveucques ses nobles du pais en la ville de S. Omer lors appelée Sithiu, en laquelle il hantoit et conversoit souvent. Et quant ledict Siffroy vit et congneust ledict seigneur conte, reduisant à memoire ce que l'on dict communément, que fortune favorise l'homme hardy, d'ung couraige audacieulx et mananime devant luy se presenta, luy fist la révérence, et en toute humilité le salua aveucques ceulx qui l'assistoient. Et lors les chevallierz et gentilz hommes de la court de Flandres, lesquelz ledict Siffroy comme prudent et saige avoit secrettement appellé en son aide, et qui benignement et en grand honneur l'avoient bienvegnié, luy offrant tout honneur et service, contendirent de tout leur povoir le mettre en la bonne grace dudict conte de Flandres leur maistre. Et entre aultres le frere du roy de Dace, nommé Cnutus, nepveu et prochain parent dudict Siffroy, luy estant audict pais de Dace avoit faict plusieurs services, remonstra son cas audict seigneur conte de Flandres; tellement qu'il appaisa son ire, et se departit de son indignation, et fist bon recœul audict Siffroy en le prenant par la main, et luy rendit son salut et aulx siens.

CAP. IX. *Quomodò Arnoldus magnus ægrè tulit, cognito quòd Sifridus apud Ghisnas dominaretur.*

Audiens. autem Flandriæ Comes Arnoldus magnus sive vetulus Sifridum Ghisnarum præesse dominio, admodùm stomachatus et amaritudinis et indignationis zelo tumefac-tus vix impunitum patitur Sifridum. Sed primò accelerans [1] nuntios eum ad se accersiri fecit. Susceptis igitur Flan-drensis Domini cum jocunditate [2] et exultatione [3] nuntiis : Sifridus non obturatis auribus nuntiorum audiens lega-tionem, et tanti principis aliquatenùs jàm intelligens indi-gnationem, uti moris est viri sapientis, cum prudentioribus terræ loquitur, consulens diligenter ab eis quid facto opus sit. Collectis igitur juxtà prudentium et majoris auctoritatis seniorum consilium cognatis et amicis suis propinquioribus, vel sibi conscius Sifridus aut timens, sed in Domino Deo et in potentià virtutis ejus semper gestans fiduciam, Flandrensis dominationis principem confidenter adiit imperterritus, et eum in villà Sithiu, ubi frequenter idem princeps conversa-tionem habebat, inter primos provinciæ proceres exultantem invenit et ludicris intendentem. Quem ut vidit Sifridus et agnovit, ad memoriam revocans quod *audaces fortuna juvat* [4] (O dignè memorandam animosi viri audaciam!), audacter in medium prosiliens satis eleganter et urbanè, submisso ob reverentiam principis capite, ei vale dixit et suis. Milites verò simul et Flandrensis curiæ proceres, quos Sifridus, ut prudens et providus, in suum asciverat et præ-munierat adjutorium, nichilominùs et herilis memorati prin-cipis comitatus, benigno favore virum recipientes et venera-tionis [5] attentionem ei exhibentes, studiosæ cautelà sedu-litatis suo eum commendare principi satagebant. Quippe Da-chorum regis frater quidam *Cnutus* nomine, Sifridi nepos et

---

[1] Accelerans multos nuntios. — [2] Br. O. jucunditate.
[3] A. D. O. exaltatione. — [4] *Æneid.* X. 284. — [5] L. venerati ejus.

CH. X. *Comment Arnoul le grand et Siffroy furent bons amis ensemble.*

Et de ce jour en avant furent amis le conte de Flandres et
Siffroy , auquel conte ledict Siffroy en tout honneur et reverence
fist le premier hommaige pour raison de la conté de Guisnes ; et se
mist tellement en la grâce du dict seigneur conte de Flandres qu'il
le traicta bien , et luy fist honneur comme à son semblable en le
faisant son familier et domesticque. Et pour ce que le dict Siffroy
estoit homme discret , prudent , et de bon conseil , liberal , et fort
aorné de toutes vertus , il fut en la dicte court de Flandres tenu et
réputé de nom et de faict le second après le plus grand. Et finablement après le trespas dudict Arnoul le grand conte de Flandres,
demoura icelluy Siffroy, aveucques Bauduin son fils ; lequel à cause
que son dict feu pere l'auroit grandement aimé et honoré , l'eust
ainchois en plus grande dilection et l'aima de meilleure affection.

CH. XI. *Comment Estrude fut enchainte des œuvres de Siffroy , lequel*
mourut à Guisnes.

Ledict conte Bauduin de Flandres avoit une sœur en beaulté
excellente, que jadis la femme au conte de Flandres dict le ferré
son ayeul [1] nommée Estrude , avoit tenu sur fons, et luy donna
son nom ; de laquelle ledict Siffroy fust si tres amoureulx , que en
la fin apres plusieurs communications plaisantes et secrettes, moitié
force , moitié voloir , sans violence toutes fois, et par jeu, icelluy

---

[1] Les mots *son ayeul* ne sont pas dans le latin.

cognatus germanus et amicus proximus, cui Sifridus, dùm adhuc in Dachià maneret, sedulum sæpius exhibuerat obsequium, coram principe cum aliis astans militibus cum eis opitulationem pro eo fudit ad principem, adeò ut mitigatâ principis irâ et indignationis ejus furore fugato, dignæ venerationis viro Sifrido propitium et pacificum vultum exhibuit, et apprehensâ ejus dexterâ vicem salutationis ei rependit et suis.

CAP. X. *Quòd facti sunt amici Arnoldus magnus et Sifridus.*

Facti sunt itaque sub illà die amici, et Sifridus Flandrensium principi super Ghisnensis terræ dominio [1] debitâ cum reverentiâ primus præstitit hominium, adeptusque est tantam ejus gratiam, quòd ab eo in socium detentus honoris et familiaris ejus est effectus et domesticus. Et quoniàm consilio discretus erat, prudentiâ clarus, largitate perfusus, et in universâ morum honestate perspicuus, in totâ curiâ Flandrensi post primum et re et nomine annumeratus est secundus. Tandem reverendissimo Flandriæ Comite Arnoldo magno de medio facto, remansit Sifridus cum Balduino filio ejus. Et quia pater eum ferventi dilexerat amore et in multis et præ multis honoraverat, ipsum ampliori venerabatur dilectione, ardentiori [2] diligebat affectu.

CAP. XI. *Quomodò Sifridus imprægnavit Elstrudem et apud Ghisnas mortuus est.*

Habuit autem jam dictus Comes Balduinus miræ pulchritudinis sororem, à Balduini ferrei (30) quondàm uxore Elstrude nominatam Elstrudem, cujus Sifridus nimio languebat amore, cui post multa amoris colloquia furtivaque ardoris oblectamenta demùm nolenti velle, immò nolle volenti, sine vi ludendo vim intulit, et eam clanculò imprægnavit. Re [3]

---

[1] D. dominium. — [2] Br. ardentiori que. — [3] L. Ita.

Siffroy en quelque lieu secret, joist et fist son plaisir d'elle, en sorte qu'elle fut grosse de ses œuvres. Et lorsque la chose vint à lumiere et fut manifestée, craindit ledict Siffroy, et ne se osa trouver devant ledict conte Bauduin son seigneur; mais il se retira en son pais et arriva à Guisnes, auquel lieu après avoir languy aulcun temps par maladie procedant de l'amour desordonnée de celle qu'il avait délaissié, il mourut de mort pitoiable. Et au reguard dudict Bauduin conte de Flandres son seigneur, il mourut aussy briefs jours ensuivans, entachié de la verolle; et est son corps inhumé au monastere de S. Bertin. Lequel conte Bauduin laissa ung fils heritier de là conté de Flandres, nommé Arnoul, procédé et issu de luy et de Mehault, fille de Herman duc de Saxe, dont descendit Bauduin belle barbe.

CH. XII. *Comment Arnoul filz Bauduin conte de Flandres print la garde de Estrude sa tante et Aldolf fils de Siffroy et d'elle, auquel il donna le pais de Bredenarde en fillolaige.*

Après que ledict conte Arnoul de Flandres, luy estant encoires jeune, eust congneu que sa tante Estrude estoit grosse d'enfant, et que Siffroy estoit trespassé d'une mort si pitoiable, il print en sa main le conté de Guisnes, et sy fist par pitié et compassion traictier sa dicte tante, laquelle acoucha d'ung fils que ledict conte Arnoul de Flandres tint sur fons, et luy donna nom Aldolf, duquel il print toute la guarde et cure et pareillement de la mere. Cest enfant crut et vint en aege, et par futur présaige fut appellé Aldolf de Guisnes; lequel après qu'il eust passé l'aege et estat d'adolescence et ataint aege d'homme, et que sa mere Estrude fut morte, fut si aimé du dict Arnoul conte de Flandres son cousin germain et parrain, qu'il le mist aux armes et le fist chevalier et conte de Guisnes, et aveucques ce amplia fort les fins et limites de la dicte conté.

autem in propatulo habità et manifestatâ, Sifridus sibi metuens et Comitem et Dominum præstolari non audens, in
patriam reversus est, et Ghisnas usque pervenit. Ubi ali-
quandiù morbo languens occulto [1] et intemperato ejus quam
reliquerat amore, alterum Andream exhibens Parisiensem,
miserabili morte defunctus est (31). Balduinus quoque Flandriæ Comes dominus ejus, paucis interjectis diebus concepto variolæ morbo mortuus est, et apud S. Bertinum
sepultus est. Hic siquidem Balduinus hæredem reliquit Flandriæ Arnoldum, qui pater fuit Balduini barbati à filià Here-
manni Saxonum ducis Mathilde conceptum et progenitum.

CAP. XII. *Quomodò Arnoldus* (32) *Balduini filius curam egit amitæ suæ
Elstrudis et filii ejus et Sifridi, Ardolphi, et quomodò ei totam Bredenardam in filiolagium contulit.*

Hic ergò Arnoldus adhuc adolescens cùm cognovisset amitam suam Elstrudem esse impræegnatam et Sifridum Ghisnensem miserabili morte defunctum, terram Ghisnensem
occupavit, et amitæ suæ Elstrudi compatiens, curam ejus
egit. Peperit autem Elstrudis filium, quem Arnoldus Flandriæ Comes de fonte levavit, et nomen ei Ardolphum indidit
et imposuit, ejusque omnimodè curam egit et matris. Crevit
itaque puer, et in præsagium futuri Ardolphus appellatus est Ghisnensis. Factus igitur adolescens Ardolphus, et
in robur accelerans virile, matre ejus jàm defunctà, in amorem Flandrensis Comitis Arnoldi cognati sui germani et pa-
trini in tantum excrevit, quòd eum militaribus implicans sacramentis militem fecit et Comitem Ghisnensem sustinuit [2],
insuper et terram ejus ampliavit et fines ejus dilatavit.

---

[1] P. Br. occulto morbo laborans. — [2] *Nonne legendum,* instituit?

CH. XIII. *La description de Bredenarde.*

Or en ce temps là y avoit ung lieu à usaige de pasture , ample et
de grande estendue , scitué entre le fleuve d'Aa , vers orient , et
les fontaines de Nielles , vers occident , et du costé de midy entre
la riviere fluant vers septentrion , en la partie opposite d'ung grand
marestz ; lequel lieu est long et large et s'espand bien loin , et pour
la fertilité d'icelluy estoit moult nécessaire aulx habitans circum-
voisins pour la nouriture de leur bestiail. Lequel lieu communément par sa grant estendue de pasture se nomme *Bredenarde*,
laquelle toutesfois lors estoit inhabitée et peu cultivée. Et comme
il est dict cy dessus , le dict Arnoul, pere de Bauduin belle barbe ,
à l'honneur de luy , à l'advancement de son cousin germain et
filleul , et adfin d'acroistre et dillater la dicte conté de Guisnes ,
donna audict Aldolf la dicte terre à la tenir de luy en fief et en joyr
à tiltre perpétuel.

CH. XIV. *Comment Aldolf de Guisnes espousa Mehault, fille de Ernekin
conte de Boullongne.*

Quelque temps après Aldolf conte de Guisnes, desirant de joyr
de l'heritaige de son pere , print congiet dudict Arnoul conte de
Flandres , son cousin seigneur et parrein , et se transporta en son
pays de Guisnes. Et voiant par le conte de Boulongne, nommé Ernekin, que le dict Aldolf joissoit et pocessoit paisiblement en seureté
dudict pais et conté de Guisnes , luy donna et accorda en mariaige
sa fille nommée Mehault.

CAP. XIII. *Descriptio Bredenardæ* (33).

Fuit enim diebus illis locus quidam pascuus, amplus admodùm et latus, inter flumen quod dicitur Vonna [1] ab orientali plagâ, et Neleios vel Nileios fontes ab occidentali, et inter flumen quod *à re veris* [2], id est amœnitatis effectu, vel *à rei vero*, Reveria [3] nuncupatur, à meridie usque in oppositam marisci partem spatiosi ad Aquilonem longè latèque diffusus et extensus, pecoribus et armentis nutriendis propter herbarum fertilitatem circummanentibus, licèt adhuc paucis, admodùm necessarius. Hæc siquidem terra à latitudine pasturæ vulgò *Bredenarda* dicta est, raro frequentata habitatore, paucis vel nullis adhuc exculta [4] colonis. Hanc igitur terram memorandus Flandriæ Comes Arnoldus, ut jàm diximus pater Balduini barbati, ad honoris sui et nepotis augmentum et ad Ghisnensis terræ fines dilatandos, in feodi quoque crementum, cognato suo germano et filiolo liberè possidendam et in perpetuum hæreditario jûre tenendam contulit Ardolpho.

CAP. XIV. *Quomodò Ardolphus Boloniensis Comitis Erniculi*
filiam Mathildem duxit uxorem.

Ardolphus igitur post aliquot dierum spatium paternæ flagrans hæreditatis desiderio, acceptâ à Domino cognato et patrino Flandriæ Comite Arnoldo licentiâ, in patriam suam ad Ghisnensium partes se transtulit, ubi aliquantisper cùm liberè dominaretur, et tranquillæ securitatis pace gloriaretur, famosissimi Boloniæ Comitis Erniculi filiam Mathildem duxit uxorem [5].

---

[2] P. Nonna. — [2] V. L. Areveris. B. Br. A. O. a reveris.
[3] L. verreveria. — [4] P. A. culta. — [5] P. A. duxit in uxorem.

CH. XV. *La reprehention de ceulx qui dient que Guisnes a esté subjecte au pais de Boullenois.*

Et ne fault croire ceulx qui contre vérité veulent dire que celluy mesmes conte de Boulongne, Ernekin, dont nous avons parlé, que aulcuns ont appellé Ernoul, et lequel on dict estre inhumé en l'eglise S. Ulemier au bois (qui est aprésent Sammer) aveucques ses deux fils, assavoir Arnoul et Eustache, ait jamais en ung mesme temps possédé les pais et contés de Boullenois S. Pol et Guisnes, ne qu'il les ait assigné à ses trois enfans pour portion de succession, selon l'affection, nature et qualité de ces dictz trois enfans. Car soient veus leus et bien regardées toutes les cronicques tant de Flandres que de Boullenois, sy aulcunes en y a autenticques, aveucques ce ouy et entendu ce que plusieurs anciens ont dict et recité, l'on ne trouvera point que jamais le conté de Guisnes ait esté des appendences de Boullenois; mais a esté depuis ledict conte Walbert totallement subjecte et ressortissant à la conté de Flandres. Et sy on demande dont poeult estre procedé la source de ceste erreur longtemps assopy, et divulgué au peuple, la raison et response y est, que soubs umbre d'ung faict véritable l'on a mist en avant aulx gens simples et de legiere creance une chose vraysemblable, quy toutesfois n'est que fable controuvée au plaisir et soullas des Boullenisiens. Et comme nous avons leu ès gestes des anciens, et aulcunes fois ouy reciter à nos predecesseurs gens eagez, et de tres longtemps apres que feu de bonne recordation et louable memoire le conte Walbert en son temps seigneur de Ponthieu, S. Pol et Guisnes, duquel nous avons cy dessus parlé en suiant le vouloir de Dieu, eust paié le deu de nature, il y eust audict pais de Ponthieu ung noble et puissant compte seigneur nommé Guillaume, procréé et issu du tres noble sang de France; et aveucques ce qu'il estoit de noble lignée et génération bien famé, et son nom fort reluisant et exaulté ès régions lointaines, la vertu et proesse de son corps estoit à ce correspondante; et ne se contentoit du sien, mais tousjours par forme d'armes entreprenoit sur ses voisins. Et augmenta le sien tellement qu'il subjuga et applicqua

CAP. XV. *Confutatio eorum qui dicunt quod Erniculus [1] tribus filiis suis terram suam distribuerit [2].*

Nec enim audiendi sunt illi qui somniando dictitant, quòd ille quem jàm Boloniæ Comitem nominavimus Erniculum, qui apud S. Vulmarum de nemore vel de Silviaco Ernuldus [3] nominatus cum duobus filiis suis Ernulpho videlicet et Eustachio in eodem loco sepultus esse dicitur, unquàm terram Boloniensem et S. Pauli atque Ghisnensem simul in eodem tempore tenuisset, et quòd pro qualitate affectionum trium filiorum suorum et studio, terram portionaliter, juxtà studii et affectionum ipsorum convenientiam competentem, ipsis distribuisset. Ghisnensium enim terra, circumspectis lectis et relectis omnibus tàm Flandriæ quàm Boloniæ chronicis, si qua sunt [4], authenticis, auditis etiam et intellectis plurimorum narrationibus antiquorum et fabulis, nunquàm et nusquàm Boloniensis terræ portio vel appenditium invenitur aut [5] auditur, sed Flandrensis dignitatis ditioni post Comitem Walbertum totaliter inclinata et subjecta [6]. Si autem quæratur unde hujus opinionis surculus diù sopitus demùm in populo ventilatus surrepserit et emanaverit, dicimus, quòd à quodam vero quoddam verisimile simplicibus et facile credentibus prodiit et in fabulam subiit. A verissimo enim [7] rei eventu commutatum [8] est à Boloniensibus, immò commentatum, ad suæ consolationis et delectationis fabulam. Sicut enim in veterum annalibus legimus, et à grandævis patribus quandoquè audivimus, multorum annorum labente curriculo postquàm piæ recordationis et colendæ memoriæ Comes de quo jàm dicimus Walbertus, qui Pontivi et S. Pauli Ghisnensiumque præerat et principabatur terræ, factà secundùm Dei voluntatem in terris dispensatione,

---

[1] O. Hermiculi. L. Ermiculi, D. Ernuculi. — [2] P. L. diviserit.
[3] L. Ermildus. O. Ernildus. — [4] Br. si quæ sint. — [5] L. et.
[6] D. subjecta est. — [7] D. ejus. — [8] Br. connotatum.

entre ses bournes et limittes le pais de Boullenois si grand qu'il
estoit. Et lorsqu'il sceut et congneust par la rellation des anchiens
que ledict conte Walbert son predecesseur avoit esté jadis si vertueux, que par *phas* ou *nephas* il avoit augmenté et dilaté sa seigneurie par force et puissance jusques à la mer occidentalle,
delibera de l'ensuivir, et si avant que possible lui fut mist son
vouloir à execution. Ce conte Guillaume avoit quatre filz; et pour
ce que l'aisné prenoit sa gloire et tout son passe temps en choses
chevaleureuses, armes et chevaulx, il luy bailla pour son partaige
la plus noble et plus excellente portion de son heritaige, comme
au plus noble, que l'on nomme le pais de Ponthieu. Au second
qui vollentiers applicquoit son couraige et entendement au faict de
la chasse, et prenoit sa felicité et delectation des chiens sans lesquels il n'avoit joie ne plaisir, ledict conte Guillaume assigna à tenir
de luy en fief le pais de Boullenois lors occupé de grans bois et fo-
rests. Le tiers estoit curieulx sur labeur, et desiroit aveoir provision de bledz; pourquoy luy fut baillié à tenir en fief le quartier
de Therouenne qui est aujourdhuy la conté de S. Pol. Et combien
que ledict seigneur et conte de Ponthieu eust déliberé de assigner
à son quatriesme filz qui mettoit toute sa cure à nourir moutons
et autre bestial, ung quart de pais en partie montueulx et bossu,
planté de haies et buissons, pour aultres parties à usaige de pasture, aveucques ung marecqs de grant estendue où sont grans
estangs et gouffres d'eaues, que l'on nomme à present le pais de
Guisnes; toutesfois congnoissant que Siffroy procréé et issu de la
noble lignée du compte Walbert, lequel peu paravant estoit retourné du pais de Dace, avoit conquis vaillamment le pais de
Guisnes qu'il tenoit par puissance, faindant qu'il ne scavoit aulcune chose et craindant en soymesmes, mua saigement conseil, et
laissa Siffroy paisiblement jouir dudict pais de Guisnes soubs le
ressort et souveraineté dudict conte Arnoul de Flandre surnommé
le grand; et traicta le mariage de son dict quatriesme filz et de la
fille de Renier de S. Wallery. Et ce que dict est procedant de
vraie histoire et cronicque, et non de fable, poeult présentement
souffir contre les Boullisiens.

carnis debitum solvit, fuit quidam de nobilissimo Francorum
oriundus genere in Pontivo præpotens Comes nomine Willermus [1], qui cùm virtute corporis non minùs quàm nobilitatis genere [2] famosissimus existeret, et longè latèque admodùm polleret, et famà personaret, cùmque sibi sua non
sufficerent sed in adjacentia multa vi et fortitudine manus
extenderet, et Boloniensium vastitatem suis subjugavit et
continuavit interstitiis. Qui etiam cùm ex veterum relatione
cognovisset, quòd antiquus prædecessor suus Comes Walbertus olim tantæ virtutis extitisset quòd usque ad mare occidentale (sive justè sive injustè) suæ dominationis extendisset
et exercuisset potentiam, hoc idem [3] concepit, et quoàd
ipse potuit suæ satisfecit et obtemperavit voluntati. Hìc siquidem Willermus (34) cùm quatuor haberet filios, primogenito, eò quòd circà militiam in equis et armis glorioso jocun-
daretur [4] affectu, utpotè digniori, digniorem et excellentio-
rem suæ dominationis partem, quæ nunc Pontivorum terra
nuncupatur, distribuit. Secundo verò, eò quòd venatoriæ
occupationis studiis applicuisset animum et nihil sine canibus
jocundum [5] esse assereret et delectabile, nemorosos terrarum saltus, qui nunc Boloniensis terra dicuntur, feodalem
contulit dominationem. Tertio autem, quia circà agricultu-
ram et in frumentis colligendis et servandis curiosus exis-
tebat, Teruannensium fines qui usque hodiè S. Pauli vo-
cantur Comitatus, in feodum dedit perpetuum. Quarto
etiam nichilominùs, eò quòd in armentis et pecoribus nutriendis totam perfunderet intentionem, terram in parte mon-
ticulosam et rapeis et bosculis obsitam, agros etiam pascuos,
et gurgitosam marisci planitiem, quæ nunc temporis Ghisnensis terra nominatur, cùm se daturum disposuisset, audiens Sifridum à generoso Comitis Walberti, sanguine prodeuntem de Dachià [6] nuper advenisse, et Ghisnensium fines,
ipso ignorantiam simulante, in manu forti viriliter et justè

---

[1] Br. A. Willelmus. — [2] L. gloria. — [3] L. pridem. — [4] Jucundaretur.
[5] D. Br. O. jucundum. — [6] P. D. Dacià.

CH. XVI. *De la nativité de Raoul, qui deppuis fut conte de Guisnes.*

Le mariaige faict et consommé entre Aldolf conte de Guisnes, et Mahault, fille au conte Ernekin de Boullongne, elle conceut, et ot de luy deulx filz, l'ung nommé Raoul et l'aultre Rogier. L'aisné, nommé Raoul, succeda à la conté de Guisnes apres le decez de Aldolf son père, et le puisné n'ataindit eage d'homme, et mourut josne. Quant Raoul fust venu à terre, luy qui portoit et avoit en soy la haulteur du nom et titre tant de Flandres que Boullenois, devint orgueilleulx, fier et bellicqueux. Car du lez et costé des contes de Flandres descendus et issus de l'imperialle noblesse et aussy des rois et ducz, et de par les contes de Boullongne qui ont leur source et origine de noblesse divigne, non pas par fantosme, mais par l'acteur du vrai signe diving transmis du ciel [1], ledict Raoul pretendoit avoir en soy noblesse divigne et humanité. A ceste cause luy qui se disoit heritier d'un si hault nom et tiltre, et considerant sa geniture de naissance, se transporta en grande pompe et magnificence ès regions lointaines, où soigneusement et de grand ardeur et affection il exersa les armes aulx joustes et tournois qui se faisoient par la permission des rois et princes.

---

[1] Trompé sans doute par les mauvaises leçons des manuscrits, le traducteur n'a pas entendu ce passage, dont le sens est : « Les comtes de Boulogne, « dont l'auteur est venu des cieux, conduit par un cygne, point du tout fan- « tastique, mais réel et divin. » (*Voir la note* 35.)

obtinere, sibi timuit, et mutato sapienter consilio, Sifridum in pace sub Flandrensis Comitis Arnoldi magni protectione permittens, filio suo videlicet quarto filiam Reinaldi de S. Walarico[1] desponsavit uxorem. Hæc igitur de veterum annalibus, non de opinione vulgari[2], contrà Bolonienses dicta sufficiant.

CAP. XVI. *Quomodò Radulphus natus est et Ghisnensis comes factus est.*

Juncta igitur Comiti Ghisnensi Ardolpho Boloniensis Comitis Erniculi filia Mathildis concepit, et peperit ei filios, Radulphum et Rogerum. Quorum prior natu Radulphus, Ardolpho jàm defuncto, Ghisnensis terræ factus est Comes; junior verò, antequàm pubesceret, juvenis defunctus est. Radulphus igitur Ghisnensis Comes factus et fastuosam tàm Flandrensis quàm Boloniensis gerens nobilitatis superscriptionem, animosus acer extitit et bellicosus. Quippe cùm à Flandrensibus qui ab imperatoriæ nobilitatis sanguine, à regibus quoque et ducibus descenderunt et originem duxerunt, et à Boloniensibus quorum auctor, cycni[3] non phantastici (35) sed veri et divini ducatu cœlitùs advectus, Boloniensibus generosæ propaginis et divinæ nobilitatis originem indidit, divinæ scilicet et humanæ[4] generationis stemmate polleret, gladiaturam pomposi nominis hæres et genituræ, ob nativitatis insigne præconium, cum extollentiæ fastu in longis et remotis terrarum tractibus et finibus, sub nobilibus regibus[5] et principibus, *opportunè et importunè*[6], studiosè, diligenter, immò ardenter exercuit.

---

[1] P. Br. Walerico. L. Walario. — [2] V. L. vulgali.
[3] V. civi. O. cini non fantastici D. cycni phantastici.
[4] L. divinæ sic et humanæ. D. et divinæ et humanæ.
[5] A. Br. P. nobilibus et regibus. — [6] II. Tim. IV. 2.

CH. XVII. *Comment Raoul conte de Guisnes espousa Rose fille au conte de S. Pol et d'elle engendra Eustache.*

Cestuy Raoul olt en mariaige la fille du tres noble et chevaleureux Hues, conte de S. Pol, par odeur et couleur de ceste fleur appellée Rose; de laquelle il olt ung filz nommé Eustache, et plusieurs aultres de sa sorte et à luy semblables en faictz d'armes. Sy eult aussi plusieurs filles de beaulté et forme excelentes; desquelz pour eviter ennuy et prolixité, et aussy qu'il ne sert a propos, et n'est heure de parler de chascun d'eulx en particulier, mesmes que n'aurons deliberé d'en faire mention, nous passerons a tant, et parlerons seullement dudict Eustache filz aisné.

CH. XVIII. *Comment Raoul conte de Guisnes vesquit prodigallement, fut injurieulx et odieulx à ses subjectz, et enfin mourut et fina misérablement.*

Il est icy besoing de dire que Raoul, conte de Guisnes, de quy l'on a parlé, estoit sy très prodigue, que ce qu'il avoit ne luy povoit souffrir; et quand le sien estoit despendu, et n'avoit plus de quoy entretenir ses gens, il estoit furieulx oultre mesure vers ses subjectz en les opprimant par exactions indeues, et les pilloit souvent. Sy advint ung jour qu'il s'en alloit en France à intention de se soy trouver à quelque tournoy ou combat, et en passant par ungue montaine auprès du villaige de Surques que l'on nomme communément *Monflon*, trouva plusieurs bergiers illecques assemblés pour raison de la pasture prochaine du dict lieu. Lors ledict Raoul se desguisa de fachon et de langaige, comme aussy firent ses gens. Se addressa ausdictz bergiers, et sans aultrement les saluer, leur demanda que on disoit du conte de Guisnes, s'il estoit en santé, et où il estoit. A quoy les dictz bergiers, comme gens simples assez mal emparlez et advisez, ouvertement et par affection qui les mouvoit respondirent en parlant dudict conte de Guisnes : « Ha homme « cruel, qui pour tirannier, tourmenter, et destruire son peuple, « contend estre equiparé à Hercules, Hector ou Achilles, en lieu

CAP. XVII. *Quomodò Radulphus duxit Rosellam filiam Comitis S. Pauli, et ex eâ scilicet Rosellâ genuit Eustacium.*

Duxit autem Radulphus iste filiam Comitis S. Pauli militis strenuissimi Hugonis (36), à roscido odore vel à roseo colore nominatam Rosellam; ex quâ suscepit nobilem virum Eustacium aliosque in bellicis armis et apparatibus patris non degeneres filios, et venustæ faciei et laudatissimæ formæ filias. De quibus fastidium vitantes et dispendium, nostri non referet propositi nec locus est dicendi singulariter per singula de singulis. Enim verò cùm de eis nichil dicere proposuimus, pennam subtrahimus, ut morosiùs Eustacio primogenito scriptoriâ pennâ observiamus.

CAP. XVIII. *Quomodò Radulphus populo suo injuriosus et odiosus nimìs prodigaliter vivens, per imprecationes* [1] *eorum non maturâ* [2] *sed miserabili morte defunctus est* [3].

Hoc addito de Radulpho, quòd tam profluæ prodigalitatis notâ perfusus dicebatur, ut ei, quod habebat sufficere non posset. Undè cùm ei non sufficeret de suo quod suis distribuere valeret commilitonibus, in subjectos nimirùm ultrà modum injustas exactiones faciendo, injustè calumniando, vi opprimendo, et plerùmque rapiendo, sæviebat. Factum est autem in unâ dierum ut ad execrabiles nundinas (37), quas torniamenta vocant, properaret in Franciam (38). Et veniens ad montem iniqui, vel fullonis [4], vel etiam Philonis, qui vulgò *Montfelon* dicitur, juxtà Surcas, invenit maximam pastorum multitudinem propter pasturæ amplitudinem ibi congregatam. Ubi cùm dissimularet suos et seipsum ficto verborum idiomate, ne ab eis agnosceretur, averso vultu transfiguraret : « Heus, inquit, pastores (non præmisso « vale) quid dicitur de Comite Ghisnensi, si valet, ubi est,

---

[1] P. V. L. increpationes. — [2] L. natura. — [3] P. mortuus est.
[4] A. P. felonis.

« decorrigier les mauvais il pugnist les ˙innocens, et n'a pitié de
« ses pouvres subjectz. Comment luy souffiroit ce petit pais de
« Guisnes? à grant peine l'assouffiroit tout le monde. On dict
« qu'il est parti de sa maison et entend aller en Franche pour soy
« exaulcer, adfin qu'il soit bruit et renommée de luy entre toutes
« gens. Plaise à Dieu que avant son retour il soit plongié au plus
« parfond de la riviere de Saine ou de Loire, ou que de quelque
« lieu secret on luy arrache les yeulx, adfin que il ne nous puist
« plus mal faire, ou que la lance d'ung homme d'armes luy puist
« traverser parmy le corps et lui espandre son mauvais sang; et
« ce faict, rué au plus parfond d'enfer! » Et à ce dict se concor-
derent tous les aultres bergiers, disans qu'ilz prioient que ainsy
en advint. Et quant le conte Raoul eult ouy ce propos, il fut fort
marry, et se partit tout murmurant. Et luy arrivé au lieu où se
faisoit ledict tournoy et combat, advint par le juste vouloir et jugement de Dieu que à la premiere courre qu'il fist, il fust navré
au nombril et en grand dangier de perdre incontinent la vie. Lors
fut prins par ses gens, et ainsy que on le portoit comme mort entre
les archiers, une flesche descocha du lieu opposite, et luy percha
l'œil dextre; puis par les archiers venans de l'aultre costé qui de
se faire s'esvertuerent, fust le dict conte prins et parsaisy, et luy
estant à demy mort le despouillerent, et luy donnerent plusieurs
coups, et sans avoir pitié et miséricorde de luy le ruerent au
plus parfond de l'eaue de Saine; tellement que oncques puis on
ne le vit. Et ainsy en advient souvent que les mauvaiz par le jugement diving pour leurs démérites encourent l'indignation de
Dieu et malediction du peuple, tant que enfin meurent devant
leurs jours.

Et sitost que Eustache son filz fut adverti avoit finé sa vie d'une
mort si miserable et innopinée, il eult crainte et fraieur en luy-
mesmes; et après avoir mitigué l'affluence de la douleur par luy
conceue, se partit à dilligence et s'en alla en France, où il fist
cherchier de toutes parts le corps de son pere. Et voiant qu'il ne
le scavoit retrouver, retourna au pais où il se consolla ung petit de
l'ennuy qu'il avoit de la mort de sondict pere; et se transporta
vers Bauduin *belle barbe*, conte de Flandres, auquel il fist hom-

« aut quò tendit? » Pastores verò, ut erant nimiæ simplici-
tatis, ratione et sermone tenues, nodum in scirpo non quærentes (39), sed rationem ex affectu animi cum responso
confundentes, responderunt : « O mortiferum terræ suæ
« virum, qui dum Herculi, Hectori, vel Achilli coæquari
« nititur, excoriando et torquendo suos et flagellando sævit
« in suos, et cum non ignoraret debellare superbos, misere[1]
« novit parcere subjectis miseris. Quomodò enim ei hoc terræ
« tantillum sufficere posset, cui totus non sufficeret mundus?
« Ecce jam recessit, ut aiunt, à loco suo, et in Franciam
« ire parat, ut suam dilatet famam, suum gentibus inno-
« tescat nomen et magnificet. Sed utinam, antequàm rever-
« tatur, in profundum aquæ Secanæ vel Ligeris demer-
« gatur, vel occulto bello vel telo oculi ejus eruantur, ne ad
« nos ampliùs redire queat puniendos, vel etiam alicujus
« Quirini[2] hastâ (40) perforentur viscera ejus, ut effundatur
« sanguis ejus noxius et in abyssos Inferni defluat! » Hoc
idem omnes

Conclamant socii, vocemque loquuntur eamdem ;
Annuat, et dicunt, precibus Rhamnusia nostris! (41)

Quod cùm audisset Comes, stomachatus admodùm murmu-
rando recessit. Cùm ergo ventum est ad locum gladiaturæ vel
torniamenti, justo Dei judicio actum est ut in primo belli con-
cursu, accepto in umbilico vulnere, Comes de vità periclita-
retur[3]. Cùm autem inter (42) sagittarios quasi mortuus de-
portaretur, veniens ab opposito sagitta dextrum ejus perforavit oculum; et prævaluerunt in oppositam sagittarii partem,
et semivivum apprehendentes Comitem eum despoliaverunt,
et plagis impositis in præterfluentis Secanæ alveum, nullâ
moti misericordià, immisericorditer præcipitaverunt, ubi[4]
ulteriùs nusquam comparuit. Sic sic plerumquè fit ut justo
Dei judicio exigente, injusti, injuriosi indignationem Dei et

[1] *Nonne legendum*, minimè? — [2] P. Querini. A. Br. Guerini.
[3] P. V. periclitaret. — [4] P. ubi.

maige de la conté de Guisnes comme il estoit tenu : et ce faict,
retourna en sa maison.

CH. XIX. *Comment Eustache fut conte de Guisnes et se montra doulx*
et gratieulx à son peuple.

Par ce moien succeda Eustache à la conté de Guisnes, qui en-
sieuvit assez les meurs de son pere, excepté que en touttes choses
il se monstra et fut tres benin à son peuple, et qui plus est, pour
autant que rigueur de justice et equité le desiroient, print soin et
cure de bien traictier ses subjectz et punir les delinquans. Et fust
ledict Eustache si doulx et de si bonne veulle, que on pensoit que
ce nom Eustache luy eust esté donné en signe de futur présaige, à
cause que toujours et en tous endrois il se monstroit enclin à bien
faire. Au moien de quoy, ses subjectz en le collaudant luy disoient
souvent : « Monseigneur, vous avez un nom consonant à la chose;
« nous desirons que vivez longuement en ce monde, et que enfin
« aiez la gloire eternelle. Traictiez tousjours bien vostre peuple,
« adfin que mal ne vous en advienne comme à vostre pere, et que
« par les prieres de voz subjectz vous n'aiez destruiment et péril à
« l'ame. » Sy advint que par ung jour de la feste et solempnité de
la Nativité Nostre Seigneur, luy estant à table en son chasteau de
Guisnes, on luy reduist à mémoire tout à propos et pour le mouvoir, la mort de Renier, conte de Boullongne; et luy qui estoit
benin et gratieulx et se conduissoit en toutte douceur aveucques
les siens, sans soy courrouchier ne mouvoir, comme s'il eust

populi maledictionem, meritis suis exigentibus, consequentes, immaturâ [1] morte de vitâ (licèt inviti) periclitantur [2].

Audiens igitur Eustacius patrem suum Radulphum miserandâ et inopinatâ morte vitam exhalasse, fremuit spiritu. Sed circa doloris affluentiam modificationis induens temperantiam, omni dilatione postpositâ, in Franciam properavit, et circumquaque patrem quæsivit. Sed cùm eum nullatenus invenire potuisset, repatriavit. Et acceptâ de morte patris consolatione et dolore prudenter aliquantulùm mitigato, in Flandriam usque maturavit, et hominio Flandriæ principi Balduino videlicet barbato (43), cum reverentiâ ritè exhibito, in patriam remeavit.

CAP. XIX. *Quomodò Eustacius comes factus mitissimus in populo apparuit et fuit.*

Factus igitur Comes Ghisnensis Eustacius

> Est patris ingenui [3] dictus non degener hæres,

excepto quòd in populo suo per omnia mitissimus apparuit, et quòd peramplius et perfectius, quantùm justitiæ rigor et rectitudo permisit, studuit

> Parcere subjectis et debellare superbos [4].

Hic siquidem Eustacius tam benignus, tam patiens et benevolus dictus est inter suos extitisse, quòd quodam futuri præsagio hoc nomen Eustacius (44) ei inditum esse credebatur [5], eò quòd semper et ubique *stare* diceretur in *bono*. Unde et sui sæpius ei applaudentes dicere solebant :

> Ex re nomen habes [6] ; vivas comes hic et in ævum ;
> Sic bonus esto tuis ;

ne sicut patrem tuum quandoque te mala damna sequantur, et per imprecationes subditorum corporis detrimentum et

---

[1] V. L. in maturâ. — [2] A. Br. D. periclitentur. — [3] A. P. ingenii.
[4] *Æneid.* VI, v. 853. — [5] A. P. celebratur.
[6] *Alludit huic versui Ovidiano :* ex re nomen habet.... I. *Amor.* 8. 3.

4.

ignoré le cas (duquel néanlmoins il estoit accrtené), s'enquist qui estoit ce conte de Boullongne de qui on luy parloit, et comment il estoit mort. — Et lors se mist sus pieds et s'aprocha de luy ung anchien serviteur requerant avoir audience, laquelle luy fut accordée. Et adressant sa parolle à son dict seigneur et maistre, dit : Monseigneur, qui entre tous les aultres estes réputé le plus doulx et gratieulx, vostre bon plaisir soit que je parle; mais de ce que je diray de ce conte Regnier vous entendés que veulle touchier de vostre pere, etc. [1]

CH. XX. *De Regnier conte de Boullongne.*

Lors commencha cest homme anchien à parler et dire que jadis il eult ung compte de Boullongne appelé Regnier, qui oultre les termes de raison estoit fier et cruel vers ceulx de son pais, et de tout son pooir et puissance surmontoit, deprimoit, et avoit en desdain les nobles de sa terre; et au contraire, qui lui estoit honte, en pervertissant l'ordre d'honneur et louenge, avoit en estime et révérence gens non nobles, lesquelz il exaltoit et eslevoit en grant honneur. Et par adventure entendoit et prenoit mal et à la lettre aveucques les Juifz, ce verset : *deposuit potentes de sede et exaltavit humiles.* Toutesfois il estoit enclin à servir son roy et souverain seigneur : et estoit hors du pais aveucques ses superieurs courtois et large; mais en son pais aveucques ses subjectz et inferieurs il estoit tout secq et apaly du feu d'avarice. Il ravissoit à ung bout, il tailloit à l'aultre. Chascun estoit de luy pillié. Il chargeoit l'ung calumnieusement et à tort; il envoioit l'aultre en exil sans espoir

___

[1] La phrase n'est pas complète dans la traduction ; il faut lire : « Mais de ce « que je diray de ce conte Regnier, se vous entendés que veulle touchier de « vostre pere, ne vous en courouchiés, mais prenés en avertissement. »

animæ periculum sustineas. Unde et quandoque inter prandendum in solemnibus sanctæ Incarnationis Christi Domini natalitiis apud Ghisnas, consultà intentione mortem Boloniensis Comitis Regemari ipsum ad memoriam revocare monebant. Ille verò, ut erat benignus et erga suos pia [4] omnimode gestans viscera, nullam commotus in iram, diligenter, quasi ignarus, et scienter nescius, siscitabatur ab eis quisnam fuisset ille, de quo loquerentur, Regemarus, et qualiter occubuit. Consurgens igitur senex quidam in medium et manu indicens silentium, facto silentio, dixit :

Pace tuà loquor, o Comitum mitissime, nec te

moveat, et tamen moneat, si in eo de quo loqui incipio, Regemaro, quandoque patrem tuum transsumptive intelligas.

CAP. **xx**. *De Regemaro Comite Boloniæ.*

Regemarus igitur Boloniæ Comes extitit, qui in suos ultra morem sæviens, nobiles terræ viros quantùm poterat et audebat, quasi sub pedibus conculcans, deprimendo despiciebat, ignobiles (proh pudor!), converso laudandi moris ordine, venerabatur, exaltavit et ad honores usque provexit; audiens quandoque, sed malè cum Judæis ad litteram intelligens, *deposuit potentes de sede et exaltavit humiles* [2]. Regiæ tamen potestati totus inclinatus, cum superioribus extra terram largitate diffusus apparuit et munificus, in patrià verò cum subditis et minoribus avaritiæ æstibus pallebat [3] et arefiebat. Hìc rapiebat, illic talliabat [4] aut rebus expoliabat; isti injuriosam objiciebat calumniam [5], illi sine spe redeundi exulare præcipiebat, istum squalori carceris mancipavit, illum furcarum afflixit et affixit patibulo [6]; in milites efferus et amaricosus, in cives acerbus et contentiosus, in familiares

---

[4] L. V. P. pie. — [2] *Luc.* I. 52. — [3] L. pollebat. — [4] L. falliabat.
[5] P. A. contumeliam.
[6] P. furcarum afflixit patibulo. Br. A. furcarum affixit patibulo.

de retour; il constituoit l'ung prisonnier et le faisoit mettre en vil
et orde prison, et faisoit pendre l'aultre aux fourches et au gibet;
estoit entre gens d'armes cruel et plain d'amaritude, entre chi-
toiens et gens de ville aigre et plain d'estrif, tirant à murdrier
entre ceulx de sa famille [1]. Et le cremoient ses officiers oultre mesure, comme tempeste qui trebuche du ciel, et non sans cause:
et pour luy complaire estoient rigoureux au peuple, desiroient plus
tost accomplir ses commandemens tiranniques que entendre à faire
raison et justice. Il faisoit batre l'ung à Boulongue, tourmenter
l'aultre au Deseure, extraire ung aultre hors de l'eglise à Calais,
le desmembrer piece à piece, luy coper les genitoires et les mettre
à fachon de pelotte pour jouer à la palme, et le vilipender par les
femmes et petis enfans; en fist tuer et occir ung en la ville de
Marcq par ses prochains parens, et ne luy sceurent secourir ceulx
de la terre d'Oie. Et ceulx qui en murmuroient estoient mis à
mort comme ung pourceau qu'on maine à la boucherie. Ainsy
estoit ledict conte Regnier tout converty en fureur et embrasé de
yre; il hayoit fort ceulx de Boulongne, et les persecutoit d'une
hayne perverse et inique. Il imposa à ceulx de Calaix ung assez
pesant fais, c'est assavoir perpetuel banissement; ou composer
aveucques luy de quelque grande et infinie somme de deniers pour
avoir sa paix. Il tourmenta et bailla de grans charges à ceulx de
Marcq et de Colloigne [2], lesquelz il fist emprisonner à Hardelo. Il
gasta, destruisit et brusla les maisons et ediffices de ceulx de
Guisnes [3], fist aussi plusieurs ennuis et opprobres à ceulx de
Cayeu. Ceulx d'Ordre sur tous les aultres furent par luy fort in-
festez et traveilliez en tout et par tout. Et comme ainsy fut que
ce tres inique compte et seigneur, lequel toutesfois estoit tres
vaillant aulx armes, eust pocedé injustement ledict pais de Boul-

---

[1] Le traducteur a oublié les mots: *in servientes quasi super abstractis insi-diosus*, « tendant des piéges à ses serviteurs comme s'ils l'eussent volé. »

[2] Le traducteur voit dans *Collumbaribus*, les gens de Coullogne, village voisin de Calais; tandis que c'est un vieux mot latin signifiant collier de fer, carcan. Il n'a pas fait attention que sa version exigerait *collumbares* au lieu de *collumbaribus*.

[3] Il n'est pas question de Guines dans le texte latin, mais de Guemps.

truculentus et tyrannus , in servientes quasi super abstractis
insidiosus. Unde et timentes eum quasi Sathanam de cœlo
cadentem et deficientem servientes, nimirum et ipsi in populos sævientes , cùm tyrannicis præceptis mallent obedire
quàm juri intendentes judicium facere , hic Boloniæ verbe-
ratur, hic apud Devernas[1] colaphizatur, hic apud Calaisiacum
ab ecclesià raptus membratim discerpitur , et genitalibus
abscisis ad modum ludi pilæ à puellulis et mulieribus ludifi-
catur[2], hic apud Mercuritium , non succurrentibus Oianis,
proximorum gladiis occubuit, illic incusatores more por-
celli ad macellum morte afficiuntur. Unde in furorem conversus omnem accendit iram Regemarus, et Bolonienses
exosos habuit et odio iniquo[3] persequitur : Calaisiacensibus
onerosum pondus imponit, ut videlicet in perpetuum exu-
lent, vel ei super infinità pecunià qualemcumque pacem com-
ponant : Mercuritios plectitur, collumbaribus onerat, et in
Hardrei locum incarcerat : Ganapensium domos gravi incen-
dio destruit et devastat : Chaiocensibus probriis et contume-
liis insultat, et eos tædio et angore[4] lacessit : Odrenses præ
omnibus et per omnia infestat et afficit et affligit. Et quasi de
jure terram Comitum iniquissimus, licèt in militià strenuissimus, non possideret, in prænosticum futuri alicujus videlicet aliunde adventantis et advolantis Comitis, suis hæc subditis et populis et hominibus similia et intolerabilia mala et
damna, trepidantibus vicinis et circummanentibus populis ,
irrogabat.

---

[1] P. L. Deunas. — [2] A. B. P. V. ludificatus, — [3] L. magno.
[4] L. langore.

lenois au lieu d'ung aultre estrangier ou advolé, il faisoit à tout le peuple à luy subject telz et semblables maulx et dommaiges insupportables, dont ceulx des pais circunvoisins estoient fort estonnés.

CH. XXI. *Comment le conte Regnier occist Humfroy seigneur d'Ordre.*

Et pour assouffir sa fureur et crudelité et adfin d'abrégier sa vie [1], non pas en sorte qu'il l'avoit mérité, par ung effort assez estrange et d'un couraige embut de collere conspira la mort de Humfroy d'Ordre; et après avoir cherchié ledict Humfroy qui estoit le chief de la noblesse d'Ordre, et après avoir trouvé le moien et prins lieu et temps pour ce faire, il le fist tuer et occire de mort innopinée, et luy trencha la teste. Et sy tost que ung faict si infame fust divulgué et manifesté, la vefve du deffunt aveucques une fragillité de femme joindit ung couraige virille, et en soy monstrant vertueuse osta à son mary desja mort sa chemise toutte ensenglantée, et le garda aulcun temps durant lequel elle le monstra souvent à ses enfans; mais ce n'estoit point sans grande amertume de soupirs pour les esmouvoir à prendre vengeance de la mort de leur pere, et à ce faire les anima et provocqua.

Et pour ce que une chose violente n'est jamais de longue demeure, advint ung jour que ce conte Regnier qui par pugnition de Dieu advancha la fin de ses jours, luy qui estoit enclin à la chasse et venerie, entroit ung jour aveucques ses veneurs et chiens en la forest de Boulongne, en ung lieu prochain du villaige de Mecquinghen, sans penser à son affaire d'aventure, ainsy que fortune permist; la mere ausdicts enfans d'Ordre passant chemin aperchut son ennemy, et eult envie et volunté de luy courir sus; et pour mettre son vouloir à execution fist donner l'esperon à ses chevaulx; et si tost qu'elle peult arriva à sa maison où elle trouva

---

[1] Cette traduction est obscure; il est vrai que le texte l'est aussi. Lambert a, je crois, voulu dire que Regemare abrégeait sa propre vie en attentant injustement à celle de son vassal.

CAP. XXI. *Quomodò Regemarus Odrensem Henfridum* [1] *interfecit.*

Ut igitur in omnibus furoris truculentiæ satiem [2] daret, ut etiam vitæ suæ terminum non promeritæ [3] hominis sui mortis inferentià [4] coangustaret, impetu quodam amaricati animi debriatus [5] barbarico in necem Odrensis Henfridi, in quo caput omnium et principatus Odrensium consistebat, grassatur. Excogitatà igitur et inventà mortis causâ, arrepto tempore et loco Henfridum truncato capite diminuit et morte inopinatà trucidat. Manifestato autem opere nephandissimo et palam facto verbo, uxor ejus muliebri sexui virilem interserens [6] animum, viro interfecto interulam sive camisiam virulentam et sanguinolentam (o virtutis feminam!) viriliter detraxit, et eam non sine animi commotione ad tempus reservavit, et filiis suis non sine amaricati gutturis singultibus ad vindicandi patris instigationem eam sæpiùs ostentans, ipsos ad ulciscendum patrem provocavit et animavit.

Sed quoniam nulla potentia longa est, factum est in unâ dierum ut Regemarus, appropinquante die mortis suæ, divinâ urgente ultione, venatorio deditus studio cum venatoribus et canibus Boloniæ forestam juxta Makinghehem incautus ingrederetur, cùm Odrensium mater (o ineffabilis [7] fatorum series et dispositio!) eâdem vià forte pertransiens, Comitem vidit et invidit. Et calcaribus, ut quod desiderabat expletum redderet, urgens equos, citiùs quàm credi potest domum usque pervenit. Et inventis ad nutum et votum ejus filiis,

---

[1] P. Hufridum. O. Hemfridum. A. Geufridum. — [2] P. O. A. B. faciem.
[3] L. V. pro meritæ. — [4] Br. inferentis.
[5] L. inebriatus. P. A. debacchatus. — [6] P. A. inserens.
[7] V. infalibilis.

ses enfans à son desir et voloir, et avec eulx ceulx de Cayeu. Et d'ung cry horrible et plainte arrousée de larmes esmeult à merveilles tous ceulx de sa famille ; et sans tarder monstra à ses dictz enfans et familliers la chemise de son feu mary, en les advertissant comment et en quel lieu elle avoit trouvé le conte Regnier chassant au bois à petitte compaignie ; et de tout son pooir les admonesta vengier la mort de leur pere.

CH. XXII. *Comment ceulx d'Ordre occirent le conte Regnier.*

Lors s'esmeurent ceux d'Ordre, et aveucques eulx se joindirent ceulx de Cayeu pour ce que la chose leur touchoit en corps et en particulier, et s'en vont de costé et d'aultre parmy le bois et forest cherchier de toutes pars le conte Regnier ; lequel enfin ils trouverent, et le poursuivirent jusques à la *Pierrerie* de marquise, où il fut par eulx forcié et attaint, et selon leur emprinse mis à mort, au bruit et clameur de sa venerie et de ses chiens ; et là le laisserent mort dechiré et desmembré comme une beste sauvaige Ces choses dessus dictes, recitées par l'homme anchien, les assistens furent estonnez et se prindrent à regarder leur seigneur et maistre, et tous ensemble dirent que ce faict estoit notable[1]. Toutesfois on luy fit signe du doy qu'il se teust, et c'estoit assez. Quant le dict conte Eustache et les gentilz hommes estans aveucques luy furent si bien et si prudentement informés de la fortune du conte Regnier, icelluy conte Eustache, qui avoit tout oy et bien prins ce qui avoit esté dict en sa presence, respondit en briefz motz, adressant audict homme anchien : « Patron et homme d'honneur Dieu te doint « bonne vie : ta doctrine morale et grave vault bien d'estre mo-« rallement prinse et recouellie. Dieu veulle que Regnier et que « celluy qui m'a engendré aient la vie eternelle, et que l'ung et « l'aultre puissent regner aveucques Jesu Christ ! Et à ce que tu « metz audevant le faict du conte Regnier et que tu veulx apliquer « à mon pere, sy Dieu me doint sa grace et me veult estre pro-« pice, il ne sera cy apres mémoire que j'aie deservi mort sem-

---

[1] *Traduisez :* On connait suffisamment cette histoire.

simul et Caiocensibus, ejulatu et planctu lacrimabili totam commovit domum et familiam, et nullam passa moram viri sui camisiam filiis et familiaribus suis ostendens, rei eventum de Comite et locum ubi cum aliquantis venaretur, insinuavit, et ipsos quantàcumque potuit instigatione, ad ulciscendum patrem irritavit.

CAP. XXII. *Quomodò Odrenses Regemarum interfecerunt.*

Insurgentes igitur Odrenses, Caiocensibus sibi associatis, quòd et causa eorum communis erat similiter et privata, saltus hinc nemoris et inde pertranseunt, et Comitem circumquaque quæsitum et demum inventum et[1] usque Petreïam (45) vel petrarum quadraturam Marchisiæ persequentes et tandem consequentes et comprehendentes vi superant, et voto suo satiem[2] dantes gladiis enecant, et venatoribus nimirum vociferantibus et canibus simul oblatrantibus, quasi cervum enecatum et membratim discerptum relinquunt.

His dictis metuunt, Comitemque tuentur,
Inque vicem referunt; satis est hæc[3] fabula nota.
Sicque tacere senex nutu signisque jubetur,
Atque audit; satis est; digito compesce labellum.

Postquam igitur senex moralem rei eventum de Comite Regemaro Comitem prudenter et sufficienter edocuerat et proceres, Comes gestæ rei non surdus auditor in paucis seni applaudens respondit:

Vive, precor, venerande[4] senex; tua seria captant
Moralem messem morali falce secari.
Vivat in æternum Regemarus, vivat et ipse
Qui me progenuit; Christo conregnet uterque.

Ego autem cui Regemarum meo opponis et innuis in patre

---

[1] *Delendum videtur* et. — [2] P. faciem. A. Br. O. aciem.
[3] V. L. P. satis in hæc. Br. satis hæc mihi. — [4] Br. reverende.

« blable à eulx. » A tant fina ledict conte son propos qui fut bien noté. Et de plus en plus estoit ledict Eustache vertueulx, et acqueroit bon renom, famme et estime ès regions prochaines et lointaines.

CH. XXIII. *Comment le conte Eustache espousa Susenne fille du chambelain de Flandres.*

Ledict Eustache, conte de Guisnes, espousa la fille d'ung noble homme nommé Sigre de Chermenies, chambelain de Flandres; de laquelle il eult cinq enfans, assavoir Bauduin, Guillaume, Renialme, Alix et Beatrix. Tous lesquelz il fist moult bien endoctriner et aprendre les ars libéraulx, fist aussi instruire les filz aulx armes aveucques les gentilz hommes du pais de Flandres. Et pour ce qu'il n'estoit homme cruel ne remply de mauvaistié, Dieu ne luy abregea ses jours; mais vesquit grant aege, et paia le deu de nature viel et anchien.

CH. XXIV. *Comment Bauduin succeda à la conté de Guisnes aprez la mort de son pere.*

Aprez le decez de Eustache, succeda à la conté de Guisnes feu de bonne mémoire Bauduin son filz, homme florissant en bonnes meurs, preu et vaillant aulx armes. Et combien qu'il eust une affection grande et merveilleuse à la gendarmerie, toutesfois il se conduissoit saigement et modérément audict Estat. Car luy estant à la guerre, il n'entreprenoit auctorité entre ses gendarmes et subjectz et ne se vouloit preferer à eulx; mais comme per et compaignon se rendoit egal, confortoit et aidoit les vefves et orphelins qui avoient quelque tribulation, jamais n'exigea, ne print par force aulcune chose sur son peuple, serviteurs ny subjectz, sinon ce que par droict lui appartenoit; donnoit diligemment conseil confort et aide à gens d'Eglise et de relligion, et les tenoit soubz sa protec-

intelligendum, Christo Domino mihi favente et propitio, in meos sæviendo vel in extraneos unquam similem mortem promeruisse memorabor in posteros. His dictis, Comes non sine verbi notâ subticuit.

De virtute igitur in virtutem giganteis [1], ut ita dicam, passibus procedens Eustacius, bonum sibi nomen et famosum, tam in remotis quàm in vicinis [2] terræ partibus, acquisivit.

CAP. XXIII. *Quomodò Eustacius duxit Susannam filiam camerarii Flandriæ.*

Duxit autem in uxorem Flandriæ camerarii nobilissimi Sigeri de Gherminiis filiam, nomine Susannam, quæ concepit et peperit ei Balduinum, Willelmum, et Reinelmum [3], Adelam, et Beatricem. Quos omnes liberalibus litterarum studiis adprimè imbuendos tradidit pater eorum Eustacius, filios autem militaribus elementis inter primos Flandriæ juvenes erudivit et ad unguem edoceri curavit. Qui quoniam [4] *vir sanguinum* nullatenus erat aut *dolosus,* non *dimidiavit* Deus *dies* ejus [5], et quia *annos æternos in mente* semper *habuit* [6], processit in diebus suis, et plenus dierum carnis debitum solvens maturâ morte vitam finivit.

CAP. XXIV. *Quomodò mortuo Eustacio successit ei Balduinus.*

Mortuo autem Eustacio (46) successit in Ghisnensis terræ Comitatum filius ejus piæ recordationis Balduinus, miles quidem strenuissimus et in omni morum probitate præclarus. Qui quamvis milites miro venerabatur affectu, circa militiam tamen prudens fuit et modestus. Miles enim ipse circa milites suos et subjectos nullo dominationis supercilio se extollendo efferebatur; sed ut parem sese ipsis [7] in ministrando sociumque coæquavit, orphanorum quidem consolator, viduarum in

---

[1] B. gigantis. — [2] Br. quam vicinis. — [3] O. Rinelinum. — [4] L. quum.
[5] *Alludit Psalmo* LIV, ⅴ 24 : viri sanguinum et dolosi non dimidiabunt dies suos. — [6] *Ps.* LXXVI. 6. — [7] L. se ipsis.

tion et sauvegarde. Il estoit homme de lettre et avoit beaucoup veu, au moien de quoy il servoit Dieu le plus ferventement et de meilleure devotion; et pour ce qu'il avoit leu souvent la saincte escripture, et en vraie discipline bien entendu et retenu ce que par son precepteur luy avoit été enseigné, ne se fault donner de merveilles s'il a saigement conservé en son petit lieu pectoral ce que ja piecea il avoit succée la doctrine de son bon pere.

CH. XXV. *Comment Bauduin espousa Alix fille de Lothaire Florentin, aultrement nommée Chrestienne, et des enfans qu'il en eult.*

Le conte Bauduin de Guisnes eult à femme la fille de Lothaire Florentin homme souverain et incomparable, et qui portoit la fleur de chevallerie, laquelle fille de son propre nom se nommoit Alix : mais non sans grant mistere et pour les merites et vertus admirables qui estoient en elle, en delaissant ce propre nom fut appellée Chrestienne. Et estoit bien convenable et decent, et est à croire que c'estoit permission divigne, que une chrestienne de faict et de nom, issue de lignée tres chrestienne, fut aliée par ecclesiastique confederation à ung homme tant chrestien et fidelle. De laquelle femme le dessus dict tres honnoré conte eult ung très noble filz nommé Robert, lequel comme il estoit lors de coustume et ancoires se faict en aulcuns lieulx, avoit deux noms, et en suprimant son propre nom fut nommé Manasses, depuis conte de Guisnes; eult encoires ung autre filz nommé Folque, qui fut conte de Barucht en la terre de promission et y est inhumé; Gui, conte de Foris, sepulturé à Andrene; Hugues, archediacre de l'eglise de Therouenne, qui deppuis print l'estat de chevallerie et gist audict lieu d'Andrene; Alix et Guisle, laquelle Alix par l'aide et faveur de Geffroy, evesque de Paris et frere au conte de Boullongne duquel elle estoit cousine et parente, fut aliée a Gaudefroy, seigneur

tribulationibus pius [1] adjutor, nichil à subditis, militibus vel plebe, nisi quod de jure habere debuit, exegit aut violenter extorsit. Ecclesiasticis verò viris et religiosis cum omni diligentiâ totius præstitit venerationis obsequium, et assiduâ protectione et defensione munivit. Qui utpote litterarum eruditus apicibus, eò devotiùs atque ferventiùs Deo sedulum exhibuit obsequium, quò frequentiùs in sacris Scripturis lectitando, à pio et christianissimo patre bonæ indolis disciplinarum [2] intellexerat et acceperat documentum. Nimirum in atriolo pectoris sui sagaciter reservavit quod à pii patris sui visceribus olim disciplinabiliter suxit.

CAP. XXV. *Quomodò Balduinus duxit Lothariensis Florentini filiam Adelam, nuncupatam Christianam, et ex eâ genuit filios et filias.*

Duxit autem in uxorem summi et incomparabilis viri Lothariæ et militiæ ducis (47) florigeri Florentini filiam, Adelam propriâ appellatione vocatam, sed non sine altioris rei misterio ob meritorum videlicet insigna et mirifica virtutum magnalia, suppressâ appellatione propriâ, certiore vocabulo Christianam nuncupatam. Decuit namque et divini muneris actum esse credimus largitate, ut christianissimis oriunda natalibus ecclesiastici fœderis mercimonio [3] (48) christianissimo copularetur viro Adela, et re et nomine, ut dictum est, dicta Christiana. Ex quà suscepit jam dictus et nichilominus dignè dicendus et nominandus Balduinus famosissimæ nobilitatis sobolem, Robertum videlicet, qui, ut tunc temporis erat consuetudo et adhuc plerùmque tenetur, binomius erat (49), sed suppressâ vocationis proprietate, invalescente usûs consuetudine, dictus est Manasses, posteà Ghisnensis Comes ; Fulconem in terrâ promissionis Comitem apud Baruth, ibique demum sepultum ; Guidonem Comitem de Forois (50), sed in Andriâ sepultum ; Hugonem Morinensis ecclesiæ archidiaco-

---

[1] L. pius. B. Br. suis. — [2] V. L. disciplinatius. — [3] Br. matrimonio.

de Saumer [1], qui pour la vertu et noblesse estant en luy reluisant loing et près comme le soleil, avoit le gouvernement de tout le pais de Bourgongne si grant qu'il estoit [2]. Duquel elle eust un filz qui enssuivit assez son pere; et fut le plus vaillant chevallier de Bourgongne; eult aussy plusieurs aultres filz et filles dont n'avons intention de parler, adfin que par envie et detraction les envieulx du pais de Saumer n'aient cause de murmure contre nous : et en tant que besoing seroit nous en attenderons à eulx.

Et au regard de Guisle, elle fut deppuis alliée à ung homme noble et vertueulx nommé Waymar, chastellain de Gand [3], duquel avons intention de parler au long. Sy descendirent pareillement d'eulx, Waymar, Sigere, et Bauduin qui pour ung long temps fut relligieux à S. Pierre de Gand, et deppuis print l'estat de chevallerie : finablement, contendant garder et préserver de mort ung gentil homme, il fut misérablement occis par ceulx de Licques. Eurent aussy une fille nommée Margueritte et aliée à ung aultre gentilhomme de Gand nommé Estienne.

CH. XXVI. *Comment le conte Bauduin delibera fonder ung monastere.*

Adfin de nous acquiter et rendre notre œuvre plus parfaicte, ne fault icy obmettre que Bauduin, conte de Guisnes, tendoit tousiours les ieulx et mains au ciel; sy avoit le cœur totalement donné aux eglises et gens de relligion, fort enclin à prieres et oraisons, et jamais ne transgressoit les jusnes et vigilles commandez;

---

[1] Semur.

[2] Le traducteur a laissé de côté les trois épithètes données à la Bourgogne.

[3] *Suppléez :* « Et elle en eult ung filz nommé Arnoul, duquel, etc. »

num, sed posteà militem, et in Andrià similiter sepultum ;
Adelidem quoque Samurensem et Ghislam (51) Gandavensem.
Quarum prima Adelidis videlicet, Parisiensis episcopi Guif-
fridi, Boloniensis Comitis Eustacii fratris, cujus erat cognata (52) et consanguinea, opitulatu, Samurensi domino
Galfrido (53), qui ob insigne probitatis[1] præconium in totâ
Burgundiâ, brachatâ videlicet comatâ (54) et manuleatâ[2],
longè latèque quasi sol emicuit, legitimo conjuncta est matrimonio. De quo[3] genuit Galfridum, patris non degenerem
filium, totius Burgundiæ militem strenuissimum, aliosque
filios et filias. De quibus quoniam[4] nichil scribere proposuimus, ne livoris obtrectatione nobis aliquid de aliquo æmuli
immurmurent Samurenses, Samurensibus scriptoribus (si
quid expedit) scribendi calamum accommodamus.

Ghislam verò posteà uxorem habuit viris et viribus vir
inclytus et genere, Gandavensis[5] oppidi castellanus, nomine
Winemarus. Qui ex eâ genuit primogenitum, ad quem tendi-
mus, de quo grandis sermo, Arnoldum ; Winemarum quoque
et Sigerum ; et Balduinum S. Petri Gandavensis primò
monachum, posteà militem (55), et demum à Liskensibus,
dum militem quemdam protegeret et de morte liberare intenderet, miserabili et inopinatâ morte enecatum ; et unam filiam
nomine Margaretam, quæ post nupsit Gandavensi militi
Stepponi.

CAP. XXVI. *Quòd Balduinus aliquod proposuit ædificare monasterium.*

Balduinus igitur Ghisnensis Comes (ut nostri nichil ei desit
officii) oculis ac manibus in cœlum semper intentus, circa
Ecclesias ac[6] circa religiosorum monasteria totum suspendit
animum, pernoxque in orationibus, in vigiliis et jejuniis,
et (56) *in caritate non ficta*[7], et in elemosinarum distribu-

---

[1] B. D. pietatis. — [2] Br. manulatâ. — [3] P. L. De quâ.
[4] P. quum. L. jam. — [5] D. vir viribus inclytus, et Gandavensis.
[6] P. V. L. aut. — [7] 2 Cor. vi. 6.

estoit aulmosnier, et acomplissoit à son povoir les œuvres de charité; et tant prouffita en la loy de Dieu, que quant le temps de messon fut venu, il receuilla le fruict. Et journellement aucmentoit en vertu et noblesse, et par inspiration divine aimoit mieulx les choses celestes que terriennes. Et entre les œuvres de charité regarda et estima soy rendre heureulx et agréable à Dieu, si durant sa vie il povoit faire en sa terre une eglise et lieu de devotion, et construire et ediffier ung lieu de relligion. Et pour que Nostre Seigneur ne met jamais les siens en oubly, il donna occasion à son chier et devot serviteur de perseverer en son bon vouloir et desir, et l'esguillonna de telle et sy poingnante devotion, que il eult à ce faire plus grant devotion que devant.

CH. XXVII. *Comment Richilde voulut mettre le pais de Flandres en servitude.*

Le conte Bauduin fut adverti que Richilde, fille au conte de Mons et contesse de Flandres, contendoit exigier des Flamengs aulcuns tributz et exactions indeues et inusitéez, et dont jamais n'avoit esté mention; car de chascun huis, lit, et couche, elle prenoit en tous les quartiers de Flandres, par une forme très mauvaise, quatre deniers. Et quant elle fut arrivée au pais de Guisnes pour ce faire, le bon et saige seigneur en fist bien son profit [1], jusques à ce qu'il eust adverti le compte Robert dict Frison, qui apres plusieurs requestes à luy faictes par ledict compte Bauduin, se transporta au pais de Flandres. Au moien de quoi ceulx de la compté de Guisnes demeurerent paisibles sans aulcune chose paier, et à tant s'en retourna Richilde en Flandres. Laquelle fut encontrée par ledict compte Robert et son armée qui luy livra assault auprès d'une montaine joingnant le mont de Cassel; que l'on nomme au pais Wembert, où ceste femme cuida user à l'encontre ledict compte Robert d'une pouldre d'enchanteur qu'elle

[1] Ce n'est pas le sens de *sustinuit*: il fallait traduire : « temporisa prudemment. »

tionibus, totus desudavit et devotus. Prosperatùs igitur in lege Domini temporibus[1] messis fructum justitiæ percipere cœpit in tempore suo. Unde et de die in diem virtutum insignis titulo, divino (ut dignum erat) afflatus spiritu, magis cœlestia quam terrena capessebat[2] desideria; inter cætera tamen pietatis opera, se felicem et Deo proximum fore arbitrans et existimans, si infra[3] terram suam ecclesiam Dei fabricare et virorum Dei habitacula construere[4] et ædificare in vitâ suâ sufficeret. Ad hujus ergo desiderii et voti Deo cari et devoti excitationem et perfectionem, Dominus Deus, suorum non immemor ubique famulantium, occasionem obtulit, et piæ devotionis exacuit stimulum, et affectûs accendit incrementum.

CAP. XXVII. (57) *Quòd Richildis Flandriam in servitutem redigere voluit.*

Audivit enim et aure non surdà suscepit quòd Richildis Montensis Comitis filia, et Flandriæ Comitissa, inconsueta et inaudita et indebita à Flandrensibus præsumeret exigere tributa. A quolibet enim ostio et lecto[5] nichilominus sine[6] culcitrà quatuor denarios per universas Flandriæ partes turpiter et protervè et irreverenter exigebat. Et cùm Ghisnas càdem sub intentione penetraret, pius et prudens prudenter sustinuit Balduinus, donec sæpè et sæpiùs vocato et demum in Flandriam adventante Comite inclyto Roberto Frisone, relictis in pace et securitate liberâ Ghisnensibus, in Flandriam repedavit Richildis. Cui occurrens cum omni exercitu suo Comes Robertus impetum fecit in illam juxta montem Wouhe[7], qui nomine vulgali[8] dictus est Wombergh monti adjacens Casletensi. Ubi cùm pulverem incantatum (58) super Comitem Robertum et ejus exercitum manu projecisset sacri-

[1] L. tempore. — [2] V. L. capescebat. — [3] Br. intra.
[4] P. A. D. instruere. — [5] L. tecto. — [6] B. O. sive.
[7] A. P. Wouche. Br. Wombe. — [8] Br. vulgari.

5.

mesmes gecta de sa main ; toutesfois par le vouloir de Dieu le vent se changea , et cheust la dicte pouldre sur elle et ses gens.

CH. XXVIII. *Comment Robert dict Frison , apres la victoire qu'il eult contre Richilde, fonda les eglises de Watenes et Cassel.*

Richilde congnoissant son tort, et voiant que par la permission divine elle estoit succombée et vaincue, donna lieu et fist place audict compte Robert ; et apres sa desconfiture où son filz Ernoult estoit demouré, lequel est inhumé devant le grant autel de l'eglise de St. Omer, en la ville de Sithiu , elle se partit honteusement du pais de Flandres, où oncques puis ne comparut ; et se retira au pais de Henau , qui ne fut pas sans grant murdre et perte de ses gens. Et en mémoire et souvenance de ce , ledict compte Robert, qui par ce moien conquist toute la seigneurie de Flandres, fist ediffier à l'honneur de la glorieuse Vierge Marie l'eglize et monastere de Watenes , et en icelle institua pour le service diving le nombre de trente chanoines reguliers. Et ne se tint à tant ; mais pour ce que le mesmes jour du conflict et bataille qu'il avoit eu contre Richilde, il estoit la feste et solempnité de la chaire de mons[r] sainct Pierre, prince des apostres, auquel il s'estoit rescommandé aveucques les siens, par les merites et intercessions duquel et la grace de Dieu devant toutes choses il avoit triumphé et eu victoire, il fonda et feist construire une aultre eglise en l'honneur dudict prince des apostres mons[r] sainct Pierre, au plus hault et éminent lieu du mont de Cassel, le clos et muraille de la forteresse dudict lieu ; et illecq ordonna pour servir à Dieu vingt chanoines seculiers.

legâ, mutato ad nutum Dei vento, pulvis in ipsam recidit Richildem et suos.

CAP. XXVIII. *Quòd devictâ Richilde comes ²Robertus Watiniensem* ¹ *fundavit ecclesiam et Casletensem* ².

Richildis igitur Dei nutu se causæ succumbere et bello victam jam se esse intelligens et respiciens, locum dedit Comiti. Sicque devicta et bello exsuperata, interfecto ibi filio suo Arnoldo, qui ante majus altare in ecclesiâ S. Audomari apud Sithiu (59) sepultus est, in Hannoniam ³ non sine multâ strage suorum, à Flandriâ turpiter abscessit, nec in Flandriâ ultra unquam comparuit ⁴. Ob cujus facti mentionem ⁵ et memoriam Comes Robertus, adepto totius Flandriæ principatu, in honorem beatissimæ semperque Virginis Mariæ Watiniensem fabrefecit (60) ecclesiam, et triginta regulariter viventium canonicorum deserviri instituit obsequio. Nec contentus eo, quoniam quidem in die quâ sancti Petri apostolorum principis solemnis habetur cathedra, meritis et intercessione ejusdem apostolorum principis, cui se et suos ipso die conflictûs et belli commendaverat, divinâ semper præeunte gratiâ, de Richilde victoriosum diem exultaverat ⁶, in parochiâ S. Mariæ Virginis apud Casletum ⁷, in eminentiori montis excelsi crepidine, infra muros castelli et firmitatis ejusdem loci, in honorem apostolorum principis sancti Petri fabricavit et fundavit ecclesiam. Et viginti clericorum sive canonicorum secularium frequentari ⁸ procuravit obsequio.

---

¹ Br. Watineusem. — ² A. P. V. Caletensem.
⁵ L. V. Hainonia. A. B. Hannonia.
⁴ L. V. et in Flandriam ultra nunquam comparuit.
⁵ L. V. mentoriam. A. meritoriam. — ⁶ L. exaltaverat. — ⁷ P. Castellum.
⁸ A. Br. P. frequentare.

CH. XXIX. *Comment Bauduin conte de Guisnes et Enguerand sieur de Lilers firent le pelerinaige de S. Jacques.*

Quant le bon serviteur et amy de Dieu Bauduin compte de Guisnes fut adverti des faictz et gestes dignes de louenges de Robert conte de Flandres, et comment par son moien le pais estoit mis en liberté et lesdictes deux eglises aussy fondées, il eult plus grande affection que devant, et se print à penser de soy mesmes comment et en quel lieu il pouroit plus convenablement construire une eglise et monastere. Et en ces entrefaictes print consideration avecq Enguerrand, sieur de Lilers, qui avoit semblable desir et vouloir que luy, et bonne et ferme devotion d'acomplir quelque sainct voiaige. Si le print comme frere et compaignon; et comme pelerin de S. Jacques, non point par cas d'adventure, mais par disposition divine, arriva au monastere de St. Sauveur de Charoux, où sans faire long sejour, d'ung cueur humble et contrict il confessa ses pechiés à l'abbé de ce monastere nommé Pierre, second de ce nom, en luy declairant la cause de son pelerinaige, ensemble la bonne devotion qu'il avoit vers l'eglise. Sy fist assembler le chapitre, et leur dist à tous le veu qu'il avoit faict de piessa, comment il avoit deliberé fonder et faire construire en sa terre une eglise et lieu monasticque; et en ensuivant le bon conseil dudict pere abbé et ses relligieulx, donna à l'eglize librement et en aulmosne la chapelle N^re Dame à luy appartenant, fondée en son chasteau de Guisnes, aveucques ses appartenances et dependances; donna aussy la disme et le bois de Haultinghen aveucques la disme d'Esperlecques [1], et tout ce qu'il avoit et dont il possedoit à Zuauecque: à condition toutesfois que sitost qu'il seroit retourné au pais et auroit le temps et lieu de ediffier et de preparer ung monastere pour celebrer le sainct service et mystere diving, ils luy envoieroient un abbé et convent de relligieulx. Ceste paction ainsy faicte et le pelerinaige ainsy acomply, ledict conte Bauduin retourna en dilligence en son pais, adfin de mettre à execution son desir le plus

---

[1] *Lisez :* Spelleke.

CAP. XXIX. *Quomodò Comes Balduinus et Lileriensis Ingelramus peregrè profecti sunt apud S. Jacobum* (61).

Intelligens autem [1] timoratus Dei famulus Comes Ghisnensis Balduinus, et divinum accipiens responsum super divinis et dignè memorandis Flandrensis Comitis Roberti operibus, de libertatis videlicet Flandriæ acquisitione et ecclesiarum, quo ampliori augebatur desiderio, instauratione [2], cœpit cogitare qualiter et ubi competentiùs et opportuniùs cœnobialem (62) instaurare [3] posset ecclesiam. Intereà simillimo piæ devotionis ardentem desiderio sanctæ peregrinationis, sibi confœderavit socium et collegam Ingelramum Lileriensis castri dominum ; et peregrè proficiscens vir Dei ad S. Jacobum, non eventu fortuito sed divino ductus vaticinio, ad Sancti Salvatoris Carophensis [4] devenit monasterium. Ubi parvam moram faciens, ejusdem monasterii abbati Petro (63) (videlicet hujus nominis secundo) contrito et humili corde in confessionem suos edidit excessus, et peregrinationis susceptionem, et piæ devotionis circa Ecclesiam Dei fervorem. Et accersito capitulo [5], indicavit omnibus quòd diu conceperat votum, et quòd in terrâ suâ cœnobialem construere pridem decrevisset ecclesiam. Sanctissimi igitur patris et abbatis saluberrimoque monachorum omninò acquiescens consilio, in elemosinam eis contulit [6] liberam : capellam beatæ Mariæ Virginis quam liberam et propriam habebat in castro suo apud Ghisnas, cum appenditiis ejus ; decimamque et terram et silvam apud Hauthinghem ; decimam etiam de Spellekis, et quidquid apud Suaukas tunc temporis possidebat : hâc siquidem conditionis notâ, quòd quantò citiùs [7] in patriam veniret, et tempore et loco invento et præparato ad construendum cœnobium, ad divinum celebrandum officium et miste-

---

[1] P. V. igitur. — [2] P. V. L. restauratione. — [3] V. P. L. restaurare.
[4] V. P. L. Carofensis. — [5] L. capellano. — [6] L. concedit.
[7] L. quantocius.

tost qu'il pouroit ; puis parla à reverent pere en Dieu monsieur l'evesque de Therouenne, lors appelé Gerard ; et par le bon conseil du vénérable prélat, en toute reverence et discretion, acquist à soy franchement l'eglise St. Medart d'Andrene. Et ce faict, congnoissant que jamais ne print bien de mettre en delay une chose hastée [1], envoia en dilligence à Charoux devers l'abbé ; lequel ensieuvant ce qu'il avoit esté promis et convenu entre eulx, institua le premier abbé à Andrene nommé Guillebert, aveucques un convent de relligieulx. Et entre aultres furent les premiers Heverart et Henfroy de Betberne, qui en toute joie et exultation furent introduisez et receuz en ladicte abbaye d'Andrene.

CH. XXX. *Comment le conte Bauduin fonda le monastere d'Andrene.*

En ceste maniere vint à chief de son propos et intention feu de bonne mémoire Bauduin conte de Guisnes, qui estoit parent et bon amy de Charles, conte de Flandres, et bien en la grace de tous les Flamengs. Lequel conte Bauduin fonda ledict lieu et monastere d'Andrene, et en iceluy institua relligieulx en l'an de l'incarnation de Nostre Seigneur mil IIIj^{xx} et IIIj, par le consentement, confort et aide de ung riche homme natif de la conté de Guisnes, nommé Bauduin Bochard, auquel pour partie appartenoit le fons du lieu prins et esleu pour l'habitation et demeure desdicts relligieulx. Et à ce temps gouvernoit le S. Siege apostolique Calixte second de ce nom, qui octroia ausdicts relligieulx lieu de sepulture et chimentière. Sy regnoit lors en France le roy Phelippes premier de ce nom, dominoit en Flandres le conte Robert, et presidoit en l'eglise cathe-

---

[1] *Lisez :* préparée.

rium, ei mittere monachorum satagerent etiam[1] cum abbate conventum. Quod in pactum suscipiens venerabilis Comes, facto peregrinationis itinere, prospero cursu remeando pervenit ad patriam. Ut quantocius voto suo satiem[2] daret, ecclesiæ Morinensis episcopo venerabili Gerardo loquitur, et ad salutiferum venerandi præsulis consilium et voluntatem cum discretione et reverentià per omnia et in omnibus faciens , ecclesiam S. Medardi Andrensis sibi[3] liberam acquisivit. Quo facto, cognito quòd semper nocuit differre paratis, missis cum festinatione apud Carophum nunciis, abbatem (qui primus dicitur in Andrià) Gislebertum, simul et monachorum conventum, inter quos vocationis sanctitate[4] fuerunt primi venerabiles viri monachi religiosi Everhardus et Henfridus[5] de Belbergà,[6] juxta quod condictum et in conditionis pactionem fuerat positum, in lætitià et exultatione solemniter introduxit in Andriam (64)[7].

CAP. XXX. *Quomodò Comes Balduinus instauravit cœnobium Andriæ.*

Sicque voti compos et propositi, voluntate et adjutorio simul et consilio cujusdam divitis indigenæ Balderici[8] videlicet Bochardi (65), ad quem in parte spectabat fundus electus et præelectus[9] in habitaculum Dei monachorum locus, venerabili Calixto (66), hujus nominis Papà secundo, qui liberam ei[10] concessit sepulturam (67), mundi monarchiam sub apostolorum Petri et Pauli protectione gubernante, Philippo autem Francorum regnum procurante, Comite Roberto Flandrensibus imperante, episcopo Gerardo Morinensium cathedram et baculum bajulante (68), qui ab Urbano Papà posteà depositus apud Patheram[11] urbem sepultus est (69), anno domi-

---

[1] Br. etiam *deest.* — [2] L. saciem. Br. O. A. V. faciem. D. finem.

[3] A. P. sui.

[4] D. A. Br. vocatione et sanctitate. B. vocationis et sanctitatis.

[5] P. Everardus et Heufridus. — [6] D. Hetberga. — [7] L. Andria.

[8] P. L. Balduini. — [9] Br. prælectus. — [10] V. L. eis. — [11] B. Pataram.

drale de Therouenne l'evesque Gerard depuis destitué par le pape
Urbain et inhumé en la cité de Pathere.

En laquelle eglise et abbaye d'Andrene ledict conte Bauduin fist
en grant assemblée de gens de tous estatz, en honneur, manificence,
gloire et joie, mettre et collocquier le corps de la vierge sainte
Rotrude, lequel par œuvre divine et evidens miracles luy avoit esté
transmis et envoié. Et deppuis fut le vénérable corps de ceste
saincte vierge publicquement monstré au peuple et mis en casse et
fierte par le bon evesque de Therouenne nommé Milo second de ce
nom, au temps de Arnoul conte de Guisnes, et de Pierre abbé
d'Andrene. Et sy on demande où auroit esté prins et de quel lieu
auroit esté aporté le corps glorieulx de ceste saincte vierge, si d'adventure ne souffist à ceulx la lecture du petit livre et traictié dudict
reverent pere abbé Pierre, qui se faict annuellement au refectoir
de ladicte abaye au disner, le jour de la solempnité de ladicte
vierge, à l'audience de ceulx qui sont à table, on s'en enquierre
plus avant si besoing est à ceulx de Marciennes, combien qu'ils
aient acoustumé, soubz couleur d'histoire veritable, faindre par
derrision quelque fable à la confusion de ceulx d'Andrene, et les
arguer touchant ce point.

Ledict monastere achevé, le compte Bauduin, homme de vie
tres saincte et honneste, en l'amour de Dieu fut miroir et exemple
à plusieurs aultres de construire et ediffier eglises et hostelz-Dieu,
non point seullement en sa terre, maiz en aultres pais et lieux circonvoisins; et leur donna cause et matiere de devotion et de charité envers Dieu et l'Eglise.

nicæ Incarnationis MLXXXIV, piæ recordationis Ghisnensis
Comes Balduinus, · Flandrensis Comitis Karoli cognatus (70)
et fidelis amicus, et Flandrensium carissimus, Andrensis
Ecclesiæ cœnobium instauravit et monachos instituit.

In quorum ecclesiâ corpus beatæ Rotrudis virginis divini-
tus, evidentissimis miraculorum ostensionibus[1] prodentibus,
sibi collatum, non sine nobilium simul et plebis[2] honore et
reverentiâ, in magnificentiâ cum jocunditate[3] collocavit et
gloriâ. Hujus autem reverendissimum sanctissimæ virginis
corpusculum populo demonstravit et inferetravit[4] venerabilis
ecclesiæ Morinensis episcopus Milo secundus (71), Arnoldo
Comite Ghisnensibus dominante et imperante, tempore Petri (72) Andrensis ecclesiæ abbatis. Ubi autem gloriosissimum (73) hujus sacrosanctæ virginis corpus sumptum fuerit
vel unde delatum quæstionem provocantes, si quibus memo-
randissimi patris[5] et abbatis Petri libellulus sive tractatus, in
Andrensi ecclesiâ positus et in solemnitate ejusdem virginis
ad prandium singulis annis in refectorio convescentibus reci-
tatus, non satisfecerit, à Marcianensibus (licèt verum vel[6]
verisimile cum quodam ridiculo[7] dissimulantes, cavillatoriè
Audrensibus in hac parte insultare consueverunt) si quid
expedit, scrupulosiùs inquirant. Constructo itaque Andrensis
ecclesiæ monasterio, honestæ sanctissimæque vitæ Deo
carus et præclarus Ghisnensis Comes Balduinus, plerisque
aliis in ecclesiarum constructionibus et in hospitalium domo-
rum ædificationibus, non tamen in suâ sed in aliis adjacentibus terris, piæ et sanctæ imitationis reliquit exemplum, et
pium circa ecclesiam Dei fervorem[8] et devotionis incussit
amorem.

---

[1] L. ostentationibus. — [2] D. plebeiorum. — [3] Br. jucunditate:
[4] A. B. P. impetravit. — [5] L. prioris. — [6] Br. et. — [7] P. D. riclino.
[8] L. favorem.

CH. XXXI. *Comment Yde contesse de Boullongne fonda à l'honneur*
de la Vierge Marie l'abaye de La Chapelle.

Et à l'exemple de ceste œuvre tant vertueuse, une dame honorable et de saincte vie nommée Yde, contesse de Boullongne,
fille de Gaudefroy jadis duc de Loraine, vefve de Eustache, conte
de Boullongne, et mere de Gaudefroy et Bauduin, et du tres noble
Eustache, conte de Boullongne (lesquelz Gaudefroy et Bauduin
apres avoir du tout mis en liberté la saincte cité de Jerusalem assize au roiaulme de Judée aveucques la ville de Anthioche que les
Arrabes infidelles et aultres gens estranges incredulles avoient virillement et par grande puissance conquis, s'estoient faictz rois de
Jerusalem), à l'honneur de la glorieuse et à perpetuité Vierge
Marie fonda en ung lieu jadis nommé Brucham auprès de Marq,
estaura et fist une eglise et noble maison de religion, où fist enchasser en or et pierres precieuses et mettre reposer en ladicte
eglise onze des très precieulx cheveulx d'icelle benoiste Vierge Marie,
lesquelz en grand labeur et dilligence elle avoit impetré et exquis
de Ausculfe, roy d'Iberye, que sur touttes choses elle ordonna et
voulut estre révérés aveucques aultres innumerables saintuaires
posez en ce sainct et digne lieu. Sy introduist et mist ladicte dame
en ce lieu dedié à Dieu ung convent honneste de relligieulx et ung
homme vénérable pour leur abbé, nommé Raingnier, qu'elle
choisist au monastere de Hem que avoit peu paravant fondé Enguerrand, sieur de Lilers, aveucques aultres freres de vie relligieuse
et honneste, pour illecques servir Dieu à perpetuité et exaulcer
le nom de la tres saincte et glorieuse Vierge Marie, mere de Jesus.

Ce monastere si notable fondé au nom de ladicte Vierge, dez
son institution premiere et que l'estat de relligion n'y avoit encoires
esté longuement observé, fut tant anobly de vertus, sy devotieux
pour la frequence des miracles, sy sanctiffié par relligion de charité, sy très enrichy par l'abondance des biens temporels, sy bien
guerny de personnes instruis en meurs et en sciences, non pas
moins en la théologie et escripture saincte que en ars liberaulx,

CAP. XXXI. *Quomodò Ida* (74) *Boloniensis comitissa fundavit monasterium B. Mariæ de Capellâ.*

Unde ad tam piæ operationis imitationem, Lothariæ Ducis Godefridi quondam filia, Boloniensis Comitis Eustacii quandoque vidua, Godefridi et Balduini (in Judææ [1] regno sanctâ Hierosolymorum civitate ab Arabicis et Saracenis, aliisque gentibus alienigenis et incredulis, *in manu forti et brachio extento* [2] (75) cum Antiochiâ viriliter expugnatâ, penitus liberatâ), regum Hierosolymorum, et Eustacii nobilissimi Boloniæ Comitis mater, nomine Ida, vitæ sanctitate venerabilis, Boloniensis Comitissa, in confinio Mercuritii [3] in villâ Brucham olim nominatâ, sub honore beatæ et gloriosæ semperque virginis Mariæ fundavit ecclesiam, et insigne religionis monasterium instauravit, et in eâdem ecclesiâ, quos ab Hibero rege Ausculpho (76) non sine maximo labore et studii diligentiâ perquisierat et impetraverat, ejusdem beatæ Virginis Mariæ super aurum et lapidem pretiosum pretiotissimos undecim recondidit capillos et collocavit, et cum aliis innumerabilibus sanctorum reliquiis sancto loco oblatos præ omnibus instituit honorari : simulque *agium* monachorum conventum, in Hamensi monasterio ab Ingelramo Lileriensi domino nuper constructo cum venerabili viro Ravengero abbate sumptum, aliosque honestæ vitæ et religiosæ fratres, in memoriam sanctæ Dei genitricis semperque virginis Mariæ et venerationem in perpetuum extollendam, perenni Deo perenniter et jugiter servituros instituit, et in præparatum Dei introduxit habitaculum.

Hic siquidem locus sanctæ Mariæ celeberrimus, dum nova adhuc et tenera sanctæ religionis ibi pullularet infantia, virtutibus insignis, miraculorum frequentiâ gloriosus, caritate et religione sanctissimus, rerum abundantiâ admodùm locuple-

[1] L. Judæo. — [2] *Ezech.* xx. 33. — [3] P. A. Mercurii.

dignes de tout honneur et prelature et sans aulcune envie ne dectraction, sy tres excelent en loüenge, qu'il excedoit et preceloit les aultres lieulx voisins ; et aussy estiñié estoit que si Dieu l'eust continuellement décoré de sa presence et visité par grace celeste, semblable à celle descendue et infuse eñ ladicte Vierge : et ceulx qui de bon cœur y faisoient leurs oraisons , obtenoient bénéfices et retributions innumérables.

Et fust ce monastere de si grañd nom et si révéré ; que aulcuñs nobles hommes et gens fidelles de divers estaiz des pais circonvoisins , qui avoient de leur propre droict de presentation d'aulcunes eglises ou bénéfices ou aulcuns heritaiges , les délaissoient et donnoient entierement , ou sur iceux imposoient quelque cherge au proufit dudict monastere. Et pour certain tenoient et réputoient leursdictes eglises et aultres biens estre et demourer plus francqz et de meilleure condition d'estre submis à ung si sainct lieu et vénérable , que de demourer eñ leur propre franchise et liberté. Et à leur advis en debvoient avoir meilleur nom , et plus longuement vivre en auctorité. Aveucques ce ledict monastere estoit teñu et réputé francq et libre de toütte exaction et coustume indeue. Sy est nommé *la Chapelle* , pour ce que c'est la chapelle de nostre sainct pere le Pape, construite et édiffiée à l'honneur de la benoiste Vierge Marie ; et en signe de ce , ledict monastere de la Chapelle doibt chascuñ an à l'eglise Rommaine douze deniers, lesquelz l'abbé dudict lieu est submis envoier à Romme en recongnoissance de sa liberté, de cincq ans en cincq ans ou de dix ans eñ dix ans. Et a le prelat de ceste abbaye telle prérogative et dignité quant il est present en l'eglise de Romme à la messe de nostre sainct pere le Pape, qu'il tient et doibt tenir le livre auquel le soudiacre chante l'espitre. Mais adfin que ne tenions plus long propos de ce lieu sainct et des relligieulx y estans, dont on pouroit estre atédié et auroit on occasion d'en murmurer, voire gens d'aultre estat, il souffira pour le present de avoir aultant dict, jusques ad ce qu'il viendra à propos, et que en temps et lieu sera besoing de touchier aulcune chose.

tatus, personis morum compositione et liberalium artium non minùs quàm theologicæ scripturæ informatione cujuslibet honoris sublimatione et prælatione dignis abundantissimus, famæ (absit omnis invidiæ (77) lividitas) præconio nominatissimus, omnibus locis eminebat et præeminebat adjacentibus, utpote quem divinâ indesinenter suâ Deus illustravit præsentiâ, et quem eà quâ olim perfusa est beata Virgo, cœlesti visitavit gratiâ; et piè poscentibus ibi innumera præstitit beneficia.

Tanti ergo nominis et venerationis fuisse creditur locus ille, quòd quidam adjacentis terræ nobiles aliique Christi fideles populi, si quas habebant ecclesiolas, vel aliqua alia ecclesiastica beneficia, vel etiam prædiola, aut eidem loco ex integro et toto conferre, aut aliquo subjectionis titulo innodare et subjugare satagebant, putantes et reputantes, immò pro certo credentes et agnoscentes[1], suas ecclesiolas liberiori stare et militare proventu, si tam sancto et venerabili loco aliquo subjectionis nodo[2] subjicerentur, quàm si in propriâ qualicunque, prout constitutæ sunt, libertate persisterent et permanerent. Sic enim ipsis et hoc ipsum adjudicantibus meliori nomine militarent, et amplioris titulo auctoritatis radiarent. Locus enim ille ab omni turpitudinis et exactionis et indebitæ consuetudinis objectu liberrimus esse cognoscitur. Unde et Capella dicitur, capella (inquam) summi pontificis videlicet domini Papæ, in honore beatæ Mariæ Virginis constructa. In cujus libertatis auctoritatem et memoriam illius liberi loci ecclesia singulis annis ecclesiæ Romanæ debet duodecim denarios, quos simul collectos post quinquennium vel decennium abbas loci illius sanctissimi mittit Romam, ad suæ libertatis, ut diximus, cognitionem. Habet autem abbas illius loci in Romanâ talem dignitatem ecclesiâ, quod si ipsum abbatem in Romanâ ecclesiâ ad missam domini Papæ presentem esse contigerit[3], librum tenere debet subdiaconi, dum idem subdia-

---

[1] A. P. V. cognoscentes. — [2] Br. modo.
[3] V. contingerit. L. contingeret.

CH. XXXII. *De la fondation de l'eglise d'Ardre.*

Combien que pour aulcunes justes causes et considerations nous aions assez legierement dict que le monastere d'Andrene construit et édiffié par Bauduin, conte de Guisnes, et celluy de la Chapelle par Yde contesse de Boulongne, eussent estez fondés en ordre de construction incontinent que Robert, conte de Flandres dict Frison, eust faict créer les eglises de Watenes et de Cassel; toutesfois adfin que en escrivons à la vérité, il est ainsy que messire Arnoul qui fut le premier seigneur d'Ardre, et lequel chevalleureusement fut deppuis conte de S. Pol, à l'exemple dudict conte Robert de Flandres fonda premierement avant toute œuvre à l'honneur de mons^r sainct Omer, dedans le chasteau d'Ardre, où est à present la maison et chimetierre des relligieulx, l'eglise dudict lieu d'Ardre, en laquelle il ordonna dix chanoines et prestres seculiers, pour illecq servir Dieu à perpétuité. Et laquelle eglise fut depuis conférée par Bauduin à l'abbé Thierry et aulx relligieux dudict monastere de la Chapelle, jadis fondé comme dict est au lieu nommé Brucham. Mais de l'institution de ladicte eglise d'Ardre, chanoines et chapellains d'icelle, et de la communication et translation de eulx en gens regulliers et de relligion, nous en parlerons plus au long ès gestes d'Ardre, quand le temps et lieu sera, selon qu'avons proposé. Et comme on peult voir et congnoistre par les lettres et chartres desdictes eglises et monasteres, ladicte eglise d'Ardre fut fondée l'an de l'Incarnation de Nostre Seigneur mil LXIX, le monastere d'Adrenne l'an mil iiij^{xx} et iiij, et l'abaye de la Chapelle l'an mil iiij^{xx} et xj.

conus epistolam pronunciaverit. Sed ne in dispendium militibus nobis immurmurantibus verba protrahamus, de hoc
sanctissimo loco et monachis inhabitantibus religiosis hoc
tantillum dixisse sufficiat, quousque majori et ferventiori
studio, loco et tempore, ad alia quædam interserenda, ad
ipsos scriptoriam pennam convertamus.

CAP. XXXII. *De constructione Ardensis ecclesiæ.*

Intereà autem Ghisnensium, etsi ad imitationem Flandriæ
Comitis Roberti Frisonis, qui (ut jam dictum est) Watinen-
sem ecclesiam fundavit et Casletensem, monasterium Andriæ
à Balduino Ghisnensium Comite constructum et monasterium
beatæ Mariæ de Capellâ ab Idâ Boloniensi Comitissâ ædifi-
catum, à primis post memorabile venerandi consulis Flandriæ Roberti Frisonis factum, in ordine constructionis, evidentissimis et sufficientibus causis intervenientibus, præpo-
suimus [2], pennà crepitante et quasi immurmurante [3], hæc
duo monasteria priùs fundata paravimus, tamen ut veritatis
historiam omnino veraciter prosequamur, à primis inter
primos Ghisnensium procerum heroes heros primus Ardensis
oppidi hæres et dominus Arnoldus, qui animi nobilitate et
militiæ nomine et titulo S. Pauli adeptus est Comitatum,
ad tam pii operis memorandi Comitis Flandriæ Roberti Frisonis imitationem, sub honore beati Audomari in castro Ardeæ, ubi nunc [4] est cœmeterium [4] et cella monachorum, constituit ecclesiam, et in eâdem decem canonicos seculares
Deo in eâdem ecclesiâ in perpetuum servituros procuravit.
Quæ ecclesia posteà à Balduino ejusdem oppidi domino Theodorico abbati et monachis de Capellâ sanctæ Mariæ Virginis
(quæ olim, ut dictum est, villa Brucham nominabatur) collata
est. Sed de illius fundatione ecclesiæ, et ejusdem de clericis
sive canonicis secularibus ad monachos commutatione vel

---

[1] P. L. proposuimus. — [2] P. L. injuriante. — [3] P. non.
[4] V. P. L. cimiterium.

6

CH. XXXIII. *Comment après le trespas du conte Bauduin son filz Manasses lui succeda en la dicte conté de Guisnes.*

Quant Bauduin, conte de Guisnes, homme de saincte vie, eult acomply le cours de nature, il endura mort naturelle ; et en attendant la vie perdurable, se fist inhumer en ladicte eglise d'Andrene qu'il avoit fondée, aveucques Alix sa femme aultrement appellée Chrestienne, et pareillement deux de ses filz nommez Guion et Hugues, au grand dueil et plainte des gens d'eglise, gentilzhommes, et généralement de tout le peuple de son pais. Et lui succeda son filz premierement nommé Robert, qui selon l'usaige dont cy dessus est parlé fut deppuis nommé Manasses ; lequel enseuvit les œuvres vertueuses de son pere, et de tant plus que par sa vertu et mananimité il les estimoit nobles et reluisantz de bonté. Et jà soit que on die que aulcunes fois il s'entremectoit de choses temporelles, toutes fois comme celluy qui avoit en mémoire choses espirituelles, en proposant[1] les affaires mondaines il estoit enclin, desiroit de cœur ouvert, et avoit en singuliere affection de oïr le sainct service divin, et s'efforchoit de tout son pooir, par grand soin et cure, d'extoller en honneur ceulx qu'il congnoissoit que son pere avoit au temps de sa vie prisié et aimé. Estoit curieulx et prompt, quant il scavoit quelque tournoy ou combat, d'y comparoir. Et aulcunes fois abusoit le monde, pensant qu'il usast de vaine gloire, souvent aussy luy estant aveucques gentilzhommes appétant vaine gloire, se laissoit vaincre et par eulx surmonter[2].

---

[1] Il faut sans doute lire « postposant. » — [2] La dernière phrase de ce chapitre ne nous paraît pas rendre le texte latin, qui est d'ailleurs obscur.

transsumptione, loco et tempore, cùm de Ardensium procerum gestis, juxta quod proposuimus, aliquid epilogando replicàbimus, latiùs et satiùs disseremus. Sicut enim ex earum de quibus intendimus et jam diximus ecclesiarum privilegiis perpendere [1] licet, Ardensis ecclesia fundata est anno dominicæ Incarnationis MLXIX (78), posteà Andrensis anno MLXXXIV, postmodùm ecclesia S. Mariæ de Capellâ anno MLXXXXI.

CAP. XXXIII. *Quomodò, Balduino mortuo, successit ei Manasses.*

Completâ igitur carnis dispensatione (79), vità venerabilis et nomine Ghisnensis Comes Balduinus mortem pertulit temporalem, et in spem vitæ æternæ, in eâ quam fundavit ecclesiâ, cum christianissimâ uxore suâ Adelâ (quam nuncupativè Christianam appellatam diximus), non sine planctu nobilium virorum et monachorum simul et universæ plebis terræ, cum duobus etiam filiis suis Widone et Hugone, Andriæ sepultus est (80). Robertus itaque filius ejus qui invalescente usu, sicuti jam diximus, nuncupativè quoque dictus est Manasses, ei successit, et Ghisnensis terræ populum regere suscepit. Qui tantò dignè memorandi patris virtutibus ferventiùs efferbuit, quantò magnanimitas ejus insignia, hinc et hinc [2] rutilante famâ, in auribus frequentiùs accepit. Et licèt quandoque temporalium curis immersus fuisse memoratur, spiritualium tamen non immemor misteriorum, loco et tempore mundanas exuens curas, suave sonantis Ecclesiæ misteria propensiùs patulo capescebat auditu. Et quos pium patrem suum in vità suâ honorasse cognoverat, ipse quoque non dissimili affectu et studio honorare satagebat. In nundinis etiam et bellicis illusionibus promptus inventus est et studiosus. Sed mundum cum inani gloriâ quandoque decipiens, se ipsum multotiens [3] cum militibus inanem gloriam petentibus indeceptum [4] non permittebat.

---

[1] V. P. L. præpendere. — [2] Br. illinc. — [3] L. multoties. — [4] P. inde ceptum.

CH. XXXIV. *Comment Manasses conte de Guisnes engendra une fille nommée Alix, dont est procédée la lignée de Bavelinghen.*

Ce temps pendant le conte Manasses s'acointa d'une jeune fille d'exelente beaulté, natifve de la ville de Guisnes, de laquelle il eult une fille nommée Alix, qu'il donna en mariaige à Eustache, filz de Hermar de Bavelinghen. Descendirent cincq filz; l'aisné nommé Eustace, qui après l'ordre de chevalier par luy receu morut josne; le second nommé Hughes, qui espousa Mahault, fille à Laurette de Hames, en sa jonesse appelée Marthe; desquelz descendit Alix, aliée en premieres nopces à Arnoul de Caieu, et deppuis à Daniel, frere de Siger, chastelain de Gand; le tiers filz dudict Eustache de Bavelinghen fut nommé Grégoire, relligieux et deppuis esleu abbé d'Andrene; mais avant sa bénédiction se départit voluntairement de son élection. Le quart estoit appellé Fremould, et le cinquiesme Simon, aveucques une fille nommée Hawis, aliée à Bauduin, aisné filz d'Ermelinghen, connestable du Boullenois. De laquelle lignée de Bavelinghen avons bien congneu les grans et notables faictz et gestes. Mais enfin que tout et partout l'ordre et moien de l'œuvre que avons emprins soit observé, nous adviserons d'en escrire quelque chose quand ce viendra à propos, sans en parler aultrement pour le present.

CH. XXXV. *Comment le conte Manasses espousa une dame nommée Emme.*

Le conte Manasses fut en magnificence et gloire bien volu et tres renommé par le monde sy grand qu'il estoit, et non sans cause. Car il estoit congneu en France et en Normendie et encoires plus en Engleterre; tellement que par la fréquente conversation qu'il avoit aveucques le roy d'Engleterre nommé Guillaume et en son pais, il eult en mariaige Emme, fille de Robert, sieur de Tancarville au pais de Normendie, lors vefve d'ung nommé Eudes de Foquestane, Anglois.

CAP. XXXIV. *Quomodò comes Manasses genuit Adelidem,*
matrem Balinghemensium [1].

Intereà cum quàdam eminentissimæ pulchritudinis puellà apud Ghisnas oriundà rem habuit, ex quà genuit filiam unam nomine Adelidem, quam nuptam dedit Eustacio filio Heremari de Balinghehem [2]. Qui ex eà genuit quinque filios : Eustacium primogenitum, qui factus miles juvenis mortuus est ; Hugonem, qui duxit Mathildem puerili nomine Matham appellatam, filiam Laurettæ de Hammis [3], ex quà genuit Adelidem Ernulpho [4] de Caïeu [5] primò desponsatam, posteà Danieli fratri Sigeri castellani de Gandavo ; Gregorium etiam Andrensis ecclesiæ monachum (81) et in abbatem electum, sed ante benedictionem sponte depositum ; Frumoldum quoque et Simonem, et filiam unam nomine Hawidem, quæ nupsit Balduino seni de Ermelinghen Boloniæ constabulario [6]. De quibus Balinghemensibus [7] videlicet magna et notabilia gesta cognovimus et in parte perspeximus, ut in omnibus et per omnia servatus sit modus in rebus, servatà propositi narratione, ex accidenti de [8] eis tractatum producendo aliquid scribere, exhausto [9] corniculo pennam siccam [10] subtrahimus.

CAP. XXXV. *Quomodò comes Manasses duxit comitissam Emmam* [11].

Comes autem Manasses non immeritò toto orbe terrarum longè latèque in magnificentià et glorià nominatissimus extitit et notissimus. Notus itaque in Francià, notus in Normannià, notissimus autem in Anglià. Unde cùm frequentatione regis Anglorum Willelmi in Anglià sæpiùs conversa-

---

[1] L. Balingheniensium. — [2] L. V. Balinghehen. Br. Balinghem.
[3] P. Br. D. Hamis. — [4] L. Arnulpho. — [5] V. P. L. Caïou.
[6] L. constabulari. — [7] P. L. Balingheniensibus. — [8] P. D. ex eis.
[9] D. hausto. — [10] L. siccam *deest.* — [11] L. Enimam ; *et sic posteà.*

CH. XXXVI. *D'une espece de gens serfs appelez Colvekerles, qui est à dire,*
gens armez de machues.

Du temps de Manasses, conte de Guisnes, habitoient en son
pais une sorte de gens armeez de machues, que vulgairement on
nommait *Colvekerles*. Et leur avoit esté ce nom imposé sur ce mot
colve, qui est à dire selon le langaige du pais, machue, pour ce
qu'ilz portoient ordinairement machues ; et ne leur estoit permis
porter ung aultre baston sinon une machue ; et estoient injustement et en mauvaise fortune submis et détenus par les seigneurs
de Hames en captivité, comme gens de serville condition. Et
chascun d'eulx contraint paier annuellement ausdictz seigneurs de
Hames ung denier, et à leur mariaige ou mort quatre deniers ; lesquelz seigneurs de Hames avoient longtemps paravant eu et tenu en
fief ce profit de Raoul conte de Guisnes, ausdictz seigneurs de Hames ;
et ordonna à tenir de luy en fief, que tous estrangiers qui venoient
au pais de Guisnes et y demouroient an et jour ou davantaige, seroient tenuz et submis paier ausdicts seigneurs de Hames la vile
et oprobrieuse redebvance dessus dicte.

Or advint ung jour que ung homme libre et de franche condition, vassal et anchien feodal, nommé Guillaume de Bocorch,
espousa une fille de Fiennes nommée Hawis, qui semblablement
estoit franche de condition et pocessant fiefs nobles. Oremains
qu'elle fut le jour de ses nopces couchée aveucques son mary,
mesmes qu'elle eust approchié le sponde du lict, les officiers de
Hames luy vindrent demander l'exaction dessus dicte : et lors pour
la grande crainte et honte qu'elle eult d'eulx, mua couleur et devint sa fache rouge ; toutesfois maintint et dist qu'elle estoit issue
de noble lignée, et franche de sa nature, requerant delay de quinze
jours pour soy conseiller qu'elle avoit affaire ; ce qu'elle obtint à
grande difficulté. Deppuis elle, compaignée de ses parens et amis,

tionem haberet, duxit Emmam filiam Roberti camerarii de
[1] Tancarvillâ (82) in Normanniâ, viduam Odonis de Folkestane
in Angliâ.

CAP. XXXVI. De Colvekerlis (83).

In diebus illis fuerunt homines quidam clavati sive clavigeri, quos vulgò Colvekerlos nominatos audivimus, in terrâ
Ghisnensium habitantes, qui clavati sive clavigeri à clavâ
dicebantur agnominati, eò quòd non licebat eis aliquod genus
armorum nisi clavas tantùm bajulare. Hi [2] siquidem, quâdam
impropitiationis specie, ab Hammensibus dominis quasi sub
servilis conditionis jugo constricti tenebantur. Cogebantur
enim singuli per singulos annos Hammensibus singulos
reddere denarios, in nuptiis quoque et in morte nichilominus
quatuor. Hoc autem in feodum perpetuum susceperunt Hammenses pridem ab antiquo Comite Ghisnensi [3] Radulpho, qui
hæc et [4] his similia suis subditis ingerebat mala et obprobria.
Concessit enim eis et in feodum confirmavit, quòd quicunque [5]
advena in terrâ Ghisnensi aliunde advolaret, et annum unum
et diem unum in terrâ suâ perendinaret vel morosiùs et
diutiùs inhabitaret, simile obprobrium, similem [6], et pensio-
nem obprobriosam incurreret et quasi de jure persolveret.

Factum est autem, ut liber quidam veteranus sive vavassorius nomine Willelmus de Bochordis, vavassorissam quamdam de Fielnis [7] pariter liberam, nomine Hawidem, duceret
uxorem [8]. Quæ maritalis lecti spondas apud Bochordas vix
attigit, cùm venientes Hammensium satrapæ ab eâ colvekerliam exegerunt. Illa verò, præ [9] timore et pudore aliquantisper colore mutato facta rubicunda, quid sit colvekerlia penitus
ignorare, se autem omnino liberam et à liberis se protestatur

---

1 L. Cancarvilla. — [2] P. V. hii. — [3] P. D. Ghisnensium.
[4] Br. his *deest*. — [5] L. quisque. — [6] V. similiter. L. simul.
[7] P. V. L. similiter. — [8] D. in uxorem. — [9] V. L. pro.

comparut au jour assigné pardevant les officiers de Hames, et s'entretint constamment en ce qu'elle avoit une fois dict, que tous ses parens vivans et trespassés estoient et avoient esté de franche et noble condition, aussy qu'elle offroit veriffier et monstrer par tesmoins et aultrement, deument, contre tous ceulx qui voudroient maintenir le contraire. Toutesfois ceulx de Hames eurent bonne cause sans raison et l'emporterent par hault parler; tellement que la bonne femme fust constrainte de retourner plus confuse que devant, et en plus grant oprobre qu'elle n'estoit illecques venue. Sur quoy elle sut se bien conseiller et adviser, se retira devers ceste notable dame la contesse de Guisnes Emme, et devisa à part aveucques elle, luy remonstrant le deshonneur et houte d'elle et de tout son pais si grant qu'il estoit, et que si meurement et par bon advis elle n'y remedioit, les nobles y seroient rédigez et mis en servitude et traictiez comme les villains, et enfin seroient contrainctz de paier à leur confusion, scandalle et honte, la pention avant dicte.

Lors la noble dame aiant pitié et compassion, non pas seullement de ceste bonne matrosne, mais plustost desirant pourveoir au bien de son pais, parla de ceste mathiere au conte Manasses; lequel elle embrassa comme mary, et en pleurant elle luy remonstra la misere et scandalle de la conté de Guisnes; et tellement l'inclina et fist condescendre à sa juste priere et requeste, qu'il manda à dilligence les seigneurs de Hames venir vers luy. Du consentement desquelz il abollit et annulla ceste extraction et nom de Colvekerle; et pour recompence et accroissement de leur terre, leur donna cincq charues de terre assizes en divers lieulx, entre Alembon et Phihen et Sontinguevelt. Et ladicte femme de Fiennes mariée comme dict est à Guillaume de Bocourt, fut renvoyée en sa maison et restituée en sa franchise et liberté; comme aussy furent tous les serfs dessus dictz affranchiz et emancipez.

ortam natalibus. Inducias autem suæ liberationis per quin-
decim dies vix à satellitibus impetrans, demum ad diem sibi
præfixum, cum cognatis et amicis suis, apud Hammas sese
Hammensibus dominis præsentavit[1], asserens se à liberis
vivis et defunctis præsentibus et absentibus ortam natalibus, et
omnino liberam, et vivà voce et constànte et liberà contra
quoslibet improbantes et reprobos se paratam comprobare.
Sed invalescentibus[2] Hammensium vocibus et rationibus non
tantùm, qualis Hammis accessit à curià mox recessit; sed
notabiliori penitùs confusa domum repedavit obprobrio, turpi-
tudine, et infamià. Tandem altiore habito et secretiore consilio, cum venerandi nominis Ghisnensis terræ dominà et
Comitissà Emmà clanculò loquitur, indicans ei suam[3] et
totius terræ Ghisnensis longè latèque prædicatam infamiam
et obprobrium, et nisi cautè et maturè interveniat et subveniat, nobiles ut ignobiles non dissimili sanctione pactionis
in servitutis[4] conditionem redigi et involvi, et colvekerliam,
simili ratione, pari edicto, et insolentià non dissimili, irreverenter et insolenter debere solvere compelli.

Compatiens igitur virago nobilis non tantùm mulieris immò dignè recolendæ[5] memoriæ matronæ infamiæ, quantùm
totius obprobrio terræ, loquitur cum Comite, amplectitur[6]
virum, indicans ei et deflens Ghisnensis terræ miserias et obprobrium. Comes igitur admodùm factus deprecabilis, justè
et piè petentis et deprecantis uxoris et mulieris condescendit
postulationibus, et Hammenses dominos quantocius[7] accersiri fecit. Et in voluntate eorum colvekerliam et terræ dedecus et obprobrium omnino perimens et extinguens, in recompensationem colvekerliæ et incrementum feodi ad quinque carrucas (84) Hammensibus contulit terram circiter
Elembom et Pichem[8] et Santingheveld portionaliter jacentem.
Mulier itaque de Fielnis apud Bochordas (ut jam dictum est)

---

[1] P. V. L. Hamensibus dominis se præsentavit. — [2] P. D. valescentibus.
[3] P. V. O. Br. suum. — [4] Br. D. servilem. — [5] P. Br. D. memorandæ.
[6] Br. D. amplexatur. — [7] P. D. quantocius *deest.* — [8] L. Pithem.

Et jasoit que par forme d'incident et pour ce que la mathiere y a esté disposée, nous aions quelque peu widdié de nostre propos en parlant de la sorte de gens dessusdictz, toutesfois, sans plus longuement insister sur ce, retournerons à la mathiere subjecte. Or estoit ce conte Manasses d'une louable et excelente forme de beaulté, se monstroit en stature estre de essence de geant, tant estoit grant personnaige ; estoit aussy mananime et bien gardant son auctorité, avoit la fache plaisante à regarder, estoit homme vertueulx et robuste, aimé d'ung chascun ; et n'eust jamais querelle ne malveullance sinon à ceulx d'Ardre, qui souvent luy estoient contraires et rebelles ; de l'obstinassion et mauvaistié desquelz nous parlerons cy après.

CH. XXXVII. *Comment le conte Manasses conclud de fonder ung monastere et lieu de relligion.*

Ledict conte de Guisnes Manasses vesquit en toutte doulceur, tranquillité, paix et vraye charité ; et combien qu'il eust le soing et cure de touttes les eglises de son pais, et les eust en reverence, toutesfois il avoit en singuliere affection l'eglise et abbaye d'Andrene, que feu de bonne memoire le conte Bauduin son pere avoit fondé ; et estoit fort enclin de y faire de grans biens. Sy avoit conclud en soy mesmes, et desja l'avoit declairié à sa femme et à aulcuns de ceulx de son conseil, la bonne intention qu'il avoit de faire construire et ediffier ung monastere en son pais, à l'exemple de son pere. Mais la bonne dame sa femme acomplit par grand devotion ce qu'il avoit proposé de faire, et que pour justes causes à luy survenues il n'avoit sceu acomplir ne mener à fin.

maritata in domum suam restituta est libera, simulque omnes Colvekerli manumissi sunt et in perpetuum liberi facti et emancipati.

Quoniam etiam ex rei eventûs incidentiâ quantumcumque aliquid à propositi viâ deviavimus, ne Colvekerlis morosiùs insistamus, ad quod proposuimus, accedamus. Comes igitur Manasses elegantissimæ formæ specie laudabilis, essentiæ staturâ giganteus apparuit et personali [1] auctoritate grandævus, facie decorus, et aspectu immò virtute robustus, omnibus amabilis, solis Ardensibus, qui ei plerumquè contumaces fuerunt et rebelles, despicabilis et invidiosus. Sed de illorum cervicositate [2] et contumaciâ ad tempus differamus [3].

CAP. XXXVII. *Quòd* [4] *comes Manasses proposuit cœnobialem construere ecclesiam.*

Vixit autem Comes Manasses Ghisnensis cum omni modestiâ in tranquillitate et pace et *in caritate non ficta* [5]. Sed cùm omnium in terrâ suâ ecclesiarum curam gereret et reverentiam exhiberet, in illius ecclesiæ quam piæ recordationis pater ejus Balduinus Andriæ fundaverat promotionem [6], speciali quâdam prærogativâ affectuosiùs insistebat et impensiùs. Et jam [7] in mente conceperat, immò venerabili uxori suæ Emmæ et aliis quibusdam consiliariis suis detexit et aperuit [8], quòd ad pii patris imitationem aliquam in terrâ suâ cœnobialem construere decrevisset ecclesiam. Sed causis intervenientibus, quod ipse piè proposuit et ad complementum usque perducere non sustinuit, pia ejus uxor Emma summâ postmodùm cum devotione supplevit.

---

[1] V. L. personalis. — [2] P. pervicacite. Br. pertinacitate et etiam.
[3] Br. differemus. — [4] D. P. quomodò. — [5] 2 Cor. vi, 6.
[6] L. promotioni. — [7] O. etiam. — [8] V. B. D. apparuit.

CH. XXXVIII. *Comment Robert de Licques, dict le Barbu, institua quatre chanoines à Licques.*

Quant les barons et aultres gens de bien de la conté de Guisnes veirent la devotion que avoit leur seigneur conte envers l'Eglise, moiennant la grace divigne qui pululoit en eulx, furent esmeuz de pareille et semblable devotion que ledict conte, sy avant que leur bien se povoit estendre. En telle maniere que Robert sieur de Licques dict *le barbu* à cause qu'il portoit la barbe longue (et ceulx lors qui ne le portoient, on les reputoit comme cœurs failliz, estoient monstrez au doy, et ne tenoit on compte d'eulx) ; et lequel Robert estoit compaignon d'escolle et d'ung mesme temps à Arnoul fondateur de l'eglise d'Ardre ; institua et fonda à l'honneur de la Vierge Marie quatre chanoines seculiers audict lieu de Licques, ausquelz il assigna aultant de prébendes ; et luy mesme fut le cincquiesme et le chief des aultres. Lesquelz prebendes son successeur nommé Bauduin pareillement dict *le barbu*, qui aveucques ses quatre filz voua et acomplist le pelerinaige du S. Sepulchre de Jerusalem, confera et donna aulx chanoines rigles de l'eglise de Watenes.

CH. XXXIX. *Comment l'evesque de Therouenne nommé Milo premier de ce nom institua à Licques les relligieulx de l'ordre de Presmontré.*

Mais deppuis Milo evesque de Therouenne, premier de ce nom, erigea l'eglise de Licques en ung monastere de l'ordre de Prémonstré, et institua en icelle aulcuns chanoines rigles à perpetuité, publicquement et en plein senne tenu en l'eglise de Therouenne ; à ce présens et non contredisans par voie d'appel ainsy que aulcuns veulent dire contre verité, mais expressement consentans les chanoines de Watenes. Et choisit en l'eglise et abbaye de S. Martin de Laon un bon pere abbé nommé Henry, aveucques un couvent de relligieulx qu'il intronisa et mist solennellement en ladicte eglise de Licques, l'an de l'incarnation Nostre Seigneur mil cent et trente deulx.

CAP. XXXVIII. [1] *Quòd Robertus* cum barbâ *apud Liskas quatuor canonicos instituit.*

Videntes igitur Barones terræ populique fideles piissimam pii Comitis circa ecclesiam Dei devotionem, cœperunt et ipsi (divinâ in eis crescente gratiâ) circa ecclesiam Dei et viros ecclesiasticos, in quantum suppetebat facultas, fervore debriari [2]. Unde et Robertus quidam de Liskis *cum barbâ* vel *barbatus* nominatus, quòd tunc temporis qui prolixam barbam non haberet (85) effeminatus diceretur [3], et in derisum et despectum haberetur, contemporaneus et quandoque conscholaris Ardensis fundatoris ecclesiæ Arnulphi sive Arnoldi [4], apud Liskas in honore beatæ Mariæ Virginis quatuor instituit canonicos seculares, quibus totidem præbendas in perpetuum dispensavit [5], habendas, et seipsum quintum et præpositum constituit. Illas autem præbendas successor ejus Balduinus similiter *cum barbâ* vel *barbatus* nominatus, in venerationem dominici [6] Sepulcri, cum quatuor filiis suis clericis quidem et in jam dicto loco canonicis, Hierosolymam piæ peregrinationis iter arripiens, regularibus Watinensis ecclesiæ canonicis contulit et subjugavit.

CH. XXXIX. *Quòd episcopus Morinensis Milo primus apud Liskas Præmonstratenses canonicos instituit.*

Sed et eamdem Liskensem videlicet cum appenditiis ejus ecclesiam religiosissimus ecclesiæ Morinensis antistes Milo primus abbas infulatus cappâ (86) regularibus posteà canonicis albi velleris (87) Præmonstratensibus, in cœnobialis ecclesiæ constructionem et restaurationem, perpetuò possidendam, in plenâ Morinensis ecclesiæ synodo, præsentibus,

---

[1] P. quomodò. — [2] Br. inebriari. — [3] L. dicebatur.
[4] P. V. O. Br. Errulphi sive Ernoldi. — [5] V. P. L. dispensante.
[6] V. L. P. Domini.

CH. XL. *Comment Eustache de Fiennes surnommé l'anchien fonda l'abaye
de Biaulieu et en icelle ordonna aulcuns chanoines de l'ordre d'Aroaise.*

Ou temps dessus dict y avoit ung homme vertueux et de maison
anchienne, issu de la lignée des seigneurs d'Ardre, nommé Eustache seigneur de Fiennes surnommé l'ancien, qui eult plusieurs enfans ; est assavoir, Eustache qui espousa Margueritte fille d'Arnoul
conte de Guisnes, qui mourut et ne delaissa aulcuns enfans ; le
second nommé Engueren espousa Sibille, sœur à ung gentilhomme
nommé Guillaume Feramus seigneur de Tingri ; et combien que
d'elle il eust plusieurs enfans, assavoir Guillaume, Thomas, et Eustache, aveucques aulcunes filles, toutesfois il s'en alla aveucques
Philippes conte de Flandres au voiage de Jerusalem, où il fist
grosse guerre contre les Turcqs et Sarrasins, et oncques puis ne
retourna au pais. Le tiers filz dudict Eustache de Fiennes eult à
nom Guillebert et fut seigneur de Belquin ; et le quart, qui fut
bon serviteur et amy de Dieu, eult nom Raoul, alié par mariage
à une notable femme nommée Alix fille à Henry seigneur de
Campaines et Alix de Compteville ; laquelle Alix femme audict
Raoul avoit eu espousé en premieres nopces Eustache de Calquele.
Eust aussy ledict Eustache sieur de Fiennes plusieurs filles. L'une
desquelles nommée Alix fut aliée à ung tres vaillant chevallier et
congneu par tout le monde, nommé Bauduin sieur de Hames ; duquel elle conseult aussy ung filz aussy renommé en l'estat de chevallerie que son pere, aveucques deux aultres, l'ung nommé
Engueran et l'aultre Bauduin. Icelluy Eustache sieur de Fiennes
congnoissant que les seigneurs du pais à l'environ de luy, meuz de

sed non (ut quidam garriunt) contradicentibus et in appellationis vocem prorumpentibus, immò benevolum assensum
præbentibus Watinensis ecclesiæ canonicis, privilegiavit [1].
Et assumptum in S. Martini Laudunensis ecclesiâ venerabilem patrem abbatem Henricum, cum candidato regularium
canonicorum conventu, in Liskensem perpetuò frequenten-
dam feliciter et solemniter, anno dominicæ Incarnationis
MCXXXII [2], introduxit et intronizavit ecclesiam.

CAP. XL. *Quomodò Eustacius senex de Fielnis ecclesiam de Bello loco
fundavit, et in eâ Arroasiensis ordinis canonicos instituit et introduxit.*

Fuit autem diebus illis magnanimus quidam veteranus sive
vavassorius, qui ab Ardensibus in parte originem traxit, et
qui tunc temporis Fielnensibus præerat eisque principabatur,
nomine Eustacius, cum additamento *senex* (88), qui filios
habebat : Eustacium videlicet, qui cùm Ghisnensis Comitis
Arnoldi filiam Margaretam duxisset uxorem, non relicto
ex eâ [3] semine obdormivit in Domino : Ingelramum, qui cùm
nobilem de Tingreio Sibillam, Willelmi Faramus sororem
duxisset [4] uxorem, et ex eâ Willelmum, Thomam, et Eustacium, et filias genuisset, cum Comite Flandriæ Philippo
Hierosolymam petiit, reprobisque probitatis heros congres-
sus Saracenis, impetum fecit in illos; sed cùm ampliùs non
rediisset, suis ulteriùs nusquam comparuit : Gillebertum
etiam de Belkinio, et piissimum Dei famulum Radulphum,
qui venerabilem Henrici de Campaniâ (89) et Adelidis facun-
dissimæ mulieris de Contevillà filiam Adelidem, priùs Eustacio de Calquellà (90) desponsatam, duxit uxorem [5] : filias
quoque, quarum unam Adelidem videlicet Balduinus de
Hammis (91), qui in militiæ gloriâ toto mundo resplenduit,
duxit uxorem; ex quà concepit paternæ nobilitatis et militiæ
prolem non degenerem, Eustacium videlicet, Ingelramum,

---

[1] L. prævilegiavit. — [2] L. mcxxxiii. — [3] L. in câ.
[4] L. pariter duxisset. — [5] L. uxoris.

devotion, selon leur possibilité s'efforceoient fonder et construire de nouveau eglises et monasteres, pour le remede de son ame, ses predecesseurs et successeurs, mesmement pour le salut de l'ame d'ung gentilhomme issu de la maison de Ponches au pais de Ponthieu qu'il avoit tué en quelque tournoy, et comme à ce faire tenu et submis, funda au villaige de Biaulieu une eglise et monastere conventual à l'honneur de la Vierge Marie, et ordonna sollennellement en icelle, ou temps de Guillaume conte de Boulongne et Manasses conte de Guisnes, ung nombre de chanoines de l'ordre d'Aroaise, lesquelz aveucques leur pere abbé nommé Guillaume, il choisist et print en l'abbaye de S. Marie au bois (qui est à présent l'eglise et abbaye de Rouseauville [1]).

CH. XLI. *Comment ung gentilhomme de Wymille nommé Oilard funda l'Hostel Dieu de Sontinguevelt.*

Ung aultre bon personnaige nommé Oilard, meu d'ung meme desir divin funda en ung lieu lors nommé Sontinguevelt, une maison de povres pelerins qui est ung vrai lieu de refuge et logis de consollation. Et touchant la fondation de ceste maison de Dieu dient les gens du pais pour verité, et aussi l'afferment les freres de ce lieu sainct, que jadis ung bon gentilhomme natif de Huitmille, issu de noble et ancienne génération, voiant et pensant en luy mesmes que en choses prosperes il avoit trop compleu et donné faveur aulx affaires de ce monde mortel et transitoire; et luy qui estoit opprimé de la pesanteur de péchié se tourna envers Dieu en contempnant sa personne et ses biens, et délaissant le monde qui pour luy avoit esté doulx et affable, l'avoit involvé en tous vices, fut content prendre l'estat de povreté en ce monde pour acquerir richesse aulx cieux; et se delibera de vacquier et entendre à bonnes œuvres, et tant qu'il viveroit mettre paine à servir Dieu.

---

[1] Cette parenthèse n'est pas dans le texte latin.

et Balduinum. Hic siquidem Eustacius *senex* de Fielnis audiens et piè intelligens quòd vicini circumquaque manentes
nobiles , spiritu timoris Domini [1] agitati et gratiâ præventi ,
pro possibilitatis suæ modulo in terris suis novas conderent
ecclesias , et nova conderent monasteriorum domicilia, in
propitiationem animæ suæ prædecessorum successorumque
suorum , et maximè pro salute et redemptione animæ cujusdam militis de Pontio in Pontivo domini , quem in torniamento interfecerat , nominatim [2], pro quo tenebatur hoc facere, in Bello Loco sub honore beatæ Máriæ Virginis conventualem instauravit ecclesiam. In eâ Arroasiensis ordinis canonicos , in ecclesiâ B. Mariæ de Nemore sumptos cum
venerabili eorum patre et abbate Willelmo , Deo in perpetuum servituros, tempore Boloniensis Comitis Willelmi et
Ghisnensis Comitis Manassis (92) collocavit et solemniter
instituit.

CAP. XLI. *Quomodò Oilardus instauravit sanctorum campum,
qui et Sanctinghevelt dicitur.*

Oilardus quoque eodem divino [3] videlicet afflatus desiderio,
pauperum apud Santinghevelt instauravit [4] xenodochium,
refugii asylum , recreationis tugurium. De cujus sanctæ hospitalitatis domûs instauratione incolarum veridica traditio et
sancti loci asserunt fratres, quod miles quidam de Wemelio [5],
inclytis oriundus parentibus , nomine Oilardus , videns et
animo prospiciens quòd in prosperis eventibus sibi satiùs
applausisset hujus fallibilis mundi decursus, relinquens se
ipsum et sua [6] simul cum sibi blandiente immò pestiferam
peccatorum scabiem sibi ingerente mundo, sponte pauper
effectus mundo, dives cœlo, qui priùs peccatorum mole pre-
mebatur, nunc ad Dominum conversus, sanctis insudare

---

[1] Br. divini timoris, — [2] L. nominatum. — [3] O. dominico.
[4] P. V. L. restauravit. — [5] L. Wenielio. A. Wimetio. — [6] Br. se et sua.

Sy fut adverty que entre Guisnes et Witsant, en ung lieu des-
tourné remply de bois, y avoit ung champ où les mauvais garsons
tenoient garnison et estoient en aguet, et pour raison des maulx
quy cy faisoient estoit appellé assez proprement, selon le langaige du
pays, *Sontinguevelt*, qui, vault aultant à dire le camp des mauvaiz.
Et pour en dire la vérité, se embuchoient ès cavernes et destroictz
de ce lieu aulcuns larrons et bringans (qui furent ceulx [1] par qui le
paige de Guisnes fut premierement exigé et mis sus), lesquelz
destroussoient les passans, et aulx uns ostoient ce qu'ils avoient,
donnoient aux aultres terreur et crainte de mort, tuoient les aultres
de glaives et bastons estranges, comme meurtriers telz qu'ilz estoient, après ce qu'ilz leur avoient osté ce qu'ilz portoient. Et adfin de pourvoir au faict des bons chrestiens et fidelles, ce bon serviteur et amy de Dieu s'y transporta au lieu dessusdict, qu'il acheta
bon pris, et luy fut vendu par ceulx du pais. Et iceluy apprehenda
comme sien pour y faire ung ostel Dieu au sollagement des povres
pecheurs passans. Et quant les habitans du pais percheurent le bon
service que ce sainct homme contendoit faire à Dieu par œuvre de
charité et misericorde qu'il acomplissoit journellement, et que par
la vie saincte qu'il menoit il se rendoit prochain à Dieu, luy donnerent liberallement et en aulmosne ce peu d'heritaige qu'ils avoient.
Au moien de quoy il fist ediffier en ce mesme lieu, le plustost [2] que
possible luy fut, une eglise à l'augmentation du service divin.

Et ainsy en a disposé la Providence divingne, que où le sang des
innocens estoit souvent espandu, le mistere du corps de Jesu Christ
soit journellement et à perpetuité consacré par les prophetes [3] au
salut de noz ames; que où brigans souloient faire leurs embuches
et aguetz, se fachent continuelles prieres par les serviteurs de Dieu;
que au lieu où les passans estoient chascun jour en dangier de

---

[1] Au lieu de *par*, lisez : *à cause de*.
[2] Lisez : *le plus decemment*.
[3] Traduction singulière des mots : *christicolis sacerdotibus*.

operibus et Deo quamdiù viveret militare, immò servire decrevit.

Audivit igitur et cognovit eò quòd non longè esset nemorosus inter Ghisnas et Witsant, in invio et non in viâ, insidiosus à nephario sontium (hoc est nocentium) opere *sontium campus*, vulgò autem *Sontinghevelt*, non incongruè appellatus. In illo etenim loco; si quid vero creditur, inspiliatores (propter quos tributum apud Ghisnas, ut aiunt, primò constitutum est et solutum) olim in concavis terræ locis et in absconditis latitantes, et transeuntibus quibuslibet insidiantes, aliis onus decutiunt, aliis gestatoria diripiunt, aliis mortem comminantur; nonnullis etiam, ablatis rebus, rumphæis et occultis spatulis vel canipulis sicut siccarii, immò verè siccarii, mortem ingerunt. Veniens igitur Dei famulus ad succurrendum Christi fidelibus, in illius campi planitiem, locum sibi vindicavit, et ab indigenis prece et pretio comparavit, ad habitaculum quidem pauperum, immò quorumlibet transeuntium et piè in Domino postulantium receptaculum faciendum. Videntes igitur indigenæ quòd vir Dei pietatis et caritatis operibus insudando Deo quotidie sedulum exhiberet obsequium [1], vitæque sanctitate de die in diem Deo approximaret, prædiola [2] sua aliaque plura temporalium facultatum beneficia liberaliter in elemosinam ei contulerunt. Quamobrem ad divinum celebrandum misterium [3], quantumcunque decentiùs [4] potuit, in eodem loco Dei ædificavit ecclesiam.

Sic sic [5] divinæ providit dispositionis intuitus, ut ubi erat frequens innocentium à sontibus facta sanguinis effusio, ibi quotidiana in perpetuum à christicolis [6] sacerdotibus, in salutis nostræ misterium, Christi corporis et sanguinis fieret immolatio : ubi erant sontium insidiæ, ibi Deo servientium celebrarentur vigiliæ : ubi transeuntibus quotidianæ [7] mortis imminebat dispendium, ibi aperto tugurio pauperibus pate-

---

[1] Br. officium. — [2] L. prædicta. — [3] Br. officium. — [4] P. V. L. detentiùs.
[5] Br. sic hic. — [6] P. A. casticolis. — [7] Br. quotidie.

mort, là soit ouverte et patente aux povres toutte seureté refuge et
recréation ; que le lieu ou camp de mort soit habitation et demeure
à ceulx qui sont deputez à servir Dieu. Et poeult on dire que ce lieu
qui paravant avoit ung nom malsonnant, aime son nom, et que pour
Sontinguevelt on le peult appeler Santinguevelt. Et fust jadis cest
ostel Dieu baillé en commande aux relligieulx abbé et convent
d'Aroaise ; mais les freres et relligieux laiz l'ont obtenu contre eulx,
et les ont mis hors ; tellement que la maison a esté remise en son
premier estat.

CH. XLII. Comment le conte Manasses engendra une fille nommée Rose,
de laquelle descendit une aultre fille nommée Beatrix.

Le conte Manasses engendra de Emme sa femme une fille de
son propre nom appellée Sibille, aultrement surnommée Roze ; laquelle venue en age fut aliée à Henry, chastelain de Bourbourg,
dont decendit une fille nommée Beatrix ; et c'est après la nativité
de ladicte Beatrix, sa mere nommée Roze, aultrement Sibille,
mourut ; qui fut dommaige. Et au grand doeul et plainte de ceulx
du pais, fut son corps inhumé audict monastere de la Chapelle, devant l'autel S. Benoist.

CH. XLIII. Comment le conte Manasses donna en mariaige Beatrix sa niepce
à ung nommé Albert surnommé porcq senglier.

Manasses compte de Guisnes devint anchien, et tant pour l'ennuy
qu'il eust de la mort de sa fille, que pour son aege, les cheveux luy
devinrent blancs ; et vesquit en tristesse et ennuy, mesmement pour
ce qu'il n'avoit grant espoir en la vie de Beatrix sa niepce, qui
estoit langoureuse et entechée de pierre et gravelle. Pourquoy
pensa à son affaire, et par le meilleur moien que possible luy fut,
contendit se pourveoir au faict de sa conté de Guisnes ; adfin que
s'il mouroit sans lignée dessendue de luy, ledict pais et conté de
Guisnes ne tombast en ligne estrange, procedant d'aulcune de ses

fieret securitatis asylum et recreationis solatium : ubi erat campus morientium, ibi foret locus et habitatio in Christo quiescentium. Unde et posuit [1] campus denominativum *sontium*, et induit sibi vocabulum *sanctorum*. Itaque *Sontinghevelt* locus à conversatione sanctorum *Sanctinghevelt* denominatus est. Illa autem hospitalitatis domus abbati et canonicis Arroasiæ quandoque commendata est : sed invalescentibus in canonicos fratribus laïcis (93), canonici regressi sunt in Arroasiam, et domus in pristinum statum restituta est hospitalitatis.

CAP. XLII. *Quomodò Comes Manasses genuit Rosam et Rosa Beatricem.*

Cognovit autem Ghisnensis Comes Manasses uxorem suam Emmam, et ex eà genuit filiam unicam propriè Sibillam (94), nuncupativè verò Rosam nominatam. Quæ posteà, nubilibus poscentibus annis, nuptu [2] data est glorioso castellano Broburgensi Henrico. Quæ concepit unicam similiter [3] filiam nomine Beatricem. Quà vix progenità, mortua est (proh dolor!) mater ejus Rosa (immò Sibilla), et non sine lacrymabili suorum planctu in monasterio B. Mariæ de Capellà, ante altare S. Benedicti sepulta est.

CAP. XLIII. *Quomodò Comes Monasses neptem suam Beatricem Alberto apro desponsavit uxorem.*

Senuit [4] itaque Ghisnensis Comes Manasses, et capillis suis in canitiem albescentibus, dolore de morte filiæ suæ concepto non minus quàm ætate confectus, in angore et tædio senilem produxit ætatem; maximèque de neptis suæ Beatricis vità, eò quòd calculosa erat et morbida, desperabat. Unde et sibi metuens, et in posterum, quantàcumque [5] po-

---

[1] P. V. L. potuit. — [2] P. V. L. nupta. — [3] Br. pariter.
[4] L. genuit. — [5] V. quantàquoque. L. quantàque.

sœurs : car comme il est dict cy dessus, tous ses freres estoient décédés sans enfans. A ceste cause, par le conseil de sa femme, et
aussi pour ce que au moien de la communication qu'il avoit eu au
pais d'Engleterre il avoit en icelluy plus de familiarité que en aultre
pais, et moiennant aussy l'aide dudict Henry chastelain de Bourbourg son gendre, il traicta le mariaige de sa dicte niepce Beatrix
aveucques ung nommé Albert dict *porcq senglier*, natif d'Engleterre, laquelle Beatrix comme dict est estoit entechiée de maladie.

Mais adfin que nous acquitions deument de ce avons proposé et
mis en termes, et que puissions mieux donner à congnoistre la généalogie des contes de Guisnes, et achever nostre œuvre en meilleure
forme, avons advisé de dire et recueillir aulcunes choses necessaires
ad ce, faisant mention d'une noble dame nommée Gisle, fille au
conte Bauduin de Guisnes et femme de Wamar chastelain de
Gand, et parler seullement d'ung de ses filz nommé Arnoul, en
delaissant les aultres trois fils et une fille, pour ce que ne sert à
nostre propos.

CH. XLIV. *De Arnoul de Gand.*

Arnoul de Gand fut en son temps ung chevallier preu et vaillant aulx armes ; mais de sa louenge ne sera besoing de parler beaucoup, car quelque chose qu'en puissions dire, sa magnificence et
gloire est cogneu par tout le monde. Or voiant ledict Arnoul que
Manasses conte de Guisnes son oncle estoit agravé de vieillesse et
usoit le demeurant de sa vie en ennuy, et sa lignée en apparence
de faillir, imagina en soy mesmes ung moien touchant la conté de
Guisnes, duquel il vint à chief à traict de temps. Et sans long sejour advisa de mettre à exécution ce qu'il avoit délibéré ; et pour
ce faire se transporta à Guisnes aveucques aucuns gentilzhommes
de sa parenté, esquelz il se confioit comme en luy mesmes. Et luy
arrivé en ce lieu, salua son oncle le conte de Guisnes en toute humilité, sans luy descouvrir son secret, et parla à luy gracieusement.

tuit providentiæ[1] cautelâ, sibi' immò toti terræ Ghisnensi
præcavens, ne de corpore suo nullo relicto semine, Ghisnensis terra ab alicujus sororis suæ, eò quòd fratres sui (ut
jam dictum est) omnes sine corporis sui hærede mortui fuerint[2] et sepulti, quasi ab alieno semine hæredem mendicare
quandoque debuisset, uxoris suæ Emmæ consilio, eò quòd
notiori familiaritate quandoque conversationem habuit in Angliâ quàm in aliâ terrâ, et gloriosi Broburgensis castellani
Henrici patrocinante adjutorio, neptem suam Beatricem calculosam (ut dictum est) et morbidam nobili viro Alberto
apro (95) desponsavit in Angliâ.

Ut igitur proposito nostro omnimodè[3] satisfaciamus et
Ghisnensium genealogiam Comitum ex integro aperiamus,
ut operis executioni expeditiùs instare valeamus, de nobilissimâ gloriosissimi viri Ghisnensis Comitis Balduini filiâ Ghislâ
Gandavensis castellani Winnemari uxore quædam necessaria
epilogare necessarium duximus. De tribus igitur Gandavensis
castellani Winnemari et Ghislæ filiis et filiâ, quoniam ad
propositum nostrum non faciunt, obmittentes, de solo Arnoldo prosequamur.

CAP. XLIV. *De Arnoldo Gandavensi.*

Arnoldus igitur Gandavensis miles in armis fuit strenuissimus. De cujus militiæ præmio non necesse fore scribere vel
aliquid fictitare arbitramur, cùm cessante nostræ sedulitatis
operâ[4], totus ei consonet mundus in laudis et honorificentiæ
gloriam. Videns igitur Arnoldus Comitem Ghisnensem Manassem avunculum suum senio gravatum et quasi absque liberis, vitam tædio et senio confectam[5] propagantem atque
degentem, de Ghisnensis terræ Comitatu in animi sui concepit angulo quod posteà arrepto tempore reddidit expletum.
Nec mora, mentis conceptum rebus accommodans, acceptis

---

[1] L. providentià. — [2] P. Br. D. fuerunt. — [3] D. commodè. Br. commodo.
[4] Br. opere. — [5] A. D. confectum.

Et par son propos ne luy toucha que ce qu'il entendoit estre connu à un chacun, et luy cela très bien ce qu'il ne vouloit donner à congnoistre, sinon à ceulx de son conseil.

Et pour en dire le vray, ledict Arnoul prenoit en son entendement que sy par quelque bon moien il povoit avoir ung pié en la dicte conté de Guisnes, et que le dict sieur son oncle voulsist luy bailler à tenir de luy en fief quelque partie de son demaine, facillement il viendroit à chief de son intention, et se feroit sieur et conte de Guisnes. Ce que dict est dessus venu à la cognoissance dudict conte Manasses, par le moïen d'aulcuns qui savoient du secret, (car il n'est chose que enfin ne soit congnue), icelluy conte le print mal en gré, mais n'en fist semblant ne s'en monstra mal content, et si n'en dist aulcune mauvaise parolle à son nepveu, et le suporta pour ung temps le mieulx qu'il peult. Or advint ung jour, ignorant ledict Arnoul que son dict oncle fut adverti de ce qu'il avoit proposé faire (car jamaiz n'avoit rien sceu), se aprocha de luy, et vertueusement comme saige, sans orgueul, et en toute humilité, requist à son dict oncle que pour son advancement soulas et aultrement, de son estat il luy voulsist octroier quelque portion de terre en fief, en son pais et conté de Guisnes.

CH. XLV. *Comment le conte de Guisnes Manasses bailla à Arnoul son nepveu à tenir de luy en fief le lieu de Tournehem et appendences.*

Apres que ce bon pere Manasses eult par bonne discretion bien pesé à la balance le mieulx que faire peult, le voloir et intention de son nepveu, combien qu'il sceust ou au moins se doubtast de quelque machination haineuse et mauvaise du costé de *Samurenses*, [1] il considera beaucoup de choses : d'une part regarda que son dict

---

[1] Le traducteur reproduit le mot latin, au lieu de mettre : « ceulx de Semur. »

Arnoldus aliquantis de cognatione [1] suâ in quibus tanquam sibi ipsi confidebat militibus, Ghisnas adit [2], et cum Ghisnensi Comite avunculo suo humiliter et pacificè loquitur. Nec enim ei totam cordis sui aperit intentionem ; in sermonis tamen superficie tangens quæ omnibus scire non dubitavit, palliat quæ nulli, nisi secreti sui consciis, manifestare curavit.

Enimverò, ut verum profiteamur, in abdito cordis sui cubiculo intendebat, ut si quo modo aliquâ feodali sublimatione Ghisnensis terræ finibus appropriare [3] et in eâ pedem figere potuisset, faciliùs ad mentis conceptum (ad totius videlicet terræ dominationem) pertingere posset et accedere. Quod ubi à quibusdam hujus secreti abditi [4] consciis (nichil enim absconditum quin sciatur [5]) venerando seni perlatum est, ægrè tulit, sed occultè sustinuit. Nec tamen amaricato gutture in nepotem linguam exasperat, nec in eum turpiloquio aut turpibus invehitur objectis, sed ad tempus *omnia suffert, omnia sustinet* [6]. Arnoldus autem omnino ignarus quòd avunculus suus de cogitatu suo aut conscentiâ aliquid sciret, aut præmonitus vel præmunitus de secreto suo consilio quidquam [7] cogitaret, ad eum viriliter accedit, et prudentis more, non arrogantis, cum modestæ humilitatis mansuetudine [8] ab eo petiit ut infra terram Ghisnensem in sustentationis [9] solatium et honoris sui promotionem, aliquod sibi impartiri dignetur beneficium.

CAP. XLV. *Quomodò comes Manasses dedit nepoti suo Gandavensi Arnoldo Tornehem cum appenditiis ejus.*

Venerabilis verò senex ultra quàm aure capessere fas est, nepotis voluntate et intentione (licèt insidiosam Samurensium

---

[1] L. cognitione. — [2] P. V. L. adiit.
[3] V. approperare. L. P. appropriare. — [4] O. abditis.
[5] *Alludit Math.* x. 26 : nihil est... occultum quod non scietur.
[6] 1 *Cor.* xiii. 7. — [7] L. quiequam. — [8] L. consuetudine.
[9] P. sustentionis.

nepveu estoit mananime et de grande réputation au faict de la guerre ; que de jour en jour la maladie de sa niepce Beatrix agravoit et aucmentoit ; que ledict Arnoul son nepveu desja et en son vivant se disposoit de résider audict païs de Guisnes ; que ledict Albert, mary de sa niepce Beatrix, voiant la langueur de sa femme, n'avoit espoir en la vie d'elle ne de succeder audict païs ; considerant aussy la rebellion et contumasse dont ceulx de la ville d'Ardre avoient usé à l'encontre de luy, ensemble la confédération et aliance d'entre eulx et de ceulx de *Samurenses* aveucques son impotence ; par quoy se trouvoit anxieux et perplexe : à ceste cause voulant tout passer soubs dissimulation, advisa prudentement et par bon moien comment il pouroit vivre le reste de sa vie en tranquilité de paix, et envoier et mettre arriere de luy [1] et de sa maison son dict nepveu aveuc toutte haine indignation et couroux, lequel son nepveu il tenoit et avoit suspect de aspirer à la conté de Guisnes. Et donna ledict conte Manasses audict Arnoul son nepveu le plus vaillant et renommé de tous les aultres, pour l'amour naturelle qu'il avoit à luy, et pour son advancement et entretenement, le lieu de Tournehen aveucques sesappendences, pour en joir et à le tenir de luy en fief perpetuellement.

Ce faict, quand ledict Arnoul eust apprehendé ce don à luy faict par son oncle, et qu'il avoit ung pié dedens ledict païs de Guisnes, il fut bien advis que l'esperance de parvenir à plus grand bien, à quoy il avoit tousjours contendu, dont il se fioit en Dieu, sortiroit ung jour effect. Et apres que en toutte révérence et selon la qualité du don et bénéfice à lui faict, rendit graces à son oncle, et voiant que son dict oncle estoit prochain de la mort, et que ladicte Beatrix languissoit, monta à cheval, et à diligence se retira vers Guillaume chastelain de S. Omer, lequel sur tous aultres il vouloit avoir de son conseil. Et requist son amitié pour ce qu'il estoit le plus prochain de la terre que de toutte son affection il desiroit avoir, et aussy qu'il

---

[1] Contre-sens. Lambert dit que Manassès préféra prudemment vivre en paix, plutôt que d'expulser violemment un neveu qui aurait été toujours l'objet de ses soupçons, et prêt à envahir le comté.

expectationem non ignoraret aut ambigeret) bilibri lance summâ cum discretione ad stateram appensâ [1], pensavit hinc magnanimi nepotis sui Arnoldi in armis strenuitatem, hinc neptis suæ Beatricis calculosæ de die in diem exaggerare et ingravescere infirmitatem, hinc Arnoldum [2] ipso vivente jam terræ insidere parantem, hinc Albertum languescente uxore de vità ejusdem uxoris et de terrà obtinendà [3] jam desperantem, hinc rebellium et in se frementium Ardensium contumaciam, hinc Sámurensium cum Ardensibus confœderatam virtutem, et propriæ (ob quam causam majori constringebatur angustiâ) virtutis impotentiam. Quamobrem omnium quosque dissimulans incursus, elegit prudenter, quamdiu vivere posset [4], in pacis tranquillitate vitam potiùs [5] degere, quàm suspectum super se nepotem et ad insistendum terræ semper paratum cum odio et indignatione, crudelitatis exacerbatione à se, immò [6] à terrà, repellere. Dedit ergò ei, ut nepoti, ut militum inter milites strenuissimo et circumquaque notissimo, Tornehem cum appenditiis ejus in feodum, et in pacis et dilectionis perpetuæ amplitudinem, et in corporalis sustentationis consolationem.

Arnoldus itaque, adepto tantillæ dominationis in terrâ Ghisnensi beneficio, et altero pede Comitatum appropinquante, quam [4] in mente conceperat et in Domino Deo et in potentiâ virtutis ejus constituerat, spem ad meliora perquirenda et capessenda suscitat. Unde cùm pro accepto hujus muneris et feodi beneficio, pro quantitate doni cum reverentiâ gratias egisset et reddidisset avunculo, videns avunculum jamjam morti appropinquantem, et neptem suam nichilominus morbidam et ad mortem languescentem,

Acer, atrox, in equos acuens calcaribus iras,

quantò citiùs potuit castellanum de S. Audomaro Willelmum adiit, et præ omnibus eum sibi asciscit et conciliat, et

___

[1] L. appensam. — [2] L. Arnoldo. — [3] L. etiam. — [4] Br. possit.
[5] V. L. potius *deest*. — [6] Br. ipso. — [7] L. quem.

estoit noble et mieulx apparenté pour subvenir et aidier à mettre son
desir à execution.

CH. XLVI. *Comment Guillaume chastelain de S. Omer fut marié à Milesend*
fille du vidame de Picquigny.

Et ne sera widdié hors du propos de dire icy que Guillaume
Chastelain de S. Omer eult en mariage la fille de Arnoul vidame
de Picquigny, nommée Milesend, issue de la tres noble lignie de
Charlemaine, roy de France, de laquelle il eust plusieurs filz. Le
premier, nommé Guillaume, deppuis chastelain de S. Omer, le second, Oste, le tiers, Gerard, prevost de S. Omer, le quart, Hughes de Faucquemberghe, et Gautier qui fut prince de Tabarie.
Olrent aussy lesdicts Guillaume et sa femme cinq filles, desquelles
issit grande et noble génération. La premiere fut nommée Mehault,
et est celle à qui le present propos s'addresse ; la seconde nommée
Eufemye fut mariée à Bauduin , seigneur de Bailleul, qui d'elle
eult deux filz, l'ung nommé Gerard et l'aultre Othe, aveucques quatre filles, la premiere, nommée Alix de Comines, la seconde
Mehault, abesse de Warvelle au pais d'Engleterre, la tierce Ilesend,
et la quarte Margueritte. Le iij^e fille desdits Guillaume de S. Omer
et Milesend de Picquigny fut nommée Gisle de Monstroeul, le iiij^e
et v^e nommée Luthgarde et Beatrix, relligieuses au monastere de
Astromense.

CH. XLVII. *Comment Arnoul de Gand espousa Mehault fille à Guillaume*
chastelain de S. Omer.

Apres plusieurs propos et devises d'entre lesditz Arnoul de Gand
et Guillaume chastelain de S. Omer, le mariaige se traicta d'entre
lesdictz Arnoul et Mehault, fille audict chastelain ; et par ledict
mariaige ladicte Mehault fut donnée sur la terre de Tournehen ; et
jasoyt que l'on parle cy en ordre des enfans issus d'iceulx Arnoul
et Mehault, toutesfois biaucoup de choses faisant mention d'eulx
demourent deriere, que l'on declarera mieulx au long cy apres.

confœderat amicum, maximè eò quòd terræ, ad quam totâ
cordis intentione aspirabat, ei loco propinquior esset, et parentibus inclytis et amicis abundantior, et ad propositi spem
in rei effectum producendum [1] in subveniendo præstantior.

CAP. XLVI. *Quod Willelmus Audomarensis castellanus duxit [2] uxorem*
Millesendam [3] filiam vicedomini de Pinkinio [4].

Hic enim Willelmus (nec in hoc à proposito digredimur)
uxorem pridem duxerat de nobilissimâ regis Francorum Karoli magni stirpe et familiâ progenitam, Ernulphi [5] vicedomini de Pinkinio filiam, nomine Millesendam ; ex quâ genuit
nobiles filios : Willelmum videlicet posteà Audomarensem
castellanum ; Hostonem (96) ; Gerardum ecclesiæ S. Audomari præpositum ; Hugonem de Falkenbergà ; et Walterum
Tiberiadis vel Thabariæ [6] principem : filias quoque ad magnæ
generationis sobolem procreandam progenitas. Quarum prima
et præcipua dicta est Mathildis, quæ ad nostrum principa-
liter operatur propositum : secunda Euphemia quæ nuptui
data est Balduino de Balliolo, qui ex eà genuit filios, Gerardum et Hostonem, et filias, Adelidem de Cominiis, Mathildem in Angliâ abbatissam de Warewellâ, Millesendam [7], et
Margaretam. Tertia Gisla de Monasteriolo ; quarta et quinta
Luthgardis [8] et Beatrix in Astromensi monasterio sanctimoniales.

CAP. XLVII. *Quòd [9] Arnoldus Gandavensis duxit uxorem Mathildem*
Audomarensis castellani filiam.

In multis igitur Arnoldus Gandavensis cum jam dicto Au-

---

[1] Br. perducendum. D. P. producendam subveniendo.
[2] P. V. L. duxit in uxorem. — [3] V. L. Milesendam. P. Milescendam.
[4] D. Pikinio. — [5] L. Arnulphi. — [6] L. Tabariæ.
[7] P. V. O. B. Ylessendam. L. Plessendam.
[8] V. L. Luchgardis. P. Luchardis. -- [9] P. Br. D. quomodò.

CH. XLVIII. *De la procréation des enfans Arnoul de Gand.*

Mehault, femme Arnoul de Gand, conseult en son temps dès œuvres de son mary plusieurs enfans. Et acoucha premierement d'ung filz nommé Bauduin, lequel Manasses conte de Guisnes son oncle tint sur fons, et le receut à son filz adoptif. Le second fut nommé Guillaume de Guisnes, qui eust en mariaige la niepce de Hughes conte de S. Pol nommée Flandrine ; le tiers eust à nom Manasses, le quart Siger, le ve Arnoul qui mourut josne ; et lorsqu'on le portoit en terre ou monastere d'Andrene en la compaignie deses deux freres Manasses et Siger, le corps s'arresta en ung lieu deseur Bresmes aupres d'ung carfour ; et en memoire de ce fut érigée en ce lieu une croix de bois, et pres d'icelle planté ung aubel et tilœul, où pelerins et passans prenoient aulcunes fois repos ; mais la dicte croix par tempeste de vent contraire a esté enclinée, et ainsy que l'on pœult encores veoir, soustenue dutout par lédict aubel.

Et desdictz Arnoul et sa femme decendirent aveucques les cincq filz des susdicts, huit filles. La premiere nommée Margueritte, aliée en premieres nopces à Eustache de Fiennes, et depuis à Rogier chastelain de Courtray ; la seconde nommée Beatrix, aliée premierement à Guillaume Faramus, seigneur de Tingri, et depuis à Hughes chastelain de Beaumetz ; la tierce nommée Alix, mariée en premieres nopces à Hugues chastelain de Lille, paravant prevost de S. Piast de Seclin, et de secondes nopces à Robert de Wavrin frere de Helin, maistre d'ostel et senechal de Flandres ; la quatriesme eust nom Eufemie, la ve Luthgarde, tous deux relligieuses et depuis successivement abesses du monastere de S. Lienard de Guisnes ; la

domarensis burgi castellano Willelmo prælocutus , duxit
tandem tantæ nobilitatis viri filiam nomine Mathildem , et
Tornehem cum ejus appenditiis ei concessit in dotem. De
cujus procreatione filiorum, licèt nunc dictando scribere prosequimur [1], multa tamen interim acciderunt , quæ ut postmodùm luculentiùs clareant, præposterè posita subsequuntur.

CAP. XLVIII. *De procreatione filiorum Arnoldi Gandavensis.*

Processit ergo Mathildis in diebus suis, et concepit à viro
suo Gandavensi Arnoldo, et peperit ei Balduinum quem
Comes Ghisnensis Manasses avunculus ejus de fonte baptismatis [2] in filium recepit adoptionis; et Willelmum de Ghisnis
vocatum qui Flandrinam (97) Comitis S. Pauli Hugonis
neptem uxorem duxit; et Manassem , et Sigerum , et Arnoldum adolescentem mortuum. Qui cùm ad sepeliendum cum
fratribus suis Manasse et Sigero ad monasterium deferretur
Andriæ, requievit in colle [3] super Bramas, in invio juxta
quadrivium vel compiti locum. Ob cujus memoriam delata
est ibi crux lignea et elevata , et albellus [4] cum tilià juxta
crucem ad peregrinorum et quorumlibet viatorum ibi plan-
tata est requiem et pausidium. Posteà verò ab opposito veniens vis valida venti crucem à loco suo removit, et aclivis (ut
adhuc ad oculum patet) albello [4], ne totaliter corruat, sus-
tentatur.

Hos siquidem quinque filios ex eâ genuit Arnoldus, et octo
filias : Margaretam videlicet, primò Eustacio de Fielnis,
posteà Rogero Curtracensi castellano desponsatam : Beatricem, primò Willelmo Faramus [5] de Tingreio, posteà castellano de Bellomanso Hugoni traditam uxorem : Adelidem ,
primò (98) Insulensi castellano Hugoni priùs S. Piati Si-
cliniensis [6] præposito, posteà Roberto de Waveriaco fratri

---

[1] P. V. L. dictando prosequimur. — [2] O. baptismi. — [3] L. collo,
[4] *Nonne* alnellus , alnello ?
[5] V. Faraunis. P. Faramis. — [6] V. P. L. D. Seclinensis.

sixiesme nommée Mehault, aliée à Bauduin fils à Guillaume Moren
de Hondecoste ; la vij^e fut nommée Gisles de Ag, mariée à Gautier de Polaire ; et la huitiesme et derniere nommée Agnez par le
conseil de ses amis nepveulx et aultres de Gautier prince de Tabarie
dont a esté cy dessus parlé, fut mariée en la terre de promission ;
laquelle Agnez par le vouloir de son pere delaissa le lieu de sa nativité où elle avoit esté nourrie, pour extoller son lignaige et luy faire
avoir bruit et nom ès regions lointaines, et adfin que d'elle fut
procréé une haulte et noble génération, ainsy qu'il est dict cy dessus ; et furent l'affection et vouloir de son pere et l'obéissance d'elle
la cause pourquoy elle fut mise en exil, où tost apres elle mourut
par venin et poison que on luy donna à boire ou à mengier.

Or ce que dessus est dict, présupposé par forme de preambule ;
pour mieulx entendre la mathiere sera besoing cy apres l'expliquer
à propos.

CH. XLIX. *Comment le conte de Guisnes Manasses mourut.*

Le conte Manasses de Guisnes, qui en son temps avoit esté beau
de visage et bien proportionné de corps sur tous aultres, tomba en
decrépite et devint fort ancien ; et en son ancienneté souffrit moult
de maulx qu'il porta bien patiemment, lesquels en sa jeunesse il
eust souffert et enduré à difficulté et bien grand peine. Et quand
il ne peult plus avant résister par quelque vertu de corps ne de couraige, au moien de ce que de toutes pars il estoit aggressé et luy
venoit au contraire, il commencha à estre destitué de sa vertu corporelle ; et luy estant au lict de la mort griefment ataint d'une
maladie de fiebvre, par forme de plainte et doléance advertit ses
gens de beaucoup de choses touchant sa niepce Beatrix, puis plus de

Hellini Flandriæ dapiferi (99) sive senescali [1] in dote suà apud Senghiniacum [2], matrimonio copulatam : Euphemiam et Luthgardam [3] in monasterio S. Leonardi apud Ghisnas primò sanctimoniales, posteà in eodem loco abbatissas (Luthgarda [4] videlicet successivè post Euphemiam) : Mathildem quoque Balduino filio Willelmi Moranni de Hondeschote [5] (100) datam uxorem : Ghislam etiam de Aa [6] sive Aqua Waltero de Pollario (101) matrimonii lege desponsatam : Agnetem etiam consilio nepotum suorum, filiorum [7] videlicet supradicti Walteri Tiberiadis vel Thabariæ principis, in terrâ promissionis maritatam. Quæ in voluntate patris, ut famosissimam in longis et remotis terrarum tractibus extenderet prosapiam, relicto dulci solo naturalisque patriæ loco, pro honore, ut inclytam et fastuosam patri (ut jam diximus) procrearet sobolem, o gloriosissimi patris affectum ! o per omnia prædicandam filiæ subjectionem ! commutavit exilium. Sed veneno, ut dicitur, in cibis accepto, vel potiùs inherbata, ibi statim mortua est et sepulta.

Prælibatis igitur quibusdam necessariis et cum quâdam narrationis anticipatione explanatis, ut proposito nostro fideliter inserviamus, ad supra posita suppositis continuanda pennam officiosam referamus.

CAP. XLIX. *Quomodò Comes Manasses mortuus est* (102).

Senex itaque factus et decrepitus, quondam facie decorus et corpore præstans venerandæ memoriæ Comes Ghisnensis Manasses, multaque circa senium æger et ægrotus cum patientià perpessus quæ juvenis tolerare vix aut ægrè sustinuisset, cùm rerum circumstantiis undique sibi oblatrantibus et adversè insidiantibus aliquà sui corporis vel animi virtute superstare aut resistere nullatenus ulteriùs potuisset, viribus

---

[1] O. seneschalci. — [2] Br. Singuiniacum. — [3] V. P. L. Luthgaudam. —
[4] L. Luthgauda. — [5] Br. Hondescot. — [6] V. L. Ag.
[7] V. L. Consilio nepotum filiorum suorum.

Arnoul nepveu, et encoires davantaige de l'aparente ruine et desollation de son pais de Guisnes. Et finablement mourut comme
ses predecesseurs, aveucques lesquels en attendant la benoiste
resurrection, il gist honorablement sepulturé au monastère d'Andrene, où tous les contes de Guisnes et leurs enfans sont et doibvent
estre inhumez, selon les lettres et chartres autenticques des relligieux dudict lieu.

CH. L. *Comment Henry chastelain de Bourbourg fist advertir Albert*
le senglier de la mort du conte Manasses.

Quant Henry chastelain de Bourbourg fut adverti de la mort du
conte Manasses, il le fist scavoir à Albert son gendre aveucques tout
l'estat de son affaire, et qu'il tenist ce qu'il avoit piessa doubté comme
faict et advenu ; est assavoir que Arnoul de Gand tachoit de tout
son pooir parvenir à la conté de Guisnes, et que s'il n'advisoit bien
à son cas il estoit apparant par future presaige que tout le bien
delaissié par le trespassé aveucques sa terre, à la grant foulle et dé-
sollation du pais, seroit prins occupé et envahy en brief par ledict
Arnoul de Gand ; et estoit son adventeure telle en substance qu'il
s'ensieult, que à toutte diligence ledict Albert se partist d'Engleterre, et se transporta au pais de Guisnes pour aprehender par
droict de succession l'heritaige de Manasses, conte de Guisnes, qui
estoit ja mort et mis en sepulture. Et combien que ledict Albert fut
occupé et detenu en grant honneur et charge ez affaires du roy
Guillaume d'Engleterre, néanlmoins luy meu des nouvelles à luy
escriptes par son beaupere le chastelain de Bourbourg se tira le
plus tost qu'il peult au pais de Guisnes. Et apres qu'il eust deument
faict son hommaige de la conté de Guisnes à Thierry conte de
Flandre, il print pocession actuelle dudict conté ; mais ne sejourna
gueres audict pais, et ledict hommaige faict, delaissa ladicte Beatrix
sa femme en la garde dudict chastelain son beaupere, et s'en retourna hativement en Engleterre pour aprehender quelque aultre
succession à luy escheue audict pais de par sa femme ; et obtint du

corporis omnino cœpit destitui, gravquie febrium[1] correptus
ægritudine et in mortis lectulum collocatus, multa de nepte
suà Beatrice, plura de nepote suo Arnoldo, multòque plu-
riora de totius terræ desolatione queritando suis præmonens,
demum obdormivit cum patribus suis, et in Andriæ monasterio ubi omnes Ghisnensis terræ Comites et eorum filii (ut
eorum qui[2] eidem loco deservire tenentur monachorum au-
thentica scripta testantur) sepeliri debent, cum eisdem patribus honorificè in spe beatæ resurrectionis sepultus est.

CAP. L, *Quomodò Henricus Broburgensis castellanus nuntiavit*
Alberto apro mortem Comitis Manassis.

Audiens igitur Broburgensis castellanus Henricus Ghisnensis terræ Comitem Manassem universæ[3] carnis viam nuper
ingressum, genero suo nuntiat Alberto mortem Comitis,
simul et totius rei eventum, et quod fieri[4] timescebat jam
quasi factum prædicat; Arnoldum videlicet Gandavensem
Ghisnensi terræ hiulcum et insidiosum, et nisi maturè sibi
et terræ subveniat, terræ munitiones simul cum terrâ, nec
sine terræ depopulatione, ipsum jamjamque quodam pro-
nostico rei futuræ vaticinio occupaturum fore denuntiat[5].
Finis igitur mandati sub his verbis includitur; ut videlicet ab
Angliâ in Ghisnensem terram quantocius veniens, Ghisnensi
Comiti Manassi mortuo jam et sepulto recto ordine et jure
hæreditario succedat et instituatur.
Albertus igitur, quamvis in negotiis Angliæ regis Willelmi
circa ipsum honorificè detentus militaret, Broburgensi tamen
castellano socero suo et mandatis ejus acquiescens, in Ghisnensem terram quantocius[4] potuit pervenit, simulque Flandriæ principi Theoderico hominio rite exhibito, Ghisnensium
Comes effectus est. Sed in terrâ Ghisnensi parvam moram fa-

---

[1] P. gravi febrium. L. gravi febris. — [2] Br. eodem. — [3] L. universam.
[4] L. quod fieri. — [5] Br. nuntiat. — [6] P. Br. D. quàm citius.

roy d'Engleterre tout ce qu'il voulut, et avecques ce qu'il avoit occasion de ce faire, il fut assez délibéré de demourer au service du roy d'Engleterre. Car il cognoissoit bien que sa femme estoit langoureuse et entachiée de ladicte pierre, par quoy ne povoit avoir bonnement communicassion avecques elle ny acomplir le deu de mariaige. Et voiant que sa dicte femme empyroit tousiours et continuoit en plus grant langueur que devant, jassoit qu'il fust souvent pressé par son beaupere de retourner, il différa de ce faire, et habandonna le pais de Guisnes.

CH. LI. *Comment Emme contesse de Guisnes funda ung monastere de femmes à Guisnes où elle se fist enterrer.*

Ce temps pendant la dicte dame et contesse de Guisnes Emme vefve du dict feu conte Manasses, monstra par œuvres exterieures la vraye source d'amour qu'elle avoit intérieurement tousjours eu et porté envers son dict feu mary ; et se delibera d'acomplir de cœur devot ce que par bonne devotion il avoit voué et promis à Dieu, en ensieuvant ce verset du psalmiste : *Vovete et reddite Dño Deo vestro omnes qui in circuitu ejus offertis munera.* Car comme il est aulcunement touchié cy dessus, ce bon serviteur et amy de Dieu Manasses conte de Guisnes, adfin de trouver là sus au ciel ung lieu de demeure faict sans artifice d'homme, luy estant encoires au monde et en prosperité de corps proposa de faire édiffier en quelque lieu une maison de relligion Mais pour ce que ces saincts veux et promesses avoient este différez tellement que pour plusieurs causes ils n'avoient peu sortir effet selon son intention, la dicte vefve pour elle et son dict mary se acquitta envers Dieu touchant les dicts veux et promesses, lesquelles elle acomplist.

ciens, relictâ uxore suâ Beatrice socero [1] suo Henrico Broburgensi castellano, in Angliam pro susceptione terræ quæ
in Angliâ ex parte uxoris suæ ei exciderat [2], ad regem
properavit. Ubi impetrato à domino rege quod justè postulaverat, spontaneæ voluntati suæ quamdam necessitatis
opponens inferentiam, morosiùs cum rege perendinavit.
Intelligebat enim uxorem suam languidam et calculosam et
sibi matrimonii debitum solvere pertimescentem. Ingraves-
cente autem in uxore suâ Beatrice solito uberiùs languore,
sæpiùs à socero suo mandatus adventum suum distulit, et
in Ghisnensem terram venire renuit.

CAP. LI. *Quomodò Comitissa Emma instauravit cœnobium sanctimonialium
apud Ghisnas, et ibi demum mortua est et sepulta.*

Intereà vidua venerabilis Ghisnensis Comitissa Emma divini amoris fomitem, quem erga virum suum Comitem videlicet Ghisnensem Manassem interiùs pridem accenderat, piâ
cordis intelligentiâ reformat pleniùs, foris [3] et resuscitat. Et
votum quod pius ejus maritus lecti et devotionis ejus consors
pridem Deo voverat, maturè Deo reddere disposuit. Audivit
enim aliquando in psalmo et benè intellexit : « Vovete et
« reddite Domino Deo vestro omnes qui in circuitu ejus of-
« fertis [4] munera, terribili et ei qui offert votivum Deo spiri-
« tum principum [5]. » Sicut enim in supradictis quandoque
præmisimus, Dei amicus Ghisnensis Comes Manasses, ut
domum non manufactam habitaret et possideret cum superis
in cœlis, domum manufactam in terris construere, et aliquam [6] alicubi conventualem instaurare, dum adhuc in prosperitate vigeret et gloriâ, decrevit ecclesiam. Sed cùm sancta

---

[1] D. cum socero. — [2] L, excideret. — [3] L, foris *deest.*
[4] B. O. affertis.
[5] *In ps.* LXXV, 12, 13, *legitur :* Vovete, et reddite Domino Deo vestro, omnes qui in circuitu ejus affertis munera, terribili et ei qui aufert spiritum principum.
[6] P. L. aliquando.

Et de faict fonda pour le salut de son ame et de son mary et predecesseurs et successeurs, du revenu de son propre domaine, le
cloistre et monastere de Monsr sainct Lienard evesque et confès en
la ville de Guisnes, où elle ordonna pour servir Dieu à perpetuité
aulcunes relligieuses qu'elle choisit au monastere de Estrun aveucques une abbesse relligieuse devotte nommée Sebille, qu'elle fist venir
du pais de Loraine, qui estoit du lignaige de Alix jadis contesse de
Guisnes, que l'on a cy dessus nommée d'aultre nom Chrestienne.
Laquelle abbesse la dicte contesse introniza en icelle eglise et abbaye
S. Lienard pour presider ausdites relligieuses en l'an mil cent et
deulx : à laquelle abbesse succeda Mehault de Campaines ; et à la
dicte Mehault, Alix de Mardicq ; et à icelle Alix succeda l'une après
l'aultre deux femmes notables et de saincte vie religieuses du dict
lieu ; la premiere nommée Eufemie, qui selon la propre signification de son nom faisoit œuvres de bonne femme ; et apres elle
ungne aultre fille de religion et de saincteté nommee Luthgarde sa
sœur germaine, fille de Arnoul conte de Guisnes, dont cy dessus a
esté parlé.

Et tost après le construction de ce monastere et sans grand
intervalle de temps, ceste bonne matronne dame et contesse
Emme print en ce monastere l'habit de relligion où elle mourut ;
et y fut son corps sollennellement inhumé en toutte devotion par les
relligieuses de ce lieu.

Comitis vota causæ præpedissent multiplices , et in operis effectum juxta animi affectum non processissent, vidua venerabilis et per omnia Deo laudabilis pro se et pro [1] viro suo
vota Domino Deo reddidit et solvit.

Instauravit igitur apud Ghisnas, in propitiationem animæ
suæ et viri sui Ghisnensis Comitis Manassis , et prædecessorum successorumque suorum, de redditibus suæ mensæ,
S. Leonardi confessoris et episcopi ecclesiam (103) et
cœnobii claustrum ; cui sanctimoniales in Astromensis ecclesiæ monasterio sumptas, Deo in perpetuum servituras,
adhibuit. Quibus et religiosissimam præfecit abbatissam nomine Sibillam vel Sibiliam , de genere et cognatione Adelæ
Ghisnensis quondam Comitissæ, quam superiùs Christianam
nuncupativè nominatam diximus, in Lothariâ regione sumptam;
eamque in ecclesiâ [2] S. Leonardi Ghisnensis super sanctimoniales ibi nuper introductas, dominicæ Incarnationis anno
M°C°II°, intronizavit. Cui prima successit Mathildis Campaniensis ; cui Adela de Mardicâ ; cui venerandæ nobilitatis
genere et sanctitatis nomine fœminæ, immò matronæ, ejusdem loci sanctimoniales ; Eufemia nominis appellatione bonam
fœminam [3] non obliterans (104), et post eam successivè [4] (sicuti jam diximus) Luthgarda [5], corpore et sanguine soror
ejus germana, sanctitatis et religionis nomine in Christo filia ;
Ghisnensis Comitis Arnoldi filiæ.

Post Ghisnensis igitur cœnobii instaurationem , non multo
interjecto temporis spatio, venerabilis matrona et domina
Ghisnensis Comitissa Emma, assumpto et induto sanctimonialium indumento et habitu, apud Ghisnas carnis debitum solvit, ibique solemniter ut sanctimonialis immò verè sanctimonialis, à sanctimonialibus decantata et piè in Domino deplorata est , et honorificè sepulta.

---

[1] O. pio. — [2] V. P. L. ecclesiam. — [3] D. B. famam.
[4] B. successit. — [5] B. Lutgardis.

CH. LII. *Comment Arnoul de Gand assembla à Tournehen tous ceulx de son conseil aveucques ses adherens, ausquelz il declara son intention.*

Quant Arnoul de Gand eust cogneu et enquis dilligemment comment le conte Albert n'avoit plus d'espoir en la vie de sa femme et ancoires moins de parvenir à la conté de Guisnes ; voyant aussy que le dict Albert qui estoit journellement mandé et avoit poste sur poste de son beaupere adfin qu'il retournast en la conté de Guisnes et neanmoins delaioit son dict retour d'ung jour à aultre et par paresse et negligence surseoit de venir, icelluy Arnoul qui estoit ambitieulx et curieulx à merveilles et non sans cause, d'estre pourveu à cest estat de conte, par le conseil de Guillaume chastelain de S. Omer son beaupere et de ses parens, se tira de son chastiau de Tournehen aveucques aulcuns de son privé conseil : toutesfois dissimula par grande astuce le mieulx qu'il peult son affaire, et apres avoir esté quelque petite espace de temps aveucques ses gens, leur dict et commanda sur le peril de leur vie que de son emprinse et de ce dont il les advertiroit en conseil ilz ne fissent aulcun bruit, mais le tenissent secret sans en reveler aulcune chose, mesmement à Ernoul de Hames dict le *Mengeur*, lequel estoit filz de Robert, auquel le dict conte Albert à son retour de Engleterre avoit baillié le gouvernement de la conté de Guisnes et le commit baillif. Et lors tous ces barons de la dicte conté qui desja avoient longuement attendu le dict conte Albert, voiant que de toutes pars le peuple estoit en doubte et crainte, envoierent derechief en Engleterre plusieurs et diverses fois, non pas messagiers simples mais gens d'auctorité et tres entendus, aveucques bonnes memoires et instructions, vers le dict conte Albert, adfin que à diligence il venist à leur secours audict pais de Guisnes ; dont il ne tint compte et refusa d'y venir.

Et de ce adverty le dict Arnoul de Gand qui lors faisoit sa residence à Tournehen, il envoia parmy le pais de Guisnes soudars et espies, et fist enquerre dilligemment s'il pouroit recouvrer aulcuns fauteurs pour luy adherer et bailler secours à mettre à execution son entreprinse ; et apres avoir receu lettres d'aulcuns des barons

CAP. LII. *Quomodò Gandavensis Arnoldus apud Tornehem consiliariis et fautoribus suis consilium suum aperuit.*

Audiens autem Gandavensis Arnoldus, et juxta quod diligenter exquisierat, satis intelligens, quòd Albertus de vità uxoris suæ non minùs quàm de Ghisnensis terræ Comitatu desperaret, et ob hoc[1] in Ghisnensem terram sæpe et iterum et iteratò sæpiùs à Broburgensi castellano Henrico mandatus, de die in diem adventûs sui diem dilatando, cum quâdam negligentià vel animi [2] desidià venire supersederet, de suâ promotione nimirum sollicitus admodùm et ambitiosus, Audomarensis castellani Willelmi soceri sui et sororiorum suorum consilio, cum aliquantis secreti sui consciis in castellum suum apud Tornehem, propositum suum quantàcumque[3] potuit calliditate dissimulans, introivit. Ibique cum suis quantulamcumque moram faciens, sub interminatione vitæ suis prædicebat et præcipiebat, ut quidquid in mente concepisset et ipsis in consilio aperiret, occultum inter eos haberetur et absconditum, et Arnoldum *comestorem* de Hammis omnino lateret. Hunc siquidem Arnoldum de Hammis comestorem appellatum, filium Roberti, Comes Albertus in Angliam proficiscens baillivum in terrà Ghisnensi substituerat, et totam terram ei custodiendam commendaverat. Barones autem universæ terræ adventum Comitis Alberti diutiùs præstolantes, cùm [4] circumquaque tremefactum conspexissent et pertimescentem populum, missis iterum et [5] sæpe sæpiùs et sæpissimè in Angliam nuntiis, viris videlicet authenticis et consilio plenis, cum scriptis valentibus et præstantibus et ut ad subveniendum terræ citò veniat eum excitantibus, in Ghisnensem terram accedere omnino refutavit.

Hujus ergo rei præscius Arnoldus Gandavensis interim apud Tornehem residens et moram faciens, missis per uni-

---

[1] L. ob id. — [2] V. P. D. vel cum desidià.
[3] L. V. P. quantàque. D. quantà. — [4] V. P. L. et. — [5] V. L. ut.

de la dicte conté et par ce entendu que son affaire estoit en bon
train, aulcuns des dicts barons et subjectz ausquelz il decouvroit son
secret ; et quant il fut asseuré d'eulx et que par prieres, dons et promesses il eust gaingnié les soudoiers qui avoient en garde le chasteau de Guisnes, les induist atraict et convaincquist, aulcuns par
menasches, aultres par dons, et aultres par parolles et bastures, et
sans grande difficulté les contrainct faire ce que ils desiroient bien
estre faict ; le dict Arnoul sans tarder se jecta dedens Guisnes, et
comme ung homme sans peur gaigna virillement la forteresse. Et
quant ce vint à la congnoissance du vicomte de Mercq, combien qu'il
eust ses freres vaillants et renommés à la guerre, assavoir Simon et
Jourdain qui estoit prompt et tres hardy aux armes, aveuc aultres
plusieurs ses adherens en grant nombre ; sy eult il crainte en soy
mesmes, et apela ses dicts freres et amis aveucques aultres de sa
congnoissance, ausquelz il demanda conseil sur ce qu'il avoit affaire ;
par l'advis desquels, voulsist ou non le dict vicomte de Mercq, il envoia devers le dict Arnoul de Gand, et luy promist que si le conte
Albert ne leur bailloit secours en dedens quarante jours, il luy feroit hommage et le recongnoistroit son seigneur, au cas que les
aultres barons et pers luy fissent le pareil.

CH. LIII. *Comment Bauduin fils du seigneur d'Ardre se tira devers
Arnoul de Gand*

Quant Bauduin filz du sieur d'Ardre sceut que Arnoul de Gand
avoit conquis Guisnes, combien qu'il ne pocessa encoires grand
terre au dict pais, et que comme avoient faict ses predecesseurs il
n'eust gueres d'amitié aveucques les contes de Guines, parce que
jamais ne leur avoient daingnié faire obeissance foy ny hommaige, si
se tira il toutesfois voluntairement vers luy, comme aussy firent
d'aultres qui, sans leur confier en leur richesse et puissance, et

versam Ghisniam exploratoribus[1] et satrapis, si quos habere
potuit fautores ad suæ voluntatis expletionem et adjutores
diligenter et sollicitè perquirit. Acceptis itaque à quibusdam
terræ baronibus epistolis, audit et intelligit quod mentem
ejus aliquatenus exhilaravit. Loquitur ergo secretò cum quibusdam baronibus, quibus consilium suum communicavit et
publicavit, et eorum communicatis sibi viribus, satellitibus
qui Ghisnas custodiebant precibus et pretio simul et pro-
missis corruptis, et ad sibi obtemperandum et satisfaciendum
allectis et attractis, minisque nichilominus et verbis et verberibus afflictis et convictis et ad id quod nolebant[2] sine diffi-
cultate coactis, et à firmitate quasi in hàc parte infirmis
sponte propulsis, Ghisnas impiger insilit, et munitiones viriliter occupat imperterritus. Quod cùm intellexisset Markiniensis vicecomes Arnoldus, licèt strenuissimos milites
haberet fratres, Simonem de Markinio et Jordanum promptis-
simum in armis et audacissimum, aliosque magni nominis et
virtutis innumerabiles[3] ei cohærentes, magis magisque sibi
timuit. Et convocans fratres suos et notos et amicos, consulit
ab eis quid facto opus sit. Ad quorum consilium, vellet nollet,
Gandavensi Arnoldo per internuntios spopondit; quòd si
Comes Albertus infra quadraginta dies ad Ghisnensis terræ
subventionem non veniret, ei sponte, ut terræ Comiti, hominium, si alii ejus compares et terræ barones hoc idem facerent, exhiberet.

CAP. LIII. *Quomodò Balduinus Ardensis domini filius se ad Arnoldum
Gandavensem transtulit.*

Balduinus autem Ardensis domini filius, cùm nichil adhuc
vel parum terræ in terrâ possideret, et Ghisnenses Comites,
ut olim prædecessores sui, eò quòd[4] Ghisnensibus Comitibus
nullam exhibere subjectionem dignarentur aut reverentiam,

---

[1] P. D. explorantibus. — [2] V. volebant. — [3] O. et.
[4] P. Br. D. et eò quòd.

voians que le dict conte Albert ne leur faisoit quelque secours, se joindirent aveucques le dict Arnoul de Gand et luy offrirent sans contraincte, confort et aide, mesmes luy firent serment, combien que leur couraige feust aultre qu'ilz ne monstroient. Que peult on plus dire ? Le dict Arnoul de Gand atrahit à soy et eult la confederation et aliance de la plus part des barons de Guisnes, saulf du dict Ernoul de Hames qui comme dict est dessus avoit prins en charge la dicte conté de par le dict conte Albert. Et lorsque le dict Ernoul de Hames dict le *Mengeur* seult que le dict Arnoul de Gand avoit dejecté les soudoiers de Guisnes, et qu'il tenoit la place du consentement des barons du pais qui à ce ne contendaient remedier, mais qui plus est le favorisoient, et en tant que besoing estoit luy bailloient aide et main forte ; luy estant au chasteau d'Audruicq (ainsy nommé d'anchienneté parce que c'estoit la rue des anchiens) aveucques ses gens et toutte sa force, envoia à dilligence devers Henry chastelain de Bourbourg, et luy fist s avoir que Arnoul de Gand estoit dedens Guisnes, assisté et favorisé de tous les barons du pais.

Ce temps pendant advint au pais de Guisnes ung cas pitoiable et de grant deshonneur et oprobre ; car Arnoul de Gand estant à table ung jour de feste et sollennité des Innocens, au chasteau de Guisnes, aveucques Bauduin filz du sieur de Ardre et plusieurs aultres gens serviteurs de sa maison, arriva hativement ung messaige qui leur fist scavoir que Arnoul surnommé *le joeune* seigneur d'Ardre avoit eu la gorge couppée, et l'avoient mis à mort ses serviteurs en ung lieu nommé le bois Foubert, auprès de Northout. A ceste nouvelle se leva incontinent de table le dict Arnoul de Gand, et laissa le chastiau et forteresse de Guisnes en la garde de ceulx en

semper exosos haberet et suspectos, cùm[1] audisset Gandavensem Arnoldum Ghisnis insidentem, ad ipsum sponte convolavit. Similiter et alii quidam de viribus suis non præsu-
mentes neque confidentes, et de Comitis Alberti adventu et de
terræ subventu jam desperantes, Gandavensi Arnoldo se jun-
gebant, et ei manus in auxilium sponte offerebant, et fidem
licèt in perfidià præferentes promittebant. Quid ampliùs?
Omnes[2] fere Ghisnensis terræ barones sibi accivit et confœderavit Gandavensis Arnoldus et alligavit, præter Arnoldum Hammensem, qui totam terram Ghisnensem (ut jam
dictum est) à Comite Alberto custodiendam acceperat. Ille
ergo Arnoldus *comestor* agnominatus, cùm accepisset Arnoldum Gandavensem propulsis satellitibus suis Ghisnis insidentem, et barones terræ consentientes et eum expellere non
intendentes, sed ei jamjam ferè apertè[3] favorabili subventione
viros et vires in bello, si opus acciderit, adminiculantes et
administrantes, à castro quod olim à *veterum vico Alderwicum* dictum est, cui cum viris et viribus insistebat, missis
quantocius nuntiis, Broburgensi castellano Henrico factum
rei indicat, et Arnoldum Gandavensem Ghisnis insidentem
terræ Ghisnensis[4] omnium baronum sibi conciliasse favorem.

CAP. LIV. *Quomodò Arnoldus juvenis in Fulberti*[5] *nemore à clientibus
suis morti*[6] *datus est.*

Interim autem dolor lacrymabilis et obprobriosum in sempiternum dedecus accidit in terrâ. Cùm enim Arnoldus Gandavensis in solemnitate SS. Innocentium, cum Balduino
Ardensis domini filio et aliis militibus suis, et satellitibus et
satrapis et vernulis[7], Ghisnis ad vescendum discubuisset,

---

[1] D. cùm audivisset. Br. cùm autem audivisset. L. et cùm.

[2] P. V. D. omnis. — [3] D. januam ferè aperire.

[4] B. P. V. O. Br. D. Ghisnensi. — [5] L. Fulberti. — [6] D. neci.

[7] O. satrapis et satellitibus et vernaculis.

qui il avoit le plus de fiance, auxquelz il le bailla en charge sur leur honneur et sur leur vie. Et à dilligence se transporta à Ardre ; et apres qu'il eust fait ouvrir les portes de la ville et du chastiau entra dedens, et mist Bauduin son alié et confédéré en pocession d'icelle ville et chastiau, et l'en fist maistre et seigneur.

CH. LV. *Comment Arnoul de Gand fist la guerre à Henry chastelain de Bourbourg à Audruicq.*

Quant Henry chastelain de Bourbourg fut adverti tant par lettres que de bouche, et aussy par le commun bruit, de ce que desja estoit faict et advenu au pais de Guisnes, en grant yre et couroux comme tout foursené se mist aulx champs aveuc une bende de gens d'armes et preparez à la guerre. Et ce venu à la congnoissance d'Arnoul de Gand, il assembla sans tarder sa grand armée, et se mist en armes [1], et print aveucques luy quelque nombre de chevauchieurs et gens de pied sy avant qu'il en peust recouvrer ; et arriva à Audruicq où se fist la premiere esmeute, et assiegea de toustes pars le chastiau où estoit Henry chastelain de Bourbourg,

---

[1] Le vieux traducteur ne fait pas grand cas des vers de Lambert, et les passe sans façon ; nous le suppléons ici :

« L'infatigable Arnoul rassemble des troupes, et crie : « Aux armes ! aux « armes ! il nous faut combattre ! » Tout est belliqueux en lui, sa main, son air, son geste, sa parole ; tant il met dans la guerre sa gloire, son amour, sa confiance, tant il a l'espoir de devenir comte de Guines ! Il ne dissimule point cette ambition, qui dès longtemps couve dans son âme, et compte sur ceux avec lesquels il a fait pacte tout d'abord. A ses propres forces il en ajoute d'étrangères. Le sire d'Ardre accourt ainsi que le châtelain de S. Omer. Arnoul est entouré de son beau-père, de ses beaux-frères, des seigneurs ses proches, de ce peuple que le seul mot de guerre fait voler aux hasards des combats. »

ecce nuntius celerrimè[1] advolat, qui Arnoldum *juvenem*
Ardensis oppidi dominum in Fulberti nemore juxta Northout[2]
à servis suis prostratum (proh[3] pudor!) et jugulatum, immò
morti datum[4] esse nuntiat. Surgens igitur Arnoldus Gandavensis quantocius à mensà, et munitionem castri Ghisnensis
fidelissimis suis sub periculo honoris et vitæ monendo et
districtè præcipiendo commendans, Balduinum Ardensem jam
sibi confœderatum quantocius introducit in Ardeam, et ei
portas aperiri fecit et castellum, et Ardensis honoris et dominii principem eum constituit et dominum.

CAP. LV. *Quomodò Arnoldus Gandavensis Broburgensem castellanum
Henricum apud Alderwicum bello lacessivit.*

Broburgensis autem castellanus Henricus, cognito litteris
non minus quàm nuntiis et famà in Ghisnensi ferrâ facto rei
eventu, apud Alderwicum cum militibus et armatâ plebium
multitudine in iram et in indignationem frendens ocius advolat. Quod audiens

Impiger Arnoldus collecto milite clamat
Ingeminans : Arma, arma, viri! bellare necesse est!
Bella manu, bella ore gerens : nihil est sine bello
Quod facit aut dicit : tanta est sibi gloria belli,
Tantus amor belli, tanta est fiducia belli,
Tantaque spes tangit Ghisnensis eum Comitatus!
Sed neque dissimulat quod pridem mente recepit,
Quin Comes esse velit; tantùm confidit in illis
Cum quibus à primis servandum fœdus inivit.
Et vires proprias alienis viribus auget.
Advolat Ardensis dominus, simul Audomarensis;
Hinc socer, hinc soceri nati, proceresque propinqui;
Hinc populus peditat, qui solo nomine guerræ (105)
Sponte subit vel adit tanti discrimina belli.

Assumptis igitur secum quotquot habere potuit equitibus et
peditibus, apud Alderwicum, ubi primus belli motus accidit,

---

[1] V. L. celeriùs. — [2] P. L. Norhout. — [3] P. D. Br. proh dolor.
[4] P. traditum.

Ernoul de Hames, et leurs gens [1] ; et se mist ledict Arnoul de Gand
dedens la tour de l'eglise d'Audruicq qu'il fortiffia de gens de
guerre et aultres munitions comme une place de guerre ; et de ceste
tour donna tant à souffrir audict Henry de Bourbourg, Ernoul de
Hames, et leurs gens estant dedens le clos de la Fermeté où ils
estoient retirez, qu'ils furent pretz de eulx rendre. Mais lesdictz
Henry et Ernoul de Hames craindans la perte de eulx et de leurs
gens, se partirent de nuict et abandonnerent la place, laquelle ilz
laisserent destituée de gens et de force, à leur honte et confusion.
Lors ledict Arnoul gaingnia la dicque et se jecta par dessus le mur
et cloture d'icelle, et par ce moien eust la domination de tout le
pais de Guisnes comme Conte, et assist ses garnisons en tous les
forts du pais, selon que le cas le requeroit. Et au regard dudict
Henry de Bourbourg, il print mal en gré la grosse injure et deshonneur à luy faict, lequel il ne scavoit porter ; tellement qu'il devint
yvre de collere, et s'enflamma de telle sorte de yre et de couroulx,
qu'il s'inclina du tout à la miserable subversion et destruction du
pais de Guisnes. Et pour ce que ledict Arnoul de Gand avoit conquis
et mis en son obeissance toutes les places de Guisnes, ainsy qu'il est
dict cy dessus, et n'avoit ledict Henry de Bourbourg ung seul lieu
pour y estre en seureté, il pensa que se par quelque moien il povoit
clore de dicque et fossé ung lieu nommé le clos Almer, et y mettre

---

1 Nouvelle omission : « Mars est là présent ; on est aux prises Henri de
Bourbourg défend la place, exhortant les siens à lutter pour la justice, et
accusant ses adversaires de fouler aux pieds le bon droit. Animés par son discours, les archers font pleuvoir une grêle de traits. Arnoul, à la tête des assiégeants, ne respire que la guerre ; il appelle ses associés, promet des récom-
penses : « Si je suis vainqueur, dit-il, vous pourrez vivre en sécurité. Je ne
« désire point être votre maître, mais votre compagnon. » Les phrases les
plus séduisantes enveloppent ses promesses. Une acclamation unanime lui répond ; toutes les mains sont levées. La trompette martiale retentit de toutes
parts, et les dieux disputent à qui sera la victoire. Le premier succès est pour
Henri ; la justice est de son côté, et Astrée vient à son aide. Mars, la menace
à la bouche, et la puissante Bellone protègent le camp d'Arnoul. »

festinat Arnoldus Gandavensis, et castrum simul cum Broburgensi castellano et Arnoldo Hammensi, cum fautoribus et
adjutoribus suis, militibus videlicet supradictis et satellitibus,
viriliter obsidet[1] etbellis accingit.

Hic igitur [2] Gradivus adest ; pugnatur utrinque.
Namque Broburgensis Henricus castra tuetur
Interiora , suos exhortans recta tueri
Et justam causam ; denuntiat altera castra ,
Fasque piumque monens [3] confundere jure perempto.
Sicque sagittiferos monitis animavit , et imber
Telorum cecidit super hostes , grandinis instar.
Extera castra regens [4] Arnoldus nil nisi bella ,
Nil nisi bella cupit ; sociis ad bella vocatis
Præmia promittit , securè vivere posse ,
Dummodò sit victor ; dominari non cupit ipsis ,
Sed socius [5] fieri , promissaque præmia fictis
Verborum phaleris obnubilat organa vocis.
Tota cohors reboat [6] , vocemque loquuntur eamdem ,
Assensumque manu præbent. Sonat undique Mavors ,
Et certant Superi cuinam victoria cedat.
Henricum sors prima juvat ; nam recta [7] tuendo
Justiùs arma tulit ; vires Astræa ministrat
Virgo Broburgensi : frendens Gradivus in hostes
Et Bellona potens Arnoldia castra tuentur.

Arnoldus igitur turrim ecclesiæ militibus munit[8] et armis,
et cum eis eamdem turrim quasi bellicum machinamentum
viriliter ingreditur ; et inde belli inquietudine cùm eos qui
infra Firmitatis vallum erant, Broburgensem videlicet castellanum Henricum et Arnoldum Hammensem et eorum fautores,
ferè ad deditionem compulisset et coegisset, Henricus sibi
metuens et suis, cum Hammensi Arnoldo apud Broburgum
nocte secessit, et munitionis vallum sine viris et viribus (proh
pudor[9] !) desolatum reliquit. Arnoldus autem munitionis
aggerem corripit et vallum impiger insilit, et universæ Ghisnensis terræ partibus dominatur ut Comes, et universas terræ

---

[1] L. considet. — [2] Br. L. ergo. — [3] V. movens. — [4] L. movens.
[5] Br. R. socios. — [6] Br. resonat. — [7] Br. tecta. — [8] P. munivit.
[9] P. D. dolor.

quelque artillerie, il luy seroit par ce facille à subjuguer tout le pais de Bredenarde, et par conséquent toute la conté de Guisnes.

CH. LVI. *Que c'est d'ung lieu nommé le clos Almer.*

Il y eust en temps passé ung homme riche et puissant au pais de Bredenarde, nommé Almer, issu de la lignée de Echardentin ; lequel se confia tant en sa richesse et en ses amis, qu'il fut si présumptueulx que en la ville d'Audruicq, du costé du nort, il fist elever une motte, et sur icelle faire un fort : mais par son outrecuidance et folle presumption il fut dechassé du pais par le conte de Guisnes, et à bonne cause sy fut la forteresse et munition de guerre faicte par ledict Almer sur ladicte motte, desmolis et abattus si bas que à terre par ledict conte, tellement qu'il n'y demoura que ladicte motte et dicque sans quelque cloture ne fermeté ; et longtemps apres ce lieu a esté appellé, et non sans cause, le clos Almer.

CH. LVII. *Comment Henry chastelain de Bourbourg fist charpenter audict lieu de Bourbourg ung chasliau et forteresse qu'il fist asseoir sur ledict lieu nommé le clos Almer.*

Ledict Henry, chastelain de Bourbourg, envoia secretement aulcuns mesureurs et maistres charpentiers audict lieu nommé le clos Almer, adfin de circuir, mesurer et prendre la juste largeur, longueur et espace du pourpris de la motte ; et selon la grandeur et

munitiones militibus, quotcumque opus est, munit et satelli-
bus. Henricus verò tantam sibi illatam injuriam, tamque no-
tabile et notorium sibi objectum dedecus et obprobrium ægrè
sustinet, et indignanter accipit. Totius itaque malignitatis
spiritu debacchatus[1], bilis amaritudinem suscitat, omnem-
que iram accendit et indignationem, et ad miserrimæ Ghisnensis terræ depopulationem et subversionem totum suspendit
animum. Sed cùm Arnoldus omnes universæ terræ Ghisnensis
sibi subjecisset (ut jam diximus) et vendicasset munitiones,
nec haberet Henricus ubi securè pedem figere posset in eâ[2],
cogitavit si quo modo Almari vallum vel aggerem firmare et
aliquo bèllico machinamentò munire posset, per illius firmitatis munitionem totam Bredenardam et sic universas terræ
Ghisnensis partes subjugare non dubitans[3].

CAP. LVI. *De Almari vallo.*

Fuit autem prædives quidam in Bredenardâ de genere
Echardentium oriundus nomine Almarus, qui tantùm in suis
confidebat viribus et amicis, quòd contra Ghisnensem Comitem à septentrionali parte Alderwicensis villæ aggerem præsumeret elevare et dunionem firmare. Sed cùm propter teme-
ritatis contumaciam et rebellionis præsumptionem à terrâ
propulsus esset Almarus (nec immeritò) à Ghisnensi Comite,
machinamentis bellicis et apparatibus super aggerem ab[4]
Almaro priùs elevatis à Comite posteà dirutis et convulsis et
ad terram prostratis, remansit agger[5] suâ spoliatus munitione et vallo, undè et multo tempore post locus ille Almari
vallum vel agger[6] non sine rei causâ appellatus est.

CAP. LVII. *Quomodò Broburgensis castellanus Henricus carpentari fecit
castellum apud Broburgum et Almari vallo adaptavit.*

Misit ergo Henricus castellanus Broburgensis secretò geo-

---

[1] V. P. spiritum debachatus. — [2] D. in ea *deest.* — [3] V. P. L. dubitaret.
[4] V. P. L. et ab. — [5] V. P. O. Br. ager. — [6] P. ager.

estendue d'icelle fist faire audict lieu de Bourbourg, au desceu dudict Arnoul de Gand, une tour et ediffice garnie de boulevers et aultres choses propices à la guerre, et le dresser secretement et de nuict à force de gens sur la motte dessus dicte : et sy tost que ledict Henry l'eust commandé, tout fut prest et appareillé, et ledict ediffice dressé et erigé sur le plus hault de ladicte motte : et à ceste forteresse fut donné à nom *la Fleur;* non pas pour ce que au plus hault de la tour y eult une lance chergiée de fleurs, ainsy que aulcuns·ont voulu maintenir contre vérité, mais pour ce que ledict chastelain de Bourbourg avoit mis dedens ledict chasteau et forteresse la fleur et eslitte de sa gendarmerie et de ses archiers pour faire la guerre à ceulx de Guisnes.

Et voiant ledict Arnoul de Gand le lendemain matin ceste tour si subit et à son desceu levée et dressiée aveucques lesdicts bollevers et aultres munitions de guerre, il se mist en armes et fist mouvoir tout le pais de Guisnes. Et lors se tirerent vers luy tous les barons dudict pais, aveucques plusieurs aultres de sa querelle par luy mandez de divers lieux ; tous lesquelz assemblez l'un aveuc l'aultre, et venus à Audruicq, mirent le siége devant ce chasteau nommé la Fleur. Et firent ceulx de Bourbourg ungne saillie sur les Guinois, qui ne fut pas sans grande effusion de sang d'une part et d'aultre ; et y demeura du parti des Guinois Gosson de Northout; et sy y eult de chacun costé biaucoup de prisonniers; mais quant ceulx de Bourbourg virent que les Guinois estoient les plus fors, ¹ls se retirerent le plus tost qu'ils peurent en leur fort.

metricos et carpentarios ad Almari vallum vel aggerem,
ut locum cum geometricalibus perticis[1] ambirent, et ad men-
suram aggeris proportionaliter metirentur, et pro quantitate
loci, ignorantibus Arnoldo et Ghisnensibus, apud Broburgum
turrim et bellica propugnacula aliaque machinamenta clanculò construerent, et Almari vallo in intempestæ noctis silentio, non sine militibus viris et viribus, adaptarent. Dixit
ergo Henricus, et ecce facta et parata sunt omnia, et suo in
loco[2] in sublime erecta et collocata. Munitionis autem illius
castrum *ad Florem* nominavit, non quòd in summitate turris
erecta stetisset lancea et in summitate lanceæ flores campi
circumligati fuissent, ut quidam garriunt, sed quia[3] in illius
castri munitione militum et sagittariorum aliorumque bellato-
rum florem et electuarium ad Ghisnenses debellandos intro-
misit.

Surgens ergo manè Arnoldus, et videns turrim et propugnacula cum cæteris bellicis machinamentis in Almari vallo
subitò et inopinatò[4] erecta atque elevata, universam commovit in arma patriam. Advenerunt itaque Ghisnensis omnis
terræ quos sibi asciverat barones, aliique multi et innumeri à
pluribus locis evocati. Qui postquàm simul convenerunt in
unum apud Alderwicum, castellum quod ad Florem nomina-
verant[5] obsederunt. Et egressi quidam de Broburgensibus,
Ghisnensibus obviàm, non sine multo utriusque partis
sanguine, Gossonem de Northout interfecerunt et multos hinc
indè captivos abduxerunt. Sed cùm Broburgenses Ghisnensium turmas in fortitudine prævalere conspicerent, in castro
suo apud Almari vallum quàm citiùs[6] potuerunt recepti
sunt.

---

[1] V. P. B. O. particis. — [2] L. V. P. suo loco. — [3] V. quòd.
[4] V. P. O. D Br. subitè et inopinatè. — [5] V. P. L. nominaverunt.
[6] V. quantocius.

CH. LVIII. *Comment Bauduin seigneur d'Ardre fut navré d'ung traict en la teste audict lieu nommé le clos Almer.*

Et comme les Guinois les poursuivoient, contendans et eulx mettans en leur devoir de destruire et abollire la forteresse, ceulx de Bourbourg, les archiers dudict chastelain, vinrent à secours menant grant bruit, et d'ung coup de fleche que l'ung d'eulx tira fut ledict Bauduin, seigneur d'Ardre, atteint au chief, et perchié jusques au cerveau. Dont ledict Arnoul de Gand et toutes ses gens furent moult dolens, faisans grans pleurs et gemissemens, pourtant que ung seigneur de telle auctorité estoit si griefvement navré et en dangier de mort. Et apres que ledict Arnoul de Gand eut faict sonner retraite, il se partit dudict lieu aveucques ses gens, et apporterent ledict Bauduin ainsy navré en la ville d'Ardre. Et au regard du devis et propos secret quy fut lors entre l'abbé Thierry de la Chapelle et ledict Bauduin, sieur d'Ardre, deppuis qu'il fut blechié et en dangier de mort, touchant la prévosté de l'eglise d'Ardre, il en sera parlé cy apres.

Et quant ledict chastelain de Bourbourg sceut que le seigneur d'Ardre estoit navré à mort, il n'osa plus sejourner en son fort nommé la Fleur, et s'enfuyt honteusement comme devant, aveucques ses gens, à Bourbourg; et les poursuivit saigement ledict Arnoul de Gand : mais luy arrivé aupres dudict lieu de la Fleur, et que il eust trouvé que ledict chastelain et ses gens l'avoient habandonné, il fist porter jus et mectre rez de terre ladicte tour et forteresse, ensemble lesdicts bollevers aveucques la muraille et cloture, et la dissipa de touttes pars, et fist porter la plus grande partie des matieres à Audruicq. Et en cest estat fut ledict lieu communément appellé le Clos ou la Motte Almer, desollé comme il avoit esté auparavant et encoires est pour le jourdhuy, dépopulé de toute sa munition et forteresse. .

CAP. LVIII. *Quomodò Ardensis dominus Balduinus ad Florem sive ad Almari vallum in capite sagittatus est.*

Ubi[1] cùm persequerentur Ghisnenses, et Broburgensium castellum convellere et destruere se præpararent[2] et accingerent, exclamaverunt Broburgensium sagittarii, et ecce à parte Broburgensis castellani ab obliquo[3] veniens sagitta stetit in capite Ardensis domini Balduini, et ad cerebrum usque penetravit. Arnoldus autem et omnes simul Ghisnenses, pro eo quòd tantæ dominationis princeps tam graviter ferè usque[4] ad mortem vulneratus esset, condoluerunt, et in[5] gemitibus eum planxerunt inenarrabilibus. Retracto igitur pede, recessit Arnoldus à loco[6], et sui; et non sicut superbum, sed sicut vulneratum, Ardensis oppidi dominum in Ardeam detulerunt Balduinum. Quomodò autem idem Balduinus suscepto[7] vulnere, in periculo mortis cum venerabili de Capellà S. Mariæ abbate Theoderico[8] super Ardensis ecclesiæ præpositurà colloquium et secretum habuit consilium, ad tempus scribere differimus[9].

Broburgensis castellanus audiens (106) Ardensis oppidi dominum Balduinum ad mortem vulneratum, non audens ad Florem ulteriùs moram facere, cum suis apud Broburgum iterùm turpiter abscessit. Arnoldus verò cum suis calido pede persequitur. Sed cùm ad Florem devenisset, et castellanum et suos abscessisse cognovisset, turrim et tabulata lignorum et propugnacula cum vallo funditùs prostravit, et ad terram dejecit, et hinc illinc dissipavit, et apud Alderwicum maximâ in[10] parte deferri fecit. Sicque Almari vallum vel agger, ut quondam, usque hodie à suis turribus et machinamentis bellicis desolatus remansit et spoliatus.

---

[1] D. vi. — [2] B. properarent. — [3] L. aliquo. — [4] P. D. ferèque. [5] P. D. in *deest.* — [6] B. illico. — [7] O. accepto. [8] V. P. B. Theodorico. — [9] O. differemus. *Vide infra*, cap. cxxxvii. [10] L. ex.

CH. LIX. *Comment Henry chastelain de Bourbourg destruit tout le pais de Guisnes.*

De ce jour en avant ne cessa ledict Henry, chastelain de Bour-bourg, d'envahir et guerroier le pais de Guisnes, où il entra à puissance, l'espée au poing, et prest à combattre aveucques grand armée tant de ceulx de son pais comme estrangiers, et sans avoir regard à la misere du pais de Guisnes ne à la desollation et destruction des povres gens qui ne l'avoient mérité, ny aulcunement estre meu ny adoulcy de leurs prieres et grans clameurs, se fourra partout le pais, où il desmollit et gasta les villes et villaiges, bruslast les eglises, mist les hommes en captivité, et en emmena de grant butin.

Et au regard dudict Bauduin, sieur d'Ardre, il vint en convalescence, et fut nettement guery de sa malladie et blesseure; et de la santé par luy recouvrée rendit plaine grace à Dieu en saincte eglise. Et selon le conseil du vénérable prelat Thierry, abbé de la Chapelle, delaissa l'aliance de Arnoul de Gand, auquel il ne bailla plus de secours ne d'aide à l'encontre dudict chastelain de Bourbourg. Et de ce adverty ledict chastelain, il en fust tres joieulx, et luy en sceut moult grand gré : si envoia vers luy ses embassadeurs, et luy escrivit lettres par lesquelles il le merchioit grandement de ce que son intention n'estoit plus de l'empeschier contre raison de sa juste querelle. Or, voiant ledict Bauduin, seigneur d'Ardre, la negligence dudict conte Albert qui nullement ne s'aprochoit pour secourir le pais, contendant comme il est vraysemblable soy extoller, envoia aussy les ambassadeurs vers ledict chastelain de Bourbourg aveucques lettres missives, pour scavoir de luy s'il voudroit entendre à faire divorser sa fille Beatrix et le séparer dudict compte Albert, et quy plus est faire le mariaige de luy et d'elle par décret et ordonnance de l'Eglise, offrant, si ainsy le vouloit faire, luy estre propice et serviteur comme son filz, et en tout luy donner secours de biens et d'amis et le servir agreablement en toutte honneur et reverence; mesmes luy promist de chasser Arnoul de Gand de la conté de Guisnes, et en despeschier le pais.

CAP. LIX. *Quomodò Broburgensis castellanus Henricus totam Ghisniam devastavit.*

Ab illo autem die non cessavit Broburgensis castellanus Henricus Ghisnensem impetere et oppugnare terram. Sed veniens *in manu forti et brachio extento*[1], collectis viris, collectis viribus propriis et alienis, ad miserrimæ Ghisnensis terræ depopulationem et deprædationem, nullà motus insontium pauperum prece vel calamitate, subinfertur et ingreditur; et oppida diruit, villas vastavit, ecclesias in favillam convertit, homines captivavit, bestias et prædam abduxit.

Convaluit autem Ardensis dominus Balduinus, et à vulnere sincerè[2] curatus et ægritudine, pro recuperatà corporis sanitate plenas in sanctà ecclesià Deo retulit gratiarum actiones, et jam, juxta consilium venerandi patris et abbatis S. Mariæ de Capellà Theoderici, adjutorii[3] vires cum Gandavensi Arnoldo ulteriùs non communicavit, nec cum eo jam ad consilium contra castellanum ambulavit. Quod audiens Broburgensis castellanus congaudebat ei et congratulabatur admodùm, et missis ad Ardensem Balduinum legatis cum epistolis, multas ei gratias egit quòd justas ulteriùs justo partes oppugnare non intendat. Balduinus autem verisimiliter de promotione suà corde sollicitus et animo, cùm videret Albertum desidem et terræ nullatenus appropinquantem neque subvenientem, remissis nuntiis similiter cum litteris et epistolis ad castellanum, sciscitatur ab eo si neptem suam ab Alberto separare, et eam sibi justo et ecclesiastico ordine copulare voluerit, seipsum tanquam Eustacium filium (107) cum suis omnimodè[4] possessionibus et amicis devotum sibi fore, et cum omni diligentià et reverentià sincerum sibi ex-

[1] Ezech. xx. 33. P. D. extenso. — [2] D. suo.
[3] D. adjutorias. — [4] D. commodis.

Et ce cogneu et ouy par ledict chastelain , il fut grandement esjoy, et incontinent despescha les ambassadeurs dudict Bauduin par lesquelz il luy manda et fist scavoir qu'il estoit content de faire à son plaisir et volunté touchant la requeste qu'il luy faisoit.

CH. LX. *Comment le conte Albert et ladicte Beatrix furent divorsez , et icelle Beatrix mariée à Bauduin sieur d'Ardre.*

Tost ledict chastelain de Bourbourg envoia Bernus, pbre chanoingne de S. Omer , et plusieurs aultres, gens d'Eglise et gentilzhommes , aveuc sa fille devers ledict conte Albert; auquel apres luy avoir exposé la cause de leur venue , luy remonstrerent la maladie de sa femme aveucques aultres causes urgentes pour parvenir à leur fin, tellement que à certain jour par eulx prins et assigné , lesdicts Albert et Beatrix furent de l'ordonnance de l'Eglise divorsez ; et demoura ledict Albert en Engleterre, et ladicte Beatrix retourna devers son pere à Bourbourg. Et de ce adverty Arnoul de Gand , il n'en fist gueres grant cas ¹, mais dissimula tant qu'il peult. Néanlmoins eult quelque crainte en son couraige , tant pour luy que pour les siens; car ce qu'il doubtoit plus advint brief temps ensuivant, parce que ledict Bauduin , sieur d'Ardre , du consentement de Thierry , conte de Flandres , espousa ladicte Beatrix , fille au chastelain de Bourbourg.

Et furent ledict chastelain et sieur d'Ardre comme pere et filz, et tout ainsy que s'ilz n'eussent eu que ung corps et une ame. Eulx joins ensemble firent grosse guerre audict Arnoul de Gand et à ceulx de son party, en spoliant les povres miserables jusques à la moindre partie de leurs biens. Tant que audict Arnoul ne demoura rien de francq, sinon que estoit aulx chastiaux et fortéresses ; au moien de quoy ledict Arnoul fust estonné , toutesfois se monstra

---

¹ Ni ces mots ni cette pensée ne sont dans le texte latin.

hibere servitium, et Arnoldum Gandavensem à terrà repellere et terram ab eodem Arnoldo liberare, jactat, concedit, et compromittit. Quod audiens et percipiens castellanus, jocundior admodùm effectus, remissis nuntiis quantocius ad Balduinum, omnia sicuti ipse dixerat et postulaverat et in re voluerat, per omnia se ad voluntatem suam ita velle ei indicavit, rescripsit, et renuntiavit.

CAP. LX. *Quomodò Albertus aper et Beatrix separati sunt, et Beatrix Ardensi domino Balduino desponsata est.*

Misit ergo castellanus Bernuinum de S. Audomari ecclesià presbyterum, aliosque simul presbyteros et milites, cum nepte suà (108) ad Albertum; et expositâ ei viæ causâ, ægritudinem uxoris suæ cum aliis sufficientibus causis ei prætulerunt; acceptoque[1] die et statuto judiciario ordine et ecclesiastico, separati sunt Albertus et Beatrix. Et Alberto in Angliâ[2] remanente, Beatrix ad patrem suum apud Broburgum reversa est. Quod ut perlatum est Arnoldo Gandavensi, rem uti potuit dissimulans, sibi suisque timuit. Nam quod solum verebatur in proximo accidit, Balduinus etenim Ardensis dominus Broburgensis castellani[3] filiam Beatricem maritalis lege matrimonii, Comite Flandrensi Theoderico assensum præbente, jam sibi copulavit uxorem.

Facti sunt itaque Broburgensis castellanus et Ardensis dominus quasi pater et filius, quasi cor unum habentes et animam unam. Unde et conjurati Arnoldias[4] partes lacessentes et inquietantes, miserrimæ conditionis pauperes rebus quantuliscumque[5] minutis spoliantes et deprædantes, nichil Arnoldo nisi in castris et munitionibus illibatum aut intactum reliquerunt. Arnoldus ergo sibi timuit, et tamen infra terræ

[1] V. P. L. accepto die. — [2] V. P. L. Angliam.
[3] V. P. L. Broburgensem castellanam. — [4] B. Arnoldi.
[5] V. P. L. quantilisque cum minutis. Br. quantilisque spoliantes.

constant et ferme en propos, et se tint clos et serré mieulx qu'il n'avoit acoustumé dedans les lieulx et places fortes dudict pais.

Or advint ung jour que ledict Arnoul estoit à la messe en la chapelle Nostre-Dame à Guisnes ; et comme ceulx qui faisoient le service chantoient devostement et en grand doulceur ce verset que on chante en l'eglise pour graduel, *Jacta cogitatum tuum in Domino et ipse te enutriet;* en quoy icelluy Arnoul prenoit plaisir ; il demanda à Bauduin son frere quy avoit esté relligieulx (mais pour lors s'estoit mis à la gendarmerie), l'interpretation du sens misticq de ce chant si delectable. Laquelle chose sondict frere luy exposa à la lettre ; et davantaige luy dist ce bon interpreteur telz mots, ou en substance : « Monsieur et frere, aiez espérance en Dieu, et « il acomplira vos bons desirs. Ne craindez aulcune chose ; le « temps aproche et est desja venu, que devez avoir des biens, et « que l'honneur et gloire de vostre maison sera augmentée : l'heure « viendra plus agréable que ne pensez, et celuy sera riche qui « maintenant est povre. »

CH. LXI. *De la mort de Beatrix de Bourbourg.*

Ledict Bauduin, frere audict Arnoul, n'avoit encoires achevé son propos et comme s'il eust parlé en esperit de prophetie, quant apres la messe dicte et chantée arriva hastivement ung messaigier menant grand bruit et criant à haulte voix à la porte, qui disoit que Beatrix, dame de la ville d'Ardre, estoit morte la nuict précédente, et aussy (que souvent on adjouste bourdes aveucques choses veritables), maintenoit que le soir avoit mengié un maton de lait empoisonné et plain de venin. En ce bruit [1] chascun s'esmeult en parlant par admiration des fortunes et choses de ce monde transitoire, par ainsy que ne vesqui ladicte Beatrix gueres de temps aveucques Bauduin, sieur d'Ardre, son mary; car comme il est dict cy dessus elle estoit travaillée de pierre et gravelle ; au moien de quoy elle languist longtemps, et fut fort debilitée de corps, tant que en la fin elle mourut audict lieu d'Ardre, au dueil, regret, et plainte de tous les siens ; et fut son corps honorablement sepul-

---

[1] Le traducteur n'a presque pas rendu les sept vers latins.

munitiones et oppidorum receptacula solito diutiùs obseratus et detentus, constanter in proposito perseverabat.

Unâ autem dierum, cùm apud Ghisnas in Capellâ Beatæ Mariæ redemptionis nostræ mysterium audiret, et clericos simul cum capellano suaviter et dulciter decantantes graduale quod est : « Jacta cogitatum tuum in Domino, et ipse te enutriet[1], » et ei admodùm placuisset, quæsivit à fratre suo Balduino monacho (tunc tamen milite) tam delectabilis cantûs mysticam interpretationem. Quod cùm ad litteram ei sufficienter exposuisset, addidit ei[2] fidus interpres : « Frater mi « et domine, spera in Domino, et ipse faciet. Ne timueris; « ecce enim, ecce jamjamque dives factus eris homo, et ecce, « ecce jamjamque multiplicata[3] erit domûs tuæ gloria. Nunquam audivisti, quoniam[4]

« Grata superveniet, quæ non sperabitur, hora[5],
« Et jam dives erit qui modò pauper erat. »

CAP. LXI. *Quomodò Beatrix mortua est.*

Adhuc eo quasi spiritu prophetico loquente, et missâ jam finitâ et decantantâ, advolat ecce nuntius, et magno clamore ad portam vociferans[6], dixit, Ardensem dominam Beatricem hâc in nocte mortuam :

Addens, ut mos est, etiam mendacia veris ;

et quòd serò in vespere[7] cùm lac gustasset pinguedine concretum,

hausto cum lacte veneno,
Vix thalamum subiens mortis discrimen inivit.
Sic ait : atque aliquis clauso submurmurat ore ,
Et sibimet loquitur, nobis hæc verba relinquens :
O subitos casus fortunæ! Sidera tangens
Labitur ad terram ; nunc hunc, nunc provehit illum.
Huic similis facta est mundi labentis imago ;
Manè etenim floret, sed vesperè durat et aret.

---

[1] Ps. LIV. 23. *In vulgatâ :* jacta super dominum curam tuam. — [2] L. et.
[3] *Alludit Psalmo* XLVIII, 17 : Cùm multiplicata fuerit gloria domûs ejus.
[4] V. P. L. Br. audistis quam. — [5] Horat. I, *Epist.* IV, 14.
[6] V. P. L. tam vociferans. — [7] Et cùm serò in vespere lac.

turé au chapitre du monastere de la Chapelle où il sera prins et trouvé au jour du jugement de son ame, s'il plaist à Dieu, puriffiée par les prieres des bons relligieux de ce lieu ; parce que en l'eglise d'Ardres n'estoient encoires subroguez les relligieux au lieu des chanoines. Sur le sepulcre de laquelle une vénérable dame et matrone nommée Mehault, abbesse de Bourbourg, sa sœur, fist aulcun temps apres mettre un sercus.

Apres lequel trespas, et que sa mort eust esté longtemps plainte et plourée par son pere et tous ses amis, son dict pere perceut et entendit bien que pour toutes choses ne luy restoit sinon se départir de la querelle qu'il avoit soustenue, sans soy plus arrester à la conté de Guisnes ny prendre aulcun plaisir ny avoir attente à ce. Par ce, apres avoir inquieté et querellé ledict pais de Guisnes par l'espace de cinq ans ou environ, il se retira en sa terre de Bourbourg et passa en armes et triumphe travers ledict pais, où oncques puis ne se trouva. Touttes lesquelles choses dessus dictes sont advenues par la providence d'icelluy qui conduit la roue de fortune.

CH. LXII. *Comment Waimar chastelain de Gand mourut.*

En ces entrefaictes mourut Waimar, chastelain de Gand. Durant lequel temps et que le dict Arnoul son filz estoit à Guisnes fort empeschié et detenu de la conqueste de la conté et pais de Guisnes, que touttes fois il avoit jà conquis, Thierry, conte de Flandres, au desceu dudict Arnoul, bailla pour ung temps le gouvernement de ladicte chastellenie de Gand à Rogier, viconte de Courtray.

Laquelle chastellenie de Gand ledict conte Arnoul voiant qu'il estoit paisible pocesseur de Guisnes, bailla et delaissa audict Rogier, viconte de Courtray, pour en jouir par luy tant qu'il viveroit,

Vixit igitur Beatrix ista paucis diebus cum Ardensi domino viro suo Balduino. Nam sicuti sæpe superiùs diximus, quia calculosa fuit et diutino languore macerata et confecta, Ardeæ miserabili morte defuncta est. Et in capitulo monasterii Beatæ Mariæ de Capellâ (quia in locum cœmeterii[1] Ardensis ecclesiæ nondùm subrogati erant[2] loco canonicorum vel introducti monachi), non sine lamentabili suorum ejulatu et planctu, ut in novissimâ tubâ in sanctorum precibus monachorum expiata inveniatur, honorificè sepulta est. Super cujus sepulchrum soror ejus (109) venerabilis matrona Broburgensis abbatissa nomine Mathildis, post aliquot annorum spatium, marmoream laminam superponi fecit.

Mortuâ itaque Beatrice et à patre et à suis multùm diùque lamentatâ, cùm castellanus comprehenderet et intelligeret quod nichil aliud superesset, nisi quod pro quâ pugnaverat[3] causâ, et quam diù desideraverat terrâ[4], eum omnino cedere oporteret, nullâ Ghisnensis Comitatûs expectatione aut vanâ spe ulteriùs in terrâ delectatus aut retentus, postquàm ferè per quinquennium terram Ghisnensem inquietaverat, per mediam terram Ghisnensem cum facibus et armis transitum faciens, apud Broburgum in sua tandem receptus est, et in terrâ Ghisnensi ulteriùs (o provida fati fixa et immota manens series!) non comparuit[5].

CAP. LXII. *Quomodò Gandavensis castellanus Winemarus mortuus est.*

Intereà autem mortuus est Gandavensis castellanus Winemarus. Sed dum Arnoldus filius ejus nimiùm intentus et sollicitus in acquirendo, immò jam adepto et acquisito, apud Ghisnas detineretur Comitatu, Flandrensis honoris Comes et princeps Theodericus, inconsulto Gandavensi, immò jam Ghisnensi Comite, Arnoldo, Gandavensis burgi castellaniam[6] Curtracensi vicecomiti Rogero ad tempus concessit (110) et

---

[1] V. P. L. cimiterii. — [2] V. P. L. in loco. — [3] V. P. L. causæ.
[4] V. P. L. terræ. — [5] L. pervenit. — [6] V. D. O. B. P. castellariam.

pourveu qu'il prendroit à mariaige Marguerite sa fille, ce quy luy furent de parolle et de faict.

CH. LXIII. *Comment Geffroy de Samur contendit avoir la conté de Guisnes.*

Quant Arnoul de Gand eult en grant labeur conquis la conté de Guisnes, faict son hommaige où il appartenoit au conte de Flandres, apaisié les barons dudict pais, et les constraint par bon moien à luy faire serment de fidelité, pensant vivre et demourer en paix et tranquillité, Geffroy de Samur, son cousin germain, se meult à l'encontre de luy aveucques grant nombre de ses parens amis et aliez. Par quoy ledict Arnoul eust lors occasion de dire, que foy estoit faillie, et que souvent à ceulx que pour ung temps sont joieulx leur advient encombrier. Lequel Geffroy mettoit en avant que par droict de proximité il debvoit estre preferé en la succession et pais du conté de Guisnes, audevant dudict Arnoul, apres le trespas du conte Manasses son oncle; pour ce que combien que Gisle, mere audict Arnoul, et Allix, mere audict Geffroy, fussent sœurs audict conte Manasses, sy estoit ladicte Allix sa mere aisnée de la dicte Gisle.

Sur lequel different, posé que cy dessus ait esté faicte mention de la dicte Allix et de ses enfans, et que il semble presentement que on veulle rentrer au propos, touttes fois affin que l'on ne die que ce soit songe, et que les Samurois n'aient cause de murmurer, la verité est telle ainsy que l'on peult mieulx scavoir et congnoistre par renommée, et ceulx qui ont parlé au vray des choses anchiennes : que apres le decez de Manasses, conte de Guisnes, et de sa fille appellée Roze, et de Beatrix, sa petite niepce et fille de la dicte Roze, véant par ledict Geffroy, filz de Alix, sœur audict compte Manasses, que son oncle n'avoit delaissié lignée procrée de luy, sans avoir regart à ce que la dicte Alix sa mere estoit piessa morte, et que Gisle, sa tante, sœur audict compte Manasses et femme de Waimar, chastelain de Gand, avoit survesqui ledict

commisit habendam. Quam posteà in pace degens Arnoldus
Comes, ut filiam suam Margaretam duceret uxorem Curtra-
censis vicecomes Rogerus, ei [1] quamdiu viveret in pace
tenere spopondit. Quod et verbo simul et opere firmavit.

CAP. LXIII. *Quomodò Samurensis Galfridus Ghisnensem Comitatum
habere voluit.*

Arnoldus itaque adepto non sine multo labore Comitatûs
honore, hominio Flandrensium Comiti rite exhibito, etiam in
Ghisnensi terrâ pacificatis sibi baronibus et in securitatis fide
sibi allectis et in pace eompositis, (cùm [2]) in pacis tranquillitate vivere jam putaret [3], insurrexit in eum Samurensis cum
infinitâ cognationis suæ multitudine Galfridus, germanus
ejus consanguineus et cognatus : ut verè dicere possit Arnoldus ; nusquàm tuta fides, sollicitumque aliquid lætis inter-
venit. Jactavit igitur Galfridus in medio et dixit : quòd jure
propinquitatis avunculo suo, Comiti videlicet Manassi, Ghisnensium Comitatui hæreditariâ successione justiùs deberet
accedere et succedere quàm Arnoldus ; eò [4] quòd Ghisla mater
Arnoldi et Adelidis mater sua sorores fuerunt, et Ghisla mater
Arnoldi [5] junior extiterit quàm mater sua Adelidis.

Super quo, licèt superiùs de hâc Adelide et ejusdem Adelidis
liberis, quasi respirantes, et alterum Herculem dum spiritum (111) attrahat Atlas supponentes, scribendi calamum
Samurensibus accommodaverimus, ne aliud tamen de alio,
Samurensibus [6] nobis sublatrantibus [7], in Ascræâ valle (112)
somniasse videamur, excitati famâ facti verumque à veridicis
et nichil fictitantibus [8] prosequentes, dicimus : quòd Samurensis Galfridi matre Adelide dudum mortuâ et sepultâ,
sorore autem ejus Ghislâ Gandavensis Winemari uxore adhuc

---

[1] L. et. — [2] *Deest in mss., et supplendum.* — [3] L. cogitaret.
[4] D. cùm. — [5] Br. D. minor. — [6] P. V. L. in nobis.
[7] R. substrahentibus. — [8] P. D. fictantibus.

conte son frere, et estoit encoires vivante comme aussy estoient ses enfans, assavoir Arnoul dont à present est question aveucques aultres en fleur d'aege et jonesse, et nonobstant ces choses, voulut à son deshonneur et honte et contre droict et raison soustenir que par droict de succession la conté de Guisnes luy debvoit appartenir, et que en icelle il debvoit succeder par le trespas de son oncle Manasses, calumnieusement en voulut debouter ledict Arnoul, son cousin germain, auquel la dicte conté appartenoit sans aulcune difficulté. Mais deppuis que sur ce il eust eu conseil et advis, aussy legierement qu'il avoit volu enquester [1] le dict Arnoul en son bon droict, il se departit de sa querelle injuste, et laissa le dict Arnoul, son cousin, en joissance paisible comme vray heritier de la dicte conté de Guisnes, ainsy qu'il debvoit et estoit tenu faire par la raison; et sy plus avant on en vouloit enquerre, fault avoir recours à l'histoire des Samurois.

CH. LXIV. *Comment le conte Arnoul traicta ses* [2] *subjectz, luy estant paisible et leur fist tout plain d'honneur.*

Apres plusieurs altercations, assaulx et tumultes de guerre, et que le dict Arnoul eust vainquy, apaisié et uny à soy tous ses ennemis tant princes que estrangers, la conté de Guisnes luy fut finablement delaissiée, et en icelle demoura en paix et en seureté. Et pour ce que apres grands peines et travaulx le repos est à tous agréable et leur vient bien à point, ledict Arnoul mist toute son

---

[1] C'est sans doute *inquieter* qu'il faut lire.

[2] Le mot *suos* ne désigne point les sujets d'Arnoul, mais ses parents et clients Gantois.

vivente, et liberis ejus, Arnoldo videlicet de quo sermo est,
et aliis in flore juventutis vernantibus adhuc et virescentibus,
et utriusque (Galfridi videlicet Samurensis Arnoldi quoque
Gandavensis) avunculo Manasse Ghisnensi Comite universæ
carnis viam ingresso, et filiâ ejus Rosâ et ejusdem Rosæ filiâ
Beatrice mortuis simul et sepultis, nullo quoque è corpore
Comitis Manassis in terrâ Ghisnensi relicto semine, Samurensis Galfridus non attendens matrem suam Adelidem
dudum mortuam et sepultam, amitam verò suam Ghislam
Gandavensem adhuc vivam esse et superstitem, (proh nefas!)
quasi recto procedente ordine hæreditario jure avunculo suo
succedere deberet in Ghisnensis terræ Comitatum, impudenter[1] et irreverenter conspiravit, et in cognatum suum ger-
manum, Arnoldum vide licet, cujuslibet ambiguitatis relegato
scrupulo jam Ghisnensem Comitem, temerario modo calumniam fecit (113). Sed ad semetipsum quandoque reversus
Galfridus, eâdem facilitate quâ Ghisnensem terram impudenter et injustè priùs calumniaverat, accepto super injuriâ suâ
consilio, justissimum Ghisnensis terræ hæredem Arnoldum
simul cum terrâ, sicuti oportuit et justè debuit, in pace reliquit. Ampliùs de Samurensibus si quid expedit, ad Samurenses recurrite.

CAP. LXIV. *Quomodò Comes Arnoldus suos ad se vocavit, honoravit,
et exaltavit.*

Comes igitur Arnoldus, post multas altercationes, post
multos bellorum incursus et tumultus, edomitis et pacificatis
atque mitigatis tam exteris quàm in terrâ conversantibus adversariis suis omnibus, demum Comitatum Ghisnensem obtinens, in terrâ securè et in pace resedit. Et quoniam plerisque

[2] Fit mage grata quies post longos sæpe labores,

---

[1] V. P. L. non impudenter. — [2] V. P. sit.

entente, et sy avant que possible luy fut, contendit de vivre en paix ; et prenoit plaisir d'estre aveucques ses subjectz, lesquels il appeloit souvent de sa compaignie, et receulloit aulcuns de sa maison et les entretenoit de sa famille, marioit les aultres, et sur touttes choses prenoit sa gloire en leur lignée et belle génération, et en grand soin et cure rendoit paine de les eslever et mettre à honneur ; dont l'on ne se doibt esmerveiller.

CH. LXV. *Comment Bauduin seigneur d'Ardre s'en alla au pellerinaige de Jerusallem.*

Ce temps pendant et en l'an de l'Incarnation de Nostre Seigneur 1146, Bauduin, seigneur d'Ardre, s'en alla au pélérinage de Jerusalem avecq le roy Lois de France surnommé le josne, Thierry, conte de Flandres, et aultres seigneurs et barons du pays. Lequel Bauduin avant son partement bailla la guarde et gouvernement de sa ville d'Ardre, mesmement du chastiau, à Ernoul Gohel, sieur de Surques, qui se nommoit et de faict estoit chastelain d'Ardre, et le institua prevost et baillif. Laquelle chose Arnoul, viconte de Mercq, print mal à gré, pour ce qu'il avoit espousé Andeline, sœur audict Bauduin, de laquelle il avoit une moult belle fille florissant comme ung lys ; parquoy se mal contenta de ce qu'il ne luy avoit laissié sa terre en garde. Mais il le porta pour ung temps patiamment jusques à ce que nouvelles vindrent une fois que icelluy Bauduin estoit mort de fain, l'aultre fois pery en mer, et aultres fois tué et occis par les infidelles : et quoy qu'il en fut, mourut enfin, et oncques puis ne retourna au pais de Guisnes.

CH. LXVI. *Comment Arnoul viconte de Mercq vint à la seigneurie d'Ardre.*

Et ce venu à la congnoissance du dict Arnoul, vicomte de Mercq, il rendit paine d'acquerir l'amitié et bienvoeullance des contes de Flandres et de Guisnes, par le consentement desquels et aussy dudict Ernoul Gohel et aultres pers et hommes d'Ardre, et par

paci, quanto[1] potuit studio, intendebat et insistebat. Suos[2] in terram Ghisnensem ad se evocabat et confovebat : istos secum in domo et familià colligebat et manutenebat; illos in terrà maritabat. Præ omnibus et in omnibus in gloriosà liberorum jocundabatur[3] propagine, et in eorum promotione ferventiori nimirum stimulo et sollicitudine animum irritabat et urgebat.

CAP. LXV. *Quomodò Ardensis dominus Balduinus Ierosolymam peregrè profectus est.*

Intereà Ardensis dominus Balduinus cum Francorum rege Ludovico, et cum Flandrensium Comite Theodorico, et cum aliis Flandriæ baronibus, Ierosolymam peregrè profectus est, dominicæ videlicet Incarnationis anno MCXLVI (114). Hic siquidem Balduinus terram suam et Ardensis præcipuè castri curam Arnoldo Gohel de Surkis, qui et castellanus Ardeæ dicebatur et erat, commendavit, et eum in rebus suis disponendis usquedum rediret, ballivum constituit atque præpositum. Arnoldus autem Markiniensis vicecomes, qui sororem ejusdem Balduini duxerat (Adelinam videlicet), et ex eà filiam unicam jam adolescentulam et pulchritudinis vernantem lilio genuerat, indignabatur, et ægrè tulit quòd ei terram suam commendatam non reliquisset. Sed dum patienter ad tempus sustinuit, fama volat, et nuntiat Ardensem dominum Balduinum, nunc apud Sathaniam[4] fame periclitatum, nunc in mari submersum, nunc inimicorum Christi gladiis trucidatum; sic autem vel sic, sine spe redeundi finaliter mortuum et sepultum.

CAP. LXVI. *Quomodò Markiniensis vicecomes Arnoldus Ardeæ dominus effectus est.*

Quo audito, Markiniensis vicecomes Arnoldus, conciliato

---

[1] V. P. L. quantoque. — [2] B. quos. — [3] B. jucundabatur.
[4] D. B. Sataliam.

leur jugement et sentence fut dict et declairié sieur de la ville
d'Ardre. Et voiant ung Estienne, fils d'ung nommé Elenart, sieur
de Seninghen, que le dict viconte de Mercq estoit parvenu à ce
bien que d'estre seigneur d'Ardre, et qu'il avoit une seule fille
heritiere apparante d'une sy belle seigneurie, il contendit de l'avoir
à mariage, et tant pourchassa de tous costez et par tous les moiens
à luy possibles, qu'il fiancha la dicte fille. Mais le dict Arnoul,
conte de Guisnes, de ce adverty eult quelque doubte en soy mesmes,
et ainsy que ont acoustumé de faire les saiges, advisa de pourveoir
à luy et à ses successeurs, et pensa d'ung costé que si le dict mariage parvenoit, le pais de Guisnes pour lors paisible estoit en apparence de tomber de brief en discorde et ruine. D'aultre part luy
fut bien advis que s'il povoit faire le mariaige de Bauduin, son fils
aisné, et de la dicte fille, que luy et les siens joiroient perpétuellement et à tousjours de la dicte conté de Guisnes; et tant se humilia ce saige conte et seigneur, que par le conseil des saiges il
s'aprocha desdits Arnoul, seigneur d'Ardre, et Andelinne sa femme, et parla à eulx à part, et à briefs mots leur declaira la cause
de sa venue.

CH. LXVII. *Comment Bauduin filz aisné de Arnoul conte de Guisnes espousa*
Chrestienne fille de Arnoul seigneur d'Ardre.

Le seigneur d'Ardre et sa femme eurent tres aggreable le propos
dudict conte de Guisnes, et en furent fort joieulx, et parlerent à
leur fille pour scavoir se elle se vouldroit à ce consentir. Laquelle
ou se qu'elle desiroit [1], et se monstra joieuse et de sy bonne sorte
que par sa seulle contenance elle declaroit desja son consentement,
et en telle fachon presta l'oreille à ses dicts pere et mere qu'il sem-

---

[1] Il y a sans doute ici quelques mots omis.

sibi et comparato tam Flandrensis quàm Ghisnensis Comitis amore et benevolentiâ, Arnoldo Gohel consentiente, aliisque Ardensis oppidi paribus hoc ipsum adjudicantibus, Ardeæ dominus effectus est. Stephanus igitur Elenardi de Sinninghehem[1] filius, videns et intelligens Markiniensem vicecomitem Arnoldum in Ardensis honoris dominum[2] provocatum esse et exaltatum, vidensque ejusdem Arnoldi filiam unicam et tanti honoris et dominii hæreditariâ successione hæredem in tempore futuram, ad ejusdem filiæ conjugium aspiravit. Unde et hinc illinc concurrentibus et delatis viris et verbis, eam tandem in uxorem sibi fiduciavit et spopondit. Quod audiens Ghisnensis terræ Comes Arnoldus, sibi metuens, immò sibi (ut prudentis est) et posteris summâ cum discretione præcavens et præmuniens, pensavit hinc, si jam dictum contractum foret et confirmatum matrimonium, in perpetuam jam pacificatæ terræ discordiam et ejusdem terræ in brevi fore obventurum excidium; illinc animo deliberans si jam dictam juvenculam filio suo primogenito Balduino acquirere et lege matrimonii[3] copulare posset, se ipsum et suos in terrâ perpetuâ posse pace gaudere arbitrabatur[4]. Humiliatus itaque Comes prudentissimus, juxta prudentium[5] et seniorum consilium, inclinavit se ad pacem, et secretò cum Ardensi domino Arnoldo et ejus uxore Adelinâ prælocutus, brevibus verbis eis viæ causam exposuit et intimavit.

CAP. LXVII. *Quomodò Balduinus Ghisnensis Comitis Arnoldi filius desponsavit Christianam Ardensis domini filiam.*

Gratificati ergo Ardensis dominus et ejus uxor, et admodùm facti lætabundi, filiam suam ad consensum ejus postulandum convocaverunt. Audivit itaque filia quòd audire non displicuit, et ecce jam præsens astitit, et hilaritate vultûs jam assensum exprimens, et ad sciscitantis[6] de consensu

---

[1] P. Sinnigheben. O. Seninghehem. L. Seninghehem. — [2] V. dominium.
[3] D. Br. maritali. — [4] L. arbitratur. — [5] L. prudentiam.
[6] P. D. Br. suscitantis.

bloit bien que jamais elle n'eust ouy chose qui plus luy fust aggreable. Sy pleust bien la matiere à chascune des parties, tellement
que d'ung accord commun chascun disoit ; ainsy soit-il, fault qu'il
se fache. Et partant se fist le mariaige dudict Bauduin, fils aisné
Arnoul, conte de Guisnes, et de la fille dudict Arnoul, seigneur
d'Ardre, appellée Chrestienne pour les vertus qui estoient en elle,
dont on rendit graces à Dieu et de ce procéda la paix et union au
pays de Guisnes. Et comme il a esté dict cy dessus, le dict Bauduin, filz aisné du conte de Guisnes et son heritier aparant, se
humilia en diminuant quelque peu sa haulteur, comme de dain-
gnier prendre à mariaige la fille d'ung vassal, pour avoir une paix
perpétuelle, à l'exemple et ainsy que ont acoustumé faire plusieurs
Empereurs, Roys, Ducqs et aultres nobles hommes, qui se sont
alliez pour semblable cause et raison.

CH. LXVIII. *Comment la tour de Colvede fut ediffiée et close de muraille,
aveucques la maladerie de Lerdebarne.*

Apres que Arnoul de Marcq, seigneur d'Ardre, eut faict construire, ediffier et eslever une si belle tour en un lieu de bois que à
l'occasion de ce que on y faisoit du charbon de bois, ou pour la
couleur de la terre, est appellée *Colvede*, et qu'il eust clos et advi-
ronné la dicte tour de muraille et fossé, il fist faire en icelle tour
une chapelle pour servir Dieu et adfin de luy rendre graces : et
voiant qu'il prosperoit et que tout lui venoit à plaisir, luy qui estoit
riche de biens temporels et qui tout son temps avoit vacquié en
choses terriennes et compleu au monde, pensant faire chose aggreable à Dieu et sieuvir la doctrine de l'Evangille faisant mention
de l'homme riche, à la priere et requeste de la vénérable dame et
matrone sa femme Andelinne, fist constituer et ediffier en ung
lieu nommé *Lerdebarne*, assis hors la ville d'Ardre sur le grand
chemin roial, et où chascun avoit acoustumé passer lors, une enfermerye et maison de gens mallades et entechez de lepre, aveucq-
ques une chapelle. Et pour la sustentation desdicts mallades, or-

vocem patris et matris erectis auribus inclinata, nullique libentiùs unquàm[1] responsura sono. Complacuit igitur utrique parti[2] utriusque partis[3] sermo, et vox omnium una erat et voluntas dicentium, fiat! fiat! Duxit igitur Balduinus Ghisnensis Comitis Arnoldi primogenitus Ardensis domini Arnoldi filiam, virtutum titulo et proprii appellatione nominis Christianum; fitque gloria in altissimis Deo, et in terrâ Ghisnensi pax omnibus hominibus. Sic enim, sicuti jam diximus, ut perpetuà pace gauderet et sui, minoratus et humiliatus paulò minùs ab altitudine dignitatis et nominis Ghisnensis Comitis primogenitus, et jamjam Ghisnensis Comes futurus, ad similitudinarium multorum exemplum et imitationem nobilium, Ducum, videlicet Regum et Imperatorum, se humiliantium et propter similem causam sic uxorantium, inclinavit se ad hominis sui filiam lege matrimonii in uxorem dignanter et ovanter suscipiendam.

CAP. LXVIII. *De constructione turris et muri apud Colvidam et de ædificatione infirmariæ apud Leodebarnam*[1].

Interim[5] autem Ardeæ dominus Arnoldus de Markinio, postquàm in nemore quod à carbonibus lignorum vel à culturâ sive à colore formæ[6] *Colvida* nomen accepit, turrim suspendit et elevavit in aere gloriosam, et muro super fossatum circumcinxit undique, et ædificiis decoravit, locumque per capellam ad serviendum Deo fabricatam Deo gratificavit. Omnia sibi videns ad votum[7] accidisse in prosperitatem, cùm esset dives mundo, evangelici divitis non immemor volens Deo placere, qui per omnia sæcularibus et mundo placuerat, instinctu et rogatu uxoris suæ venerabilis matronæ Adelinæ, infirmariam sive infirmantium tugurium et capellam extra Ardeam, supra viam tunc temporis regalem (115), olim

---

[1] L. inquam. — [2] D. patri. — [3] L. patris.

[4] L. Lodebarnam. B. Leodebernam. P. V. Lodebernam.

[5] P. Item. B. Iterum.

[6] D. vel à formâ obscurâ, sive à livido colore formæ. — [7] L. ad voluntatem.

donna de son revenu et y institua ung chapelain ; et à l'exemple de ce, les gentilz hommes du pays prindrent coraige d'eslargir de leurs biens à ceste maison.

CH. LXIX. *De la construction de la maladerie d'Esperlecques* [1].

En ce temps le conte de Guisnes, meu de semblable charité envers les povres destituez de leurs membres par la maladie de lepre, et voiant que le seigneur d'Ardre par avant nommé Arnoul de Mercq et depuis Arnoul de Colvede, avoit faict construire et ediffier audict lieu de Lerdebarne ladicte enfermerye, luy mesmes en fist ediffier une aultre à Esperlecques aupres Guisnes. Laquelle maison et enfermerie d'Esperlecques le conte Bauduin aucmenta deppuis, et y fist faire une chapelle qu'il fist clore de muraille, et la donna d'aulcunes dismes et bon revenu aveucques d'aultres belles aulmosnes ; sy visita souvent le lieu et en fut vray protecteur et gardien.

CH. LXX. *Comment il fut ordonné que en la maladerie d'Esperlecques on recepvroit seulement les hommes entechiez de lepre, et à Lerdebarne les femmes.*

Du temps dudict Bauduin de Guisnes et de Arnoul son filz, et apres que ledict Bauduin fut conte de Guisnes, et son dict fils Arnoul, seigneur d'Ardre et chastelain de Bourbourg, il fut ordonné et conclud pour justes et raisonnables causes et considerances touchant ces deulx enfermetures et hospitaulx, que touttes les femmes que partout le pays de Guisnes l'on trouveroit lepreuses seroient contraintes elles retirer audict lieu de Lerdebarne, où elles seroient nourries de pain tant qu'elles viveroient ; et les hommes entechez d'icelle mesme malladie yroient à Esperlecques, où en regretant

---

[1] Lisez, *Spellecques.*

Læliam[1], populosâ transeuntium multitudine frequentatam, apud Leodebernam instauravit, redditusque ad sustentandos infirmos sive leprosos, nichilominus et capellanum eidem loco procuravit; et universæ terræ nobiles et populum, ad benefaciendum miserrimæ conditionis congregationi, verbis efficacibus animavit et exemplis.

CAP. LXIX. *De instauratione infirmariæ apud Spellecas.*

Sub eodem temporis cursu Comes Arnoldus, non dissimili penes Christi pauperes à membrorum compagibus[2] destitutos et leprosos factos miseratione compunctus, videns Ardensem dominum' (priùs Markiniensem nunc autem de Colvidâ vocatum) Arnoldum domum infirmorum apud Leodebernam redditibus et infirmis instaurasse, instauravit et ipse pauperum xenodochium [et leprosorum extra Ghisnas apud Spellecas. Quod posteà filius ejus Ghisnensis Comes factus[4] Balduinus ampliavit, et capellâ decoravit, et muro circumcinxit, et decimis et redditibus, et quod superest, adjutorio et assiduâ protectione et visitatione et elemosinarum largitione frequentavit et fecundavit[5].

CAP. LXX. *Quomodò fœminæ leprosæ apud Leodebarnam et homines leprosi apud Spellecas collocati[6] sunt.*

De illis autem duabus infirmariis sive infirmorum hospitalibus, in tempore ejusdem Balduini Ghisnensis Comitis facti et filii ejus Arnoldi de Ghisnis Ardeæ jam domini et Broburgensis castellani, ita decretum est et satis rationabili et convenienti providentiâ accuratum et statutum, quòd omnes fœminæ per universam Ghisniam leprosæ factæ apud Leodebarnam deportarentur atque confluerent, et in eâ sustentationis panem quoad vivere possent, acciperent : masculini verò sexûs, quotquot per universam Ghisniam similiter leprâ

---

[1] V. L. olim Læliam *deest.* — [2] L. compagio. — [3] V. L. cenodoxium. [4] V. P. Br. vocatus. — [5] V. secundavit. — [6] V. P. L. collati.

souvent la mort d'une voix cassée et sourde, item mangeroient pain de douleur, jusques à ce que leur esperit partiroit de ce monde.

Et se trouveoient les dicts conte de Guisnes Arnoul et le dict seigneur d'Ardre, nommé Arnoul de Colvede, liez et confederez ensemble en si grande amitié, que on disoit et estoit bruict qu'ils estoient les deulx plus grands amis que jamais furent. Et tout ainsi que deulx mains sont ordonnées à subvenir à ung seul corps, pareillement ces deulx hommes qui avoient deulx corps et ung mesmes voloir, estoient unis et de semblable volenté pour la tuition et deffense dudict pais de Guisnes, comme s'ils n'eussent esté que ung corps; dont resjoyssoient grandement et touttes pars ceulx du pais dudict conté de Guisnes, et cesserent touttes haines et divisions. Semblablement s'en esjouissoit tout le pais de Guisnes, et aveucques ceulx du pais se recreerent grandement ceulx de la maison dudict sieur d'Ardre. Et n'y avoit plus de difference entre ceulx dè Guisnes et d'Ardre auquel on obéiroit et feroit honneur, car on obéissoit indifferamment aussy tost à l'un que à l'aultre. Et tout ainsy que le dict seigneur et conte ne prétendoit user de gravité et puissance à l'encontre de son vassal et subject; pareillement le vassal en délaissant la rébellion acoustumée d'ancienneté contre les contes de Guisnes, ne denioit point à son seigneur honneur et révérence à soy acquitier vers luy en tous lieux et en tous temps de la léaulté qu'il luy debvoit. Si deviendrent ledict Arnoul, conte de Guisnes, et ledict sieur d'Ardre ung cœur et une ame; et par tout le pais de Guisnes n'y avoit entre eulx different d'estre preferé en honneur, sinon que l'ung se nommoit conte et l'aultre seigneur. Et quand souventes fois hors du pais on bailloit audict conte simple tiltre de seigneur, toutesfois il demeuroit en sa haulteur et en cest honneur d'estre dict nommé et tenu pour conte.

contacti[1] vel contaminati invenirentur, apud Spellecas deportarentur, ubi raucisonâ voce quotidiè mortem invocantes,
panem doloris, quoadusque spiritum exhalarent, perciperent
atque comederent.

Comes autem Arnoldus et Ardensis dominus de Colvidâ
nominatus Arnoldus, in tantam amicitiæ conjuncti sunt con-
fœderationem, et unum par amicitiæ, et quasi novi et nuper
in vitam revocati Theseus et Perithonus (116) prædicarentur :
et quemadmodùm duæ manus ad unius adhibitæ sunt homini
corporis sustentationem, sic et isti duo, corpore quidem non,
animo conjuncti sunt in unâ animi voluntate, quasi in uno
corpore, ad totius terræ Ghisnensis consolationem et defensionem. Lætantur igitur omnes hinc et hinc Arnoldiadæ[2] ; et
jam cessaverunt undique persecutorum insidiæ : lætatur et
exultat in pace Ghisnia, congaudet et congratulatur ei[4]
Ardensis dominationis[5] curia. Nec jam certant hinc Ghisnenses et hinc Ardenses, utri utris deferant aut parere debeant, cùm alteri alteris vicario modo deferre contendant.
Quippe cùm dominus Comes suæ dominationis dignitatem
temperet erga sibi subjectum hominem, et homo non attendens antiquam in Ghisnenses Comites rebellionem, debitæ
subjectionis famulatum et reverentiam omni loco et tempore
non dedignatur exhibere suo domino, suo principi[6] et Comiti. Facti sunt itaque Comes Arnoldus et Ardensis dominus,
de Colvidâ (ut jam diximus) nominatus Arnoldus, quasi cor
unum et anima una ; nec erat inter eos per universam Ghisniam aliqua in dignitate differentia ; nisi quòd alter dicebatur
Comes, et alter dominus. Sed cum extra patriam sæpissimè
dominus diceretur Comes, tamen ubique in integritate sui
nominis et in honore suæ dignitatis manens, semper quod
erat et prædicabatur et verè erat Comes.

---

[1] L. contracti. — [2] V. L. Perithonus. — [3] O. Arnolidæ. — [4] L. et.
[5] L. domini. — [6] L. ut.

CH. LXXI. *Comment Bauduin filz Arnoul conte de Guisnes engendra Mabille de Sisoing et Arnoul fils aisné, premierement sieur d'Ardre et deppuis chastelain de Bourbourg.*

Bauduin, fils Arnoul, conte de Guisnes, eult de Chrestienne, sa femme, plusieurs enffans; est assavoir Mabille, de laquelle la dicte Chrestienne accoucha en la ville d'Ardre; et fut ladicte Mabille aliée à ung nommé Jehan, fils de Peronelle de Sisoing : enfanta aussy la dicte Chrestienne en la dicte ville d'Ardre ung fils nommé Arnoul que l'acteur de ceste presente cronicque et histoire au commencement de son œuvre dict et declaire estre son prince et seigneur naturel, et pour l'honneur duquel il a emprins ceste charge, luy addressant son œuvre, et pour luy l'a voulu entreprendre, par quoy pour le present n'est besoing longuement insister en sa louenge, à cause que tout ce qui est dict de luy et encoires sera cy apres, est du tout à sa gloire et louenge.

CH. LXXII. *De la procréation d'aultres enfans, assavoir Guillaume, Manasses et Bauduin qui fut homme d'Eglise.*

Et adfin de declairier en brief et à la vérité toutte ceste noble lignée, la dicte dame honorable acoucha de tous ses enfans en la dicte ville d'Ardre. Et eult encores ung aultre fils, nommé Guillaume, qui fut ung tres vaillant chevallier; mais il mourut en fleur d'aige au lieu de Colvede, et fut honorablement inhumé ung jour de la veille d'Assumption Nostre Dame, en l'abbaie d'Andrene, aveucques ses prédécesseurs. Acoucha pareillement la dicte dame d'ung aultre fils nommé Manasses qui, pour sa science, prudence et vertu, fut tant aimé de son pere et sur tous aultres à luy agréable, que apres Arnoul, son fils aisné, il n'y en avoit aulcun mieulx en sa grace : et luy donna son dict pere Rorichovia aveucques ses apendences, et ung large et spacieux marets et pasture, ensemble plusieurs acquestes par luy faictes. Et pareillement ladicte femme eut ung aultre fils nommé Bauduin qui fut chanoine de Therouenne, curé de l'Eglise paroissial de S. Pierre de Nieles soubz la Montoire, et aveucques ce recteur et administrateur de plusieurs

CAP. LXXI. *Quomodò Balduinus Ghisnensis Comitis Arnoldi filius genuerit* [1] *Mabiliam de Chisonio et Arnoldum filium suum primogenitum, priùs Ardensem dominum, et posteà nichilominùs Broburgensem castellanum.*

Cognovit autem Ghisnensis Comitis Arnoldi filius Balduinus uxorem suam Christianam, quæ concepit et peperit Ardeæ Mabiliam, Joanni filio Petronillæ de Chisonio (117) desponsatam uxorem. Concepit autem posteà et peperit similiter Ardeæ Arnoldum de Ghisnis, quem nobis dominum à principio operis invocavimus et patricium, propter quem et ad quem et de quo sudor in hoc opere nobis est et sermo.

> Hic est cujus amor [2] ea gloria gratia grato
> Gratuitoque facit [3] me numine [4] vivere gratis.

In cujus laudibus ampliori stylo morosiùs insistere non necesse fore arbitramur, cùm omnia quæ in ejus operis contextu dicta sunt aut dicenda, ejus laudi per omnia consonent [5] et gloriæ.

CAP. LXXII. *De procreatione filiorum aliorum, Willelmi videlicet, Manassis, et Balduini clerici.*

Peperit etiam venerabilis matrona Ardeæ, ubi [6], ut compendioso verum perstringamus eloquio totius et tantæ propaginis, omnium suorum mater effecta est liberorum : Willelmum, strenuissimum quidem militem, sed in flore juventutis apud Colvidam abmortuum [7] et Andriæ cum patribus suis in Assumptione beatæ Mariæ Virginis honorificè sepultum ; Manassem quoque qui ob insignem sapientiæ ejus et prudentiæ virtutem, singularis quodam privilegio amoris, post Arnoldum ejus primogenitum in tantam præ cæteris acceptus est patris gratiam, ut ei Rorichoviam [8] cum appenditiis et marisci spatiosi amplitudine, aliaque empta et pretio compa-

---

[1] D. generavit. — [2] V. P. L. amor in ea. — [3] L. B. gratuito facit.

[4] P. D. numen. B. minime. — [5] V. P. L. continent.

[6] V. P. B. ubi et. Br. D. ubi et ut.

[7] V. obmortuum. P. D. antemortuum. O. Br. mortuum.

[8] L. Rorichoniam. Br. Ronichoniam. D. O. Rorichovam.

aultres Eglises au pais d'engleterre; assavoir, Stevetone, Sestide, Malinghes et Baigtone.

' CH. LXXIII. *De la mort de Arnoul conte de Guisnes.*

En ce mesme temps advint que le conte Arnoul de Guisnes qui desja estoit fort aigié et oprimé de viellesse, s'en alla au pais d'Engleterre adfin de disposer de ses affaires. Et apres avoir sejourné au pais quelque espace de temps en ung lieu nommé Niventone, à luy appartenant de la succession de deffuncte Emme, en son vivant contesse de Guisnes, il fut surprins d'une griefve malladie. Et voiant que la mort luy estoit prochaine, pensant à son salut disposa de sa conscience en la presence de gens d'Eglise et de ses serviteurs, affin que son ame fust receue en gloire éternelle; fist et ordonna son testament, par quoy il eslargit et donna ses biens, non point à gens de mauvais estat [1] et condition, mais aulx pouvres membres de Jesu Christ. Il donna ses armures, chevaulx et chiens, oiseaulx, et tout ce en quoy il avoit prins recréation en ce monde, à l'hostel Dieu et maison de S. Inghevelt, où il avoit longtemps paravant esleu sa sepulture.

Et ainsy mourut ledict Arnoul, conte de Guisnes; et dudict lieu de Niventone où il mourut, fut son corps aporté audict lieu de Santinghevelt, où il fut honorablement sepulturé en l'an de l'Incarnation de Nostre Seigneur mil cent LXIX. Auquel an Marie, jadis fille du roy Estienne d'Engleterre, en son temps contesse de Boulongne, reprint l'abit de relligion au monastere de Mechennes,

---

[1] Traduction très-superficielle. Le texte dit : « Non à des jongleurs et bouffons, celebrant son nom par le monde. »

rata perplura contulerit[1] beneficia; Balduinum etiam clericum, Morinensis ecclesiæ canonicum, et Neleiorum[2], non
Nestoris arvorum (118), sed ecclesiæ S. Petri, apostolorum
principis, juxta Montorium[3] procuratorem et personam,
et ecclesiarum in Angliâ apud Steventoniam et Stistedas[4] et
Malingas et Baigtoniam[5] similiter provisorem et personam (119).

CAP. LXXIII. *De morte Comitis Arnoldi.*

Per idem autem tempus contigit quòd Comes Arnoldus jam
ætate maturus et senio gravis, ut[6] in rebus suis disponendis
sibi provideret et terræ, in Angliam proficisceretur. Ubi cùm
apud Niventoniam, in propriâ mansione, quæ cum pertinentiis ejus ex parte Ghisnensis quondam Comitissæ Emmæ ei
contigerat et exciderat, per aliquot dierum spatium moram
faceret, gravi correptus ægritudine, diem autem mortis suæ
appropinquare non nescius, de salute animæ cogitans domui
suæ disposuit. Convocatis itaque ecclesiasticis viris et familiaribus, ut in æterna quandoque recipi mereretur taberna-
cula, testamentum in Domino sibi statuit et fecit æternum.
Dispersit igitur et dedit, non lenonibus aut scurris nomen
suum mundo prædicantibus, sed Christi membris et pauperibus. Ubi cùm multis in elemosynam multa dedisset, apud
Santingheveld, ubi sepulturam sibi pridem elegerat, bellica
arma et equum, canes et volucres, et quæcumque ludicra
habebat sæcularia, erogavit.

Mortuus est itaque Comes Ghisnensis Arnoldus, et à Ni-
ventoniâ apud Santingheveld delatus est (120) et honorificè
sepultus dominicæ Incarnationis anno MCLXIX. Quo anno
regis Stephani quondam filia, quandoque Boloniæ dicta
Comitissa, habitum religionis apud Meschinense monaste-

---

[1] V. L. P. contulit. — [2] Br. Neliorum. A. P. Meldiorum. D. Meleïorum.
[3] P. D. Montorum. — [4] A. D. P. Stitedas. Br. Stistidas.
[5] B. Br. Baigloniam. — [6] P. et.

lequel habit elle avoit une fois delaissié; et les eglises qui à l'occasion d'elle avoient esté interdictes, absoultes. Sy furent ce mesmes an les corps des sainctes vierges aportez à l'abbaie de Licques.

CH. LXXIV. *Comment Bauduin fut conté de Guisnes.*

Bauduin, fils du feu conte de Guisnes, estoit homme saige, éloquent et bien entendu ès affaires de ce monde; et au faict de la gendermerie n'avoit son pareil. Sy n'ensieuvoit pas mal les meurs de son pere, et quant il se fut consollé de la mort d'icelluy, ainsy que ont acoustumé faire saiges gens, il fist bien et deument son hommaige à Thierry, conte de Flandres, pour la conté de Guisnes. Et luy promeu à cest honneur, fist exercer justice par tout le pais de Guisnes, et se monstra juste envers les bons et les mauvais, en gardant ordre et qualité, et faisoit de grans jugemens. Combien que en sa jonesse, et paravant qu'il fust promeu à estat de conte, il eust esté du nombre des maladvisés, et n'eust bien pensé à son affaire ne pourveu à ses necessitez, eust hanté aveucques gens mal conditionnés et faict du fol, tant à l'occasion de son joeune aige comme aussy par ce que avoit peu de bien : toutes fois luy venu à ceste dignité de conte, il devint tout aultre homme, et avoit en haine gens de mauvaise conduicte et qui ne voulôient aller le droict chemin.

CH. LXXV. *Comment Bauduin conte de Guisnes fist construire une chapelle de S. Catherine ou lieu de la Montoire.*

Entre les premieres œuvres de vertu et de charité que fist Bauduin, conte de Guisnes, il funda et fist construire et ediffier à la requeste et par l'ennorte de Chrestienne, sa femme, au lieu de le Montoire, une chapelle à l'honneur de le glorieuse vierge et martire madame saincte Catherine; en laquelle il mist reposer le saincte huille procédé du corps de la dicte vierge et martire, aveucques ung relliquiaire de monsieur sainct Thomas le martir,

rium (121) resumpsit, et ecclesiæ, quæ pro eâ interdictæ fuerant, absolutæ. Quo etiam anno sacrarum virginum ossa apud Liskas ab urbe Coloniâ delata sunt.

CAP. LXXIV. *Quomodò Balduinus Ghisnensis Comes effectus est.*

Balduinus igitur in omni sæcularitatis sapientiâ eloquentissimus, et in militiâ pro quantitate corporis nulli per Flandrensium circuitum secundus aut posthabitus, adeò ut meritò diceretur patris non degener hæres, acceptâ (uti moris est sapientis viri) de morte patris consolatione, hominio [1] Flandrensium Comiti Theoderico ritè exhibito, Ghisnensium Comes effectus est. Cujus honoris mox ut obtinuit dignitatem, justitiæ rigore per universam Ghisniam resplenduit, adeò ut justis [2] in judicio quasi judex justus et judiciarius [3] et injustis [4] terribilis et nichilominus laudabilis diceretur, atque judicia faciens mirabilia. Qui licèt in adolescentiâ, antequàm in Comitatûs proveheretur honorem et sollicitudinem, plerùmque ætatis dissolutus incuriâ, plerùmque corporalis sustentationis et rerum constrictus penuriâ, penes vitæ necessaria minus providus aut curiosus haberetur, et cum insipientibus minùs sapiens apparuerit, vel insipientiam simulaverit, in Comitatûs tamen sublimatus honorem, mox, quasi novum indutus hominem, insipientes et malignos qui semper oderunt sapientiam, ut iniquos, odio habuit.

CAP. LXXV. *Quomodò Comes Balduinus capellam S. Katherinæ [5] apud Montorium instauravit.*

A primis igitur inter prima pietatis opera, capellam sub honore beatæ Katherinæ martyris, instinctu et rogatu christianissimæ uxoris suæ Christianæ, apud Montorium construxit et ædificavit; et in eâdem capellâ oleum ejusdem Ka-

---

[1] P. D. Br. homagio. — [2] P. D. justus. — [5] P. judicationis.
[4] D. justitiæ. — [5] L. Catharinæ.

auquel sur tous les aultres ledict conte Bauduin desiroit, mesmes estoit tenu faire honneur, pour ce qu'il l'avoit promeu à l'ordre de chevallerie , et l'avoit faict chevallier. Sy ordonna ledict conte Bauduin en la dicte chapelle le premier chapellain, qui fut ung notable personnaige et homme de lettre nommé Michiel, natif de Lothesia, paravant maistre d'escolle à Ardre ; auquel chapelain le glorieulx martir sainct Thomas avoit conféré et baillié les sainctes ordres de prestrise : et fut celluy auquel ladicte chapelle fut premierement baillié en tiltre. Et sy furnit ledict sieur conte la dicte chapelle et le chapellain ordonné en icelle, de touttes choses nécessaires, sy avant qu'il en polt congnoistre, comme livres, ornemens et aultres choses, suffissament en habondance.

CH. LXXVI. *Comment Bauduin conte de Guisnes fist faire une tour ronde, et ediffier une chapelle au chastiau de Guisnes.*

En apres fist ediffier le dict conte Bauduin en son chastiau de Guisnes une tour ronde de pierre de taille , haulte et eslevée, laquelle estoit de forme platte par hault ; et au hault d'icelle, pardessus les poultres et planchiers, estoit assize et posée une couverture de plomb qui ne se pouvoit veoir par hault. Auquel ediffice furent faictes salles, chambres, garderobes, et aultres lieux pour habiter ; tellement que sembloit estre à peu près la maison de Dedalus. Et audevant de la porte d'icelle fist le dict conte Bauduin ediffier une chapelle à forme de temple ; et sy commencha à clore la ville de Guisnes de muraille, et fist faire aulx portes aulcunes tours propices à la tuission et deffence de la ville.

therinæ martyris (122) et sanctæ virginis, et reliquias beatissimi Thomæ martyris, cui specialem et præ aliis propriam exhibere decrevit immò debuit reverentiam, eò quòd militaribus eum applicuisset sacramentis et militis ei nomen imposuisset et officium, collocavit. Et sub ejusdem capellæ titulo venerabilem virum et litteratoriæ professionis instructissimum, de Lothesia [1] oriundum, Michaelem quondam Ardeæ magistrum, quem idem gloriosissimus martyr Cantuariensis ecclesiæ archiepiscopus Thomas presbyterum ordinavit, primum capellanum instituit; et omnia quæ ad capellam fore necessaria edoctus est et ad capellanum, tam in libris quàm in cæteris ornamentis, eidem loco sufficienter, immò copiosissimè, procuravit.

CAP. LXXVI. *Quomodò domum rotundam apud Ghisnas ædificavit et capellam.*

Deinde apud Ghisnas super dunionem domum rotundam è [2] lapidibus quadris ædificavit, et excelsam in aere suspendit. Quam in superiore parte machinæ planam fecit et æquatam, ita ut plumbea tectura trabibus et transtris superposita pinnaculis ædificii sederet, et ex alto prospicientibus non compareret. In eâ autem domo cameras, habitacula, et diversoria multa præparavit et diverticula, ita ut à labyrintho [3], Dedalicâ videlicet domo, parùm discrepare videretur. Porrò extra domum ante portam ædificii miro lapidum et lignorum tabulatu [4] (123) Salomoniacæ [5] gloriæ capellam ædificavit. Exteriorem verò oppidi firmitatem muro lapideo [6] circumcingere cœpit. Sed et introitus portarum bellicis turribus et machinamentis munivit et decoravit.

---

[1] L. Lothosiâ.

[2] L. à lapidibus. P. V. lapidibus. Br. D. lapidibus quadratis.

[3] V. P. D. L. laberintho. — [4] P. A. lapidatu.

[5] A. Br. Salomonicæ. P. Salomoniæ. — [6] A. P. miro lapide.

CH. LXXVII. *Comment ledict Bauduin fist reparer la tour de Tournehen, et y faire ung vivier et une prison.*

Apres ces choses le dict conte Bauduin fist reparer et racoutrer une tour au chastiau de Tournehen, que ses predecesseurs long-temps par avant avoient faict faire, laquelle par antiquité estoit fort adommaigée, et en icelle avoit tant de pertuis et breshes que brief n'y eust eu pierre sur l'aultre. Et la fist tellement rabillier et reparer qu'elle sembla estre noeuve et toutte aultre qu'elle n'avoit esté paravant. Sy fist faire le dict Bauduin en la dicte tour des edif-fices en forme de laberinthe, et y ediffier galleries montées, chambres sur chambres, salles, cabinets et aultres lieux secrets; en sorte que quand on cuidoit vidier de l'ung, on entroit en l'aultre. Fit encores le dict conte Bauduin entre les fondemens de la dicte tour, par aulcunes fosses secretes, une prison semblable à ung lieu infernal, pour donner crainte aulx mauvais, mesmes pour les punir. En laquelle prison les povres criminez attendent leur juge-ment horrible, et en tenebres et vermines mangent le pain de dou-leur, et vivent en grant misere et regret. Et à l'issue de la dicte tour fist faire une vaulte de pierre, où il fist une chapelle, en la-quelle il institua chapelain ung nommé Siger; et luy bailla la dicte chapelle en charge et tiltre. Et fist pareillement redresser la mu-raille du chasteau, et le renforcer de bolevers; au circuit de la-quelle muraille avons souvent veu gens de guerre [1] et soudars en besoingne, et eulx entrebattre. Fist aveucque ce fortifier et clore la ville de Tournehen de bon fossé au lieu derriere l'eglise; et à l'opposite, vers soleil couchant, fist à grant labeur et mise estouper en forme d'ecluse le cours de la riviere à force de pierres et terre molle, tant qu'il fist ung vivier et estancq qu'il encloist et emplist de grant nombre de poissons.

---

[1] Lambert ne parle point de gens de guerre, mais seulement d'hommes qui s'exerçaient à la lutte et au pugilat.

CAP. LXXVII. *Quomodò turrim apud Tornehem reparavit et ædificia et vivarium, et carcerem turri inhumavit.*

Posteà verò apud Tornehem turrim quam prædecessores sui pridem construxerant, jam rimis fatiscentem et hiulcam, et à lapidibus obrutis et à compaginibus disjunctis et dissolutis ruinam minitantem, reparavit et reformavit; ita ut sibi ipsi, salvâ dialecticorum [1] pace, à primo statu dissimilis videretur in reparationis facturâ. In eà quoque labyrinthini [2] formam ædificii exprimens et gradalia superædificans meicula [3], cameram cameræ superposuit, et diversoria in diverticulis, Meandrici fluminis instar (124), inclusit [4]. In eà etiam, immò sub eà, per quasdam occultas fundamenti cataractas [5], infernalis cacabi instar, ad miseros reos terrendos, et, ut veriùs loquamur, plectendos, in imis terræ faucibus carcerem inhumavit; in quo miserrimi pœnis addicti mortales horrendi diem examinis præstolantes, in tenebris cum vermibus [6] in squalore et sordibus panem doloris acciperent, et odibilem vitam sustentarent. In exitu autem turris, in testitudine lapideâ capellam inclusit, cui Sigerum [7] attitulavit canonicum et præfecit. Muros autem, infra quorum ambitum pugiles et athletas (125) sæpiùs conflictantes adspeximus, renovavit, erexit, et propugnaculis ordinavit, exacuit, et exasperavit. Fossato autem munitissimo atque firmissimo, conversà parte templi (126), villam circumcinxit et firmavit. Ab occidentali verò parte villæ Reveriæ fluminis aquas, objectu molis terræ et lapidum in modum exclusæ, non sine magno labore et expensâ obstruxit; et vivarium magnis plenissimum piscibus certis limitibus obsignavit.

---

[1] P. V. dialeticorum. — [2] V. L. laberinthini.

[3] D. indicula. P. indicula *seu* nidicula.

[4] V. P. O. A. B. Br. illusit.

[5] V. catharactas. P. catheractas. L. cathapactas.

[6] A. D. verberibus. — [7] P. D. Fugerum.

CH. LXXVIII. *Comment Bauduin conte de Guisnes transporta le marchié de Zutquerque à Audruicq et institua une franche feste durant la solempnité de Pentecouste; fist ediffier une chapelle, et aultres mathieres.*

Ce mesmes conte de Guisnes Bauduin, par cas subit et sans avoir advis [1], fist transporter à Audruicq, le marchié que ses predecesseurs avoient ordonné le jour du dimenche au lieu de Zutquerque; et combien que ce fut bien faict à luy de changer de lieu, toutesfois en proposant le conseil de l'eglise il ne mua le jour. Et en ce lieu d'Audruicq assembla et contraindit résider ceulx des lieux circonvoisins, comme bourgeois. Sy ordonna le dict conte de Guisnes, plus par gloire terrienne que par œuvre vertueuse, à tout le peuple, tant marchans que gens d'aultre estat, pour l'abondance de marchandise qui arrivoit illecques de touttes pars, de tenir chacun an en ce lieu, durant les festes de la solempnité de Penthecoustes, une foire publicque; et à ce faire les submit et obligea par serment.

Fist aveucques ce chaindre et avironner la ville d'Audruicq d'ung fossé double, et au millieu d'icelle fist erigier une motte. Sy fist faire plusieurs maisons et aultres ediffices necessaires; aveucques ce fist construire et ediffier à diligence et en révérence, sur la porte faisant l'entrée de la premiere fermeté, une chapelle et lieu de devotion, telle qu'il appartenoit au cas, à l'honneur de Monsr sainct Nicollas; et y commist ung homme d'Eglise de tres saincte vie nommé Estienne pour chapelain, garny souffisamment pour la gloire et louenge de sains de Paradis, de livres et aultres ornemens d'eglise. Sy trouva moien par subtilité et force de faire retirer et chercher plusieurs cour d'eaulx fluans aulx maretz dudict lieu d'Audruicq, et le mettre à labeur.

CH. LXXIX. *De la nativité de plusieurs enfans dudict conte Bauduin, et de leurs mariages.*

En ces entrefaictes et environ le temps dessus dict ceste honorable dame et matrone Chrestienne, contesse de Guisnes, conceut

---

[1] Dans le texte, *par cas subit et sans avoir advis* se rapporte à l'institution ancienne, non au changement décrété par Bauduin.

CAP. LXXVIII. *Quomodò forum de Sutkerka apud Alderwicum transtulit, et*
ibi festum in Pentecoste constituit, et firmitatem ædificavit et capellâ
decoravit, et villam fossato cinxit, et mariscum desiccavit et arabilem fecit.

Forum autem quod apud Sutkerkas in die dominicâ, non
providâ quidem consideratione, sed eventu fortuito, ab antecessoribus suis institutum fuerat frequentandum, loco prudenter mutato, sed die juxta ecslesiastici et apostolici tenorem
consilii non alterato, apud Alderwicum transtulit : ubi et
adjacentium partium villanos ad communem quasi civium habitationem invitavit[1], coegit, et adunavit. Et ibi festum in diebus Pentecostes magis civiliter quam theologicè solemnizari,
et ab universo populo, mercatoribus et aliis gentibus (127)
propter rerum venalium copiam ibi confluentibus, frequentari instituit, indixit, et juramento confirmavit.

Villam quoque duplici cinxit fossato (128), et aggerem in
medio domibus et necessariis ædificiis ædificavit, et capellam
in introitu interioris[2] valli, sicuti sanctorum decet et docet
tabernaculum, cum omni diligentiâ in honore sancti Nicolai
portæ superædificavit. Cui sanctissimæ vitæ presbyterum
cum libris et cæteris ecclesiasticis ornamentis ad sufficien-
tiam, immò ad supernorum civium gloriam, Stephanum
præfecit et procuravit capellanum. Sic sic ejusdem loci mariscum, multiplicibus Idræ capitibus amputatis, Herculinâ
calliditate desiccavit.

CAP. LXXIX. *Quomodò nati sunt Ægidius et Sigerus, Adelina et Margareta*[3]
et Mathildis, et quibus conjugibus matrimonio copulati.

Intereà, sub ejusdem ferè temporis decursu, venerabilis
matrona Ghisnensis Comitissa Christiana concepit et peperit

---

[1] P. incitavit. — [2] D. A. inferioris. — [3] Br. B. Margarita.

et enfanta ung filz nommé Gilles, premierement homme de lettre, et deppuis print l'estat de chevallerie ; lequel espousa la fille d'ung noble et saige chevallier nommé Eustache, sieur du Mont Gardin, nommée Chrestienne. Eult encores la dicte dame ung aultre fils appellé Siger, qui espousa Allix, fille d'ung noble homme nommé Henry de Seltun aupres de Memerin, jadis construicte et ediffiée par les paiens qui luy imposerent ce nom, pour faire separation de leurs terres. Sy enfanta pareillement la dicte dame ungne aultre fille nommée Andeline, aliée en premieres nopces à Bauduin d'Engoudehen, dit de Marquise, aultrement surnommé de Caïeu, et deppuis à ung tres vaillant chevallier, nomme Hues de Malennoy. Plus eust ladicte contesse et dame deulx aultres filles, l'une appellée Margueritte, mariée à Rambold de Rume, et l'aultre nommée Mehault, alliée à Guillaume, filz d'Arembold de Thiembronne, laquelle morut sans lignée procréée d'elle.

CH. LXXX. *De la science dudict conte Bauduin.*

Ledict conte Bauduin tres curieulx d'apprendre et scavoir touttes choses voulut gouter de touttes sciences; et posé qu'il ne fust homme de lettre, mais pour luy toutesfois luy qui estoit d'une merveilleuse et indicible capacité d'engin, instruit et nourry de toutte science et philosophie naturelle, ignorant néantmoins les arts liberaulx, aulcunes fois et tres souvent sans pouvoir retenir ne refrener sa langue, disputoit contre les docteurs et maistres en ars, en usant de propos et termes de artiste. Et pour ce qu'il escoutoit voluntiers la saincte escripture, il prenoit plaisir à entendre les propheties, histoires divines et doctrines evangelicques, non pas seullement au sens littéral, mais les entendoit clerement selon le sens misticq : au moien de quoy il avoit en grande reverence et affection gens clercqs, desquels il apprehendoit la parolle divine ; et quant à luy, leur communicquoit et declaroit en ce lieu les joieusetez qu'il avoit ouy en fables et histoires des pouettes. Et advenoit souvent que ce conte et seigneur qui curieusement tenoit en sa memoire ce qu'il avoit ouy, estoit tellement enseingné et instruict que ès argumens que fais luy estoient, il respondoit promptement

Ægidium (129), priùs quidem litteratum, posteà militem, qui nobilis viri et prudentissimi Eustacii de Mongardinio filiam Christianam duxit uxorem : deinde Sigerum, qui similiter nobilis viri Henrici de Seltunio (130) juxta [1] turrim Celtim, in divisionem terrarum undè nomen accepit à gentilibus [2] olim constructam, filiam Adelidem duxit in uxorem. Peperit etiam Adelinam Balduino de Engoudeshem [3] vel de [4] Markisio, de Caiocho [5] tamen nominato, priùs desponsatam uxorem, posteà verò militum strenuissimo Hugoni de malo (131) sive molli [6] Alneto : Margaretam quoque Rabodoni de Rumis [7] desponsatam uxorem : et Mathildem Willelmo filio Claremboldi de Timboniâ (132) [8] traditam uxorem, quæ sine corporis hærede vitam finivit.

CAP. LXXX. *De sapientiâ Comitis Balduini.*

Comes autem studiosissimus omnium indagator, nullius sapientiæ Minervam intactam reliquit; et licèt omnino laïcus esset et illiteratus, (o ineffabilem [9] et miræ capacitatis et ingenii virum, et cujuslibet philosophiæ alumnum et filium eruditissimum!) liberalium tamen, ut jam diximus, omninò ignarus artium, liberalibus sæpe et sæpiùs usus instrumentis, non refrænans linguam suam aut cohibens, contra artium doctores disputabat. Et quoniam [10] theologicæ scripturæ non surdus erat auditor, prophetarum oracula et historiarum divinarum et evangelicæ doctrinæ non solum superficiem, sed et mysticam virtutem, patulo capessebat et avertebat [11] (133) auditu. Unde et clericos miro venerabatur affectu. Ab illis

---

[1] V. L. juxta Memerim. — [2] A. Br. O. D. gentibus. — [3] P. Engondesem.

[4] L. Marcisio. — [5] P. cathro. — [6] P. mali alceto. D. mali alneto.

[7] V. L. Ruinis. O. Ruimis. Br. Rimis.

[8] D. Clarembaldi de Timbroniâ. O. Br. de Tiembroniâ.

[9] D. ineffabilis. — [10] A. D. Et qui.

[11] *Sic mss et L. Sed legendum*, advertebat.

comme clercq et homme de lettre; et sy provocquoit les aultres à luy replicquer et respondre. Et parce qu'il estoit endoctriné des clercqs plus avant qu'il n'appartenoit en beaucoup d'endrois, non sans cause les contrarioit et arguoit en biaucoup de passaiges; et en cest estat souvent les angarioit. Au moien de quoy et de la faconde qui estoit en luy moult apparente, les avoit en derrision; à celle fin toutesfois que la disputation finie il les eut en plus grant honneur et munificence. Dont plusieurs qui le oyoient en ses argumens et responces, par grande admiration disoient de luy tels motz; « quel homme est ce icy? il est digne de louenge, car il dict choses « merveilleuses. Comment peult il avoir congnoissance de la lettre « laquelle il n'a jamais aprins? » Et au moien de ce avoit tousjours aveucques luy clercqs et gens savans, lesquels il interrogeoit souvent, et sy les escoutoit dilligemment.

CH. LXXXI. *Comment le conte Bauduin fist translater plusieurs livres.*

Et pour ce que le dict conte Bauduin, par un vouloir de concupissence entreprenoit la congnoissance de toutte science, et que de tout ne povoit avoir mémoire, il fist translater de latin en langaige maternel, luy estant seigneur d'Ardre, par un tres saige homme maistre Landericq de Waben, le livre de Canticques, affin d'en avoir l'intelligence et interpretation, non pas seullement au sens litteral, mais au sens misticque; et tres souvent les faisoit lire devant luy aveucques Evangilles, mesmes celles des dimenches, et les sermons à ce convenables. Sy leut aussy dilligemment la vie de Monsr sainct Anthoine relligieux, que avoit curieusement redigié et translaté ung nommé Anfroy. Fist pareillement translater de latin en langue à luy cogneue par ung homme tres entendu nommé maistre Godefroi, tres grande partie de la phisicque. Luy fit aussy, lui present, et leut le livre de Solin faisant mention de la nature et propriété des choses en termes de phisicque et philosophie; lequel livre l'on ne peult ignorer avoir esté laborieuse-

enim divinum accepit eloquium ; et eis, quas à fabulatoribus accepit gentilium nænias, vicario modo communicavit et impartivit[1]. Sicque plerumque fiebat, ut à suis eruditoribus in quæstiunculis[2] diligentissimus auditorum conservator Comes instructus et eruditus, quasi litteratus suis adprimè respondebat, et alios[3] ad respondendum provocabat. Et meritò à clericis ultra quàm[4] necesse erat in multis edoctus, clericis in multis obviabat et contradicebat. Sic autem eos plerumque provocabat, et miræ calliditatis (quâ in multis eminebat) eloquentiâ ludificabat, ut tamen eos post disputationis altercationem mirâ veneraretur honoris magnificentiâ. Unde et multi eum audientes, et super objectionibus et responsis ejus in admirationem prorumpentes, sæpe de eo dixerunt : « Quis « est hic? et laudabimus eum ; dicit enim mirabilia. Sed « quomodò scit litteras cùm non didicerit? » Propter hoc secum clericos et magistros retinebat, et eos in multis interrogabat et diligenter eos audiebat.

CAP. LXXXI. *Quomodò translatari[5] fecit multos libros.*

Sed cùm omnem omnium scientiam avidissimè amplecteretur, et omnem omnium scientiam corde tenùs retinere nequivisset[6], virum eruditissimum magistrum Landericum de Walbanio[7], dum Ardensis honoris præesset Comes dominio, Cantica canticorum, non solùm ad litteram, sed ad mysticam spiritualis interpretationis intelligentiam, de Latino in Romanum, ut eorum mysticam virtutem saperet et intelligeret, transferre sibi et sæpiùs ante se legere fecit. Evangelia quoque plurima et maximè dominicalia cum sermonibus convenientibus, vitam quoque sancti Anthonii (134) monachi à quodam Alfrido[8] diligenter interpretatam, diligenter didicit : maximam quoque physicæ artis partem à viro eruditissimo

---

[1] A. B. impertivit. — [2] P. quæstiunculas. — [3] P. alias.
[4] P. quæ. — [5] P. A. D. transferre. — [6] P. Br. D. nequisset.
[7] V. Wabanio. O. Walhanio. A. Br. D. Wallanio. — [8] P. D. A. Alfrio.

ment et par grant soing translaté de latin en langaige maternel et à la verité , par ung venerable pere natif du pais de Guisnes , nommé maistre Simon de Boulongne, affin de captiver et gaingnier, mesmes d'estre entretenu en la grace dudict conte Bauduin qu'il avoit de long temps acquise. Semblablement fist le dict sieur escrire et acoustrer plusieurs livres d'eglise necessaires pour le service et louenge de Dieu ; lesquels il fist mettre et poser en divers lieulx en ses chapelles et oratoires. Acheta aussi et donna unes orgues au monastere de Guisnes, affin de les exciter et emouvoir au service divin.

Que peult on plus dire ? Il estoit si bien guerny de livres, que en théologie on l'eust équiparé à sainct Augustin , en philosophie à sainct Denis d'Athenes , ès choses poeticques à Thales Milèsius ; en faceties et choses plaisantes , comme jeux et farces qui se font ès lieux publicqs et sur eschaffaulx portatifs de lieu à l'aultre, c'estoit le paragon. Et sy est chose certaine que luy, comme dict est dessus pour luy, forma tellement ung nommé Hasart de Aldehen qui estoit aussi homme lay de sa sorte, qu'il le rendit clercq et expérimenté en la lettre ; en sorte que le dict Hasart qui avoit toutte l'entremise et charge de la librairie de ce dict conte, leut et entendit si avant tous les livres reposans en icelle ; les translata de latin en langaige du pais. Que reste il plus ? Par le commandement du dict sieur et conte, luy estant sieur d'Ardre, apres qu'il eust faict ediffier la halle qui est le lieu où se tiennent les plais et se vendent les marchandises, et le faict couvrir de plomb, ung nommé maistre Gautier le Sillent traicta et composa ung livre, lequel à la consonance de son surnom il nomma le livre de Silence; pour raison de quoy le dict sieur luy donna habillemens et chevaulx, aveucq plusieurs aultres dons et remunérations.

magistro Godefrido [1] de Latino in sibi notam linguam Romanam translatam accepit. Solinum (135) autem de naturis rerum non minus physicè quam philosophicè proloquentem [2], quis nesciat à venerabili patre magistro Simone de Boloniâ (136), studiosissimâ laboris diligentiâ de Latino in sibi notissimam Romanitatis linguam fidâ interpretatione translatum, et ut ejus captaret et lucrifaceret, immò dudum sibi comparatam refocillaret gratiam, ei præsentatum et publicè recitatum? Sic sic divinos ei libros et in ecclesiâ ad Dei venerationem et cultum necessarios scribi fecit et parari et in capellis suis hic illic collocari. Unde etiam organica musicæ artis instrumenta ad divini cultûs excitationem et delectationem apud Ghisnas sanctimonialibus contulit et comparavit.

Quid plura? tot et tantorum ditatus est copiâ librorum, ut Augustinum in theologiâ, Areopagitam Dionysium (137) in philosophiâ, Millesium [3] Thalem [4] fabularium (138) in næniis gentilium, in cantilenis [5] gestoriis, sive in eventuris nobilium, sive etiam in fabellis ignobilium joculatores quosque nominatissimos, æquiparare putaretur. Quis autem nisi expertum et auditum crederet Hasardum de Aldehem [6], omnino laïcum, ab ipso simili modo omnino laïco litteras didicisse et litteratum factum? Ipse enim quem jam diximus Hasardus, totam Comitis bibliothecam retinens et custodiens, omnes ejus libros de Latino in Romanam linguam interpretatos et legit et intelligit [7]. Quid ampliùs? Ipso quoque præceptore et monitore, magister Walterus *Silens* sive *Silenticus* [8] nominatus, dum Ardeæ dominaretur et in Ardeâ forum causarum et mercatorum Ghilleolam [9] nuper ædificâsset, et plumbeo tabulatu [10] contexisset, librum quem ab agnominatione suæ proprietatis Silentium sive romanum de Silentio nominavit, tractavit, composuit, et exornavit : pro quo ei Comes equos et vestes et multa contulit remunerationis munuscula.

---

[1] L. Gothofredo. — [2] P. D. A. Br. perloquentem. — [3] Br. Milesium.
[4] P. Tallem. V. Talem. — [5] A. Br. D. P. historiis.
[6] L. Alheden. Br. Aldehedem. — [7] Br. intellexit.
[8] D. P. Silens Sileaticus. L. Silentius. — [9] Gillerlam. — [10] B. Br. tabulato.

CH. LXXXII. *Comment le conte Bauduin delivra des mains de Regnault de Dompmartin , Gilles de Hazebreucq.*

Cestuy conte Bauduin de Guisnes , par puissance d'armes delivra de la ville de Staples et reduisy en sa main [1] Gilles de Hasebreucq , gouverneur de Boulenois pour Bauduin, duc de Lorraine, à ce commis et depputé du vouloir et consentement de Philippes, conte de Flandres; voulsist ou non Regnault de Dompmartin , lequel au desceu du dict Bauduin , duc de Lorraine , avoit usurpé sur luy le pais et conté de Boullongne. Et combien que le dict Regnault fust tousjours en aguet et prest de mollester le dict conte Bauduin de Guisnes , toutesfois quant il estoit question du faict et entreprinse dessus dicts, icelluy Regnault en jurant quelque grand serment disoit et affermoit que jamais n'avoit veu ung hommelet de sy grant prouesse, vertu ne vaillansse, que le dict conte Bauduin. Et posé que en parlant de ce propos arrogant et fier le dict Regnault usast par detraction de ce nom diminutif, en l'appelant hommelet, neanlmoins il ne celoit la grande vertu et hardiesse qui estoit en luy; et de ce adverti ce tres prudent et saige conte de Guisnes , il ne s'en esmeult ne couroussa , oncques ne dict ne profera villaine parolle, mais selon un dict moral disoit qu'il estoit convenable et decent d'estre aulcunes fois corrigié et redargué ou prisié et estimé de son ennemy.

CH. LXXXIII. *De la fortiffication et description du lieu de Sangatte.*

C'est chose veritable , que l'on ne peult ignorer , que Bauduin conte de Guisnes fist jadis ediffier au lieu de Sangatte une moult haulte tour et place de guerre environnée de fossez et munie de bollevers et aultres fortiflications, plus odieuse que plaisante aulx ennemis. Et pour donner à congnoistre à ceulx qui en orront parler et qui ne scavent la scituation du lieu, adfin que de ce ils aient plus parfaicte congnoissance et l'aient en meilleur affection , quoy

---

[1] *Contre-sens. Lisez :* Et ramena chez lui.

CAP. LXXXII. *Quomodò Ægidium de Hazebroc de manu Reinaldi Boloniensis Comitis liberavit.*

Ægidium quoque de Hazebroc[1], qui Boloniensibus sub duce Lothariæ Balduino (139) in voluntate et consilio venerandi Comitis Flandriæ Philippi præfectus erat, à Stapullis, vellet nollet de Dominio Martini Reinaldus (140), qui ignorante jam dicto Lothariæ Duce Balduino Comitatum Boloniæ sibi nuper usurpavit, in manu forti liberavit et abduxit, et in sua reduxit. Quà in re Reinaldus, licèt ei et suis semper insidiosus extitisset et infestus, de eo sub[2] ejus memorandæ actionis articulo linguà veritatis et magnificà, caput Dei juramento contestans, asseruit : quòd nunquàm tantæ probitatis et virtuosæ magnanimitatis usquàm oculis prospexerit homunculum[3]. In cujus superbià dicti, licèt nomine diminutivo[4] usus sit detractoriè, non obticuit in eo probitatem magnificentiæ. Quod accipiens Comitum prudentissimus, non in iram concitatus est aut turpiloquium ; sed hanc moralitatis sententiam protulit, et dixit :

Sæpiùs audivi quòd fas sit ab hoste doceri (141) ;
Fas commendari, fas est et ab hoste probari.

CAP. LXXXIII. *Firmatio Sangatæ, et ejus descriptio.* (142)

Armiferam autem turrim et cœlo contiguam quis nesciat apud Sangatam ab eodem Comite Balduino firmatam, et fossatis circumcinctam, et ericiis[5] et propugnaculis munitam, et hostibus magis invisam quam expositam ? Ut autem locus Sangaticus ab aliquibus nuper audientibus et loci situm ignorantibus notioris nominis et ob hoc majoris habeatur auctori-

---

[1] Br. Hazebrouc. L. V. Hasebroech. — [2] P. D. sub eo.
[3] V. L. homiculum. — [4] A. D. diminuto. — [5] B. ædificiis.

qu'en aient voulu dire et murmurer ceulx de Wissant et de Calais,
j'ay bien voulu icy declarer que c'est dudict lieu de Sangatte.

Or est ainsy doncques que d'ancienneté, sur la rive de la mer à
l'endroit de la coste d'Engleterre joingnant de la seigneurie de Scalles
appartenant aulx relligieux de S. Bertin, assés près d'ung bois
nommé le Bois Gaultier, environ le my chemin des ports de Wissant
et Calais, y avoit ung lieu plain de sablon et gravois, où jadis le
flot de la mer, par la violence et impulsion de son cours naturel,
passa tout au travers des dunes et dicques pesantes et sablonneuses
et se espandit jusques à la terre ferme, où se fist ung havre en forme
de lac, procedant d'eaue de source, auquel les navires reposoient
en seureté. Et à l'occasion de ce que en icelluy l'eaue estoit si très
fort agitté de tous costez, entre les dunes et l'extremité des terres
fermes de *fluminacas oras*, et que naturellement ne povoit avoir
passaige en la mer, elle demoura en ce lieu, et fist une mare et
estancq sy tres parfont, que ceulx du pais croient que ce fut ung
gouffre de payens et infidelles, et que ainsy se deust nommer de
sa nature. Mais ce que après la breche faicte en la dune et dicq
dessus dicte par l'impetueux cours de l'eaue eust été remparée et
emplie, au moien de l'affluence continuelle du gravier que les vens
ont souflé, et que le flus de la mer, qui sans cesse flue et reflue,
a tellement esmeu et regetté le sablon qui de sa nature est legier et
vaghe, qu'il a substraict et osté audict havre la conduicte dudict
flus, ceste mare et estang ont esté du tout distinghez et separez
de la mer. Et pour ce que la dicte dune fut jadis comme dict est
brisée et rompue par les dicts flots de la mer, les habitans du
quartier ont imposé à ce lieu nom en latin *Arenæ foramen*,
qui est à dire selon la langue du pais, *Sangate*, en comprenant
soubz ce mesme nom aveucques la ville, la mare et estancq dessus
dicts.

Et ainsy ce mananime et très estimé conte Bauduin a faict
d'une place incongneue et sans nom ung lieu très renommé. Et
combien que le conte Arnoul, pere audict Bauduin, n'eust jamais, au lieu dessus dict, pour la cause que dessus appellé Sangatte, maison ne lieu convenable à son estat pour y faire residence et demeure, touttesfois ledict conte Bauduin, contre le

tatis, ejusdem loci, Witsandicis el Calaisiticis nobis immò
loco in hâc parte immurmurantibus, descriptionem ponimus.

Fuit igitur ab antiquo locus quidam arenosus[1], Britannici
Oceani littori contiguus, juxta Scalas Bertiniacas nec longè à
Walteri[2] saltu, inter Witsandicum portum et Calaisiticum
ferè medius, ubi quondam per medium dunarum sive are-
nosæ molis dorsum, æstus quodam naturali suo impulsu et
violentiâ ad solidam usque irrumpens terram, subterfluentis
in modum lacûs portum fecit, et securissimâ naves in sta-
tione recepit. Ubi cùm inter dunas et fluxæ soliditatis[4] oras
hinc illinc[5] sæpiùs impulsa liberum non habens in mare
meatum stagnaret aqua, inter dunas et terram solidam mariscum fecit profundissimum; ita ut ab indigenis gentilium
puteus putaretur, et ejusdem appellationis nominaretur proprietate. Sed cùm posteà Thetios unda, vagæ objectu arenæ
fluctuantis æstu maris coadunatæ[6], fluctivagantis salsuginem
maris jam dicto portui invideret et subtraheret, dunarum
dorso aquarum impetu priùs erupto[7] assiduâ nunc arenæ
ventilatione in molem conglutinato et consolidato, seclusus
est mariscus ab Oceano. Undè, quoniam maris æstus (sicuti
jam diximus) dunarum ibidem penetravit et perforavit are-
nam, loco jam dicto arenoso *arenæ foramen*, vulgò autem
Sant-gatam, indigenæ nomen indiderunt; mariscum quoque
sub ejusdem appellationis proprietate nomineravunt et villam.

Hunc ergo sine nomine quandoque locum nominatissimum
fecit magnanimus et magni nominis Comes Balduinus. Cùm

---

[1] P. arduosus. D. arcuosus. — [2] Br. Walberti. — [3] P. arduosæ.
[4] D. fluvii solidatas. V. ffiniacas soliditatis. L. fluvii soliditatis.
[5] Br. et hinc inde. — [6] L. coadunante. — [7] P. dempto.

gré de Regnault, conte de Boulongne, et de tous les Boulisiens, pareillement de ceulx de Wisant et de Calaiz, et nonobstant le murmure du peuple de Mercq, construit et erigea en ce mesme lieu, deppuis les bas fondemens jusques en hault, un chastiau et moult belle tour; laquelle estoit si tres bien munie de fortiffications et aultres choses servans à la guerre, qu'elle avoit aultant d'anemis que en icelle i avoit de pierres. En telle maniere que si Troie la grant, selon la qualité du lieu et l'exigence de son cas, eust esté ainsi munie de gens de guerre, et que l'on n'y eust plaint la mise, la gloire des Troiens dureroit encores et n'eust esté destruicte par le moien d'ung cheval : si n'eust esté le regne de Priame ne son palais ainsy confonduz, et n'eussent encores triumphé les Grecqs pour raison de leur victoire contre les Troiens.

CH. LXXXIV. *Comment Regnault conte de Boullongne contendit de faire forteresse à Ostruicq.*

Et lorsque Regnault, conte de Boulongne, vist ceste tour de Sangatte ediffiée, et que le conte de Guisnes Bauduin et ses gendarmes y tenoient garnison, et en icelle triumphoient en faisant bancquets et bonnes chieres plus qu'en aultre lieu, et qu'ils n'avoient acoustumez; il en fut envieulx et desplaisant. Luy esmeu de collere, craindant qu'il n'en print mal à son pais et à luy, par l'advis de tous ceulx de sa terre que à ceste cause il assembla, fist commencer à pionner et besoingnier en ung lieu nommé Ostruicq, joignant du terroir de (*aquas oras*) au plus près de la dicte forteresse de Sangatte, à intention d'y faire ung chastiau pour ruiner et destruire le fort dudict lieu de Sangatte; et en ensieuvant ce commenchement, à besoingnier pionniers, chartiers, hotiers, fossoieurs et aultres manieres d'ouvriers et gens entenduz en faict de fortiffication, assistez de gens d'armes et des principaulx de tout le pais, lesquels à leur pouvoir erigerent et firent une motte de

enim pater ejus, Comes videlicet Arnoldus, in villà quæ
causâ jam dictà Sangata dicitur, habitationis vix haberet dó-
micilium, ubi salvo honore et dignitatis reverentià caput re-
clinaret, memorandæ[1] memoriæ Comes Balduinus in eodem
marisco, invito Boloniæ Comite Reinaldo et Boloniensibus
hincinde Witsandicis et Calaisiticis simul et omnibus Mercuritici territorii populis grunnientibus[2], firmissimum fixit et
firmavit castellum, et gloriosam turrim ab abysso terræ in
aerem suspendit. Hæc autem turris propugnaculis et machinamentis bellicis munitissima quot habet lapides tot habet
hostes[3]. Undè et Trojanum Ylium, si pro quantitate regni et
negotii tot et tantis viris armiferis cum sufficientibus munitum
fuisset expensis[4] quot et quantis Sangatica turris, staret
adhuc in glorià,

> Gloria Trojugenum nec equo decepta fuisset,

nec palatium Priami nec regnum corruisset, nec adhuc Græci
devictis Phrygiis diem exultassent victoriosum[5].

CAP. LXXXIV. *Quomodò Comes Boloniensis Reinaldus apud Ostrowicum
firmitatem facere voluit.*

Enimverò cùm Boloniensis Comes Reinaldus Sangaticam
turrim ædificari, et Ghisnensem Comitem Balduinum militibus et armis deliciosis epulis et conviviis in eà frequenter
exultare et insolito more gloriari videret et invideret, sibi
non minùs quàm terræ suæ metuens, omnem accendit iram
et indignationem, et coadunatis universæ terræ suæ militibus
et populis apud Ostrowicum juxta Sliviacas[6] oras, secus Sangaticam firmitatem, ut nomen et firmitatem Sangatæ destrue-
ret et deleret, in constructionem, si quo modo posset, castelli fodere cœpit et firmare. Hic ergo fossarii, ligonistæ,

---

[1] P. V. B. memoratæ. — [2] O. L. gannientibus.
[3] V. P. O. B. tot hostes. — [4] A. experimentis.
[5] Br. victoriosissimum. D. A. victoriosissimi.
[6] V. fliviacas. L. fluviacas. A. D. flamiacas.

terre, et à l'environ d'icelle ung fossé pour la tuission et deffense
du lieu. Et ce voiant ceulx de Guisnes et de Sangatte, qui sont
gens puissans et belliqueux, se monstrerent mal contens et eurent
le cœur gros : et sur le bruit qu'ilz en firent, leurs archiers et ar-
balestriers desserrerent flesches mortelles, et ruerent sur eulx
pierres à grant forche. Ensorte que les ouvriers de leurs parties
adverses tous effroiez et esmeuz, aveucques ceulx qui les assistoient
se mirent en fuitte. Que ne fut pas sans grande effusion de sang;
et à leur honte et confusion laisserent l'œuvre imparfaict, ainsy
que l'on poeult encores veoir à present.

Et de ce que dict est de la scituation de Sangatte, est affin que
si par antiquité l'ediffice et fondemens d'icelluy sont annihilez, la
memoire n'en soit pour ce perdue, mais dure à perpetuité.

CH. LXXXV. *Comment Chrestienne contesse de Guisnes mourut*
et fut inhumée à Ardre.

L'an révolu du decez de Monsr Arnoul de Colvede, seigneur
d'Ardre, et de noble dame madame Andeline, sa femme, le conte Bauduin qui lors estoit au païs d'Engleterre pour ses affaires, eust nouvelles et fust adverti par ses messaigiers, que madame Chrestienne,
contesse de Guisnes, sa femme, lors estant en couche, comme ont
acoustumé femmes qui de nouveau sont delivrées d'enfant, estoit
tombée en une tres griefve malladie et en dangier de mort. Et à
difficulté eust espace à retourner en la ville d'Ardre où elle estoit.
Car maistres Hermant et Gaudefroy ses medecins l'avoient haban-
donnée et n'avoient aulcun espoir en sa vie; mesmes avoient desja
donné à congnoistre audict conte son mary qu'il la gardast et con-
solast, et que de brief il auroit pour elle matiere de deul et d'ennuy;
et que plus est, ne luy pouvoient prouffiter droghes ny espices
aromaticques, mais plustost luy advancher la mort. Finablement
mourut la bonne dame et contesse Chrestienne en l'an de l'Incarnation de Nostre Seigneur mil cent et lxxvii, le 6^e nonne de
juillet. Et de l'accort et consentement des relligieux d'Andre fust

oneratores, et bucharii, aliique firmitatis et fossati operatores et magistri, circumstantibus[4] principibus et universæ terræ
militibus, operantur, et terram quantùm possunt in aggerem
elevant, et fossatum in aggeris munitionem fodiunt atque
firmant. Quod videntes Ghisnenses et Sangatici, viri fortes et
bellicosi, præ indignatione intumuerunt[2], et exclamantes
eorum balistarii[3] mortiferos pluunt in eos quadrillos et sa-
gittas, adeò ut expergefacti et conterriti adversariorum et
adversæ partis operarii, principibus et militibus in fugam
conversis, non sine multâ sanguinis effusione opus relin-
quentes (uti usque hodie patet) imperfectum, turpiter ab-
scesserunt.

Hæc de situ Sangatæ et ejus firmitate nostræ sedulitatis
paravit opera, nequando vetustatis situs Sangaticæ funda-
tionis primordia à perennitatis deleat et abstergat memoriâ.

CAP. LXXXV. *Quomodò Comitissa Christiana mortua est*
et Ardeæ sepulta

Mortuo autem Ardensium domino Arnoldo de Colvidà et
nobili ejus uxore Adelinâ, unius anni revoluto cursu, Ghisnensis Comitissa Christiana, cùm in lectulo ægritudinis, sicuti mos est[4] parturientis, postquàm ultimò·peperit, accu-
baret[5], et vir ejus Comes Balduinus in Angliâ in disponendis
rebus suis moram faceret; acceptis et auditis nuntiis gravissimam usque ad mortem ægrotantis Comitissæ infirmitatem
nuntiantibus, vix ad ipsam ubi Ardeæ jacebat pervenit Comes, cum physici et magistri ejus, Heremannus videlicet et
Godefridus, de vitâ ejus desperantes eam Comiti servandam
et consolandam, immò in proximo lugendam atque plangen-
dam, reliquerunt. Quo drasticis[6] ergo (143) medicamentis

---

[4] Br. circumfluentibus.

[2] O. infremuerunt. — [3] V. balistarii. P. bastillarii.

[4] A. D. parturientium. — [5] L. occubaret.

[6] P. A. B. Br. O. D. quòd nasticis. L. quòd plasticis.

son corps, à la requeste de ceulx de la ville d'Ardre, honorablement inhumé en l'eglise d'Ardre aveucques ses predecesseurs, au-dessoubs de ceste venerable dame et matrosne madame Andeline sa mere, à cause qu'elle estoit native de ce lieu et y avoit finé ses jours. Et fut son enterrement et obseque celebré en chant de lar-mes par reverend pere Gonsal, abbé de S. Bertin; Alger, abbé de la Chapelle; Pierre, abbé d'Andrene; Robert, abbé de Licques; en la presence de grant nombre de gens d'Eglise et seculiers; et en memoire de ce ont esté faicts les vers qui ensuivent :

> Ibi ergo memores luctus omnium et planctus [1].
> Hinc Comes, hinc nati, natæque, equitesque propinqui
> Lamentantur eam ; resonat clamoribus æther.
> Quippe manus manibus contundunt, ora cruentant,
> Et clamant dominam. Miseris ululatibus instant
> Ardenses miseri, solique piacula luctus
> Uberiora ferunt, imbrescunt fletibus ora.
> Nam quantò propiùs succenditur ignis amoris,
> Hoc magis, hic major miseros dolor urget abundè.

Et après que la noble dame Chrestienne, contesse de Guisnes, fut inhumée et sa tombe couverte d'une lame de marbre, l'auc-teur de ceste histoire escrivit sur icelle, par forme d'epitaphe, les vers qui s'ensuivent :

> Hic Comitissa jacet, florenti stirpe creata,
> Parque viro sociata pari, Christina vocata.
> Julius in sexto nonarum mense notetur,
> Sicque dies obitùs in secula longa scietur.
> Annus millenus centenus septuagenus
> Septimus à Christo stat in ejus funere plenus.

---

[1] Cette première ligne n'est pas un vers. On voit du reste que le traducteur ne se donne pas la peine de traduire les vers.

nil [1] ei proficientibus, sed et eam ad mortem provocantibus, ah! mortua est christianissima Ghisnensis Comitissa Christiana, dominicæ Incarnationis anno MCLXXVII, vj° nonas julii (144), et ad pedes matris suæ venerabilis matronæ Adelinæ, Ardeæ, eo quòd in Ardeà nata fuerit et demum in morte resoluta, Andrensis Ecclesiæ monachis ad petitionem Ardensium acquiescentibus et consentientibus, in macerie templi apposita est ad patres suos, et honorificè sepulta; præsentibus et funebrem cantilenam cum lacrymis celebrantibus venerabilibus abbatibus : Godescalco [2] S. Bertini, Algero (145) B. Mariæ de Capellà, Petro Andrensi (146), Roberto Liskensi, et aliis presbyteris [3] clericis et laicis innumeris. Ibi ergo mœror [4] omnium et luctus et planctus.

> Hinc Comes, hinc nati, natæque, equitesque propinqui
> Lamentantur eam ; resonat clamoribus æther [5].
> Quippe manus manibus contundunt [6], ora cruentant,
> Et clamant dominam [7]. Miseris ululatibus instant
> Ardenses miseri, solique piacula luctus
> Uberiora fremunt [8], imbrescunt fletibus ora.
> Nam quantò propiùs [9] succenditur ignis amoris [10],
> Hoc magis, hic major miseros dolor urget alumnæ.

Sepultà igitur nobili matronà Ghisnensi [11] Comitissà Christanà, et laminà marmoreà honorificè contectà, hos versus pro epitaphio in macerie super eam scripsimus :

> Hic Comitissa jacet, florenti stirpe creata,
> Parque viro sociata pari, Christiana vocata.
> Julius in sexto nonarum mense notetur,
> Sicque dies obitùs in sæcula longa scietur.
> Annus millenus centenus septuagenus
> Septimus à Christo stat in ejus funere plenus.

---

[1] L. vel. — [2] P. A. Br. D. Godescalo. — [3] L. pluribus.
[4] V. L. P. memor. — [5] Æneid. V, 228. — [6] L. V. P. contendunt.
[7] L. dominum. — [8] V. P. L. ferunt. — [9] Br. proprius.
[10] P. D. amorum. — [11] L. nobilis matrona Ghisnensis.

CH. LXXXVI. *Comment le conte Bauduin pour l'ennuy qu'il eult de la mort de sa femme tomba en griefve maladie, et deppuis recouvra santé.*

Le dict conte Bauduin, qui ne se pouvoit consoller de la mort de sa femme que tant avoit aimée, tomba en une malladie dolloreuse qui lui continua assez longuement. Et au moien de sa grande douleur et passion fut tellement aliené de sens, que longue espace de temps il perdit congnoissance, et n'eust sceu discerner entre le bien et le mal, ne separer les vices des vertus. A ceste cause mestre Herman et Gaudefroy ne permettoient que aulcun eust accez à luy, sauf Guillaume de Peennes et Guillaume de Colvede, aveucques peu d'aultres qui luy estoient propices en sa malladie. A l'occasion de quoy se prindrent à gemir tous ceulx de sa maison et tout le peuple loins et près, tellement que la douleur que chascun avoit eu de la mort de la dicte dame et contesse sa femme fut renouvellée à gens de tous estats, veu l'horrible et miserable malladie dudict conte et seigneur. Finablement Nostre Seigneur Dieu meu des prieres de son peuple et voiant son humilité, estendit sa misericorde et donna santé et salut audict sieur et conte son bon serviteur; lequel par ce moien retourna en convalescence. Et comme l'aigle qui recoeuvre naturellement l'estat de jonesse, le dict conte Bauduin imprima de nouveau en son esprit la congnoissance de Dieu et de son Eglise, et devint si charitable et cordial à un chascun, mesmes à ses serviteurs et domesticques, que en tous cas pitoiables il entendoit aulx pouvres orphelins et les consolloit benignement. Sy estoit protecteur des vefves et les secouroit à l'encontre de ceulx qui les mollestoient, et s'il scavoit aulcuns gentishommes orphelins destituez de l'aide de leurs parens et amis, et qui par la prodigalité d'eulx ou de leurs predecesseurs estoient privez de leur bien, sy avant qu'il povoit, par grant soing et œuvre de charité, les restituoit et remettoit en leur heritage : en retournoit [1] plusieurs de sa maison lesquels il advanceoit en honneur et trouvoit moien de les marier honorablement, et les extoller en honneur et richesse.

---

[1] *Lisez :* retenoit.

CAP. LXXXVI. *Quomodò Comes Balduinus præ dolore de morte uxoris suæ concepto in gravissimam incidit [1] ægritudinem, et quomodò convaluit.*

Comes autem Balduinus de sibi amantissimæ uxoris morte nullam admittens consolationem, in lectum ægritudinis immoderatæ per multos dies incidit, et præ nimio dolore et infirmitate sic mente consternatus fuisse dicitur, ut nec seipsum nec alios per multos [2] dies agnosceret, sed nec bonum à malo nec honestum ab inhonesto distingueret aut discerneret. Undè et physici ejus Heremannus et Godefridus neminem ad ipsum accedere permittebant, nisi Willelmum de Podonià [3] et Willelmum de Colvidà, et paucos alios ei in infirmitate suà obsequentes. Fleverunt igitur sui milites, et populi vicini et remoti, et dolor omnium pro morte Comitissæ habitus, in miserabili Comitis ægritudine omnibus renovatus est. Tandem Dominus precibus populi sui pulsatus, et humilitatem ejus respiciens, Comiti, immò servo suo, suam ostendit manum [4], et salutare suum ei concessit et sanitatem.

Convaluit igitur Comes de infirmitate, et renovatus est sicut aquila spiritu mentis suæ in agnitionem [5] (146) corporis Christi et Ecclesiæ. Concaluit [6] ergo cor ejus erga omnes, maximè autem erga domesticos, penès innumera pietatis opera. Factus est enim orphanorum piissimus auditor [7] et consolator, viduarum contra adversarios propitius defensor; porrò et nobilium orphanos à parentibus desolatos et orbatos, et in prodigalitate eorum vel parentum à suis plerùmque hæreditatibus et possessionibus destitutos, quantàcumque potuit sedulitate et caritate in suas hæreditates revocavit et reformavit. Quorum etiam multos penès se detinuit, et honoravit, et exaltavit, et matrimonio legitimo in divitiis et honoribus magnis uxoribus copulavit.

---

[1] P. V. L. accidit. — [2] D. aliquos. — [3] Br. Pondouia. D. Dodonià. [4] L. misericordiam. — [5] B. agnitione. — [6] V. P. convaluit. [7] Br. adjutor.

Que reste-t-il plus ? chascun estoit de luy traictié et receu libe-
ralement ; et faisoit chiere large et joieuse aulx ducs, chevalliers,
bourgeois, archevesques , evesques, archediacres, abbez, prieurs,
prevostz, archeprestres, prestres, chanoines, clers et gens d'Eglise
de quelque estat ou condition qu'ils fussent, prenans leur chemin
et passans par son pais. Et adfin que ce soit chose plus facile à
croire, et que par l'histoire veritable le faict fut approuvé, fauldra
declarer la forme comment et de quelle chiere joieuse et liberalle
le dict conte Bauduin recœulla et festoia en sa ville d'Ardre ung
homme de grosse estime et memoire passant par son pais, nommé
Guillaume, archevesque de Reims, oncle de Philippes, roy de
France ; lequel il traicta de cueur et affection en toutte humilité et
fist honneur et service à luy et aulx siens.

CH. LXXXVII. *Comment le conte Bauduin festoia en la ville d'Ardre l'ar-*
chevesque de Reims, et paravant avoit receu sainct Thomas archevesque
de Cantorbery.

Ou temps que ung notable homme et digne de memoire nommé
Guillaume, archevesque de Reims , filz au conte Thibault de
Champaingne, acquita son pelerinaige vers le glorieux martir sainct
Thomas de Cantorbery , en passant par la ville d'Ardre , il fut in-
vité et convié en quelque convive par Bauduin , conte de Guisnes,
Et luy ·estant à table liberallement servy et festoié en grosse affluence de viandes et de touttes sortes de vin blancq , vermeil et
cleret, que l'on versoit en habondance en couppes et gobelets ,
les gens dudict sieur archevesque demanderent de l'eaue , comme
natifs du pais de France, pour un petit temperer la chaleur du
vin : et lors les serviteurs, au commandement des sommiliers
d'eschansonnerie, mesmes dudict conte Bauduin, faindans mettre
de l'eaue au vin , versoient ès tasses et gobeletz ung vin blanc
d'Ausere cleret et vineux, au desseu de tous ceulx qui joieusement
se recréoient à table. Or n'est il chose sy secrettement faicte que
on ne scaiche : de sitost que le dict sieur archevesque s'en perceut,
la bonne grasse qu'avoit merité et desservy le dict conte Bauduin

Quid plura? in recipiendis et colligendis hospitibus per terram suam iter agentibus aut transeuntibus, regibus, Ducibus , Comitibus, militibus, burgensibus, archiepiscopis, episcopis, archidiaconis, abbatibus, prioribus, præpositis, archipresbyteris, presbyteris, canonicis, clericis, et cujuscumque [1] professionis ecclesiarum personis et prælatis, omni fuit liberalitate et largitate atque hilaritate [2] perfusus et perspicuus. Quod ut omnibus erga omnes et in omnibus exhibitum faciliùs credatur, et veritas [3] exemplo comprobetur, de uno memorandi nominis hospite, Remorum videlicet archipræsule Willelmo Francorum Regis Philippi avunculo , quantâ liberalitate et hilaritate [4] eum Ardeæ hospitem collegerit, et quanto cordis desiderio et humanitatis diligentiâ ei obsequium præstiterit et suis , aperiamus.

CAP. LXXXVII. *Quantâ liberalitate Remensem archiepiscopum Willelmum Ardeæ hospitem susceperit, et sanctum Thomam Cantuariensem archiepiscopum.*

Igitur, cùm venerabilis et dignè recolendæ memoriæ Remensis archiepiscopus Willelmus (147), Campaniensis Comitis Theobaldi filius, sanctam sanctissimo martyri Cantuariensium [5] archipræsuli Thomæ peregrinationem quandoque exhibuisset, et à memorandæ memoriæ Comite Ghisnensi Balduino rogatus, in aulâ Ardeæ ad convescendum discubuisset, et ferculis innumerabilibus ad affluentiam liberaliter appositis et hilariter acceptis, et vino altero et altero Ciprico et Niseo [6] pigmentato et clarificato (148) hìc illìc per aream in cuppis fluctuante, rogantibus Francigenis (149) et postulantibus vivas fontis aquas ut vini virtutem aliquantisper refrænarent et temperarent, ministri et servientes à pincernis, immò à Comite edocti et instructi, in phialis [7] et in vasculis

---

[1] V. L. cujusque. — [2] D. alacritate. — [3] P. V. Br. D. veritatis.
[4] P. D. *deest.* — [5] V. L. Cantuariensi.
[6] D. Cyprico et insuper pigmentato. O. Nisseo. — [7] V. P. L. phiolis.

à faire tant bonne chiere à table et courtoise, combien qu'il y estoit excessif, fut en danger d'estre muée en ingratitude. Mais quant ce venerable prelat, qui aveucques les aultres faisoit bonne chiere, reduist en sa memoire le dict de l'Apostre; que *gens estrangers doivent estre à table sans murmurer;* il appella le dict conte Bauduin, et comme s'il ne s'en feust apperseu, luy requist d'avoir de l'eaue en une eghiere pour en taster et savoir quelle en estoit ; lequel conte Bauduin, comme s'il eust volu obtemperer au voloir du dict archevesque, se leva en soubriant de la table, et autant de vaiscaulx d'eaue qu'il trouva, il les rompist et mist soubz les pieds en la presence de tous les paiges et serviteurs : et de grand joye et recreation qu'il avoit, et adfin de soy monstrer plaisant en tous endrois pour l'honneur de la presence de ce bon archevesque, se mist en tel estat que les joeunes gens et ceulx qui avoient bien beu pensoient qu'il fust yvre. Et voiant le dict sieur archevesque le bon vouloir et chiere liberalle et joieuse d'ung si grant personnaige comme estoit le dict conte Bauduin, il se condessendit de faire à son plaisir.

Et ce que dessus est dict peult presentement souffir du traictement d'une seulle personne estrange arrivée en la maison dudict sieur conte de Guisnes, affin que tous ceulx qui en orront parler congnoissent et entendent pour chose autenticque et manifeste, que selon la qualité des personnes et l'affection qu'il avoit envers eulx, ledict conte Bauduin en a festoié et traictié d'aultres sans nombre, et leur faict semblable bénéficc et courtoisie. Finablement ledict conte Bauduin, pour souvenance et partement dudict sieur archevesque à qui ce nom et tiltre estoit condigne, luy fist present de deux fiolles plaines de basme. Et en la forme avant dicte, ainsy que bien scavoit faire et luy advenoit, le dict conte Bauduin en a receu plusieurs, et les constrainct de demourer et sejourner aveucques luy quelques jours davantaige.

Autbisiodoricum vinum pretiosissimum, aquam se afferre [1]
mentientes, clericis ignorantibus et militibus omnibusque
in gaudio convescentibus, scyphis infuderunt. Quod [2] ut venerabili et pio domino archipræsuli tandem innotuit (*nichil
enim opertum quod non reveletur* [3]) penè gratiam, quam
in obsequendo [4] promeruerat fidelis Comes et dispensator
prudens, liberalitatis et largitatis manu modum excedendo,
in ingratitudinem commutavit. Sed cùm venerabilis pontifex
etiam convescens apostolicum ad memoriam eructaret verbum, *hospitales invicem sine murmuratione* [5] ,accersito
ad se Comite, rogavit eum ut sibi vasculum aquæ afferret, ut
sapiat et, quasi rei nescius, comprehendat aquæ et puri ele-
menti vigorem [6]. Comes autem quasi venerandi præsulis ob-
temperans jussionibus, subridens recessit, et omnes ydrias
aquarum, quotquot invenire poterat, ante famulos pedites
et gartiones confregit et pedibus conculcavit, et præ gaudio
exultans [7], ut in omnibus hilaris et ob reverentiam et præsentiam archipræsulis jocundus appareret et jocosus, pueris et
ebriis ebrium se simulavit. Venerabilis verò pontifex et con-
viva, tantam viri et Comitis liberalitatem [8] prospiciens et hi-
laritatem, in voluntate ejus omnia quæcunque vellet facere
promisit.

Hæc autem nobis de unius acceptione personæ vel hospitis
dixisse sufficiat, ut audientes quilibet ex manifestis et authenticis colligant et intelligant eumdem Comitem aliis innumeris,
pro quantitate personarum et dilectione, similis acceptionis
et hospitalitatis impendisse beneficium. Tandem verò cùm
recederet pius pastor et re et nomine vocari dignus archiepiscopus, obtulit ei Comes et in memoriam sui ei contulit
duas phialas [9] balsami liquore plenas. In simili (ut jam dixi-

---

[1] L. offerre. — [2] P. V. quo ut. — [3] *Matth.* X. 26.
[4] L. obsequio. — [5] I. *Petr.* iv, 9. — [6] P. V. L. liquorem.
[7] P. V. L. exultatione. Br. et exultatione. — [8] D. libertatem.
[9] B. V. L. phiolas.

Sy n'est ja besoing de dire ne declarer en quelle sollicitude, en quel honneur et reverence, ne en quelle magnificence et gloire, le dict Bauduin recoeulla comme son oste au chastiau de Guisnes, Monsr sainct Thomas, archevesque de Cantorbery, lorsqu'il retourna d'exil au lieu de son martire; et s'il a faict bonne chiere et s'est monstré joieulx et liberal audict sieur archevesque de Reims, comme à son seigneur et pere spirituel, comme à celluy qui estoit issu du noble sang de France, mesmes à plusieurs aultres personnes qui n'estoient cappables de tel honneur et renommée, quelle chiere peult on penser et croire qu'il ait faicte par courtoisie et liberalité à ung homme plein de sapience divine, qu'il scavoit effectuellement avoir édiffié sa demeure en lieu seur, à ung homme tant aimé de Dieu, qui estoit chaste et sanctiffié, à ung homme venu sur terre pour corriger les mauvais, à ung homme eslevé en l'Eglise, à ung homme qui a faict de grans choses en Egipte, terribles en la mer, mervilleuses au ciel et en la terre, à ung homme qui a appaisié choses monstrueuses, à ung homme qui n'a eu crainte des menasses et persecutions de ses ennemis, à ung homme exaulcé de Dieu en touttes choses, à ung homme qu'on ne scauroit trop louer, tant estoit de grosse estime, et lequel sur tous aultres et entre tous doibt estre préféré, assavoir Monsr sainct Thomas de Cantorbery, qui jadis par la vertu louable de l'humilité qui estoit en luy bailla l'ordre de chevallerie audessus dict conte Bauduin, luy saindit l'espée, mist les esperons et bailla la collée? Laquelle chose toutesfois le dict conte Bauduin, le jour mesmes qu'il fust promeu à cest honneur, s'enforsa recongnoistre en plusieurs endrois, et fist de grans dons et présens sans avoir aulcun regret au faict ny à la despense; et adfin qu'il ne fust tenu et réputé ingrat et tel que d'avoir mis en nonchaloir ce bénéfice tant honorable, contendant, comme il estoit tenu, rendre à cest homme de saincte vie grace pour meritte, non sans cause se monstra envers luy tel que jamais n'avoit faict envers aultre, ne fist oncques puis. Dont grandement s'esjoit Monsr sainct Thomas, voiant la liberalité et chiere joieuse que luy faisoit ledict conte; et après l'avoir merchié et prins congé de luy,

mus) hilaritatis vultu, prout expedire scivit et voluit, multos
in hospitio recepit et secum perendinare fecit et coegit.

Proinde non necesse arbitramur quantâ diligentiâ, quan-
tâve honoris reverentiâ, in quantâ magnificentiâ et gloriâ
sanctissimum Thomam Cantuariensis [1] ecclesiæ archiepiscopum ab exilio in locum martyrii revertentem, apud Ghisnas
hospitem collegerit. Si enim venerabili Remensis civitatis
archiepiscopo Willelmo, ut domino, ut patri, ut archiepiscopo, ut glorioso Francorum genere nobilitato [2], immò et
multis tantæ sedulitate venerationis hominibus non adeò
dignis, hilarem exhibuit vultum et jocundum ; qualem putan-
dus vel credendus est exhibuisse hilaritatis vultum et liberalitatis viro rectè sapienti, quem verbis et operibus jam cognovit ædificasse domum suam supra petram, viro Deo caro, viro
sancto et pudico, viro reprobis in scandalum nato, viro in
exaltatione [3] sanctæ Ecclesiæ elevato, viro qui fecit magnalia
in terrâ Ægypti, terribilia in mari [4], mirabilia in cœlo et in
terrâ, viro qui monstra placavit [5], viro qui minas persequentium inimicorum non timuit, viro in omnibus à Domino
exaudito, viro, inquam, viro (o super omnes et in omnibus
magnitudinis virum et præ cœteris sanctum archipræsulem
Thomam!) qui eidem Comiti dudum in signum militiæ gla-
dium lateri et calcaria (o per omnia prædicandæ in eximio
Christi sacerdote humilitatis virtutem!) sui militis pedibus
adaptavit, et alapam collo ejus infixit, quam [6] tamen in ipso
militatoriæ promotionis ejus die (150) variis redemit munus-
culis et lautioribus quàm regalibus expensis? Ei quoque ne
accepti beneficii immemor habeatur [7], ne tanti muneris et
honoris quandoque ingratus judicetur et indignus, ut gratiam
sancto viro pro gratiâ non gratìs sed meritoriè rependat sicuti
debuit, se ipsum qualis erat exhibuit, qualem nulli anteà sed
nec quidem posteà exhibere voluit [8]. Sanctus igitur archipræ-

---

[1] V. P. Cantuariensem. — [2] B. O. V. nobilitati. — [3] P. D. exultatione.
[4] O. mari rubro. — [5] L. placuit. — [6] V. D. quem. L. quum.
[7] D. abeat. — [8] P. L. noluit.

passa la mer et arriva en Engleterre, où peu de temps après il reçeut martire en son eglise, et fina ses jours pour la liberté d'icelle.

Le dict conte Bauduin estoit tenu si prudent au conseil aveucques les princes, tant discret en ses deliberations, qu'en la maison de France on le tenoit une gemme pretieuse, et en la court du roy d'Engleterre l'escarboucle reluisant pardessus tous les aultres. Que peult on plus dire? Si on veult persister et louenger d'un tel personnaige, et escrire tout au long ses faicts et gestes qui sont si grands innumerables, la vie de l'homme n'y souffiroit, mais seroit plustost finie que le propos et mathiere de sa louenge; sy demeureroit plustost la plume seche faulte d'encre, que l'escrivant eust achevé de redigier ses haults faicts : et en effect en tout et partout l'ay maintenu et maintiens, et non sans cause, homme digne de louenge.

Toutesfois ses haineux et les miens luy ont voulu improperer pour cas véritable, qu'il estoit plus enclin au matin d'ouir le son de la trompe d'ung veneur que celuy de la cloche de son eglise, plus tost à la noise d'ung levrier que ouir chanter son curé ou vicaire; que plustost faisoit sortir du lit un tendeur d'oisiaulx que les clers de la paroisse : sy faisoit il plus d'estime d'ung oiseau bien volant en l'air que de celuy qui annonçoit la parolle de Dieu. Et davantage tient pour vérité, et de ce le tiennent comme attainct et convaincu, que depuis son joeune aege jusques en sa vielesse fut désordonnément submis à lubricité.

sul Thomas exultabat[1] uberiùs in hilaritate et vultu et liberalitate Comitis, et cùm gratias egisset, transfretavit in Angliam,
ubi post paucos dies in ecclesiâ et pro ecclesiâ martyrium
suscepit (151) et sustinuit.

CAP. LXXXVIII. *De prudentiâ Comitis Balduini,*
et de negligentiâ.

In concilio[2] verò principum adeò prudens dictus est idem
Comes in consilio et judicio discretus, quòd in coronâ regni
Franciæ (152) quasi gemma radiaret pretiosa, et in diademate
regis Angliæ quasi carbunculi petra coruscaret pretiosa.
Quid ultra? In tanti Comitis laudibus, cùm ejus innumerabilia et mira sint opera, si ad unguem persistere et scribere
satageremus[3], priùs nos destitueret vita quàm conveniens ad
laudandum de eo materia, priùs atramentum desiccaret in
pennâ, quàm mirifica ejus scriptorem destituerent opera. In
omnibus igitur et per omnia laudabilem eum virum jure præ-
dicamus.

Æmuli tamen ejus et nostri, quasi verum dixerint, hoc ei
improperant; quod rubescente[4] aurorâ promptiori animo
corniculum auscultat venatoris quàm campanam sacerdotis,
avidiùs vocem leporarii[5] quàm capellani vel ejus vicarii, priùs-
que à somno excitat aucupes quàm templi custodes; et magis
applaudit[6] accipitri vel falconi aerem gyranti et verberanti,
quàm presbytero sermocinanti. Addunt igitur et vera, quasi
nichil à vero dissentientes, et ob intemperatam renum ejus
commotionem impatientis libidinis à primis adolescentiæ
motibus usque in senilem ætatem eum extitisse convincere
nituntur, et jam quasi convincunt.

---

[1] L. exultabatur. — [2] P. V. L. consilio. — [3] V. satagerimus.
[4] Br. in rubescente. L. ei rubescente. — [5] V. L. leporarum.
[6] V. P. L. aucipiti.

CH. LXXXIX. *De la procreation des enfans dudict conte Bauduin*
puis le decez de sa femme.

Disoient les dictz haineux, que le dict conte Bauduin par sy
grand ardeur de concupissence convoitoit jones filles, et principallement pucelles, que jamais David ne Salomon son fils n'en cor-
rompirent si grand nombre, ne furent en ce semblables à luy,
comme aussy ne fist Jupiter, sauf celles qu'il deceut par art ma-
gicque : et tout ce luy imposoient les esperitz mauvais ses haineux
et les miens. Neanlmoins ne doibt cheoir en entendement d'homme
saige et discret, et n'est chose convenable, que nos ennemis et
ceulx qui par derision et mocquerie vouldroient contre nous murmurer, puissent ne doivent estre noz juges.

Bien est vray, qu'environ le trespas et decez de ladicte dame
Chrestienne, contesse de Guisnes, le dict conte Bauduin engendra
en la ville de Guisnes ung fils nommé Gefroy, qui fut chanoine de
Therouenne et de Bruges ; et sy fist à mainte personne service au
pais d'Engleterre [1]. Sy engendra encores ledict conte deulx fils
bastars, l'ung nommé Baudequin, et l'aultre Willequin, et ung
aultre nommé Eustache, qui fut homme d'Eglise, nourry en la
ville d'Ardre, aveuc aultre grand nombre de filles et fils ; lesquels
ledict conte Bauduin la pluspart alia par mariaige à gentiz hommes
et subtillement et par bon moien les pourveut ; et au regart des
fils, selon leur inclination naturelle et que aveuc ce se trouvoient
dispos, ils se mirent à la guerre ; les aultres pour raison de leur
jeune et bas aege passoient temps en choses joieuses ; les aultres
bailliez en garde ez pedagoges ; les aultres mis ez escolles pour
apprendre ; et les aultres en divers lieux ez mains de leurs meres
nourices pour estre eslevez. Dont toutesfois ne sera plus avant
parlé, pour ce que leur pere ne fut jamais accepteur [2], ne moy

---

[1] Contresens. Lambert veut dire que Gefroy fut titulaire de plusieurs cures
(*persona*) en Angleterre.

[2] Pour « ne connut jamais ». Locution singulière, et que je ne retrouve pas
dans les glossaires.

CAP. LXXXIX. *De procreatione filiorum post humationem*
Comitissæ.

In tantum etenim (ut aiunt) in teneras exardescit puellas
et maximè [1] virgines, quod nec David nec filius ejus Salomon
in tot juvencularum corruptione similis ejus esse creditur [2].
Sed nec Jupiter quidem, dummodò sophistica in puellulas
ejus cessent [3] blandimenta. Hæc in ipsum et in nobis mali-
gnantes æmuli. Sed absit à mentibus discretorum hoc accep-
tum sibi esse vel conveniens, quòd inimici nostri subsanna-
tionis rugas in nos replicantes unquam nostri judices sint aut
nominentur.

Sub eodem autem ferè temporis cursu quo Ghisnensis Comitissa Christiana mortua fuit et sepulta, genuit apud Ghisnas
Guffridum Morinensis et Brugensis ecclesiæ canonicum et in
Angliâ multarum personam et procuratorem; Boldekinum
quoque bastardum, Eustacium et Willelkinum [4] et re et nomine bastardum; Eustacium etiam clericum Ardensis oppidi
alumnum; aliosque filios innumerabiles, et filias multigenas
nobilibus hic illic viris provisoriâ patris industriâ et cautelâ
maximâ in parte conjugatas. De illis autem, genuinâ probitatis eorum poscente naturâ, alii moribus et actibus se militiæ præparant et accingunt, alii ludicris et teneræ indulgent
ætatulæ, alii pædagogis servandi commendantur, alii scholis
magistrorum curâ traduntur erudiendi, alii hic illic nutricibus
aut etiam matribus relinquuntur nutriendi. De quibus, quoniam certum numerum non habemus (153) quandoquidem
nec pater eorum nomina novit omnium [5], de eis aliquid dicere supersedemus. Si enim de eis veritatis historiam om-

---

[1] Br. virgineas. — [2] Br. videtur. — [3] P. D. essent.
[4] D. Willelmum. — [5] L. omnia.

aussy, du nombre ne de leurs noms. Et qui en vouldroit dire davantaige et continuer l'histoire, il y auroit plus mathiere de atédiation que de plaisir.

CH. XC. *Comment Arnoul fils au conte Bauduin de Guisnes fut de la [maison de Philippes conte de Flandres.*

Or vient presentement à propos de parler de Arnoul, filz aisné du dict conte Bauduin, qui est cestuy pour qui cest œuvre est mise en avant. Sy est que ainsy que après icelluy Arnoul eust passé son enfance aveucques son pere, et attaint aege d'homme en frequentant dessa et dela les joustes et tournois, il fut mis de la maison de Philippes, conte de Flandres, affin de l'instruire en bonnes mœurs, et l'exciter aulx armes où il fut tenu et reputé le non pareil et souverain entre tous les joeunes gentilz hommes du pais de Flandres. Et combien qu'il n'eust encoires receu l'ordre de chevallerie, toutesfois sy estoit il fort adroict aux armes, et enclin à proesse et vertu, plaisant à merveilles, et en son parler joieulx et affable, prest à faire à un chascun plaisir, homme de bonne chiere, et qui l'oseroit bien dire, souvent convertissoit largesse en prodigalité; sy avoit la face belle et honneste sur tous ceux de son aege qui hantoient la court, se rendoit doulx et benin vers chascun, et en tout et partout estoit se monstroit gracieux. Et pour ce que son aege et la vertu aparante qui desja estoit en luy le desiroient, quelque temps ensuivant desira de prendre l'ordre de chevallerie; et posé que ledict conte de Flandres Philippes le voulsist pourveoir à cest honneur et y emploier ses propres deniers, toutesfois ledict Arnoul desirant sur toutes choses complaire à son pere, et luy reserver la gloire premiere de l'estat qu'il vouloit avoir, print saigement et en bonne sorte congié du conte de Flandres, et retourna devers son pere au pais de Guisnes, aveuc son amy et famillier Eustache de Salpruicq.

nino prosequeremur, magis offendere formidaremus quàm placere.

CAP. XC. *Quomodò Arnoldus filius ejus cum Comite Flandriæ Philippo mansit.*

Ad Arnoldum igitur ejus filium primogenitum, ad quem nobis sermo, stylum convertamus. Postquàm igitur Arnoldus puerilibus annis in patriâ cum patre detentus cum patre transactis, in robur adolescere cœpit virile, et hìc illic[1] behordicia frequentasset[2] et torniamenta, tandem venerando et dignè memorando principi Flandrensium Comiti Philippo, moribus erudiendus et[3] militaribus officiis diligenter imbuendus et introducendus, commendatur[4]. Cum quo primus inter primos Flandrensis nobilitatis juvenes et merito nominatus est et numero. Licèt enim militarem nondum recepisset alapam, in armis tamen strenuus, moribus et probitate prospicuus, in omni curiali facetiâ præclarus, servitio promptus, largitate ausim dicere ferè prodigus, vultu hilaris, facie super omnes in curiâ coævos decorus, mitis erga omnes et affabilis, per omnia et in omnibus ab omnibus dicebatur et erat gratiosus. Intereà revolutis aliquot annorum curriculis, exigentibus ejus annis et futuræ immò instantis probitatis eminentiâ, cùm jam militaribus ascribi decrevisset et applicari sacramentis, volens per omnia et in omnibus patri placere, et ei militiæ suæ novitatem et gloriam reservare, licèt reverentissimus princeps et principalis Flandriæ gloria Philippus eum militem facere et militarem sumptibus et armis honorem cum reverentiâ omnino exhibere voluisset, acceptâ prudentis et bonæ indolis more ab eo licentiâ, ad patrem in patriam apud Ghisnas cum suo de Salperwico Eustacio convolavit.

---

[1] P. D. ut hic illic. — [2] D. behordica frequentaret. — [3] Br. et in.
[4] D. committitur.

CH. XCI. *Comment le dict Arnoul fust chevallier.*

Ledict conte Bauduin par gestes exterieurs et signes très évidents donna bien à congnoistre la joye qu'il eust de la venue d'Arnoul son fils. En l'an de l'Incarnation de Nostre Seigneur mil cent quatre vins et ung, le jour de Penthecouste, fist evocquier à sa court, au lieu de Guisnes, ceulx de son sang et de sa congnoissance. En la presence desquels il donna à son dict fils le coup et la collée que l'on a acoustumé de donner à ceulx que l'on faict chevalliers; lequel coup il print bien en gré. Si luy fist faire et solempniser comme vertueux les veux et sermens à ce requis. Et aveucques ledict Arnoul furent ainsi faicts chevalliers Eustache de Salpruicq, Simon de Nielles, Eustache d'Esque et Wallon de Prove. Tous lesquels ensemble, le plus triumphamment que possible, leur fut très bien sortis de vins et viandes delicates et friandes, passerent ce jour solempnel. Et sitost que le dict Ernoul eust prins les habillemens à luy propices et servans à son estat, print la chose à cœur, et contenta touttes manieres de gens qui l'auroient assisté et donné passe temps à la compaignie, comme menestreux, joueurs de farces et aultres de semblable condission; et les remunéra de telle sorte, qu'il acquist la grace et louenge d'eulx; car tout ce qu'il peult recouvrer ne fust espargnié, et leur eslargit liberallement le sien et l'aultruy: tellement qu'il demoura aussy despourveu de toutes choses que le jour qu'il commensa. Et lendemain fut honorablement receu en sa ville d'Ardre, et vindrent au devant de luy en pourcession les relligieux et aultres gens d'Eglise en bonne ordre, faisant sonner les cloches, louans tous le nom de Dieu, et chantans en joie et exaltation les respons que l'on a acoustumé chanter en l'eglise au jour de la saincte Trinité, qui commencent *Summæ Trinitati*, avecques *Honor virtus*.

CAP. XCI. *Quomodò idem Arnoldus effectus est miles.*

Comes autem recolendæ memoriæ pater ejus quanto pro ejus adventu gestivit gaudio manifestissimis demonstravit indiciis. Convocavit enim filios suos et notos et amicos in curiam suam apud Ghisnas in die sancto Pentecostes, et ei militarem non repercutiendus dedit alapam, et militaribus eum in virum perfectum dedicavit sacramentis, dominicæ Incarnationis anno MCLXXXI. Cum quo Eustacium quoque de Salperwico, et Simonem de Nelis [1], et Eustacium de Elcecho [2], et Walonem de Preuris [3] militaribus honoravit instrumentis et sumptibus et sacramentis, et diem solemnem in lautissimis et delicatissimis cibis et potibus, sempiterni diem [4] gaudii quanto potuerunt gaudio effigiantes et prosequentes, peregerunt. Arnoldus itaque militaribus vix indutus vestimentis prosiliit [5] in medium, et ministralibus, mimis [6], nebulonibus, gartionibus, scurris, et joculatoribus [7] omnibusque nomen ejus invocantibus et prædicantibus satisfecit, adeo ut in renumerationis præmium laudem eorum consecutus est et gratiam. Cum enim quæcunque habere poterat vel perquirere, liberalitatis manu [8] quasi desipiendo [9] tribuisset, et in primâ Porphirii paginâ quasi in nudis et puris constitisset intellectibus, dando maxima cum minutis, dando sua et à suis accommodata et ab alienis commutata, vix seipsum sibi reliquit (154). Posterà autem die Ardeæ in suâ [10] processione campanis sonantibus, monachis et clericis, *summæ Trinitati honor et virtus*, in ejus laudem in lætitiâ Deo concantantibus [11], et populis nichilominus præ gaudio vociferantibus et exultantibus, receptus est in ecclesiâ.

---

[1] O. de Neellis. — [2] Br. de Elcheco.

[3] L. Preutis. P. D. Br. Prevois. O. Previs. — [4] L. diei gaudium.

[5] P. L. prosilit. — [6] D. A. ministrantibus mimicis. P. ministrantibus nimius

[7] B. D. A. jocularibus. — [8] P. viam. A. D. via.

[9] P. V. discipando. L. dissipando. — [10] V. L. cum processione.

[11] P. D. cantantibus.

Et dé là en avant, par le conseil et aide de son pere, fut dix ans continuels frequentant les regions et provinces où il scavoit que l'on faisoit joustes et tournois, aiant tousjours en sa compaingnie le dict Eustache de Salpruicq.

CH. XCII. *Comment le dict Arnoul après avoir prins possession de sa ville d'Ardre print pour compaignon ung nommé Eustache.*

Le dict Arnoul, contre le vouloir dudict conte Bauduin son pere, appella son conseil audict pais ung nommé Mongardin; lequel incessamment le persuadoit tirer des mains de son dict pere la ville d'Ardre et tout ce qu'il luy estoit escheu par le trespas de sa mere: à quoy il parvint en la fin apres que plusieurs journées et communications furent sur ce faictes et tenus. Et quant sa ville d'Ardre et lieu de Colvede luy furent rendues et delivrés, et partie de leurs appandences, non pas tout; et que le dict pere à l'occasion dessus dicte s'estoit quelque peu mal contenté de luy, fust appaisié, par le conseil et advis de Philippes, conte de Flandres et de son dict pere, il print pour conseiller principal et comme son gouverneur, ung gentilhomme saige et discret, expert en faictz d'armes, nommé Arnoul de Caieu, pour le drescier et conduire aulx tournois et aultres ses affaires. Mais pour ce qu'il ne povoit tousjours ne en tous lieux estre aveucques luy, il luy bailla ung sien nepveu qui paravant avoit esté compaignon d'armes au joeune Henry d'Engleterre, affin d'estre son conducteur et sa dresse. Auquel briefs jours enssuivant, au desceu de son pere et de ses freres, le dict Arnoul donna à tenir de luy perpetuellement et en fief, la terre de Helbedinghen aupres de Licques. Et au regard de Eustache de Salpruicq et Hugues de Malny, ils furent tousjours aveucques luy comme freres et compaignons. Et ung aultre nommé Henry, fils de Henry de Campaignes, et tous les aultres gentilzhommes du pais de Guisnes tenoient ledict Arnoul et estoient aveuc luy comme leur chief; envers lesquels il se monstra liberal, et leur fist ce qu'il peult; et davantaige les evocqua aveucques luy et mena en joustes et tournois. Mais en tant qu'il touche le dict Philippes de Mongardin, il conversoit aveucques luy au pais de Guisnes; lequel en

Ab illo ergo die torniamenta frequentando, multas provincias et multas regiones ferè per biennium non omnino sine patris auxilio et patrocinio circuivit, et comes ei individuus semper adhæsit Salperwicensis Eustacius.

CAP. XCII. *Quomodò Arnoldus Ardeæ dominus effectus Eustacium Rasorium in commilitonem suscepit et socium.*

Philippus autem de Mongardinio consiliarius ejus, patre ejus invito Comite, infra patriam fuit. Qui et ipsum frequenter, immò indesinenter instigabat, ut Ardeam et ea quæ ex parte matris ei contingebant, patrem postularet et repeteret. Quod ut demum, multis tamen priùs interjectis sermonibus, diebus et collocutionibus, ad effectum perductum est. Postquàm Ardeam et Colvidam cum quibusdam nec tamen omnibus appenditiis obtinuit, patre priùs ei aliquantulùm ingrato, nunc paterno ei affectu mitigato ad consilium patris et Flandrensis Comitis Philippi, nobilem virum, armis doctum, consilio prudentem et discretum, Arnoldum de Caiocho (155) in torniamentis et in rebus suis disponendis consiliarium et quasi didascalum secum suscepit et monitorem. Qui quoniam[1] cum eo semper et imprætermissè et ubique stationarius esse nequivit, strenuissimum in armis nepotem suum, Henrici juvenis Angliæ (156) pridem commilitonem et consocium, reliquit, et armorum præceptorem commendavit et eruditorem. Cui[2] post paucos dies, inconsulto patre suo et fratribus, Herdebedinghem[3] juxta Liskas in perpetuum contulit feodum. Eustacius quoque de Salperwico et Hugo de Malnis[4] inseparabiles ejus fuerunt socii et commilitones. Sed et Henricus filius Henrici de Campaniis, et omnes Ghisnensis terræ torniatores ad ipsum, ut ad dominum et ad principale capitis membrum, confluebant. Quibus omnibus, in quantis potuit et

---

[1] L. quandoquidem. — [2] P. O. Br. D. qui.

[3] P. V. D. Br. Heldebedinghem. O. Helbedinghem.

[4] P. O. Malmis. D. Malvis. L. Malnio. Br. Malannoy.

luy donnant du passe temps le provocquoit aulx choses moralles et vertueuses.

CH. XCIII. *Comment messire Arnoul de Guisnes en frequentant joustes et tournois, pour sa grant liberallité acquist la grasse de Yde contesse de Boulongne.*

Quant messire Arnoul de Guisnes fut mis par le conte son pere au gouvernement de Arnoul de Caieu, et qu'il se vit si bien accompaignié d'Eustache Resoir, Eustache de Salpruicq et Hugues de Malny, ses familliers et domestiques, de Henry de Campaignes, et plusieurs aultres chevalliers et gentilzhommes, il aima mieulx frequenter joustes, tournois et nations estrangeres, que demourer oisif en son pais sans prendre l'exercice de guerre, affin d'acquerre bruit et parvenir à honneur mondain. Tellement que le dict messire Arnoul, qui estoit toutte la gloire et noblesse du pais de Guisnes, fut tant exalté et sy bien renommé en proesse et vertu, que luy qui avoit acquis et gaigné bon nom et renommée en plusieurs regions, fut congneu de Yde, contesse de Boulongue, qui le print en affection et non sans cause. Or ceste dame estoit fille de Mathieu, conte de Boulongne, desjà succedée audict pais et conté de Boulenois par le trespas de son dict pere, et avoit esté aliée en premieres nopces à Gerard, conte et seigneur de Gueldres; et deppuis, par le gré et consentement de Philippes, conte de Flandres, son oncle, à Bertault, duc de Farenghe. Mais pour aulcunes causes et raisons survenues, et sous umbre de discord et noise, fut delaissiée de tous deulx l'ung apres l'aultre. Et comme vefve se abstint [1] pour ung temps des delices et voluptez charnelles de ce monde. Finablement par legiereté de femme, ou aultrement par simulation de faintize, monstra qu'elle avoit quelque amour desordonnée vers ledict messire Arnoul de Guisnes, et de tout son povoir luy faisoit bon semblant. Et par signes couvers et contrefaictz d'ambassades secrettes qui notiffioient l'amour de chascune part, le dict messire Arnoul par semblable amour reci-

---

[1] Le texte latin dit précisément le contraire.

ultra, liberalitatis manum porrexit, et ad torniamenta deduxit
et reduxit. Philippus autem de Mongardinio infra patriam
cum eo conversationem habuit, et eum jocis et ludicris ad
moralia provocavit.

CAP. XCIII. *Quomodò Arnoldus torniamenta frequentando propter nimiam
liberalitatem Boloniensi Comitissæ Idæ placuit.*

Arnoldo igitur de Caiocho, ut jam diximus, in custodiam et
curam à patre commendatus [1] Ghisnensis Arnoldus, et Eustacio Rasorio et Eustacio de Salperwico et Hugoni de Malnis
domesticis suis et colateralibus, et Henrico de Campaniis et
aliis multis nobilibus militibus et illustribus associatus, elegit
potiùs in aliis partibus propter torniamentorum studium et
gloriam exulare, quàm in patriâ sine bellicis deliramentis
otiis operam dare, maximè ut gloriosè vivere et ad secularem
honorem posset pertingere. Factus est itaque in tanti probitate nominis [2] Ghisnensis heros [3] et gloria Arnoldus, ut qui
in multis regionibus famosum sibi nomen acquisivit et accepit,
nimirùm Boloniensis [4] Comitissæ Idæ (157) in notitiam venit
et mentem. Hæc enim Boloniensis Comitis Matthæi filia patre
jam defuncto Comitissæ nomen accepit et dignitatem. Quæ
priùs quidem Ghelriæ [5] Comiti Gerardo (158), posteà Sarin-
giæ Duci Bertulpho, ad consilium venerandi Comitis Flandriæ
Philippi patrui sui desponsata, causis subintervenientibus
sub illius articulo tempestatis ab utroque destituta et quasi
sine viro relicta, corporis voluptatibus et sæcularibus deliciis
indulsit. Unde et Arnoldum de Ghisnis venereo amore di-
lexit, et sibi prout potuit illexit, vel fœmineâ levitate et
deceptione simulavit. Intercurrentibus [6] itaque nuntiis et
signis occultis certi amoris indicium hinc illinc portendenti-
bus, Arnoldus simili vicissitudine amoris vel eam amavit, vel

---

[1] D. commendatur. — [2] O. tantæ probitatis nomine. — [3] L. hæres.
[4] L. Boloniensi. — [5] L. Ghelus. P. Ghelne.
[6] P. D. intervenientibus.

procque devint amoureux d'elle, et tout le moins par subtilité et prudence virille faindit en estre amoureulx. Toutesfois nonobstant ceste amour faincte ou vraye d'icelluy messire Arnoul, ne fist aulcune mention de occuper ne tenir le pais de Boullenois qu'il avoit recouvré et concquis en faveur de la dicte contesse Yde [1].

CH. XCIV. *Comment Regnault de Dompmartin, apèrs avoir répudié sa femme sœur à Gautier de Chastillon, emmena Yde contesse de Boullongne au pais de Lorraine.*

Ce temps pendant, Regnault, fils Albert compte de Dompmartin, qui avoit repudié sa femme, sœur à Gautier de Chastillon qui avoit espousé la fille de Hughes compte de S. Pol, meu d'amour et concupissence semblable que dessus, convoita oultre mesure la dicte Yde, contesse de Boulongne; et par grant soing et cure contendoit et regardoit de l'atraire à son amour. Laquelle dame quy par ung vouloir de femme legier et subit fut asses tost surprinze de fol amour, et eust bientost obtempéré au plaisir du dict Regnault et d'elle, si le compte de Flandres, son oncle, se feust à ce accordé; mais à cause que ce compte prudent et saige contendoit avoir le pais et compté de Boulenois qui desja estoit en sa main, en faisoit lever les fruicts et en usoit à son plaisir, et aussy que les Franceois luy estoient haineulx et suspectz, congnoissant que ledict Regnault estoit plain de langaige et favorisoit au roy de France duquel il estoit parent, luy favorisoit et obeissoit en tout et par tout, considerant aussi combien que la paix fust conclute entre le roy et luy, toutesfois sy y avoit il encoires quelque mal talent; pour ces causes ne fust le dict compte de Flandres consentant, mais par exprès refusa donner sa niepce en mariage à ung Franceois, mesmes audict Regnault qui jamais ne luy avoit pleu : et voiant ladicte contesse qui selon nature de femme estoit muable, qu'il n'y avoit

---

[1] Le texte latin dit seulement: « Et cependant, ayant obtenu les bonnes « grâces de la comtesse en faisant briller à ses yeux un amour vrai ou feint, il « aspira à la possession de sa seigneurie et à la dignité de comte de Boulogne. » Le traducteur aurait-il eu sous les yeux un texte différent de celui que nous connaissons?

virili prudentiâ et cautelâ eam [1] amare simulavit. Ad terram tamen et Boloniensis Comitatûs dignitatem [2], veri vel simulati amoris objectu recuperatâ ejusdem Comitissæ gratiâ, aspiravit.

CAP. XCIV. *Quomodò Reinaldus de Dominio Martini, relictâ uxore suâ sorore Walteri de Castillione, Boloniensem Comitissam Idam in Lotharingiam duxit.*

Intereà Reinaldus filius Alberti de Dominio Martini Comitis, relictâ uxore suâ (159) sorore Walteri de Castillione, qui jam duxerat uxorem filiam Hugonis Comitis S. Pauli, missis et remissis ad Idam Comitissam [3] nuntiis, non dissimili attemptatione et expectatione eam nimis procaciter appetiit, et ad amorem suum allicere nimiâ curiositate studuit et elaboravit. Illa verò fœmineæ levitatis quantocius inflammata et accensa amore, voto suo et Reinaldo satiem [4] dedisset, si patruum suum Flandriæ Comitem Philippum ad consentiendum facilem invenisset et propitium. Sed cùm reverendi animi Comes prudentissimus Philippus Boloniensis terræ Comitatum procuraret et in manu teneret, fructusque in voluntate suâ dispensaret atque perciperet, et Francigenas semper suspectos haberet et infestos, sciens Reinaldum esse verbosum et regi Franciæ auricularium et consanguineum, et in beneplacito ejus per omnia et in omnibus ei [5] assidentem et obsequentem; cùm cognovisset Francorum regem sibi quidem pacatum, non tamen placatum, neptem suam alicui Francigenæ, Reinaldo minùs qui ei nunquam complacuit, matrimonio copulare omnino dedixit et abnegavit. Illa verò, ut erat fœmineæ imbecillitatis levitate plena, desperans sibi amorem posse conciliare Reinaldi, in amorem Ghisnensis Arnoldi iterum incaluit et accensa est. Misit igitur

---

[1] O. eam se amare.
[2] D. Boloniensis comitatus et dignitatem. P. et *deest*.
[3] L. V. ad eam. — [4] V. P. D. faciem. — [5] L. eis.

moien de parvenir à son intention ne joir de l'amour dudict
Regnault, fust derechief touchiée de l'estincelle d'amour dudict
messire Arnoul de Guisnes, et envoia souvent vers luy en la ville
de Surene et encoire plus souvent à Mercq, où ils traicterent clerement [1] de leur affaire en chambre et lieu secret. Mais non pourtant ne se contenta ladicte dame et ne fut assouvie ; car comme
elle envoioit de jour à aultre devers luy en la ville d'Ardre, advint
ung jour que son embassadeur et messagier secret acoucha mallade au lit, et finablement morut en ce lieu. Et de ce advertie,
ladicte dame et contesse print occasion d'aller veoir le dict messire
Arnoul de Guisnes en sa ville d'Ardre, soubs couleur de faire inhumer audict lieu son dict embassadeur et serviteur. Lequel messire Arnoul sachant sa venue, fist son debvoir de la recepvoir hon-
nestement : et l'obsecque faicte de son dict serviteur, pria la dicte
dame à disner avecq luy. Et apres plusieurs propos tenus entre
eulx, s'en retourna icelle dame : laquelle le dict messire Arnoul
eust retenu, sy elle ne luy eust promis en brief temps retourner
vers luy.

Et tandis que le dict messire Arnoul traitoit icelle mathiere
aveuc ledict Philippes, conte de Flandres, lequel s'estoit monstré
enclin vers luy, et luy promis estre favorable et propice en son
affaire, ledict Regnault de Dompmartin, qui ne dormoit pas, et
qui sur tous les aultres craindoit ledict messire Arnoul de Guisnes,
se transporta aveucques ses fauteurs et adérens vers ladicte dame
qui se monstra inconstante et de legiere creance : laquelle moitié
force, moitié voloir, et au desceu dudict compte de Flandres, il
print et emmena au pais de Lorraine, en ung lieu que l'on nomme
Risce. Neanlmoins ladicte dame en usant de malice et tromperie
de femme, fist semblant de resister à la force et violence que luy
faisoit ledict Regnault, et envoia secrettement devers ledict messire Arnoul de Guisnes, que s'il volloit aller après elle, qu'elle
habandonneroit le dict Regnault, jurant et promettant le prendre à
mariaige.

---

[1] *Lisez :* secrettement.

sæpe pro eo apud Devernas, sæpiùs apud Mercham sive
Mercuritium, ubi in cameris et in locis abditis secretum de
secretis habuerunt consilium. Sed nec quidem hoc ei satiem
dedit. Cùm enim, ut heri et nudius tertius, ad eum misisset
apud Ardeam, contigit secreti ejus nuntium et conscium in
lectum cecidisse ægritudinis, et tandem in eo loco morti
succubuisse. Quod audiens Comitissa occasionem habuit ut
Arnoldum de Ghisnis in suâ videret Ardeâ, et ut mortuum
suum illic sepeliret famulum. Arnoldus autem Comitissæ
præsciens adventum, solemniter eam recepit, et sepulto ejus
mortuo, eam secum prandere fecit, et in multis collocuti,
recessit Comitissa. Detinuisset autem eam Arnoldus, sed credidit mulieri se ad ipsum in brevi reversuram spondenti.

Interim verò, dum Arnoldus cum venerabili Flandrensium
Comite super hoc et alio locutus fuisset negotio, et ei super
petitione suâ facilem et propicium se fore Comes compromi-
sisset, Reinaldus autem semper vigilans et Arnoldum Ghisnensem in omnibus et præ omnibus metuens, occultè ad eam
cum suis fautoribus accessit, et (o fœmineæ levitatis fidem!
immò perfidiam!) ei prout[1] voluit volenti sine[2] viribus vim
intulit, et inconsulto Flandriæ Comite Philippo, in Lotha-
ringiæ partes apud Ristæ oppidum transportavit et abduxit.
Illa autem (o fœminei machinationem doli!) sibi renitenti et
invitæ vim à Reinaldo illatam contestans, pro Arnoldo de
Ghisnis clanculò misit, nuncians ei, quòd si pro eâ venire
satageret, Reinaldum relinquere et ei nubere compromisit et
affirmavit.

---

[1] P. L. noluit. — [2] Br. suis viribus.

CH. XCV. *Comment le dict messire Arnoul de Guisnes en allant en Lorraine* *après la contesse de Boullongne fut prins et mis en prison à Verdun.*

Messire Arnoul de Guisnes, assez simplement, et sans congnoistre l'excuse couverte et subtile dessus dicte, soy confiant au dict de ceste femme, se associa de ses féaulx amis et compaignons, messire Eustache de Salpruicq et messire Hughes de Malny, chevalier, Bauduin de Malny et Engueren de Brunenbert gendarmes, ung nommé Thomas Bac, son maistre d'ostel, Droghelin et Willemot l'Engles ses serviteurs; et prindrent leur chemin vers Lorraine, et eulx arrivez en la ville de Verdun, à l'instance et requeste dudict Regnault de Dompmartin, qui par le moien de ceste femme perverse estoit bien adverty de sa venue, icelluy messire Arnoul de Guisnes fut prins et apprehendé par le prince et seigneur de Metz, à l'aderence et consentement, mesmes par le tromperie et machination d'icelluy qui lors estoit un evesque de la dicte ville et cité de Verdun, où il fust etroictement tenu prisonnier assez longtemps en prison fermée.

Laquelle fortune et encombre luy advint, comme il faict accroire sans en faire doubte, pour ce que en vivant prodigallement et à son plaisir, il avoit faict lever au pais de Guisnes, soubz couleur de la croisade par luy prins en intention d'acomplir pour le service de Dieu le pelerinaige du sainct Sepulcre, aveucques Philippes, fils lors du roy de France, Philippes, conte de Flandres, et aultre grant nombre de gentilzhommes et gens de tous estats, pour debeller et combattre les ennemis de la foy chrestienne et decachier les villains et infames Turcs de la Terre Saincte, combien qu'ils n'eussent encoires aschevé ne emprins le dict voiaige, mesmes n'estoit absouz du veu et promesse du dict pelerinaige par luy voué, et sans en avoir aulcune chose eslargy aulx pouvres indigens. Mais à cause que au temps dessus dict joustes et tournois estoient universellement interdis et deffendues par tout le monde, pour raison du dict sainct voiage, sy pardessus sa despence superflue de mengier, de boire, de vestemens et de ses menus et mondains plaisirs, aulcune chose luy restoit, il donnoit à l'un sans

CAP. XCV. *Quomodò Arnoldus de Ghisnis, causâ Boloniensis Comitissæ Idæ in Lotharingiam profectus, apud Viridonium captus et prisionatus est.*

Arnoldus itaque apologum aviam[1] minùs prudenter intelligens fœmineam credidit esse fidem, et associans sibi fidelissimos amicos et socios Eustacium de Salperwico et Hugonem de Malnis milites, Balduinum de Malnis et Engelramum de Brunesbergh[2] armigeros, Thomam etiam Bach[3] rerum et sumptuum provisorem, Drogolinum[4] quoque et Willemotum Anglicum garliones, arrepto itinere in Lothariam apud Viridonium[5] usquè pervenit. Ubi instinctu et rogatu Reinaldi adventûs[6] ejus, dictante et prodente Comitissâ perfidâ, præscii, à Metensi Principe, sive Princerio[7], vel Primicerio, consentiente, immò stimulante, et hoc[8] ipsum machinante Viridoniensis[9] civitatis in episcopum electo (160), captus est, et sui, et ferreis[10] in compedibus ut captivus diù detentus.

Quod opprobrium et infortunium ei accidisse non dubitamus, immò verè credimus, eò quòd Ghisnensis terræ[11] decimationem[12], quam ipse crucis Christi gerulus ad serviendum Deo viventi in terrâ Ierosolymorum cum reverentissimi Ludovici filio Francorum rege Philippo, et nobilissimo Flandriæ Comite ejusdem nominis Philippo, et aliis innumeris multarum gentium Nobilibus, et ad debellandos crucis Christi inimicos et effugandos spurcissimos à sepulcro Domini paganos nuper acceperat, et eam peregrinationis itinere nec peracto nec arrepto, sed nec ipso quidem à susceptæ peregrinationis voto absoluto, voluptuosè et prodigaliter vivendo *dispersit,* sed

---

[1] O. Aniam. D. Aman. — [2] Br. Brunstberghe. D. Brunembergh:

[3] Br. D. P. de Bach.

[4] P. L. Drogolmum. D. Drogelinum. Br. Drongelinum.

[5] D. Viridomum. — [6] L. adventum. — [7] L. princero. — [8] P. D. heu.

[9] D. Viridomensis. — [10] V. L. firmis. — [11] L. terra.

[12] L. O. Br. declinationem.

14,

cause vaillable cent marcs, à l'aultre autant de livres, à l'aultre
le callice d'argent de sa chapelle, à l'aultre son buffet de vaisselle
d'argent, à l'aultre sa vaisselle de cuisine de pareille estoffe, à
l'aultre ses habillemens, à l'aultre ses litz à couches aornez de
dorures et paintures et aultres choses semblables, et à plusieurs
aultres les chevaulx et armures que l'on avoit préparé pour servir
à la guerre à l'honneur de Dieu. Et en ce point dependit et sema
cest homme fol, maladvisé, pour le plaisir de ce monde, sans
espoir de jamais aulcune chose recœuiller sinon vaine faveur et
gloire. Car ceulx qu'il avoit mené aveucques luy et qui l'avoient
acompaignié jusques au peril, ne pareillement les aultres ausquels
par sa grande et excessive prodigalité il avoit donné le sien en
moult de sortes pour acquerre la faveur du monde, luy estant detenu et lié en la prison, ne luy pouvoient secourir ne aidier.

Neantmoins nostre Seigneur Dieu qui punist et donne chastoy
aulx siens quand il luy plest, eust en la fin pitié de son fils et serviteur; car à l'aide et intercession de très reverent pere en Dieu
Guillaume, archevesque de Reims, qui en sa faveur escrivit fort
bonnes lettres à l'archevesque de Treves, qui comme bon pasteur
estoit venu en la dicte ville de Verdun pour sacrer et benir ledict
esleu en eveschié nommé Albert, lequel il requist très instamment
voloir entendre à la delivrance du dict messire Arnoul de Guisnes;
à quoy ledict esleu esmeu et courouchié ne respondit de prime
fache aulcune chose : mais ledit archevesque ne volut jamais pro-
ceder à la consecration et benediction dudict esleu, jusques à ce
que ledict messire Arnoul de Guisnes et les siens fussent absouz
et mis en plaine et entiere delivrance. Ainssy s'en retourna franchement ledict messire Arnoul et ses gens en son pais, au grant
regret dudict Regnault de Dompmartin et ses adherens, et fut
receu en grant joie en sa ville d'Ardre par les gentilzhommes et
aultres gens de tous estats du pais de Guisnes, qui tous vindrent
au devant de luy.

non *dedit* egenis et *pauperibus*[1]. Sed de pecuniâ ad dominici sepulcri visitationem et liberationem collectâ, si quid à
mundanis et secularibus illecebris et sumptibus (cùm omnino
tunc temporis propter dominici sepulcri peregrinationem in
toto orbe terrarum interdicta fuissent torniamenta) in super-
fluitate comessandi superfuit[2] sibi aut vestiendi, alii simul
centum marcas, alii totidem libras[3], alii calicem capellæ suæ
argenteum, alii scyphos suos similiter argenteos, alii scu-
tellas metalli similis cum calicibus, alii vestium mutatoria[4],
alii pictas culcitras et tapetia[5] et his similia, aliis et aliis
arma in servitium Dei præparata et equos, irreverenter et
impudenter distribuit. Dispersit igitur et seminavit vir impru-
dens propter mundum, ubi tamen nichil unquam messurus[6]
erat aut collecturus, nisi inanem mundi gloriam aut favorem.
Non enim illi quos propter favoralem mundi auram secum
quasi in mortem usque detinuerat, nec etiam alii quibus sua
nimiâ prodigalitate in multis distribuerat, apud Viridonium
in compedibus irretito et illaqueato succurrere potuerunt.

Dominus autem Deus, qui filium quem diligit castigat
quando[7] vult et verberat, sui tandem misertus filii et famuli,
interveniente reverentissimo Remensium archiepiscopo Willelmo et opitulante, et pro eo efficacissimæ virtutis litteras
ad Treverensem archiepiscopum transmittente, cùm idem
Treverensis archiepiscopus apud Viridonium ad Albertum
ejusdem civitatis electum in episcopum consecrandum boni
more pastoris accessisset, et pro Arnoldo Ghisnensi constan-
tissimè rogaret electum, et electus præ dolore archiepiscopo
respondere obmutesceret, nunquam ab eo sacrari potuit aut
promeruit, quoadusque Arnoldus de Ghisnis et sui integra-
liter liberi fuissent et absoluti. Sicque liberatus[8] Arnoldus et
sui, Reinaldo et suis ingemiscentibus, in patriam remeavit.
Et occurrentibus ei militibus et universæ terræ populis, in
suam cum gaudio receptus est Ardeam.

---

[1] *Alludit* Ps. cxi, 9 : *dispersit dedit pauperibus.* — [2] L. superfluit.
[3] L. libros. — [4] P. V. L. imitatoria. — [5] P. V. L. capecia.
[6] P. V. L. missurus. — [7] P. D. quem vult verberat. — [8] P. D. liberati.

Et touchant ledict conte Regnault, lequel après que Philippes, conte de Flandres fut parti pour aller au voiage de Jerusalem, fut, au desceu du duc Bauduin de Lorraine, receu conte de Boullongne, on s'atend d'en parler aux historiographes de Boullenois.

Or doncques adfin de s'acquittier de la matiere subjecte, pour ce qu'il a esté jusques à present parlé en tel quel stil de langaige des gestes des contes de Guisnes, besoing et necessité est, selon qu'il a esté dict et proposé cy dessus, parler des faicts et gestes de ceulx d'Ardre, et mesler ces deulx histoires ensemble, pour finablement en faire ung seul livre tendant à la perfection et acomplissement d'une seulle œuvre.

CH. XCVI. *Comment messire Arnoul de Guisnes, après ce qu'il fut retourné de prison, se conduist selon la volunté de son pere.*

Après que messire Arnoul de Guisnes eult en soy mesmes consideré que c'est d'inconstance et fallace de femme, et qu'il fut retourné dudict lieu de Verdun en son pais de Guisnes, qu'il eust appaisié et se fust humilié envers son pere, il se conduist en tout selon le vouloir de son dict pere, sauf que l'on disoit que il avoit plus de gens à gaiges que son dict pere, faisoit si grande et excessive despence qu'elle excedoit son revenu, donnoit beaucoup plus que son pere ne vouloit et luy conseilloit, et plus qu'il n'avoit ne retenoit, frequentoit joustes et tournois, partout où il povoit, aveucques chevalliers et gentilzhommes, lesquels il avoit en singulier honneur et affection. Et à son retour des dictes joustes et tournois, souvent se tenoit en sa maison de Colvede, et le plus souvent à Ardre, où il passoit le temps aveucques ces gentilzhommes et aultres de sa famille à jeulx et esbats, ainsy que ont acoustumé faire joeunes gens, aimoit gens de son aege qui hantoient aveucques luy. Quant aulx anciens et gens aegiez, voluntiers les tenoit pres de luy et leur faisoit honneur, en tant qu'ils luy declaroient fables et histoires anciennes, et icelles reduisoient en memoires et mathieres graves. Entr'aultres y avoit un chevallier an-

De Reinaldo autem , qualiter Comite Flandriæ Philippo Ierosolymam [1] proficiscente , in Boloniensis terræ Comitem, ignorante Lothariæ Duce Balduino (161), receptus est, quia hoc quidem nostri nichil refert propositi , Boloniensibus scriptoribus inrotulandum relinquimus.

Ut igitur proposito nostro , quantùm sufficimus , satisfaciamus , quoniam huc usque Ghisnensium gesta qualicumque stylo exaravimus [2], ad Ardensium historiam juxta propositi nostri ordinem disserendam , et quodam artificiali ordine [3] narrandi Ghisnensium historiæ interserendam et continuandam , et demum prout gesta exigunt quasi in unum corpus et in unius operis perfectionem copulandam , effectum affectui accommodantes , scriptoriam pennam transferamus.

CAP. XCVI. *Quomodò Arnoldus de Ghisnis à Viridonio reversus ad voluntatem patris se habuit et continuit.*

Postquàm igitur Arnoldus de Ghisnis ad se reversus muliebrem deprehendit inconstantiam et fallaciam , postquàm relictis Viridoniensium finibus in patriam devenit , patri pacatus et placatus ad voluntatem patris per omnia se habebat, excepto quòd plures dicebatur habere comilitones quàm pater, et quòd plures lautiores expensas faciebat quàm rerum suarum facultas exigebat [4], et quòd majoribus donativis insistebat quàm patris consilium expetebat aut docebat. Plus enim donabat quàm habebat vel quàm retinebat. Torniamenta demum [5] cum militibus quos miro venerabatur affectu, ubicumque poterat, frequentabat. In patriam autem à torniamentis quandoque rediens sæpè Colvidæ , sæpiùs Ardeæ morabatur. Ubi cum militibus et familiaribus ludicris et jocis, prout juvenilis exigebat ætas, indulsit. Undè et juvenes et coævos cum eo conversantes diligebat. Senes autem

---

[1] P. V. L. autem proficiscente. — [2] P. V. L. paravimus.
[3] P. D. ordine patrem narrandi. Br. partem. — [4] L. facultates exigebant.
[5] V. enim, L. autem.

cien nommé Robert de Constance, qu'il oyoit voluntiers parler,
et luy racomptoit les gestes des empereurs rommains, de Charlemaine, de Rolland, Ollivier, et Arthus de Bretaigne. Sy en avoit
ung aultre, nommé Philippes de Mongardin, qui luy recitoit les
faicts de Jerusallem, du siege d'Anthioche, des Arabiens et Babillo-
niens, aveucques aultres pais de delà la mer : à quoy ledict messire Arnoul prenoit plaisir et delectation. Et son cousin Gautier de
Cluses lui declairoit de bonne sorte les faicts et gestes des Anglois,
les histoires de Garmond et Isenbart, de Tristan et Yseul, de
Merlin et Mercolphus, les cronicques des seigneurs d'Ardre et
de la primitive construction de la dicte ville ; pour ce que le dict
messire Arnoul de Guisnes aveucques le dict Gautier estoit parent,
comme il est dict cy dessus, comme extraict du costé de ceulx
d'Ardre. A ceste cause, et que le dict messire Arnoul oyant voluntiers les dessus nommez, il les tenoit aveucques luy comme ses
familliers et domesticques.

Or advint ung jour, et environ le temps que le dict messire
Arnoul de Guisnes fiancha Eustache, fille de Hues Campdavaine,
conte de S. Pol, que icelluy messire Arnoul estant à Ardre en sa
maison illecques détenu aveuc ceulx de sa famille l'espace de deulx
jours et une nuict, à l'occasion d'une grosse pluie d'iver vagant
parmy la terre par turbation d'air, commotion des nues, impé-
tuosité de vents qui souffloient de touttes parts, et indisposition de
temps ; après avoir ouy dudict Robert de Constances plusieurs
choses des empereurs rommains et Arthus de Bretaigne, et encoires plus dudict Philippes de Mongardin touchant la Terre
Saincte et pais d'Anthioche, requist aveucques nous tous ses familliers audict Gautier de Cluses, de dire et declairer quelque chose
des faictz et gestes de ceulx d'Ardre. Et combien que les dictes
pluies ne fussent encoires cessiez, toutesfois l'impetuosité des vents
estoit quelque peu adoucie ; au moien de quoy on le povoit plus
aisément escouter et entendre. Lequel Gautier de Cluses, en la
presence et audience de nous tous, en prenant sa barbe de sa
main dextre, et ainsy que ont acoustumé faire gens anciens, fai-

et decrepitos , eò quòd veterum eventuras et fabulas et histo-
rias ei narrarent, et moralitatis seria narrationi suæ continua-
rent et annecterent, venerabatur et secum detinebat. Proinde
militem quemdam veteranum Robertum dictum Constanti-
nensem[1] , qui de Romanis imperatoribus et de Karlomanno[2]
de Rolando et Olivero, et de Arthuro Britanniæ rege eum
instruebat et aures ejus demulcebat ; et Philippum de Mongardinio qui de terrâ Ierosolymorum et de obsidione Antiochiæ
et de Arabicis et Babylonicis, et de ultramarinarum[3] partium gestis ad aurium delectationem ei referebat ; et cognatum suum Walterum de[4] Clusâ (162) nominatum , qui de
Anglorum gestis et fabulis, de Gormundo et Ysembardo, de
Tristanno[5] et Hisoldà (163), de Merlino et Merchulfo, et de
Ardensium gestis, et de primâ Ardeæ constructione, eò quòd
ipse Arnoldus de Ghisnis, de cujus cognatione et familiaritate
erat idem Walterus , ab Ardensibus (sicuti jam diximus) in
parte originem traxit, diligenter edocebat[6] : familiares sibi et
domesticos secum retinebat , et libenter eos audiebat.

Factum est autem in unà dierum, sub eodem fermè temporis cursu quo idem Arnoldus de Ghisnis Hugonis (*candentis*
vel *campestris avenæ* (164) dicti) S. Pauli Comitis filiam
nomine Eustochiam vel Eustachiam affidaverat, cùm apud
Ardeam moraretur idem Arnoldus, et hiemalibus increbrescentibus pluviis et Eolicis[7] apertis utribus in aere con-
flictarent invicem nubes, et venti in altissimis perflarent, et
per terram evagarent cujuscumque sibilantes ; cùm in domo
Ardeæ cum militibus et familiaribus propter aeris inclemen-
tiam per duos dies detineretur Ghisnensis Arnoldus et unam
noctem, et multa audisset de Romanis imperatoribus et de
Arthuro à Roberto Constantinensi, multòque plura de terrà
Ierosolymorum et de Antiochiâ à Philippo de Mongardinio,
tandem rogatus ab eo et à nobis omnibusque familiaribus

---

[1] V. D. Constantiensem. — [2] L. Carolomanno.
[3] L. ultramaritimarum. — [4] O. Sclusâ. — [5] P. L. Tristranno.
[6] P. D. docebat. — [7] P. D. coloris. L. coloris. V. eo locis.

sant semblant de la pignier et acoustrer de ses dois, commensa à dire hault et cler comme il s'enssuit.

⤳

CH. XCVII. Comment Gautier de Cluses narre l'histoire des seigneurs d'Ardre.

Pour ce doncques que vostre plaisir est, très honnorés seigneurs, que présentement attendant le beau temps, je narre et vous reduise à mémoire l'histoire des faicts et gestes des seigneurs d'Ardre, sy avant que j'en ai aprins et cogneu de mes predecesseurs; est vray que jadis en l'eglise de Therouenne y eult un evesque de bonne memoire, nommé Framerin, qui avoit une niepce de bonne fame et renommée, Allix, demeurante en ung lieu que d'anchienneté jusques à present est appellé Selnesse, assez joingnant d'ung maretz et prairie, prochain du tenement et purprins de l'eglise de la Chapelle. Laquelle fille estoit procréée et issue des nobles du pais, fort riche et bien heritée de terres et aultres pocessions; mais n'avoit conseil ne aide d'homme vivant, et par la negligence de ses parens, combien qu'ilz fussent gentilzhommes, estoit seulle et délaissiée. Laquelle Allix destituée, comme dict est, de l'aide de ses parens, estoit de jour en jour assistée par Eustache, conte de Guisnes, de soy marier au vouloir de luy, et prendre ung homme qui ne luy estoit convenable. Mais elle n'osa de prime face dénier au dict conte de Guisnes sa requeste; ains differant tant qu'elle pouvoit jour après aultre, prolonga et mist la chose assez en long delay.

Walterus de Clusâ, ut de Ardensibus et de Ardensium gestis aliquid revolveret nobis et explicaret, pluviis nondum cessantibus, sed ventorum rabie aliquantulùm quasi auscultandi causâ nobis pacificatâ atque mitigatâ, coram omnibus et nobis hoc ipsum audientibus, appositâ ad barbam dexterâ, et, ut senes plerumque facere solent, eâ digitis insertis appexâ et appropexâ, aperto[1] in medium ore incipit et dicit.

CAP. XCVII. *Quomodò Walterus de Clusâ Ardensium narrat historiam* (165).

Quoniam igitur vestrædeposcit intentionis affectus, patres reverentissimi et domini, ut Ardensium historiam et gesta narratione præsenti, dum cessent pluviæ, ad memoriam revocare satagamus, sicut audivimus à patribus nostris et cognovimus : Fuit quidam reverendæ memoriæ pater Ecclesiæ Morinensis episcopus nomine Framericus. Siquidem hìc Framericus habebat magni nominis et famosi neptem in terrâ Ghisnensi, in loco qui antiquo nomine usque in hodiernum diem dicitur Selnessa[2], juxta mariscum in confinio prædii S. Mariæ de Capellâ, degentem, de indigenis inclytis ortam natalibus, prædiis quidem et possessionibus admodùm locupletem, sed consilio et viri solatio et auxilio, parentum licèt nobilium maximè negligentiâ, solam et desolatam, nomine Adelam. Hæc siquidem Adela, parentum (ut jam diximus) destituta et orbata solatio, cùm à Ghisnensium Comite Eustachio (166) de die in diem sollicitaretur ut ad consilium suum nuberet, et virum qui ei non competebat acciperet, non audens[3] omnino Comitis refutare[6] petitionem, quantumcunque potuit acquiescere distulit, et diem post diem in multos dies protelavit.

---

[1] L. apto. — [2] D. Selvessa. — [5] L. audiens.

CH. XCVIII. *Comment Alix de Selnesse remist touttes ses terres ez mains de l'evesque de Therouenne, puis les reprint à tenir de luy en fief.*

Or la dicte Alix que l'on pooit mectre du nombre des saiges et prudentes vierges, voiant que le dict Eustache, conte de Guisnes, duquel celluy pour qui elle estoit si estroictement requise estoit prochain parent, le importunoit beaucoup et plus qu'il n'estoit convenable et décent, mesmes trop plus que de raison; et que contre son gré et à force, voulsist ou non, le vouloit marier, par le conseil d'aulcuns de ses parents gens d'Eglise, en l'honneur de Dieu et sans avoir regart à sang ne à lignage, delaissa et mist ez mains dudict evesque de Therouenne son oncle, touttes les terres et pocessions qu'elle tenoit, et dont elle pocedoit en quelque lieu que ce fut. Lesquelles terres et pocessions luy furent deppuis rebaillez par son dict oncle, à tenir de l'Eglise à tiltre perpetuel en fief, après ce qu'elle luy eust faict hommaige. Car elle avoit souvent ouy de ses predecesseurs, que aprez le decez et trespas de feu bonne mémoire Walbert, jadis conte de Ponthieu, S. Pol et Guisnes, qui delaissa ladicte conté de Guisnes à gens inutilles et de mauvaise sorte, plusieurs nobles de la dicte terre de Guisnes et residens en icelle, adfin de vivre en paix soubz la protection et sauvegarde des grans maistres et garder leur auctorité, avoient en la forme avant dicte delaissié leur bien et le reprins à tenir en fief d'aulcuns nobles et grans personnaiges, comme evesques, abbez, pruvostz, ou aultres quelconques prelatz et gens d'Eglise. Et estoient les terres et pocessions que ladicte Alix donna, de francq aleu en fief, audict evesque de Therouenne, celles qui s'ensieuvent. Assavoir tout ce qu'elle avoit et tenoit, fust en terre ou en disme, à Peplinghes; tout ce qu'elle avoit à Belinghen, auprès de Wisent; tout ce qu'elle avoit à Ghemy, au Wal et à Esque; le droict de patronaige des eglises de Boninghes et Seuauecque; aveucques touttes les dismes qu'elle avoit en la terre de Guisnes et ce qui en estoit tenu et mouvant; tout ce qu'elle avoit à Hondecoste, fut terre labourable, prairie, ou droit de patronnaige. Toutesfois ce qu'elle avoit audict lieu de Hondecoste fut jadis baillié et donné à ung sien prédécesseur par l'abbé de

CAP. XCVIII. *Quomodò Adela de Selnessâ omnia allodia sua resignavit in manu Morinensis episcopi et ea mox ab eodem episcopo resumpsit in feodum.*

Cùm autem [1] à jam dicto Comite cujus erat consanguineus ille pro quo tam districtè petebatur, plus quàm decens erat et honestum, immò plus quàm dignum et justum erat, impeteretur, et ad nubendum majori stimulo quasi, vellet nollet, perurgeretur [2], illa, ut erat virgo sapiens et una de numero prudentium, ad consilium parentum et ecclesiasticorum virorum omnia prædia quæ ubicumque tenebat et possidebat, in nomine Domini, nullo modo habito alicujus carnalis cognationis respectu, in manu Morinensis ecclesiæ episcopi, sui tamen avunculi, Framerici, resignavit; et ei hominio facto et exhibito, eadem omnia ex integro perpetuum ab eo recepit in feodum (167). Audierat enim sæpiùs et à patribus suis didicerat, quòd antiqui nobiles multi in Ghisnensi terrâ manentes, postquàm reverendæ et dignè memorandæ memoriæ [3] Pontivi quidem et S. Pauli atque Ghisnarum Comes Walbertus sæculo valedixit, et terram Ghisnensium infirmis [4] et imbecillibus dereliquit hæredibus, à viris nobilibus, sive episcopis sive abbatibus sive præpositis vel etiam quibuscumque ecclesiarum prælatis aut personis, ut [5] majoris militarent nominis auctoritate et sub majorum protectione in securâ pace viverent, similis conditionis dono sua in feodum susceperunt prædia.

Hæc autem fuerunt ea quæ per eumdem et ad eumdem episcopum de allodiis sive prædiis in feodum commutavit Adela :

Quicquid habebat in Pepelinghem [6], sive terram sive decimam ; quicquid habebat in Belinghem [7] juxta Witsandum ; quicquid habebat in Ghimiaco, in Walainis [8], et in Helcecho ;

[1] P. D. à *deest.* — [2] D. P. pertingeretur.'
[3] P. V. L. dignæ memoriæ memorandæ. O. memorandus.
[4] P. D. non infirmis. — [5] L. aut. — [6] V. L. Pipelinghen.
[7] A. D. P. Pepelinghem. — [8] O. Wailainis. D. Walaniis.

S. Vaast d'Arras, pour ce que sondict predecesseur, pour la conservation du droict de certain heritaige de l'eglise et abbaye de S. Vaast, avoit emprins le combat, dont il estoit venu à chief, et en icelluy avoit eu triumphe et victoire, et par ce moien gardé l'honneur et patrimoine de l'eglise : à l'occasion de quoy on le fist homme de fief d'icelle eglise.

CH. XCIX. *Comment Herred de Furnes espousa Alix de Selnesse.*

Quant l'evesque de Therouenne eut veu et congnéu la bonne intention et devotion de ceste femme tres chrestienne et bien amée de Dieu, Alix sa niepce, il la lia par mariage à ung chevallier de grant proesse et noblesse, fort et puissant pour deffendre conserver et garder paisiblement le bien d'elle à l'encontre du conte de Guisnes, soubz la souveraineté de l'eglise de Therouenne, et lequel estoit issu de la lignée et maison de Flandres, tenü et réputé le plus grant et estimé entre ceulx du pais de Furnes, nommé de ceulx de sa nation Herbert, et par nous Herred; et pour ce que au temps de sa joeunesse il avoit quelquefois porté sa robbe à l'envers, les petits enfans en la langue du pais l'appelerent *Crangroc*, qui est à dire en franceois, vestu à l'envers. Aveuc ce luy amplia et aucmenta ledict evesque sa feaulté, adfin qu'il ne feust seullement homme de fief de l'eglise de par sa femme en la terre de Guisnes, mais ailleurs et en plusieurs lieux. Et luy donna icelluy evesque à tenir en fief de son eglise ung lieu nommé Clarques, Cormettes, Bovelinghen et ses appandances, aveucques Boucourt auprès de Acquin : lequel lieu de Boucours Bauduin, conte de Guisnes, second de ce nom, pour bien de paix, donna depuis à tenir en fief de luy à Willaume son frere, du consentement de Arnoul son fils aisné, auquel il appartenoit de la succession de sa mere. Sy luy donna aussy Helbosen auprès de Longvilliers, ainsy nommé en la

altaria quoque de Boninghis et de Süáúca[1], non exceptis decimis ullis quas in terrâ Ghisnensi vel tenebat, vel quæ ab eâ feodaliter teneri[2] contingebant; quicquid habebat etiam in Hondescoto, sive terram, sive mariscum vel morum, sive altare. Sed sciendum, quòd hoc quod in Hondescoto possidebat, cuidam prædecessori suo quondam contulit abbas S. Vedasti Atrebatensis, eò quòd duelli certamen pro quâdam hæreditate S. Vedasti conservandâ quandoque subiit[3]. In quo, hæreditate ecclesiæ S. Vedasti conservatâ et honore recuperato, ejusdem fidelis factus ecclesiæ victoriosum diem exultavit.

CAP. XCIX. *Quomodò Herredus duxit uxorem Adelam de Selnessâ.*

Episcopus autem devotionem videns et intentionem attendens fœminæ christianissimæ et Deo caræ, nichilominùs et neptis suæ, Adelæ, memorandæ nobilitatis virum qui ipsam et terram suam sub patrocinio Morinensis episcopi contra Ghisnensis terræ Comitem protegere atque defendere, et in quietâ pace conservare sufficeret, militem quidem[4] fortem atque strenuum, de Flandrensis ortum prosapiâ nobilitatis, inter Furnenses primum et præcipuum, nomine apud suos Herebertum, apud nostros Herredum, à pueris in pueritiâ, dum pueriles degeret annos, ab inversâ tunicâ accepto vulgariter cognomento[5] *Crangroc*[6] (168), ei maritalis lege matrimonii copulavit. Insuper et feodum ejus, non tantùm pro eo quòd neptem ejus uxorem duxerat, quantùm pro eo ut in Ghisnensi terrâ sed et ubique Morinensis[7] ecclesiæ fidelis existeret, ampliavit et augmentavit. Dedit ergo ei in feodum Clarkas, et Cormetas[8], et Boulinghem[9] cum appenditiis ejus, Bochout quoque juxta Aquinum[10] (quam villam scilicet Bo-

---

[1] O. Suwauaca. — [2] L. tenere. — [3] D. habuit. — [4] D. B. quemdam.
[5] P. V. L. cognominato. — [6] A. D. Craugroc. P. Craugret.
[7] L. Morinensi. — [8] P. D. Comecas. — [9] D. Brulinghen.
[10] P. D. Aquignium. V. Acquignium.

lettre de donnation et par ceulx du pais à cause d'ung qui se nommoit Helbon. Donna encoires ledict evesque audict Herred et Allix sa femme aulcunes dismes et terres assizes au pais de Boullenois, lesquelles Estienne et Anselme de Caieu et leurs hoirs doivent tenir en fief du seigneur d'Ardre. Et en cest estat fut icelluy Herred promeu et institué baron et per de l'eglise de Therouenne; à la charge toutesfois que luy et ses hoirs seroient tenuz et submis aveucques les aultres pers et compaingnons aians fief de semblable natu**re** porter l'evesque de Therouenne le jour qu'il prend pocession de son evesché, du lieu où il est esleu en son siege episcopal.

Et la cause pourquoy ung homme si auctorisé en noblesse comme estoit ledict Herred, qui plus convenablement debvoit estre appellé Hercules, avoit ce nom de bretesche *Crangrocq*, qui est à dire vestu à l'envers; sy est non pas après pour ce qu'il eust espousé la dicte dame, sa femme, il eust pour faire du bon mesnagier espargnié aulx vestemens; et comme contreverité ont voulu maintenir aulcuns haineux de la dicte maison d'Ardre, que le dict Herred, pour mieulx faire sa labeur et affin d'esparnier sa vesture ait chaint ne retourné sa robe. Mais est pour ce que au temps de sa jeunesse son pere, qui estoit fort auchiez à la chasse et deduict ez chiens, et pour à ce vacquier et entendre se levoit aulcunes fois bien matin, l'apella ung jour en temps d'esté pour aller aveucques luy ez grans bois et dunes auprès de Furnes; et lors dormoit ledict Herred, lequel oiant la voix de son pere se leva tout endormy et pesant, et par ce ne scavoit ce qu'il debvoit faire, ne quoy ou comment il se debvoit vestir; et print sa robe qu'il vestit à l'envers, et luy arrivé au lieu où estoit son pere, et que ceulx qui estoient en sa compaignie aperchurent sa robe retournée, dont toutesfois il ne scavoit aulcune chose, ils se prindrent à crier à

chout Ghisnensis Comes Balduinus hujus nominis secundus
posteà Willelmo fratri suo ad confirmandam inter eos pacem,
annuente filio ejus Arnoldo primogenito cui hæreditariâ successione ex parte matris contingere atque pertinere[1] debebat)
in perpetuum donavit feodi donum. Helbodeschen[2] etiam
villam videlicet juxta Longum Villare, ab eodem Helbodone[3]
in ipsâ donatione ab incolis dictam, dedit idem[4] episcopus
Framericus sub feodalis conditionis dono Herredo et Adelæ,
et quasdam terras et decimas in terrâ Boloniensium quas
Stephanus et Anselmus de Caiocho et hæredes sui ab Ardensi
domino in feodum tenere debent. Sicque eum[5] Morinensis
curiæ[6] Parem (169) constituit et Baronem : hoc ad ejus promotionem et honorem addito, quod ipse et hæredes sui, ad
incathedrationem Morinensis episcopi, ipsum episcopum ab
electionis loco, cum aliis ad hoc ipsum deputatis ministerium
et consimilis feodi comparibus, usque in cathedram suam
deferre et transportare debeat[7].

Quare autem ab inversâ tunicâ tantæ nobilitatis auctor
Herredus, justiori tamen appellatione dignè nominandus
Hercules, vulgali agnomine *Crangroc* agnominatus fuerit,
causa est; non quia postquàm nobilem duxit uxorem Adelam,
rerum suarum fidelis et prudens procurator[8] in ferialibus
diebus parceret vestibus et deferret adeò, ut quidam Ardensis
nobilitatis æmuli jactando somniant, quòd propter vestium
parcitatem et laboriosi operis expeditionem tunicam inverteret atque succingeret; sed ideò quòd cùm pater suus, dum
adhuc adolescentes degeret annos, Herredus (immò Hercules)
circa canes studiosissimus fuerit in venando, et propter idem
studium pater ejus quandoque summo consurgeret diluculo,
filiumque suum ut secum in saltus et dunas secus mare juxta
Furnas veniret, sub æstivo tempore somno gravem excitaret,
Herredus adhuc somnolentus[9], cùm ad vocem patris surgeret,

---

[1] P. pertingere. — [2] V. P. Helbodeshen. — [3] L. ab eo Helbodone.
[4] P. eidem. — [5] L. enim. — [6] O. Morinensis ecclesiæ et curiæ.
[7] D. debent. — [8] O. prudens dispensator seu procurator.
[9] D. somno tentus.

15

haulte vois, et le nomer de ce nom *Crangroc*, qui est à dire, comme dict est dessus, selon la langue du pais, vestu à l'envers. Qui est la cause pourquoy j'ay sceu, et ainsi le dis et fais scavoir, que ce personnaige a esté ainsy nommé jusques à présent.

Et quant ce bon personnaige eust espousé sa femme, et qu'il fust arrivé au pais de Guisnes, il se conduist bien et vertueusement par le conseil de ce venerable prelat, et fist sa demeure et residencé au lieu de Selnesse, où les predicesseurs de sa femme avoient paravant demeuré. Et par le moien de ses parens et amis, et dudict evesque de Therouenne, fut bien d'accord avec ledict Eustache, conte de Guisnes, qui le receut à foy et hommaige pour raison d'aulcunes terres assizes auprès d'Ardre, et retrouva l'amour et bonne grace dudict conte. Et comme il est dict cy dessus, fist ledict Herred sa residence audict lieu de Selnesse, entre le bois et la prairie, en ung lieu où on treuve jusques à present des choses qui semblent estre relicques et superfluitez des paiens, comme tuilles rouges, avecques aultres pieces de vaisseaux de semblable couleur et de voirres rompus : et quand on y met la charue on treuve entre la dicte prairie et le bois une chaussée et voie pavée et fort dure.

CH. C. *Comment la ville d'Ardre fut premièrement construicte, et comme elle print son nom,*

Le lieu où à present demeure et converse le peuple de la ville d'Ardre estoit jadis à usaige de pasture et peu habité. Toutesfois y avoit ung brasseur ou vendeur de servoise ou cabaret, qui demeuroit emmy ceste pasture, assez près du chemin, en ung lieu où est presentement le marchié de ladicte ville : auquel lieu les gens ruraux et mal conditionnez, pour la grandeur et estendue d'icelluy, se trouvoient ensemble pour boire et eulx enyvrer. Ce mesmes lieu, qui encoires n'avoit nom propice, estoit communément appellé par les habitans du pais *Arde*, à cause qu'il estoit

ignorans quid aut quemadmodùm se indueret, tunicam inversam vestivit. Sicque cùm ad patrem perveniret, et inversâ eum, hoc ipsum ipso ignorante, vestitum tunicâ conspicerent[1] socii, ab inversâ tunicâ (ut jam diximus) vulgali nomine eum *Crangroc* vociferantes inclamaverunt. Undè usque hodie propter hanc causam eum *Crangroc* appellatum cognovimus et denuntiamus.

Herredus igitur, acceptâ uxore suâ Adelâ, ut in terram Ghisnensem pervenit, ad consilium venerandi præsulis viriliter se habuit, et apud Selnessam, ubi uxoris suæ prædecessores et ipsa sua uxor priùs manserant, manere cœpit; et Ghisnensi Comiti Eustacio, mediantibus amicis suis et parentibus et Morinensis civitatis præsule, reconciliatus, hominio ei super quibusdam tenementis[2] Ardeæ adjacentibus ritè exhibito, amorem ejus et gratiam demum recuperavit. Mansit igitur Herredus (ut jam diximus) apud Selnessam inter silvam et mariscum, in eo loco ubi usque hodiè inveniuntur (170) quasi reliquiæ gentilium, rubeæ videlicet tegulæ, testæ vasorum minii coloris, et fragmenta vasculorum vitreorum, ubi nunc sulcante aratro reperitur pira,[3] sive via dura et lapidea à marisco in silvam calcata.

CAP. C. *Quomodò villa Ardeæ primò constructa est, et undè nomen accepit.*

Locus autem qui nunc Ardensium populoso frequentatur accessu, pascuus erat et raro cultus habitatore. Mansit tamen in medio agri pascui, secus viam, in loco ubi nunc Ardeæ forum rerum frequentatur venalium, quidam cervisiæ brasiator[4] vel cambarius; ubi rustici homines et incompositi ad bibendum vel ad cheolandum vel etiam herkandum[5] propter

---

[1] L. conspiceret. — [2] V. tenimentis. — [3] P. V. L. pita.
[4] L. brassator. — [5] P. V. L. herliandum.

à forme de pasture, et que jusques à une montaine que l'on nomme au pais *Agomelinde*, c'estoit lieu de pasture : et disoient l'un à l'aultre les bergiers et aultres qui avoient acoustumé eulx trouver en ce lieu, duquel ilz ne scavoient le nom ou pareillement du tavernier : Allons allons ensemble en Arde; c'est à dire selon la langue du pais, en ceste pasture. Et deppuis que ceulx des lieux estrangers y eurent hanté et conversé, commencerent à eulx y amasser tellement, que en fin, au moien de l'affluence tant des estrangiers que de ceulx du pais, ce devint ung villaige. Et quelque temps ensieuvant, aulcuns marchans italiens qui alloient au pais d'Engleterre pour leurs affaires passoient par ce lieu; et après qu'ilz eurent demandé le nom qui leur fut exprimé comme dessus est dict, cuiderent que ceste ville eust nom *Ardée* : sy virent et percheurent ung oiseau que on nomme en latin *ardea*, et en francheois apellé *heron*, qui prenoit son vol vers la prairie du costé de nort; et lors les dictz Italiens qui povoient estre issus et natifz de ladicte ville d'*Ardée*, de laquelle Turnus estoit seigneur, s'escrierent à haulte voix, et tous ensemble nommerent ceste dicte ville *Ardre*, pour raison de la dicte cité d'Ardée, ou dudict oiseau qu'ils avoient veu voller.

Et le peuple ainsy multiplié en ce lieu d'Ardre, il aucmenta en grandeur et ample situation, en bonne famme et renommée; tellement que desia Herred se deliberoit d'y transporter ses edifices de Selnesse, et forteresse d'iceluy à peu pres close et avironnée de touttes pars d'ung maretz parfond et large, et de grants bois et espesse forest. Et aussy les aultres parents dudict Herred luy firent changier propos; sy demeura en son fort de Selnesse aveucques madame Allix sa femme, où il vesquit planturensement en habondance de biens et de richesses.

agri pascui largam et latam planitiem convenire solebant. Ille autem adhuc sine nomine locus, eò quòd usque ad montem qui *Agemelinda*[1] ab indigenis nomen accepit pascuus erat, denominativè à pasturà (ut aiunt incolæ) in vulgali dicebatur *Arda*. Dicebant enim pastores ad[2] invicem, et alii qui illuc convenire consueverant nomen tabernarii vel inhabitati loci ignorantes, alteri alteros instigantes et ad ludendum provocantes : « Eamus, eamus, et conveniamus in « pasturam, hoc est, in Ardam. » Posteà verò convenientes in eodem loco alterius incolatûs homines ibi[3] manere cœperunt. Crescentibus autem ibi populis indigenis simul et advenis, locum habitationis in villam tandem contraxerunt. Postmodùm autem transitum per eumdem locum facientes quidam Italici ut in Angliam suam facerent negotiationem, cùm interrogassent et audissent nomen loci, putantes villam *Arduam* vocatam, respexerunt et viderunt volucrem quamdam, videlicet ardeam, versùs mariscum ad aquilonem volitantem. Exclamantes igitur Italici ab Ardeâ civitate[4] Turni oriundi et egressi, à suæ civitatis nomine vel ab ardeâ quam viderant (171), loco nomen hoc indiderunt, *Ardea*.

Multiplicato itaque ibi populo, crevit loci magnitudo, crevit villæ situs et amplitudo, crevit et Ardensis nominis bonitas et fama ; adeò ut Herredus jamjam à Selnessâ illuc sua transferre disposuit ædificia. Sed cùm Furnenses Selnessensis situm loci et munitionem circumquaquè ferè marisco spatioso et profundo silvarumque densitate circumcinctam et conclusam considerantes, aliique parentes ejus et amici, utpote viri fortes et bellicosi, ausim dicere Blavotinorum patres et auctores, ipsum Herredum ab illo revocarent proposito, remansit in suà firmissimâ Selnessâ cum uxore suà Adelà, in divitiis deliciosè vivendo.

---

[1] D. B. Agemel. L. Agomelinda. — [2] L. ad se invicem.
[3] L. et ibi. — [4] L. tum.

ᴄʜ. ᴄɪ. *Comment aulcuns contre vérité dirent que Herred estoit natif*
de Pepelinghes.

Mais il convient entendre que combien qu'il soit assez congneu
et dict pour certain, que véritablement le dict Herred soit natif
de Furnes, ainsy que l'histoire dudict lieu le tesmoingne, toutesfois que aulcuns qui gueres n'ont eu de congnoissance de son
estat, et lesquels ignorans la vraie histoire, soubz couleur de
quelque fable abusans de verité, ont voulu dire et maintenir que
ledict Herred estoit natif de Pepelinghes aupres de Calikelle. Et en
murmurant contre les anciens qui de ce ont parlé à la verité, ont
dict que jadis en ce lieu de Pepelinghes y avoit ung homme riche
seigneur de la ville nommé Ernoul, que on disoit avoir eu deulx
enfans, assavoir Herred et Haket; et que du dict Herred seroient
générallement procédé les sieurs d'Ardre, et du dict Haket les
sieurs de Pepelinghes; que après le trespas dudict Ernoul, ses
dicts deulx enfans auroient divisé entre eulx l'heritaige de leur
pere, et mis leurs francqz alleuz en deulx parties, non pas egalles:
car Herred, filz ainé, auroit eu la plus grande, et le dict Haket
la moindre comme puisné. Disoient encoires que ces deux freres
auroient esté fort traveilliez par les contes de Guisnes et de Boullongne, et de chascun d'eulx, pour en signe d'obéissance leur
faire hommaige à cause de leurs terres; et que Herred qui n'avoit
obtemperé ny à l'ung ni à l'aultre, se seroit subit tiré vers l'evesque de Therouenne et de lui prins à tenir à tiltre perpetuel et en
fief, tout ce qu'il avoit en la seigneurie de Peupelinghes, fust en
terre labourable ou en disme; que l'aultre, assavoir Haket, auroit
plus cremeu les hommes que Dieu, et contre le gré de son frere se
seroit aprochié du conte de Boulongne, auquel il auroit faict hommaige, et de luy tellement quellement prins à tenir sa terre en
fief, en la presence de son dict frere qui de tout son pooir y con-
tredisoit, pour ce que le droict universel de toutte la justice, auctorité et seigneurie de Pepelinghes luy appartenoit : et neanlmoins
que la seigneurie de ceste portion de terre qui par la tirannie du
conte de Boulongne, incapable d'avoir ce nom de conte, ainsy
sustraicte et ostée au dict Herred, mesmes à nostre Seigneur Dieu

CAP. CI. *Quòd fuerunt quidam falsarii qui dixerunt Herredum de Pepelinghis oriundum.*

Sed sciendum est quòd quamvis Herredum de Furnis oriun-dum verissimè, sicut chronicalia Furnensium protestantur scripta, cognovimus et pro certo asserimus[1], fuerunt tamen aliqui, quibus quasi parva de Herredo monimenta reliquit antiquitas, qui[2] de Herredo veritatis ignorantes historiam, propter quoddam verisimile poeticis quibusdam figmentis verum obnubilantes et involventes, assererent et dicerent; ipsum Herredum de Pepelinghis juxta Calquellam esse oriun-dum. Dixerunt enim, nobis, immò veriloquis patribus, immur-murantes; quòd fuerit quondam apud Pepelingas quidam dives ejusdem villæ dominus, nomine Hernulphus, qui duos dictus erat habuisse filios, Herredum et Hackum[3], et ab Herredo Ardensium dominos, et ab Hacko Pepelingensium Hacketeos[4] sumpsisse generationis exordium. Mortuo autem Hernulpho diviserunt filii hæreditatem patris et allodia in duas non tamen æquales portiones; major pars cessit Herredo utpote majori natu, minor verò Hacko juniori. Isti verò duo fratres cùm constantissime constringerentur, hinc à Ghisnen-sium Comite, hinc à Boloniensi, ut de prædiis suis facerent et ipsis in subjectionis signum exhiberent hominium, major natu[5] Herredus neutri Comitum se inclinans aut consentiens, ad Morinensis ecclesiæ episcopum subito cursu permeavit, et ab eo quicquid in Pepelingarum dominatione possidebat, sive terram sive decimam, perpetuum et hæreditarium recepit in feodum. Alter verò videlicet Hackus, magis homines reveritus quàm Deum, invito fratre ad Boloniensem Comitem convola-vit, et ei hominio exhibito, ab eo terram suam (fratre suo Herredo præsente et hoc ipsum omninò contradicente, eo quòd totius[6] terræ Pepelingarum comitatus ut[7] universi juris[8]

---

[1] L asseruimus. — [2] L. P. quoniam. — [3] L. Hacero.
[4] L. Haceretcos. P. D. Hacketos. — [5] V. major natus.
[6] P. D. totus. — [7] P. V. O. D. et. — [8] P. viris.

et à l'evesque de Therouenne, deppuis par la benignité, largesse et pitié d'ung aultre conte nommé Eustache, mary de ceste saincte femme et dame Yde, contesse de Boulongne, auroit esté donnée aulx relligieulx de Cluny, pour construire et ediffier la prioré de Wast.

Oultre disoient que Herred, sieur de Pepelinghes estoit tant avaritieux et estroit, que sans avoir regard à une telle seigneurie qu'il avoit, pour esparnier sa vesture il portoit sa robe chainte à l'envers, et conduisoit la queue de sa charue : au moien de quoy les paisans en luy improperant l'avoient nommé *Crangroc,* c'est à dire vestu à l'envers. Et sy est bourde de dire soubz umbre de aulcune apparante verité, que le dict Herred soit parvenu à la seigneurie d'Ardre par femme.

CH. CII. *Les moiens de contredire à ceulx qui contre verité maintiennent les choses dessus dictes.*

En ceste forme et maniere faindirent et alleguerent bourdes et mensonges les haineulx et parties adverses de ceulx de la noble maison d'Ardre, en meslant verité aveucq fables ; et par ce moien les maintiennent veritables. Mais fault que ces mathieres soient traictiez chascune en son lieu, et que ceste fable passe par oreilles legieres et vaines ; et ne doibt cheoir en entendement de gens saiges et discretz de prendre choses douteuses pour certaines, ne quelques choses faintes pour veritables, combien qu'elles soient colloréez de verité. Or doncques Herred qui estoit digne d'estre nommé Hercules, comme il a esté dict cy dessus, n'estoit nommé par ceulx de sa nation Herred, mais estoit appellé Herbert. Sy ne luy fault atribuer ce nom de *vestu à l'envers* pour ce qu'il auroit espargnié ses vestemens, mais pour la mesprison du cas cy devant touchié. Et jamais en procedant de bon ordre et jugement raisonnable, la faculté d'enquerre et scavoir la verité et certitude

et dominationis potestas ad ipsum pertinebat) quomodò potuit, in feodum recepit. Sed et hujus portionis terræ dominationem, quam Boloniensis Comitis nec nomine quidem digni Herredo immò Domino Deo et episcopo quandoque surripuit et sustulit immanitas, Boloniensis Comitis alterius religiosissimi, videlicet Eustacii sanctissimæ dominæ et matronæ Idæ (173) viri, posteà Cluniacensibus monachis in ædificationem monachalis cellæ vel prioratûs apud Wastum pia demum contulit et larga benignitas.

Illum autem Herredum Pepelingarum dominum tam parcum tamque[1] tenacem extitisse asserunt, quòd stivam aratri vel caudam producendo, tantæ dominationis immemor, tunicam propter vestium parcitatem inverteret atque succingeret. Undè et ab inversâ tunicâ nomen ejus[2] haud immeritò blasphemantes agricolæ, ipsum vulgali nomine *Crangroc* nominaverunt. Hunc ergo Herredum ad Ardensium dominationem lege matrimonii quandoque accessisse verisimiliter referentes mentiuntur.

CAP. CII. *Confutatio eorum falsa opinantium.*

Sicsic verum fabulis quasi veris involventes Ardensis nobilitatis argumentantur æmuli. Sed et hæc in sua loca abeant, et hujuscemodi fabula tenues vanescat[3] in auras[4]. Absit igitur à mentibus sanè credentium, ut dubia pro certis immò ficta qualiacumque qualicumque vero involuta pro veris suscipiamus. Sanè cùm Herredus noster dignissimè nominandus Hercules, ne[5] Herredus quidem apud suos (ut jam diximus) sed Herebertus nominatus est; sed nec ab inversâ tunicâ propter vestium parcitatem, sed propter fortuitum (ut jam memoravimus) rei eventum, nominationem accepit. Nec enim recto procedente ordine aut judicio, sciolis et verum æmulantibus data est unquam aut dabitur veritatis

---

[1] B. D. tenuem. — [2] P. V. L. aut. — [3] L. vauescet.
[4] P. V. aures. — [5] P. O. D. nec.

des choses n'a esté donnée à gens qui pensent biaucoup scavoir et ne scavent gueres, et veulent calumpnier verité ; mais à gens gratieux et de bon voloir sans tache ne maculle du mauvais pechié d'envie, et qui veulent ensieuvir par droicte voie les anciens qui ont dict verité.

Et adfin de povoir sieuvir choses vraies et continuer en propos et dictz veritables, comme il est desja devant dict, ledict Herred estoit descendu de lignée génération et noblesse de ceulx de Furnes, et sa residence et demeure estoit Selnesse. Et luy menant vie plaisante et paciffique audict lieu de Selnesse, ainsy qu'il est dict cy dessus, de luy et Allix sa femme procederent deulx filles. La premiere fut comme sa mere nommée Allix, fille aisnée, fut alliée par mariaige à Eustache de Fiennes dict l'ancien : et la seconde à messire Robert surnommé *putepelice*, qui fut l'estocq et souche de ceulx d'Alembon ; auquel succeda ung nommé Wyon qui morut devant Guisnes en une guerre que luy et ceulx d'Ardre faisoient au conte de Guisnes ; et audict Wyon, le second de ce nom qui par l'auctorité de Manasses conte de Guisnes fut condempné à mort ; auquel Wyon second succeda pareillement ung aultre nommé Wyon tiers du nom, qui fut pere de Wyon l'aisné et Wyon le josne : et après plusieurs controversies menez tant pardevant juges d'Eglise que seculiers entre ces deux freres tous deulx appellez Wyon, finablement ledict Wyon le josne, après la mort de son frere, demoura heritier et seigneur d'Alembon.

CH. CIII. *Comment après le trespas de Herred, Alix sa femme se maria à Elbon de Berghes.*

Petit de temps ensieuvant, Herred alla de vie par trespas : et ne demoura Alix longuement vefve ; mais par le conseil de l'evesque de Therouenne et aultres ses amis et parents, elle qui plus ne se debvoit marier, se maria derechief à ung gentilhomme frere du chastelain de Berghes. nommé Elbon. Et la premiere nuict qu'elle coucha aveucques luy, comme l'on dict, conceut ; et deppuis delivra ung filz nommé Arnoul, aultant noble de vertu que de sang,

cujuspiam certitudinem investigandi facultas, sed piis et be-
nivolis[1], sine labe et contagione tabescentis invidiæ vérilo-
quos patres recto tramite prosequentibus.

Herredus igitur, ut verum vero prosequamur eloquio et
testimonio, sicuti jam præmisimus, nobilitate[2] et sanguinis
natione Furnensis, incolatûs autem[3] habitatione factus Selnessensis, cùm in tranquillâ pace et in deliciis (juxta quod
de eo superiùs diximus) apud Selnessam viveret, cognitâ
uxore suâ Adelâ genuit ex eâ duas filias; primam à nomine
matris Adelam, alteram verò Adelidem nominatam. Quarum
prima Eustacio hujus nominis primo, senis Eustacii de Fielnis patri, legitimo copulata est matrimonio. Secunda Elem-
boniensi domino Roberto cognominato *Putepeliche* (174),
Elemboniensium patri et auctori. Cui successit Wido ante
Ghisnas, eo quòd Ghisnensem Comitem cum Ardensibus in-
festabat, interfectus. Cui etiam Wido secundus, quem Comes
Ghisnensis Manasses capitalem fecit subire mortis sententiam. Cui tertius quoque Wido, pater videlicet majoris Wi-
donis et junioris. Sed post multas inter duos Widones altercationes tam in ecclesiasticis quàm in sæcularibus curiis,
tandem majore Widone mortuo, remansit (175) Wido junior[4]
Elembonensium hæres et dominus.

CAP. CIII. *Quomodò Herredo mortuo Adela Bergensi Elbodoni
desponsata est.*

Paucorum itaque dierum transcurso spatio, Herredus
mortuus est. Et Adela non per[5] multos dies remanens vidua, ad consilium Morinensis episcopi et aliorum amicorum
suorum, cuidam viro nobili Bergensis castellani fratri Elbo-

---

[1] L. benevolis. — [2] L. nobilitatis. — [3] P. V. L. aut.
[4] L. minor. — [5] P. D. post.

et homme beau, aveucques aultres filz et filles ; desquels ne sera parlé à present, sauf dudict Arnoul, dont on traictera plus amplement cy après.

CH. CIV. *Comment Elbon demourant à Selnesse fist ung vivier et ung moulin.*

Elbon qui avoit ja passé sa jeunesse et comme à demy eage, se print à esjoir en sa noble et féconde lignie; mais congnoissant que de plus en plus il declinoit et devenoit ancien, se retira des joieusetez et passetemps de ce monde, et demoura en sa maison de Selnesse aveucques sa famille; où comme saige et bien advisé, il mist ordre en son affaire, et devint bon mesnagier. Et tant que possible luy estoit, ne eslongeoit le pais, mais le plus du temps se tenoit en sa dicte maison de Selnesse aveucques sa dicte femme, enfans et serviteurs; lesquels benignement et par grant soing et cure il instruisoit en bonnes meurs; se transportoit, alloit et venoit dilligemment sur les fins et limites de son pais, pour la conservation du bien de luy et de ses subjects. Et pour ce qu'il avoit aulcunes fois entendu que Herred son predecesseur avoit tenu quelque propos de transporter ses ediffices de Selnesse à Ardre, et illecques faire demeure et residence nouvelle, ledict Elbon esmeu de semblable volloir fist escharter ung lieu plain d'aulnois, deppuis la fontaine S. Folquin jusques au pourpris de la primitive eglise paroissial Monsr sainct Omer, audict lieu d'Ardre : et estoit ledict lieu nommé la fontaine S. Folquin, parce que jadis ce vénérable confez Monsr sainct Folquin evesque de Therouenne, en visitant comme bon pasteur les lieux et eglises de son eveschié, se reposa et y fist sa station. Et au meillieu d'une petitte praerye fist icelluy Helbon avant toutte œuvre dresser ung hurt de terre à forme d'ecluse. Au moien de quoy retint et fist ensemble convenir et eslever les eaulx procedans de ladicte fontaine S. Folquin et aultres ruissiaulx, et fist ung grant estancq et vivier, et y fist par grant subtillité construire

doni, ampliùs non nuptura, nupsit. Quæ primâ (ut aiunt)
nocte cognita viro mox concepit et peperit Arnoldum non
minùs animo quàm genere nobilem atque spectabilem, aliosque filios et filias. De quibus, Arnoldo tamen locum accommodantes, quoniam de eo in sequentibus latiùs tractaturi
sumus, scribere supersedemus.

CAP. CIV. *Quomodò Elbodo apud Selnessam manens vivarium constituit*
et molendinum.

Elbodo igitur nobilis [1] prolis fæcunditate jocundatus,
inter virilem ætatem et senium ferè constitutus medius, cùm
proclivem magis et magis in [2] senium ætatem jam sentiret
sibi appropinquantem [3], postquàm sæcularibus ludicris
abrenunciavit et torniamentis, in domo apud Selnessam et
circa domum cum familiaribus et circa familiam residens et
intendens, in rebus suis disponendis fidelis extitit et prudens
procurator et provisor. Undè et à patriâ se nullatenus, in
quantum deferre sive differre potuit, elongare voluit. Sed
plerumquè apud Selnessam cum uxore suâ et familiâ moram
faciens, piâ sollicitudine liberos salutaribus instruebat documentis, aut in rerum suarum procuratione provisoriâ sollicitudine fines suæ deambulabat terræ, pro sui honoris non
minùs quàm suæ gentis conservatione. Sed quoniam à domesticis suis quandoque audivit, prædecessorem suum Herredum accepisse in proposito ut à Selnessà apud Ardeam sua
transferret ædificia, et ibi novam ædificaret mansionem, et
ipse simili quoque correptus voluntatis intentione, extirpato
alneto à fonte S. Folquini (ibi enim requievit olim venerandus confessor Morinensis ecclesiæ pontifex, dum episcopatùs sui partes et ecclesias pius pastor more pastorali visitaret et circuiret sanctus Folquinus) usque ad pedes atrii
primitivæ matris ecclesiæ S. Audomari Ardensis, ibi in
primis clusam sive terreum molis dorsum in medio maris-

---

[1] V. P. D. nobili. — [2] D. B. ad. — [3] P. D. approximantem.

ung vivier, et asseoir ung moulin sur la rive de la dicte escluse du costé vers la ville.

CH. CV. *Comment Arnoul filz Elbon, premier seigneur d'Ardre, engendra Raoul qui fut chanoine, et deppuis ung aultre nommé Libert qui fut chief des Bottez; et de la mort de Alix dame de Selnesse.*

Quant Arnoul filz audict Elbon venoit de joustes et tournois où il print sa gloire et y estoit du tout enclin, luy estant de sejour à l'hostel de son pere passoit le temps comme font jonnes gens; et print son plaisir aveucques une jeune fille de S. Omer, de laquelle il engendra ung filz nommé Raoul qui deppuis fut chanoine de S. Omer et Ardre. Cestuy Raoul engendra pareillement ung filz nommé Raoul qui fut renommé et vaillant chevallier; lequel deppuis delaissa l'amitié qu'il avoit à ceulx d'Ardre; lesquels aveucques Philippes filz du sieur d'Ardre, il travailla et fist la guerre à l'aide d'ung nommé Regnault de Sainct Wallery; et jusques à ce qu'il eust recouvré leur amitié et qu'il fut d'accord à eulx, les pilla et mollesta souvent. Sy engendra encoire le dict Raoul chanoine ung filz nommé Eustache, aussy chanoine d'Ardre, aveucques Gaultier surnommé le chevallier, pere de Raulin Dubois. Engendra aussy une fille nommé Eve, et Allix qui fut mere, si on le veult savoir, de celluy qui a faict ceste cronicque et histoire. Et un jour que le dict Arnoul filz Elbon retournoit du païs d'Engleterre, en passant par Bochorde trouva une très belle fille qu'il congnust charnellement, et d'elle engendra ung filz nommé Libert, pere d'ung nommé Drogo de Boch, dont issy Eustache de Boch, qui fut pere à Willay de Bocht, lequel espousa Anez fille de Guillaume de Colvede. Et certain temps ensieuvant Allix dame de Selnesse alla de vie à trespas; laquelle fut honorablement inhumée au chimentierre de l'eglise S. Omer d'Ardre, ainsy qu'elle debvoit et que en son vivant elle avoit ordonné.

culi[1] constituit ; ubi congregatis à fonte S. Folquini et à fontibus aliis aquis, et collectis atque retentis, vivarium fecit profundissimum ; et in propiore villæ margine clusæ, quantâ potuit calliditate et rerum providentiâ, molendinum fabrefecit et adaptavit.

CAP. CV. *Quomodò Arnoldus filius ejus, primus Ardensis, dominus nominatus, genuit Radulphum canonicum et Libertum Bothetcorum patrem et auctorem ; et de morte Adelæ Selnessæ dominæ.*

Arnoldus autem filius ejus à torniamentorum gloriâ, cui totus inhærebat, quandoque rediens in patriam ad patrem, ut juvenilis illa assolet ætas, cum quâdam Audomarense puellâ pulcherrimâ lusit et illusit ; et ex eâ genuit Radulphum Audomarensis et Ardensis ecclesiæ posteà canonicum. Ille verò Radulphus genuit Radulphum militem fortem et nominatum, qui posteà ab amore separatus Ardensium, cum Philippo Ardensis domini filio ipsos Ardenses, auxilio Reinaldi de Sancto Walarico, infestavit, et eorum prædas, quoad ipse amorem eorum recuperavit et ipsis denuò reconciliatus fuit, sæpiùs abduxit. Genuit etiam supra taxatus Radulphus canonicus Eustacium (176) Ardensis ecclesiæ canonicum ; et Walterum cognomento militem, patrem Raulini de bosco sive de nemore ; et Evam ; et Adelam (si non pigeat auscultare) vobis[2] ista referentis matrem. Cùm autem redîsset iterum idem Arnoldus ab Angliâ in patriam, et venisset per Bokerdras[3], invenit ibi[4] præstantissimæ formæ puellam, quam cùm devirginasset, genuit ex eâ Libertum patrem Drogonis Bothetci, qui genuit Eustacium Bothetcum patrem Villani Bothetci qui duxit Agnetem filiam Willelmi de Colvidà in uxorem. Posteà verò Selnessensis domina mortua est Adela ; et ubi priùs elegit et debuit, in cœmeterio S. Audomari Ardensis honorificè est sepulta.

---

[1] L. marisci. — [2] P. V. L. nobis. — [3] P. Bokeodras. O. B. Bokerdas.
[4] P. V. L. sibi.

CH. CVI. *De la chapelle de S. Quentin de Cappelhove.*

Après que l'eglise ou le lieu où résident à present les relligieulx d'Ardre fut construit et le chimentierre faict, la petitte chapelle de S. Quentin qui est en ung lieu jusques à present nommé Cappelhove et le chimentierre d'icelle où les anchiens de Selnesse avoient esleu leur sepulture, fut delaissié sans estre habité de p̄bres ne gens lais : et deppuis le temps dessus dict demoura desert sans estre frequenté comme il estoit auparavant, et sans apparence que precedentement y eust lieu de devotion, sauf que au plus fort espez lieu l'on treuve grandes pierres faictes en forme d'autel, sans estre joinctes ne machonnéez, et sur icelles aulcunes figures et ymaiges de saincts fort anchiennes. Et en ce petit lieu de ancienne devotion délaissié, desollé, entre ronces et fortes espines conversa deppuis un sainct hermitte, nommé Abraham, qui baptisa le filz du sieur de Noirhout desja aegié de dix ans , lequel par la negligense de ses parens estoit jusques alors demouré sans batesme souillé de la maculle des païens, et lequel tant qu'il vesquit fut appellé à ceste cause le paien de Norhout. Et pour l'horreur des crapaulx, laisars, et aultres bestes ordes et venimeuses, ledict sainct hermite se retira audict lieu de Selnesse, au plus parfont de la forest, en ung lieu plus secret et plus net et plus seur, que l'on nomme Dickouch, où il fut jusques à la fin de ses jours. Et apres luy vindrent en ce lieu de devotion deulx sœurs religieuses de la chapelle Nostre Dame, qui demeurerent illecques quelque espace de temps menans vie saincte et sollitaire, tant et jusques à ce que, pour raison de l'ordure et vermine qui y estoit, et par necessité qui à ce faire les constraindit, elles retournerent d'où elles estoient venues.

CAP. CVI. *De capellá S. Quintini de Cappelhová.*

Porrò S. Quintini capellula, quæ erat in loco qui usque hodie dicitur Cappelhova, et ejusdem capellulæ atrium ubi antiqui Selnessenses sepeliebantur, constructâ apud Ardeam eâ quam nunc inhabitant monachi ecclesiâ et cœmeterio facto, nullâ cleri vel populi frequentatione colebatur. Ab illo enim tempore remansit locus ille desolatus et nullis hominum accessibus frequentatus, et nullum remansit[1] ibi antiquæ venerationis et religionis vestigium; nisi quòd inter condensa silvarum inveniuntur ibi magni lapides in modum altaris dispositi[2] et sine cæmento conjuncti, et super altare vetustissimæ sanctorum imagines et figuræ. Posteà verò in hoc antiquæ religionis locello, inter condensa veprium et spinarum relicto solo et desolato, conversationem habuit quidam sanctissimi nominis heremita nomine Abraham, qui[3] Northoutensis domini filium jam decennem, et sine baptismo patrum[4] negligentiâ ad gentilis imitationem squaloris adhuc permanentem, et usque ad hoc et ob hoc *paganum* vocatum, baptizavit, et eum nomine suo vocavit Abraham. Qui tamen[5], quamdiù vixit, *Paganus* de Northout[6] vocatus est. Post hæc autem, postquàm ille sanctissimus heremita, propter ranarum, bufonum, et lacertarum, et aliorum immundorum vermium horrorem et immunditiam, quasi in secretiorem et mundiorem atque securiorem locum confugiens, apud Selnessam in condensitate nemoris, quod[7] usque hodie dicitur Dickebuch, usque in finem dierum suorum latitavit, venerunt ad prætaxatum sanctissimæ venerationis locellum duæ religiosæ sorores de Capellâ B. Mariæ, et locum per aliquot annorum spatium, ut sanctimoniales heremiticam vitam et solitariam ducentes, occupaverunt et inhabitaverunt; donec propter vermium horrorem et immunditiam, ipsæ quoque, necessitate urgente, ad locum undè venerant repedaverunt.

[1] P. D. illi. — [2] P. V. dispositæ. — [3] P. V. D. Norhoutensis.
[4] *Nonne* parentum ? — [5] L. tandem. — [6] P. V. D. Norhout. — [7] P. que. O. qua.

CH. CVII. *Comment ceulx de Fiennes et d'Alembon demanderent leurs francqs alleux à ceulx d'Ardre, et de la mort de Elbon.*

Après le trespas de madame Alix, et que son corps fut inhumé, ceulx de Fiennes et de Allenbon se tirerent par devers Elbon et ses enfans, aulxquelz ilz requirent d'abvoir leur portion des francqs alleux qui leur debvoient appartenir de par la dicte Allix, dont ilz estoient dessenduz. Mais Elbon et ses enffans respondirent que de par la dicte Allix n'avoient aulcuns francqs alleux, et que jadis elle avoit prins à tenir en fief tous ses alleux de l'evesque de Therouenne. De laquelle response ceulx d'Alenbon se contenterent assez; et au regard de ceulx de Fiennes, ilz s'en retournerent mal contens. Néanlmoins s'abstiendrent pour aulcun temps de faire querelle. Et deppuis, Elbon desja ancien et fort aegié, en paiant le deu de nature deceda de ce monde, au grant regret, pleurs et gemissemens de ses amis, tant ceulx de Berghes que d'Ardre : et fut son corps inhumé joignant de la muraille de l'eglise d'Ardre. Or ne sera icy faict mention de tous les filz et filles d'Elbon, sinon sur le dict Arnoul, sur lequel se continuera le propos commencé.

CH. CVIII. *Comment Arnoul filz Elbon fut seneschal de Boullenois pour Eustache conte de Boullongne, et sieur de Hennin et Lecluse.*

Ledict Arnoul qui après le trespas de son pere Elbon fut promeu à la seigneurie d'Ardre, voulut aller de touttes pars circuir regions et provinces, là où il se conduist aussy vertueusement comme un Hector, et comme s'il voulsist partout crier à double voix aveucques vaillant chevallier Thideus, alarme, alarme, compaignons ! Et jamais ne se vantoit d'avoir acquis lotz ou pris aulx joustes et tournois [1]; et tant fist qu'il se donna à congnoistre à mainte region, tellement qu'il fut tres familier et agreable à Eustache conte de Boullongne, et à sa tres noble lignée, assavoir Gaudefroy et Bauduin.

---

[1] Lambert dit qu'Arnoul ne croyait avoir acquis aucune gloire dans un tournoi, si tout l'effort de la lutte n'avait pesé sur loi seul.

CAP. CVII. *Quomodò Fielnenses et Elembonienses ab Ardensibus sua requisierunt allodia, et quomodò Elbodo mortuus est.*

Mortuâ igitur Adelà et sepultâ, accesserunt ad Elbodonem et ad liberos ejus Fielnenses et Elembonienses, de allodiis quæ ex parte Adelæ, à quâ originem duxerant, sibi contingere debebant, portionem quærentes. Sed cùm Elbodo et sui se nulla habere vel obtinere Adelæ allodia, cùm Adela dudum omnia allodia sua à manu Morinensis episcopi in feodum suscepisset [1] (ut jam diximus), omnino dicerent et constanter assererent, Elemboniensibus acquiescentibus, Fielnenses immurmurantes et ad tempus sustinentes in locum suum recesserunt (177). Postmodùm autem Elbodo ætate maturus, senio confectus et plenus dierum, universæ carnis viam ingressus migravit à sæculo. Cujus corpus juxta maceriem templi S. Audomari Ardensis, non sine lacrymabili suorum tam Bergensium quam Ardensium fletu et planctu, sepultus est. De omnibus igitur ferè filiis Elbodonis et filiabus, quasi non fuerint, omittentes, soli Arnoldo (ut dignum et justum est) obsecundantes, quod concepimus prosequamur.

CAP. CVIII. *Quomodò Arnoldus filius ejus senescalus factus est Comitis Boloniæ Eustacii, factus etiam dominus [2] Hinniaci et Exclusæ.*

Arnoldus itaque patre suo Elbodone jam defuncto, postquàm in Ardensis promotus est dominationis honorem, Hectorino animo circumquaque provincias circuivit et regiones, et quasi ubique clamans ingeminet [3] cum Tydeo (178): *Arma, arma, viri!* nichil in torniamentis se adeptum esse profitebatur laudabile, nisi in se ipsum solum torniamentorum conversum prædicaretur pondus et gloria. Torniamenta ergo diligendo et ardentissimè frequentando multis in regionibus notus, Boloniensium Comiti Eustacio, nobilissimæ prolis Eustacii videlicet Godefridi et Balduini auctori et patri, no-

___

[1] P. V. L. suscepta. — [2] O. Hynniaci, P. Summaci. — [3] P. L. ingeminat.

Et à cause de l'experience et science apparente qu'il avoit au faict de la guerre, et aussy de sa vertu, temperance, et sapience, le dict conte Eustache le institua seneschal, bailly, et garde de la justice de tout son pais. En l'exercice duquel office ledict Arnoul ne acquist seullement la grace du conte et de ses subjectz, mais fut agréable aulx rois de France et d'Engleterre, et aultres en terre estrange. Toutesfois il n'oublioit sa ville d'Ardre ; car tout ce qu'on lui donnoit ou qu'il conquestoit en aultruy pais, il le mettoit en emploie par grant entente en la dicte ville et lieux prochains d'icelle.

Or tenoit lors le conte Eustache de Boullongne, Lens, Hennin Lietard, et Lecluse aupres de Douay : toutesfois n'avoit en son domaine les dictz lieux de Hennin et Lecluse, et y avoit seullement l'hommaige. Et pour ce que ceulx des dictz lieux de Hennin et Lecluse se monstroient rebelles et desobeissoient audict conte, et ne vouloient estre de sa subjection, iceluy conte Eustache, après avoir prins et receu la foy et hommaige dudict Arnoul sieur d'Ardre son seneschal, et en remuneration de son service, luy donna et baillia à tiltre perpetuel et en fief, tout le droict qu'il avoit esdictz lieux de Hennin et Lecluse. Et en ensieuvant ce, Eustache sieur de Hennin et Bauduin sieur de Lecluse firent foy et hommaige audict Arnoul, selon le vouloir dudict conte de Boullongne. Mesmes aulcuns habitans des villaiges d'Hennin et Lecluse et de environ la ville de Douay, à cause qu'ilz trouvoient ledict Arnoul bon seigneur, à eulx propice, de leur volunté et sans contraincte se tirerent devers luy à Ardre, où ils demeurerent à tousjours aveuc les aultres subjectz dudict lieu. Mais quand aulcunes fois ceulx d'Ardre avoient parolle et debat à eulx, pour les injurier les appelloient avollés et gens de serve condition, en les improperant de parolles villaines. Et de ce procede que les heritiers et successeurs dessus dictz, pour raison de ce injustement et sans cause leurs predecesseurs en tenchon et oprobre seullement auroient estez appellez serfs, ont acquis ce nom scandaleux et villain.

tissimus fuit et familiarissimus. Undè propter eminentem
ejus in militià fortitudinem, temperantiam, atque sapientiam,
eum in loco suo universæ terræ suæ[1] senescalum[2] et justitiarium (179) sibi substituit atque ballivum. In cujus minis-
terii officio, non tantùm populis et Boloniensium Comiti[3],
sed et regibus Francorum videlicet et Anglorum aliisque terrarum principibus et Ducibus carus fuit, notus et gratiosus.
Sic autem principabatur in terrâ alienâ, ut non oblivisceretur
quomodò sua se haberet Ardea. Nam quæcumque in extraneis partibus acquisivit munuscula, loco et tempore summâ
cum devotione in suæ collocavit terræ et Ardeæ viciniâ[4].

Comes autem jam dictus Eustacius Lensim (180) tenebat,
et Hinniacum Letardi, et Exclusam juxta Duacum. Sed cùm
in Hinniaco et in Exclusâ nichil proprium haberet idem Comes Boloniæ, præter[5] homagium (181), et Hinniacenses et
Exclusenses efferi essent homines et Boloniensium principatui
superbi et rebelles, quicquid in Hinniaco vel Exclusâ juris
habebat senescalo suo Ardensi domino Arnoldo, hominio accepto, in servitii sui remunerationem in perpetuum concessit
ei et dedit feodum. Eustacius itaque[6] Hinniacensis dominus
et Balduinus de Exclusâ ei hominium fecerunt, et ad voluntatem Comitis Boloniæ ei[7] servitium spoponderunt. Undè et
quidam Hinniacensium incolæ et Duacensium necnon et Exclusensium ad ipsum Arnoldum, eò quòd propitium eum sibi
invenissent dominum, apud Ardeam sponte confluxerunt, et
ad nutum ejus cum Ardensibus perpetuam sibi habitationem
elegerunt. Sed dum contra illos rixarentur et decertarent
quandoque Ardenses, adventitios illos et servilis conditionis
obprobrio notabiles esse verborum objectione turpium im-
properaverunt. Indè est quod ipsorum hæredes et successores, propter solam olim factam patribus in irà et litigio im-
properii et obprobrii appellationem, licèt injustè et immeritò,
servorum nomen contraxerunt (182) et obprobrium.

---

[1] L. suæ *deest*. — [2] O. seneschalcum. V. senescalcum.
[3] D. populis Boloniensium Comitis. — [4] L. vicina. — [5] P. L. propter.
[6] L. quoque. — [7] L. et.

CH. CIX. *Comment Arnoul fist transporter tous ses ediffices de Selnessé*
à Ardre.

Ledict Arnoúl voiant que fortune luy rioit, et que tout luy venoit
à plaisir comme il desiroit, fist faire au petit maretz d'Ardre deulx
diverses escluzes auprès du moulin, distans l'une de l'aultre d'ung
ject de pierre. Entre lesquelles deulx escluzes, et au milieu de la
profondité de ce maretz fangeulx et plain d'eaue, assez près du pied
de la montaigne prochaine, il fist dresser et eslever ungne haulte
motte et dicque de terre, que il fortiffia et en fist ung lieu de deffense. Laquelle dicque et motte de terre aulcuns du pais maintiennent avoir esté acumulée et faicte par ung ours privé (non pas
celluy pourquoy a esté imposé le droict de fournage audict lieu
d'Ardre) ; qui est chose de grande industrie de ainsy privoiser bestes sauvaiges. Et sy dict on pour vray, que en ung lieu obscur et
secret d'icelle dicque y repose et est encloze une petite pierre en-
cassée en or fin, qui predestine et rend l'homme heureulx. Sy
avironna ledict Arnoul la closture de dehors de tres bon fossé, et
par dedens y encloit ung moulin. Et tost apres ledict Arnoul, selon
que son dict feu pere avoit jadis proposé, avoir abatu et rompu
tous ses ediffices de Selnesse, fortiffia la dicte motte et donjon
d'Ardre de pons, portes, et aultres ediffices necessaires. Et ledict
lieu et demeure de Selnesse demolly et rompu, et les matieres por-
tées audict lieu d'Ardre, delors en avant n'en fut plus de memoire,
ne du chastiau ne des ediffices : et ne fut question audict Arnoul
sinon de soy dire et nommer maistre et sieur d'Ardre.

CH. CX. *Comment Arnoul se alia à Mahault fille de Gefroy sieur de Marquise,*
dont issirent plusieurs filz et filles.

Après ce que Arnoul eust fortiffié sa ville d'Ardre d'ung tel
quel chastiau et closture, et que Gefroy sieur de Marquise fut de-
cedé, ledict Arnoul, par le conseil d'Eustache conte de Boullongne

CAP. CIX. *Quomodò idem Arnoldus supra dunionem Ardeæ factum de Selnessâ omnia sua transtulit ædificia.*

Videns ergo Arnoldus quòd omnia sibi arriderent et quasi ad votum in prosperitatem succederent, in marisculo apud Ardeam, juxta molendinum, exclusam quasi in jactu lapidis fecit, et aliam exclusam. Inter [1] quas, in mediâ limosi marisculi et gurgitosi profunditate, adjacentis ferè secus radicem collis, motam altissimam sive dunionem eminentem in muni- tionis signum firmavit, et in aggerem coacervavit. Cujus firmitatis dunionem quidam, ut aiunt incolæ (o mortalium industriam! o indomitarum mansuetudinem bestiarum!) do- mesticus ursus, non ille pro quo furnagia exiguntur, inter eam altitudinem et molem aggeravit [2]. In cujus aggeris secre- tissimo latibulo felicis ominis [3] portendiculum, lapillum super aurum optimum, perpetuò mansurum inhumatum asserunt. Exterioris verò spatium valli, incluso interiùs molendino, fossato cinxit firmissimo. Mox juxta quod pater suus olim proposuerat, convulsis [4] atque dirutis omnibus apud Selnes- sam ædificiis, Ardensem dunionem pontibus, portis, et neces- sariis communivit ædificiis. Ab illo ergo die, magno Selnes- sensium mansionis loco commolito et contrito, ædificiisque apud Ardeam contractis atque delatis, deleta est cum castello memoria etiam Selnessensium : adeò ut ab Ardeâ etiam ubique prædicaretur et nominaretur Ardensium protector et dominus.

CAP. CX. *Quomodò Arnoldus duxit Mathildem filiam Gonfridi de Markisiâ, et ex eâ genuit filios et filias.*

Postquàm Arnoldus suam munivit Ardeam qualicumque

---

[1] B. D. aquas. — [2] P. V. O. aggregavit. — [3] P. V. L. hominis.
[4] D. concussis.

qu'il avoit paravant servy à la guerre, d'ung nommé [1] Guenebault
et aultres ses amis, se alia par mariaige à Mahault fille dudict
Gefroy, laquelle estoit seulle heritiere de toutte sa terre. Et après
avoir prins congié et receu plusieurs dons et liberalitez dudict conte
de Boullongne, icelluy Arnoul s'en retourna aveucques sa femme en
٦ ville d'Ardre.

Et quant il eust esté illecques aveucques sa femme quelque
temps, il engendra d'elle ung filz nommé Arnoul, deppuis surnommé l'anchien, et ung aultre filz nommé Geffroy, deppuis sieur
de Marquise, pere de Bauduin de Marquise aussy surnommé l'anchien; le filz duquel Bauduin pareillement nommé Bauduin puis
après espousa Andeline fille de Bauduin conte de Guisnes. Sy engendra aussy ledict Arnoul une fille nommée Ermentrude qui fut
dame et mere des sieurs de Noirhoud, et une aultre appellée Hau-
wys femme et espouse de Humfroy sieur d'Ordre, aveucques une
appellée Jocaste aliée à Estienne sieur de Brunenbercq, et Emme-
line conjointe par mariaige à Jean de Bellebronne l'aisné.

CH. CXI. *Comment Arnoul fist de sa ville d'Ardre chastellenie et ville franche,*
et en icelle institua douze pers, loy et marchié.

Ledict Arnoul, après avoir acquis bonne reputation en toutes
les joustes et tournois où il avoit esté, tant en France comme en
Engleterre, se tint en seureté en sa ville d'Ardre, et advisa en tous
endrois, saigement et dilligemment, de exaulcer ladicte ville en
bruit et renommée. Et requist à Bauduin conte de Guisnes, fondateur de l'abbaye d'Andrene, qu'il voulsist affranchir le lieu, et le
erigier en chastellenie, combien qu'elle fust de petitte estendue;
laquelle requeste lui fut octroiée. Ce faict, après ledict Arnoul eust
liberallement contenté le dict conte de Guisnes, moiennant quelque grosse somme de deniers qu'il luy offroit, et ledict conte eust

---

[1] De *gernobadatus*, épithète se rapportant à Eustache, le traducteur a fait
un nom propre distinct; ce qui est d'autant plus singulier qu'au chapitre cxxv
il ne s'est pas trompé ainsi.

firmitate et castello, Markisiæ [1] domino Gonfrido [2] mortuo,
ad consilium Boloniensis Comitis cui dudum militaverat,
Eustacii videlicet *gernobadati,* et aliorum amicorum suorum,
duxit in uxorem Mathildem ejusdem Gonfridi filiam, quam
post se reliquit unicam et totius terræ suæ hæredem. Et ac-
ceptà cum multis à Comite Boloniæ muneribus licentià, cum
uxore suà Mathilde suam secessit in Ardeam.

Cognovit autem Arnoldus uxorem suam, et ex eà genuit
Arnoldum posteà dictum *senem;* et Gonfridum posteà Markisiæ dominum, patrem videlicet senis Balduini de Markisià,
cujus filius Balduinus posteà duxit in uxorem Adelinam Ghisnensis Comitis Balduini filiam. Genuit etiam Arnoldus Ermen-
trudem Northouteusium matrem et dominam, et Heilewidem
Odrensium domino Henfrido desponsatam uxorem; et Jocas-
tam sive Ivisiam [3] Brunesbergensium domino Stephano copulatam uxorem; et Emmam seni Johanni de Berebornà legitimo conjunctam matrimonio.

CAP. CXI. *Quomodò Arnoldus villam Ardeæ oppidum fecit liberum, et pares*
in eo duodecim constituit, et scabinos et forum rerum venalium juramento
confirmavit.

Hic autem Arnoldus, postquàm in coronà Angliæ non
minùs quam Franciæ omnium torniamentorum gloriosum
nomen adeptus est et laudis præconium, in suà securus residebat Ardeà, Ardeam quantocumque nomine et honore
extollere posset prudenter examinans et diligenter excogitans.
Petiit igitur à Balduino Ghisnensium tunc Comite, Andrensis ecclesiæ videlicet instauratore, quod et impetravit, ut
scilicet de villà suà Ardeà liberum immò liberrimum facere
castellionis, licèt exiguum, posset oppidulum (183). Quo
concesso, et plenissimo denariis modio Comiti jam dicto
liberaliter oblato, et à Comite in gratiarum actione pro omni-

---

[1] O. Markisæ. — [2] P. V. Confrido. D. Gaufrido. — [3] O. Ivisam.

agreablement receu son offre en remuneration de ce qu'il avoit faict pour luy ; iceluy Arnoul institua douze pers ou barons resortissans au chastiau d'Ardre. Et fist faire audehors du dict lieu d'Ardre et à l'environ, un bon fossé ; et au meillieu ordonna ung marchié y estre faict, et tenu jour au joeudy, lequel promist garder et entretenir à perpetuité. Et ce ordonna en ce lieu les eschevins jugeans aveuc les XII pers et vassaulx de la chastellenie, et leurs jugemens et sentences estre perpetuellement tenuez et observéez selon l'ordonnance et institution des eschevins et bourgeois de S. Omer. Laquelle chose fut par luy coroborée et confermée par serment, comme aussy firent les bourgeois et tout le peuple, sur les sainctes Evangilles, en l'eglise paroischial de S. Omer en la dicte ville d'Ardre.

CH. CXII. *La cause pourquoi ledict Arnoul a este appellé advoué.*
Comment sa femme mourut.

Pour ce que ledict Arnoult, au tiltre de ses predecesseurs par droict de succession et dès le temps de ce notable conte Walbert, avoit l'administration et garde du bien que les relligieux de S. Bertin avoient au pais de Guisnes, à ceste cause il eult en la fin grande communication et familiarité aveucq les dicts de S. Bertin : en telle maniere qu'ils le tenoient et nommoient leur *advoué* audict pais, mesmes partout estoit ainsy appellé et pour la certitude de ce nom à luy imposé, l'on treuve en plusieurs pappiers, lettres, et previleges autenticqs d'Ardre, S. Bertin, S. Omer, Therouenne, Boullongne, Hennin et S. Pol, que ce nom d'*advoué* luy est baillié pour la cause que dessus ; et aussy pour ce qu'il tenoit en foy et hommaige de l'eglise de S. Bertin ung lieu nommé en latin *Corilisium*, et aulcunes terres assises dedans et environ la ville de S. Omer et Waquinghem, aveucques aultres choses dont il avoit le gouvernement.

Et après que Mahault femme audict Arnoul eust esté quelque espace audict lieu d'Ardre, et que le temps de sa couche approchoit, elle delivra en paine et douleur, avant terme, d'un enfant au moien de quoy elle receut mort angoisseuse aveucques sondict

bus quæcumque ab eo postulaverat accepto, Ardensis dominus Arnoldus duodecim pares vel barones castro Ardeæ appenditios instituit, et fossato extra vallum in circuitu quasi corona firmissimo præparato, rerum venalium forum in medio collocavit, et in quintâ feriâ in perpetuum servandum et frequentandum juravit. Et scabinos eidem loco ordinavit, et eorum judicia secundum jurisdictionem et institutionem Audomarensium scabinorum et burgensium tenenda et in perpetuum servanda, cum duodecim Ardensis oppidi paribus [1], vavassoribus, militibus, burgensibus, et plebe, tactis sacrosanctis in ecclesiâ S. Audomari Ardensis Evangeliis [2], juravit et confirmavit.

CAP. CXII. *Quare hic Arnoldus dictus sit advocatus, et quomodò Mathildis uxor ejus obiit.*

Siquidem hic Arnoldus, cùm villicaturam sive præposituram S. Bertini in terrâ Ghisnensi, hæreditario jure à tempore venerabilis patris et Comitis Walberti, ab [3] antecessoribus suis accepisset, maximam cum ejusdem loci monachis familiaritatem consecutus est. Adeò ut per omnia ecclesiæ suæ fidelem et in terrâ Ghisnensi eum *advocatum* suum dicerent et constituerent. Undè et ubique terrarum *advocati* nomen accepit. Hujus ergo nominis impositionis causâ et certitudine [4] in multis Ardensis, Bertinensis, Audomarensis, Morinensis, Boloniacensis, Hinniacensis ecclesiæ, necnon et S. Pauli scriptis authenticis et privilegiis, *Arnoldus* invenitur *advocatus*. Nominatus fuit autem propter supra-dictam causam, eò quòd Corilisium et quasdam terras circa et intra burgum S. Audomari et Wachkinghen et quædam alia de abbate teneret, ejusdem abbatis, videlicet S. Bertini, fidelis, et hominii debitor et conservator.

Mathildis autem uxor ejus in Ardeâ tempore residens quo-

---

[1] L. partibus. — [2] P. V. L. Evangeliis *deest*. — [3] L. et.
[4] L. causam et certitudinem.

enfant, et en doleurs et gemissemens fut enterrée et inhumée en la dicte ville d'Ardre.

Quant Arnoul filz du dessus dict Arnoul eust passé le temps de sa jonesse et ataint aage d'homme, il print l'ordre de chevallier, et ensieuvoit en tout les meurs de son pere; et au faict de la guerre y avoit peu ou nient de difference entre luy et son dict pere. Sy fut le dict Arnoul le filz ung chevallier tres estimé; à ceste cause, par le moien du conte de Boullongne, fut institué chief de la gendarmerie du roy Guillaume d'Engleterre qui par armes subjuga et conquist le dict pais, et fust longtemps en son dict service. Sy print aussy ledict Guillaume roy d'Engleterre Geffroy frere dudict Arnoul, lesquelz ensemble le servirent assez longuement en aussy bonne reputassion que jamais fut Hector. Et eulx estans au service dudict roy furent si bien en sa grace, que oultre et pardessus leur pension ordinaire et les dons qu'il leur faisoit, il leur donna à tenir en fief de luy les terres qui s'enssieuvent aveucques leurs appandances : assavoir, S. Winctone, Dokesworde, Tropintone, Leileforde, Toleshonde, et Horlande.

Et durant le temps que le dict Arnoul fut au service du roy d'Engleterre, il eult trois filz de trois femmes; desquelz les deulz, assavoir Elinanlt et Guillaume, prindent l'estat de chevallerie, et le tiers nommé Anselme s'en alla ez parties et regions d'oultre mer, où il fist sa residence. Finablement fust prins des Sarrasins, et en contemnant la doctrine de ses parens se departit de la foy chrestienne : et longtemps après eschappa de leurs mains et retourna en son pais vers ses parens; aveucques lesquels il demeura quelque espace. Neanlmoins estant aveucques ses dicts parens chrestiens ne se abstenoit de mangier chair, sinon au vendredy, et ne celoit point d'avoir laissié la foy chrestienne et estre longtemps trebuchié en ceste vie detestable des Sarrasins; au moien de quoy

dam, appropinquante horâ partûs, vix puerum in dolore et in mortis angustiâ edidit, cùm et ipsa simul mortua est cum puero, et Ardeæ in planctu et gemitu sepulta.

CAP. CXIII. *Quomodò Arnoldus filiis Arnoldi conquisivit in Angliâ terram.*

Arnoldus autem filius ejus adolescentes jam exsuperans annos, in robur cœpit crescere virile ; et jam factus miles, patris sui Arnoldi per omnia mores sequens et vestigia, à patre parùm aut nichil in militiæ gloriâ discrepare videbatur. Fuit igitur Arnoldi filius Arnoldus miles in armis strenuissimus. Undè et opitulante Boloniæ Comite Eustacio, inter commilitones Anglorum regis Willelmi, qui Angliam bello et armis et in virorum viribus debellavit et acquisivit, annumeratus est primus, et ei plurimis servivit annis. Vocatus est autem et ab eodem rege Willelmo Gonfridus frater ejusdem Arnoldi, qui simul sub Hectorinæ probitatis clypeo diutiùs ei servierunt. Servientes igitur ambo fratres, Arnoldus videlicet et Gonfridus jam dicto regi, tantam ejus adepti sunt gratiam, quòd præter [1] quotidiana stipendia, et munuscula quæ ipsis contulit innumerabilia, contulit etiam eis et in perpetuitatis concessit feodum (184) Stevintoniam [2] et pertinentias ejus, Dokeswordiam [3], Tropintoniam [4], Leilefordiam [5], Toleshondiam [6], et Hoilandiam.

Interim autem, dum in Angliâ in servitio regis moram faceret Arnoldus, tres filios in tribus puellis genuit. Quorum Elinantus [7] et Willelmus milites fuerunt : sed Anselmus in ultramarinas tendens et perveniens et moram faciens partes, tandem à Sarracenis captus, legem christianam et fidem et paternas apostatavit traditiones. Sed cùm post multos annos manus evasisset Sarracenorum, tandem in patriam ad parentes rediens, cum eis ad tempus commoratus est. Sed ta-

---

[1] L. propter. — [2] D. Stebintoniam. L. Sterintoniam.
[3] L. Doteswordiam. — [4] L. Trorintoniam. — [5] D. Ledefordiam.
[6] L. Toleschondiam. — [7] P. V. L. Elmantus.

il tomba en l'indignation de ses parens chrestiens, et de rechief se departit de la ville d'Ardre, et passa la mer; et oncques puis ne se trouva au pais. Et ung jour que le dict Arnoul retournoit devers son pere il engendra, d'une jeune fille issue de nobles parens, ung filz nommé Phelippes, qui ne fut pas moins chevalleureulx et vertueux aulx armes que ses predecesseurs; lequel Phelippes molesta souvent les seigneurs d'Ardre à l'aide d'aulcuns garnemens et satellites, leur faisant la guerre et les pillant et robant, pour ce qu'ilz ne vouloient converser aveucques luy, ne cognoistre le lignaige qui estoit entre eulx, ainsy qu'ilz estoient tenuz faire.

CH. CXIV. *Comment Arnoul le premier eult à femme la vefve du conte de S. Pol.*

Durant le temps que Arnoul et Geffroy son frere triumphoient à la guerre au service du dict roy d'Engleterre, et après ce que Arnoul leur pere eult alié ses filles à leurs dessus dictz maris, le dict Arnoul le pere fut en grand regnom et tres congneu par tout le pais de France, d'Engleterre, Normandie, Bourgongne, et non pas moins au pays de Flandres. Car au conseil il estoit tenu pour ung aultre Nestor, et pour subtillement prevoir les choses advenir ung aultre Ulixes, combien en ce n'eust la faveur de Penelope; en ses jugemens estoit reputé l'aultre pasteur Alexandre, sans toutesfois touchier à choses deshonnetes ne lubricques; en forme de beaulté, sy avant que l'aaige à ce contraire le pooit permettre, on le tenoit ung Absallon; en gloire de chevallerie il estoit semblable non à Triptolemus, mais à Achilles, tousjours prest en armes contre ses ennemis. Reste sapience et contenance d'estre cremeu, en quoy estoit réputé ung aultre Salomon; tellement qu'il se montroit mieulx prince et seigneur d'ung roiaulme que sieur d'Ardre.

Or en ces entrefaictes le conte de Therouenne ou S. Pol, nommé Hugues l'aisné, alla de vie à trespas, et delaissa madame Clemence sa vefve et aulcuns enfans, ausquelz pour leur petit aige estoit besoin de commettre tuteur et garde. Et pour ce que le dict Arnoul

men cum christianis manens parentibus , omni[1] die, nisi
exceptâ sextâ feriâ , carnibus utebatur, nec se dissimulabat
quandoque apostatatum, et in Sarracenismas[2] olim prolap-
sum immunditias. Undè et christicolis parentibus odiosus,
ab Ardeâ in transmarinas iterum secedens partes , ulteriùs
suis non comparuit. Ad patrem autem rediens quandoque
Arnoldus, apud Lothesiam in nobili puellâ genuit Philippum
quidem militem, non minùs armis quàm genere nobilem. Hic
siquidem Philippus, Ardenses cùm ei debitum cognationis
jure beneficii denegarent contubernium , adjunctis secum satellitibus et prædonibus , eosdem Ardenses prædationibus
plerumquè lacessivit et armis.

CAP. CXIV. *Quomodò primus Arnoldus viduam Comitis S. Pauli
duxit in uxorem.*

Igitur dum Arnoldus et Gonfridus frater ejus memorato
regi Anglorum gloriosissimè militarent, pater eorum Arnoldus, postquàm filias suas prætaxatis viris desponsavit uxores,
per totam Franciam, Angliam et Normanniam , Burgundiam
nichilominùs quàm per Flandriam, famosissimus fuit et notissimus. Fuit enim in consilio Nestor, et calliditatis præscien-
tiâ (licèt alicujus solatium non haberet Penelopes) alter
Ulixes ; in judicio (tantùm absint Veneris insidiæ) pastor
Alexander (185); in pulchritudinis elegantiâ (quantùm permisit adhuc invida[3] et satis spectabilis ætas) Absalon ; in militiæ gloriâ non Triptolemus, sed Achilles seipsum in armis
suis contra quosque hostes exhibens ; in sapientiâ, quod superest, et dominandi continentiâ Salomon ; ut magis appareret
regni heros quàm Ardensis hæres[4].

Intereà Teruannici populi vel S. Pauli Comite Hugone, vi-

[1] L. omnium. — [2] *Sic mss. Nonne legendum,* Sarracenicas ?
[3] L. invidia. — [4] L. heros.

par apparence excedoit en vertu, sapience, et bruit de chevallerie, tous les aultres gentilzhommés du pais, par le conseil des barons de France et de Flandres, à l'aide du conte de Boulongne, et premierement par grace divine, le mariaige se traicta dudict messire Arnoul sieur d'Ardre et madame Clemence contesse de S. Pol; comme aultrefois s'estoit fait le mariaige de Bauduin, filz de Robert advoué de Bethune, et de la vefve du conte d'Aubemalle demourée grosse d'enfant; laquelle chose se fist à l'aide et par le consentement du roy Richard d'Engleterre, que le dict Bauduin avoit longtemps servy à la guerre; et pour ce qu'il excedoit beaucoup d'aultres en bruit et loz de chevallerie, proesse, et noblesse, fut dict et nommé le dict Bauduin conte d'Aubemalle.

Lequel Arnoul, après qu'il fust conte de S. Pol, rendit grace de tout son pooir à Nostre Seigneur Jesus Christ par l'aide duquel il estoit parvenu à si grand honneur. Et combien que pour les vertus qui estoient en luy eust bien mérité d'estre promeu à sy grande seigneurie, toutesfois il ne s'en esleva par gloire mondaine; mais par grande discretion pesa à la balance et garda la haulteur de sa seigneurie, en soy monstrant humble en rigueur de justice et rigoureulx quand il debvoit user de misericorde [1], selon que l'oportunité du temps et la mathiere de personnes le requeroit. Et avoit aulcunes fois ouy et retenu ceste doctrine qui dict : quelque grant maistre que tu sois, montre toy humble en toutes choses. Jamaiz ne usa de tirannie contre ses subjetz, ainchois en toute doulceur et benivolence, si avant que possible luy fut, se conduisit aveucques les subjectz comme s'il eust esté leur conte et seigneur naturel. Et ne dissipoit le revenu de la terre, ainsy qu'ont acoustumé faire estrangiers; mais à la plus grande dilligence qu'il pooit il assembloit ce qu'il trouvoit dispersé, et jasoit qu'il eust souvent ouy dire ; *Non parcit populis regnum breve* (c'est à dire, qu'un regne que

---

[1] Contre-sens. Lambert dit, dans son style à antithèses : « Il exerçait humble-« ment une rigide justice, et se maintenait rigidement dans l'humilité. »

delicet *sene* , susceptis de uxore suà Clementià (186) liberis, universæ carnis viam ingresso, cùm adhuc filii ejus imbecilles essent et custodià indigerent, propter eminentiam quà omnibus commilitonibus præpollebat in sapientià et in militiæ glorià, virtute, juxta consilium Baronum Franciæ et Flandriæ, opitulante Boloniæ Comite, divinâ quoque semper præeunte gratià, S. Pauli Comitissa Clementia Ardensi domino Arnoldo legitimo conjuncta est matrimonio. Sic et[1] Balduinus nobilis (187) advocati Roberti de Betunià filius, quandoque, propter eminentem in militià quà multis excellebat nobilitatis et probitatis laudem et gloriam, mortuo Albæmarlæ Comite, imprægnatam ejus viduam, opitulante immò jubente Anglorum rege, cui diutiùs militaverat, Ricardo, duxit uxorem, et Albæmarlæ factus est Comes et nominatus.

Arnoldus itaque S. Pauli factus Comes, in omnibus Christo Domino tanti muneris et honoris auctori et opifici, quantas potuit gratias, egit et exhibuit. Qui licèt meritis suis exigentibus ad tanti Comitatûs sublimaretur honorem, non in laudem aut gloriam est elatus humanam; sed tanti honoris magnitudine summâ cum discretione libratâ et conservatâ, humilem in rigore justitiæ et rigidum in humilitatis virtute, prout temporis opportunitas exigebat et personarum actio postulabat, se exhibebat. Audivit enim quandoque et didicit : *quantò magnus es, humilia te in omnibus*[2]. Non enim tyrannicam in subjectos exercuit rabiem, sed cum omni mansuetudine et benignitate, quanto potuit studio, populo terræ quasi se hæreditarium imaginavit Comitem et dominum. Quamobrem nec collecta, sicuti supervenientium mos inolevit, dispersit, sed dispersa, quantâ potuit sollicitudine, colligere curavit. Et cùm audisset quandoque : « Non[3] parcit populis regnum breve, » quasi in Comitatu cum hæredibus suis perpetuò sessurus et permansurus, eumdem Comitatum

---

[1] P. D. sed et. — [2] *Eccli*. iii. 20. — [3] P. D. raro parcit.

gueres ne dure n'espargne ses subjectz), neanlmoins il maintint et gouverna le pais soingneusement et en bonne justice, comme sy luy et les siens eussent deu joir à perpétuité dudict pais et conté. Toutesfois il n'oublia jamais sa ville d'Ardre, ains congnoissoit et sçavoit la conduicte et comment l'affaire d'icelle se portoit, sy sçavoit l'estat de ses filz qui estoient en Engleterre, et pareillement de ses filles en quelque pais qu'elles fussent; et à ceste fin se tenoit pour ung temps au pais de Therouenne, pour aultre temps à Ardre, une fois s'en alloit à Hennin Lietard, aultrefois à Lescluse. Sy se consolloit d'ouir bon rapport de ses filz en Engleterre. Il entendoit dilligemment à l'affaire de ses dictes filles et de leurs enfans; et se acquittoit vertueusement en son estat de conte, en visitant souvent le pais. Et en tout et partout portoit l'honneur à sa femme, et luy faisoit révérence et service, non tant seullement comme sa femme, mais comme il estoit à ce tenu comme à sa dame, et non sans cause lui obeissoit et complaisoit. Mais pour ce qu'il congnoissait bien que la conté de S. Pol ne pooit ne debvoit appartenir à ses heritiers, il advisoit bien de transporter à Ardre qui estoit son heritaige et lieu propre, tout ce que licitement à son honneur saulve il povoit prendre audict pais et conté de S. Pol. Et comme il estoit de toutes pars dilligent pour les affaires de ce monde, aussy estoit il au service de Dieu et comme il le debvoit servir à l'Eglise[1].

CH. CXV. *Comment Arnoul le premier fonda l'eglise d'Ardre, et en icelle dix chanoines.*

Combien que Arnoul seigneur d'Ardre eust la faveur de tout le peuple, et que de sa prospérité la pluspart du monde se resjouissoit, sy print il la doctrine du saige, et commenssa à penser à la fin. Tant que par divigne et bonne inspiration il tint propos avec feu de bonne memoire Drogo evesque de Therouenne, comment et par quel moien il pourroit fonder en sa ville d'Ardre une eglise colle-

[1] Traduction inexacte. Le sens est, qu'Arnoul ayant l'œil aux affaires temporelles, se tenait aussi au courant de ce qui se passait dans l'Église.

rigido sollicitudinis gladio rexit et protexit. Nec tamen à suæ perculit memoriæ cellulà, quomodò subsistet [1] et quomodò sua se habeat et contineat [2] Ardea; quomodò filii sui in Angliâ, quomodòve filiæ in quâcumque conversentur patriâ. Quocirca nunc in Teruannicorum patriâ, nunc conversationem habet in Ardeâ; nunc apud Letardi Hinniacum, nunc in Exclusâ suspendit itineris gressum; nunc consolationem de filiis accipit in Angliâ, nunc diligentiam adhibet circa filias et earum liberos, nunc Teruannicorum gyrans patriam, vices Comitis diligenter exequitur. Uxori autem præ omnibus et in omnibus venerationem exhibens, non tantùm ut uxori, sed ut Dominæ reverentiam exhibuit et obsequium; et sicut decuit, ei congaudebat et meritò congratulabatur. Sed quoniam S. Pauli Comitatum ad suos non posse neque debere transferri hæredes non ignoravit, quicquid salvâ honoris sui reverentiâ potuit, de assumpto loco in suæ proprietatis locum apud Ardeam transportare curavit. Sic ergo sæcularia circumquaque procuravit [3] negotia, ut quotidie sciret quid in sanctâ ageretur [4] Ecclesiâ.

CAP. CXV. *Quomodò primus Arnoldus ecclesiam Ardensem instituit, et canonicos instauravit.*

Cùm igitur omnis ei applauderet populus, et ferè totus ei in prosperitate arrideret mundus, juxta sapientis consilium sua cœpit cogitare novissima. Undè et divino tandem accepto responso, cum fœlicis memoriæ Morinensis ecclesiæ episcopo Drogone (188) tractare cœpit, qualiter et quomodò suam apud Ardeam conventualem facere et instaurare posset ecclesiam.

---

[1] B. D. subsistat. — [2] D. habebat et continebat. — [3] L. provocavit.
[4] O. perageretur.

17.

gial. Or y avoit lors audict lieu d'Ardre ung homme d'Eglise qui avoit nom Gautier, vicaire du gouverneur de la paroisse soubz la charge de l'evesque de Therouenne ; lequel aussy à ce mesmes tiltre avoit en charge l'eglise paroissial de Nielles et Antinghes. Et après que le dict Arnoul eust parlé audict Gautier, il obtint facillement de luy ce qu'il vouloit ; et se consentit du tout à ce que icelluy Arnoul auroit intention de faire en l'eglise d'Ardre. Et comme il est dict cy dessus, le dict Arnoul avoit ung filz nommé Raoul, né et noury en la ville de S. Omer, et desja chanoine d'icelle ville et eglise de S. Omer. Et par le conseil dudict Raoul son filz, et aussy dudict Gautier, il s'approcha du dict Drogo evesque de Therouenne ; et après plusieurs devises, et que longuement il eust parlé audict evesque et à son chapitre, affin de pooir ordonner en ladicte eglise d'Ardre aulcunes prebendes, il obtint dudict evesque et de son chapitre tout ce qu'il requeroit et davantaige. Se condecendit à ce de legier par ce qu'il fust bien informé que icelluy Arnould estoit déliberé ediffier et construire une eglise collegial en sa ville d'Ardre ; et ce faict en la présence et consentement dudict Gaultier vicaire de la dicte eglise d'Ardre, delaissa franchement audict Arnoul le patronnaige de la cure d'Ardre aveucques ses appartenances et tous les drois qu'il avoit en icelle eglise, en la sorte que avoit esté precedentement fondée l'eglise Nostre Dame, en laquelle repose le corps de Monsr sainct Omer.

A tant s'en retourna hativement ledict Arnoul joieulx et rendant graces à Dieu, en sa ville d'Ardre, aveuc les dessus dicts Raoul et Gaultier, et aulcuns aultres chanoines du dict lieu de Therouenne. Et à grand dilligence assembla ses enfans, filz et filles, les relligieulx et aultres gens d'Eglise, aveuc les nobles de son pais. Et dedens une petite eglise où la muraille ancienne est de present jointe et continuée à l'ouvraige que l'on y a faict de nouveau, devant Dieu et Monsr sainct Omer, à l'honneur duquel ceste petite eglise estoit fondée, et de tous les sainctz, en la presence et du consentement de tous les assistans, ledict Arnoul offrit et donna en pure aulmosne à la dicte eglise, pour le vivre et entretenement de dix chapelains ou chanoines perpetuellement ordonnés à servir Dieu et Monsr sainct Omer en ce lieu, par la tradition d'ung rameau d'olive

Erat autem tunc temporis in Ardeâ quidam sub Morinensis episcopi præsidio substitutus personator [1] sive persona, nomine Walterus, qui etiam Nelensis et Altinghensis villæ simili professione procurabat ecclesiam. Loquens ergo cum hoc Waltero ad quæcumque disponere in Ardensi decrevisset ecclesiâ, voluntatem ejus omnimodam sponte sibi vendicavit et inclinavit. Habebat autem Arnoldus quemdam (sicuti jam diximus) filium nomine Radulphum, in burgo S. Audomari et progenitum et nutritum, et jam in eodem burgo in ecclesiâ S. Audomari canonicum. Hujus autem Radulphi simul et jam dicti Walteri consilio, ad supra nominatum ecclesiæ Morinensis accessit [2] antistitem Drogonem, locutusque multisque diuque cum eo, simul et cum ejusdem loci capitulo, quasdam in eâdem ecclesiâ constituit præbendas. Undè et optatis [3] ab eo et capitulo potiora [4] recepit. Præmonitus enim et præmunitus, ut cognovit episcopus, quòd in Ardeâ conventualem facere disponeret ecclesiam, ad hoc ipsum faciendum ei facilem et propitium præbens assensum, Ardensis ecclesiæ personatore Waltero præsente et hoc ipsum annuente, Ardensis ecclesiolæ [5] altare cum ejusdem omnibus altaris pertinentiis, totamque ejusdem loci ecclesiolam, ad instar ecclesiæ S. Mariæ in quà requiescit corpus sancti[6] Audomari, ei liberam reliquit.

Arnoldus igitur gaudens uberiùs et exultans in Domino, cum supradictis duobus et quibusdam aliis Morinensis ecclesiæ canonicis, in suam gressus acceleravit Ardeam. Et quantociùs filios suos et filias, simul et terræ suæ nobiles, clericos quoque et viros religiosos convocavit; intransque ecclesiolam cujus parietes vetustissimi novo nunc continuantur [7] et coaptantur operi vel capiti, coram Deo et sancto Audomaro, in cujus nomine ab initio illa fundata erat ecclesiola, et coram omnibus sanctis, et coram omnibus præ-

---

[1] *Legerem*, procurator. — [2] L. accessisset. — [3] O. oblatis.
[4] P. D. certiora. — [5] P. D. O. ecclesiæ. — [6] V. beati.
[7] P. D. commutantur.

vert pendant à une baniere où estoit la figure de la croix, qu'il mist sur l'autel d'icelle Eglise, ce qui s'ensuit.

Premierement, la cure paroissial d'icelluy lieu en la mesmes prerogative que ledict Arnoul l'avoit eu paravant de l'evesque de Therouenne, aveucques les appartenances d'icelle; la disme de la paroisse tant des terres novalles que de celles labouréez anchiennement, en ce comprins le bois et prairie, et générallement tout sur quoy les sainctz canons et decretz ont constitué et ordonné prendre et cœullir disme. Donna aussy ledict Arnoul la disme de Frelinghen, de Rolinghen, et de Welaines, aveucques le moulin dudict lieu, et auprès du dict moulin ung jardin. Sy donna une charue de terre franche au villaige d'Ecq, les patronnaiges de Saueche et Boninghes, aussy celui de Hondecouste, et les subtilles auprès de l'entrée de la dicte ville aveucq les bois et marecqz y estans; à Blendecque une charue de terre franche; laquelle terre aulcuns maintiennent avoir esté fourcelée lors que ladicte eglise collegial d'Ardre fut commuée en lieu de relligion; pour ce que l'on n'a eu aulcun enseignement des gouverneurs de la dicte eglise, où elle siet, ne comment elle a esté alienée hors du patrimoine d'icelle; et que après que ung personnaige nommé Boidin le doien, auquel la dicte terre seroit succédée par droit d'hoirie, auroit sceu de ses predecesseurs qu'elle appartenoit à la dicte eglise d'Ardre, et que par adventure ne l'avoit voulu ou peu rendre, comme il debvoit, à icelle eglise, par remors de conscience et comme mieulx conseillé auroit faict construire sur la dicte terre ung monastere de femmes, que présentement se nomme l'abeye de S. Columbe en Blendecque; et en ce lieu rendu et soy donné moisne et relligieulx finablement aveucques toutte sa terre. Sy donna pareillement le dict Arnoul la maison et terre de la Croix en la ville d'Ardre, et ung moulin assiz vers le chastiau du costé d'Orient; aveucques ce donna à ung chascun chanoine resident en la ville ou non, ung jardin auprès de l'entrée du pourpris du dict lieu collegial.

sentibus et astantibus assensumque præbentibus, in substentationem decem clericorum sive canonicorum sæcularium, Deo et sancto Audomaro in eodem loco in perpetuum servire destinatorum, super ejusdem ecclesiolæ altare pervirentis olivæ ramum (189) in vexillo sanctæ crucis appensum obtulit, et in liberam ei contulit elemosynam :

In primis ejusdem loci altare in eâ quâ [1] idem altare priùs à Morinensi impetraverat et acceperat episcopo libertate, cum ejusdem altaris pertinentiis, totamque totius parochiæ decimam terrarum tam novalium quàm ab antiquis excultarum, non excludens vel excipiens nemus aut mariscum, sed totum includens quicquid sacri canones et sanctorum decreta patrum decimari decreverunt et constituerunt : decimam quoque de Frelinghem et de Rolinghem et de Wallainis [2], et in eàdem villà molendinum, et juxta molendinum curtillum unum : et in Elcecho terram ad carrucam unam liberam : altaria quoque de Suauckis [3] et de Boninghis [4] : altare quoque de Hondescoto, et subsilles circa ejusdem villæ atrium, et morum sive mariscum : et in Blendeka terram ad carrucam unam liberam ; quæ terra, cùm nescitur ab Ardensis ecclesiæ tunc temporis possessoribus ubi sit vel quomodò ab ecclesià Ardensi alienata fuerit, opinantur quidam quod in commutatione [5] canonicorum ejusdem ecclesiæ ad monachos quasi oblita latuerit, et cùm tandem ad quemdam Boidinum [6] decanum quasi hæreditario jure successerit, cùm cognovisset ab antecessoribus eamdem terram ad ecclesiam Ardensem pertinere, et eam ut debuit et forté voluit [7], cùm non potuitArdensi reddere ecclesiæ et restituere sibi conscius, quasi saniori adepto consilio, super eamdem terram instauravit sanctimonialium cœnobium, quod nunc dicitur S. Columbæ (190), in quo tandem seipsum cum totà terrà fratrem et quasi canonicum vel monachum consti-

---

[1] D. quam. — [2] D. Walaniis. — [3] L. Suauecis.
[4] P. V. O. Boningis. L. Boringhis. — [5] D. commutationem.
[6] D. Bordinum. — [7] P. V. L. noluit.

Sy s'approcherent aussy de ce lieu aultres sieurs et gentilzhommes du pais et seigneurie tant de Guisnes que d'Ardre, meuz de semblable devotion et charité de fonder chapellains, qui donnerent aulcunes terres petittes, dismes, et heritaiges se aulcuns en avoient ; l'ung ung porkin, l'austre ung bustel de blé, l'aultre deulx ou plus, l'aultre aultant d'avoine, l'aultre quelque somme de deniers de rente, l'aultre quelque petitte maison, et l'aultre, la seigneurie ou viconté de sa terre.

Ce faict appella tout premier le dict Gaultier qui precedentement avoit le gouvernement de la dicte eglise d'Ardre, auquel au nom de Dieu et Monsr sainct Omer il donna la premiere prébende. La seconde il la donna à Raoul son filz, et ainsy conséquemment fist à aultres, en distribuant égallement à tous ce qu'il leur appartenoit. Et là finablement, en la presence de tous ses enfans et grant nombre de nobles, gens d'Eglise, et communaulté, tous d'ung commun accord louans et invocans le nom de Dieu et Monsr sainct Omer à haulte voix, le dict Arnoul ordonna et institua dix chanoines, adfin que ses pechiez et tout ce que par negligence mondaine il avoit commis contre les dix commandemens de la loy, par les prieres des dictz chanoines, l'aide des merites et intercession de Monsr sainct Omer, luy fust envers Dieu pardonné. Et en ceste forme furent fondez et instituez dix chanoines en l'eglise d'Ardre, lors regnant en France le roy Phelippes, au temps que Robert de Frize (Madame Richilde vaincue) tenoit la conté de Flandres, Bauduin la conté de Guisnes ; et au temps que ledict Arnoul, dont est souvent parlé, avoit le gouvernement du pais et conté de Therouenne, et estoit seigneur d'Ardre, et que Drogo tenoit ledict eveschié de Therouenne, l'an de l'Incarnation Nostre Seigneur mil soixante noeuf.

tuit. In Ardeâ etiam terram de Cruce, et molendinum ab orientali parte castelli, et unicuique canonico in villâ stationario, sive etiam non stationario, juxta atrium unum concessit curtillum liberum.

Accedentes etiam alii terræ nobiles et Barones tam Ghisnensis quàm Ardensis ditionis, similis fervore devotionis in substituendis canonicis, terras suas et si quas habebant decimulas vel prædiola obtulerunt : hic unum polkinum [1] vel bustellum [2] frumenti, hic duos vel plures, hic quantumcumque avenæ, hic quoque [3] denarios, hic quantamcumque possessiunculam, hic quemcumque alicujus terræ comitatum.

Quo facto, vocavit primò Walterum qui priùs Ardensi præerat personator ecclesiolæ, et in nomine Domini et sancti Audomari ei primam dedit præbendam ; secundam Radulpho filio suo, et sic [4] aliis æqualiter omnibus tribuens. Tandem, ibi præsentibus filiis et filiabus suis, et nobilibus multis, et clero et populo, omnibus Deum et sanctum Audomarum invocantibus et vocem laudis in assensum in excelsum extollentibus et jubilantibus, decem canonicos instituit et instauravit ; ut quicquid contra decem præcepta legis per sæcularem negligentiam et mundanos commisit excessus, per preces decem canonicorum, opitulantibus apud Dominum meritis et intercessione beati Audomari, expietur. Sicque facti sunt et instaurati Ardensis ecclesiæ decem canonici, Francorum rege regnante Philippo, Roberto Frisone Richilde triumphatâ Flandriam procurante, Balduino Comite Ghisnensi principante, ipso Arnoldo sive Arnulpho advocato Teruannici Comitatûs præside et Ardensibus dominante, Drogone Morinensis ecclesiæ baculum bajulante, dominicæ Incarnationis anno MLXIX [5].

---

[1] L. polcinum. — [2] D. bussellum. — [3] P. quotque. D. quotcumque.
[4] P. hic. — [5] P. mill° XXIX.

cĥ. cxvi. *Comment Drogo evesque de Therouenne conferma la fondation de l'eglise d'Ardre et de ses appendeances.*

Apprès que le dict Messire Arnoul sieur d'Ardre eult depeschié ces lettres de la fondation par luy faicte en l'eglise d'Ardre, l'evesque de Therouenne, Drogo, en plaine congregation conferma audict Arnoul, pour luy et ses successeurs, et pareillement pour les chanoines par luy ordonnez à servir Dieu à perpetuité en la dicte eglise, la fondation dessus dicte, aveucques ses appartenances et appendances, selon la teneur des lettres de luy donnéez en forme de chartre de l'an mil soixante nœuf, presens plusieurs bons personnaiges denommez ès dictes lettres[1].

[« Au nom du Pere et du Fils et du Saint Esprit , un et vrai Dieu. Moi Drogon, par la grace de Dieu evêque de Terouenne, veux être fait savoir à tous les fideles presens et futurs, que condescendant aux prieres d'un de nos féaux, Arnoul l'avoué, prieres dignes d'être accueillies, je lui ai accordé l'autel d'Ardre, affranchi comme celui de Notre Dame où repose le corps de saint Omer. J'y ai mis pour condition que le dit autel demeurera sous son patronage et celui de ses successeurs à perpétuité, libre de toute redevance, sauf que tous les ans, le jour de la Cene du Seigneur, à Terouenne, ils payeront à nous et à nos successeurs, deux sols. Les deux tiers des oblations appartiendront aux chanoines qui serviront le Seigneur, l'autre tiers et toute la cire seront affectés au luminaire, et à la restauration de l'eglise. »

Voici ce que le dit Arnoul donne à Dieu et aux chanoines, pour son ame, pour celles de sa femme, de ses enfans, de son père, de sa mère, de ses ancêtres et descendans :

« La dîme complete du lieu d'Ardre; toute une charruée de terre, franche; à chaque chanoine un courtil, franc, au meme lieu : la dîme de Frelinghem et Rolinghem; à Peuplingue, la dîme et une charruée, franche; à Welles, la dîme, un moulin et

---

[1] Le traducteur a omis les lettres de l'évêque de Terouenne, dont le chapitre précédent offre l'analyse. Il a également omis le texte, depuis *Hic igitur*, jusqu'à *Simili modo*. Nous rétablissons cette double lacune.

CAP. CXVI. *Quomodò Morinensis episcopus Drogo liberam confirmavit Ardensem ecclesiam cum ejus appenditiis.*

Drogo itaque Morinensis episcopus ecclesiæ, acceptis ab Arnoldo privilegiis et confirmationis ecclesiæ Ardensis litteris, eidem Arnoldo et ejus successoribus et canonicis in jam dictà Ecclesià in perpetuum servituris, eamdem ecclesiam cum pertinentiis et appenditiis ejus et possessionibus in plenâ privilegiavit synodo, et confirmavit in hunc modum :

« In nomine Patris et Filii et Spiritûs Sancti unius veri Dei. Ego Drogo, gratià Dei Teruannensis ecclesiæ antistes, notificari volo fidelibus tam præsentibus quam futuris, me concessisse precibus cujusdam fidelis nostri, Arnulfi scilicet advocati, non abnuenda petentis, altàre de Ardeâ[1] liberùm[2] ad instar S. Mariæ, in quâ requiescit corpus sancti Audomari ; eà scilicet conditione, ut sub patrocinio ejus successorumque ejus perpetuò omnis debiti exactione solutum maneat, dum tamen nobis successoribusque nostris duos solidos in Cœnâ Domini Teruannæ annuatim persolvant. Duæ autem partes oblationum ejusdem altaris deputabuntur canonicis ibidem Deo servituris, tertia verò cum cerâ totâ ad luminaria et ad restaurationem ecclesiæ.

Hæc igitur sunt quæ idem Arnulfus pro animâ suâ et uxoris suæ, et filiorum suorum, et patris et matris, et antecessorum et successorum suorum, ibidem Deo et canonicis dat :

Decimam ejusdem villæ de omnibus ; totam terram ad carrucam unam liberam ; unicuique canonico curtillum unum liberum in eâdem villâ : decimam de Frelinghem et Rolinghem : in Pepelinghem[3] decimam ejusdem villæ, et terram liberam ad carrucam unam : decimam de Wallainis, et molendinum unum, et curtillum unum liberum : in Elcecho ter-

_____

[1] V. L. Ardâ. — [2] P. V. L. libertatis. — [3] Br. Floringhem.

un courtil, francs ; à Elceque, une charruée, franche : les autels
de Hondescote, de Boningue, de Zouafques qui faisoient partie
de son bénéfice et pour lesquels il nous sera fait et à nos successeurs un hommage de cinq sols applicables à l'entretien du
doyen venant au synode : le moulin à l'est du château d'Ardre ;
un pré et une terre à Blaringhem ; à Blendeque, une charruée,
franche.

« Si quelqu'un ose venir à l'encontre de notre decret, qu'il
encoure d'abord la colere divine, et soit condamné à payer dix
livres d'or. Fait à Terouenne l'an 1069 de l'Incarnation du Seigneur, indiction seconde, regnant le roi Philippe, presens les
temoins idoines dont les noms suivent :

« Drogon evêque ; Hubert et Warnier archidiacres ; Gerold
doyen ; Grimoland chantre ; Jodon ; Odon ; Ernoul ; Wautier ;
Riquier ; Gehard ; Arnoul avoué ; Sichard De Scoches ; Gerard
Godnach ; Adelon ; Regener ; Bauduin de Uphen ; Ernoul ;
Hebert ; Galand ; Frumold ; Eustache. »

Tel est, autant qu'il nous en souvient, la teneur et forme du
privilege octroyé par l'evêque des Morins Drogon. Ne vous
etonnez point, peres et seigneurs, vous surtout, chapelains et
clercs, si en faisant passer ce document du latin dans la langue
maternelle, nous vous laissons quelque chose à desirer quant à
l'exactitude et à la propriété des expressions. Votre intelligence
suppléera à l'insuffisance de notre langage laïc ; votre attention et
votre sagacité démêleront le veritable sens des paroles.]

Comme aussy fut la fondation confermée par l'archevesque de
Reims, et deppuis par notre saint pere le Pape, selon le bon volloir
et intention dudict sieur d'Ardre Arnoul.

ram ad carrucam unam liberam : altaria quoque de Hondescoto et de Boninghis et de Suauekis, quæ erant de beneficio
ejus, pro quibus ad honorem nostrî et successorum nostrorum
quinque solidi dabuntur in substituendo decano qui ad syno-
dum veniet : molendinum quoque quod est in orientali parte
castelli Ardeæ, et pratum cum terrà apud Bladringhem, et
in Blendekâ terram ad carrucam unam liberam.

Si quis ergo contra hoc nostrum decretum venire templa-
verit, iram Dei primùm incurrat, legeque coactus decem libras auri persolvat. Actum Teruannæ, anno Incarnationis
Domini MLXIX (191), indictione secundà, regnante rege Philippo, astantibus idoneis testibus quorum nomina subscri-
bentur [1].

Signum Drogonis episcopi ; signum Huberti ; signum War-
neri archidiaconorum ; s. Geroldi decani ; s. Grimolandi can-
toris ; s. Jodonis [2] ; s. Odonis ; s. Ernulfi ; s. Walteri ; s. Richa-
rii ; s. Gehardi [3] ; s. Arnulfi advocati ; s. Sichardi de Scoches [4] ;
s. Gerardi Godnach [5] ; s. Adelonis ; s. Regeneri ; s. Balduini
de Uphem ; s. Ernulfi ; s. Heberti [6] ; s. Galandi ; s. Frumoldi ;
s. Eustacii. »

Hic igitur, quantùm meminimus, tenor et forma privilegii
Morinensis episcopi Drogonis. Nec miremini, Patres et Domini, et vos maximè capellani et clerici, si privilegium de
latino in maternam linguam vobis quandoque reseratum in-
terpretatum minùs propriè, minùsque concinnè aperueri-
mus [7]. Sed quod lingua nostra loqui non sufficit laïcalis,
vester capiat in [8] ostensione verborum qualicumque et comprehendat capax intellectus, et attentio discretionis, vel
certæ discretio rationis.

Simili modo (192) ab archiepiscopo Remensis civitatis et
ab summo Romanæ civitatis Pontifice privilegia perquisivit,
et in voluntate piæ devotionis impetravit.

---

[1] L. subscribuntur. — [2] L. Todonis. — [3] D. Gerhardi.
[4] V. O. P. D. Descoches. — [5] D. Godanach. — [6] L. Hiberti.
[7] D. aperuimus. — [8] P. D. ostentatione.

CH. CXVII. *Comment Arnoul mist en ladicte eglise d'Ardre les relicques de plusieurs sainctz.*

Ces choses accomplis, le dict Messire Arnoul se transporta en diverses eglises, en intention d'abvoir et recouvrer à partie de plusieurs corps sainctz ; et tout ce qu'il en peult recouvrer, les mist reposer en l'eglise d'Ardre. Sy luy donnerent les chanoines de S. Omer une dent qu'ils prindrent au chief Monsr sainct Omer leur pere et patron, que ledict Arnoul fist enchasser en or et pierres precieuses, et en grant reverence le fist collocquier en son eglise. Pareillement luy donna l'abbé de S. Bertin, duquel il se disoit et de faict estoit amy, une petite croix en laquelle reposoient en bonne partie des cheveux et vestemens de la Vierge Marie, de la barbe Monsr sainct Pierre l'appostre, de la manne Nostre Seigneur, et de la cendre du corps Monsr sainct Jehan Baptiste. Luy donna aveucques ce ledict abbé, le bras sainct Pancrasse martir, et grande partie des sainctz Nerée et Achillée martirs. Et dient aulcuns, que le dict Arnoul pour retribution donna audict abbé et à ses relligieulx le revenu pour entretenir perpetuellement quatre relligieulx, et à la dicte eglise de S. Omer en la ville de Sithieu, pour aultant de chanoines. Fist aussi ledict Arnoul apporter de l'eglise de S. Pol en sa dicte eglise d'Ardre, du consentement de l'evesque et d'aulcuns chanoines, les relicques de plusieurs sainctz, et pareillement d'aulcuns ornemens d'eglise et livres, tant de l'ancien Testament que aultres. Et ce temps pendant que ledict Arnoul frequentoit plusieurs eglises, et decoroit la sienne des reliquiaires et ornemens qu'il impetroit çà et là, la contesse Clemence de S. Pol sa femme trespassa.

CH. CXVIII. *Comment Arnoul ediffia la grande eglise d'Ardre, et en icelle mist les chanoines.*

Après la mort de Madame Clemence sa femme, et qu'elle fust inhumée en l'eglise de S. Pol et son obsecque duement accomply, ledict Arnoul print congié en bonne sorte et delaissa la conté de S. Pol, et s'en retourna en sa ville d'Ardre. Au meillieu du mar-

CAP. CXVII. *Quomodò Arnoldus multorum sanctorum reliquias in Ardensi ecclesiâ* [1] *collocavit.*

Post hæc Arnoldus multas circuivit ecclesias , et multorum perquirens et acquirens reliquias sanctorum , quotquot habere potuit, in Ardensi ecclesiâ collocavit. Audomarenses itaque canonici, de capite beati Audomari patris eorum et patroni dentem extrahentes ei dederunt ; quem in auro pretiosissimo et lapidibus pretiosis obtexit , et in suâ summâ cum reverentiâ collocavit ecclesiâ : abbas autem S. Bertini (193) cujus fidelis dicebatur et erat , cruciculam unam in quâ reconditæ erant quædam abscissiunculæ [2] capillorum et vestimentorum beatæ Mariæ Virginis, et de barbâ sancti Petri apostoli , et de mannâ Domini, et de pulvere sancti Joannis Baptistæ. Dedit etiam ei idem abbas brachium sancti Pancratii martyris , et maximam partem reliquiarum sanctorum martyrum Nerei et Achillei, pro quo asserunt eumdem Arnoldum abbati et monachis S. Bertini retribuisse redditus et præbendas undè quatuor monachi possent sustentari, in ecclesiâ quoque S. Audomari apud Sithiu totidem canonici. Ab ecclesiâ verò S. Pauli, per consensum quorumdam canonicorum atque episcopi, multorum sanctorum reliquias, veteris Testamenti libros , et Passionarium , et quosdam alios libros, et multa ecclesiastica ornamenta in suam Ardeæ transtulit ecclesiam. Sicque dum sub hâc intentione plurimas circuiret ecclesias, et de reliquiis et ornamentis hìc illìc acceptis suam ditaret ecclesiam, mortua est uxor ejus nobilis Comitissa Clementia.

CAP. CXVIII. *Quomodò Arnoldus majorem ecclesiam construxit in Ardeâ, et in eâ canonicos transtulit.*

Mortuâ igitur uxore suâ Clementiâ , et in ecclesiâ S. Pauli sepultâ et officiosissimè deploratâ, S. Pauli satis pru-

_____

[1] P. V. L. Ardensem ecclesiam. — [2] V. P. D. abscisiunculæ.

chié il fist ediffier une grande et nouvelle eglise en l'honneur de la
Vierge Marie, de Mons' sainct Omer confesseur, jadis evesque de
Therouenne, et de tous les sainctz desquels il avoit concquis les
relicques. Et translata de l'eglise du chimentierre les chanoines, et
les ordonna en son eglise nouvelle, comme en sa chapelle, à servir
Dieu perpetuellement, aveuc tous les sanctuaires, relicques, et
ornemens estans en icelle. Toutesfois il commist à servir Dieu et
celebrer à tous jours messe pour les trespassez en l'eglise du chimentierre, ung homme d'Eglise. Sy ordonna et bailla ledict Arnoul
chascun chanoine resident et demourant en la ville, ung lieu et
demeure franche sur le marchié joingnant de noeuve eglise. Par
le conseil des chanoines de sa dicte eglise il fist son edict confermé
par le serment de luy et du chapitre de ces dicts chanoines, qui
en son eglise ne serviroit en propre personne, auroit seullement de
sa prebende pour ses fruictz cent sols, et son vicaire le reste ; et
que ung chanoine forain ne pourroit commettre vicaire, mais seroit
commis par le doien seullement.

CH. CXIX. *Comment ledict Arnoul fut institué l'ung des pers de Flandres,
et comment il pooit soutenir les banis en sa ville.*

Or convient il entendre sur ce que le dict Arnoul advoué prevost et fondateur de l'eglise d'Ardre, et pour un temps conte de
S. Pol, reffusoit et ne daignoit obéir à Bauduin conte de Guisnes
premier de ce nom ; au moien de quoy il estoit inquieté dudict
Bauduin par armes et procez : icelluy Arnoul par le conseil de son
filz Arnoul et d'aulcuns aultres fist hommaige et serment de fidelité
à Robert conte de Flandres, filz de Robert de Frize dont dessus est
parlé, celluy qui après la conqueste d'Antioche gaigna la cité de
Jerusallem ; et print de luy à tenir en fief le chastiau et forteresse
d'Ardre, aveucques aulcuns de ses francqz alleulx. A ceste cause

denter valedicens et relinquens Comitatum, suam apud Ardeam se transtulit Arnoldus. Et novam ibi in medio fori, ante portam interioris valli, in honore beatæ Mariæ Virginis et sancti Audomari confessoris et Morinensis episcopi, necnon et sanctorum quorum perquisierat reliquias, magnam ædificavit basilicam; et ab ecclesiâ cœmeterii cum suis evocavit sacrariis et reliquiis omnibusque ecclesiæ libris et ornamentis canonicos, et in novâ basilicâ, quasi in suâ capellâ, Deo in perpetuum servire constituit. Ecclesiæ tamen cœmeterii presbyterum, Deo in perpetuum serviturum et pro fidelibus missam celebraturum, procuravit. Cuilibet igitur canonico in villâ conversanti et stationario circa forum et circa novam ecclesiam mansum dedit et liberum concessit. Postquàm verò suos in novam suam ecclesiam introduxit canonicos, statuit, et tam propriæ manûs quàm capituli canonicorum juramento, confirmavit, quòd nullus canonicorum qui in propriâ personâ in ecclesiâ suâ suam non deserviret præbendam, de præbendâ ampliùs obtineret [1] quàm centum solidos, vicarius autem ejus quicquid ampliùs valeret : nec canonicus aliquis forensis suum ibi substitueret vicarium, sed tantùm ecclesiæ decanus juxta consilium canonicorum in ecclesiâ quotidie conversantium.

CAP. CXIX. *Quomodò idem Arnoldus unus de Paribus Flandriæ factus est, et quomodò bannitos possit detinere.*

Sciendum est autem quòd Arnoldus vel Arnulfus advocatus dictus et Ardensis ecclesiæ instaurator (194) et præpositus, quondam S. Pauli Comes, dum Ghisnensium Comiti Balduino hujus nominis primo ut domino parere dedignaretur et respueret, et ob hoc à Ghisnensium Comite sæpiùs impeteretur et causis persequeretur et armis, consilio Arnoldi filii sui et quorumdam aliorum, Ardensis castelli Dunionem et alia quædam allodia sua à Flandrensium Comite Roberto (qui

---

[1] P. D. detineret.

luy octroia le dict conte, que luy et ses hoirs fussent hommes jugeant en sa court aveuc les xij pers et barons de Flandres, eust semblable auctorité et fut en touttes choses reputé comme per. Sy octroia pareillement le dict conte de Flandres audict Arnoul, et donna à tenir de lui en fief, pooir et auctorité de soutenir en sa ville d'Ardre tous banis pour quelconque cause que ce fust, l'espace d'an et jour, mesmes au prejudice de tous ses hommes et subjectz ; pourveu toutesfois que celluy qu'il auroit receu ne fist ou conspirast, ne procurast à l'encontre du conte ou de la contesse de Flandres. Et au cas que ung bany qui se seroit retiré en sa terre ne voulsist sortir juridiction pardevant luy, le dict Arnoul auroit povoir de le traictier pardevant tel juge de son pais qu'il luy plairoit ; et toutes et quantes fois que le dict bany declinoit sa juridiction, il avoit faculté de l'envoier hors de sa terre ou le retenir en icelle, s'il vouloit. Et en cest estat conduisant assez vertueusement les hommes et les affaires de ce monde, luy print quelque malladie. Sy manda venir vers luy l'abbé de S. Bertin, ses enfans, et les chanoines de son eglise ; et devant eulx tous print congié au monde, et se fist porter au monastere de S. Bertin, et print l'habit de relligion ; et durant quelque espace de temps fist de pénitence, plorant ses pechiez, delaissa et osta de luy les delices de la chair. Et finablement fut sans aulcun doubte son ame receue en la gloire des cieulx, et son corps honorablement sepulturé au cloistre par les relligieux dudict monastere, en ung sepulture couvert d'ung fort biau tabernacle ingenieusement faict, et dont sera mémoire à perpetuité.

CH. CXX. *Comment après le trespas dudict Arnoul, ceulx de Hennin et Lecluse refuserent l'hommaige à son fils.*

Apres le trespas dudict Arnoul seigneur et advoué d'Ardre, Eustache de Hennin et Bauduin de Lecluze se transporterent hativement devers Robert conte de Flandres, auquel, sans avoir honte ou vergoinne de ce qu'ilz ne s'aquitoient de faire ce à quoy ilz estoient tenuz, ils firent l'hommaige qu'ils estoient tenuz faire au-

posteà debellatâ Antiochià cepit Ierosolymam[1], Roberti de
quo jam diximus Frisonis filio) in feodum suscepit, et ei hominium fecit et subjectionem compromisit. Undè et Flandrensis Comes ei concessit, ut hæreditario jure cum duodecim
Flandrensis curiæ Paribus et Baronibus sedeat et judicet, et
ut honoris eorum et dignitatis per omnia se comparem glorie-
tur et participem. Concessit etiam ei et in feodum dedit (195)
hæreditarium, ut quemlibet pro quâcumque causâ bannitum
per annum unum et diem unum contra quoscumque suæ ditionis homines Ardeæ sustinere posset, dum non in corpus
Flandrensis Comitis vel Comitissæ quicquam in propatulo
moliretur aut machinaretur[2]. Quòd si juri[3] stare noluisset
bannitus, in quamcumque[4] suæ dominationis curiam[4] coram
quibuscumque judicibus eum securè producere potuisset, et
sic, quamdiu judicio stare noluisset[5], eum in terram suam
reducere et in terrâ suâ retinere potuisset.

Sic ergo mundanas actiones cum sæcularibus satis laudabi-
liter disponens in sæculo, ægrotare cœpit. Et cùm vocasset ad se abbatem S. Bertini (196), convocatis etiam filiis
suis ad se et ecclesiæ suæ clericis, coram[6] omnibus valedicens sæculo, monachus effectus et apud S. Bertinum delatus est. Ubi per aliquod dierum spatium, suorum in pœ-
nitentià deflens negligentias peccaminum, exuens et relinquens molem carnis simul et miserias, omni dubitatione
remotâ, sedes receptus est in æthereas. Cujus corpus à monachis in claustro est honorificè sepultum, et in mausoleo
per sæcula memorando studiosissimè contectum.

CAP. CXX. *Quomodò, mortuo Arnoldo, filio ejus Arnoldo Hinniacenses
et Exclusenses homagium facere noluerunt.*

Mortuo autem Ardensi domino et præposito Arnoldo sive
Arnulfo advocato, Eustacius de Hinniaco et Balduinus de

---

[1] V. P. Iherusalem. D. Hierusalem. — [2] V. P. D. machinaret. — [3] D. vero.
[4] B. in quâcumque curià. — [5] V. L. voluisset. — [6] V. P. L. cum coram.

dict Arnoul; en quoy le seigneur et les subjectz voiant leur foy au
grant deshonneur de ceulx de Hennin et Lescluze, et combien que
pour raison d'ung tel crime et lascheté plusieurs les eussent blasmé
et reprins, et qu'en la confusion des reprouvez et de ceulx qui
controviennent à leur foy et loiaulté, chascun leur crachast au visaige : toutesfois, en perseverant en leur malice, ne volurent plus
estre subjectz ne submis par quelque moien que ce fut au conte de
Boulongne ne au seigneur d'Ardre. Et de ce esmeu et couroucé
Arnoul seigneur d'Ardre filz de feu Arnoul, il tint et reputa tous
ceulx de la nation de Hennin et Lecluze demourans en sa ville
d'Ardre, rebelles et desobeissans, en haine et opprobre de pervers
et non fidelles seigneurs des dicts lieulx de Hennin et Lecluze, et
les redigea et mist en confusion et servitude.

CH. CXXI. *Comment Arnoul l'aisné delaissa à Geffroy son frere la terre de*
Marquise, en eschange de ce que avoit ledict Geffroy en Engleterre.

Quant Arnoul filz dudict Arnoul surnommé l'ancien se fust assez
prudentement consollé de la mort de son pere, et luy venu en la
seigneurie et gouvernement de la ville et eglise d'Ardre, il print le
plus tost qu'il peult par forme d'eschange, sa part et portion, que
eulx ensemble avoient concquis, et que le roy d'Engleterre en remuneration des services qu'il luy avoit faict à la guerre leur avoit
donné et baillié : et en lieu de ce delaissa le dict Arnoul à sondict
rere la terre de Marquise qui luy estoit venue et succedée par sa
mere, pour en jouir par lui et ses hoirs heritablement, et à ce tiltre
appartenir la terre de Marquise audict Geffroy. Et pour ce que le
dict Arnoul à cause de sa seigneurie d'Ardre estoit per en la court de
Flandres, et si avant qu'il povoit avoit en reverence les gentilzhommes du pais, adfin que par leur aide et secours il peust subjuguer et gainier, mesmement envers le conte de Flandres, ceulx de
Hennin et de Lecluze qui le comptempnoient par mallice et des-
loiaulté, et contre luy se monstroient rebelles et desobeissans. Or

Exclusâ ad Flandrensem Comitem Robertum convolaverunt,
et homagium sive hominium quod Ardensi domino Arnoldo
facere debuerunt (o iniquorum perfidia Comitum (197)! o
subditorum perfidas[1] manus! o perpetuum Hinniacensium
obprobrium et Exclusensium!), Flandrensi Comiti, nichil im-
pudentes[2], nichil in obsequio verecundantes[3], exhibuerunt.
Et licèt propter tanti perfidiam criminis multi eos increparent
et redarguerent, et in obprobrium reproborum et perfidè de-
linquentium in ipsos conspuerent, Boloniensi tamen Comiti
aut Ardensi domino aliquo subjectionis aut obligationis titulo
ampliùs innodari constanter abdicaverunt. Undè et in iram
conversus Ardensis dominus Arnoldus filius Arnulfi, si quos
habebat accolas Hinniacenses vel Exclusenses apud Ardeam
commorantes, in despectum et obprobrium Hinniacensium
perfidorum et Exclusensium dominorum perfidos reputavit,
et in servilis conditionis detrusit et inclusit obprobrium.

CAP. CXXI. *Quomodò Arnoldus senex dedit Gonfrido fratri suo terram*
de Markisiá, et Gonfridus reliquit ei partem terræ suæ in Angliá.

Arnoldus filius autem ejusdem Arnulfi advocati cognomento
senex vel *vetulus*[4], acceptâ satis prudenter de morte patris
consolatione, Ardeæ dominus effectus est et Ardensis ecclesiæ præpositus. Et commutatâ quantociùs à fratre suo Gonfrido et comparatâ, quam pro militiæ servitio munus et
munium à rege supranominato Angliæ in Angliâ perquisie-
rant et simul acceperant, terrâ, fratri suo Gonfrido terram
Markisiæ cum pertinentiis ejus, quæ ex parte matris ejus ei
contigerat, hæreditario jure concessit habendam : sicque
Gonfrido et hæredibus ejus deputata est Markisia. Arnoldus
igitur Ardeæ factus dominus et Flandrensis curiæ compar et
socius, Flandrensem curiam frequentavit. Flandrensium
Nobiles quanto potuit studio honoravit, ut eorum opitulatione

---

[1] P. L. perfidias. — [2] Br. impudenter.
[3] Br. in exequio verecunditatis. — [4] O. senis vel vetuli.

doncques , pour plus facillement declairier et entendre la difficulté des choses subsequentes , et ouir entierement dont est procedé la noblesse des seigneurs d'Ardre , comme cy dessus est proposé , et adfin que la généalogie de ceulx de Bourbourg ne demeure , mais que soit suffisamment deduicte , en quoy faisant l'autheur n'entend devier ne alleguier hors de son propos, est besoing de dire aulcunes choses qui ne sont estranges , mais convenables à ceste histoire , et communes à ceulx d'Ardre et de Bourbourg , qui sont issues en partie de ceulx d'Alostz, comme ont dict et enseingnié pour verité nos predecesseurs.

CH. CXXII. *La généalogie de ceulx de Bourbourg , et comment ceulx de Bourbourg et d'Ardre sont issus de ceulx d'Alostz.*

Il y eust jadis au pais de Brabant ung gentilhomme heritier et seigneur du pais d'Alostz, nommé Bauduin dict *le gros*, lequel eust une femme issue de nobles parens nommée Mehault semblablement surnommée *la grosse*, comme son mary ; lequel Bauduin le gros eust ung frere nommé Inghebert de Petinghen, une fort belle sœur nommée Getrude aliée par mariaige au seigneur d'Ardre appellé Arnoul l'aisné en difference de son filz Arnoul le joeune. Or dudict Bauduin le gros et Mehault sa femme descendit Bauduin qui estoit louche , et surnommé *le barbu* pour la longue barbe qu'il portoit, et ung aultre filz nommé Yvain de Gant. Duquel Bauduin le barbu et Luttegarde sa femme issue de la noble maison de Grimberghe, descendit une fille nommée Beatrix. Après le decez duquel Bauduin le barbu , le dict Yvain son frere , sans avoir regard à justice ny à honnesteté , ne pareillement à ce que la dicte Beatrix fille et heritiere de son frere estoit encoires vivant, par violence tellement quellement , par l'exprez consentement de Thierry conte de Flandres, occuppa et detint le dict pais. Sy alia ledict Yvain par mariaige ladicte Beatrix sa niepce et fille dudict Bauduin son frere,

Hinniacenses et Exclusenses ipsum (proh pudor [1] et perfidiæ nefas!) dedignantes et in ipsum contumaces et rebelles, apud Flandrensem Comitem maximè sibi acquireret et subjugaret.

Ad quorumdam igitur subsequentium declarandam et elucidandam obscuritatem, ut videlicet Ardensis dominationis nobilitatem, prout concepimus, ex integro aperiamus, et Broburgensium genealogiam, prout nostræ adjacet narrationi, minùs providè intactam non relinquamus, cùm nec in hoc à narratione nostra vagantes digredimur aut discurrimus, ad quædam alia narrationi quidem nostræ non aliena sed affinia, tam Ardensibus quàm Broburgensibus domestica, à veriloquis præmoniti et edocti patribus, Ardenses simul et Broburgenses ab Alostensibus in parte duxisse originem doceamus.

CAP. CXXII. *Genealogia Broburgensium, et quomodò Broburgenses et Ardenses ab Alostensibus in parte duxerunt originem.*

Fuit igitur in terrà Bracbandorum [2] nobilis quidam Alostensis dominationis hæres et dominus, Balduinus cognomento *grossus* sive magnus, qui habuit uxorem nobilibus ortam natalibus nomine Mathildem, à viri sui grossitudine vel magnitudine simili appellatione *grossam* vel magnam nominatam. Siquidem hic Balduinus grossus habuit fratrem Inglebertum nomine de Petinghem, et sororem pulcherrimam nomine Gertrudem, Ardensium domino Arnoldo *seni* vel vetulo, propter Arnoldum filium suum *juvenem* sive juniorem dictum nominato, quandoque [3] desponsatam uxorem. Genuit autem Balduinus grossus ex uxore suà Mathilde grossà Balduinum *luscum*, propter barbæ prolixitatem dictum *gernobadatum* [4], Alostensis terræ posteà dominum, et Ivenum de Gandavo nominatum. Balduinus autem gernobadatus ex nobilissimà de Grembergio [5] oriundà (198) Luthgardà genuit Beatricem. Balduino autem gernobadato universæ carnis

[1] Br. proh dolor, pudor. V. proth. — [2] V. L. Braibandorum. [3] L. quantoque. — [4] V. L. gernobodatum. — [5] V. Grimbargio.

à ung nommé Henry chastelain de Bourbourg filz Demart ; combien que ladicte Beatrix fust encoires joeune et de petit aege, ignorant et de peu de congnoissance, et mal advisée de ce qu'il luy povoit advenir. A laquelle Beatrix ledict Yvain laissa seullement quelque petite portion de francqz alleux qui lui appartenoient de la succession de ladicte Luttegarde sa mere, assiz au pais de Brabant, est assavoir Werce et Meninthe. Ledict Henry chastelain de Bourbourg, qui precedentement avoit eu son pere Demart, aussy chastelain dudict lieu de Bourbourg, tué et mis à mort sans escrier par aulcuns traistres de la ville de Bruges, aveucques Charles conte de Flandres, en l'eglise S. Donast de Bruges, lui estant à genoulx en priant Dieu devant l'autel S. Basille, cuidant secourir audict conte, ce qu'il ne peust faire, eust jadis espousé la seulle fille de Manasses conte de Guisnes nommée de son propre nom Sibille, aultrement appellée Rose ; laquelle morut en travail d'enfant.

Ce mesme chastelain de Bourbourg Henry et Beatrix d'Alostz sa femme eurent sept filz : assavoir, Bauduin, Gaultier, Henry, Guillebert, Raoul, Sigere, Gaultier ; et cinq filles, assavoir, Mabille, Mehault, Luttegarde, Allix, et Beatrix. Ledict Bauduin filz aisné, après le trespas de Henry son pere qui fut inhumé au monastere de S. Bertin, luy venu à la chastelenie de Bourbourg, espousa madame Julienne contesse de Duras, laquelle ne conceut de luy aulcuns enfans et mourut sans lignie. Et comme il est monstré cy dessus, audict Bauduin appartenoit la seigneurie du pais d'Alostz par droict de succession du costé de sa mere ; neanlmoins differa d'en faire querelle et poursuitte, et luy bailla le conte de Flandres Phelippes les seigneuries de Tornhem, Longue Marque, et Bequestoce, pour estre en grace, à intention de recouvrer à traict de temps plus grand chose. Après le trespas de ladicte dame Julienne, ledict Bauduin espousa Elisabet fille de Robert advoué de

viam ingresso et sepulto (199), Ivenus frater ejus, non consi-
derans justum et honestum[1], aut fratris sui filiam Beatricem
vivam et hæredem adhuc esse et superstitem, violenter ir-
rupit, et quomodocumque Flandrensium Comite Theoderico
consentiente (200), immò assensum præbente, obtinuit[2]. Sed
et neptem suam Beatricem, Balduini videlicet fratris sui
filiam, adhuc tenellam et juvenculam, et rei eventûs ignaram,
et sciolam, et quid de eâ ageretur minùs consultè præviden-
tem, Broburgensi castellano Henrico Demardi[3] filio, relictâ
sibi minimâ allodiorum quæ ex parte matris suæ Luthgardæ
in terrâ Bracbandorum ei contingebant portiunculâ, Werciâ[4]
videlicet et Menithiâ[5], copulavit uxorem. Siquidem hic Broburgensis castellanus Henricus, patre suo pridem Broburgensi castellano Demardo in ecclesiâ S. Donatiani Brugensis[6],
cum Flandrensi Comite Karolo ante altare S. patris Basilii
ad orandum genua flectente et à Brugensibus traditoribus
inopinatæ mortis gladio interempto (201), cùm Comiti succurrere vellet nec posset, simul enecato, Ghisnensis Comitis
Manassis filiam unicam, nomine proprio Sibillam, nuncupativo[7] Rosam, quæ in partu vitam exhalavit, priùs duxerat
uxorem.

Hic ergo Broburgensis castellanus Henricus ex Alostensi
Beatrice genuit septem filios; Balduinum videlicet, Walterum
et Henricum, Gillebertum et Rodulphum, Sigerum et alium
Walterum : et quinque filias; Mabiliam scilicet, Mathildem,
Luthgardam[8], Adelidem, et Beatricem. Balduinus itaque
prior natu, patre suo Henrico mortuo et apud S. Bertinum
sepulto, Broburgensis effectus castellanus, postquàm de
Alostensium terrâ, quæ (sicuti jam demonstravimus) hæreditario jure ex parte matris suæ sibi contingebat, in expectationem majoris recuperationis et gratiæ, à Flandrensi
Comite Philippo Torthonium perquisierat, et Longam Mar-

---

[1] L. aut honestum aut fructuosum filiam. O. et honestum aut. D. fructuosum fratris sui filiam. — [2] *Supple* hæreditatem.

[3] V. L. Deinardi. D. Devardi. Br. O. Themardi. — [4] P. D. Warcia.

[5] V. Meinthia. — [6] L. Brugensi. — [7] L. nuncupativè. — [8] P.V. Luthgardem.

Therouenne [1]. Sy morut icelluy Bauduin sans enfans, et gist inhumé en l'eglise Nostre Dame de Bourbourg, aveucques tous les chastelains dudict lieu, sauf Henry premier de ce nom qui est honorablement enterré à S. Bertin. Le filz second dudict Henry de Bourbourg, nommé Gautier le premier, morut jone. Henry tiers filz fut chevallier, tost après morut. Le quart nommé Guillebert ne voulut succeder en la dicte chastelenie, pour ce qu'il avoit perdu la vue aulx tournois. Raoul et Sigere v[e] et vj[e] furent gens d'Eglise, et eurent beaucoup de prebendes et benefices ecclesiastiques. Ledict Raoul estant doien de l'eglise de Noion, après qu'il fust esleu evesque dudict lieu, trespassa de ce monde; et fut son corps inhumé honorablement au cœur de l'eglise S. Foursy à Peronne. Et le dict Sigere morut tost après, et fut son corps inhumé en l'eglise Nostre Dame de Bourbourg. Le septiesme et plus joeune de tous les freres, nommé Gaultier, luy venu à la succession de la chastelenie de Bourbourg, espousa Mahault fille de Robert advoué de Therouenne [2] et sœur d'Elisabeth que avoit espousé Bauduin son frere aisné; et d'icelle Mahault eult deulx enfans, Henry et Beatrix. Et après le trespas dudict Gaultier, le dict Henry son filz succeda en minorité en la dicte chastelenie de Bourbourg; et sa sœur Beatrix fut mise au cloistre des relligieuses à Bourbourg, non pas seullement affin d'y estre nourye, mais pour l'instruire, et apprendre eż ars liberaulx, et vivre en bonnes meurs.

Et adfin de declairier à la verité et en ordre l'histoire des cincq filles dudict Henry chastelain de Bourbourg premier de ce nom; la premiere, nommée Mabille, fut mariée à Bauduin de Bailleul, et depuis fust vicontesse d'Ipre; la seconde, nommée Mehault, après avoir esté instruitte ez ars liberaulx, pour l'honnesteté de sa vie et mérite de sa sainteté entre touttes les relligieuses de Bour-

[1] et [2] *Lisez* Bethune.

kam , et Bekescotium[1], et ad tempus majora repetere protelavit et distulit, duxit in uxorem Julianam Duracensem Comitissam (202) : sed nec ex eo concepit aut peperit, sed sine
liberis ex eo cónceptis mortua est et sepulta. Posteà verò ,
cùm duxisset idem Balduinus in uxorem Elizabeth filiam advocati Roberti de Bethuniâ (203), sine liberis mortuus est, et in
ecclesiâ S. Mariæ Broburgensis , in quâ et omnes Broburgenses castellani sepulti sunt, præter Henricum primum, qui apud S. Bertinum honorificè sepultus est. Primus
autem Walterus adolescentulus mortuus est, Henricus autem
jam miles factus obiit , Gillebertus verò, quia in torniamen-
tando[2] aciem perdiderat oculorum, castellanus fieri refutavit ;
Rodulphus autem et Sigerus facti clerici multas obtinuerunt
præbendas et ecclesiasticas dignitates. Quorum Rodulphus
ecclesiæ Noviomensis factus decanus (204), cùm in Noviomensis ecclesiæ jamjamque raperetur et eligeretur episcopum
mortuus est, et Peronæ sub choro ecclesiæ S. Fursei, cum
summâ veneratione sepultus. Sigerus quoque non multo tempore post mortuus est, et in ecclesiâ B. Mariæ Broburgensis[3] sepultus. Septimus igitur in omnibus junior fratribus,
Walterus demum factus castellanus, Broburgensis duxit in
uxorem advocati Roberti de Bethuniâ filiam Mathildem[4],
sororem Elizabeth, quam Balduinus frater ejus dudum duxerat
uxorem, et ex eâ genuit Henricum et Beatricem. Sed Waltero
mortuo filius ejus adhuc puer Broburgensis castellanus effectus
est. Soror autem ejus Beatrix apud Broburgum in claustro
sanctimonialium, non tam nutrienda quàm moribus erudienda
et liberalibus studiis imbuenda, tradita est.

Ut autem[5] juxta enumerationis ordinem de quinque filiabus
Broburgensis castellani Henrici hujus nominis primi veritatis
historiam prosequamur ; prima videlicet[6] Mabilia, Balduino
de Balliolo[7] desponsata , facta est Yprensis vicecomitissa.
Secunda scilicet Mathildis , studiis primò liberalibus tradita,

---

[1] L. Becescotium. B. O. Bekescotum. — [2] O. torneamento.
[3] L. Broburgensi. — [4] O. Mathildem nomine. — [5] P. D. ut enim.
[6] Br. igitur. — [7] Br. D. P. V. Bailliolo.

bourg dont elle estoit une, fut constraincte et mieulx atraicte que eslevée, de prendre l'estat, le nom, et office d'abbesse. La tierce, nommée Luthegarde, fut conjointe par mariaige à ung gentil- homme demourant sur la riviere du Rin, nommé Ernoul de Cuer- trede. La quatriesme, appellée Allix, fut aliée à ung gentilhomme nommé Estienne de Selinghen. Et la cincquiesme, que l'on peult estimer sur touttes les aultres, entendant et oiant que l'estat de mariaige est bon, continence et viduité encoires meilleur, et la perfection de virginité souverainement bonne, demoura vierge toutte sa vie; dont luy est deue gloire et louenge à perpetuité. La- quelle Beatrix, après le trespas de ceste venerable abbesse Mehault sa sœur, par le moien de son honnesteté et bonnes meurs, sa saincte- teté de vie, sa largesse et bonté naturelle, et sa grand charité, elle qui estoit agréable aulx gens d'Eglise, recommandée envers Dieu, riche des biens de ce monde, qui tenoit le chemin des bienheu- reulx, et estoit espouse à Nostre Seigneur Jesu Christ, sans porter habit de relligion et sans avoir nom ne dignité d'abbesse, pour ce qu'elle estoit dilligente et avoit son cueur à toutte sainctecté et de- votion de relligion, qui ne se monstroit maistresse mais plus tost chambriere, estant en sa maison contente de ses biens et revenu, en la presence et du vivant de sa sœur abbesse fut instituée et mise au lieu d'elle; où elle se gouverna en estat d'abbesse bien et suffi- samment, et se regloit tous les affaires de la relligion selon son vou- loir et discretion; aveucques ce tout le convent, tant relligieuses que serviteurs, estoient institués regis et maintenus par la pru- dence d'elle.

Ce que dessus est dict succinctement et en brief pocult souffire pour entendre ce que cy après sera touché de ceulx d'Alostz, Bourbourg, et Bethune. Et pour entendre aulcuns incidens narrez en brief de ceste presente histoire, et pour mettre fin à la mathiere subjecte, fault retourner au propos de ceulx d'Ardre.

honestate vitæ et meriti sanctitate inter Broburgensis ecclesiæ filias et sanctimoniales, sanctimonialis et ipsa, et à [1] sanctimonialibus rapta et illecta, potiùs electa, abbatissæ nomen accepit et officii dignitatem. Tertia verò Luthgarda cuidam nobili viro super Rhenum degenti Arnoldo de Cuerthedrâ copulata est uxor et desponsata. Quarta Adelidis nobili viro Stephano de Sinninghem [2] legitimo conjuncta est matrimonio. Quinta videlicet Beatrix, omnibus ferè præstantior, audiens et intelligens quia [3] bona est vita conjugalis, melior continentia vidualis, optima perfectio virginalis [4],

> Virgo permansit in ævum [5];
> Cui laus et gloria nunc et in ævum.

Hæc igitur morum honestate, vitæ sanctitate, rerum largitate, innatâ bonitate, divinâ caritate, clero quidem grata, Deo commendata, mundo prædicata, sanctos imitata, Christo desponsata, sine [6] habitu religiosa [7], sine [8] nomine et dignitate abbatissa, officii tamen sedulitate, in omni sanctitate et religione, sanctimonialium non tam officialis quam pedissequa, in propriâ domo residens, propriis contenta possessionibus et redditibus, post mortem sororis suæ venerabilis matronæ et abbatissæ Mathildis [9] in loco abbatissæ, præsente tamen abbatissâ, vices abbatissæ diligenter exequitur et opportunè. Ad ejus enim nutum et voluntatem et dispositionem omnes sanctimonialium disponuntur actiones et negotia, necnon et ejus providentiâ omnes ejusdem loci cœnobiales, tam servientes quam sanctimoniales, proteguntur, gubernantur, et procurantur [10].

Hæc ad subsequentium declarationem, de Alostensibus et Broburgensibus et Bethuniensibus breviter et succinctè tacta et propter quædam narrationi nostræ incidentia succinctè decursa, dicta sufficiant. Nunc autem, ut susceptam narrationem ad finem producamus, ad Ardenses redeamus.

---

[1] P. V. L. à *deest*. — [2] Br. Sinnenghem. V. Surminghem.
[3] V. quare. — [4] P. D. virginis. — [5] Br. in Deum. — [6] et [8] L. sive.
[7] P. D. religioso. — [9] O. nobilis. — [10] P. V. L. procreantur.

Durant le temps que Arnoul seigneur d'Ardre surnommé l'anchien, ayeul de celuy qui a faict ceste histoire, hantoit la court de Flandres, et que la renommée de ses haultz faictz se multiplia entre tous les princes de France et d'ailleurs, qui pour verité estoit fondée en tout bien, le bruit du dict Arnoul et l'honneur et magnificence de sa chevalerie vint à la congnoissance de Bauduin le gros, seigneur d'Alostz. Et ung jour que ledict Arnoul avoit soustenu tout le faiz en quelque tournoy glorieux et triumphant qui s'estoit faict ez mettes de Tournesis, duquel ledict Arnoul par la confession mesmes de ses envieulx avoit emporté le pris et honneur comme le mieulx faisant, le dict Bauduin seigneur d'Alostz l'emmena aveucques luy en son logis, et le traicta magnificquement, luy et les siens, de bons vins et viandes delicieuses. Et lendemain au matin, après avoir desinné[1] ensemble de plusieurs propos, le mariaige se traicta dudict Arnoul et la sœur dudict Bauduin d'Alostz, nommée Getrude. Aveucques laquelle il eust les francqz alleux à elle appartenans, assis en la chastelenie de Bruges, ès villes de Rodenberg, Ostberg, et environ les lieux de Isendicq, Valdicq, et Carternesse.

Et lorsque le dict Arnoul aveucques madame Getrude sa femme arriva en sa ville d'Ardre, il fut solennellement receu en son eglise par les gens d'Eglise et tout le peuple, publicquement, à closches sonnans; et après avoir faict son oraison en icelle, furent ensemble receus en grand joye en son chastiau et lieu de sa demeure, où durant l'espace de trois jours firent grant chier, buvans et mengeans et faisans joieux esbattemens en toutte joye et lyesse, pour l'honneur des dictes nopces; ausquelles le dict Arnoul fist une chose qui s'enssuit, digne de mémoire et merveilleuse à racompter.

[1] *Sic.* Il faut lire *devisé.*

CAP. CXXIII. *Quomodò Arnoldus senex duxit Gertrudem in uxorem.*

Cùm igitur Ardensis dominus Arnoldus avus meus cognomento *senex* Flandrensem curiam frequentaret, et magnitudinis ejus fama ad universos regni Francorum proceres
pertingeret, et de eo veriloquâ voce bonum prædicando
personaret, ad [1] Alostensis domini Balduini *grossi* aures [2]
nomen ejus innotuit et militiæ decus et magnificentia. Undè
cum quâdam die de [3] quodam torniamento quod in confinio
Tornacensis provinciæ famosum extiterat et gloriosum, ubi
totius pondus et gloriam belligerantis diei et torniamenti, invidis etiam acquiescentibus, sustinuerat et sibi comparaverat,
Alostensis Balduinus grossus eum secum hospitari fecit, et
solemniter eum et suos lautissimis [4] procuravit cibis et potibus. Mane autem facto, in multis prælocuti sunt sermonibus,
et Arnoldus duxit et legitimo sibi copulavit matrimonio nobilem nobilis viri sororem nomine Gertrudem. Cum quâ simul et ejus accepit allodia quæ in castellariâ Brugensium [5]
possidebat, apud Rodembergum et Ostbergium [6], et circa
Isendicam [7] et Vulendicam et Caternessam [8].

Veniens itaque Arnoldus cum uxore suâ Gertrude suam
apud Ardeam, solemniter campanis sonantibus, à clero et
populo in suâ receptus est ecclesiâ, et ibi oratione factâ brevi,
in suæ simul cum gaudio recepti sunt mansionis castellum.
Ubi triduo quasi trietherica Bacchi (205) effigiantes, cibis
vacantes et potibus, in ludicris et jocis cum jocunditate et
exultatione solemnes celebraverunt nuptias. Ad quas hoc memorabile, immò dictu mirabile, fecit Arnoldus.

---

[1] L. ab. — [2] P. V. L. aûres *deest.* — [3] D. quâdam die quodam.
[4] V. lautissimè. — [5] P. V. L. Burgensium. — [6] L. Ostbergum.
[7] L. Isenditam. — [8] L. Cuternessam.

CH. CXXIV. *Comment ledict Arnoul fist morir en torment un*
gaudisseur yvrongne.

Entre grand nombre de peuples de diverses nations qui estoient
venus, y avoit ung yvrongne, gaudisseur et grant buveur de cer-
voise, comme lors il estoit de coustume ; lequel estant à table se
print à dire et mectre en avant, qu'il estoit si grant buveur, que si
le seigneur des nopces luy vouloit donner ung roussin ou cheval,
il buveroit et videroit entierement le plus grant baril plain de cer-
voise qui fust en sa cave, et que la broche dudict baril tirée, et la
bouche une fois par luy mise au trou d'icelluy, jamais il ne l'oste-
roit qu'il n'eust tout beu, et aveucques ce buveroit la lye ; pourveu
que on luy preparast tant seullement ung lieu où il peust laissier
son urinne tandis qu'il buveroit. Et tout ainsy que l'avoit mis en
termes ce gaudisseur, ledict seigneur des nopces luy accorda, et
se submist le tenir de sa part. Sy but, engoula, et tira tellement
ledict gaudisseur, gecta et laissa aller son urinne, qu'il evidda entierement ledict baril ; laquelle chose doict estre imputée à gour-
mandise et à l'indiscrete prodigalité des seigneurs. Ce faict, ledict
gaudisseur se mist en place, tenant en sa bouche la broche dudict
baril qu'il avoit eviddié, et par forme de mocquerie, audacieuse-
ment et à haulte voix, comme s'il eust optenu quelque belle victoire, se print à demander le cheval qu'il avoit gaignié à boire. Et
lors le seigneur des nopces se print à le regarder de ses yeulz clers
et ardans, et commanda luy bailler hativement le cheval à luy promis. Et incontinent les serviteurs bien advisez et advertis du vouloir de leur maistre, salirent sus, et couperent du bois aulx arbres,
dont ils firent ung gibet où ils pendirent ce gaudisseur, et le firent
morir en torment.

Deppuis le dict Arnoul aveucques madame Getrude sa femme
engendra Arnoul surnommé *le jone*, ung aultre nommé Manasses,
deppuis Bauduin, et Hugues qui fut relligieux, aveucques trois
filles, assavoir Andeline, Anès, et Alix.

CAP. CXXIV. *Quomodò idem Arnoldus scurram suspendìt
in equuleo* [1].

Cùm enim inter multos et multigenas [2] confluentium ad
nuptias populos scurra quidam, cervisiæ (ut tunc temporis
mos exigebat) bibitor, in domo cum convivantibus discum-
beret, jactabat et in medium proclamabat, quòd tantus esset
bibitor, quòd si dominus sponsus ronchinum vel equum quemlibet ei dare vellet, majus dolium quod in cellario suo haberet cervisiâ plenissimum, dolii tappo extracto, et foramini
ore [3] semel apposito et usque ad evacuationem dolii non
retracto, totum ebiberet, et etiam feces exhauriret; parato
sibi tantummodò loco et aptato [4], ubi per virilem virgam ef-
futire, dum biberet, vel emittere posset urinam. Quod cùm
in pactum suscepisset sponsus, quemadmodùm prædixerat
scurra et in pactionem acceperat, hauriendo, glutiendo, et
bibendo, simul et urinam faciendo (o bibitorum ingluviem!
o indiscretam principum prodigalitatem!), dictis facta com-
pensans, dolium evacuavit. Quo exhausto, prosiliens in medium scurra, et in signum jocularitatis, immò ingluviei,
tappum dolii evacuati gestans in ore, quem in pacto et bibendo lucrifecerat equum, clamosâ voce et victoriosâ constanter et audacter exigere cœpit. Sponsus verò ardentibus
eum intuens oculis, ei equum ad pactionem sterni, et ei
quantociùs dari [5] præcepit. Satellites verò mox prosilientes,
et de conscientiâ domini satis sagaciter præmoniti, concisis
in patibulo arboribus, eum in equuleo suspenderunt.

Cognovit autem Arnoldus uxorem suam Gertrudem, et
genuit ex eâ Arnoldum cognomento *juvenem* sive juniorem,
Manassem, et Balduinum, et Hugonem monachum, Adelinam, Agnetem, et Alaisam.

---

[1] P. V. L. eculeo. — [2] V. multigenos. — [3] L. oræ.
[4] P. optato. D. exoptato. — [5] L. dare.

CH. CXXV. *Comment la paix fut faicte entre ceulx d'Ardre et de Fiennes.*

Ledict Arnoul sieur d'Ardre mon ayeul dict l'aisné, à difference de son filz Arnoul le joeune, vivant en prosperité et tranquillité, contre le gré du conte de Guisnes, de ceux de Bavelinghen, et plusieurs aultres, fist prendre et enclore les eaues courans dedens le lieu et villaige de Bresmes, et faire ung vivier et estang, sur lequel il fist construire et ediffier ung moulin. Sy se meurent derechief ceulx de Fiennes, et à grant force et puissance vindrent de nouveau quereller les francqz alleux qu'ilz maintenoient à eulx appartenir en la ville d'Ardre a tiltre d'orye; à quoy ceulx d'Ardre assez en fiere responce dirent, qu'ilz ne détenoient heritaiges ne francqz alleux à eulx appartenans. Et à tant se retirent ceulx de Fiennes, qui tost après se retournerent en grosse furie, lesquels troublerent et molesterent impétueusement ceulx d'Ardre qui n'en firent pas moins que ceulx de Fiennes, lesquels semblablement furent par eulx irritez et provocquez à la guerre, et souvent les pillerent, et amenerent de grans butins de la ville de Fiennes. Mais aussy, sans dissimuler, les deulx armées trouvant l'une l'aultre bien souvent, ceulx de Fiennes n'ont point seullement rescoux leur butin, mais ont aveucques ce pillé et amené les biens de ceulx d'Ardre. Et affin de plus seurement garder le bestial de ceulx de Frelinghen, le dict Arnoul sieur d'Ardre mon ayeul fist clore et advironner d'ung bon fossé la place commune du lieu de Frelinghen, lequel fossé fut deppuis remply lorsque la petitte eglise ediffiée en ce lieu fut dédiée. Et en cest estat furent longtemps provocquans l'ung l'aultre à la guerre, eulx destruisans de chascun costé, tellement qu'ils fremissoient et grinçoient des dens l'ung contre l'aultre.

Mais après la longue dissension d'entre eulx, et aultres entreprinses de guerre d'ung party et d'aultre, finablement par les amis de chascune part la paix se traicta entre eulx, et devinrent amis confederez ensemble en faveur de lignaige. Ensorte que les heritaiges, hommes, et subjectz, scituez à Fiennes appartenant à ceulx d'Ardre, et tenans ensemble deppuis le cimentierre de

CAP. CXXV. *Quomodò pax confirmata est inter Ardenses et Fielnenses.*

Cùm autem idem Arnoldus avus meus Ardeæ dominus, ad differentiam (sicuti superiùs memoravimus [1]) filii sui Arnoldi junioris appellatus senex, in pacis tranquillitate et in prosperitate viveret, et indignantibus Ghisnensium Comite et Balinghemensibus, multisque aliis, vivorum aquas fontium apud Bramas [2] instagnaret et includeret, et vivarium efficeret, et vivario molendinum superædificaret et construeret, insurgentes [3] iterùm multà vi et fortitudine Fielnenses, allodia quæ in Ardeâ sibi contingere et ad se spectare conjectabant hæreditaria, repostulabant. Sed cùm Ardenses cum indignatione responderent, se nulla Fielnensium obtinere prædia vel allodia, recedentes et in iram conversi et iterùm accedentes Fielnenses, et impetum in Ardenses facientes eos lacessere cœperunt et fortiter inquietare. Ardenses verò non dissimiliter Fielnenses in prælium irritantes et provocantes, prædas eorum sæpiùs abduxerunt. Convocatis autem exercitibus, Fielnenses (quid enim verum dissimulare juvat [4]?) non tantùm [5] suas sed et Ardensium prædas secum sæpiùs cum suis reduxerunt. Porrò et Ardensis dominus avus meus Arnoldus atrium Frelinghemensium, ut sua securiùs conservare possent [6] animalia, firmo circumcinxit fossato; quod posteà, in dedicatione ecclesiolæ in eodem atrio constitutæ, solo æquatum est. Sic autem per multum temporis invicem decertantes, invicem provocantes, et utrimque alteri alterutram partem lacessentes, fremebant dentibus oppositæ partis alteruter in alterutrum.

Sed post longam inter hos et illos altercationem et guerrantium utriusque partis assultus, tandem mediantibus utriusque similiter partis amicis, pace inter eos compositâ, amici facti sunt et in consanguinitatis amorem confœderati. Prædia

---

[1] O. diximus. — [2] L. Brancas. — [3] D. resurgentes.
[4] P. vivatur. V. L. juvatur. — [5] P. tamen. — [6] L. posset.

touttes pars en tirant par le meillieu du marchié jusques au chastiau, demourerent à perpetuité au prouffit de ceulx de Fiennes; sy
aulcuns en avoient à Ardre, demouroient à tous jours à ceulx
d'Ardre.

CH. CXXVI. *La guerre entre ceulx d'Ardre et de Guisnes, et comment Arnoul
l'aisné fist clorre sa ville d'Ardre et le bois d'ung grand et long fossé.*

Après les choses dessus dictes ainsy faictes, et que les enfans
dudict Arnoul, tant illegitimes que ceulx qui estoient issus de
madame Getrude, furent chevalliers estans en fleur de jeunesse et
fort eslevez en la court de Flandres, icelluy Arnoul differa de servir au conte de Guisnes lors nommé Manasses, comme il estoit
tenu par la nature de son hommaige; et ne luy souffist la denega-
tion de service, mais comme rebelle et desobeissant le contempna,
et ne luy voulut obeir; en telle maniere que le dict conte, voulsist
ou non le dict Arnoul, le rechassoit et encloit et asseyoit en sa
ville d'Ardre. Et sans celer verité, ce n'estoit sans grande effusion
de sang d'ung party et d'aultre, ne sans convertir en feu et en cendre les maisons et eglises d'icelle ville, qui est chose horrible et
cruelle à reciter. Et quant le dict conte de Guisnes avoit constrainct
et rechassé ledict Arnoul jusques dedens son chastiau et forteresse
d'Ardre, et ne l'avoit peu vaincre et constraindre soy rendre à luy,
voiant que de tous costez gendarmes venoient au secours de ceulx
d'Ardre, il se retyroit; et lors ceulx d'Ardre widoient, lesquels
se joindoient aveucques leur secours, et furieusement tournoient
sur le dict conte et ses gens, sy les rechassoient jusques dedens
Guisnes; où il en mourut plusieurs de chascune part. Toutesfois,
de l'accord des parties, la treuve fut faicte et jurée d'ung costé et
d'aultre; durant laquelle le dict Arnoul fist réparer et eslargir le
fossé à l'entour du fort de la ville d'Ardre par dehors, et le clorre
et environner de haiez et espines, et sur icelluy erigier tours pour
y mettre artillerie et aultres choses servans à la guerre et propices
à soutenir l'assault des ennemis. Sy fist faire le dict Arnoul un

enim Ardensium, quæ apud Fielnas cum inhabitantibus servis ab atrio cœmeterii per medium forum circumquaque usque ad castellum continuè jacebant, Fielnensibus in partem cesserunt hæreditatis et permanserunt; prædia verò Fielnensium, si qua habebant apud Ardeam, in perpetuam permanserunt Ardensibus hæreditatem.

CAP. CXXVI. *Guerra inter Ardenses et Ghisnenses, et quomodò Arnoldus senex fossato magno et longo villam Ardeæ firmavit et boscum.*

Post hæc autem, cùm Arnoldus, filiis suis tam in venereâ [1] delectatione conceptis quàm de nobili uxore Gertrude procreatis militibus factis, et in flore juventutis vernantibus, et Flandrensis curiæ nobilitate tumescentibus, Ghisnensi Comiti Manassi servire supersederet, et ei juxta hominii tenorem non tantùm devotus non existeret, sed etiam contumax et rebellis ei parere et obsequi contemneret, Comes eum nimirum in multis infestavit, et in multis molestavit. Adeò ut Comes cum sæpiùs in suam, vellet nollet Arnoldus, effugaret (nec enim verum dissimulamus), et non sine multâ utriusque partis sanguinis effusione recluderet et obsideret Ardeam, et villæ domos et simul ecclesiam (o nefandam persequentium rabiem inimicorum!) in favillam converteret, et in cinerem redigeret. Cùm autem eum usque in castelli munitionem effugatum perurgeret, et eum nec convincere [2] nec ad deditionem cogere potuisset, cùm sentiret Comes milites circumquaque in auxilium Ardensium confluentes, et ob hoc ab Ardeà recederet, exeuntes et in iram conversi et in furore ardentes Ardenses, associatis supervenientibus in auxilium sibi militibus, Comitem in Ghisnas multis utrimque cæsis hostibus effugaverunt. In voluntate tamen [3] utriusque partis treugis utrimque [4] concessis et acceptis, et fide in pacem ad tempus utrimque datâ et acceptâ, Arnoldus, reparato exte-

---

[1] P. V. L. in venere delectationis. — [2] P. V. L. nec se convincere.

[3] D. tantum. — [4] L. utrisque.

grant large et parfond fossé hors la ville et chimentierre, lequel
comprenoit deppuis le bout d'en hault du vivier jusques au bois
Foubert; si encloit et gardoit la commune aveucques une portion
de terre et tout ce qui estoit nécessaire au peuple de la ville. Sur
lequel fossé le dict Arnoul commanda et fist planter chesnes et aultres arbres que l'on voit encoires jusques à present.

Et en ce mesmes temps le dict Ernoul mist ung sien filz nommé
Hughes relligieux au monastere de S. Bertin; aveucques lequel il
donna à l'abbé et ses relligieux en pure aulmosne tout ce que
l'eglise de S. Bertin a et pocesse au villaige de Rudelinghen.

Mais une chose y at autant merveilleuze que digne de memoire,
laquelle aveucques aultres siet bien estre dicte, est assavoir, que en
la plus grande guerre qui fut entre ceulx de Guisnes et ceulx d'Ardre, durant le temps qu'ils estoient en la terre de Guisnes ilz
estoient continuellement rebelles et desobeissans au conte de
Guisnes, auquel ne dénioient seullement le debvoir et service qu'ilz
luy devoient, mais persecutoient et molestoient luy et les siens
comme leurs ennemis, et en cas semblable faisoient ledict conte et
les siens, lesquelz persecutoient ceulx d'Ardre de pareille persecution que dessus, quant ils se trouvoient en ladicte terre de
Guisnes. Et neanlmoins quant ils estoient ensemble en quelque
lieu, feust court de prince, maison, logis ou tournoy, hors du pais
de Guisnes, d'aultant que ceulx d'Ardre se monstroient rebelles
et desobeissans audict conte de Guisnes dedans son pais, de tant
plus se rendoient prompz et appareillés sans aucune dissimulation
à faire service audict conte et à ses gens. Pareillement ceulx de
Guisnes d'aultant qu'ils se monstroient, fust à droict ou à tort,
austeres et crueux au pais envers ceulx d'Ardre, tant plus leur
estoient doulx, gratieux, et paisibles quant ilz se trouvoient ensemble ez lieux estranges; et en faisant bonne chiere s'entre ho-

rioris Ardensis munitionis valli fossato et amplificato, et sepibus et ericiis consepto et constipato, turribus et bellicis machinamentis supererectis et in defensionem [1] contra hostium impugnationem præparatis, fossatum magnum et profundum et amplum, extra villam et cœmeterium, à superiori parte vivarii usque in Fulberti boscum vel nemus, extendit communia populi sui asiamenta [2]; et planitiem camporum non minùs quàm totius Ardensis villæ domos infra concludens atque muniens, et super fossatum quercus et alias simul arbores (uti usque hodie patet) plantari fecit atque præcepit.

Sub eodem autem temporis cursu, fecit Hugonem filium suum (206) in ecclesià S. Bertini monachum, deditque cum eo ejusdem loci abbati et monachis in liberam eleemosynam, quicquid Bertinensis ecclesia usque in hodiernum diem possidet apud Rolinghem.

Unum est autem quod in transcursu verborum [3] ponimus, tam mirabile quàm memorabile : quòd videlicet cùm inter Ghisnenses et Ardenses major esset decertationis guerra, et Ardenses, quamdiu in terrà Ghisnensium morabantur, semper Comiti Ghisnensium et suis rebelles et contumaces, non tantùm debitum ei obsequium denegabant, sed cum indignatione eum et suos persequebantur et infestabant; et Ghisnensis Comes nichilominùs et sui, cùm in terrà Ghisnensi conversationem haberent, simili infestatione et persecutione Ardensibus insidiabantur et eos infestabant : tamen cùm extra Ghisnensem patriam in quemcumque locum, in quamcumque curiam vel aulam, vel etiam in quocumque torniamento vel hospitio hi cum illis conveniebant, Ardenses quò amplius in terrà Ghisnensi Comiti et suis rebelles extiterunt et contumaces, eò amplius in extraneis partibus eidem [4] Comiti suisque Ghisnensibus in servitio fuerunt promptiores, et in fide non fictà devotiores; Ghisnenses verò [5], quantò in

---

[1] L. munitionem. — [2] D. aisiamenta. — [3] P. D. verbum.
[4] P. V. eisque Comiti suis Ghisnensibus. — [5] L. quandò.

noroient ensemble de leur bon gré, faisant le service qu'ilz pouvoient faire l'ung à l'aultre.

La paix faicte et conclute entre Manasses conte de Guisnes et
Arnoul seigneur d'Ardre, ledict Arnoul fist faire et ediffier en son
chastiau et forteresse d'Ardre une maison de bois et d'aultres
matieres, faicte par grand artifice et maniere, et qui excedoit en
beaulté les aultres maisons que pour lors estoient au pais de Flandres. Laquelle maison fut faicte et composée par ung maistre charpentier de Bourbourg nommé Lodoic, aussi subtil en son art à
peu près comme estoit Dedalus; et de ceste maison en fist ung lieu
semblable à ung aultre labirinthe, et dont l'on ne scavoit trouver
l'entrée ne l'issue. En ce lieu fist cave sur cave, chambre sur aultre, et logis sur logis, pour recepvoir les survenans; et joingnant
des celiers fist faire biaulx greniers, retraictes, et ediffices, pour
retirer et promptement recouvrer tout ce qui estoit necessaire en
la maison. Sy fist ediffier au lieu plus convenable de la maison,
vers soleil levant, au plus hault d'icelle, une chapelle. Icelle maison
estoit à trois estaiges, et y avoit sieges et fenestres triumphans l'ung
sur l'aultre loins de terre, et qui sembloient estre mis en l'air. Le
premier estaige de ceste maison estoit sur terre, où estoient celiers
et greniers à mettre grans vassaux, pippes, caves, et barilz, aveucques aultres ustencilles d'ostel. Au second estaige estoient les logis
ordinaire et demeure de ceulx de la maison; et en icelluy estaige
estoient les offices, comme garde mengiers, pancterye d'ung costé
et boulengerie de l'aultre; d'ung aultre costé estoit la grand chambre de Mons' et de madame sa femme, en laquelle ilz couchoient;
et joingnant d'icelle estoit la garde robbe où les enfans et cham-

patriâ[1] quantocumque jure vel merito fuerant Ardensibus
truculentiores, tanto in externis locis, ubicumque simul
conveniebant, illis placatum et quasi pacatum vultum exhibentes, eis apparuerunt mitiores et omnimodè benigniores.
Honore igitur invicem prævenientes[2], exhibebant in alterutrum quod alterutri debebant, spontaneum devotionis
beneficium.

CAP. CXXVII. *Quomodò Arnoldus magnam domum et excelsam fecit
in castello Ardeæ, et ejus descriptio hæc est.*

Posteà[3] verò, pace inter Ghisnensem Comitem Manassem
et Ardensem dominum Arnoldum factâ et confirmatâ, super
dunionem Ardeæ miro carpentariorum artificio domum li-
gneam fecit[4], materie totius Flandriæ domos tunc temporis
excellentem. Quam quidem Broburgensis artifex vel carpentarius, in hujus artis ingenio parum discrepans à Dedalo,
fabrefecit et carpentavit, nomine Lodewicus : et de eâ ferè
inextricabilem fecit labyrinthum et effigiavit, penus penori,
cameram cameræ, diversorium diversorio concludens, promp-
tuaria sive granaria cellariis continuans, et capellam in con-
venientiori loco ab orientali parte domûs in excelso superædificans. Triplicem autem aream in eâ constituit et solium
solio longè a solo quasi in aere suspendit. Prima autem area
fuit in superficie terræ, ubi erant[5] cellaria et granaria, cistæ
etiam magnæ, dolia et cupæ, et alia domûs utensilia. In secundâ autem areâ fuit habitatio et communis inhabitantium[6]
conversatio, in quâ erant penora[7], hinc panetariorum, hinc
pincernarum, hinc magna domini et uxoris suæ, in quâ accubabant, camera, cui contiguum erat latibulum pedissequa-
rum videlicet, et puerorum camera vel dormitorium. Hinc in
magnæ secretiori parte cameræ erat quoddam secretum diversorium, ubi summo diluculo vel vespere[8], vel in infirmi-

[1] L. patriam. — [2] *Rom.* XII. 10. — [3] D. pace verò inter.
[4] P. V. L. simul. — [5] A. D. P. ut erant. — [6] L. habitantium.
[7] A. pena. D. penua. — [8] P. V. L. in vespere.

brieres couchoient. D'aultre part, en ung lieu secret de la dicte chambre y avoit un refuge, là où on faisoit feu au matin et au soir, et là où on se retiroit pour quelque maladie et en temps de saingnié, et pour rechauffer les serviteresses et petis enfans, lorsqu'ilz avoient prins la mamelle. Estoient aussy en ce second estaige assis près de ceste chambre la cuisinne, en laquelle y avoit deulx estaiges; et en icelluy d'enbas estoient d'ung letz mis et nouris les pourceaulx en gresse, et d'aultre les oisons, d'ung aultre letz les chappons et aultres especes de vollile tousjours pretz à acoustrer et mengier. Et en l'aultre estaige de la dicte cuisine se tenoient les cuisinniers et ceulx qui avoient la charge d'icelle cuisinne, qui preparoient en moult de sortes, comme ont acoustumé faire cuisinniers, les bonnes viandes curieusement ordonnées et prestes à mengier. En ce lieu aussy l'on preparoit la provision de la viande et estat ordinaire des familliers, serviteurs, et aultres domestiques de la maison. Et au plus hault estaige de la dicte maison estoient faitz logis et retraictes, esquelz couchoient les filz de la maison quant ilz vouloient à ung bout, pareillement les filles quant il estoit besoing à ung aultre. Les serviteurs qui avoient la garde de la maison, et ceulx qui faisoient le guet à ce tousjours prestz, estoient ordonnez et mis à ung aultre costé pour prendre à la fois leur repos. En ceste maison y avoit montées, galleryes, et alléez pour aller d'estaige en estaige, de la chambre en la cuisinne, et de chambre en aultre, et de la dicte maison à ung lieu propice où y avoit sieges plaisans pour deviser et parler ensemble. Duquel lieu l'on entroit en l'oratoire et chapelle, semblable, quant à l'ouvraige et pourtraicture et painture, au temple de Salomon.

Et touttes lesquelles choses dictes de ceste maison que voiez et où vous estes à present, Messeigneurs, n'ont estez tant reciéez pour vous que pour aulcuns des assistens qui ne sont de la maison. Et ne se faut donner de merveilles sy les survenans et gens estranges ne scavent comprendre tous les lieulx et places de ceste dicte maison, quant ceulx qui de leur jeunesse ont estez nouriz en icelle et desja vesquy aege d'homme, n'ont peu scavoir ne congnoistre le nombre des portes, guichetz, et fenestres d'icelle.

tate, vel ad sanguinis minutiones faciendas (207), vel ad pedissequas, vel ad pueros ablactatos calefaciendos, ignem componere solebant. In hâc etiam areâ coquina domui[1] continuata erat, in quâ erant duæ areæ : in inferiori areâ, hinc porci impinguescendi[2] positi sunt ad nutriendum, hinc anseres, hinc capones et alia volatilia, ad occidendum et ad vescendum semper parata. In alterâ autem coquinæ areâ conversabantur tantùm coqui[3] et coquinæ provisores, et in eâ præparabantur escæ dominorum delicatissimæ, et multimodo coquorum apparatu et labore confricatæ et ad vescendum paratæ. Ibi etiam familiariorum[4] et domesticorum escæ quotidiano[5] provisionis et laboris officio præparabantur. In superiori domûs areâ[6] fuerunt facta solariorum diversoria (208), in quibus hìc filii, cum volebant, illìc filiæ (quia[7] sic oportebat) domini domûs accubabant : illìc vigiles et ad custodiendam domum servientes positi et constituti, et semper parati custodes, quandocumque[8] somnum[9] capiebant : hìc gradalia et meicula[10] de areâ in aream, de domo in coquinam, de camerâ in cameram, item à domo in logium ; quod benè et procedente ratione nomen accepit (ibi enim sedere in deliciis solebant ad colloquendum) à *logos,* quod est sermo, derivatum : item de logio in oratorium sive capellam, Salomoniaco tabernaculo in celaturâ[11] et picturâ assimilatam.

Hæc autem vobis[12], patres et domini, de hâc domo quam videtis, in quâ et residetis, non propter vos[13] tantùm quantùm pro quibusdam extraneis nobiscum hìc accumbenti-

---

[1] A. D. domini. — [2] Ad impinguescendum.... et ad nutriendum.

[3] V. L. coci. — [4] L. familiarium.

[5] O. quotidianæ. P. V. D. quotidianâ provisione.

[6] O. parte et areâ. — [7] V. quare. — [8] O. quandoque. — [9] D. sonum.

[10] A. D. P. indicula *seu* nidicula. — [11] A. D. P. platurâ.

[12] L. nobis. — [13] L. nos.

CH. CXXVIII. *La cause pourquoy l'on prend à Ardre droict de fournaige.*

Quant ceste maison triumphant et semblable à celle de Salomon fut achevée, messire Arnoul s'en alla au pais d'Engleterre où il sejourna quelque temps aveucques le roy qui luy donna ung ours grant à merveilles, lequel le dict messire Arnoul amena en sa ville d'Ardre, après avoir mis ordre aulx affaires de ses terres audict pais d'Engleterre. Et le dict ours arrivé au dict lieu d'Ardre fut ung jour, à la veue du peuple, assailly des chiens et mis aux abois, deschiré et blessé jusqu'au morir; dont chascun s'esmerveilla et esbait en y prendant plaisir et joye. Et deppuis le peuple ez jours de feste ayant affection et desirant de veoir mettre cest ours aincoires au combat des chiens, laquelle chose differoit et ne vouloit faire celluy qui l'avoit en garde à l'adveu de son seigneur, s'il n'avoit ung pain de chascun de ceulx qui le regardoient pour le nourrissement de la dicte beste; tellement que le peuple mal advisé, non pas les Nobles et les gens d'Eglise, voluntairement promirent au seigneur d'Ardre bailler à celluy qui avoit la garde du dict ours, de chascune fournée de pain cuit au four ung pain pour la vie et entretenement d'icelluy, affin de avoir le passe temps de cest ours ès jours de feste, et prendre plaisir à le veoir jouer et esbattre. Qui fut une fine, subtille, et cauteleuse extraction faicte par le dict seigneur d'Ardre, et dommageable au temps advenir à ceulx d'Ardre. Et doibt on mauldire l'esbattement de l'ours qui ainsy a trompé et desceu le peuple de la ville d'Ardre, et introduit et amené ung si mauvais usaige et coustume damnable. Car l'extraction du fournaige de cest ours est tourné en coustume si execrable, que si la misericorde de Dieu et vostre grace, sieur très charitable, n'y subvint, ce pain se coueillera à perpetuité, sans avoir le plaisir et passe temps de l'ours, voeulle ou non le povre peuple, et se demandera comme

bus, memoravimus. Nec mirum si hospites et extranci omnia
hujus domûs diversoria non considerent, cùm multi in hâc
domo ab infantiâ educati et in virilem ætatem producti, numerum etiam portarum, ostiorum, ostiolorum, fenestrarum,
comprehendere et scire non potuerint [1].

CAP. CXXVIII. *Quare furnagia dantur Ardeæ.*

Factâ autem Salomoniacæ gloriæ domo, secessit in Angliam, ubi per aliquos dies cum

rege moram faciens, miræ magnitudinis ursum

ab éodem rege impetravit. Quem, provisis [2] et bene dispo-
sitis per terram suam in Angliâ rebus, secum reduxit in Ardeam. Quo adducto et coram populo demonstrato, et canibus
oblatrato [3], et ferè usque ad internecionem discerpto, et depi-
lato [4], mirati sunt universi et in spectaculo læti facti sunt et
jocundi. Posteà verò, cùm populus in festis diebus eum canibus oblatrari [5] libenter inspiceret et desideraret, et ursarius
instinctu domini quandocumque renuerat et ad comestionem
ursi à populo panem exigeret, (o simplicis populi insipientiam! o in perpetuum lacrymandam Scylleâ (209) sonoritate [6]
domini concretam avaritiam!) insipiens populus, non [7] etiam
vavassores aut [8] clerici, sponte domino pollicitus [9] est et compromisit de quolibet oppidi furno ad quodlibet furniamentum, ad procurandum [10] ursum et pascendum, panem unum
ursario se daturum et sic ludum ursi et [11] spectaculum singulis
diebus festis ad placitum suum haberent et conspicerent. Sed
væ ursi ludo per quem Ardensis populus illusus est et ludificatus, et in malum usum et pravam consuetudinem attractus
et corruptus! Tantùm enim hujus ursiaci exactio furnagii
execrabilem subrepsit in consuetudinem, ut à posteris usque

---

[1] P. V. L. potuerunt. — [2] L. bene provisis. — [3] P. D. ablatrato.
[4] P. D. depitato. — [5] P. D. ablatrari. — [6] D. severitate.
[7] D. necnon. — [8] P. et. — [9] L. pollicitatus.
[10] V. L. procreandum. — [11] L. ad.

rente ordinaire. Sy sera enfin ce pain nommé pain de dolleur. E lequel pain le seigneur d'Ardre, comme chose à luy deubve d droict et raison, demande et contraint paier en sa ville et seigneurie d'Ardre, pour droict de fournaige jusques à présent ès lieulx à ce deputez et ordonnez d'ancienneté.

CH. CXXIX. *De la cruauté de madame Getrude.*

Combien que madame Getrude, femme de messire Arnoul sei-gneur d'Ardre, issue de noble lignée se gloriffiast de sa noblesse, et par haultainneté de parolle et contenance en ses gestes se voulut encoires plus eslever anoblir et preferer, touttes fois, par appetit deshordonné, vice et convoitise d'assembler richesse, estoit-famée et notée du pechié d'avarice. Et en delaissant plusieurs de ses vices, est vray que ung jour elle faisoit assembler et demander des mou-tons ez mettes de sa terre et seigneurie d'Ardre pour faire une bergerie. Après que ses serviteurs eurent ung jour assemblé grant nombre de moutons, arriverent en la petitte maison d'une bien povre femme qui illecques demouroit aveucques sept petis enfans qu'elle avoit, et trouverent fort pleurant en soy complaindant qu'elle n'avoit de quoy nourrir et donner à mengier à elle ne ses enfans qui plouroient comme elle. Lesquelz serviteurs et les pires des aultres, par derrision et mocquerie demanderent ung mouton à ceste povre femme qui leur respondit absollutement, qu'elle n'avoit bœuf ne mouton, mais que s'ilz vouloient emporter ung de ses petis enfans, volentiers le presenteroit à sa dicte dame pour le nourir. Sy s'en retournerent ces gens perverses, lesquelz firent mauvais rapport à leur dame et maistresse de ceste povre femme, non pas seulement par mocquerie, mais l'accuserent faulcement, et d'elle dirent mauvaises parolles ; laquelle dame renvoia vers la famelette ces garnemens querir le petit enfant qu'elle leur avoit promis, lequel ilz prindrent, voulsist ou non la mere ; qui l'appor-terent à la dicte dame qui le prinst et fist nourrir comme sien, et

in sempiternum, nisi subvenerit Dei misericordia et vestra, misericordissime pater et Domine, gratia, sine ludo ursi velit nolit miserabilis populus, ursiacus ille panis et à dominis exigatur, et jure consuetudinis extorqueatur, et sic panis ille panis doloris habeatur. Quem quasi de jure habere debeat dominus, pro jure in Ardeà, in quibusdam locis ad hoc ab [1] antiquitate retentis et annotatis, usque in hodiernum diem furnagia perquirit, exigit, et extorquet.

CAP. CXXIX. *De severitate Gertrudis.*

Gertrudis autem Ardensis domini Arnoldi uxor, licèt nobilibus orta natalibus nobilitate generis gloriaretur, et fastuosâ verborum et actuum continentiâ nobilitaret se et [2] efferret et extolleret, rerum tamen et divitiarum ambitiosa, cupiditatis vitio et avaritiæ infamiâ notabilis extitit et famosa. Undè (ut de aliis et de aliis de eà taceamus) quàdam die ut ad instaurationem berguariæ [3] per terram Ardensis potestatis agnos [4] rogare fecisset et congregare, et cùm jam aliquos immò multos congregassent satrapæ agnos, venerunt ad cujusdam pauperrimæ mulierculæ domunculam, in quâ residebat ejusdem domicilii muliercula cum septem puerulis suis lacrymans et queritans quòd nichil haberet quod et ipsis quoque lacrymantibus ad manducandum apponeret : et cùm accederent servientes satrapæ quibuslibet servis nequiores, illudentes mulierculæ quasi agnum aliquem ab eà exigentes, respondit mulier simpliciter, se nec habere ovem aut bovem, sed si vellent ipsi secum deportare puerulum unum dominæ suæ, libenter præsentaret ad nutriendum sive pascendum. Cùm autem abcessissent servi nequissimi, et pervenissent ad dominam, et ei de mulierculà, non tantùm mulierculæ illudentes, sed et eam apud dominam serviliter accusantes et maligna loquentes, remissis ad mulierculam gartionibus puerum sibi promissum exigebant; et exactum, vellet nollet mu-

---

[1] L. et ab. — [2] P. V. L. et se. — [3] P. D. berquariæ. — [4] L. agros.

au lieu d'ung aigniau. Et quant ce petit enfant qui estoit une fille
vint en aege de marier, et qui desja estoit redigée en servitude et
prins ce nom et mauvais bruit de serve, la dicte dame la maria à
quelque homme et la vendit, mancipa, et mist en servitude perpetuelle et ses hoirs.

Ceste mesmes dame Getrude qui avoit amené, comme l'on dict,
aveucques elle de sa terre de Ostebourg aulcuns de franche condition pour la servir en sa ville d'Ardre, aulxquels par ire et fureur
et par forme de correction elle disoit aulcunes fois des mauvaizes
parolles en les nommant ingratz, villains, et desloiaulx (qui estoit
à elle grant cruaulté pour une femme de son estat); au moien de
quoy leurs successeurs furent deppuis par aulcun temps tenus et
reputez villains et serfs. Il y eult aussy une joeune fille belle à
merveilles, nommée Eremberghe, qui avoit esté distraicte et eslon-
giée d'un serviteur que la dicte dame Getrude avoit semblablement
amené de son pais de Flandres pour estre en son service. Toutesfois la dicte joeune fille vouloit avoir en mariaige ce serviteur,
lequel ne la vouloit et repudioit, parce qu'elle n'estoit bonne assez
à estre sa femme. Ceste joeune fille, pour venir à chief de son
intention et avoir aliance audict serviteur qui le reffusoit, s'aprocha hastivement de son seigneur, et luy offrit hommaige et service
de mains; parquoy voulsist ou non le dict serviteur et quelque
reffuz qu'il fist d'elle, la dicte dame Getrude le contraindit à
espouser ladicte fille, et tous deulx les constitua aveucques leurs
successeurs en servitude perpétuelle. Neanlmoins Bauduin mon
pere, filz de Mons' Arnoul sieur d'Ardre et de la dicte dame
Getrude, aulcun temps après et luy venu à la seigneurie d'Ardre,
et lorsqu'il empreint le voiaige de Jerusalem, osta et mist ceulx cy
et les aultres dessus dictz et leurs successeurs hors de l'opprobre de
serville condition, à quelque cause ou moien qu'ilz y eussent estez
mis et construictz, et les rendit de franche et libre condition ès
mains de l'abbé de la Chapelle nommé Theodoricq; auquel abbé
et ses successeurs ilz promirent paier annuellement chascun ung
denier tant qu'ilz viveroient, et auroit au mariaige chascun quatre
deniers.

liercula, tandem obtinens domina eum nutriri fecit, et pro suo in locum agni adoptari. Sed cùm puellula (fœminini enim sexùs erat puer exactus) ad nubiles jam accederet annos, eam (proh pudor!) jam ancillam factam et ancillæ nomen [1], immò notamen habentem viro copulavit, et servili conditioni cum suis hæredibus deputavit et in perpetuum detrusit et demersit.

Hæc eadem Gertrudis, cùm quosdam secum, ut aiunt, liberos de terrà suà, videlicet de Ostburgo, ad sibi ministrandum et serviendum apud Ardeam adduxisset, in irâ et in furore verborum eos quandoque corripiens, ipsos ingratos infideles atque servos (o crudelitatis matrem et matronam [2]!) nominavit. Undè et à quibusdam posteris posteri eorum viles reputantur et servi. Sed et eadem Gertrudis, cùm quædam juvencula admodùm pulchra nomine Eremburgis [3], cùm à quodam compatriotà serviente suo quem secum similiter à Flandrià duxerat, apostata [4] esset ut à multis, et [5] eum in maritum habere vellet, et ipse renueret et quasi indignam refutaret, et ipsa ad dominam accurrens [6], et ut servientem suum renitentem in virum accipere et habere mereretur, oblatis [7] ei in servitium manibus, licèt eam omnino refutaret uxorem, tamen vellet nollet ab ipso est desponsata [8], utrumque servum constituit cum suis successoribus in perpetuum. Hos tamen et alios supradictos et posteritatis eorum successores servilis conditionis obprobrio olim quâcumque de causâ annotatos, Balduinus pater meus Ardensis domini Arnoldi et ejusdem Gertrudis filius, post aliquos annos Ardensis et ipse factus dominus, cùm Ierosolymam proficisceretur, coram Deo et omni populo suo in manu abbatis Beatæ Mariæ de Capellà Theoderici manumisit et liberos resignavit; dum ipsi et ipsorum posteri et successores abbati jam dicto et ejus successoribus annuâ pensione singulos redderent denarios, et in nuptiis et in morte quatuor.

---

[1] L. nomine. — [2] D. mater et matrona. — [3] L. Eimburgis.
[4] V. D. appostata. — [5] D. ut e multis cum.
[6] L. ad dominum occurrens. D. ad dominum accurrens.
[7] P. D. ablatis. — [8] D. ab ipso desponsata.

ch. cxxx. *Comment Arnoul qui estoit devot devers Dieu print la croix
et alla en Anthioche.*

Combien que Arnoul feust quelque peu subject aulx affaires de
ce monde, toutesfois il se monstroit devot envers Dieu et fort
liberé [1] à son service. Et posé qu'en son chasteau y eust chapelle
ordonnée par forme de secours, et qu'il eust son chapellain domesticque, auquel il avoit assigné son vestiaire en Engleterre sur le
mesme revenu du vestiaire assigné à l'eglise et abbaye de la Chapelle, toutesfois pour ce que ung prestre ne povoit ne debvoit
faire le service divin ne administrer les sacremens ez mettes de la
paroisse d'Ardre, sinon par le congié des chanoines du dict lieu, le
dict Arnoul, si avant que ses affaires particulieres le povoient endurer, avoit [2] tous jours le service divin en la dicte eglise collegial,
non pas seullement du jour mais de nuict. Et quant il sçavoit que
ung chanoine et vicaire estoit deffaillant aulx matines ou aultres
heures du jour, il le reprenoit rigoureusement ou par doulceur,
ainsi que a acoustumé faire ung bon pasteur et prelat. Et se monstroit le dict Arnoul par ce moien devot et enclin envers Dieu et
ceulx de son Eglise, sy avant que la fragilité de nature humaine le
pooit endurer.

Et comme nous avons leu ès chronicques de Flandres, ledict
Arnoul adverty que en l'an de l'Incarnation de Nostre Seigneur
mil iiij^{xx} et xvj, le iiij [3] kalende de decembre, le pappe Urbain,
de l'auctorité apostolicque, au Concile séant à Clèremont, avoit
incité le peuple par toutes les regions du monde de soy mettre en
armes et aller delivrer la cité de Jerusalem des mains des Turcqs
et infidelles, icelluy Arnoul qui bien avoit ouy et entendu la doctrine de l'Evangille veritable, *qui vult venire post me* etc., mist le
signe de la croix sur son espaulle, et en grand devotion, convenablement et par bon moien, se mist en chemin en armes, bien
equippé de chevaulx armes et argent pour subvenir à sa deppense.

---

[1] Il faut sans doute lire : *délibéré*.

[2] Il faut sans doute lire : *ayoit*.

[3] Lisez : *xiiij*.

CAP. CXXX. *Quomodò Arnoldus circa Ecclesiam Dei devotus tandem crucem sibi bajulans dominicam in Antiochiam devenit.*

Arnoldus autem, licèi à [1] sæcularibus aliquantulùm habereiur in sæculo sæcularis, Deo tamen devotus erat, et in ejus servitio promptus. Undè, licèi capellam haberet in castello suo quasi ad succurrendum factam (210), eam [2] tamen nullus nisi in voluntate canonicorum Ardensis ecclesiæ deservire vel ministrare poterat aut debebat capellanus ; et licèt proprium in domo suâ semper haberet capellanum (cui etiam vestes deputavit in Angliâ ad eos qui nunc in vestiarium ecclesiæ Beatæ Mariæ de Capellâ deputantur, redditus), tamen in ecclesiâ canonicorum semper, quantùm sæculares ei permiserunt actiones, divinum audiebat servitium, et non tantùm in die, sed in nocte. Et cùm ad matutinas vel etiam ad alias aliquas horas absentem aliquem sciret canonicum vel vicarium, more boni pastoris, ut præpositus, leniter aut rigidè eum corripiebat. Sic itaque circa ecclesiam Dei et viros ecclesiasticos quantùm humanæ fragilitatis [3] conditio permittebat, se devotum exhibebat et officiosum.

Undè, sicut in chronicalibus Flandriæ scriptis quandoque audivimus, cùm dominicæ Incarnationis anno MXCVI, XIV Cal. Decembris (211), sedisset concilium [4] apud Claromontem, et in eo concilio Urbanus Papa totius orbis populum apostolicâ auctoritate invitaret cum bellico apparatu adire Ierosolymam [5] de manibus Sarracenorum et Turcorum liberandam, ipse Arnoldus, videlicet senex, hujus evangelicæ non surdus auditor veritatis : *Qui vult venire post me abneget semetipsum, et tollat crucem suam, et sequatur me* [6], signum crucis Christi in humeris suis affixit, et aptissimè et devotissimè tam in armis et equis et sociis quàm in sufficientibus expensis, sub eodem In-

---

[1] P. D. à *deest.* — [2] P. L. cum. — [3] L. frugalitatis.
[4] P. V. L. consilium. — [5] O. Ierosolymerum urbem. — [6] *Matth.* XVI. 24.

Et en l'an de l'Incarnation dessus dict fist le pelerinaige de Jerusalem, et aveucques le roy de France Phelippes, et Robert conte de Flandres filz de Robert le Frizon, arriva en Anthioche, auquel lieu fust bien connue et esprouvée la[1] forte vertu et constance de chevallerie. Car jassoit que au camp et armée des chrestiens audict lieu d'Anthioche, par force de chierté et famine une seulle febve vaulsist un ducat d'or bisantin, et la teste d'ung asne cincq ducatz d'or de la dicte monnoye, toutesfois ledict messire Arnoul s'y monstra tous jours robuste, fort, et mananime. Et après que la ditte cité d'Anthioche fust conquise par les chrestiens, et la saincte cité de Jerusalem delivrée et mise hors des mains des Turcqs, y laissant pour roy le vaillant Godefroy, icelluy messire Arnoul aiant obtenu ce qu'il desiroit par le moien du venerable prelat l'evesque du Puy son cousin, retourna en bonne prosperité en sa ville d'Ardre; et en son eglise du dict lieu mist et collocqua selon son veu ung tresor plus estimé que or ne pierres precieuses, assavoir, de la barbe Nostre Seigneur, du bois de la vraie croix, et de la pierre sur laquelle nostre Redempteur monta aulx cieulx; lesquelz sanctuaires il avoit eu et apporté de Jérusalem. Sy y mist et donna encoires le dict Arnoul du bois de la lance Nostre Seigneur, des relicques de sainct George martyr, et de plusieurs aultres sainctz, qu'il avoit apporté d'Anthioche.

Or faut entendre que audict voiaige et prinse d'Anthioche icelluy messire Arnoul surnommé l'anchien, entre biaucoup de nobles et vaillans princes, seigneurs, chevalliers, et gentilz hommes, tant en force corporelle qu'en vertu de couraige fust tenu et extimé des premiers et principaulx. Et pozé que son coraige et affection fust seullement de exercer chevallerie pour plaire à la divine majesté, sy plaisoit il toutesfois et estoit agréable à ceulx qui pour gloire mondaine et pour gain temporel estoient venus audict exercice et armée, et en adressant et recommandant tous ses faicts à Dieu non aulx hommes, pour eviter louenge mondaine, esperant qu'il ne seroit fraudé de divigne retribution, celoit et muchoit ses innombrables œuvres et merveilleux faictz en les attribuant à aultruy ou

carnationis anno, cum Francorum rege Philippo (212) et
cum Flandrensi Comite Roberto Roberti Frisonis filio peregrè
proficiscens et Ierosolymam adiens, pervenit et advenit Antiochiam. Ubi cognità omnibus et probatà ejus in militià [1]
probitate et fortitudine, licèt faba unica (ut asserunt) sub
eodem exercitu Antiocheno byzantium [2] valuisset aureum, et
caput asini quinque solidos venderetur byzantiorum [3] aureo-
rum, tamen semper fortis permanens et robustus, cùm de-
bellata fuisset à christianis Antiochia, et Ierosolyma regnante
Godefrido de manibus Turcorum liberata, venerabili domino
et consanguineo suo (213) de Puteolo vel Podio sive Puio
opitulante, quod solum optavit, feliciter et prospero cursu
rediens et voti compos in ecclesià apud Ardeam reportavit.
Attulit enim sacri [4] insigne trophæi de terrâ Ierosolymorum,
super aurum et lapidem pretiosum pretiosissimum sanctuarium, scilicet de barbâ Domini, de ligno Domini, de petrâ
super quam Dominus ascendit ad cœlum. De Antiochià verò
attulit de lanceâ Domini, et reliquias sancti Georgii martyris, et multas alias aliorum sanctorum reliquias.

Sciendum est autem, quòd in hâc Antiochenorum expu-
gnatione, hic Arnoldus senex inter [5] multos multarum natio-
num et gentium proceres, animi virtute non minùs quàm
præstantis corporis in militià probitate, cum primis annumeratus est primus. Militavit enim ut in virtute Dei con-
spectui placeret divino. Sed dum militando cum militibus
Christo militantibus divinæ complacuisset [6] majestati, complacuit et militibus, immò et omnibus qui vel humanæ laudis,
vel etiam temporalis lucri ambitione ibi fuerunt congregati.
Sed cùm innumerabiles suæ probitatis actus Deo commen-
daret, non hominibus, ne à mundanis et sæcularibus in tem-

---

[1] P. V. L. D. qui in militiæ. — [2] V. D. bizantinum.
[3] V. D. bizantinorum. — [4] P. V. L. sacer. — [5] L. in. — [6] L. placuisset.

en les dissimulant, en magnifiant et louant Nostre Seigneur. Mais
comme il n'est possible de celer une cité assize sur une haulte montaine, ainsy de tant plus qu'il vouloit estaindre sa gloire, de tant
plus sa bonne renommée estoit publiée entre le peuple. Car comme
dict le proverbe, tant plus veult on celer le feu, tant plus s'en-
flambe.

Toutesfois les flatteurs et blasonneurs qui en leurs dictz et
chansons ont loé et recommandé les œuvres dudict voiaige d'Antioche, plus affectez à avarice de retribution temporelle que n'estoit ledict Arnoul de louenge mondaine, à cause que à l'ung desdictz blasonneurs il refusa une paire de chausse d'escarlatre, en
leurs dis et chansons par lesquelles en meslant des bourdes aveuc
verité ils ont loé et estimé plusieurs estans audict voiaige, ont
passé et mis sous le pied les faiz nobles dudict messire Arnoul, lequel de tant plus est à estimer de plus grand vertu, constance, et
humilité, de ce que en fuiant la gloire humaine a mieulx aimé refuser ung petit don à ung garson flateur, que en ces chansons
aveucq instrumens musicaulx estre chanté et prisié. Mais d'aultant
que les dictz blasonneurs ont cuidié estaindre ses bienfaictz, sa
bonne fame et renommée, comme une lance[1] ardante les a decla-
riez et manifestez; ensorte que par avarice et envie on luy a voulu
oster la gloire de sa vertu, et noblesse l'a publié et donné à congnoistre en grant magnificence de louenge[2].

---

[1] Il faut sans doute lire *lampe.*

[2] Le traducteur a pris ses aises avec la dernière partie de ce chapitre, et
laissé de côté plusieurs membres de phrase.

pore laudatus , in fine sæculorum divinæ laudis et retribu-
tionis præmio [1] quandoque sit fraudatus , actus suæ probitatis et militiæ laudabiles , quantùmcumque potuit , occulta-
vit. Mirabilem enim actionum et operum suorum gloriam vel
aliis ascripsit et attribuit , vel dissimulando seipsum Deum
magnificavit et glorificavit. Sed cùm *non posset abscondi
civitas super montem posita* [2], quantò militiæ gloriam occultare et extinguere curabat, tantò ampliùs laudandæ probitatis fama eum prædicabat et in populo personabat. Nam, ut
dicitur ,

Vuò magis occulitur , tantò magis æstuat ignis.

Et tamen antiochenæ commendator [3] cantilenæ (213 *bis*) ,
avaritiæ zelo ductus , et magis cupidus temporalis lucri retri-
butionis [4] quàm Arnoldus laudis humanæ (o gartionum et
ministralium [5] (214), immò adulatorum injuriosa laudatio !
o inertium [6] principum indigna et inanis exultatio [7] !) quia

Virtute et probitate per omnia nobilis heros,

Arnoldus eidem scurræ , qui nullo nomine dignus habetur ,
duas caligas [8] denegavit scarlatinas, de eo dignè promeritæ
laudis præconium et gloriam subticuit ; et de eo in cantilenâ
suâ, in quâ ficta veris admiscens, multa multorum nichilominùs laudandorum gesta sub silentio intacta reliquit , mentionem [9] non fecit. Sed o laudanda et ubique terrarum prædicanda
Arnoldi militia! o in omnibus sæculis memoranda probitatis
ejus strenuitas et gloria! o humilitatis ejus non despicabilis,
sed inenarrabilis in virtutum [10] operibus constantia ! qui
humanam nullatenus quærens gloriam, scurræ maluit quantumcumque munusculum denegare, quàm [11] in ore scurræ et
nomine indigni , licèt omni haberetur laude dignissimus , in
orbe terrarum deferri et cum instrumento musicari vel decan-

---

[1] L. primo. — [2] *Matth.* V. 14. — [3] V. L. commendatorum.
[4] P. V. L. retributione. — [5] L. ministerialium. — [6] L. mercium.
[7] *Nonne legendum*, exaltatio? — [8] P. D. colicas.
[9] P. V. mensionem. — [10] L. virtutem. — [11] V. L. quàm ore.

CH. CXXXI. *Comment Arnoul le jocune appella en champ de bataille Eustache de Hennin, l'arguant de trahison.*

D'aultant que Arnoul filz dudict messire Arnoul, pour la cause que dessus surnommé le joeune, estoit reputé entre tous les chevalliers qui conversoient au pais de Guisnes, estimé, et triumphant, de tant estoit il plus congneu et renommé en touttes les provinces de France. Et luy estant ung jour en la court de Flandres, en la presence du conte Thierry, se print à regarder de mauvaiz oeul Eustache de Hennin, lequel comme traictre il appella au champ de bataille, pour ce qu'il avoit frustré son pere et luy de l'hommaige qu'il luy debvoit comme seigneur d'Ardre, en attribuant contre raison ledict hommaige au conte de Flandres. En quoy ledict Eustache fust favorisé dudict conte de Flandres, et trouva le moien de clarier la chose, et sans y faire responce ledict Eustache se retira comme traictre ou coupable. Deppuis ledict Arnoul derechief l'appella en champ de bataille, et pour ceste mesme cause, en la ville de Boullongne en la presence du conte dudict Boullongne, qui comme devant ne luy donna responce, qui estoit grant honte à luy; et pendant le temps que ledict Arnoul s'armoit et se préparoit à le combattre, icelluy Eustache de Hennin s'en fouist par ung petit huis sans regarder derriere luy, et par ce moien eschappa des mains dudict Arnoul.

CH. CXXXII. *Comment Arnoul l'aisné, à son retour du voiaige d'Anthioche, maria ses filles.*

Deppuis ces choses ledict Arnoul l'aisné alia par mariaige sa fille Agnez à Francheois de Warnescle seigneur de Harselle, dont issy ung filz nommé Bauduin, aultres filz et filles. Lequel Bauduin,

tari. Sed cùm ignominiosus ille (215) concentor [1] nomen Arnoldi extinguere curavit, accensâ lampade virtutum fama extulit et magnificavit. Quod enim avarus ille et cupidus nomen illi subtraxit per invidiam, immò per cupiditatem et avaritiam, cognitâ probitatis ejus gloriâ, ubique terrarum personuit, et prædicatum est ei in virtutis et laudis magnificentiâ.

CAP. CXXXI. *Quomodò Arnoldus juvenis Eustacium de [Hinniaco ad singulare bellum de proditione provocavit.*

Arnoldus itaque filius ejus cognomento *juvenis* propter jam dictam causam, sive *junior,* tantò erat per universas coronæ regni Franciæ provincias notior et nominatior, quantò omnibus militibus in totâ Ghisniâ conversantibus in militiâ præstantior atque gloriosior. Qui cùm quâdam die in curiâ Flandriæ, coram Comite Theoderico, Eustacium de Hinniaco conspiceret, et eum ardentibus oculis intueretur, eum ad singulare bellum de proditione provocavit, eò quòd patrem suum et ipsum defraudasset cùm Hinniacum à Comite Flandriæ, contempto Ardensis dominationis hominio [2], indebitâ juris insolentiâ suscepisset. Eustacius verò à Comite sustentatus, diffugium tamen quærens, sine responso ut proditor turpiter abscessit. Posteà verò eumdem Eustacium coram Comite Boloniæ apud Boloniam, simili modo, propter eamdem causam, de proditione provocavit ad bellum. Sed cùm nichil ei (proh pudor!) responderet Eustacius, cùm Arnoldus in eum manus mittere se accingeret et pararet, Eustacius per ostiolum à domo digrediens, vix tandem, fugiendo et retrò non aspiciendo, manus ejus evasit.

CAP. CXXXII. *Quomodò Arnoldus senex ab Antiochiâ reversus filias suas maritavit.*

Post hæc autem Arnoldus senex filiam suam Agnetem

---

[1] D. A. contemptor. V. contentor. P. contentor nomine. — [2] L. dominio.

après la mort de sa mere Agnez et de ses freres, assavoir Arnoul, Manasses, et Bauduin, et que son frere Hughes fust entré en relligion, voulut avoir et apprehender la seigneurie d'Ardre audevant d'Andeline soeur de la dicte Agnez sa mere, qui encoires estoit vivante. Mais la sœur qui est plus prochaine que le nepveu fut declariée heritiere, et print ledict Bauduin de la dicte Andeline sa tante quelque somme de deniers, moiennant laquelle il laissa sa dicte tante joir sans procez de sa terre. Sy alia encoires ledict Arnoul l'aisné par mariaige une aultre sienne fille, nommée Andeline, à messire Arnoul vicomte de Mercq.

CH. CXXXIII. *La généalogie de ceulx de Mercq, et de la mort de Getrude.*

Au temps passé estoit ung gentilhomme nommé Elembert lequel estoit comme lieutenant du conte de Guisnes, et en son absence tenoit son lieu, à cause de quoy on le nommoit Viconte. Icelluy Elembert se maria en Engleterre, et print à femme une dame nommée Mehault qui menoit vie plaisante et agréable à Dieu, deppuis tenue et reputée saincte et non sans cause. En laquelle Mehault il engendra Eustache et Paien, et une fille nommée Allix mere de Henry, Guillaume, et Gaudefroy de Biaulieu. Icelle dame Mehault trespassée fut honorablement enterrée comme il appartenoit à son estat, au pied de la tour de l'eglise de Mercq, où se firent innumerables miracles par les merittes et intercessions d'icelle saincte matrone. A cause de quoy ses enfans et le peuple du pais ediffierent sur son tombeau une chapelle, comme l'on poeult encoires veoir, affin que en icelle son corps peult estre mis posé pour les miracles qui y advenoient. Toutesfois si les os de ladicte saincte dame ont esté emportez en Engleterre par ses parens ou par les Eccossois, collocquez en aultre lieu comme l'on dict, non estant asseuré de ce, je le laisse plustost en doubte comme ignorant, que en doubte l'affirmer pour certain.

Franconi de Varneseliâ [1] et de Harseliâ domino desponsavit
uxorem , quæ concipiens peperit ei Balduinum aliosque filios
et filias. Siquidem hic Balduinus, matre suâ Agnete quandoque mortuâ et fratribus ejus Arnoldo, Manasse, et Balduino , Hugone quoque monacho facto , vivente adhuc Adelinâ mortuæ jam Agnetis sorore, Ardensis dominationis
terram habere voluit. Sed cùm soror propinquior hæres (216)
adjudicata est quàm nepos, acceptâ quantâcumque ab amitâ
(videlicet Adelinâ) pecuniâ, eam et terram absque calumniâ
in pace reliquit. Deinde aliam filiam suam Adelinam idem
Arnoldus senex Arnoldo vicecomiti de Markinio desponsavit
uxorem.

CAP. CXXXIII. *Genealogia Markiniensium, et de morte Gertrudis.*

Siquidem apud Markinium fuit olim quidam vicecomes
Ghisnensis videlicet Comitis, cujus vices in absentiâ Comitis
agebat, et inde nomen habebat, nomine Elembertus (217).
Hic Elembertus in Angliâ duxit uxorem sanctissimi meriti et
placitæ Deo vitæ, nomine Mathildem, posteà dictam et re-
verà factam sanctam ; ex quâ genuit idem Elembertus Eustacium et Paganum, et Adelidem matrem Henrici, Willelmi,
et Gonfridi [2] de Bello vel Bealloco [3]. Sed Mathilde mortuâ, et
ad pedem turris ecclesiæ Markiniensis honorificè, prout debuit et promeruit, sepultâ, cùm ad venerabilem ejus tum-
bam. sæpè et sæpiùs innumera comparuerint [4] miracula,
meritis et intercessione piæ et Deo caræ matronæ sanctæ
Mathildis, superædificaverunt meritò filii ejus et populus
sepulcro ejus quamdam, ut adhuc conspicitur, capellulam,
in quâ, dum de eâ et per eam majora contingerent et con-
spicerentur [5] miracula, pausare posset et requiescere. Hujus
tamen sanctissimæ mulieris ossa utrùm à parentibus suis
siquidem Anglicis, utrùm à Scoticis, ut aiunt quidam, ab-

---

[1] D. L. Narneselia. — [2] P. V. L. D. Gufridi.
[3] P. Belleatoco. Br. Belleloco. — [4] L. comparuerunt.
[5] P. V. L. conspicerent.

Deppuis ce , ledict Elembert se maria à Alix sœur de Eustache
de Licques l'ancien , en laquelle il engendra ung filz nomme Arnoul, lequel après la mort de son pere et que ses deux freres Eustache et Paien, tous deux successivement vicontes, furent trespassez sans enfans, fut faict conte de Mercq et seigneur d'Ardre.
Engendra aussi ledict Elembert Simon de Mercq pere de Eustache,
Guillaume, et Junian de Qualquele, et plusieurs filles; assavoir,
Nathalie femme de Henry de Guisnes pere de Gaudefroy le baron,
Windemode mariée à Paien de Noirhoud, Clarisse qui fut femme
de Regnault le pothier de Tournehen, Heilane mariée à Bauduin
♦Hascard de Inderhan, Beatrix qui espousa premierement Rogier
de Basinghen, Elisabeth femme de Guillaume d'Erlehen, et Sarre
qui fut mariée à Folques de Mercq pere de Simon de Cauchi.

Par succession de temps Getrude dame d'Ardre devint anchienne, au moien de quoy et aussi de la dolleur et ennuy qu'elle
eust de son filz Manasses qui morut en la terre de Jerusalem, toute
pesante et agravée de maladie trespassa de ce monde , fort plainte
et lamentée de ses enfans. Et quant à son peuple, elle fut plorée
les ieulx secqs et les levres à peine ouvertes. Sy fut honorablement
inhumée en l'eglise de Monsr sainct Omer en la ville d'Ardre.

Quelque temps après Arnoul l'anchien sieur d'Ardre, affligé et
rompu de maladie, plus desirant la mort que vivre, non aiant peur
pourtant morir quant il volloit¹ , se fist bailler une petite croix,
laquelle il avoit rapportée du sainct sepulchre de Jerusalem, pen-
due à son col à une chainette d'argent, en laquelle croix il créoit
estre encassé un poil de la barbe de Nostre Seigneur. En la présence de ses enfans, amis, et biaucoup de peuple, il lia et mist en-

¹ Traduisez : « et n'ayant pu cependant mourir aussi tôt qu'il eût voulu. »

stracta et alibi fuerint collocata , melius est sub dubitatione quasi nescire quàm dubitando temerè pro certo definire[1].

Posteà duxit idem Elembertus Adelidem senis Eustacii de Liskis sororem ; ex quâ genuit Arnoldum, qui patre suo Elemberto quandoque mortuo , et fratribus suis , Eustacio videlicet et Pagano (218) , altero post alterum in vicecomitatum provectis , et sine corporis sui hærede mortuis , Markiniensem [2] factum vicecomitem [3] et Ardeæ dominum ; et Simonem de Markinio patrem Eustacii , et Willelmi , et Iwani [4] de Calquellà ; et Nataliam Henrico de Ghisnis patri Guffridi [5] Baronis traditam uxorem ; et Windesmodam Pagano de Norhout; et Clarisciam [6] Reinaro [7] figulo de Tornehem ; et Heilam [8] Balduino Harscaro de Indesham [9] ; et Beatricem primùm Rogero de Basinghem ; et Belam sive Elisabeth Willelmo de Erlehem ; et Sarram Fulconi de Mercuritio patri Simonis de Calcatà ; legitimo desponsatas matrimonio.

Processit itaque Gertrudis in diebus suis , et non minimo de morte filii sui Manassis in terrâ Ierosolymorum mortui dolore concepto , non minùs quàm ætate confecta , macerata et gravis facta , resoluta est in mortem ; et à filiis quidem deplorata , sed à populo siccis oculis et labiis vix apertis acclamata , et in cœmeteriali ecclesiâ S. Audomari Ardensis [10] honorificè sepulta.

CAP. CXXXIV. *Quomodò Arnoldus senex mortuus est, et Arnoldus juvenis Ardensis dominus effectus est.*

Arnoldus verò senex non multo tempore post, diutino languore correptus et affectus , cùm mortem magis desideraret quàm vitam , nec tamen mori quàm citiùs voluit potuisset, fecit sibi apportari[11] parvam cruceolam quam in collo suo per argenteam catenulam appensam de sepulcro Domini repor-

---

[1] P. V. D. L. diffinire. — [2] D. Markiniensium. — [3] V. L. comitem.
[4] P. Viviani. Br. Juliani. L. Iviani. A. D. Unnam. V. Juniam.
[5] O. Gunfridi. Br. Gonfridi. — [6] Br. Clarissam. A. D. Clarissiam.
[7] Br. Remaro. P. de Remaro. A. D. Deremaro. — [8] L. Heclam.
[9] V. O. Br. Inderham. A. D. Inderhan. — [10] L. Ardensi.— [11] O. apportare.

tour son col ladicte chaînette, et aiant receu le sacrement de derniere onction, disant à un chascun le dernier adieu, et aiant
grand peine peu dire et finer son *Pater noster*, embrassant entre
ses mains ladicte croix et la baisant en grosse adoration et reverence; trespassa de ce siecle à Nostre Seigneur. Sy fust en pleurs
et lamentassions de ses enfans et de tout son peuple inhumé et enterré en l'eglise de sa ville d'Ardre, auprès de sa femme Getrude.

Et après sa mort, son filz Arnoul surnommé le joeune ou le
roux, fut seigneur et prevost d'Ardre. Lequel Arnoul qui estoit de
belle taille et plaine corpulence, aiant le visaige beau et plaisant,
et chevalier de grosse estime et renommé, riche et puissant de
biens, et issu de très noble generation, espousa la niepce du conte
Theodoricq de Flandres nommée Peronelle de Bouchain, vierge
belle et honneste, née de nobles riches et puissans parens. En ce
temps Bauduin, frere dudict Arnoul le joeune, mon pere, eut
compaignie à une joeune pucelle qui estoit fille de.... [1] et sy le
doibz sans avoir deshonneur de son oncle Raoul le chanoine, nommée Adelle; dont elle eult ung filz qui vous dict et racompte ces
choses, c'est moy Gaultier de Cluses. Après ce ledict Bauduin mon
pere congneut une aultre joeune fille de grande et excelente biaulté,
née de nobles parens, nommée Nathalie, fille de Robert le chanoine et de la noble Alix sa femme; en laquelle il engendra Simon
lequel mourut en joeunesse, et une fille de grande renommée nommée Marguerite, de laquelle vint Bauduin le bâtard filz de Guillaume le frere du conte Bauduin de Guisnes, et Warin filz de
Warin chanoine de l'eglise de Therouenne. Pareillement Arnoul
le joeune mon oncle, avant qu'il eust espousé ladicte Peronelle
dessus dicte, coucha aveucque une joeune fille natifve de Herchem
nommée Helwide, de laquelle il eust un filz nommé Robert dict le
nepveu de madame Alix quasi de nom propice, lequel auprès de
Colbergue espousa une noble et riche femme nommée Mehault,
en laquelle il engendra Arnoul et ses freres. Lequel Arnoul fust

taverat, in quâ pilum unum de barbâ Domini reconditum verè credebat. Quâ allatâ, et collo suo per catenulam circumligatâ, vix Orationem dominicam post inunctionem olei dicere et finire potuit, cùm, circumstantibus filiis suis et amicis et populis, cruceolam manibus amplectens et pacis osculo venerationem ei exhibens, et valedicens omnibus, obdormiens in Domino migravit à sæculo; et lugentibus filiis suis et universo populo cum clericis, sepultus est Ardeæ in templo cœmeteriali, juxta sepulcrum uxoris suæ Gertrudis.

Arnoldus autem filius ejus, *juvenis* sive *junior* sive etiam *rufus* nominatus, Ardensis dominus effectus est et præpositus. Qui cùm esset corpore plenus, staturâ inter proceres procerus, facie decorus, miles nominatissimus, rebus opulentissimus, genere præclarus, duxit in uxorem Comitis Flandriæ Theoderici neptem, virginem quidem tam formosam quàm generosam, nomine Petronillam de Buchenio (219), inclytis parentibus et opulentissimis oriundam. Eodem tempore Balduidus frater ejus, qui et pater meus, cum virgine quàdam (pudet jam et ecce non pudet dicere) patrui sui Radulphi scilicet canonici filià, nomine Adelà, rem habuit; quæ concepit, et peperit ei filium ista vobis referentem, me de Clusâ Walterum. Posteà verò idem Balduinus pater meus cum quàdam alià eminentis immò supereminentis formæ, generosæ nobilitatis juvenculâ, Roberti canonici et nobilis uxoris suæ Adelidis filià, nomine Natalià, virginabat[1]; et ex eâ genuit Simonem jam adultum et juvenem mortuum, et famosissimi nominis[2] puellam, nomine Margaretam, ex quâ genitus est Balduinus bastardus, Willelmi fratris Ghisnensis Comitis Balduini filius, et Werinus Werini Morinensis ecclesiæ canonici filius. Arnoldus autem juvenis patruus[3] meus, antequàm nobilem Petronillam duxisset uxorem, cum puellâ quàdam de Herchem natâ nomine Helewide[4] rem habuit, et ex eâ genuit Robertum nepotem dominæ videlicet Adelinæ, quasi appropriato nomine vocatum, qui apud Colsbergium

---

[1] A. Br. D. virginavit. — [2] Br. nominis vobis puellam. — [3] L. parvus.
[4] D. Br. Heilvide.

deppuis marié à Chrestienne fille de maistre Lambert curé de l'e-
glise d'Ardre, dont il eust Bauduin et ses freres. Ledict Arnoul le
joeune mon oncle eust encoires compaignie aveucq une joeune fille
d'Ardre en laquelle il engendra Mabille surnommée la rousse , qui
fut mariée à Jehan d'Odelant auprès de Licques , dont vindrent
plusieurs enfans.

Et touchant icelluy Arnoul le joeune , deppuis qu'il eust espousé la dicte dame Peronelle, jassoit que dehors son pais fust
dict estre large et liberal , et que ez joustes et tournois et en tout
ce qu'il y appartient il fust prodigue et grant despencier , toutesfois en son pais il estoit siche [1] et avaricieulx, à cause de quoy
on disoit qu'il avoit amassé grant tresor. Toutesfois il ne foulloit
ne travailloit ses subjectz de exaction nulle ou bien peu, sinon de
ce que de droict et raison luy estoit deub, qu'il leur faisoit paier
en grant rigueur et ruidesse ; dont plusieurs l'avoient en haine.
Sa femme Peronelle qui estoit bien joeune , en toutte simplesse
craindoit et servoit Dieu en hantant et conversant à l'eglise , ou
aveucques les joeunes fillettes et pucelles en joeulx et dances de
joeunesse , comme aux pouppeez et aultres passetemps, appliquoit
son couraige. Bien souvent aussi en esté , par legiereté et simplesse
de corps et de pensée, se devestoit jusques à la chemise aulx viviers
et estangz , non tant pour se laver et baingner que pour se rafres-
chir , nageoit une fois sur l'iaue le ventre desoubz , l'aultre fois
dessus , aulcunes fois se couchoit dedans l'iaue, l'aultre fois se
monstroit par dessus belle et blanche comme sa chemise en la presence des chevalliers gentilz hommes et filles y estans. Et en tels
et semblables ebats et recreations ladicte dame Peronelle se monstroit simple , gratieuse , et aimable à son mary et à tous ses seigneurs , gentilz hommes , et peuple de la ville d'Ardre.

---

[1] *Siche* est là pour *chiche.* Est-ce simplement une faute du copiste ?

nobilem et opulentam duxit uxorem nomine Mathildem, ex quâ genuit Arnoldum et fratres ejus. Qui videlicet Arnoldus posteà duxit in uxorem Christianam, magistri Lamberti Ardensis ecclesiæ quandoque [1] presbyteri filiam, ex quâ genuit Balduinum et fratres ejus. Item Arnoldus juvenis patruus meus cum quâdam puellâ Ardeæ rem habuit, et ex eâ genuit Mabiliam *rufam* [2], cuidam Joanni de Oudelando juxta Liskas desponsatam uxorem; ex quâ multos habuit filios Joannes.

Siquidem hic Arnoldus juvenis patruus meus, postquàm nobilem duxit uxorem Petronillam, licèt extra patriam munificus et liberalis et expensaticus diceretur, et circa militiam, quicquid militantium et torniamentantium consuetudo poscebat et ratio, quasi prodigaliter expenderet, in patriâ tamen non tam avarus fuit quàm parcus. Undè et maximum auri et argenti dicebatur habere thesaurum. Licèt enim à subditis parùm aut [3] nichil, nisi quod ex debito et jure ei debebant exigeret, tamen tam protervè et inhumanè redditus et alia debita sua et jura exigebat, ut subditi sui et multi alii eum infestum haberent [4] et odiosum. Uxor autem ejus Petronilla, juvencula quidem Deo placita, simplex erat et timens Deum, et vel in ecclesiâ sedulum exhibebat officium, vel inter puellas puerilibus jocis et choreis et his similibus ludis et poppæis sæpiùs juvenilem applicabat animum. Plerùmque etiam in æstate nimiâ nimiùm animi simplicitate et corporis levitate agitata, in vivarium usque ad solam interulam sive camisiam rejectis vestibus, non tam lavanda vel balneanda quam refrigeranda vel certè spatianda, per vias et meatus aquarum hìc illìc prona nando, nunc supina, nunc sub aquis occultata, nunc super aquas nive nitidior vel camisiâ suâ nitidissimâ sicca ostentata, coram militibus nichilominùs quàm puellis se dimisit et descendit. In his igitur et his similibus benignitatis suæ modos exprimens et mores, tam viro quàm militibus et populo se gratiosam exhibuit et meritò amabilem.

---

[1] O. quandoque *deest.* — [2] V. L. Mabilam. Br. P. Mabillam. V. P. ruffam.
[3] P. V. Br. D. vel. — [4] P. V. L. habebant.

CH. CXXXV. *Comment Arnoul le joeune fust mis à mort par ses*
mauvais serviteurs.

Le dict Arnoul le joeune se maintenoit comme dict est en grant
gloire et haultesse, soy monstrant assez gracieulx et amiable aulx
chevalliers et gentilzhommes, mais rebelle et arrogant au service
du conte de Guisnes, et à son poeuple subject et serviteurs fier,
ruide, et cruel; à cause de quoy ses dictz subjectz et serviteurs,
especiallement aulcuns de sa famille et servans de cuisine accom-
paigniez de leurs parens, conspirerent ensemble de le tuer et mettre
à mort. Et comme le dict Arnoul, ung jour des Innocens de bon
matin, se fust parti de sa ville d'Ardre pour aller à Bresme comme
pour ouir messe, luy estant en dehors de l'eglise, à cause qu'il
estoit deffendu à tous les chanoines et prestres de la dicte ville
d'Ardre, que présent ledict Arnoul ne luy estant en la ville, ne
dissent ne celebrassent messe, pour ce que luy cité devant l'e-
vesque de Therouenne où il n'avoit voulu obeir, comme rebelle et
contumax avoit esté frappé de sentence d'excommunication, l'ung
d'iceulx traistres et meschans, qui estoit de la conjuration, acou-
rut tout eschauffé ; et vint dire audict Arnoul, à la maniere du
traistre Judas, par une vraye bourde et mensonge pour le advancher et tromper, qu'il avoit ouy et veu dedans le bois de Foubert,
auprès du chemin qui va à Noirhout, ung riche paisant lequel cou-
poit et abattoit ung des plus biaulx chesnes qui fust audict bois.
Incontinent le dict Arnoul, qui estoit convoiteux et avaricieux,
cruel et inhumain à ses subjectz, esperant avoir et exigier grosse
somme d'argent dudict paisant, tout seul aveucques ledict traictre,
affin qu'il ne fust apperchu, entra dedans ledict bois de Foubert,
et par une estroite voye alloit au son des traistres qui frapoient sur
ung chesne, comme si c'eust esté le dict paisant. Lors le mauldit
garson qui le suivoit par derriere, le frapa d'une machue que tout
à propos il avoit caschié dedens le bois [1], et lui donna si grant
coup en la teste qu'il l'abatit du cheval à terre, et incontinent ses

---

[1] Le traducteur a omis la triple exclamation du narrateur latin.

CAP. CXXXV. *Quomodò Arnoldus juvenis à nequissimis servis et sicariis interemptus* [1] *est.*

Arnoldus autem juvenis vir ejus quantò militibus gratior et acceptior, et superioris dominationis principibus Ghisnensibus minùs [2] in servitio promptior et devotior, tantò inferioribus et subditis quâdam impropitiationis [3] immanitate truculentior et superbior. Undè et quidam servi ejus et subditi, familiares [4] tamen ejus et coquinarii, aliique de cognatione eorum exasperati [5] et pravè [6] progeniti, ad eum interficiendum conjurati in mortem ejus conspiraverunt. Unà igitur dierum, cùm idem Arnoldus in solemnitate sanctorum Innocentium manè egressus ab Ardeà apud Bramas secessisset, quasi missam saltem extra ecclesiam stando auditurus (nec enim Ardensibus licebat canonicis aut presbyteris divina celebrare mysteria eo præsente, nec quamdiù foret in Ardeà, eo quòd in præsentiâ Morinensis episcopi juri stare citatus, contumax et rebellis obedire contemneret, et ob hoc ecclesiastici rigoris et excommunicationis sententiâ percussus [7]), quidam de traditoribus nequissimis et sceleratis, de numero illorum qui in mortem ejus conjuraverant [8], accurrens [9] ad ipsum et accelerans, perfidissimi et perditissimi proditoris Judæ more mentiens [10], dixit, « quòd quemdam rusticum divitem audisset et vidisset in Fulberti nemore, secus viam quæ ducit [11] apud Norhout, eminentiorem totius nemoris quercum abscindentem [12]. » Ille verò, ut erat in terrâ, ut jam diximus, avarus et cupidus, et in subjectos truculentus et tyrannus, putans et sperans de rustico (qui tamen nullus erat) magnam se adepturum pecuniam, cum solo proditore solus, ne fortè percipiatur à rustico, in Fulberti nemus digreditur. Sed cùm per angustissimam

---

[1] V. interfectus. — [2] P. nimium. — [3] V. P. in propitiationis.

[4] P. *corrigit*, non familiares tamen ejus, sed coquinarii ; *quod videtur melius.* — [5] V. L. exasperante. D. exaspere. — [6] V. P. L. prava.

[7] V. L. perculsus. — [8] V. P. conjuraverunt. — [9] L. occurrens.

[10] P. sentiens. — [11] P. V. L. duxit. — [12] P. V. abscidentem.

complisses et compaignons y ariverent les espécz desgaigniés, qui
prindrent le povre seigneur de tous costez et luy couperent la gorge.
Son cheval duquel il estoit tombé, tout espanté et effarouchié
comme s'il eust eu crainte desdictz murdriers, s'encourut et retourna en la ville d'Ardre; et le meschant garson qui avoit commis
ce meffaict tant villain et detestable, après que ses compaingnons
s'en furent fouis chà et là le plus tost qu'ils purent, comme s'il ne
sceust rien de l'affaire, tout en but et maculé du sang de son seigneur s'en retourna en sa cuisinne; car il estoit des servans en
icelle. Lors les serviteurs et familliers de la maison voiant ce cheval
ainsi retourné tout seullet et bridé sans son maître, furent bien
estonnez, aiant crainte et doubte qu'il ne luy feust advenu quelque.
dangier d'estre tombé de son cheval, non estimant le meschief tel
qu'il estoit; et comme ils se fussent mis à chemin pour le trouver,
vont rencontrer aulcuns passans aveucques d'aultres gens qui acou-
roient tant qu'ilz povoient, criants à haulte voix et en grande douleur qu'ilz avoient veu leur seigneur mort au bois de Foubert.
Adonc commencha la douleur et lamentation d'ung chascun qui
en frapant les mains ensemble disoient, crioient à haulte voix : O le
grant meschief et malheur de la ville d'Ardre tant renommée partout! ô la grant honte et deshonneur que à tout jamais en aura le
pais, jasoit que ce soit à tort et sans cause !

semitam ad sonitum proditorum in quercum malleantium, quasi ad sonitum asciæ rustici quercum abscindentis [1], solus cum solo properaret, extrahens clavam sequens garcifer [2] et proditor, quam in nemore ad jam conceptum perpetrandum facinus occultaverat, heu! dominum, heu! militem militarem immò militiæ gloriam, heu! speciosum formà (220) præ filiis Flandrensium, in primo ictu capitis ab equo in terram protrahit et prosternit. Et accelerantes [3] alii tantæ proditionis complices et conscii, manus in eum injecerunt, et extractis spatulis sive misericordiis immisericordissimis [4], eum immisericorditer jugulaverunt. Equus autem ejus apud Ardeam, quasi truculentos metuens sicarios, perterritus auffugit [5] et recurrit. Garcifer quoque qui eum jugulaverat, aliis in mortem domini secum commaculatis hìc illìc diffugientibus, quantociùs potuit, quasi hujus rei nescius, in coquinam suam (unus enim erat de coquinariis) adhuc sanguine commaculatus domini recipitur. Videntes autem famuli ejus et armiger [6] equum adhuc insellatum et quasi perterritum ad ipsos confugientem, timuerunt ne fortè dominus suus aliquo casu, non tamen tam maligno, ab equo corruisset. Cum autem ipsum quærerent, ecce viatores quidam, et alii [7] simul admixti, non pedetentim progredientes, sed quantùm potuerunt [8] gressum accelerantes accurrerunt, vocem [9] timentium vel tumultuantium [10] clamore magno vociferantes et ingeminantes, dominum in Fulberti nemore enecatum, morti datum, et jugulatum se vidisse referunt. Tunc verò mœror et luctus omnium [11] plangentium manibus atque dicentium : O ubique prædicatum Ardensis loci infortunium! o in omnibus sæculis [12] Ardense dedecus (licèt immeritum) et obprobrium!

---

[1] P. V. abscidentis. — [2] P. *corrigit*, furcifer. — [3] Br. acceleranter.
[4] Br. D. immisericordissimi. — [5] L. refugit. — [6] Br. D. armigeri.
[7] L. alii quidam simul. — [8] D. Br. poterant. — 9 D. voce.
[10] P. tumulantium. — [11] Br. civium. — [12] Br. Ardensium.

CH. CXXXVI. *Comment Bauduin frere dudict Arnoul*
fut seigneur d'Ardre.

Bauduin frere dudict Arnoul , qui estoit mon pere , estant pour
lors à Guisnes séant à table aveucques Arnoul de Gand, oit le bruit
de la fortune advenue à son dict frere. Sy print incontinent aulcuns
des chevalliers et gentilzhommes du dict Arnoul , aveucques lequel il avoit paravant faict confédération et amitié à l'encontre de
Albert porcq senglier , et s'en alla à Ardre où il trouva que l'on
avoit raporté du bois en sa maison le corps de son dict frere ainsy
pytheusement meurdry , en grans pleurs de sa femme , freres et
sœurs , chevalliers et peuple du pais. Sy le fist garder une nuit eñ
doulleur et en larmes. Pour ce que, comme dict est dessus , à cause
que il estoit en sentence d'excommunication on ne le pouvoit enterrer en terre saincte , sy en fist le dict Bauduin au mieulx qu'il
peult , et le fist mettre et collocquer au dehors du chimentierre de
l'ancienne eglise d'Ardre , auprès du grand fossé que son pere avoit
faict faire de la partie australle du temple ; qui ne fut sans plainte
et regret de plusieurs.

Tost après il fist enqueste des meurdriers de son dict frere et de
ceulx qui en estoient consentans , ou qui l'avoient conseillé. Dont
il retrouva plusieurs ; les aulcuns desquelz il fist morir sur des
roues, les aultres fist desmembrer tous vifs , aultres fist lier aux
queux de jumens affin d'estre traisnez et deschirez par pieces, les
aultres fist brusler tous vifz enclos en leur propre maison. Plusieurs
des parentz et amis des dictz traictres et murdriers ainsy puniss;
aians honte et crainte n'oserent plus estre ne comparoir au pais ;
sy s'en allerent, mieulx aimans à prendre et eslire exil perpetuel où
ils demeurerent à tous jours.

Après ce le dict Bauduin mon pere aiant satisfaict à la noble
dame Peronnelle vefve de son frere, de ce qu'il luy apartenoit pour
son douaire, la ramena et conduict en tout honneur chez ses parens
à Bouchain, puis se tira vers le conte de Flandres et vers Arnoul
de Gand, auxquelz il fist hommaige et aultres debvoirs à quoy il

CAP. CXXXVI. *Quomodò Balduinus frater ejus Ardensis dominus*
effectus est.

Balduinus autem frater ejus (qui et pater meus), cùm apud
Ghisnas cum Arnoldo Gandavensi ad vescendum resideret,
audità tanti famâ infortunii, accepto secum cum aliis militibus Gandavensi Arnoldo, cujus se priùs contra Albericum [1]
aprum confœderaverat amicitiæ, apud Ardeam ociùs advolavit. Et cùm fratrem suum de nemore cum luctu et planctu
uxoris, fratrum et sororum, militum et populi, in domum
suam Ardeæ in feretro reduxisset, servato et vigilato [2] eo in
dolore et lacrymis unâ nocte, quandoquidem [3], eo quòd excommunicationis vinculo erat innodatus, ecclesiasticam sepulturam ei exhibere non potuit, quod autem potuit faciens,
extra atrium antiquioris ecclesiæ Ardeæ, juxta magnum fossatum quod pater suus dudum fecerat ab australi parte templi, eum non sine multorum clamore, planctu, et lacrymis
collocavit.

Mox quæsitis mortidatoribus et proditoribus et consciis et
consiliariis, et multis inventis, alios inrotavit, alios imperti-
cavit, alios caudis jumentorum protrahendos et discerpendos
adhibuit, alios in propriis domibus reclusos [4] igne combussit,
alios et alios diversorum genere tormentorum afflixit. Multi
verò de afflictorum parentibus, præ timore et pudore non audentes [5] palam hominibus in patriâ comparere, perpetuum
hìc illìc subierunt exilium.

Posteà verò uxori fratris sui nobili matronæ Petronillæ super dotalitio suo omnimodè [6], prout decuit et debuit, satisfaciens pater meus, et eam ad suos apud Buchenium quanto-

_____

[1] P. V. L. Albertum. — [2] P. V. O. D. jugulato. — [3] P. V. quoniam quidem.
[4] D. inclusos. — [5] P. V. audientes. — [6] P. commodè.

estoit tenu pour la succession qui luy estoit eschue ; et après ce,
fust seigneur et prevost d'Ardre.

CH. CXXXVII. *Comment après que Bauduin sieur d'Ardre fut blechié,
l'abbé de la Chapelle vint vers luy, auquel il donna l'eglise d'Ardre.*

Peu de temps après, Bauduin sieur d'Ardre mon pere auprès
d'Audruicq aveuc Arnoul de Gand, lequel, encoires vivant Beatrix
femme d'Albert porcq senglier de vraie succession contesse de
Guisnes, estoit entré audit pais, et lequel par violence fut tort ou
droict il avoit prins et usurpé, estant assiége devant le clos Almer
que on nomme *la Fleur*, dedens lequel Henry chastelain de Bourbourg accompaignié de ses subjectz et bien veullans pour la deffence
et tuition dudict pais de Guisnes à l'encontre dudict Arnoul de
Gand, s'estoit mis boutté, deliberé et appareillé de soy bien deffendre et garder la place : et comme l'assault se donna par Arnoul
de Gand et ses gens, et ceulx de dedans se deffendissent vertueusement, et que la meslée et combat estoit apre et cruel, les archiers
de Bourbourg firent une saillie sur ledict Arnoul et les siens, là où
fut frapé ledict Bauduin mon pere d'un coup de fleche en la teste
jusques au cerveau.

Et en cet estat, blecié quasi jusques à la mort, fut raporté en sa
ville d'Ardre, là où plusieurs tant nobles, gens d'Eglize, relligieux
que aultres le vindrent veoir visiter et consoller. Entre lesquelz y
vint le vénérable et renommé abbé de la Chapelle, lequel entre
biaucoup de devizes et propos qu'il eust aveucques luy en parolles
doulces et amiables pour le salut de son ame, luy remonstra que
comme il fust homme lay et ignorant les lettres, ne luy apartenoit
de ministrer ne donner les benefices et prebendes ecclesiasticques,
obtenir ny exercer prevosté ou aultre dignité en nostre mere saincte
Eglise, et que c'estoit chose prohibée et deffendue par les sainctz
decretz des papes et aultres escriptz autenticques ; et que sur ce
luy admonesté ne le delaissoit, estoit maculé et attainct de pechié
de simonnie, à cause de quoy aveucques Simon *magus* auroit part
en enfer. Lesquelles parolles et salutaires remonstrances le dict

cumque potuit honore reducens, Gandavensi Arnoldo non minùs quàm Flandrensium Comiti Theoderico hominio exhibito, Ardeæ dominus effectus est et præpositus.

CAP. CXXXVII. *Quomodò, vulnerato Balduino, abbas de Capellâ Theodericus ad eum accessit, et quomodò Balduinus eidem abbati ecclesiam Ardeæ dedit et privilegiavit.*

Nec mora, circiter hoc tempus Balduinus pater meus apud Alderwicum cum Gandavensi Arnoldo qui in Ghisniam[1], vivente adhuc Beatrice Alberici[2] apri uxore progressivà successione Ghisnensis Comitatùs hærede, contra justum, fasque piumque violenter jam irruperat, ad Almari vallum (quod *ad Florem* nominaverunt Broburgenses) in quo Broburgensis castellanus Henricus ejusque fautores ad Ghisnensis terræ defensionem contra Gandavensem Arnoldum et suos in castellulo inopinatè[3] facto quasi inclusi latitabant et ad resistendum et oppugnandum parati, properavit. Ubi invicem hinc assilientes, hinc se defendentes, maximum belli certamen inierunt; cùm ecce Broburgensium sagittarii in Arnoldum et suos invalescentes Ardensem dominum patrem meum Balduinum, in tractu sagittæ, in capite ferè usque in cerebrum, graviter vulneraverunt.

Vulnerato itaque ferè ad mortem patre meo, et apud Ardeam in sua tandem reducto, multi nobiles, multi viri religiosi et[4] clerici ad videndum eum et consolandum, ad eum convenerunt. Inter quos advenit etiam nominatissimi tunc temporis loci venerabilis abbas B. Mariæ Capellà Theodericus, qui inter loquendum cum eo multa, consolandum, atque monendum[5], hoc etiam saluberrimum animæ suum[6] consilium in verbo mellito et salutifero proponendo aperuit[7], et exhortando insinuavit : quòd cùm homo omnino laicus esset et litteras ignoraret, ecclesiastica administrare[8] beneficia, præbendas dispensare clericis vel altaria, præposi-

---

[1] L. Ghisnia. — [2] D. Alberti. — [3] L. inopinante. — [4] P. D. et, *deest.*
[5] D. movendum. — [6] V. suæ. — [7] P. V. apparuit. — [8] V. amministrare.

Bauduin mon pere ouit volontiers, les recoeullant en son coeur et
pensée. Et pour ce que à cause de sa plaie et blescheure ne pensoit
evader la mort corporelle, il craindist de tresbuschier en la mort
de dampnation éternelle. Par quoy se confiant en la misericorde de
Nostre Seigneur, et estant arousé et enbut de la grace du benoist
Sainct Esprit, en ensieuvant le conseil du dict venerable abbé son
confesseur, incontinent fist evocquier et assembler tout le chapitre
de ses chanoines d'Ardre aveucques ses soeurs, parens, et plusieurs
gentilzhommes, et biaucoup de son peuple. Et en leur présence, de
leur bon vouloir et consentement, en louant et benissant le nom de
Dieu, bailla et en aulmosne donna et resina entre les mains dudict
abbé de la Chapelle et de ses relligieulx là presens, la prevosté de
son eglise d'Ardre, mesmes entierement toutte icelle eglise aveucques toutes ses appartenances appendences et dignitez quelconques,
pour en joir par eulx franchement et à tous jours, soubz telles franchises libertez et droictz, que luy et ses predecesseurs l'avoient tenu
et possedé jusqu'alors. Et de ce leur fist et bailla lettres soubz son
scel [1], lesquelles il fist confermer à Romme, Reims et Therouenne;
Millo de l'ordre des premonstrez, les deulx archediacres et tout le
chapitre de Therouenne, Leon abbé de S. Bertin, Geffroy abbé
d'Andrene, Henry abbé de Licques, les doiens et chanoines dudict
lieu d'Ardre et aultres gens d'Eglise, Theodoricq conte de Flandres,
Phelippes et Mathieu ses filz, Arnoul conte de Guisnes et son filz
Bauduin, Arnoul viconte de Mercq son biaufrere, et plusieurs
aultres gentilzhommes et peuple du pais. Et fut faicte la dicte transaction et donnation en l'Eglise S. Omer de la dicte ville d'Ardre, et
recitée et approuvée en plain sinode à Therouenne, en l'an de l'Incarnation de Nostre Seigneur mil cent quarante quattre; esquelles
lettres y avoit ung article faisant mention de la commutation des
dictz chanoines aulx moisnes, assavoir que incontinent que ung
chanoine iroit de vie à trespas, ou que de sa bonne volonté il delais-
seroit sa prebende, en son lieu à la disposition dudict abbé de la
Chapelle ung relligieulx y seroit mis et collocqué.

[« A tous les fils de la sainte mere Eglise. B. par la permis-

---

[1] Le traducteur a omis le texte des lettres et une partie du paragraphe qui
le suit ; nous sommes forcés de le suppléer.

turam aliamve dignitatem in sanctâ obtinere vel bajulare
ecclesià, contradicentibus et super hoc (221) anathematisantibus[1] authenticis scripturis et sanctorum Patrum decretis,
ei nullatenus liceret; et semel admonitus [2], nisi quantociùs
resipisceret, simoniacæ pravitatis (222) maculâ turpiter
infuscari, et cum Simone Mago in partem societatis apud in-
feros demum retrudi, saluberrimæ admonitionis [3] verbo de-
nuntiavit. Balduinus autem pater meus libenter audiens et in
mente colligens, sed et in accepto vulnere temporalem mortem et in æternæ damnationis posse quandoque relabi mortem metuens, repletus manè et maturè Dei misericordiâ, et
Spiritûs Sancti Paracliti debriatus et perfusus gratià, ad saluberrimum venerandi abbatis et confessoris ejus consilium,
convocato mox Ardensis ecclesiæ canonicorum capitulo,
militibusque et sororibus suis et populo, coram omnibus et
hoc ipsum annuentibus et vocem laudis in excelsis Deo extollentibus, Ardensis ecclesiæ præposituram, immò totam
Ardeæ ecclesiam cum omnibus appenditiis ejus et pertinentiis
et dignitatibus, sub eâdem libertate et sub eodem dominandi
et possidendi jure quo ipse et prædecessores ejus eam usque
ad hoc tempus tenuerant, in manu jam dicti abbatis et monachorum suorum ibi præsentium resignavit, et in liberam et
perpetuam elemosynam eis et eorum successoribus liberè
concessit, liberiùs dedit, liberrimèque in hunc modum (nam

[4] Sensum verborum memini si verba tenerem)

privilegiavit :

« Universis sanctæ matris Ecclesiæ filiis (223) : B. Dei

[1] P. V. D. L. anathesantibus. — [2] P. V. ammonitus.
[3] P. V. ammonitionis. — [4] P. seipsum verborum nemini.

sion divine heritier et sire d'Ardre, et dit prevot de l'eglise S. Omer d'Ardre, salut à perpetuité.

« Ce qui est reconnu convenir au culte de Dieu et à la plus grande révérence de sa sainte Eglise, nous estimons salutaire et necessaire de le procurer par tous les moyens en notre pouvoir. Donc, la prevoté de l'eglise d'Ardre étant venue en notre main par droit héréditaire, considerant d'une part la negligence des clercs et chanoines qui la desservent, d'autre part le danger de notre perte eternelle, puisque cette charge ecclesiastique ne peut être administrée par une main laïque avec profit pour notre salut, si l'enseignement de nos peres n'est pas vain, nous avons conçu de plus hautes pensées pour relever la dite église. Ayant recueilli la reponse divine et de sages conseils par la bouche du seigneur Milon eveque des Morins, des abbés, de beaucoup de personnes de l'ordre ecclesiastique et de l'ordre laïc, des pairs et vétérans de la ville d'Ardre, avec l'assentiment bénévole du chapitre de Terouenne et de celui d'Ardre, nous avons concédé et donné, pour en jouir paisiblement et perpetuellement, au vénérable abbé Thierri et aux moines de S. Marie de la Capelle établis dans la *villa* jadis nommée Bruquam, et à leurs successeurs :

« Tous les droits et honneurs dans l'eglise S. Omer d'Ardre, qui nous sont echus à titre héréditaire ;

« Toute la dite eglise, toutes les choses de la dite eglise, ses possessions, appartenances et dépendances.

« Il est ajouté, qu'un clerc ou chanoine de la dite eglise venant à décéder, un moine lui succedera ; et ainsi tous les chanoines etant décédés, les moines les remplaceront, et auront la libre jouissance de l'eglise. Les moines, en tel nombre que l'abbé jugera convenable, administreront sous lui l'eglise et ses possessions. Et afin que cette donation ne périsse point par le laps du tems, que la malice ou la haine ne la puisse troubler, molester, infirmer, la presente charte a été, à notre diligence, rédigée, confirmée par temoins, munie de notre scel pendant, et nous

permissione hæres et dominus Ardeæ, ecclesiæque S. Audomari Ardensis dictus præpositus, salutem imperpetuum.

« Quod ad cultum Dei et ad reverentiorem sanctæ Dei Ecclesiæ honorem convenire dignoscitur[1] omnimodè execulionibus[2], in quantum sufficimus, promovere necessarium duximus
et saluberrimum. Undè cùm præpositura Ardensis ecclesiæ
nobis hæreditario jure successerit[3] habenda, hinc clericorum
sive canonicorum in eàdem ecclesià servientium considerantes negligentiam, hinc periculum et æternum pensantes excidium[4], eò quòd præpositura ecclesiastica dispensanda et
manu laicali disponenda (nisi nos[5] vani docuere parentes)
salutiferè nobis nullatenus accidere queat, quædam altiora
super Ardensis ecclesiæ statu altiore consilio destinavimus.
Accepto itaque super ejusdem ordinatione ecclesiæ divino
responso sanoque consilio à domino Milone Morinensis ecclesiæ episcopo, et abbatibus, et multis ecclesiasticis personis et laicalibus Ardensis oppidi Paribus et veteranis,
Morinensis ecclesiæ non minùs quam Ardensis[6] capitulo annuente et benevolum[7] assensum præbente, concessimus et
in quietam possessionem dedimus venerabili abbati Theoderico et monachis S. Mariæ de Capellà, in villà antiquo
nomine Bruquam[8] dictà degentibus, et eorum successoribus,
omnia jura omnesque dignitates quæ in ecclesià S. Audomari Ardensis nobis hæreditario jure successerunt, totamque
eamdem ecclesiam cum universis ejusdem ecclesiæ rebus et
possessionibus et appenditiis et pertinentiis, perpetuo jure
possidenda.

« Hoc addito, quòd mortuo uno jam dictæ ecclesiæ clerico
sive canonico, succedet[9] ei monachus; sicque, omnibus
mortuis canonicis, monachi succedent in locum canonicorum, et liberè obtinebunt ecclesiam; et quotcumque[10] demum abbati placuerit monachi in dispositione abbatis eccle

---

[1] V. P. dinoscitur. O. cognoscitur. — [2] D. omnimodæ executioni.
[3] P. V. L. successit. — [4] P. V. exidium. — [5] P. vos. — [6] L. Ardensi.
[7] P. V. benivolum. — [8] L. Brugua. — [9] L. succedit.
[10] L. quodcumque.

l'avons envoyée à Terouenne, à Reims, et à Rome, pour y être approuvée.

« Noms des temoins :

« Le seigneur Milon évèque des Morins, chanoine de l'ordre de Prémontré ; Philippe et Alulfe archidiacres, et tout le chapitre cathedral de Terouenne ; les seigneurs Léon abbé de S. Bertin, Guffroy abbé d'Andre, Henri abbé de Licque ; Bauduin Mondulphe chantre ; maître Richoard ; Eustache et Robert chanoines, et tout le chapitre de la dite eglise d'Ardre ; Hugues et Bernard de Wisso, pretres de Bremes ; Thierri comte de Flandres, Philippe et Mathieu ses fils ; Arnoul comte de Guisnes et Bauduin son fils ; Arnoul vicomte de Merk, notre beau-frere ; Drogon Botech, Walon d'Ardre ; Arnoul Gohel, chatelain d'Ardre ; Elbodon de Norhout et Payen son frere ; Eustache et Bauduin de Balinghem ; Bauduin de Walameth ; et beaucoup d'autres du peuple très chrétien. »

Cet acte fut passé en l'eglise S. Omer d'Ardre, puis lu solemnellement et approuvé en plein synode à Terouenne, l'an 1144 de l'Incarnation du Seigneur.

Ne vous étonnez point, peres et seigneurs, vous surtout chapelains et clercs, si en rappelant le dit acte nous n'en reproduisons pas absolument la teneur textuelle. Car il est impossible à un traducteur, meme habile et exercé, de faire passer les mots d'une langue dans une autre en evitant toute inexactitude et impropriété. A plus forte raison quand notre langage laïque doit interpreter celui auquel sont accoutumés les clercs.

En ordonnant le remplacement des chanoines par des moines, il fut reglé qu'à chaque decès ou retraite volontaire d'un chanoine, comme celle de Simon de Boudinghem, un moine le

siam et possessiones ecclesiæ dispensabunt. Ut autem hæc donatio tractu temporis minimè patiatur (224) recidium [1], nulliusque possit malitià vel odio turbari, molestari, vel infirmari, præsentem chartam scribi, et testibus roborari, et sigilli nostri appensione communiri fecimus, et Teruannæ [2] Remisque uberiùs [3] et Romæ confirmandam misimus.

« Hujus rei testes sunt :

« D[us] Milo Morinensis episcopus, Præmonstratensis ordinis canonicus; Philippus et Alulfus [4] archidiaconi, totumque Morinensis ecclesiæ capitulum; D[us] Leo abbas S. Bertini; D[us] Guffridus abbas Andriæ; D[us] Henricus abbas de Liskis; Balduinus Mondulfus [5] decanus; Arnulfus cantor; magister Richoardus [6]; Eustacius et Robertus canonici, totumque ejusdem Ardensis videlicet ecclesiæ capitulum; Hugo et Bernardus de Wisso de Bramis presbyteri; Theodericus Comes Flandriæ, et Philippus et Matheus filii ejus; Arnulfus etiam Ghisnensis Comes, et Balduinus filius ejus; Arnulfus Markiniensis vicecomes sororius noster; Drogo Botech; Walo de Ardeà; Arnulfus Gohel, qui et [7] castellanus Ardeæ; Elbodo de Norhout et Paganus frater ejus; Eustacius et Balduinus de Balinghem; Balduinus Walameth [8]; aliique multi christianissimi populi. »

Facta est autem hæc transactio in ecclesià S. Audomari Ardensis [9] et in plenâ synodo Teruannæ solemniter recitata et approbata, dominicæ Incarnationis anno millesimo centesimo xliiij°.

Nec moveamini, Patres et Domini, et maximè capellani et clerici, si in recordatione [10] hujus privilegii minùs plenè verba formemus. Nam [11] cùm verbo ad verbum de linguà in linguam cujuslibet etiam diserti vel [12] periti interpretatione verba sumuntur, minùs propriè minùsque concinnè proferuntur;

---

[1] P. V. D. O. recidivum. — [2] P. V. Taruannæ.
[3] L. urbibus. V. uberimus. — [4] O. Arnulphus. — [5] V. Mondolphus.
[6] P. D. Richardus. — [7] D. P. est.
[8] V. Walavieth. O *corrigit*, de Walaines. — [9] L. Ardensi.
[10] D. recordationem. — [11] Omnia cum. — [12] L. et.

remplacerait; et que l'eglise seroit occupée et desservie par le nombre de moines que l'abbé de la Capelle jugeroit bon d'y mettre.]

CH. CXXXVIII. *Comment l'abbé de la Chapelle Theodoricq fist privillegier et confermer ledict don à luy faict de l'eglise d'Ardre.*

L'abbé Theodoricq et ses relligieulx, de coeur joieux et agréable aians prins et receuz un tel don que de l'eglise d'Ardre et tous les appendences et proffitz et revenus d'icelle à eulx delaissié et donné par mondict pere en aulmosne et gratuité, pour en joir à perpetuité, en la présence et du conséntement comme dict est du conte Arnoul de Guines et son filz Bauduin, du conte Theodoricq de Flandres et de ses deulx enfans, firent tant qu'ils impetrerent la confirmation et approbation de Millo premier de ce nom evesque de Therouenne et de tout le chapitre du dict lieu, de l'archevesque de Reims pour le principal du Sainct Siege apostolique [1].

Deppuis ce l'amour, bonne voeulle, et delection se augmenta et nourrit en telle sorte entre Bauduin seigneur d'Ardre mon pere et les dictz abbé et relligieux de la Chapelle, que après ce qu'il fust bien gueri de sa malladie et blescheure, ilz furent liez et confederez ensemble en si grosse amitié que ce n'estoit deulx quasi que ung coeur et une pensée; en sorte que tout ce que mon dict pere demandoit au dict abbé et relligieux, incontinent par une bonne affection ilz luy monstroient l'effect de sa demande et volenté, mesmes l'execution d'icelle, et ensemble degré d'amour tout ce

---

[1] Le sens est : « et du suprème pontife du siége apostolique. »

præsertim cùm laicali linguâ quomodocumque benè à clericis
accepta vel audita reserantur. Hoc autem in pactione hujus
commutationis canonicorum in monachos positum est ; quòd
quandocumque canonicorum ejusdem ecclesiæ aliquis vel
moreretur, vel præbendam suam etiam vivens (quemad-
modum Simon de Boudinghem[1], Ardensis ecclesiæ canonicus,
fecit) monachis sponte relinqueret, in loco canonicorum sub
stituerentur monachi, et in dispositione abbatis de Capellâ
quotcumque monachi eam obtinerent et ei deservirent.

CAP. CXXXVIII. *Quomodò abbas Theodericus ecclesiam Ardeæ à quibuscumque*
opus erat personis privilegiari sibi et confirmari perquisivit et impetravit.

Abbas itaque et monachi gratanti animo grato Deo et sibi
beneficio gratulanter et ovanter accepto, ad consilium patris
mei Balduini et virorum religiosorum nichilominùs et Ardensium canonicorum, concessam sibi et ecclesiæ suæ datam et
confirmatam à patre meo, et audientibus et assensum præbentibus Ghisnensium Comite Arnoldo et Balduino filio ejus
et Flandriæ Comite Theoderico et Philippo et Matheo, Ardensem cum appenditiis ejus ecclesiam in liberam sibi elemosynam liberè et absolutè imperpetuum possidendam, à
Morinensis ecclesiæ episcopo Milone, primo et ejusdem loci
capitulo, et à Remensi archiepiscopo (225), et à summo
sedis apostolicæ Pontifice confirmari et privilegiari impetravit.

Hâc[2] igitur amoris et gratiæ vicissitudine inter patrem
meum et abbatem et monachos vigente et de die in diem va-
lescente, postquam de vulnere capitis et læsione verè et sincerè convaluit et ab infirmitate, facti sunt unum par amicitiæ,
facti sunt quasi cor unum et anima una, adeo ut quicquid
pater meus apud Capellam in ecclesiâ postularet, monachorum facilem propitiationis sentiebat effectum[3], bonæ voluntatis affectum[4] in operis executione percipiebat et effica-

---

[1] P. V. D. Houdinghem. — [2] L. Hæc. — [3] D. affectum.
[4] P. D. effectum.

quilz demandoient par bonne affection raisonnable à mon dict pere, il ne differoit en rien d'optemperer à leur volenté.

Quelque temps après le dict Bauduin seigneur d'Ardre mon pere se alia par mariaige à la fille de Henry chastelain de Bourbourg et de Roze fille de Manasses conte de Guisnes, nommée Beatrix, vraie heritiere et contesse de la terre de Guisnes, laquelle tost après termina vie par mort et fust en gros honneur et triumphe ensepulturée en l'eglise de l'abbaie de Nostre Dame de la Chapelle. Sy se trouva après son trespas mondict pere enveloppé en plusieurs grans debtes procedans tant de ce qu'il avoit frayé et despendu avant qu'il venist à la seigneurie d'Ardre, en joustes et tournois, en hantant la court des princes, comme à satisfaire à contenter la noble Peronnelle de Bouchain vefve de son feu frere de son droict de douaire, et aussi à relever de plusieurs princes et seigneurs la succession qui luy estoit escheutte. A cause de quoy il avoit emprunté grans deniers dont ses crediteurs demandoient paiement et à ce le vouloient contraindre. D'aultre part il avoit prins la croix et voué le sainct voiage de Jerusalem aveucques aultres gentilzhommes où il falloit aller equippé de gens et d'argent ; dont de tout il estoit en grant trouble et perplexité de corps et de pensée. A ceste cause et pour à ce remedier, il abborda les dessus nommez abbé et relligieux de la Chapelle comme ses bons et féaulx amis, ausquelz il vendit le moulin de Bresmes et aulcunes terres et maretz pendans et joignans à icelluy, aveucques la pescherie estant au cours de la riviere d'Ardre depuis le moulin dudict lieu qui est vers orient jusques à Houdeleide auprès de Mercq, pour en joir par eulx franchement et à tous jours, moiennant quelque grosse somme d'argent qu'il en receut des dictz abbé et relligieux. Et à cause qu'ilz n'avoient promptement si grosse somme pour satisfaire audict achapt tant utile et et nécessaire à leur eglise, ilz firent oster à la fierte de la Vierge

ciam[1]. Undè et similis vicissitudine dilectionis , omnia quæcumque vellet et [2] postularet piæ devotionis abbas à patre
meo , et pater meus voluntati ejus obtemperare nondifferret.

CAP. CXXXIX. *Quomodò Balduinus Ardensis dominus venddit abbat
de Cápellá molendinum de Bramis cum adjacentibus terris et marisco
et etiam piscariam.*

Posteà verò pater meus , acceptâ in uxorem Broburgensis
castellani nobilis Henrici et Rosæ Ghisnensis Comitis Manassis filiæ filiâ Beatrice , justissimâ Ghisnensis Comitatûs hærede , et jam Ghisnensis terræ (nec enim verum dissimulare
decens est) Comitissâ ; ipsâque post paucos dies mortuâ, et
in ecclesiâ Beatæ Mariæ de Capellà quantâ potuit honorifi-
centiâ sepultâ ; multis implicitus est negotiis pater meus , et
ad plurima plurimis solvenda compulsus est debita. Nam et
ea quæ vel in militando , antequàm in Ardensis dominationis
promoveretur honorem , contraxerat , vel quæ satisfaciendò
fratris sui uxori nobili Petronillæ in recompensationem dotalitii sui aliis debitis accumulaverat , vel quæ etiam terram
suam relevando (226) hìc illìc à terrarum principibus sollicitudinis suæ debitis adjunxerat , creditoribus solvere non tantùm tenebatur , sed etiam cogebatur. Et cùm jam etiam ea
quæ ipse crucigerulus in sancto peregrinationis itinere quan
doque secum deferre [3] deberet , providà sollicitudine et vigili
curiositate meditando et perquirendo mentem jam quasi di-
laceraret et corpus , memorato abbati et monachis de Capellà ,
ut amicis dilectissimis , ut viris religiosissimis et sanctissimis ,
molendinum de Bramis cum adjacentibus quibusdam terris
suis et marisco et piscariâ [4] quæ in Ardensis aquæ filo [5] est
ab orientali molendino Ardeæ usque in Houdledam apud
Mercuritium defluentem [6] ; et dignà vendidit pecuniâ et in
liberam ei contulit et confirmavit imperpetuum possidendam

---

[1] P. V. L. efficacia. — [2] L. V. aut. — [3] V. L. differre.
[4] P. D. piscatoria. — [5] D. fluvio. — [6] L. deficientem.

Marie et à aulcunes crois estans en leur eglise aulcune partie de l'or et argent dont elles estoient couvertes.

Qui fut cause dont aulcuns envieulx et mesdisans de la dicte abbaie de la Chapelle, contre toutte raison et verité ont dict et mis en avant, que le dict Bauduin mon pere leur avoit vendu l'eglise prevosté et chanesye [1] d'Ardre dont il avoit commis simonnie ; qui est chose dicte sans nulle apparence de verité. Car la vendition dudict moulin de Bresmes maretz et pescherie dessus dictz fut faicte ung an et demy deppuis la translation et donation de la dicte eglise d'Ardre, laquelle fut faicte par mon dict pere comme dict est en don d'aulmosne et de pitié, non pour deprimer icelle eglise ne pour en avoir proffict ne recompense aulcune des dictz relligieux, dont s'en soit enssuy simonnie, ni aussi par haine ou emulation qu'il eust contre les chanoines pour les expeller et gecter hors de leur eglise ; mais pour y mettre et instruire gens sainctz et relligieux menans vie austere et vertueuse.

CH. CXL. *Comment les relligieux demourerent auprès du moulin de Bresmes.*

Tost après que le dict abbé de la Chapelle eust acheté les dictz moulin, maretz et pescherie de Bresmes, il y envoia ung vénérable relligieux nommé Caradocq, qui deppuis fut abbé de la Chapelle ; lequel auprès du moulin fist bastir et ediffier une chapelle aveucques maisons et demeure qu'il fist enclorre de haiez et fossez , en sorte que ce fut lieu de demeure de relligieux, dont ledict Caradocq fut premier prieur. Et aveucques ung aultre nommé Basille acompai-

---

[1] Ce mot est sans doute estropié par le copiste. Peut-être faut-il lire *chanoinye.*

elemosinam. Undè et abbas, cùm non sufficeret ei pecunia ad satisfaciendum patri meo super emptione istâ[1] tam utili et ecclesiæ suæ necessariâ, feretrum beatæ Mariæ et quasdam cruces depilavit, et ab auro et argento decrustavit[2] et expoliavit.

Inde ergo occasione sumptâ, quidam ecclesiæ Beatæ Mariæ de Capellâ æmuli et adversarii, mentiendo in medium jactant, quòd pater meus Ardensem cum pertinentiis ejus et dignitatibus ecclesiam, simoniacæ pravitatis et facinoris zelo ductus et seductus et circumventus, jam dicti loci abbati et monachis vendiderit. Cùm[3] tamen ante hujus molendini, hujus terræ, hujus marisci et piscariæ emptionem et solutionem anno uno ferè et dimidio transcurso, Ardensem ecclesiam (eo quo jam diximus modo) divinæ pietatis et remunerationis intuitu, non eamdem ecclesiam deprimendo, sed altioribus et dignioribus personis honestando, et in altioris ordinis statum et gradum convertendo et producendo, non alicujus simoniacæ machinationis æmulatione, ab eâdem Ardensi ecclesiâ canonicos expellendo vel removendo, sed in omni sanctitate et religione viros sanctos et religiosos et eremiticæ et apostolicæ vitæ monachos in eam[4] introducendo, liberè et absolutè in liberam contulit eis et confirmavit elemosinæ possessionem.

CAP. CXL. *Quomodò monachi manserunt juxta molendinum apud Bramas.*

Abbas autem, mox ut obtinuit apud Bramas molendinum et terram adjacentem cum marisco et piscariâ, misso apud Bramas venerabili viro Caradocho[5], posteà in ecclesiâ Beatæ Mariæ de Capellâ abbate, juxta molendinum domos ædificavit et capellam, et fossato circumcinxit et sepibus inclusit, et sic ibi monachorum cellam construxit; ubi et dominus Caradochus primus constitutus est prior. Venerabilis itaque

---

[1] P. V. D. illâ. — [2] P. D. decruscavit.

[3] *Fortè legendum,* Eam tamen. — [4] P. V. L. ea.

[5] O. Br. Carodocho. L. Caredocho.

gnié d'aulcuns devotz relligieux, menerent audict lieu vie devotte
et sollitaire comme hermittes, contendans de tout leur pooir complaire et servir à Nostre Seigneur et estre charitables à ung chascun.
Lesquels relligieux, pour enseuvir la bonne veulle et amitié qu'ilz
avoient à mon dict pere, prindrent et emporterent le corps de feu
Arnoul seigneur d'Ardre son frere aveucques son sarcus, lequel
avoit esté mis en terre comme dict est au dehors du chimentierre
d'Ardre, et en tel estat le mirent et poserent contre les murailles
de leur chapelle nouviau faicte à Bresmes, pour ce que encore n'y
avoit chimentierre benist.

CH. CLXI. *Comment Bauduin seigneur d'Ardre s'en alla au voiaige
de Jerusalem.*

Environ ce temps le dict Bauduin seigneur d'Ardre aiant préparé
et mis ordre à ses affaires pour aller et acomplir le sainct voiage de
Jerusalem, le venerable abbé Theodoricq devant nommé, adfin qu'il
ne feust veu ingrat des grans plaisirs qu'il avoit eulz et receuz du
dict sieur Bauduin, luy donna et fist present d'ung biau cheval
ferrand, non aiant pensée ne intention que ce fust en retribution
des dons qu'il avoit eulz de lui (qui eust esté vraie simonie et dont
aulcuns l'ont voulu noter), mais seullement en vraye et bonne
amitié et pour l'aide du sainct voiaige et recouvrement de la terre
de promission. Et ce faict, le dict Bauduin accompaignié de Bauduin de Wallaviette Anneto et Murcille de Bredenarde chevalliers,
et d'aultres ses vassaulx et subjectz, aveucques son seigneur le conte
de Flandres Theodoricq, et aultres barons de son pais, soubz la
charge et conduite du noble roy de France Loys, aveuc plusieurs
princes et barons de France et innumerable nombre de gens de
guerre et de peuple, se mist en chemin pour faire le sainct voiaige
et visiter le sainct sepulchre de Nostre Seigneur, où jamais il n'avoit
esté [1]. Lequel voiaige et profection se fist en l'an de l'Incarnation

---

[1] Le traducteur, qui a fait plusieurs omissions dans ce chapitre, fait ici
un contresens. *Lisez :* « que jamais il ne devoit voir. »

vitæ Caradochus et quidam alius nomine Basilius justè et piè in omni sanctitate et religione ibi solitariam et quasi ere- miticam vitam degentes, Deo omnimodè placere intendebant et hominibus. Quapropter, ut vel sic sicut et in aliis quibus- cumque [1] poterant actionibus, patri meo complacere pos- sent, dominum Arnoldum juvenem sive minorem fratrem ejus extra atrium Ardeæ imbloccatum (227) ad cellam suam apud Bramas adduxerunt, et eum [2] ita imbloccatum extra parietes capellæ suæ, eo quòd ibi non esset atrium adhuc benedictum neque cœmeterium, quàm propiùs potuerunt, collocaverunt.

CAP. CXLI. *Quomodò Ardensis dominus Balduinus Ierosolymam petiit.*

Post verò circiter hujus temporis decursum, cùm pater meus Balduinus, præparatis omnibus in sanctæ peregrina- tionis itinere sibi necessariis, sanctum iter arripere deberet ut Ierosolymam peteret, venerabilis abbas Theodericus, ne magnifici ab eo accepti beneficii quandoque ingratus inve- niretur, juxta viri sapientis ethicam accepti non immemor beneficii, optimum equum ferrandum (non alicujus simonia- cæ malignitatis recordatione præmonitus aut præmunitus, ut quidam monachorum æmuli garriunt, sed solo divini amoris intuitu et in auxiliarem sancti itineris sustentationem) liberaliter obtulit, et gratìs, immò gratuito munere, præ- sentavit. Præparatis igitur omnibus in itinere sibi necessariis pater meus Balduinus, sociatis sibi terræ suæ militibus, Balduino videlicet Wallamecto [3] et Markilio [4] de Bredenardà, et quibusdam aliis, cum Flandriæ Comite domino suo Theo- derico, et cum multis Flandriæ baronibus, sub patrocinio et ducatu nobilissimi regis Franciæ et sanctissimi Ludovici, cum multis Francorum baronibus, militibus etiam, et in-

---

[1] L. quibusdam. — [2] L. etenim ita.
[3] W. Wallaviecto. L. Wallaniecto. — [4] D. Marcilio.

de Nostre Seigneur mil cent quarante et sixiesme, au mois de may. Toutesfois avant son partement icelluy Bauduin mon pere avoit commis et ordonné à la guarde, conservation, et gouvernement de sa terre, Ernoul Gohel l'ancien de Surques, tant à cause de ce qu'il estoit chastelain d'Ardre, comme aussy qu'il le congnoissoit homme sçavant et entendu, et en tout fidelle et loial. Et nonobstant que Arnoul viconte de Mercq beaufrere et heritier du dict seigneur Bauduin, ne fust content et en murmurast, sy en fut il en la fin bien consentant.

CH. CXLII. *Comment Bauduin seigneur d'Ardre morut au voiage de Jerusalem, et fut gecté en la mer.*

Les princes dessus nommez aveucques toute leur assemblée se mirent à chemin pour faire le sainct voiaige, passerent par la Rommaine, et tant firent qu'ilz arriverent à Constantinoble, là où ilz souffrirent biaucoup de grefs et dommaiges à cause que l'empereur de Constantinoble leur estoit traictre et envieulx. Par quoy ils monterent sur la mer et nagierent tant qu'ilz arriverent en Sathalie, auquel lieu l'armée et exercite des Crestiens s'estendit par les pais, où ilz eurent et endurerent des maulx, povretez, et mesaizes sans nombre ; tant que plusieurs morurent par aguetz des Turcz leurs ennemis, intempérance de l'air, par famine, fragilité de corps, et aultres maladies. Entre lesquels le dict Bauduin seigneur d'Ardre mon pere morut, non par famine comme aulcuns ont voulu dire, mais par debilitation de maladie qui tant l'afoiblist et osta sa vertu et puissance corporelle, que ensieuvant ce que auparavant sa mort il avoit prié et requis, il fut gecté en la mer audict lieu de Sathalie : de sorte que oncques deppuis ne fut veu ne apercheu de ses gens serviteurs ne aultres.

numeris populorum millibus [1], Ierosolymam petiturus iter
arripuit ; et ut dominicum venerari et (quod tamen nunquam visurus erat) sepulcrum videre mereretur , quanto potuit mentis [2] et corporis affectu [3], properavit. Profectio autem
ista (228) facta est dominicæ Incarnationis anno MCXLVI ,
mense maio. Commendaverat autem priùs et servandam de-
derat terram suam Arnoldo Gohel seniori de Surkis [4], eo
quòd castellanus Ardeæ dicebatur et erat , et quia [5] eum prudentem virum cognoverat, et sibi fidelem ; Arnoldo tamen
sororio suo Markiniensium vicecomite super hoc magis
grunniente et immurmurante quàm benivolum præbente
assensum.

CAP. CXLII. *Quomodò Balduinus mortuus est in itinere, et in mare* [6]
projectus suis posteà non comparuit.

Proficiscentes igitur per terram, et Romaniam ingredientes,
pervenerunt tandem Constantinopolim , ubi multa perpessi
incommoda , cùm Constantinopolitanum sibi jam sensissent
imperatorem infidelem et insidiosum, in Propontidis [7] sinum
devenerunt. Inde in Sathaniam [8] vel Sencliam [9] Francorum
totus congregatus et extensus exercitus multa sustinuit mala
et infortunia. Multi enim fame, multi aeris inclementià, multi
adversantium insidiis et ictibus , multi invaletudine corporis,
multi qualicumque infirmitate correpti , interierunt. Inter
quos et pater meus, non (ut mentiuntur quidam) fame de-
periit, sed invaletudine corporis debilitatus et totis viribus
destitutus, morti succubuit; et sicuti priùs rogaverat, in
mare [10] projectus, suis ampliùs nunquam comparuit (229).

---

[1] P. V. L. militibus. — [2] P. V. meritis. — [3] P. V. L. effectu.
[4] O. Surquis. — [5] V. quare. — [6] P. V. L. mari.
[7] P. D. Propontis. — [8] P. Sathannam.
[9] P. D. Secliam. O. Seciliam. V. Secenliam. — [10] P. V. L. mari.

CH. CXLIII. *D'ung faulx pelerin qui se disoit estre Bauduin seigneur d'Ardre.*

Long temps après le departement de Bauduin mon pere, assavoir xxx ans ou environ, fut grand bruit, mesmes disoient tout plain de gens, que mon dict pere n'estoit pas mort, et qu'ilz l'avoient veu en ung lieu nommé Plancques auprès de Douay. Sy vous dirai dont ce vint. En l'an de l'Incarnation Nostre Seigneur mil cent soixante seize, ung faulx pelerin portant habit de honneste conversassion, soubz espece de vraie et saincte relligion adfin de plus facillement tromper et abuser les povres et simples gens, arriva à Douay, alloit de maison en maison vestu de blancq, dissimulant mendicité; et soubz une barbe blanche et longue et les cheveulx de mesmes, comme tout secq et affaibli de penitence, monstroit et donnoit à congnoistre aulx simples gens, quasi par contraincte et non de sa volunté, la haire et aultres enseingnes de penitance qu'il portoit. Davantaige leur disoit, mais c'estoit soubz promesse de non le dire, feingnant qu'il vouloit celer, qu'il estoit Bauduin jadis seigneur d'Ardre; mais que pour l'honneur de Nostre Seigneur et acquerir le roiaulme de paradis, il aimoit mieulx mendier en habit povre et vil que de retourner en sa ville d'Ardre pour derechief y vivre en honneur et richesses. Et soubz ceste faulceté et tromperie eult congnoissance aulx seigneurs, gentilzhommes, et gros bourgeois de ladicte ville de Donay et pais environ. Et par leur advis et congié s'en alla en ung lieu nommé Plancques sur le grant chemin assez près dudict lieu de Douay, en une place et passaige plain d'eaues assez difficille et estrange à passer; et illecq fist construire ung petit habitacle sur une motte de terre et de pierres qu'il y assembla, et là se tint demandant l'aumosne aulx passans pour sa necessité de vivre [1]. Deppuis fist tant qu'il eust ung asne aveucques lequel il

---

[1] Toute cette traduction est incomplète et inexacte. Le sens est : « Le chemin de Douai à Plancques, qui offrait aux voyageurs beaucoup de difficultés et de fondrières, fut sous sa direction rendu viable par des apports de terre et de pierres, et construit en chaussée. Il s'y fit une petite habitation, et fournit les nécessités de la vie aux ouvriers employés à ces travaux. Monté sur un âne, il parcourait lui-même le pays à l'entour, sollicitant et recueillant auprès des

CAP. CXLIII. *De pseudo-peregrino qui se Balduinum de Ardeá simulavit.*

Fuerunt tamen quidam qui, tricesimo postquàm hujus sanctæ peregrinationis iter susceperat pater meus anno, apud Plancas juxta Duacum eum vidisse assererent. Anno enim dominicæ Incarnationis MCLXXVI, fuit quidam pseudo-peregrinus religiosæ conversationis habitum gerens, qui sub specie religiosæ sanctitatis, sub ovinâ simplicitate incautos et simplices forsitan ut priùs et posteà multos facilius ludificare et decipere posset, Duacum advenit ; ubi sub albi velleris vestibus (230) circumiens [1] vicos et plateas, pœnitentiæ vestes, saccum [2] et cilicium quasi non sponte piis et simplicibus ostentans hominibus, pœnitentiæ [3] squalorem sub niveâ barbâ et prolixâ et reverendâ capitis canitie simulavit. Addidit etiam, sed tamen quasi seipsum quis esset occultare volens, quòd Ardensis oppidi quondam fuisset hæres et Dominus Balduinus ; sed ut Christum lucrifaceret, in abjectis vestibus exulare et piis operibus insudare quàm in suam Ardeam redire et hæreditariam domum et possessionem iterum subire, se [4] potiùs elegisse, mendaci linguâ et fallaci asseruit.

Hic igitur quicumque vel qualiscumque Balduinus, cum jam dicti loci burgensibus necnon et adjacentis provinciæ principibus loco et tempore locutus, ad consilium eorum, viam quæ à Duaco ducit [5] ad Plancas viatoribus ad transeundum admodùm gurgitosam et difficilem, transitivam [6] et transmeabilem terreâ mole et lapidibus facere, et in calcatam [7] construere [8] præcepit. Et super eam mansiunculam et domicilium faciens, operantibus in viâ operariis necessaria

seigneurs, des abbés, des bourgeois et du menu peuple, des subventions considérables dans l'intérêt de la route. Pour se concilier la faveur publique, l'hypocrite en distribuait ouvertement une portion aux pauvres ; mais il s'en réservait aussi une bonne partie à lui-même et à ses complices. »

[1] P. V. O. D. circuiens. — [2] L. sacrum. — [3] L. pœnitentia.
[4] A. P. sed. — [5] P. V. L. duxit. — [6] A. D. P. difficillimam transituram.
[7] D. L. incalcatam. — [8] V. percepit.

alloit aulx maisons de grans seigneurs, prelatz et abbez, et gros bourgeois, qui luy donnoient biaucoup de leurs biens; partie desquelz, pour mieulx abuser le monde et adfin d'avoir louenge et extime, et aussi pour acquerir l'amour et faveur du peuple, par faintize et hipocrisie il donnoit par forme d'aulmosne aux povres indigens. Tellement il advint que par ce moien il eust habitude et congnoissance à l'abbé et chanoines de Hennin. Il leur dist et declara appertement entre aultres propos qu'il estoit Bauduin seigneur d'Ardre. Alors le prieur dudict lieu de Hennin nommé Godefroy, aiant ouy que le dict pelerin se disoit estre tel, pour ce qu'il estoit natif de l'entour d'Ardre, s'en vint incontinent à Bauduin conte de Guisnes et seigneur d'Ardre et à Chrestienne sa femme, et leur dict que leur oncle Bauduin jadis d'Ardre estoit encoires vif, et qu'il demouroit comme pelerin estrangier à Plancques auprès de Douay. Et sy leur dict tout plain de choses qu'il avoit ouy et veu de luy, de quoy le dict conte ne fist non plus d'extime que d'une chose fantasticque; car il sçavoit bien que Bauduin seigneur d'Ardre estoit pieça mort au voiaige de Jerusalem et qu'il avoit esté jecté en la mer; par quoy il estoit asseuré que celluy dont il luy parloit estoit ung vray truant, trompeur et decepveur de peuple, et qu'il ne se soucyoit de ses parolles, par quoy il n'iroit ny envoiroit vers luy pour ceste affaire. Et comme j'eusse ouy et entendu ces nouvelles, je ne le peulx aussi fermement croire. Toutesfois, pour en sçavoir la verité, je prins aveucques moy aulcuns de mes amis anciens qui avoient eu bonne congnoissance dudict Bauduin mon pere, et sans en rien dire ne declarier audict conte de Guisnes ny à sa femme, m'en allay audict lieu de Plancques veoir le personnaige, aveucques lequel j'euz biaucoup de devizes et propos tant seul à seul comme en compaingnie. Et le tout veu et ouy, je ne trouve en luy, ny aussi ceulx qui estoient venuz aveuc moy, chose aulcune par quoy y eust apparence que ce fust ledict Bauduin mon pere; nonobstant que aulcuns ont voulu dire, pour ce que j'avoy eu si grant acointance à luy, qu'il m'avoit voulu donner de grans dons affin que je disse et affirmasse que j'estois son filz. En la fin nous partismes de luy, et à grant peine estions de retour vers le conte de Guisnes, quant nous ouismes dire qu'il s'en estoit allé du-

procuravit. Ipse verò asino vectus, terræ principes, abbates, et burgenses, et universum adjacentis terræ populum in auxilium viæ[1] multa rogavit et multa perquisivit : et ut[2] populi sibi venaretur et acquireret favorem , multa in oculis populi (o subdolum hominem et hypocritam !) pauperibus quasi dispersit et erogavit[3] ; multa verò sibi et suis complicibus reservavit. Tandem verò notus et immò quasi notus factus, abbati et canonicis Hinniacensibus se Balduinum Ardensem nominavit. Prior ergò domûs nomine Guffridus , ut audivit ipsum et se Balduinum Ardensem nominantem[4] , apud Ardeam (eo quòd ipse prior de Ardensis terræ partibus oriundus esset) ociùs advolavit, indicans Ghisnensi Comiti et Ardensi domino Balduino et uxori suæ Christianæ, quòd avunculus suus Ardeæ dominus Balduinus adhuc viveret, et apud Plancas juxta Duacum quasi peregrinus maneret. Addidit etiam multa alia quæ ab eo didicerat, et audierat, et viderat. Comes verò Balduinus rem quasi phantasticam audiens, Balduinum Ardeæ dominum dudum in sanctà peregrinatione Ierosolymitanâ mortuum et in mare projectum fuisse constanter (ut verè potuit) affirmavit et dixit ; istum autem Balduinum qui apud ipsos nuper emerserat , trutannum[5] esse et populi seductorem et pseudo-conversum non ambigere[6]. Unde ad ipsum ire neque mittere curavit. Ego autem, ut audivi patrem meum vivere, non fixo[7] modo credidi ; sed tamen assumptis mecum aliquibus amicis meis senioribus, qui patrem meum olim benè cognoverant[8] , quasi nescientibus Comite et Comitissâ , ad ipsum perrexi ; locutusque cum eo multa , quandoque cum solo solus , quandoque cum aliquibus adjunctis , nichil in eo percipere potui, sed neque qui mecum ad ipsum venerant socii, unde certiores de ejus notitiâ esse potuimus. Imputatum est mihi tamen à plerisque et improperatum , eo[9] quòd invicem alter alteri applausisse-

---

[1] A. D. P. vitæ. — [2] L. ubi. — [3] P. rogavit. — [4] V. nominatum. [5] trutamnum. — [6] P. V. L. ambigeret. — [7] D. ficto. [8] P. V. L. agnoverant. — [9] P. et quòd.

dict lieu de Planéques, et qu'il avoit emporté grant tresor qu'i
avoit illecques amassé; par quoy sa papelardise meschante et tromperie fust descouverte.

Arnoul de Colvede viconte de Mercq biaufrere dudict feu Bauduin seigneur d'Ardre fut adverty et seut de vray sa mort, et comment il avoit esté jecté en la mer auprès d'une ville nommée Satalie.
Par quoy il se retira vers le conte de Guisnes Arnoul, auquel après
que par bonne amitié il fut reconscillié aveucques luy, il fist feaulté
et hommaige de ce qu'il tenoit de luy par le trespas de son dic
biaufrere; puis s'en alla vers la contesse de Flandres Sibille. Vers
laquelle, adcause que son mary le conte de Flandres Theodorice
n'estoit encoires de retour de son voiaige de Jerusalem , comme i
voulsist relever et faire hommaige de ce qui luy estoit escheu tant à
Ardre comme en la chastelenie de Bruges à cause de sa femme Andeline soeur et heritiere du dict feu seigneur Bauduin, vint à contredire Bauduin de Warneselle seigneur de Harselle, soy disant
estre plus prochain que luy. Mais enfin la verité congneue nonobstant que Anez mere dudict Warneselle, qui lors estoit trespassée ,
fust soeur aisnée du dict feu sieur Bauduin seigneur d'Ardre et de
Andelinne femme dudict viconte de Mercq, laquelle estoit encoires
vivante, fut trouvé que la dicte Andeline estoit plus prochaine que
le dict Warneselle son nepveu. Toutesfois , pour eviter procez et
pour paix et amour, par l'advis et conseil de ses bons amis , le dict
viconte de Mercq donna à son dict nepveu cent marcqz d'argent; et
ainsy demourerent comme parens en bonne amitié. Puis fist son
hommaige à la dicte contesse, comme il estoit tenu faire à cause de
ce qu'il tenoit dudict conte de Flandres son mary, et fut dict et
nommé heritier et seigneur d'Ardre.

mus , quòd multa dedisset [1] mihi munera , ut ejus filium me
assererem. Tandem verò ab eo recedentes , vix in patriam ad
Comitem redivimus , cùm ipsum à loco Plancarum secessisse
et maximum thesaurum asportasse , ipsum verò trutannum
fuisse , audivimus et verè cognovimus.

CAP. CXLIV. *Item, quomodò Markiniensis vicecomes Arnoldus de Colvidâ
nominatus, Ardeæ dominus effectus est.*

Balduino igitur patre meo apud Sathaniam verissimè mortuo et in mare [2] projecto, fama volat, et ejus mortem Marki-
niensi vicecomiti Arnoldo de Colvidâ sororio suo denuntiat [3].
Markiniensis igitur vicecomes impiger Arnoldus, Ghisnensis
Comitis Arnoldi amorem sibi conciliavit, et hominio ei exhibito, ad Flandriæ Comitissam Sibillam [4], Cybelem [5], sive Ce-
beliam [6] nominatam properavit. Comes enim Flandriæ Theo-
doricus Ierosolymam peregrè profectus nondum rediit (231).
Cùm igitur Arnoldus Markiniensis terram quæ [7] in ministerio
sive in castellariâ Brugensium, et alia quæ in Ardeâ ex parte
uxoris suæ Adelinæ sibi à Balduino sororio suo jam mortuo
exciderant et contigerant, à jam dictâ Flandriæ Comitissâ
repostularet, et relevare (uti adhuc moris est et consuetudinis
usus) vellet, surrexit Balduinus de Varneseliâ et de Harseliâ
dominus, dicens se Ardensis dominationis et honoris propin-
quiorem esse hæredem quàm Markiniensis Arnoldus. Sed
cognitâ tandem rei veritate, cùm mater Balduini de Varneseliâ , Agnes soror siquidem Ardensis domini quondam Balduini et Adelinæ Markiniensis Arnoldi uxoris adhuc vivæ et
superstitis , dudum mortua esset [8], ut dignum utique [9] et
justum erat , propinquior hæres adjudicata est Ardensis
quondam domini Balduini soror Adelina quàm sororis ejus
Agnetis filius Balduinus de Varneseliâ. Ad consilium tamen

---

[1] P. V. in munera. — [2] P. V. L. mari. — [3] O. denuntiatur.
[4] O. Sibiliam. L. V. Sibilam. — [5] P. V. Cibelem.
[6] O. Cebiliam. P. D. Cebilam. — [7] L. quam. — [8] L. erat.
[9] L. utrique.

Ce faict, se tira en son pais; et à sa bien venue fut faict grant
joie par les pers dudict lieu d'Ardre, les barons de la conté de
Guisnes, et par les chevaliers, gentilzhommes, et tout le peuple
du pais. Car ledict viconte de Mercq estoit homme scavant et entendu, et lequel aulx princes, barons, et grans seigneurs de son
pais faisoit service et honneur comme il leur appartenoit, à ses pareilz se monstroit agreable et benin, et aulx chevalliers et gentilz
hommes compaignon et amy. Et surtout il avoit en grosse affection
et estime les chevalliers et gens de guerre. En sorte que en sa mai
son il avoit ordinairement pour l'acompaignier dix gentilzhommes
chevalliers qui estoient de son train de famille. Aussy avoit ung
chapellain et aultres clercs depputez pour le service de Dieu, et le
reste de sa famille estoient tous gens honnestes et gratieux, lesquels
il traictoit et entretenoit en toutte liberalité et honneste apointement. En telle sorte se maintenoit ledict Arnoul deppuis qu'il fut
seigneur d'Ardre, non seullement en sa terre, mais partout où il
alloit, qui estoit extimé d'ung chascun avoir et tenir plus tost ung
train et estat de prince que d'une moindre seigneurie ou domination.

CH. CXLV. *Comment ledict Arnoul fist venir à Ardre les moisnes qui estoient*
à Bresmes, lesquels tost après il expulsa dehors, puis après les rapella.

Venu que fut le dict Arnoul de Colvede à la seigneurie d'Ardre
comme dict est, il fist transporter tous les edifices que les relligieux de la Chapelle avoient faict faire à Bresmes, et les fist mettre
et poser auprès de l'eglise qui est assize au chimentierre d'Ardre,
là où jusques aujourd'huy ils ont eu leur demeure et habitation.
Puis à la priere et requeste de sa femme Andeline, il bailla à Loise,
soeur de sa dicte femme, qui estoit joenne pucelle, auquel estat
elle demoura toutte sa vie, le lieu et revenu de Wele auprès de

amicorum suorum, centum marchis[1] Balduino de Varneseliâ
datis, et pace inter Arnoldum et Balduinum confirmatâ, Markiniensis Arnoldus jam dictæ Flandrensi Comitissæ (uti mos
inolevit et debuit) hominio exhibito, Ardensis honoris factus
est hæres et dominus.

Congratulabantur ergo ei Ardensis oppidi Pares et totius
Ghisniæ barones; congratulabantur et alii milites et universæ terræ populi. Principibus enim superioribus in terrarum magnatibus extra patriam, prout majestati eorum convenire et expedire discretâ consideratione novit et debuit,
cum reverentiâ servivit in magnificentiâ et gloriâ. Paribus
autem se socium exhibuit, et militibus commilitonem mitem
et affabilem : milites verò miro venerabatur affectu. Undè
etiam in terrâ suâ residens, decem milites (nunquam verò
pauciores) familiares sibi et semper colaterales, capellanum
quoque et clericos, et honestissimam secum in omni liberalitate et munificâ sufficientiâ detinuit familiam. Talem igitur
se, non solùm in terrâ suâ, sed etiam extra terram suam
exhibuit, quòd in rei munificentiâ et reverendi principatûs
continentiâ magis videretur et plerùmque diceretur Comes,
quàm inferioris alicujus dominationis princeps aut dominus.

CAP. CXLV. *Quomodò idem Arnoldus à Bramis monachos Ardeæ transtulit,
et post pusillum temporis ab Ardeâ expulsos iterum apud Ardeam revocavit.*

In primis igitur monachos qui apud Bramas manebant,
cum omnibus ædificiis suis apud Ardeam transtulit, et ibi
eos juxta ecclesiam quæ sita est in cœmeterio ejusdem loci,
manere fecit : ubi[2] usque hodie mansionem habent et conversationem. Alaisam autem uxoris suæ Adelinæ, sororem
adhuc puellam, et usque in finem dierum suorum (ut dicitur)

Tournehen, pour l'entretenement de son vivre et estat, à en jouir sa vie durant en tous pourfictz et emolumens quelconques; auquel lieu elle alla demourer, et y tint son estat tant qu'elle vesquit.

Or touchant les dictz relligieux nagaires demourant à Bresmes, tost apres que le vénérable Caradocq leur prieur fut resident audict lieu d'Ardre, par le congié de son abbé Theodoricq et de reverent pere en Dieu l'evesque de Therouenne Millo le premier, auquel il fist satisfaction de l'excez et contemnement dont Arnoul le josne seigneur d'Ardre à son trespas estoit vers luy obligié, à cause de quoy il avoit esté mis et embocquié en terre prophane sans nul honneur, il fist aporter de Bresmes à Ardre le corps d'icelluy Arnoul et en tel estat qu'il estoit, et le fist mettre et poser au cloistre de leur eglise, vers la partie australle, en grant honneur et triumphe comme il luy appartenoit. Quelque temps apres, le dict venerable abbé de la Chapelle fut esleu et constitué abbé du monastere de Bergues; auquel lieu il avoit prins l'habit de relligion; et ainsy en son lieu fut esleu et nommé abbé dudict lieu de Nostre Dame de la Chapelle le venerable Caradocq premier prieur d'Ardre, au lieu duquel fut faict second prieur ung devot relligieux nommé Basille. Au temps duquel, comme la tour de l'eglise qui est au marchié d'Ardre tomba et fut en ruine, ledict Arnoul de Colvede seigneur d'Ardre print et remit par violence les biens et revenus appartenans aulx relligieux d'icelle eglise, lesquels relligieux il cacha et expulsa hors de la dicte ville d'Ardre, excepté seullement Henry Doterel de Bredenarde, lequel seul demoura et se cacha durant la persécution. Et d'iceulx biens et revenus fist faire reparer et edifier la dicte tour ainsy ruinée. A cause de quoy les dictz relligieux maintindrent le dict Arnoul qui les avoit ainsy pillés et bannis, pour ung homme infidelle et excommunié; dont il ne fist point d'estime, mais les tint en cest estat trois ans durant. Puis après avoir bien pensé à son affaire, selon que la raison le vouloit, il les rappela et remist en leur eglise, en faisant satisfaction de leur volonté du dommaige qu'il leur avoit faict.

Deppuis ce temps ledict Basille second prieur alla dudict lieu d'Ardre, et fut esleu pour prieur troisiesme ung nommé Guillaume

virginem, sed et innuptam, ad petitionem uxoris suæ Adelinæ, apud Welenas juxta Tornehem manere fecit; et quamdiu viveret ejusdem villæ redditus in sustentationem et procurationem ei concessit.

Primus igitur Ardeæ Prior venerabilis nominis et vitæ monachus Caradochus, mox ut in Ardeâ manere cœpit, ad consilium venerabilis abbatis sui Theoderici, et reverendo patri et domino Morinensis ecclesiæ episcopo Miloni primo, super excessu quo Ardensis quondam dominus Arnoldus juvenis sive junior ei obligatus tenebatur, pro quo et imbloccatus adhuc sine honore fuerat super terram, omninò satisfaciens, eumdem Arnoldum à Bramis apud Ardeam transtulit, et reduxit eum in cœmeterio, et in claustro sub macerie et australi parte templi honorificè sepelivit. Posteà verò, cùm venerabilis pater Theodericus ad regendum Bergensis ecclesiæ (unde assumptus fuerat) monasterium revocaretur, et in eodem Bergensi videlicet monasterio fuisset resumptus abbas et constitutus, venerabilis memoriæ Caradocus in ecclesiâ Beatæ Mariæ de Capellâ assumptus est abbas et constitutus, et dominus Basilius Ardeæ Prior effectus est secundus. In cujus tempore, cùm turris ecclesiæ, quæ sita est in foro Ardeæ, corruisset, Ardeæ dominus Arnoldus de Colvidâ, raptis et violenter extortis Ardensis ecclesiæ reddititbus, et monachis omnibus (excepto solo Henrico Boterello de Bredenardâ, qui in ipsâ persecutione solus utcumque latuit et remansit) ab Ardeâ effugatis et propulsis, eamdem turrim reparari fecit. Sed cùm monachi eumdem dominum Arnoldum, eo quòd ipsos exagitaverat et ab ecclesiâ sibi datâ et concessâ sine causâ turpiter expulerat, excommunicatum tenerent, non sustinuit ulteriùs Arnoldus; sed ferè per triennium exulatos et demum [1] ut oportuit et debuit revocatos, in ecclesiâ suâ monachos restituit, et [2] ablata in voluntate eorum restauravit.

Post hæc autem, cùm recessisset ab Ardeâ Basilius, factus

---

[1] L. domum. — [2] L. oblata.

23.

de Ledde. Après lequel fut quatriesme prieur Bauduin de Rolinghem, homme liberal et aimé d'ung chascun, et qui aulx princes et
seigneurs et prelatz estoit acceptable et de bonne extime.

Durant le temps que le dict Bauduin estoit prieur d'Ardre, Guillaume Moran de Hondecoutte alla de vie à trespas ; et tantost son
filz nommé Bauduin vint vers ledict prieur luy requerir et demander le personaige de l'eglise de Hondecoutte, que son pere avoit
eu ung an ou deux moiennant quelque debite et annuelle pension
qu'il en paioit aulx chanoines et relligieux d'Ardre. Lequel personaige, moiennant cent solz qu'il donna comptant pour la réparation
de la dicte tour de l'eglise, sans le congié de l'abbé ne des relligieux
de la Chapelle, luy fut rendu et baillié par le dict prieur Bolderin,
à le tenir en la maniere que son dict pere Guillaume Morant l'avoit
tenu en son vivant, et ce en la presence des relligieux et aulcuns
chanoines encoires vivant au dict lieu d'Ardre, qui à ce contredirent
tant qu'ilz peurent. Ce nonobstant, le dict Bauduin de Hondescote
a tousjours deppuis tenu le dict personaige quasi par droict de heritaige. Et quant les dictz relligieux luy ont deppuis remonstré le
grant tort qu'il leur faisoit, en les menassant par signes de la teste
et des doigtz disoit à par luy : Je l'ay tenu et tiendray, ne jamais
ne laisseray ce que mon pere a tenu, si ce n'est par la mort.

est Ardeæ Prior tertius Willelmus de Ledâ. Post quem Boldekinus [1] de Rolinghem quartus, liberalis quidem monachus
et dilectus hominibus principibusque terræ, et ecclesiarum
prælatis per omnia placens et laudabilis.

CAP. CXLVI. *Quomodò Balduinus de Hondescoto personatum ecclesiæ
de Hondescoto ad tempus obtinere impetravit.*

Eo itaque tempore, quo idem Boldekinus [2] monachus
prioratum Ardeæ procurabat, mortuo Willelmo Moranno de
Hondescoto, accessit ad eumdem priorem Boldekinum [3] Balduinus ejusdem Willelmi Moranni filius, et personatum de
Hondescoto, quem pater suus Willelmus Morannus per unum
annum vel duos ab Ardensibus canonicis et à monachis pro
quocumque censu annuæ pensionis priùs tenuerat, repostu-
lavit. Et ad memoriam revocans et reducens, quòd

Semper nocuit differre paratis [4],

datis illicò in restaurationem jam dictæ turris centum solidis,
eumdem personatum, inconsulto abbate et monachis de Capellâ, eo pacto quo ipsum pater suus priùs tenuerat, præsentibus tamen et contradicentibus Ardensis ecclesiæ monachis
et canonicis quibusdam adhuc superstitibus, à priore Bolde-
kino recepit, et usque hodie quasi hæreditario jure tenet,
immò detinet. Et quicquid Ardensis ecclesiæ possessores monachi de injurià sive violentià sibi ab eo illatâ calumniando
vel reclamando dictaverint [5].

Nutibus et motu capitis digito que minatur,
Et sibimet loquitur : teneo, longùmque tenebo ;
Quæque pater tenuit, nunquam nisi morte relinquam.

---

[1] L. Boldecinus. — [2] P. V. L. Balduinus. — [3] P. V. L. Balduinum.
[4] *Lucani Phars.* I, 281. — [5] L. dictaverunt.

CH. CXLVII. *Comment Arnoul de Guisnes, après avoir ouy l'histoire d'Ardre, et que la pluie fut cessée, s'en alla pourmener, où il fut adverti de la mort de Marcq du Bois* [1].

[Ici Gautier termine l'histoire de la noblesse d'Ardre. On loue le vieillard, on loue les commencemens de l'illustre maison d'Ardre et son auteur; on loue surtout le seigneur au service duquel on vit.

Les pluies cessent, le ciel s'eclaircit. Arnoul appele Raulin et Simonnet, les emmene à part de l'assemblée, et devisant de faits de jeunesse avec ces jeunes gens, dit : Que les vieillards admirent les vieillards et les ancêtres! Nous jeunes hommes qui manions les armes de la jeunesse, celebrons notre temps, nos contemporains et compagnons. On passe sous silence Hugue Rasoir, Eustache, et les autres freres et camarades. Honneur sans doute aux gens d'autrefois; mais la louange est due aussi à ceux d'aujourd'hui; et nous la retirons à qui blame notre epoque. Ce discours est gouté et applaudi, et l'eloge est alternativement accordé aux jeunes gens et aux vieillards.

Ayant ainsi narré avec tout le soin et toute l'exactitude possibles l'histoire d'Ardre, en la rattachant à celle de Guisnes, comme nous nous le proposions au debut, achevons maintenant le recit des gestes des Comtes de Guines, motif et but de notre entreprise.]

Ainsy et par la maniere avant dicte le dict Gaultier de Cluzes raompta l'histoire et origine des seigneurs d'Ardre, dont Arnoul de Guisnes seigneur d'Ardre et aultres gentilzhommes l'aians ouy firent bonne extime, prisant et louant le bon sens et memoire du dict Gaultier de Cluzes. Et lors la pluie et mauvaiz temps cessa; si devint l'air cler et net parquoy le dict seigneur Arnoul aveucques ses joeunes gentilzhommes s'en alla jouer et pourmener parmy la ville. Nonobstant que pour les dictes pluies et oraiges il eust ouy voluntiers le compte dudict Gaultier son cousin estant enclos en

---

[1] Le traducteur a traité fort lestement ce chapitre, en omettant près de la moitié. Nous le rétablissons jusqu'au paragraphe *Arnoldus igitur*, non sans le trouver parfois obscur.

CAP. CXLVII. *Quomodò auditâ Ardensium historiâ et cessantibus pluviis, Arnoldus de Ghisnis spatiatum digressus audit Marcum de Bosco occisum et mortuum* [1].

Hactenus Ardensis Walterus Nobilitatis
Gesta refert : laudantque senem, laudatur origo
Ardensis generis, tantæque propaginis auctor ;
Præ cunctis dominus, de cujus munere vivunt.
Et cessant pluviæ, cœloque serenificato,
Ad se Raulinum dominus vocat 'et Simonettum ;.
Et jubet ut secum veniant, sociisque relictis,
Cum pueris graditur puerilia facta recensens,
Et dicit : veteres veteres mirentur avosque ;
Sed nos qui juvenes juvenilibus utimur armis [2],
Laudemus juvenes et nostri temporis annos
Et nostros socios. Quod enim Rasoreius Hugo,
Eustacius, comites alii, fratresque tacentur,
Spectat honos veteres [3] : sed quam meruere moderni,
Laude tamen careat nostros qui judicat annos.
Accedunt dictis fratres, vocemque loquentis
Voce favorali laudantque probantque vicissim,
Alternis vicibus juvenesque senesque probantes.

Quoniam igitur Ardensem historiam, quantâ studii sedulitate competentius potuimus, Ghisnensium historiæ, ut à primo hujus operis exordio proposuimus in electo [4] more inseruimus et continuavimus, ad ea quæ restant Ghisnensium gesta, in quibus et caput et finis nostri consistit operis, recurramus.

Arnoldus igitur de Ghisnis, ingruentibus pluviis in domo diutiùs cum sociis detentus, licèt in ore cognati sui Walteri Ardensem historiam in quà seipsum cognosceret libenter audisset, cessantibus mox Hyadum fluctuationibus (232), aereque sereno facto prosiluit, et quasi ab ergastulo carceris dissolutis vinculis egressus, in aeris serenitate admodum lætificatus, cum sociis suis et commilitonibus per villam spatiatum à domo digreditur [5]. Et ecce nuntius advolat, qui Marcum de nemore sive de bosco patris sui servientem apud

---

[1] L. moriturum. — [2] L. annis. — [3] V. D. laudantur veteres.
[4] V. P. clibeico. — [5] L. egreditur.

sa maison comme dict est, toutesfois quant il vint à l'air qui estoit biau et net, il luy sembloit qu'il fust sorty et eschapé d'une prison, et se sollacioit par la ville aveucques ses gentilzhommes, serviteurs, et familliers, en toutte joie et liesse. Et luy estant audict lieu fust adverty par propre messaige que ung nommé Marcq du bois, serviteur à son pere le conte de Guisnes, luy estant à la Montoire à la table du dict compte, et mengeant au plat de Manasses son filz et frere d'iceluy Arnoul seigneur d'Ardre, avoit esté tué d'ung coup de fleche que par meschief Guillaume Prugos de Nyelles luy avoit tiré au coeur.

CH. CXLVIII. La question qui fut entre Arnoul seigneur d'Ardre et les relligieux, pour l'eglise d'Ardre.

Peu de temps après que ledict Arnoul de Guisnes, par le conseil de Bauduin conte de Guisnes et et d'aulcuns clers hantans et frequentans la court de Romme, fist tant par le moien de maistre Phelippes du bois, maistre Adam chanoine de Therouenne, et d'aultres courtiers et banquiers de la court de Romme, qu'il impetra lettres d'Alexandre, Lucius, et Clement gouverneurs et recteurs du sainct siege apostolicque, adfin d'oster et mettre hors des mains de l'abbé et relligieux de la Chapelle son eglise d'Ardre, et y remettre les chanoines comme ilz avoient esté auparavant. Et furent deleguez juges pour ceste affaire par le dict sainct siege apostolicque, Hugues doien de Cambray, Jehan doien d'Arras, et maistre Guerart chanoine dudict Cambray. Par devant lesquelz le dict Arnoul seigneur d'Ardre fist convenir et adjourner les dictz abbé et relligieux de Nostre Dame de la Chapelle. Toutesfois eulx estant en procez par devant les dictz juges, on trouva fachon de moienner leur different, en sorte qu'ilz en widderent par apointement, et demeurerent les dictz relligieux en leur eglise, au dict lieu d'Ardre, comme ilz avoient acoustumé. Ledict acort et apointement fut faict entre ledict Arnoul seigneur d'Ardre d'une part, et Hugues abbé de la Chapelle et les relligieux du dict lieu d'aultre, en la maison episcopalle audict lieu de Cambray, par devant les juges dessus nommez, en la presence de plusieurs chanoines tant dudict lieu de Cambray que d'ailleurs, et plusieurs archediacres, doiens,

Montorium ad mensam Comitis residentem et in scutellâ
Manassis filii Comitis convescentem, barbatâ Willelmi Pra-
goti de Nileis sagittâ in corde inopinatè susceptâ[1], interemp-
tum et mortuum denuntiat.

CAP. CXLVIII. *Litigium super Ardensi ecclesiâ inter Arnoldum
et monachos.*

Parvo autem posteà interjecto temporis spatio, Arnoldus
de Ghisnis, ad consilium patris sui Ghisnensis Comitis Balduini et quorumdam aliorum Romanam videlicet curiam fre-
quentantium clericorum, Hugonem abbatem et monachos de
Capellâ Beatæ Mariæ de Ardensis[2] ecclesiæ præbendis, et de
monachis ab Ardeâ removendis, et de canonicis in eodem
loco restituendis, cum litteris per magistrum Philippum de
nemore et per magistrum Adam Morinensis ecclesiæ quandoque canonicum, et per quosdam alios cursorios (233) in
Romanâ curiâ notos clericos et magistros, ab Alexandro,
Lucio, et Clemente (234) summi pontificatûs et apostolicæ
sedis rectoribus, ut potuerunt acquisitis et impetratis, coram
delegatis tandem à summo Pontifice Clemente judicibus,
Hugone Cameracensi et Joanne Atrabatensi decanis (235) et
magistro Gerardo[3] Cameracensi canonico, ad altercandum
et litigandum provocavit. Sed pace inter eos quâcumque
qualicumque modo coram jam dictis judicibus compositâ et
conformatâ[4], monachi (ut priùs) in loco suo usque hodiernum diem Ardeæ remanserunt. Hoc autem super Ardensis
ecclesiæ in pristinum statum[5] revocatione, inter Ghisnensem Comitem Balduinum et Arnoldum filium ejus ex unâ

---

[1] L. inopinante suspectà. — [2] V. scilicet Ardensis. L. et Ardensis.
[3] V. Giraldo. D. Giroldo. — [4] L. confirmatà. — [5] L. revocationem.

abbez, prieurs, prevostz, et clers d'aultres eglises cathedralles, l'an de l'Incarnation Nostre Seigneur mil cent quatre vingt et dix, le jour devant les kalendes de novembre.

CH. CXLIX. *Comment Arnoul seigneur d'Ardre eult à mariaige Beatrix chastelaine de Bourbourg.*

Environ quatre ans après les choses dessus dictes, Henry chastelain de Bourbourg seul filz et heritier de feu Gaultier en son vivant chastelain de Bourbourg, aiant à paine attaint l'aige de joeunesse trespassa de ce monde, environ la feste de Sainct Michel, sans laisser hoir de sa chair, et fut enterré honorablement en l'eglise Nostre Dame de Bourbourg, comme il luy apartenoit. Sy luy succeda une sienne soeur nommée Beatrix. Quoy voiant Arnoul de Guisnes seigneur d'Ardre, après qu'il eust quitié et delaissié Eustache fille de Hughes Candavaine conte de S. Pol, que paravant il avoit fiancée par le conseil de Bauduin son pere conte de Guisnes qui encoires estoit en bon estat et convalescence et, par le moien du noble advoué de Bethune Guillaume, de ses freres, Conon, Bauduin conte d'Aumarle, venerable Jehan deppuis evesque de Cambray, et principallement de Henry de Bailleul qui pour lors gouvernoit et disposoit à son plaisir la dicte chastellenie de Bourbourg, fist tant qu'il trouva le moien d'abvoir alliance de mariaige aveucques la dicte Beatrix soeur et heritiere dudict feu Henry chastelain de Bourbourg. Laquelle estoit pour l'aige de sa joeunesse remplie de grant scavoir et prudence, et douée de grande et excellente biaulté. Et quant à la noblesse et biens temporels, c'estoit la plus noble et riche heritiere qui fust en tout le pais [1]. Et se fist le dict acort de mariaige du consentement et voloir des venerables

---

[1] Ici encore le traducteur traite lestement son texte, et laisse de côté les comparaisons mythologiques.

parte , et Hugonem abbatem et monachos de Capellâ Beatæ
Mariæ ex alterâ parte , factum est litigium altercationis Ca-
meraci , in domo episcopi , coram supradictis judicibus , et
multis tam Cameracensis qnam Atrebatensis ecclesiæ et alia-
rum episcopalium ecclesiarum archidiaconis , decanis , canonicis , clericis , abbatibus quoque et prioribus et præpositis ,
simul et monachis, et multis aliis ecclesiasticis personis, dominicæ Incarnationis anno mcxc, pridiè kalendas novembris.

CAP. CXLIX. *Quomodò Arnoldus duxit Broburgensem castellanam
Beatricem.*

Succedente itaque tempore , post quatuor ferè annorum
decursum curriculum , nobili puero Broburgensium castellano nobilissimi Walteri filio Henrico , nondum juvenilibus
attactis [1] annis sine corporis sui hærede circiter festum Sancti
Michaelis mortuo , et in ecclesiâ Beatæ Mariæ Broburgensis
prout decuit honorificè sepulto , Arnoldus de Ghisnis , relictâ
et postpositâ Eustaciâ [2] (236) sive Eustochiâ Comitis S.
Pauli Hugonis *candentis avenæ* dicti (quam priùs affidaverat) filiâ , ad consilium patris sui Ghisnensis Comitis Balduini adhuc superstitis et benevalentis [3] , opitulantibus nobili
advocato Willelmo de Bethuniâ (237) , et fratribus ejus domino Conone [4] et Albæmarlæ Comite Balduino, et venerabili
posteà Cameracensium [5] episcopo Johanne, et Henrico nichilominùs de Balliolo ad cujus nutum Broburgensis tunc temporis disponebatur castellaria, strenuissimæ nobilitatis juvenculam , nobilissimi stemmatis et prosapiæ virginem , liberalibus eruditissimam disciplinis atque docibilem , moribus et
vitâ (prout tenera adhuc exigebat ætatula) gloriosam , emi-
nentissimâ præstantissimi corporis specie Cassandræ vel etiam
Helenæ insidiosam , in omni sapientiâ Minervæ consimilem ,
in rerum copiis Junoni coæquatam , unicam et justissimam
Broburgensis castellariæ hæredem, nobilissimi pueri Brobur-

---

[1] P. D. attractis. — [2] P. V. D: Eustochiâ sive Eustachiâ.
[3] D. benevolentis. — [4] P. V. L. Canone. — [5] L. Cameracensi.

prelatz de l'Eglise, assavoir de Guillaume archevesque de Reims et
de Lambert evesque de Therouenne. Auquel mariaige faisant icelle
Beatrix eust assignation de douaire sur les terres et seigneuries
d'Ardre, Colvede, et sur touttes leurs appartenances et appendences.

Et comme il eust audict mariaige faire grande noblesse assemblée de prelatz et grans personnaiges comme dict est, pour autant que le dict Arnoul de Guisnes seigneur d'Ardre estoit en sentence d'excommunication de l'auctorité de l'archevesque de Reims,
pour quelque moulin séant à Pepelingues apartenant à une vefve
nommée Agnez d'Esquibone, qu'il avoit faict abattre et desmolir, le
conte de Guisnes par messaiges insuffisans quy n'avoient lettres ny enseingnement autenticques, fist scavoir à nous qui pour lors estions Pasteur et Curé (jachois indigne) de l'eglise d'Ardre, qu'il avoit satisfaict
à la dicte vefve, et que par Estienne Rommain chanoine de S. Omer
official du dict archevesque de Reims il estoit du tout absolz; pourquoy nous mandoit que pour signiffier l'absolution de son dict filz
Arnoul, qui estoit nostre paroissien et conversant audict lieu
d'Ardre, nous ne differissions point à faire sonner les cloches de
l'eglise. Toutesfois, pour autant que ne voions lettres ny enseignes
autenticques comme dict est, affin que ne fuissions reprins de presumption, et aussy non voulans desobeir ny contredire à la volunté
dudict conte de Guisnes, differasmes de ce faire par l'espace de
deulx heures, jusques avoir eu conseil de ceste affaire pour nous
presenter devant luy. Mais nous estans audict lieu d'Ardre, devant
la maison et porte de Mathieu de Sukerke homme riche et puissant,
en la presence de son filz Arnoul et de plusieurs chevalliers gentilz
hommes et aultres, icelluy conte, par parolles haultaines, opprobes,
et menaches, aiant les yeulx enflambés comme charbons par grant
ire et fureur, nous apella rebelle, glorieux, arogant, et inobedient.
Desquelles parolles profereez en telle sorte je fus si estonné que de
crainte, paour, et fraieur je fus quasi aliéné de mes esperitz, en
sorte que du cheval sur lequel j'estois monté pour aller vers luy je
tombey à ses piedz, à ce presens son filz Arnoul et ses freres aveuc

gensis castellani Henrici jam mortui et sepulti sororem, etiam
Broburgensem castellanam , acquiescentibus venerabilibus
sanctæ matris Ecclesiæ rectoribus, Remensium videlicet archiepiscopo Willelmo et Morinensis ecclesiæ antistite Lamberto [1]
(238), legitimam uxorem legitimo sibi adjunxit et copulavit
matrimonio, et Ardeam et Colvidam cum omnibus Ardeæ simul
et Colvidæ appenditiis et pertinentiis in dotem ei [2] concessit.

Verumtamen cùm ad tantæ nobilitatis contrahendum matrimonium viri nobiles jam dicti præpotentes et discreti
convenissent, et Arnoldus de Ghisnis, propter quoddam
cujusdam viduæ Agnetis videlicet de Skibbornà molendinum apud Pepelingas dirutum et convulsum, ecclesiasticà
dudum perculsus extitisset censurà, et excommunicationis sententià auctoritate Remensis archiepiscopi Willelmi
innodatus fuisset et involutus, mandavit pater ejus Ghisnensis Comes Balduinus per insufficientes quidem et sine
authentico nuntios, ignorantibus immò nobis qui licèt indigni
in Ardensi ecclesià tunc temporis sacerdotali fungebamur [3]
officio, sicut ecclesiastici tenor ordinis exposcebat et ratio,
ipsum sufficienter viduæ et sanctæ satisfecisse Ecclesiæ, et
per Stephanum Romanum Audomarensis ecelesiæ canonicum
et Remensis archiepiscopi officialem omnino esse absolutum,
quatenus in signum absolutionis filii sui Arnoldi Ardensis
domini et Ardeæ conversantis parochiani, campanas [4] sonare
nullatenus ecclesiæ differremus. Sed quoniam ipsum (ut jam
diximus) alicujus authentici viri auctoritate absolutum nondum didicimus aut certo modo cognovimus, et ob hoc sub
aliquà præsumptionis temeritate sonare et ejus voluntati obtemperare plus quàm ei complacuisset, nec tamen ad duarum
discursum horarum quousque videlicet nostram ad consilium
ejus per omnia facturi ei præsentassemus præsentiam, distu-
limus, ante portam venerabilis viri et locupletissimi Matthæi
de Sutkerkà, coram filiis suis Arnoldo et aliis, multisque
militibus et populis, nobis quasi rebellibus nobisque ejus

---

plusieurs aultres quy de moy avoient grant pitié et compassion. Toutesfois les chevalliers et familliers dudict conte prindrent paine à l'appaisier et moderer, luy remonstrant mon debvoir et innocence dont ilz estoient advertys[1]. Sy fus remis et remonté sur mon cheval, comme ung homme à demy mort et qui ne faict que reprendre son esperit, et aux mieulx que je peulx alay auprès le dict seigneur compte jusques auprez d'Andruicq ; auquel lieu par les parolles et bonnes remonstrances qui luy avoient estez faictes de moy en luy donnant à congnoistre la verité du cas, il s'apaisa ung petit et me monstra assez bon semblant. Toutesfois jamaiz deppuis, sinon quant il avoit besoing de moy pour ses affaires, ne me monstra si bon visaige ne telle familiarité que auparavant. Qui a esté la cause principalle et non pas premier, que pour recouvrer sa bonne grasse et avoir son amitié, j'ay prins paine à l'acomplissement de ceste presente cronicque et histoire.

Or doncques, pour revenir à nostre propos, venu que fut le jour des nopces des dictz Arnoul seigneur d'Ardre et Beatrix chastelaine de Bourbourg, elles furent faictes et achevez en la ville d'Ardre en si grant solempnité, triumphe, et honneur, que jamais auparavant ne deppuis, comme j'estime, n'en furent faictes de telles en la terre et conté de Guisnes. Et quant vint le soir, que l'espoux et espouse furent mis et couchiez ensemble à un biau lict, icelluy conte de Guisnes Bauduin remply de bonne et divine amour nous apella aveucques nos compaingnons de saincte Eglise, assavoir Bauduin et Guillaume, et Robert curé d'Andruicq, et nous dist que nous getissions de l'iaue benitte sur les dictz conjointz, et que aveucques encens et aultres aromaticques à ce preparez allissions à l'entour du lict, en l'encenssant et donnant benediction en devotes prieres et recommandations à Nostre Seigneur. Laquelle chose, pour acomplir devotte intention et volenté dudict conte, nous fismes et acomplismes au mieulx que nous peusmes, et en la meil-

---

[1] Ce dernier membre de phrase n'est pas dans le texte latin.

voluntati obedire et obtemperare dedignantibus et contem-
nentibus, inclamavit et intonuit, adeo ut in tonitruo [1] verborum ejus contumelias et terrores obprobria et improperia
nobis intonantium, et fulmine oculorum ad instar carbonum
in innocentiam nostram scintillantium et inflammantium atto-
niti et stupefacti, ab equo qualicunque ad pedes ejus in exta-
sim, ingemiscentibus et miserescentibus filio suo Arnoldo et
fratribus ejus omnibusque hoc ipsum audientibus et videnti-
bus, prolapsi sumus et corruimus. Milites verò Comitem
corripientes, nos virum despicatum, virum dolorum et exa-
nimem, virum vix spiritum recolligentem, super equum ut
potuerunt restituerunt, et invicem in vià et mutuò [2] tantùm
Comiti locuti sunt, quousque [3] apud Alderwicum pacatum
nobis Comes exhibuit vultum. Sed nunquam posteà ut priùs,
nisi in pertractandis negotiis suis nobis faciem suam jocun-
dam aut jocosam ostendit; sed nec vultum quidem adeo placatum. Hæc est autem maxima causa, nec tamen primaria,
quare ad recuperandum videlicet ejus amorem et gratiam
huic operi insudare concepimus.

Desponsatà igitur uxore suà nobili Beatrice Broburgensi
castellanà (239), Arnoldus de Ghisnis apud Ardeam solemnes
fecit nuptias, quales nec anteà nec posteà in totà Ghisnià
factas [4] esse vidimus aut audivimus. In primo autem vespere,
quando sponsus et sponsa in uno collocati fuerunt lecto,
Comes divini Spiritûs repletus zelo vocavit nos et filios nostros Balduinum et Willelmum, et Robertum presbyterum
Alderwicensem, innuens nobis et volens ut aquà benedictà
exspergeremus [5] (240) sponsum et sponsam, simul et lectum
eorum thuris et aromatis [6] gummis [7] et pigmentariis ad hoc
ipsum præparatis [8] ambiremus et incensaremus, ipsos que
benediceremus atque Deo commendaremus. Quod ut ad voluntatem Comitis devotissimam in omnibus et per omnia
quantà potuimus sedulitate et officiosà devotione peregimus.

---

[1] L. tonitru. — [2] L. muti. — [3] P. V. L. quoque. D. quod.
[4] L. factos. — [5] L. expurgemus. D. aspergeremus.
[6] P. V. L. aromaticis. — [7] L. rebus. — [8] P. D. comparatis.

leure devotion qu'il nous fut possible. Ce faict, comme nous estions prestz à nous retirer, le dict seigneur conte perseverant encoires en sa bonne et vertueuse amour et devotion, aiant les ieulx et les mains eslevez en hault, dict l'oraison et priere qui s'ensuit [1] :

[« Seigneur saint , père tout puissant , Dieu éternel, qui avez béni Abraham et sa race , et leur avez accordé la grâce de la bénédiction , répandez sur nous votre miséricorde, et daignez bénir vos serviteurs liés par la loi de la sainte union et le nœud conjugal , afin qu'ils vivent et persévèrent de commun accord en votre amour, que leur race se multiplie dans la longueur des temps et les siècles des siècles à l'infini. »]

Après avoir esté par nous respondu *Amen*, dist à son filz en ceste maniere : « Mon tres chier enfant et bien amé filz Arnoul, sur « tous mes aultres enfans tres amé, sy benediction aulcune appar- « tient estre donnée de pere au filz, sy par les anchiens peres « m'est laissié puissance, la benediction que jadis Dieu nostre pere « donna à Abraham, à son filz Isaacq, à son filz Jacob , et à toutte « sa posterité, je te laisse et donne. » Et ce faict, la teste enclinée vers son filz, dist quelque priere et oraison secrette [2]; puis à voix eslevée, en parfaisant et confirmant sa benediction : « Mon filz, « sauf le droict de tes freres, je te laisse ma benediction, sy aulcune « en ay en ce monde et au siecle des siecles. » Et après qu'on eust respondu, *Amen*, chascun sortit de la chambre pour s'en retourner à son logis.

CH. CL. *Comment la dicte chastelaine enfanta ses filles et Bauduin, et du siége de S. Omer.*

Par succession de temps la dicte Beatrix chastelaine de Bourbourg et dame d'Ardre eult de son mary Arnoul de Guisnes, trois filles, assavoir, Beatrix, Cristianne, et Mathilde.

---

[1] Le traducteur s'est contenté de transcrire l'oraison en latin. Nous le suppléons encore ici.

[2] Le sens est : « Et Arnoul inclinant la tête vers son père, et murmurant une pieuse prière à Dieu, le comte ajouta, etc. »

Dum recederemus , Comes in divini adhuc perseverans amoris devotione et spiritualis virtutis gratiâ, elevatis in cœlum
oculis et manibus , addens aiebat [1] : Domine sancte, pater
« omnipotens , æterne Deus , qui benedixisti Abraham et
« semini ejus , et gratiam benedictionis ipsis contulisti , .
« effunde [2] super nos misericordiam tuam , et benedicere
« dignare [3] hos famulos tuos lege sanctæ copulationis et
« matrimonii vinculo [4] conjunctos, ut in amore tuo divino
« vivant et concorditer perseverent , et multiplicetur semen
« eorum in longitudinem dierum et infinita sæculorum sæ-
« cula. » Et respondentibus nobis *Amen* , subjunxit : «Tibi
« autem , fili carissime et primogenite Arnolde , super omnes
« filios meos mihi amantissime , si qua consistit patris in
« filium benedictionis gratia , si qua est ab antiquis patribus
« mihi relicta benedicendi copia et gratia , eamdem benedic-
« tionis gratiam quam quondam Deus Pater patri nostro
« Abrahæ, Abraham filio suo Isaac , Isaac autem filio suo
« Jacob et semini ejus contulit, si qua est fidei nostræ devo-
« tio, tibi confero et conjunctis manibus. » Et inclinato ad patrem capite, et Deum Patrem pio murmure Arnoldo invocante,
subintulit Comes expressiùs loquens et benedictionem con-
firmans : « Tibi benedico , salvo jure fratrum tuorum ; tibi ,
« siquam habeo benedictionem, relinquo hic et [5] in sæcula
« sæculorum. » Et respondentibus omnibus , *Amen* , à camerâ omnes quisque in sua digrediuntur.

CAP. CL. *Quomodò castellana peperit filias suas et Balduinum , et de
obsidione S. Audomari.*

Concepit igitur in progressivâ temporis successione nobilis
castellana Broburgensis et Ardensis domina verè beata Beatrix à viro suo nobili Arnoldo de Ghisnis , et peperit Beatricem , Christianam , et Mathildem (241).

---

[1] P. V. L. agebat. — [2] L. affunde. — [3] D. digneris.
[4] P. V. D. ritè — [5] L. licet.

Auquel temps Bauduin conte de Flandres et de Haynau, nepveu du noble et vertueux prince en son temps conte de Flandres, Philippe, (assavoir en l'an mil cent quatre vingt et dix huict,) mist le siege à grande et puissante armée devant la ville de S. Omer. A l'aide duquel fut le conte de Guisnes, à l'encontre du roy de France Philippes et ceulx de S. Omer enclos dedens leurs murailles. Sy y envoia son dict filz Arnoul seigneur d'Ardre acompaignié de ses subjectz de Bourbourg et d'Ardre. Lequel au devant de la porte de S. Omer qui va vers Boullongne, à cause de quoy on la nommoit Boulisienne, environ à un traict d'arbaleste près d'elle, fist tendre son pavillon et logier ses gens à l'entour de luy. Puis fist faire et eslever une haulte et puissante tour de terre et bois, plus haulte que celle de la ville, sur laquelle il fist ouvrer et mettre plusieurs engins et machinnes de guerre, dont à son pooir il faisoit rompre et dommaigier les murs d'icelle ville, de pierres et aultres choses que on jectoit de la dicte tour, nonobstant qu'il sceust bien que Guillaume chastelain de S. Omer, lequel estoit son grant amy et cousin, fut dedens la dicte ville chief et capitaine pour le roi de France. Pareillement le comte Regnault de Boulongne après qu'il eust pillé et ruiné la terre de Fauquembergbe et le pais à l'environ apartenant audict chastelain de S. Omer, fist fort son debvoir d'assaillir et grever ceulx de la dicte ville de S. Omer. Dont il fut si fort en la grace du conte de Flandres qu'il luy donna une très grosse somme de deniers monstrelin qu'il print aux touniaulx plains d'or et d'argent que luy avoit envoié le roy d'Engleterre Richart pour faire la guerre au roy de France. Duquel argent icelluy conte de Boulongne racheta les terres qu'il avoit engaigiés [1]. En la fin, après que ceulx de S. Omer par long siege furent contrainctz venir à apointement, le dict Arnoul seigneur d'Ardre fut fort famillier et grant amy d'icelluy conte de Flandres. Tellement et quant le dict conte s'en alla au voiaige de Jerusalem, il luy donna liberallement en signe d'amitié perpetuelle, deulx cens marcqz d'argent pour paier ses debtes et racheter ce qu'il avoit engaigié. Et touchant

---

[1] Ceci s'applique, non au comte de Boulogne, mais à Arnoul de Guines, sire d'Ardre.

Posteà verò, cum Flandriæ Comes et Hannoniæ Balduinus (242), gloriosissimi quondam Flandriæ Comitis nepos Philippi, dominicæ Incarnationis anno MCXCVIII obsedisset burgum S. Audomari, et Ghisnensis Comes Balduinus partes ejusdem Flandriæ Comitis Balduini contra potentiam regis Franciæ Philippi (243) et contra Audomarenses infrà muros suos inclusos omnimodè confoveret[1], Arnoldus de Ghisnis foras muros Audomarensium, in tractu balistarii, non longè à portà versus Boloniam dirigente (undè et Boloniensis (244) dicitur), cum Broburgensibus populis simul et Ardensibus suis in papilione vel tentorio residens glorioso, bellici machinamenti turrim, Babylonicæ turri in altitudine coæquatam, super omnes in Audomarensis burgi excidium turres machinatas longè eminentem, turribus et virgarum transtris et sepibus cum omnibus in tantis assultibus necessariis pertinentiis ædificavit. Et per eam et ex eà, quantis potuit viribus, Audomarensium muros[2], licèt amantissimum sibi consanguineum Willelmum Audomarensem castellanum (245) in eis sub rege Franciæ Philippo omnibus præfectum ad defendendos Audomarenses et protegendos verè cognosceret, Boloniensium Comite Reinaldo Falkembergam et omnem adjacentem, ejusdem castellani Willelmi terram interim devastante, mirificè lacessivit, assiluit, et insultavit; adeo ut in tantam Flandrensis Comitis Balduini incideret gratiam, ut idem Comes Flandriæ, de doliis auro et argento plenis ad guerriandum[3] regem Franciæ sibi ab Anglorum rege Richardo collatis, infinitam pecuniam denariorum esterlingorum ad redimenda vadia sua ei distribuit. Post hæc autem, Audomarensibus ad deditionem compulsis et coactis, Flandrensium principis Balduini familiarissimus permansit et amicus præcipuus. Undè cum idem Comes Balduinus Ierosolymam proficisceretur, ad redimenda vadia sua et debita solvenda ducentas marcas ei liberaliter contulit et in perpetuæ dilectionis signum dedit. Et de terrà Alostensium quæ ex parte uxo-

---

[1] P. D. confunderet. — [2] D. in Audomarenses. — [3] B. guerrandum.

la terre d'Alostz , laquelle par sa femme Beatrix luy appartenoit, comme scavoient tous les barons et gentilz hommes du
pais de Flandres , en attendant plus grant recouvrier le dict
conte luy bailla les terres de Moro et Jateca , pour en joir à
perpetuité.

Tost apres la dicte dame Beatrix acoucha en la ville d'Ardre d'ung
biau filz auquel nous baillasmes le sainct sacrement de batesme[1], et
fut nommé Bauduin. Deppuis ce la noble dame eust encoire deux
filles audict lieu d'Ardre ; l'une nommée Alix, et l'autre Beatrix la
seconde ; lesquelles pareillement sur les sainctz fons en nostre dicte
eglise d'Ardre furent par nous baptisiées et faictes ancelles à Nostre
Seigneur.

CH. CLI. *Comment aulcuns chevalliers faisoient courses et pilleries, tant
en la conté de Boullongne comme en celle de Guisnes.*

En ce temps les princes et grans seigneurs de la terre s'entresuivirent et esleverent l'ung contre l'aultre ; par quoy de tous costez la guerre fut en force et vigueur. Qui fut cause et occasion que
plusieurs chevalliers et gentilz hommes prindrent audace et hardiesse de courir et piller les terres et subjectz des dictz princes et
barons. Entre aultres Eustache de Hames, soy confiance en sa noblesse et grandeur de lignaige, en la vertu de puissance et force de
son corps, fist de grant dommaiges au conte Regnault de Boullongne
en luy pillant et gastant sa terre et enlermenant [2] prisonniers
ses hommes et subjectz. Toutesfois le dict conte de Boullongne
congnoissant la puissance et hardiesse dudict Eustache de Hames,
trouva le moien d'avoir apointement à luy en telle sorte qu'il luy

---

[1] Ajoutez : « et enseignâmes le catéchisme. »

[2] Je ne trouve nulle part ce mot. Il faut sans doute lire : *entraisnant* ou
emmenant.

ris suæ nobilis Beatricis, hoc ipsum non ignorantibus omnibus Flandriæ baronibus, ei contingebat, in expectationem majoris recuperationis et gratiæ terram de Moro et de Jacbeca [1] imperpetuum retribuit possidendam.

Circiter autem hujus temporis cursum, concepit iterum virago nobilis et præpotens matrona Broburgensis castellana et Ardensis domina, inter beatas beatissima Beatrix, et peperit Ardeæ mellifluum puerum Balduinum (246), quem catechizavimus, et ad percipiendam novæ legis et sacri baptismatis gratiam et novæ regenerationis sacramentum in sacro fonte baptizavimus. Peperit et Ardeæ Adelidem, et secundam Beatricem (247), quas similiter consignavimus (248), et ad veteris hominis expiationem in novi hominis candidationem, Christo mediante et baptismi gratiam et sacramentum confirmante, baptizavimus.

CAP. CLI. *Quomodò quidam milites hinc Comitem Boloniæ, hinc Comitem Ghisnensem guerriaverunt* [2].

Intumescentibus terrarum longè latèque principibus, et increbrescentibus guerris adeo ut milites quidam hìc illìc terrarum principes et comites lacessere et infestare non pertimescerent, Eustacius de Hammis (249) multùm in probitate et virtute corporis sui multùmque in nobilitate generis confisus, Boloniensi Comiti Reinaldo in multis irrogavit. Multa enim ei raptis prædis captis hominibus damna intulit, maximum dedecus et perpetui [3] signum obprobrii impressit. Sed tandem Eustacius Boloniensi Comiti Reinaldo in virtute generis sui et militiæ (generationem enim ejus (250) immò militiæ probitatem quis enarret?) reconciliatus, Ghisnensem Comitem Balduinum, non tamen simili mente vel simili modo, infestare cœpit. Sed pace inter eos demum factà et confirmatà, Comes ei perpetuæ pacis vinculum, firmissimi et

---

[1] P. V. L. Iatheca. — [2] P. V. D. guerraverunt. — [3] L. perpetuum.

fist faire la guerre au conte de Guisnes, mais non pas de tel coraige et aigreur qu'il avoit faict au dict conte de Boullongne. Pour à quoy obvier, icelluy conte de Guisnes fist paix et alliance aveucq luy, en luy donnant à mariaige une sienne niepce nommée Mathilde, fille de sa sœur Gisle et de Waultier de Poulaire; par quoy il fut asseur de ce costé. Pareillement ung aultre nommé Guy des Champs infestoit par courses et pilleries la terre dudict conte de Guisnes, en emmenant prisonniers ses subjectz d'Escalles et Herbedinghen. Ung aultre nommé Enguerand de Eringhenesen, secrettement et de nuict comme ung larron, ne cessoit de piller et rober en la dicte terre de Guisnes. Et pour récompense, Hugues du Val auprès de Montecque, et Simon de le Cauchie auprès dudict lieu de le Cauchie, de là et ailleurs en la terre dudict conte de Boulongne molestoient et travailloient ses subjectz, en leur faisant dommaige de toute leur puissance.

Environ ce temps Manasses, filz puisné dudict conte de Guisnes, Bauduin, fist fossoier et trenchier en tourbes pour brusler, une pasture et maretz que le conte Bauduin premier de ce nom, fondateur de l'abbaye d'Andrenne, avoit donné en aulmosne en commune aveucq tous les habitans et manans en la paroisse audict lieu d'Andrenne. Et aussy fist-il copper et mectre en tourbes qu'il applicqua à son profit, un marecqz qui appartenoit et estoit du domaine de la dicte abbaye d'Andrenne. Et comme Raoul de Fiennes luy remonstra qu'il faisoit injure à Dieu et à l'Eglise, et grant tort et dommaige à luy et à tous aultres demourans en la dicte paroisse d'Andrenne, icelluy Manasses le print mal en gré, et soy monstrant fort mal content des dictes parolles et remonstrances. Par quoy le dict Raoul de Fiennes tout esmeu d'ire et couroux se partit dudict lieu d'Andrenne, et s'en alla demourer à Fiennes aveucques ses parens et amis, en laissant le dict Manasses en sa mauvaise et obstinée oppinion. Lequel tost après, à la requeste de l'abbé et relligieux dudict lieu d'Andrenne, de l'auctorité de l'evesque de Therouenne, fust par les prestres et curez de la doiennée de Guisnes publié et declairié excommunié, et tous ceulx qui avoient coppé et foy esdictz maretz et pasture, et aussy tous les aidians et favorisans, fust par consentement ou aultrement.

continui amoris subsidium, sororis suæ Ghislæ et Walteri de
Pollario filiam nomine Mathildem desponsavit uxorem (251).
Guidonem autem de Campis quis nesciat Ghisnensi Comiti
Baldtuino [1] sæpiùs insultasse, et homines [2] suos captivos [3]
abductos et prædas à Scalis et Helbedinghem abstulisse?
Engelramum quoque de Eringhesem [4] quasi latrunculum in
terram Ghisnensium [5] clanculò et nocte accessisse, et [6] terram ut potuit (proh pudor!) deprædasse? E contra Hugo
de Walo (252) apud Minthecas et Simon de Calcatà [7] juxta
eamdem calcatam [7] Nivenna [8] (253) et alibi, in terrâ Boloniensium, Comiti Boloniæ Reinaldo irrogantes et damna inferentes, nichilominùs fecerunt infrà quàm potuerunt.

Tempore illo Manasses (254) Ghisnensis Comitis Balduini
hujus nominis secundi filius, mariscum et pasturam ab antiquo omnibus in Andrensi parochiâ conversantibus, Ghisnensis quondam Comitis Balduini hujus nominis primi Ardensis
cœnobii restauratoris munificentiâ factam et concessam et
datam communem, et monachorum ejusdem loci quemdam
similiter mariscum (ut aiunt) proprium, perfodi fecit et in
turbas dissecari. Cui cùm obloqueretur Radulphus de Fielnis,
et injuriam Deo sibique et suis omnibus in parochiâ conversantibus et manentibus illatam detestaretur, vix [9] impunè
tulit. Undè et in iram commotus, ab Andriâ ad tempus rece-
dens, cum Fielnensibus cæterisque parentibus suis ad tempus
conversatus est. Abbas verò et Andrensis ecclesiæ monachi,
immò et totius Ghisnensis decanatûs presbyteri, omnes in
jam dicto marisco vel pasturâ per violentiam fodientes [10] vel

---

[1] V. Balduini. — [2] B. omnes. — [3] Br. D. captivos et abductos.

[4] V. Erninghesem. L. Ernninghesben. D. Ermighesem. Br. Erningsem.

[5] L. in terra Ghisnensi. — [6] P. V. L. in terram.

[7] V. L. caltata, caltatam.

[8] L. Vivenna. — [9] D. vir.

[10] D. omnes jam dicto marisco, vel pasturæ violentiam inferentes.

Icelluy evesque de Therouenne estoit de belle vie et fust tenu pour sainct après sa mort, qui fut l'an mil deux cens et sept, et estoit nommé Lambert [1].

La guerre estant ouverte, comme dict est dessus, par tout le pais, et que on assallioit et molestoit d'ung costé le conte Bauduin de Guisnes et les siens, et le conte Regnault de Boulongne et ses subjectz d'ung aultre, et que chascun faisoit à son compaignon voisin et amys le pis qu'il povoit, en faisant embusches et aguetz pour le nuire et grever, Arnoul de Guisnes sieur d'Ardre, nonobstant qu'il sceut et congneust que les chasteaux et forteresses de son pere le conte de Guisnes fussent fortes et bien munies, toutesfois par le conseil de son dict pere et par l'advis et du consentement des pers, barons, bourgeois, manans, et habitans de sa ville d'Ardre, qui estoit assize au meilleu et comme au cœur de la dicte conté de Guisnes, et laquelle tous les jours augmentoit et croissoit en biens et richesses, tant pour la fertilité de la terre comme par la scituation du lieu ; par quoy estoit requis la guarder et conserver par plus grant cure et sollicitude, se delibera de l'enclorre et environner d'ung grant et large fossé, comme estoit la ville de S. Omer. Lequel il fist faire et ouvrer si grant et spacieulx, que jamaiz en la terre de Guisnes mains d'homme ne avoient labouré de tel, ne ieulx humains ne avoient veu de pareilz.

Sy y eust à faire et fouir le dict fossé des ouvriers en grosse multitude, lesquels besoingnoient et labouroient en grant travail et mesaize, tant pour l'apreté du temps comme pour la povre nourriture qu'ilz avoient, à cause de la famine regnant pour lors. Toutesfois en eux jouant et recreant l'ung aveucques l'aultre par mocqueries et parolles joieuses, passoient leur faim le plus aisément qu'ilz povoient. Sy les venoient voir et regarder à leur ouvraige grand nombre de peuple pour diverses raisons. Car les

---

[1] Cette dernière phrase n'est pas dans le texte latin. Est-ce une note du traducteur, ou existait-elle dans le manuscrit qu'il a eu sous les yeux ?

in turbas dissecantes, fautores, operatores, et eorum defensores, auctoritate Morinensis episcopi Lamberti anathematis vinculo innodaverunt.

CAP. CLII. *Quomodò Arnoldus de Ghisnis magno fossato circumcinxit Ardeam.*

Intumescentibus igitur, uti jam diximus, hinc Ghisnensi Comite Balduino et suis, illinc Boloniensi Comite Reinaldo et suis, et altero in alterum quantas in posse erat opponente insidias, cùm Arnoldus de Ghisnis patrem suum Ghisnensem Comitem Balduinum omnia castella sua omnesque munitiones suas licèt firmas et munitas communientem conspiceret et refirmantem, ad [1] consilium patris sui et Ardensis oppidi Parium simul et burgensium, Ardeam suam, eo quòd in umbilico et in meditullio Ghisnensis terræ sita, aliis Ghisnensis terræ castellis et oppidis opulentior jam cœpisset fieri et indignantibus adversariis invidiosa, et ob hoc majori curiositate eam conservare intenderet, validissimo (ad instar Audomarensis fossati) conclusit et ipse et circumcinxit [2] fossato, quale nunquam in Ghisnensi terrâ conceperunt manus aut conspexerunt oculi.

Fuerunt igitur ad jam dictum faciendum et fodiendum fossatum operarii non pauci, licèt asperitate temporis et famis inediâ magis [3] quàm labore diei et æstûs afflicti : operarii tamen invicem confabulantes et jocosis verbis plerùmque laborem, sublevantes, famem temperabant. Ad tanti autem spectaculum fossati multi multis de causis conveniebant. Pauperes enim qui nec erant operarii in delectationem perspecti operis rerum penuriam non sentiebant. Divites verò

---

[1] D. per. — [2] V. conclusit et circumcinxit.
[3] P. V. magni. L. magnæ.

povres quy n'estoient à l'ouvraige, en prenant plaisir et delectassion à les veoir ouvrer, ne sentoient la peine et travail qu'ilz portoient. Les riches, comme gentilzhommes, bourgeois, gens d'Eglise, et relligieux, non seullement une fois le jour, mais souvent par diverses heures, en grant joie et recreation de leur corps venoient veoir et regarder le dict ouvraige. Mais qui eust esté l'homme de tant paresseulx et nonchalant coraige, qui n'eust prins recreation et passe temps en voiant et regardant le maistre de l'ouvraige, nommé maistre Simon, aller aveucques sa verge de mesure, de lieu en lieu et de place en place, selon que en son entendement il avoit pourjecté son affaire, faisant abattre et desmolir granges et maisons, couper et arracher pommiers et arbres portans fruictz? Pareillement les places et lieux communs que à grant travail on avoit preparé pour les jours de festes y prendre passe temps et esbattemens, et les gardins de plaisance, plantes, herbes, et aultres belles fleurs pour le plaisir humain, nonobstant que ce fust au grant regret de ceulx à quy ils appartenoient, qui à cause de ce luy donnoient des maledictions secrettes, le tout selon que son ouvraige et mesure à veue d'oeul le requeroit, estoient par luy rompues et gasteez en les faisant fouir, houer, et mettre en estat de fortiffication.

Là eut on peu veoir les rusticques et manouvriers aveucques leurs brouettes marloires et leurs hocquetz à fiens, tirer et emmener les gros monchiaux de terre, et les assembler ensemble en donnant couraige et reconfortant l'ung l'aultre. Là aussy estoient fouisseurs et pionniers, aveucques leurs picqz, houiaux, et maillotz, les haieurs aveucques leurs haies et aultres instruments necessaires. Y estoient aussy plusieurs hottiers portans hottes, aiant des gens propices à les chergier. Et sy n'y failloient point plusieurs haieurs frappans et plantans en terre plusieurs pieucqz, estocqz, et mantiaux de bois, les aulcuns courts les aultres longs, pour faire tenir et lier à montout ensemble les grans gasons de terre que les maistres faisoient bailler et copper au maretz pour le parrement et entretenement et fortiffication de l'ouvraige. Et surtout y avoit des gens portans verges et bastons en leurs mains, aians regard sur les dictz ouvriers, affin de les chastier, chasser, et faire aller avant

milites et burgenses et plerumque presbyteri et monachi non
tantùm semel in die sed pluries ad tam mirificum quotidiè in
delectationem corporis conveniebant spectaculum. Quem
enim, nisi pigrum et ætate vel curis emortuum [1], tam doctum [2] geometricalis operis magistrum Simonem fossarium
cum virgâ suâ magistrali more procedentem , et hìc illìc jam
in mente conceptum rei opus non tam in virgâ quàm in oculorum perticâ geometricantem , domosque et grangias [3] con-
vellentem , pomœria et arbores florentes et fructificantes
concidentem, plateas non tam festis quàm profestis diebus
ad omne omnium transeuntium asiamentum summo studio et
labore paratas conspicantem, curtilos cum oleribus et linis
fodientem , sata ad restituendas vias diruentem [4] et concul-
cantem licèt à quibuslibet indignantibus et ingemiscentibus
et ei sub [5] silentio maledicentibus , non delectaret aspicere?

Hìc enim rustici (255) cum bigis marlatoriis [6] et carris [7]
fimariis [8] calculos trahentes ad sternuendum in viâ [9], in moffu-
lis et scapulariis seipsos ad laborem invicem animabant. Hìc
et fossarii cum [10] fossoriis, ligonistæ cum ligonibus, picatores
cum picis, malleatores cum malleis, novaculatores sive ra-
sores cum rasoriis, paratores [11] quoque et vallatores [12], et
deuparii, et hiatores cum convenientibus et necessariis armamentis et instrumentis , oneratores etiam et [13] buttarii cum
hoccis , et cespitarii cum cespitibus oblongis et mantellatis
ad placitum magistrorum in pratis quibuscumque concisis et

---

[1] L. mortuum. — [2] L. dictum. — [3] Br. grangeas omnino.
[4] P. V. L. duruentem. — [5] Br. atque sub. — [6] D. maratoriis.
[7] P. V. L. curtis. — [8] D. funariis. — [9] D. viam.
[10] P. D. fossariis. — [11] Br. parapreatores. D. parapres.
[12] Br. D. Wallactores. — [13] Br. butarii. V. bustarii.

à l'ouvraige selon que le maistre qui alloit devant le merquoit et enseignoit. Et à ce constraindoient les dictz ouvriers, en batant et frapant sur eulx des verges ou bastons qu'ils portoient, adfin de plustost avoir la fin et expedition dudict ouvraige.

CH. CLIII. *Comment Mehault vefve du conte Phelippes de Flandres, voulant soulzmettre ceulx de Furnes, fut par culx vaincue et surmontée.*

En ce temps la vefve de Phelippes jadis conte de Flandres, par ceulx de Portugal dont elle estoit natifve nommée Therasse, et par ceulx de pardecà la roine Mehault, laquelle faisoit sa residence et demeure au chastiau de Lisle qui luy appartenoit par douaire, avoit grosse haine et querelle à ceulx de la chastellenye de Bourbourg, lesquelz toutesfois luy estoient fidelles et loiaulx. Et la cause estoit pour ce que ilz ne luy vouloient paier quelque tribut qu'elle leur demandoit, qui estoit une chose qui jamaiz eulx ne leurs prede-cesseurs n'avoient acoustumé de paier. Pareillement ceulx du pais de Furnes estoient fort en sa haine et malle grasse, pour ce qu'entre eulx avoit une sorte de gens de guerre nommés *Blavotins*, que jamaiz elle n'avoit peu suppediter ne faire obéir à son plaisir et voulonté. A ceste cause elle mist sus et assembla ung grand exer-cite de gens de guerre, tant de subjectz de son douaire qu'elle poeult assembler comme d'estrangiers, à intention de destruire et ruiner les pais de Bourbourg et de Furnes et le peuple d'icelluy. Sy se mist aulx champs avcucques sa dicte armée, passa par le vil-laige de Popelinghes, et s'en vint logier et camper environ la feste de Sainct Jehan en une ville appartenante au prevost de S. Omer, nommée Alveringhem, qui fut toutte pillée et mise à sacq par le congié et licence qu'elle donna à ses gens de ce faire. Estant de ce adverti Arnoul de Guisnes chastelain de Bourbourg, acompaignié de gros nombre de ses subjectz tant de Bourbourg, d'Ardre, comme de Guisnes, attendoit la dicte roine sa dame aulx frontieres de sa chastellenie de Bourbourg, non pas pour laissier ne luy faire la guerre, mais pour garder et deffendre sa terre si la dicte roine

convulsis ; servientes etiam et[1] cachepoli cum virgis et aspe-
ris virgis. Operatores invicem provocantes, invicem ad labo-
randum instigantes, præeuntibus semper operis[2] magistris
et geometricè scrupulantibus, operantur. Et in opus nunquam nisi in labore et ærumnâ in horrore[3] et dolore finien-
dum, operarii impelluntur et angariantur.

CAP. CLIII. *Quomodò Flandriæ regina Portugalensis Mathildis* (256) *Furnenses
domare volens ab ipsis Furnensibus et Blavotinis exsuperata est.*

Interim autem Flandriæ quondam Comitis Philippi uxor et
Comitissa[4], Therasia apud suos Portugalos, apud nos Mathildis cognomento regina dicta, cùm[5] apud Flandrensis
ditionis castellum sive burgum (257) *Insulas* dictum in dote
suâ resideret, et sibi per omnia fideles et obnoxios Broburgenses exosos haberet et infestos, eo quòd multa ab eis exigeret quæ nec ipsi nec prædecessores sui unquam[6] dare
consueverant, et Furnenses eo maximè quòd Blavotinos nunquam domare vel subjugare potuit, congregatis exercitibus
suis et universis dotalitii sui militibus, et non tantùm in terrâ
sumptis[7] populis sed et[8] extra sumptis, in subversionem
Broburgensis non minùs quàm Furnensis territorii populorum[9], *in manu forti et brachio extento*[10] cum universo
exercitu suo per Poperingas[11] transiens, apud Audomarensis
præpositi villam nomine[12] Alverinchem[13] circiter festum
Sancti Johannis[14] superba resedit : et eamdem, nimis laxatis
licentiæ frænis, foraginando, deprædando, modum excedendo devastavit. Broburgensis verò castellanus Arnoldus de
Ghisnis cum suis Broburgensibus et Ardensibus simul et
Ghisnensibus in terrà Broburgensium residens, dominam

---

[1] Br. caccopoli. L. cathepoli. — [2] D. operi. — [3] L. honore.

[4] L. Theresia. — [5] Br. cùm jam apud. — [6] P. V. L. nunquam.

[7] L. in transumptis. — [8] V. ex.

[9] B. Br. Broburgensium non minùs quàm Furnensium populorum.

[10] *Deuter.* V. 15. — [11] P. L. Peperingas. — [12] L. novem.

[13] L. Alveringhem, A. D. Alvernichen. — [14] Br. *addit* Baptistæ.

ou les siens y eussent voulu faire quelque assault, course, ou pillerye.

Et comme icelle dame, par une impetuosité estrange et barbare, aveucques toutte sa puissance assaillit le terroir de Furnes, ung nommé Herrebert chief et capitaine desdictz Blavotins, et aveucques luy ung gentilhomme nommé Wautier de Hondecoste, acompaigniez de leurs amis et aultres aliez dessus dictz Blavotins, viendrent à l'encontre de la dicte roine et de son armée, et en telle hardiesse l'assaillirent qu'ilz mirent en fuitte et desordre le grant nombre et infinie multitude de gens qu'elle avoit amené aveucques elle. Desquels ils prindrent plusieurs prisonniers; les aultres qui se mirent en fuitte, les aulcuns furent tuez et mis à mort, aultres furent blechiez, navrez, et affollez, aultres tomberent dedens les fossez dont plusieurs furent noiez [1]; et si rescouvrirent les biens bestiail qu'ilz avoient prins desrobé au povre peuple. Tellement que la povre roine aveucques peu de gens à grant peine se saulva dedens le chastiau de Furnes, et de là s'enfuit de nuict à refuge à Dunquerque. De laquelle chose icelluy Arnoul de Guisnes estant à l'entrée de son pais de Bourbourg comme dict est, ne fist ne monstra aulcun semblant de joie ou liesse, mais pensa à ce qu'il avoit affaire; car jamais il n'avoit esté rebelle ne desobeissant à la dicte roine sa dame, mais tousjours avoit prins paine à perseverer en la fidélité et loiaulté qu'il luy debvoit. Par quoy, par le conseil du conte de Guisnes son pere, à la requeste et priere d'icelle roine, il la reconduist et remena aveucques aulcuns chevalliers qui estoient aveucques elle, seurement et en paix jusques à sa maison et demeure ordinaire.

_____

[1] Le traducteur ici abrége les détails.

suam reginam in marginibus terræ Broburgensis præstola-
batur, non ut in eam insurgeret, sed si quid [1] violentâ dé-
prædatione vel devastatione in terrâ Broburgensi audere
præsumeret regina vel interciperet, se et terram Broburgensem viris et viribus [2] defendere omnino paratum exhiberet.

Sed cùm regina barbarico impetu in Furnenses cum omni
potentatu suo temerè insurgeret, insurrexit et quidam Blavotinorum dux et princeps nomine Hebbenus vel Herebertus (258), et Walterus de Hondescoto, et alii quidam cum
suis fautoribus et adjutoribus Blavotinis et aliis simul [3] ad-
mixtis, in reginam et suos, et infinitam multitudinem exer-
citùs reginæ in fugam perverterunt, et alios vulnerando, alios
à principalibus membris detruncando, alios more suo jugu-
lando, alios alio genere mortis perimendo, alios captivos
ducendo, alios incarcerando, alios in satis et in fossatis semi-
vivos relinquendo, alios in ore gladii ante se fugando, et
aliis prædas quas ab innocentibus plebibus abduxerant di-
ripiendo, ipsâ reginâ cum paucis hominibus in castellum
suum apud Furnas et abhinc nocte apud Dunkerkam aufu-
giente [4] vix [5] evadente, bello confecerunt, superaverunt, et
exterminaverunt. Broburgensis autem castellanus Arnoldus
de Ghisnis, non tam gaudens et exultans quàm de facto quod
opus esset sollicitè cogitans, cùm semper dominæ suæ reginæ fidelis esse et obnoxius, et in fidelitate semper disposuisset
perseverare, juxta patris sui consilium, ad postulationem et
preces ipsius reginæ, ipsam reginam, cum quibusdam quos
secum habebat militibus, usque in sua securitatis conductum
adminiculavit.

---

[1] L. violentiâ. — [2] P. juris et juribus. — [3] V. similiter.
[4] D. Br. confugiente. — [5] D. vel.

CH. CLIV. *Comment Bauduin conte de Guisnes chassa et mist en fuitte les Mercuritiens qui faisoient des fosses sur les fins et limites de sa terre.*

Tost après ces choses advenues, comme le conte de Boulongne Regnault eust tousjours eu envie et haine au pais et conté de Guisnes, pour ce qu'il maintenoit que le dict conte de Guisnes Bauduin en ung grant et spacieux maretz qui s'appelle le maretz roial, lequel comme l'on dict doibt faire bourne, separation, et entre deulx à leurs deulx terres de Guisnes et Boulongne, en avoit biaucoup prins, applicqué et apprehendé à luy environ les rives et division d'icelluy pour le clos et fermeture de Sangatte ; à ceste cause, au commandement dudict conte de Boullongne qui pour 'lors estoit en expedition et armée aveuc le roy de France Phelippes à l'encontre de Jean roy d'Engleterre, auprez d'ung lieu nommé Radepont au pais de Normendie, Eustache le Moisne *de cohorte sive de cursu* seigneur de Cours, seneschal de Boullenois, convocqua et assembla le peuple du territoire de Mercurities tant de pied que de cheval, ausquels il commanda par la puissance et auctorité qu'il avoit dudict conte de Boulongne leur seigneur, sur leur vie et honneur et à paine de perdre leur bien et vaillant, que incontinent et sans delay ilz se pourveussent de vivres pour trente jours, et qu'ilz s'en allassent furnis et equippez d'armures et bastons deffensables, aveuc instrumens propices à fouir et faire fossez, pour enfermer et mettre à seureté leur terre, et que en ung lieu nomme *Axlas*, auprès de la cauchie qui maine à la riviere de Nivenna et de là à Calais, ils fissent de granz fossez et parfondz pour enfermer le dict pais à l'encontre de cellui du conte de Guisnes. Lesquelz pour obeir au commandement dudict seneschal, au jour qu'il estoit ordonné s'y trouverent equippez d'armes et bastons de deffence ; car de tout temps ilz craindoient ceulx de la conté de Guisnes, par quoy avoient peur que par force ils ne fussent chassez de leur ouvraige. Et incontinent qu'ilz y furent arrivez, commencerent à abattre et coupper plusieurs arbres qui estoient croissans du costé et en la terre du dict conte de Guisnes, comme les voisins le disoient et maintenoient. Puis se prindrent à fouir et

CAP. CLIV. *Quomodò Ghisnensis Comes Balduinus à calcatâ et fossato inter Axlus et Nivennam* [1] *Mercuriticos* [2] *removit et confecit.*

Sub ejusdem ferè temporis cursu, cùm Boloniensis Comes Reinaldus Ghisnensi terræ semper invideret et Ghisnensibus, eo quòd Ghisnensem Comitem Balduinum in magno marisco et spatioso, qui dicitur Regis mariscus, qui etiam (ut aiunt) utramque terram, Ghisnensem videlicet et Boloniensem, suis abscindere debet interstitiis, et circa margines utriusque terræ et divisiones, et in firmatione Sangatæ multa in ipsum et de ipso præsumpsisse assereret; ad [3] præceptum ejusdem Comitis Boloniæ Reinaldi, in expeditione [4] regis Franciæ Philippi contra Johannem Anglorum regem in Normanniâ apud Radepontem (259) commorantis, Eustacius *monachus* de *cohorte* sive de *cursu,* Boloniæ tunc senescalus (260), populum Mercuritici territorii et tam equites quàm pedites convocavit, et eis sub interminatione et periculo honoris et vitæ et omnium quæ habebant, ut ad firmandam terram Mercuriticam, cum armis et armamentis [5], cum fossoriis [6] et aliis necessariis instrumentis, et cum sufficientibus ad triginta dies expensis, apud Axlas juxta calcatam quæ duxit apud [7] Nivennam et inde apud Calaisiacum, statuto die convenirent, et ibi ex utrâque parte calcatæ foderent et maximo fossato terram Mercuriticam concluderent et contra Ghisnenses communirent, indixit, et auctoritate domini sui Boloniensis Comitis Reinaldi præcepit.

Qui, juxta quod indictum et prædictum ipsis à jam dicto senescalo fuerat, in statuto [8] die cum armis (semper enim Ghisnensem Comitem et suos pertimebant Ghisnenses, ne forte superveniret et eos in valitudine [9] et in manu fortium ab opere removeret) et aliis necessariis instrumentis in jam

[1] V. L. Nivenna. — [2] P. V. L. Mercuritios.
[3] P. cum præceptum. D. cum ad præceptum. — [4] P. V. expeditionem.
[5] Br. armentis. — [6] L. fossariis. — [7] O. ad.
[8] P. A. D. instituto. — [9] V. L. valetudine.

haver et faire de graus fossez en la terre du costé qui est dudict conte de Guisnes, en improperant et injuriant ceulx dudict pais qui toutesfois n'etoient là presens pour les ouir. Et en courant et alant par le dict maretz comme formis, getoient la terre d'ung lieu à l'aultre et d'ung maretz en l'aultre, en disant l'ung à l'aultre tout plain de parolles de vanteries, en eulx mocquans de ceux du pais de Guisnes.

Quant le conte Bauduin de Guisnes fust de ce adverti et du grant tort et oultraige que l'on luy faisoit, les envoia admonester et prier qu'ils cessassent leur ouvraige en eux retirans en leurs maisons, sans plus lui faire de dommaige : maiz en besoignerent plus aigrement. Quoy voiant Arnoul de Plancques bailly de Flandres pour la contesse Marie femme de Bauduin conte de Flandres pour lors demourant au pais de Jerusallem, leur fist commandement et deffence de plus besoingnier et fouir audict lieu, jusques à la venue dudict conte de Boullongne Regnault. Et comme ilz ne voulsissent obeir audict bailly de Flandres, mais de plus en plus se mocquassent de lui et dudict conte de Guisnes, icelluy conte fist assembler toutte la force et puissance des gens qu'il poeult trouver en son pais : pour lors estant son filz Arnoul à Louvain au pais de Brabant, pour quelque terre et heritaige à cause de sa femme Beatrix chastelaine de Bourbourg, qu'il vouloit vendre à aulcuns relligieux dont il estoit en procez et question contre Lothaire duc de Brabant qui ne le vouloit accorder [1]. Et aveuc icelle compaignie marcha à main armée le dict conte Bauduin *juxta fluviatas oras*, duquel lieu il manda et remanda de rechief aus dictz Mercuritiens qu'ilz s'en allassent et delaissassent leur ouvraige. Ce

---

[1] Traduction inexacte. Il faut dire : « Plaidant devant le duc Bauduin de « Lorraine pour quelque terre que la tante de sa femme vouloit, sans son aveu « et malgré lui, vendre à certains moines. »

dictum locum convenientes , in primis arbores quasdam quæ in Comitatu Ghisnensis Comitis (sicut testimonium perhibet circummanentium [1] veritas) plantatæ erant, abscidere cæperunt. Deinde iu terrâ quæ in ejusdem Ghisnensis Comitis videlicet extendebatur comitatu, fodere cœperunt, et Ghisnensibus nec præsentibus nec quidem audientibus insultare, et apum sive etiam formicarum more, in marisco passim currere et recurrere, et terram in terrâ et mariscum in marisco cum fossoriis [2] in fossatum scripulare et perfodere , et in altum cum superbâ indignationis voce, hu ! [3] invicem in alterutrum in derisum et despectum Ghisnensium provocantes jactitare.

Audiens autem Ghisnensis Comes Balduinus tantum excessum et tantum dedecus tam turpiter et inopinatè [4] illatum sibi, misit ad eos, indicans eis et monens ut ab iniquo et injusto cessarent incœpto et proposito, et quantociùs abirent et discederent. Sed cùm resipiscere [5] nollent, sed magis et magis in cœpto efferverent [6] opere, Arnoldus de Plancis, Frandrensis Comitissæ Mariæ (261) scilicet uxoris Balduini in terrâ Ierosolymorum commorantis ballivus, ex parte ejusdem Flandrensis Comitissæ hoc ipsum interdixit; ut videlicet ad opere cessarent, et quoadusque Comes Boloniæ Reinaldus in terram veniret, fodere desisterent. Sed cùm nec Flandriæ Comitissæ ballivo Arnoldo de Plancis [7] acquiescerent [8], sed magis ei et Ghisnensibus illuderent et insultarent, cum indignantium et invicem instigantium [9] voce hu ! operantes, Ghisnensis Comes Balduinus , collectis viris universæ Ghisniæ et viribus (Arnoldo de Ghisnis filio suo in terrâ Bracbandorum [10] apud Lovaniam, in præsentiâ Lothariæ ducis Balduini (262), super quâdam terrâ quam uxoris suæ Broburgensis castellanæ Beatricis amita Beatrix quibusdam monachis, ipso in-

---

[1] P. L. circummanantium. — [2] P. V. L. fossariis.

[3] P. V. hii. A. hi. B. heu. Br. ita. — [4] L. inopinante.

[5] Br. respicere. — [6] P. V. L. efferverunt. — [7] V. L. Planchis.

[8] L. acquiescerunt. — [9] Br. insultantium.

[10] P. V. L. Braibandorum. Br. Brabandorum.

que nullement ilz ne voulurent faire, mais persisterent et perse-
vererent en leur fol propos et oppinion. Par quoy, du commandement d'icelluy conte estant sur une montaine dont il povoit veoir
l'affaire, Willaume de Colvede et Daniel de Gand pour lors seigneur et conducteur de ceulx de Balinghen, accompaingnié de
ceulx d'Ardre et d'aulcuns aultres, s'en vindrent furieusement
ruer sur eux, et du premier coup les misrent en fuite et desordre.
En sorte que, leur ouvraige delaissiée à leur grant honte et confusion, se cachoient et muchoient en leur fuite où ils povaient, et
ceulx d'Ardre d'ung grant couraige les chassoient et poursuivoient.
Et comme les trouvoient, fust en fossez, maretz, buissons ou chemin aupres de Nivenna, où ilz fuioient à seureté en leurs maisons
aveucques leurs banieres et enseingnes de guerre, ilz les prenoient
prisonniers, dont les aulcuns furent amenés à Ardre aveucques
leurs dictes enseingnes et banieres, lesquelz en signe de victoire
furent mises en l'eglise dudict lieu d'Ardre ; les aultres après qu'ils
furent laissiez courre comme gens miserablement vaincus, icelluy
conte estant comme dict est sur la dicte montaine, dont il povait
veoir tout le combat, ne peult retenir l'impetuosité de ses gens,
mais generallement tout le peuple de la conté de Guisnes tout
d'ung cœur et d'ung couraige s'esleverent contre les dictz Mer-
-curitiens...

Le reste manque.

consulto [1] et invito, vendere intendebat et volebat, placitante
et litigante) juxta Sliviacas [2] oras [3] (263) cum armatâ manu
residens, mandavit iterum et iterum ut vel jam abscederent.
Sed cùm à loco nullatenus recedere vellent, sed constantissi-
mè in stulto proposito persisterent et perseverarent, ad nutum Comitis in monte [4] præstolantis Willelmus de Colvida et
Daniel de Gandavo (264) Balinghemensium tunc temporis
dux et dominus, cum Ardensibus turmis et paucis aliis in
ipsos irruerunt, et impetum in adversarios unanimiter fecerunt. At illi in fugam turpiter conversi et confusi, sine bello
debellati, sine sanguine devicti et exsuperati, relicto opere,
ubi potuerunt occultati sunt. Ardenses verò ardenti animo
Mercuriticos jam miseros jamque effugientes pedetentim persequentes et consequentes, alios in viâ, lios in fossato,
alios in marisco hìc illìc dispersos, alios circa Nivennam [5] in
domos suas pro securitate tendentes et properantes, aut cum
signis suis et armis et baneriis (in ecclesiâ Ardensi in signum
victoriæ adhuc dependentibus) captos abduxerunt, aut marsu-
piis emunctis et universis eorum spoliis et armamentis ablatis
miseros aufugere permiserunt. Comes verò Ghisnensis Balduinus in monte jam dicto residens, et rei eventum ab alto
prospiciens, populi sui impetum [6] cohibere [7] non potuit. Insurrexit igitur omnis [8] Ghisnensium [9] exercitus populus quasi
vir unus in miseros Mercuriticos, et si quid in ipsis et.....

Cætera desiderantur.

---

[1] B. V. in consilio. — [2] V. Br. fliniatas. A. B. D. fluviatas. L. fliviatas.
[3] P. V. L. horas. — [4] Br. de monte. — [5] P. V. L. Nivenna.
[6] L. ardorem. — [7] Br. prohibere. — [8] B. omninò. — [9] V. Ghisnensis.

LA TABLE DES CHAPITRES

DE CE PRESENT LIVRE.

———o❡o———

CHAP. XXXVI. — Page 86-87.

D'une espece de gens serfs appellez Colvekerles, qui est à dire,
gens armez de machues.

De Colvekerlis.

XXXVII. — P. 90-91.

Comment le conte Manasses
conclud de fonder ung monastere
et lieu de relligion.

*Quòd Comes Manasses proposuit
cœnobialem construere ecclesiam.*

XXXVIII. — P. 92-93.

Comment Robert de Licques,
dict le barbu, institua quatre chanoines à Licques.

*Quòd Robertus cum barbâ apud
Liskas quatuor canonicos instituit.*

XXXIX. — P. 92-93.

Comment l'evesque de The-
rouenne nommé Milo premier de
ce nom, institua à Licques les relligieulx de l'ordre de Prémonstré.

*Quòd episcopus Morinensis Milo
primus apud Liskas Prœmonstra-
tenses canonicos instituit.*

XL. — P. 94-95.

Comment Eustache de Fiennes
surnommé l'anchien funda l'abaye
de Biaulieu, et en icelle ordonna
aulcuns chanoines de l'ordre d'A-
roaise.

*Quomodò Eustacius senex de
Fielnis ecclesiam de Bello Loco fundavit, et in eâ Arroasiensis ordinis
canonicos instituit et introduxit.*

XLI. — P. 96-97.

Comment un gentilhomme de
Wymille nommé Oilard funda
l'hostel Dieu de Sanctinguevelt.

*Quomodò Oilardus instauravit
sanctorum campum, qui et Sanctinghevelt dicitur.*

XLII. — P. 100-101.

Comment le conte Manasses
engendra une fille nommée Rose,
de laquelle descendit une aultre
fille nommée Beatrix.

*Quomodò Comes Manasses genuit
Rosam, et Rosa Beatricem.*

XLIII. — P. 100-101.

Comment le conte Manasses
donna en mariaige Beatrix sa
niepce à ung nommé Albert surnommé porcq senglier.

*Quomodò Comes Manasses nep-
tem suam Beatricem Alberto apro
desponsavit uxorem.*

XLIV. — P. 102-103.

De Arnoul de Gand.

De Arnoldo Gandavensi.

CHAP. LIV. — Page 124-125.

Comment Arnoul surnommé le joeune fut occis par ses gens en ung lieu nommé le Bois Foubert.

Quomodò Arnoldus juvenis in Fulberti nemore à clientibus suis morti datus est.

LV. — P. 126-127.

Comment Arnoul de Gand fist la guerre à Henry chastelain de Bourbourg, à Audruicq.

Quomodò Arnoldus Gandavensis Broburgensem castellanum Henricum apud Alderwicum bello lacessivit.

LVI. — P. 130-131.

Que c'est d'ung lieu nommé le clos Almer.

De Almari vallo.

LVII. — P. 130-131.

Comment Henry chastelain de Bourbourg fist charpenter au dict lieu de Bourbourg ung chastiau et forteresse, qu'il fist asseoir sur le dict lieu nommé le clos Almer.

Quomodò Broburgensis castellanus Henricus carpentari fecit castellum apud Broburgum et Almari vallo adaptavit.

LVIII. — P. 134-135.

Comment Bauduin seigneur d'Ardre fut navré d'ung traict en la teste au dict lieu nommé le clos Almer.

Quomodò Ardensis dominus Balduinus ad Florem sive ad Almari vallum in capite sagittatus est.

LIX. — P. 136-137.

Comment Henry chastelain de Bourbourg destruit tout le pais de Guisnes.

Quomodò Broburgensis castellanus Henricus totam Ghisniam devastavit.

LX. — P. 138-139.

Comment le conte Albert et la dicte Beatrix furent divorsez, et icelle Beatrix mariée à Bauduin sieur d'Ardre.

Quomodò Albertus aper et Beatrix separati sunt, et Beatrix Ardensi domino Balduino desponsata est.

LXI. — P. 140-141.

De la mort de Beatrix de Bourbourg.

Quomodò Beatrix mortua est.

LXII. — P. 142-143.

Comment Waimar chastelain de Gand mourut.

Quomodò Gandavensis castellanus Winemarus mortuus est.

LXIII. — P. 144-145.

Comment Geffroy de Samur contendit avoir la conté de Guisnes.

Quomodò Samurensis Galfridus Ghisnensem Comitatum habere voluit.

Chap. CIX. — Page 246-247.

Comment Arnoul fist transporter tous ses ediffices de Selnesse à Ardre.

Quomodò idem Arnoldus supr dunionem Ardeæ factum de Selnessâ omnia suâ transtulit ædificia.

CX. — P. 246-247.

Comment Arnoul se alia à Mahault fille de Gefroy sieur de Marquise, dont issirent plusieurs filz et filles.

Quomodò Arnoldus duxit Mathildem filiam Gonfridi de Markisid, et ex eâ genuit filios et filias.

CXI. — P. 248-249.

Comment Arnoul fist de sa ville d'Ardre chastellenie et ville franche, et en icelle institua douze pers, loy, et marchié.

Quomodò Arnoldus villam Ardeæ oppidum fecit liberum, et pares in eo duodecim constituit, et scabinos et forum rerum venalium juramento confirmavit.

CXII. — P. 250-251.

La cause pourquoy ledict Arnoul a esté appellé advoué. Comment sa femme mourut.

Quare hic Arnoldus dictus sit advocatus, et quomodò Mathildis uxor ejus obiit.

CXIII. — P. 252-253.

Comment Arnoul filz dudict Arnoul seigneur d'Ardre conquist plusieurs choses en Engleterre.

Quomodò Arnoldus filius Arnoldi conquisivit in Angliâ terram.

CXIV. — P. 254-255.

Comment Arnoul le premier eult à femme la vefve du conte de S. Pol.

Quomodò primus Arnoldus viduam Comitis S. Pauli duxit in uxorem.

CXV. — P. 258-259.

Comment Arnoul le premier fonda l'eglise d'Ardre, et en icelle dix chanoines.

Quomodò primus Arnoldus ecclesiam Ardensem instituit, et canonicos instauravit.

CXVI. — P. 266-267.

Comment Drogo evesque de Therouenne conferma la fondation de l'eglise d'Ardre et de ses appendances.

Quomodò Morinensis episcopus Drogo liberam confirmavit Ardensem ecclesiam cum ejus appenditiis.

CXVII. — P. 270-271.

Comment Arnoul mist en la dicte eglise d'Ardre les relicques de plusieurs sainctz.

Quomodò Arnoldus multorum sanctorum reliquias in Ardensi ecclesiâ collocavit.

CHAP. CXXXVII. — Page 328-329.

Comment après que Bauduin sieur d'Ardre fut blechié, l'abbé de la Chapelle vint vers luy, auquel il donna l'eglise d'Ardre.

Quomodò vulnerato Balduino, abbas de Capellâ Theodericus ad eum accessit, et quomodò Balduinus eidem abbati ecclesiam Ardeæ dedit et privilegiavit.

CXXXVIII. — P. 336-337.

Comment l'abbé de la Chapelle Theodoricq fist privillegier et confermer ledict don à luy faict de l'eglise d'Ardre.

Quomodò abbas Theodericus ecclesiam Ardeæ à quibuscumque opus erat personis privilegiari sibi et confirmari perquisivit et impetravit.

CXXXIX. — P. 338-339.

Comment Bauduin seigneur d'Ardre vendit à l'abbé de la Chapelle le moulin de Bresmes, et les terres et maretz y joignans, aveucques la pescherie.

Quomodò Balduinus Ardensis dominus vendidit abbati de Capellâ molendinum de Bramis cum adjacentibus terris et marisco, et etiam piscariam.

CXL. — P. 340-341.

Comment les relligieulx demourerent auprès du moulin de Bresmes.

Quomodò monachi manserunt juxta molendinum apud Bramas.

CXLI. — P. 342-343.

Comment Bauduin seigneur d'Ardre s'en alla au voiaige de Jerusalem.

Quomodò Ardensis dominus Balduinus Jerosolymam petiit.

CXLII. — P. 344-345.

Comment Bauduin sieur d'Ardre morut au voiaige de Jerusalem, et fut jecté en la mer.

Quomodò Balduinus mortuus est in itinere, et in mare projectus suis posteà noncomparuit.

CXLIII. — P. 346-347.

D'ung faulx pelerin qui se disoit estre Bauduin seigneur d'Ardre.

De pseudo peregrino qui se Balduinum de Arded simulavit.

CXLIV. — P. 350-351.

Comment Arnoul viconte de Mercq, surnommé de Colvede, fut seigneur d Ardre.

Item, quomodò Markiniensis vicecomes Arnoldus de Colvidâ nominatus, Ardeæ dominus effectus est.

CHAP. CLIII. — Page 380-381.

Comment Mehault vefve de Phelippes conte de Flandres, voulant soubzmettre ceulx de Furnes, fut par eulx vaincue et surmontée.

Quomodò Flandriæ regina Portugalensis Mathildis, Furnenses domare volens, ab ipsis Furnensibus et Blavotinis exsuperata est.

CLIV. — P. 384-385.

Comment Bauduin conte de Guisnes chassa et mist en fuitte les Mercuritiens qui faisoient des fosses sur les fins et limites de sa terre.

Quomodò Ghisnensis Comes Balduinus à calcatâ et fossato inter Axlas et Nivennam Mercuriticos removit et confecit.

CLV.

Apostrophe aux envieux.

Apostrophatio ad invidos.

CLVI.

L'auteur continue, et rattache le commencement à la conclusion et achèvement de son œuvre [1].

Continuatio et adaptatio principii ad finem et perfectionem totius operis.

---

[1] Nous avons suppléé la traduction des deux derniers titres de chapitre, qui manque dans notre manuscrit.

NOTES

ET ÉCLAIRCISSEMENTS.

———o♀o———

———

(1) P. 3. — Prol. § I. ¡Familiaris curæ.

Lambert, étant curé d'Ardre, appelle le soin de son troupeau *cura familiaris.*

(2) P. 3. — Prol. § I. Patricius estis et dominus.

Sous Constantin le Grand et ses successeurs, les *Patrices* avaient rang auprès de l'Empereur, et place dans ses conseils. Ce titre passa dans les cours de l'Occident. Il fut quelquefois donné aux maires du palais, et finit par être synonyme des titres de prince, duc, comte. *Dux et patricius* (Charte de Richard duc de Normandie). *Patrici Richarde, Comes, Dux, Marchio, Princeps* (Dudon de S. Quentin).

(3) P. 3. — Prol. § I. Materiam, aggredimur.

Un mot manque après *materiam;* sans doute, *respicimus.*

(4) P. 5. — Prol. § II. In librorum marginibus, etc.

Allusion à l'usage qui existait en ce temps de mettre des notes chronologiques sur les marges des Bibles et des livres d'église. Les Bénédictins et M. Pertz ont publié plusieurs de ces chroniques marginales.

(5) P. 7. — Prol. § IV. Restitui et reformari sperant et expectant.

Allusion au projet de reconquérir l'Angleterre, nourri par les Danois pendant tout le xi⁰ et le xii⁰ siècle.

(6) P. 7. — Prol. § V. Ducentis fermè triginta tribus annis, etc.

Ou il y a une erreur dans la transcription du chiffre des années, ou Lambert a en vue l'époque de la mort de Sifroi (961). Car au chapitre cxlix il nous dira qu'il a conçu le dessein de sa chronique lors du mariage d'Arnoul II avec la châtelaine de Bourbourg, c'est-à-dire en 1194, deux cent trente-trois ans après cette mort.

(7) P. 7. — Prol. § VI. Cum patientiâ juxta apostolum, etc.

Allusion au verset 2 du chap. iv de l'Épitre aux Éphésiens.

(8) P. 9. — Prol. § VII. Ut ejusdem Cæsaris gratiam.

Au chapitre cxlix, Lambert nous dira qu'il a aussi entrepris son ouvrage pour adoucir le courroux du comte Arnoul.

(9) P. 11. — Prol. § VIII. Cornelio Africano.

Auteur du iii⁰ siècle, cité par Eusèbe. Il y a aussi un vieux poëte de ce nom, loué par Ennius.

(10) P. 11. — Prol. § VIII. Pindaro.

Homonyme du fameux lyrique Pindare ; a composé un petit poëme sur la prise de Troie.

(11) P. 11. — Prol. § VIII. Phrygio Darete.

Darès, prêtre troyen, auquel on attribua une *Iliade* dont il existe une traduction latine, faussement mise sous le nom de Cornelius Nepos, et plusieurs fois imprimée avec l'histoire de Dictys de Crète.

(12) P. 11. — Prol. § IX. Priscianus.

Célèbre grammairien latin du vi⁰ siècle, dont il nous reste des *Commentaria grammatica* fort estimés.

(13) P. 11. — Prol. § IX. Apollonii et Herodiani.

Apollonius, surnommé *Dyscolus,* et son fils Herodianus, tous deux grammairiens, étaient d'Alexandrie, et vivaient au iie siècle. Il nous reste du premier une grammaire, et du second quelques fragments.

(14) P. 11. — Prol. § XI. Eusebius, etc.

La chronique d'Eusèbe de Césarée est assez célèbre ; elle va jusqu'à l'an 326. Saint Jérôme la traduisit du grec en latin, et la continua jusqu'en 318.

On attribue à saint Prosper d'Aquitaine, qui vivait dans le ve siècle, une chronique finissant à l'an 455.

Le vénérable Bède a composé son histoire dans la première moitié du viiie siècle.

Sigebert, moine de Gembloux, mort en 1112, a laissé une chronique universelle fort estimée, sans cesse citée ou copiée par les annalistes du moyen âge.

(15) P. 13. — Prol. § XIII. Dentium rubiginem marcescat.

Fausse image. *Marcescere,* pris activement, n'est pas de la bonne latinité, et manque dans le *Glossaire* de Du Cange.

(16) P. 21. — Ch. II. A Lidrico autem Harlebeccense.... sextus, etc.

Lambert est ici d'accord avec la tradition consacrée par la plupart des chroniques flamandes, suivant laquelle Lideric II, dit d'Harlebeck, aurait reçu de Charlemagne, en 792, le gouvernement héréditaire de la Flandre. Seulement il ne lui donne pas le titre de *forestier,* que nous a transmis cette même tradition.

(17) P. 21. — Ch. II. Comes et Palatinus.

Le titre de comte palatin est aussi donné aux comtes de Flandre dans la *Philippide* de Guillaume le Breton et dans *les Miracles de saint Agile* (l. I, c. 17. Mabillon). Du Cange pense qu'il leur était attribué comme pairs du royaume, et en cette qualité appelés à juger avec le roi certaines causes majeures. Toutefois, dans une vieille généalogie des comtes de Boulogne, rédigée au XIIIe siècle (Mss de la Bibl. Impériale, 6987), on lit, après une énumération des quatorze premiers comtes (plus ou moins authentiques) jusqu'à Hernekin : « Tout li conte devant dis furent conté Palatin. » Et comme l'auteur dit en outre du comte *Quites :* « Il fu uns des douze pers au tans le roy Karlon, » évidemment, dans sa pensée, les qualités de pair et de palatin sont distinctes.

(18) P. 21. — Ch. III. Audomaro.

Saint Omer fut évêque de Térouenne depuis 638 jusqu'en 668. Il fonda vers 660 l'église de Notre-Dame sur la colline de Sithiu, que lui avait donnée Adroald.

(19) P. 21. — Ch. III. Hæreditariâ possessione.

De cette expression et de celle *successione paternâ* employée par Iperius, on a conclu que le Ponthieu était érigé en comté héréditaire dès le viie siècle. Il n'y avait alors aucun comté héréditaire, mais seulement des comtes auxquels le roi déléguait l'autorité sur une portion de territoire, révocables à volonté. Walbert a pu être admis à succéder à la charge de son père, et c'est tout ce que signifient ici les mots d'*hérédité* et de *succession*.

(20) P. 21. — Ch. IV. Quòd S. Bertini monachi, etc.

Les moines de Saint-Bertin ont prétendu que Walbert avait donné à leur abbaye tout le comté de Guines. Lambert a raison de dire qu'il n'a donné que des domaines épars sur ce territoire alors peu habité. Le recensement de l'abbé Adalard, opéré dans la seconde moitié du ixe siècle, et que nous a conservé le cartulaire de Folquin, montre l'abbaye propriétaire à Escales et à Guines, comme à Térouenne, à Poperingue, à Ruminghem, où elle avait aussi des possessions. Il mentionne à Guines un domaine rural bâti, 80 bonniers de prés, 148 de terres arables, 70 de bois, 16 manoirs, 9 serfs, 3 serves, quelques ingénus tenus à certaines redevances, plusieurs colons ayant chacun leur office.

(21) P. 23. — Ch. IV. Octoginta jugera, sive geometricalium perticarum mensuras.

On compte encore en Artois par *mesures* de terre, équivalant à peu près à l'arpent.

(22) P. 27. — Ch. VI. Apud Bugundiæ Luxonium.

Le P. Stilting, Bollandiste, révoque en doute que Walbert se soit fait
moine, et ait gouverné l'abbaye de Luxeuil ; que saint Faron et sainte
Fare fussent ses frère et sœur. Il remarque que Walbert, abbé de
Luxeuil, ne peut être Walbert, comte de Ponthieu, puisqu'il siégeait
plus de quarante ans avant l'époque où saint Bertin vint dans la Morinie.
Cette erreur serait bien ancienne ; car elle est consacrée dans la vie de
saint Bertin, écrite par le moine Folcard au xiᵉ siècle. Lambert et
Iperius l'ont adoptée après lui. (Voir *Acta S. S. Belgii.* V.)

(23) P. 27. — Ch. VI. Ab albedine arenæ....., Witsant.

White, blanc ; *sand,* sable.

(24) P. 27. — Ch. VI. Gurmundi et Hysembardi.

Les Normands que le roi Louis III, fils de Louis le Bègue, défit à la
célèbre bataille de Saucourt en Vimeu, l'an 881, avaient pour chefs
Gormund et Isembart. Ce dernier était, dit-on, un seigneur picard exilé
par le roi de France.

(25) P. 27. — Ch. VI. S. Pharo, beata Phara.

Saint Faron fut évêque de Meaux depuis 626 jusqu'en 672. Sainte
Fare, sa sœur, mourut abbesse de Faremoutier, en Brie, l'an 655.
Leur père était un des principaux officiers de la cour de Théodebert II,
roi d'Austrasie. On peut consulter leurs vies écrites avant l'époque de
Lambert, et qui ne leur donnent point Walbert pour frère.

(26) P. 27. — Ch. VI. Warennensis Comitis.

Quel était ce comte de Varennes? Il n'existe point dans le pays de
fief important de ce nom. Je pense qu'il s'agit des comtes de Varennes,
originaires de Bellencombre, canton de Saint-Saens (Seine-Inférieure),
qui prirent part à la conquête de l'Angleterre, s'y établirent, et eurent
le comté de Surrey. Le premier connu est Raoul, dont on voit plusieurs
chartes dans le cartulaire de la Trinité du Mont, 1055-1066. Son fils,
Guillaume I, figure dans le *Doomsday book*, et reçut du roi Guillaume
le Roux le comté de Surrey ; il mourut en 1089. Guillaume II fut gendre
du comte de Vermandois. Guillaume III mourut à la seconde croisade,

laissant une fille qui épousa successivement Robert, comte de Mortain, et Hamelin frère naturel de Henri II. On croit que *Warenna* fut le premier nom de Bellencombre.

(27) P. 29. — Ch. VI. A Baronibus et militibus.

Baro a d'abord voulu dire valet d'armée, goujat, avec toutes ses mauvaises acceptions ; puis serviteur ; puis homme, mari. Désignant plus particulièrement les serviteurs des rois et des princes, il a été pris enfin dans l'acception de vassal, homme de fief devant le service militaire. De là il est devenu un titre comme *Comes.* Ici il veut dire les tenanciers armés, aussi bien que *milites ;* ceux-ci d'un degré inférieur.

(28) P. 29. — Ch. VII. Episcopus Stephanus.

Étienne figura au concile de Trosley, en 909, et mourut en 935, selon Iperius. Il résidait à Boulogne, Térouenne ayant été ruinée par les Normands.

(29) P. 31. — Ch. VIII. Munitionis aggerem.

La *motte* du château de Guines existe encore.

(30) P. 35. — Ch. XI. A Balduini ferrei.... uxore.

Bauduin dit *de fer* ou *bras de fer*, avait pour femme Judith, fille de Charles le Chauve. C'est leur fils, Bauduin le Chauve, qui épousa Elstrude d'Angleterre.

(31) P. 37. — Ch. XI. ... defunctus est.

Iperius dit que Sifrid se pendit.

(32) P. 37. — Ch. XII. Quomodò Arnoldus, etc.

Pour les difficultés que présente tout ce récit, voir l'introduction, § XI.

(33) P. 39. — Ch. XIII. Bredenarda.

En allemand, *breite erde*, lata terra.

(34) P. 43. — Ch. XV. Hic siquidem Willermus, etc.

Les trois premiers fils de Guillaume s'appelaient Hilduin, Ernicule, Hugues ou Hermes ; le nom du quatrième est ignoré. Hilduin eut le Ponthieu sous le titre de comte de Montreuil, et vivait encore en 981. Ernicule, autrement Arnoul, eut le Boulonnais, et figure avec le titre de comte de Boulogne dans une charte de 972, en faveur de l'abbaye de Blandin. (Duch. Guines. pr. , p. 47). Au reste, tout ce récit relatif au comte Guillaume est fort douteux.

(35) P. 45. — Ch. XVI. Cycni non phantastici, etc.

Allusion à la tradition romanesque du *Chevalier au cygne*, qui a défrayé tant de chansons de Geste. Selon cette tradition, le duc de Saxe avait usurpé la terre de Bouillon, appartenant à Béatrix. Un chevalier inconnu, descendant d'une barque conduite par un cygne, le défia et le tua. Béatrix épousa son libérateur, et enfanta Ide, femme d'Eustache de Boulogne et mère du fameux Godefroy de Bouillon.

Cette allusion de Lambert est entachée d'anachronisme, puisque l'alliance du père de Raoul avec une fille du comte de Boulogne est antérieure de près d'un siècle au mariage d'Eustache de Boulogne et d'Ide.

(36) P. 47. — Ch. XVII. Filiam Comitis S. Pauli Hugonis, etc.

Le premier comte de Saint-Pol du nom de Hugues, et le second en date, a occupé ce comté de 1067 à 1070. Il n'est donc probablement pas le père de Roselle, dont le mariage eut lieu vers l'an 1000. Le père et prédécesseur de Hugues, Roger, apparaît pour la première fois dans un acte de 1031. Dans un autre, de 1051, il dit tenir son comté du comte de Flandre Bauduin. (Voy. *l'Art de vérifier les dates*, t. XII.)

(37) P. 47. — Ch. XVIII. Ad execrabiles nundinas.

Cette épithète rappelle les *detestabiles nundinas* qu'anathématisait déjà le pape Eugène II, dans la première moitié du IXe siècle.

(38) P. 47. — Ch. XVIII. In Franciam.

Le duché de France, l'Ile-de-France ; ce qui formait le domaine de Hugues Capet.

(39) P. 49. — Ch. XVIII. Nodum in scirpo quærere.

Mot à mot : chercher un nœud sur un jonc ; proverbe latin équivalent au nôtre : chercher midi à quatorze heures.

(40) P. 49. — Ch. XVIII. Alicujus Quirini hasta, etc.

Quirinus est le surnom de Romulus, représenté habituellement avec une pique appelée *quir* dans la langue des Sabins.

(41) P. 49. — Ch. XVIII. Annuat, et dicunt, precibus, etc.

On lit au livre III des *Métamorphoses*, vers 406 :

Adsensit precibus Rhamnusia justis.

Rhamnusia est un surnom de la déesse Némésis, qui avait un temple à Rhamnus, bourg de l'Attique. — On remarquéra que l'auteur met dans la bouche de ses pâtres un discours fleuri et plein d'allusions érudites.

(42) P. 49. — Ch. XVIII. Cùm autem inter, etc.

Iperius dit que le tournoi eut lieu à Paris, et que le corps de Raoul, avant d'être jeté dans la Seine, fut déchiré par les chiens.

(43) P. 51. — Ch. XVIII. Balduino videlicet barbato.

Bauduin IV, dit *à la belle barbe*, qui mourut en 1034. C'est donc au plus tard en 1034 que périt Raoul.

(44) P. 51. — Ch. XIX. Hoc nomen Eustacius, etc.

Saint Eustache est appelé par les Grecs Εὐστάτιος ; ce mot est composé de εὖ, bien, et στατὸς, fixe, immobile.

(45) P. 59. — Ch. XXII. Petreiam, etc.

Henry, dans son ouvrage sur le Boulonais, cite une vieille chronique selon laquelle le comte aurait succombé en un lieu de la forêt de Boulogne dit *la Haye Regnier*, et place ce lieu non loin de l'embranchement du chemin de Souverain Moulin avec la chaussée de Boulogne à Saint-Omer. Cette chronique ne s'accorde point avec le récit circonstancié de Lambert. Selon ce récit, les fils du sire d'Odre, informés par leur mère que le comte, peu accompagné, était entré dans la forêt, du côté de Macquinghem, se mirent à sa recherche et le poursuivirent jusqu'à la carrière de pierres de Marquise, où ils l'atteignirent et le tuèrent. Selon l'*Art de vérifier les dates*, Regemar, autrement dit Raginare ou Regnier, aurait péri vers la fin du ixe siècle. Il était fils d'Hernekin, comte de Boulogne, blessé mortellement dans une bataille contre les Normands, en 882, et par sa mère, Berthe, petit-fils d'Helgaud Ier, comte de Ponthieu.

(46) P. 61. — Ch. XXIV. Mortuo autem Eustachio, etc.

La chronique de Saint-Bertin montre Eustache vivant en 1052 : une charte de Philippe Ier mentionne Bauduin en 1065.

(47) P. 63. — Ch. XXV. Lothariæ et militiæ ducis, etc.

Ce passage est embarrassant ; Duchesne avoue ne savoir à quel personnage appliquer le nom de *Florentinus*. Aucun des ducs de la haute ou de la basse Lorraine pendant le xie siècle ne s'appelle *Florent*. Mais le comte de Hollande, Florent Ier, mourut en 1061, laissant de sa femme, Gertrude de Saxe, deux filles, Berthe, mariée à Philippe Ier, roi de France, et une autre dont on ne sait ni le nom ni la destinée, dit l'*Art de vérifier les dates*. Ne serait-ce point notre Adèle ? Les pays de la domination de Florent étaient un démembrement du *Lothier* ou basse Lorraine. Je donne cette conjecture timidement, et en restant dans l'embarras pour expliquer le *ducis florigeri*.

(48) P. 63. — Ch. XXV. Ecclesiastici fœderis mercimonio.

Cette expression est peu claire. *Mercimonium*, dans la bonne latinité, signifie *marchandise;* dans la moyenne, *trafic*, *négoce*. Sur le manuscrit de Bruges, une main a corrigé, *matrimonium ;* correction qui ne me semble pas heureuse.

(49) P. 63. — Ch. XXV. Qui, ut tunc temporis, etc.... binomius erat.

La chronique d'Andre nous apprend que le nom de Robert avait été donné par le comte de Flandre, Robert le Frison, sans doute comme parrain.

On trouve dans Grégoire de Tours des traces de la coutume du double nom. Elle a probablement eu son origine dans le nom chrétien ajouté lors du baptême. On y aura reconnu, en outre, l'avantage 'éviter la confusion résultant d'un seul et même nom porte par une foule de personnes, alors que les noms de famille n'existaient point.

Ce passage n'est pas le seul qui atteste cette coutume. On lit plus haut : « Adelam propriâ appellatione vocatam.... Christianam nuncupatam. » Ch. XLII : « Propriè Sibilllam, nuncupativè Rosam nominatam. » Ch. CXXII : « Nomine proprio Sibillam, nuncupativo Rosam...» comme qui dirait : nom propre et surnom.

(50) P. 63. — Ch. XXV. Comitem de Forois.

Dans Villeharduin, *Forois* désigne le comté de Forez. Duchesne en avait conclu que notre Guy étant devenu l'époux de la fille unique de Guillaume, comte de Lyon et de Forez, qui se croisa en 1097, avait succédé à celui-ci. (*Hist. des rois de Bourg.*, etc., l. III, ch. LXXI.) Mais un examen plus approfondi l'empêcha de reproduire cette opinion dans son *Histoire de la maison de Guines*. En effet, les comtes de Forez s'appelaient Guigues et non pas Guy ; et ceux de cette époque étaient de la maison d'Albon. Nous ignorons donc quel comté Lambert a en vue.

(51) P. 65. — Ch. XXV. Adelidem.... et Ghislam, etc.

D'après la charte de fondation de l'abbaye d'Andre, Bauduin aurait eu une fille du nom de Matilde.

(52) P. 65. — Ch. XXV. Cujus erat cognata, etc.

Guy à la blanche barbe, comte de Boulogne, bisaïeul de Godefroi de Boulogne, évêque de Paris, était frère de Matilde, mariée à Ardolphe, comte de Guines, et trisaïeule d'Adelide.

(53) P. 65. — Ch. XXV. Samurensi domino Galfrido, etc.

Geofroi, seigneur de Semur en Brionnais, était fils de Dalmaçe, seigneur de Semur, et d'Aremburge de Vergy. Il eut pour frère saint Hugues, abbé de Cluny, mort en 1109, et pour sœur Helie, mariée à Robert de France, duc de Bourgogne, lequel Robert tua Dalmace, son beau-père. Geofroi, sur ses vieux jours, prit l'habit monastique, ainsi qu'un de ses fils et trois de ses filles. Il concourut à la fondation de l'abbaye de Marcigny, diocèse d'Autun, et en devint prieur. Son mariage doit avoir eu lieu entre 1061 et 1095, temps de l'épiscopat de Godefroi de Boulogne.

(54) P. 65. — Ch. XXV. Burgundiâ brachatâ, comatâ, et manuleatâ.

Les Romains désignaient la Gaule Cisalpine par l'épithète de *togata,*
parce qu'on y portait la toge romaine, et la Transalpine par celle de
braccata, parce qu'on y portait les braies, vêtement gaulois. Ces dénominations n'ont jamais été appliquées à la Bourgogne ; Lambert, en
y ajoutant celle de *manuleata* (portant des manches), ne veut que
plaisanter, et faire montre d'esprit et d'érudition.

(55) P. 65. — Ch. XXV. Balduinum primò monachum, posteà militem.

M. le baron de Reiffenberg (*Mon. du Hainaut,* t. IV, p. clxxxi) est
tenté de croire que ce Bauduin est le même que Bauduin de Gand,
chevalier du Temple, commandeur de son ordre en Ponthieu et en
Hainaut, remplaçant en Occident le grand-maître Odon de Saint-Amand,
durant la captivité de celui-ci. Le nom et la chronologie se prêtent
à cette conjecture : néanmoins il serait étrange que Lambert, qui entre
dans tant de détails sur la famille de Gand, et était contemporain de
Bauduin, lui eût donné le simple titre de *miles*, passant sous silence
une si haute distinction.

(56) P. 65. — Ch. XXVI. In caritate non fictâ.

(2. Cor. vi. 6). Cette même allusion se retrouve au chapitre xxxvii.

(57) P. 67. — Ch. XXVII. Quòd Richildis Flandriam, etc.

Richilde, fille et héritière de Herman, comte de Mons ou de Hainaut,
épousa Bauduin VI, comte de Flandre, surnommé, à cause de ce mariage, Bauduin de Mons.
Devenue veuve en 1070, elle gouverna sous le nom de son fils mi-
neur, Arnoul III, et ne tarda pas à mécontenter le pays au point d'y
exciter une révolte, dont son beau-frère, Robert le Frison, sut profiter.

(58) P. 67. — Ch. XXVII. Ubi cùm pulverem incantatum, etc.

Iperius dit à ce sujet : « On rapporte qu'avant l'attaque, Richilde,
montée sur un char, arriva au-devant de Robert et lui lança un sorti-
lége pulvérulent qui, en l'atteignant, devait le faire périr dans le
combat ; mais le vent changea, et la poudre retomba sur elle. »

27,

(59) P. 69. — Ch. XXVIII. In ecclesiâ S. Audomari sepultus, etc.

Une note du manuscrit de Saint-Omer porte : « Hæc falsa sunt, cùm abundè constet sepultum in ecclesiâ S. Bertini. Sed parcendum auctori qui Bertinienses non multùm amasse cernitur. »

(60) P. 69. — Ch. XXVIII. Watiniensem fabrefecit, etc.

Iperius met la fondation de la collégiale de Cassel en 1071, et celle de l'abbaye de Watten en 1072.

(61) P. 71. — Ch. XXIX. Ad S. Jacobum, etc.

Saint-Jacques de Compostelle, pèlerinage fameux en Galice.

(62) P. 71. — Ch. XXVIII. Instauratione.... cœnobialem nstaurare.

Je lis, *instauratione*, et *instaurare* avec le manuscrit de Bruges ; car il s'agit d'établissement et non de restauration. Aussi au chapitre suivant Lambert dit : *Andrensis Ecclesiæ cœnobium instauravit ;* et au chapitre XXXI : *Monasterium instauravit.*

(63) P. 71. — Ch. XXIX. Abbati Petro videlicet secundo, etc.

Pierre II, dix-neuvième abbé de Charroux, n'occupait pas encore le siége abbatial quand il entendit la confession du comte Bauduin ; c'était son prédécesseur, Fulcrade, qui vécut jusqu'en 1088. On trouve dans le quatrième cartulaire de Flandre, à Lille, une charte de Philippe Ier, roi de France, de 1085, ratifiant une donation au monastère de Charroux ; Fulcrade y souscrit comme abbé.

(64) P. 73. — Ch. XXIX. Introduxit in Andriam.

L'abbaye d'Andre demeura assujettie envers celle de Charroux, sa mère, à une redevance annuelle de deux marcs d'argent. Gislebert, le premier abbé, était natif de Vilers, près Corbie, à trois lieues d'Amiens.

(65) P. 73. — Ch. XXX. Videlicet Bochardi, etc.

Si Bochard concourut d'abord à cette fondation, la chronique d'Andre, qui le qualifie seigneur du lieu, nous apprend qu'il devint bientôt adversaire de l'abbaye et détracteur du culte rendu à sainte Rotrude, qu'il anéantit même le manuscrit de la vie de la sainte. Elle ajoute que, sur ses instances, les reliques furent soumises‖publiquement à l'épreuve du feu, qui les respecta.

(66) P. 73. — Ch. XXX. Venerabili Calixto, etc.

Cette énumération chronologique est imitée de saint Luc, ch. III, v. 1.

Le pape de cette époque était Grégoire VII, et non Calixte II, qui ne ceignit la tiare qu'en 1110.

(67) P. 73. — Ch. XXX. Qui liberam eis contulit sepulturam.

C'est-à-dire que chacun pouvait élire sa sépulture en ce lieu, par préférence au cimetière de sa paroisse, comme le prouve une bulle de Pascal II, reproduite par la chronique d'Andre. Une autre bulle de Pascal II, accordée en 1112 à l'abbaye d'Anchin, s'exprime ainsi : « Sepultura ejus loci ab omni exactione liberam fore decernimus, ut « eorum qui illic sepeliri voluerint devotioni et extremæ voluntati, « nisi fortè sint excommunicati, nullus obsistat » (*L'abbaye d'Anchin*, par M. Escallier, p. 52). On trouve dans cette même chronique la charte de fondation, émanée du comte Bauduin, les lettres d'approbation et d'institution émanées de l'évêque Gérard, les chartes de confirmation émanées du comte Manasses. Duchesne a imprimé ces pièces parmi les preuves de la maison de Guisnes.

(68) P. 73. — Ch. XXX. Gerardo Morinensium cathedram et baculum bajulante.

Figure inexacte : un évêque porte son bâton pastoral, mais point sa chaire.

(69) P. 73. — Ch. XXX. Qui.... apud Patheram urbem sepultus est.

Gérard, élu évêque de Terouenne en 1083, se retira, suivant Iperius, au monastère du mont Saint-Éloi après sa déposition, en 1097, par le pape Urbain II. Il avait probablement entrepris le pèlerinage de la terre sainte, si la mort le surprit à Patras.

(70) P. 75. — Ch. XXX. Balduinus.... Comitis Caroli cognatus, etc.

Il est assez singulier que Lambert qualifie, en 1084, Bauduin I, ami et cousin de Charles, comte de Flandres. Bauduin mourut en 1091, déjà âgé, et Charles, encore jeune, devint comte vingt-huit ans plus tard en 1119 : je crois qu'il faut lire : « Comitis Roberti. » Elstrude, bis aïeule de Bauduin I, comte de Guines, était sœur de Bauduin III, comte de Flandre, trisaïeul de Robert le Frison.

(71) P. 75. — Ch. XXX. Morinensis episcopus Milo secundus.

Milon II occupa le siége de Terouenne depuis 1160 jusqu'en 1169. C'est en 1160, suivant l'auteur de sa vie, qu'il fit cette cérémonie.

(72) P. 75. — Ch. XXX. Petri Andrensis abbatis.

Pierre II, dit *Mermet* ou *Muniet,* fut abbé d'Andre depuis 1161 jusqu'en 1195. C'était un religieux édifiant et instruit ; il avait beaucoup voyagé. Il consacra une portion des dons qu'il reçut à l'érection d'un hôpital pour les voyageurs et les pèlerins.

(73) P. 75. — Ch. XXX. Ubi autem gloriosissimum, etc.

Il semble que ce ne fut qu'une dispute de mots. Marchiennes honorait sainte *Rictrude,* sa fondatrice, veuve, mère de plusieurs enfants. Andre honorait sainte Otrude ou Rotrude, vierge, dont la légende, d'ailleurs assez obscure, est toute différente. C'étaient donc deux personnes distinctes ; et la chronique d'Andre donne pour établir leur identité des raisons assez peu concluantes. Le *Gallia christiana* suit la chronique, et raconte après elle que le voleur des reliques de sainte Rictrude les abandonna dans le voisinage d'Andre, où une lumière céleste et des guérisons miraculeuses les firent reconnaître.

(74) P. 77. — Ch. XXXI. Quomodò Ida Boloniensis comitissa, etc.

Ide, fille de Godefroy le Barbu, duc de Lorraine, femme d'Eustache II dit *aux grenons,* comte de Boulogne, mourut en odeur de sainteté, l'an 1113. On l'honore le 14 avril.

Nous n'avons point la charte de fondation de l'abbaye de la Capelle, mais bien une de confirmation, émanée d'Eustache III, comte de Boulogne, fils d'Ide, et datée de Merck en 1100. (*Miræus.* II. 1311.)

(75) P. 77. — Ch. XXXI. In manu forti et brachio extento.

(*Deuter.* v. 15, et *Ezech.* xx, 33). Cette même expression se retrouve chapitre LIX et chapitre CLIII.

(76) P. 77. — Ch. XXXI. Quos ab Hibero rege Ansculpho.

Je n'ai point retrouvé ce nom parmi les princes qui occupèrent au xıᵉ siècle les nombreuses souverainetés de l'Espagne.

(77) P. 79. — Ch. XXXI. Invidiæ lividitas.

Sorte de pléonasme dont le *Glossaire* de Du Cange cite un autre exemple.

(78). P. 83. — Ch. XXXII. Anno MLXIX.

Sur cette date, voyez la note 191.

(79) P. 83. — Ch. XXXIII. Completâ carnis dispensatione.

Dispensatio chez les saints Pères désigne la Providence envisagée surtout dans l'œuvre de la rédemption. Ici le sens (dont je ne trouve pas l'indication dans Du Cange) serait : « La vocation, l'office assigné à la chair étant accompli. »

(80) P. 83. — Ch. XXXIII. Sepultus est.

La comtesse Adèle mourut en 1084 ou 1085. Son mari lui survécut sept ans, suivant la Chronique d'Andre.

(81) P. 85. — Ch. XXXIV. Gregorium etiam Andrensis ecclesiæ monachum, etc.

Grégoire n'avait ni capacité, ni instruction, ni fermeté, ni l'esprit de son état : il n'était habile qu'à travailler les métaux. Ceux qui l'avaient élu se repentirent bientôt de leur choix, qu'ils supplièrent l'évêque de ne point ratifier. Au bout de quatre ans (en 1161), une nouvelle élection eut lieu. Selon la chronique d'Andre, on reprocha devant l'évêque, à Grégoire, qu'en hiver, après le repas, il s'était avec ses moines livré sur la glace *aux mêmes amusements que les laïcs ;* ce qui lui valut une admonestation sévère.

(82) P. 87. — Ch. XXXV. Roberti camerarii de Tancarvillà, etc.

D'après une charte du *Monasticum Anglicanum* (V, 951), les sires de Tancarville se suivraient ainsi : Raoul, chambellan ; Guillaume, *idem*; Rabel. On dit celui-ci mort en 1140, et frère de Robert, père d'Emma, ce qui s'accorderait mal pour les dates. Rymer donne un acte de 1197, où figure un Raoul de Tancarville, chambellan.

Le roi d'Angleterre dont il est ici question est Guillaume II, dit le Roux, qui régna de 1087 à 1100.

(83) P. 87. — Ch. XXXVI. De Colvekerlis.

Iperius confirme les détails de Lambert sur la *colvekerlie*, et nous apprend que la taxe était due par tous, hommes, femmes, vieillards, enfants de tout âge.

(84) P. 89. — Ch. XXXVI. Terram ad quinque carrucas.

En Angleterre, au xii\u1d49 siècle, la *charruée* était de 60 acres : au pays Chartrain, en 1242, de 50 arpents.

(85) P. 93. — Ch. XXXVIII. Qui prolixam barbam non haberet.

Ne sommes-nous pas en plein retour vers le xii\u1d49 siècle?

(86) P. 93. — Ch. XXXIX. Milo primus abbas infulatus cappâ.

Milon I, d'abord abbé d'un couvent de Prémontrés, fut évêque de Terouenne depuis 1131 jusqu'en 1158. Il appela les Prémontrés à Licques la première année de son épiscopat, selon Iperius.

Il semblerait résulter de ces mots, *infulatus cappá*, que la chape ne fut pas alors portée par les abbés, mais seulement par les évêques.

(87) P. 93. — Ch. XXXIX. Albi velleris.

Allusion à l'habit blanc des Prémontrés. Quelques lignes plus bas ils sont appelés *candidatus conventus*.

Albi velleris est encore employé au chapitre CXLIII.

(88) P. 95. — Ch. XL. Eustacius cum additamento *senex*.

Cet Eustache de Fiennes, dit le Vieil, fils de Conon, figure dans plusieurs chartes mentionnées en la Chronique d'Andre. On y lit aussi deux chartes émanées en 1203 et 1207 de Guillaume et de Thomas, fils d'Enguerran. La parenté d'Eustache avec la famille d'Ardre est expliquée au chapitre CII.

(89). P. 95 — Ch. XL. Henrici de Campaniâ, etc.

Selon la Chronique d'Andre , Henri de Campagne fut seigneur d'Andre, et inhumé dans l'abbaye. Elle ajoute que Bauduin de Hames son frère était un vaillant guerrier, en faveur auprès du comte Philippe d'Alsace ; mais violent, vicieux, ravisseur, et presque toujours excommunié à cause de ses méfaits. Il fallut, pour obtenir qu'il laissât en repos l'abbé d'Andre , l'intervention du comte Arnoul de Guines , qui lui-même avait eu beaucoup à se plaindre de ses entreprises.

La Chronique raconte à ce propos qu'Adelide de Fiennes, femme de Bauduin de Hames, avait en aversion le feu de tourbe, et que le conte de Guisnes lui accorda l'usage d'une portion de la forêt de Hottinghem , afin qu'elle pût se chauffer au bois. On peut en conclure que le feu de tourbe était-alors d'un usage général, même pour les riches.

(90) P. 95. — Ch. XL. Eustacio de Calquella.

Eustache de Cauquelle fut seigneur d'Andre , et mourut en 1193, d'une blessure reçue dans un tournoi. (Chr. d'Andre.)

(91) P. 95. — Ch. XL. Balduinus de Hammis , etc.

Voir ci-dessus (89).

(92) P. 97. — Ch. XL. Tempore Boloniensis Comitis Willelmi , et Ghisnensis Comitis Manassis.

Guillaume II, fils d'Étienne, comte de Boulogne et roi d'Angleterre, tint ce comté depuis 1153 jusqu'en 1159. Manasses étant mort en 1137 ne fut point son contemporain : il faut substituer à *Manassis, Arnoldi*.

(93) P. 101. — Ch. XLI. Fratribus laïcis.

Iperius, qui raconte aussi la fondation de cet hôpital, ajoute que les frères desservants n'ont ni règle ni costume à part , mais portent cousue sur la poitrine une clef rouge.

(94) P. 101. — Ch. XLII. Filiam unicam.... Sibillam.

D'après Orderic Vital, Manasses aurait eu une autre fille, Ada, que ce chroniqueur qualifie nièce ou petite-fille de Bouchard de Mont-morency, sans expliquer comment. Ada épousa Pierre de Maule, vers 1112.

(95) P. 103. — Ch. XLIII. Nobili viro Alberto Apro in Angliâ.

Je n'ai rien découvert sur ce seigneur anglais, appelé Albert ou Alberic Sanglier, et que plus bas (ch. L) Lambert nous montre placé honorablement dans la confiance du roi d'Angleterre.

Un comte Alberic est inscrit au *Domsday book* comme tenancier de terres nombreuses et importantes, notamment dans le Wiltshire. En 1153, un autre comte Alberic, peut-être son fils, est un des té-moins du traité entre le roi Étienne et l'impératrice Matilde, pour assurer à Henri II la couronne d'Angleterre. (Rymer, t. I.)

(96) P. 109. — Ch. XLVI. Hostonem, etc.

Hoston fut châtelain de Saint-Omer, et souscrivit en cette qualité la charte communale de 1127, avec son frère Guillaume. Il entra peu après dans l'ordre du Temple, dont Geoffroi de Saint-Omer, peut-être son oncle, était un des fondateurs.

(97) P. 111. — Ch. XLVIII. Flandrinam, etc.

Son père était Robert, sire de Boves et comte d'Amiens, mort devant Acre en 1191 ; sa mère, Beatrix, fille de Hugues II dit Campdavene, comte de Saint-Pol.

(98) P. 111. — Ch. XLVIII. Adelidem primò, etc.

Le premier mari d'Adelis fut Renaud, châtelain de Lille, lequel dé-cédant sans enfants transmit la châtellenie à son frère Hugues, prévôt de Seclin, et constitua en douaire à sa veuve la terre de Sainghin. Lambert a fait ici une confusion, relevée avec raison par Duchesne.

(99) P. 113. — Ch. XLVIII. Hellini Flandriæ Dapiferi.

Hellin de Wavrin, sénéchal de Flandre sous le comte Philippe d'Al-sace, mourut en 1191, au siége d'Acre, ainsi que son frère Roger, évêque de Cambrai.

(100) P. 113. — Ch. XLVIIL Balduino filio Willelmi , etc.

Ce Bauduin de Hondescote, que nous retrouverons au chapitre CXLVI, souscrivit en 1176 la charte de protection donnée par le comte de Flandre Philippe d'Alsace à l'abbaye de Clairmarais. (*Gall. Chr.*, t. III, p. 120, etc.)

(101) P. 113. — Ch. XLVIII. Waltero de Pollario.

Gautier d'Aa, sire de Pollaer, de la famille des châtelains de Bruxelles. Butkens (t. II, p. 105) cite des actes de 1164, 1172, 1175, où il figure. Il était mort en 1191.

(102) P. 113. — Ch. LI. Quomodò Comes Manasses mortuus est.

Il alla finir ses jours dans l'infirmerie de l'abbaye d'Andre, revêtu de l'habit religieux. Sa mort arriva le 28 décembre, suivant l'obituaire de Guines, cité à la marge du manuscrit de Saint-Omer.

(103) P. 119. — Ch. LI. S. Leonardi.... ecclesiam, etc.

Il est difficile de fixer l'époque précise de l'établissement de Saint-Léonard de Guines. Lambert et Iperius disent qu'Emma accomplit seule les intentions de son mari, déjà décédé. Or, la charte de fondation (1117), celle de donation d'autels et dîmes (1120), une autre de 1129, sont au nom de Manasses et d'Emma. L'installation eut lieu en 1132, et Manasses ne mourut qu'en 1137; son nom est encore au bas d'une charte de 1136, relatée dans la Chronique d'Andre.

Quoiqu'il en soit, cette fondation eut lieu avec le concours du légat du pape, de l'évêque de Terouenne, et de l'abbé de Saint-Bertin. On convint que six moines de Saint-Bertin, *maturi et religiosi*, auraient l'administration spirituelle et temporelle du couvent. Plus tard, les religieuses rejetant la clôture et la règle qui leur avait été donnée, les moines ne voulurent plus être chargés d'elles.

(104) P. 119. — Ch. LI. Eufemia.... bonam feminam non obliterans.

Jeu de mots, fondé sur ce que *eu* en grec veut dire *bon*.

(105) P. 127. — Ch. LV. Qui solo nomine guerræ sponte subit.

Ce trait répond au caractère belliqueux et remuant des populations flamandes de la Morinie.

(106) P. 135. — Ch. LVIII. Broburgensis castellanus audiens, etc.

Il est assez singulier qu'après avoir blessé grièvement un de ses principaux adversaires, et amené ainsi la retraite des assiégeants, le châtelain de Bourbourg n'ait plus osé tenir dans la place.

(107) P. 137. — Ch. LIX. Tanquam Eustacium filium.

Lambert répète sur *Eustacium* le même jeu de mots que nous avons déjà relevé au chapitre XIX. *Voir ci-dessus* (44).

(108) P. 139. — Ch. LX. Cum nepte suâ, etc.

Dans ce chapitre et le précédent, Beatrix est qualifiée *neptis* du châtelain de Bourbourg, quoiqu'elle fût sa fille. Effectivement, quelques lignes plus bas nous lisons : « Beatrix ad *patrem* suum.... reversa est : Broburgensis castellani *filiam* Beatricem. » Cette distraction est plus forte encore que celle du chapitre XLIX, où Manasses parle, de *nepte* suâ Beatrice (sa petite-fille) et de *nepote* suo Arnoldo (son neveu).

(109) P. 145. — Ch. LXI. Super cujus sepulcrum soror ejus, etc.

Henri, châtelain de Bourbourg, veuf de Rose de Guines, se remaria à Beatrix d'Alost, et en eut plusieurs enfants, entre autres cette Matilde, comme il sera dit plus bas, chapitre CXXII.

(110) P. 145. — Ch. LXII. Gandavensis burgi castellaniam.... Rogero ad tempus concessit.

Arnoul de Gand s'était emparé du comté de Guines sans l'aveu préalable du comte de Flandre : on comprend d'ailleurs que celui-ci ne fût pas désireux de voir dans une même main deux fiefs aussi considérables que le comté de Guines et la châtellenie de Gand.

(111) P. 145. — Ch. LXIII. Et alterum Herculem, dum spiritum, etc.

Métaphore aussi enflée que grotesque dans son application.

(112) P. 145. — Ch. LXIII. In Ascræâ valle.

Ascra, village situé dans une vallée de l'Hélicon, fut, dit-on, la patrie d'Hésiode, poëte grec auteur d'une généalogie des dieux, et souvent appelé poëte Ascréen. Lambert dit : « De peur que nous ne paraissions « avoir fait un rêve dans la vallée d'Ascra, » c'est-à-dire, avoir composé une généalogie fabuleuse comme la mythologie.

(113) P. 147. — Ch. LXIII. Temerario modo calumniam fecit.

Exemple remarquàble de succession en ligne collatérale. C'est la sœur survivante du comte mort sans enfants qui transmet le comté à son fils, à l'exclusion du fils de la sœur aînée, morte avant le comte. Et Lambert se récrie contre l'*impudence* des réclamations de ce fils de la sœur aînée.

La même règle fut appliquée quelques années plus tard, pour la succession à la seigneurie d'Ardre, en une circonstance identique. Cette fois le neveu évincé reçut une *consolation* de cent marcs. Voir chapitres CXXXII et CXLIV.

La représentation n'avait donc pas lieu dans ce pays, principe qui fut un des motifs pour, en 1302 et 1309, adjuger le comté d'Artois à Mahaud, fille du comte Robert II, tandis que Philippe, fils dudit Robert, décédé avant son père, avait laissé un fils aussi nommé Robert. Le degré le plus proche l'emportait.

(114) P. 149. — Ch. LXV. Anno MCXLVI.

Le roi Louis le Jeune partit pour la croisade le 11 juin 1147.

(115) P. 153. — Ch. LXVIII. Viam tunc temporis regalem.

C'est la voie romaine dite depuis chaussée Brunehaut, et aussi la Leulenne, qui part de Sangate et passe à Terouenne. M. Courtois a inséré dans le tome IX des Mémoires de la Société de la Morinie une notice intéressante sur cette voie.

(116) P. 157. — Ch. LXX. Theseus et Perithonus, etc.

On sait que, suivant la tradition mythologique, une tendre amitié unissait ces deux héros grecs, et que, par dévouement pour son ami, Thésée tenta avec lui de forcer l'entrée des enfers. Nos manuscrits portent fautivement *Perithonus*; il faut lire *Pirithous*.

(117) P. 159. — Ch. LXXI. Joanni filio Petronillæ de Chisonio, etc.

Jean II, sire de Cisoing, fils de Jean I et de Pétronille d'Avesnes, sœur d'Éverard d'Avesnes, évêque de Tournai. On le trouve intervenant dans des actes de 1175, 1187, 1192.

(118) P. 161. — Ch. LXXII. Et Neleïorum, non Nestoris arvorum, etc.

Lambert joue encore ici sur les mots. Nestor était fils de *Nélée,* nom dont la consonnance se rapporte à celle de *Neleii,* appellation latine de Nielles lez Ardre, paroisse dont l'église était dédiée à saint Pierre. Il aime ces petites parades d'érudition.

(119) P. 161. — Ch. LXXII. Procuratorem et personam.... provisorem et personam.

Du Cange cite ce passage sans indication spéciale. De son exposé cependant résulte que *persona* veut dire un titulaire de cure la faisant desservir par autrui : il a aussi signifié le *curé,* purement et simplement.

Procurator s'emploie, tantôt pour le titulaire même d'une église, tantôt pour l'administrateur ou le marguillier, tantôt pour l'élu non encore institué.

Provisor, pour administrateur, et aussi pour celui qui est pourvu d'un titre en expectative. Au chapitre cxv, Lambert écrira trois fois le mot *personator* dans le sens où il emploie ici *procurator,* et ce pour désigner le curé de Nielles ; *qui Nelensis.... villæ procurabat ecclesiam.* Ce mot *personator* ne se retrouve point ailleurs ; Du Cange n'en peut citer d'autre exemple. J'incline donc à y voir une erreur du premier copiste, et à corriger *procurator.* En effet, si, au chapitre LXXII, Lambert parlant précisément d'un autre curé de Nielles le qualifie *procuratorem et personam;* si, au chapitre LXXXIX, il qualifie pareillement Geofroi *personam et procuratorem,* il est plus que probable qu'au chapitre cxxi il a employé le même terme pour désigner la même chose. *Personator* présente autant de lettres que *procurator,* et à peu près semblables, surtout dans l'ancienne écriture.

(120) P. 161. — Ch. LXXIII. Apud Santingheveld delatus est, etc.

Les moines d'Andre, invoquant une disposition du comte Manasses, se plaignirent comme d'une infraction à leurs droits que le comte Arnoul I eût choisi sa sépulture à Saint-Inglevert.

L'abbé Guillaume raconte que la barque qui ramenait le corps ayant été retenue en mer par des vents contraires, la décomposition avait fait de tels progrès que la plupart des assistants en furent malades.

(121) P. 163. — Ch. LXXIII. Apud Meschinense monasterium, etc.

Marie, sœur d'Étienne IV et de Guillaume II, comtes de Boulogne, était abbesse en Angleterre. Ses frères étant morts sans enfants, elle quitta le cloître en 1160, épousa Matthieu d'Alsace, et prit avec lui possession du comté de Boulogne, bravant les excommunications encourues par la rupture de ses vœux. Au bout de neuf ans, le remords lui fit reprendre le voile. Lambert dit que ce fut à l'abbaye de Messine; et il devait être bien informé, comme contemporain, et voisin du Boulonais. Néanmoins, la tradition constante est que Marie se retira à Sainte-Austreberte de Montreuil (le copiste aurait-il écrit *Meschinense* pour *Mōstroliense?*), où elle mourut en 1182, laissant divers legs à cette communauté.

(122) P. 165. — Ch. LXXV. Oleum Catharinæ martyris, etc.

La légende dit que les anges transportèrent le corps de sainte Catherine sur le mont Sinaï, et l'y déposèrent dans un tombeau creusé de leurs mains; qu'il en découlait une sorte d'huile parfumée, ayant la vertu de guérir les maladies. Hugues, abbé de Flavigny, chroniqueur antérieur d'un siècle à Lambert, rapporte en détail cette pieuse tradition, et ajoute qu'un vase contenant de cette huile était conservé avec vénération à l'abbaye de la Trinité du Mont, près Rouen. Un inventaire de la Sainte-Chapelle de Paris, en 1363, mentionne un reliquaire ou était de l'huile de sainte Catherine. Hector Boethius, dans sa description de l'Écosse, écrit qu'à deux milles d'Édimbourg jaillit une fontaine où surnagent des gouttes d'une huile efficace contre les maladies de peau; que cette fontaine doit son origine à de l'huile de sainte Catherine, envoyée du mont Sinaï à la reine sainte Marguerite, et répandue en ce lieu.

(123) P. 165. — Ch. LXXVI. Miro lapidum et lignorum tabulatu.

Tabulatus est de la basse latinité, pour *tabulatum*. Lambert veut sans doute dire que les murs de la chapelle étaient formés de couches successives de bois et de pierres ; ou bien que le plancher était composé de planches et de pierres artistement assemblées.

(124) P. 167. — Ch. LXXVII. Meandrici fluminis instar.

Allusion au Méandre, fleuve de l'Asie Mineure, dont les fréquents retours sur lui-même sont devenus proverbe.

On voit par ce chapitre, par le précédent, et on verra par le chapitre cxxvii, que les constructions en labyrinthe étaient fort goûtées en ce temps. La confusion qu'elles devaient présenter a passé dans le style de Lambert, dont j'avoue ne pas comprendre parfaitement les descriptions, entortillées comme le sujet. Quelques-uns des mots employés ici embarrassent Du Cange, qui ne les a pas retrouvés ailleurs, par exemple, *meicula*, dont la leçon est incertaine ; c'est peut-être *indicula* ou *nidicula*. Si *meicula* est la bonne leçon, il signifierait petit passage, couloir, du verbe *meare,* et c'est en effet le sens le plus applicable, tant ici qu'au chapitre cxxvii. *Cataractas* paraît à Du Cange désigner un conduit souterrain : je crois, en effet, que Lambert a voulu dire qu'on descendait dans les bas-fonds par un passage fermé au moyen d'une herse.

(125) P. 167. — Ch. LXXVII. Pugiles et athletas, etc.

Il paraît, d'après ce passage, que les exercices du pugilat et de la lutte étaient alors familiers au peuple de ce pays.

(126) P. 167. — Ch. LXXVII. Conversâ parte templi.

Vers la partie circulaire de l'église, c'est-à-dire, l'abside, le chevet.

(127) P. 169. — Ch. LXXVIII. Mercatoribus et aliis gentibus.

Marchands et autres gens. *Gentes* s'employe en ce sens dans la latinité du moyen âge.

(128) P. 169. — Ch. LXXVIII. Villam quoque duplici cinxit fossato.

On en voyait encore les ruines au commencement du XVIIe siècle, selon une note du manuscrit de Saint-Omer.

(129) P. 171. — Ch. LXXIX. Peperit Ægidium, etc.

Ce Gilles, qui vivait encore en 1227, eut la seigneurie de Lotesse (Louches).

(130) P. 171. — Ch. LXXIX Henrici de Seltunio.

·Le nom d'Henri de Seltun figure au bas de plusieurs chartes transcrites dans la Chronique d'Andre. Le passage est obscur, d'autant que certaines leçons disent *memerim*, d'autres *turrim celtim*, d'autres laissent le mot en blanc. Si on lit *turrim celtim*, on peut comprendre que Lambert, suivant son habitude, joue sur les mots, faisant allusion aux Celtes, anciens habitants du pays (*gentilibus*), d'où viendrait *Celtunium*. C.

In divisionem terrarum.

La tour de Celtun ou des Celtes peut avoir été construite pour former délimitation, se trouvant à l'extrémité de la Bredenarde, à la bifurcation de la Hem et du Tirlet. C.

(131 P. 171. — Ch. LXXIX. Hugoni de Malo.

On voit aux Archives d'Artois des lettres de Philippe Auguste, d'avril 1209, qui constatent que cet Hugues a promis de servir le roi *à grande et à petite force,* contre tous, à raison de sa maison de Malannoy, si ce n'est contre le sire de Lillers et l'héritier légitime du comté de Flandre. Hugues mourut entre 1218 et 1237.

(132) P. 171. — Ch. LXXIX. Clarembaldi de Timbonia.

Ce Clarembaud a souscrit la charte d'Eustache III, comte de Boulogne, en faveur du chapitre de Saint-Vulmer, en 1121.

(133) P. 171. — Ch. LXXX. Capescebat et avertebat.

Il faut lire *advertebat* pour que la phrase soit intelligible.

(134) P. 173. — Ch. LXXXI. — Vitam quoque S. Antonii.

Il s'agit sans doute de la vie de saint Antoine, composée par saint Athanase d'Alexandrie.

(135) P. 175. — Ch. LXXXI. Solinum.

Julius Solinus, grammairien latin, qui vécut vers la fin du second siècle, a laissé un ouvrage intitulé *Polyhistor*, recueil de diverses notices, la plupart géographiques, tirées de Pline l'Ancien et d'auteurs aujourd'hui perdus. Il a été imprimé plusieurs fois, et en dernier lieu à Deux-Ponts, en 1794.

(136) P. 175. — Ch. LXXXI. Magistro Simone de Bolonia.

C'est probablement le même que Simon de Bologne, *li clerc*, un des dix collaborateurs du grand *Roman d'Alexandre*. (Voir sur ce Simon : *Hist. littér. de France*, t. VII, p. 80 ; t. IX, p. 150 ; t. XV. p. 501. Roquefort, *Glossaire*, II, 756. A. Dinaux, *Trouvères Artésiens*, p. 459 ; *Trouvères Cambrésiens*, p. 117.) M. de Reiffenberg remarque que Simon vivait encore en 1195. Dans le roman d'Eustache le moine, il est deux fois question *des noches Symon de Boloigne*.

(137) P. 175. — Ch. LXXXI. Areopagitam Dionisium in philosophiâ.

Je suis tenté de croire que Lambert, mettant la philosophie de saint Denys en regard de la théologie de saint Augustin, ne connaissait guère les ouvrages attribués au pieux Aréopagite. Ces ouvrages traitent *de la hiérarchie céleste, de la hiérarchie ecclésiastique, des noms divins, de la théologie mystique*, et sont par conséquent plus théologiques que philosophiques.

(138) P. 175. — Ch. LXXXI. Milesium Thalem fabularium.

Lambert fait sans doute allusion aux Milésiennes ou Milésiaques, recueil de contes libres fort connu dans l'antiquité, et dont Apulée s'est servi. Ces contes étaient attribués à Aristide de Milet, et non à Thalès, l'un des sept sages de la Grèce. Ovide en parle dans ses *Tristes*, ii, 413. Remarquez que Lambert employe volontiers l'expression *nœniœ gentilium*, pour désigner non-seulement les fables, mais la littérature des païens.

(139) P. 177. — Ch. LXXXII. Sub duce Lothariæ Balduino.

Duchesne donne en variante, *Henrico*. En effet, il n'y avait pas en ce temps de duc de Lorraine s'appelant Bauduin. Mais Henri *le Guer- royeur* succédait en 1190 au duché de basse Lorraine, autrement de Louvain et de Brabant. Peut-être Bauduin était son second nom ; car Lambert le désignera encore ainsi (ch. xcv et cliv). Cet Henri avait épousé, en 1180, Matilde d'Alsace, sœur cadette d'Ide, héritière du comté de Boulogne. Ide était devenue veuve pour la troisième fois en 1186, et n'avait pas d'enfants. Philippe d'Alsace, comte de Flandre, son oncle et précédemment son tuteur, mit alors la main sur le Boulo- nais. Il était sans doute mécontent de la légèreté d'Ide, il redoutait de lui voir épouser le turbulent Renaud de Dammartin, que favorisait le roi de France (ch. xciv). Son prétexte fut une reprise de 5,000 livres à exercer sur le comté. Bientôt il inféoda cette créance à Henri, beau- frère d'Ide, et lui remit l'administration du Boulonais. On trouve aux archives d'Arras un acte de 1190, où Henri prend la qualité de *procu- rator Boloniœ*. Mais celui-ci, en faisant hommage pour le Brabant à l'empereur, dut renoncer à son hommage au comte de Flandre. D'ail- leurs Renaud épousa Ide, malgré l'opposition de Philippe d'Alsace, et à ce titre prit possession du comté (ch. xciv et xcv). Philippe mourut en 1191, et Bauduin de Hainaut, qui lui succéda, était ennemi de Henri. Néanmoins, celui-ci maintint quelque temps ses prétentions : on voit par une lettre d'Innocent III, qu'en 1198, il invoquait pour elles l'appui du saint-siége. Enfin, en 1204, les deux beaux-frères ajustèrent leurs différends, et Henri se contenta d'une pension de 600 livres parisis, assignée sur Calais, au nom de sa femme. (*Rec. des hist. de Fr.*, t. xviii, p. 400, 402 ; xix, p. 364.)

(140) P. 177. — Ch. LXXXII. De Dominio Martini Relnaldus.

Renaud Ier, fils d'Albéric II, comte de Dammartin. Ce fut lui qui demeura prisonnier à Bouvines, en combattant contre Philippe Au- guste, en même temps que Ferrand, comte de Flandre.

(141) P. 177. — Ch. LXXXII. Quod fas sit ab hoste doceri.

Fas est et ab hoste doceri (Ovid. *Met.* IV, 428).

(142) P. 177. — Ch. LXXXIII. Firmatio Sangatæ.

Lambert, dans ce chapitre, donne un échantillon remarquable de ses recherches de style. Sa description de l'anse de Sangatte est des plus obscures et des plus entortillées, et s'élève ensuite à une emphase ridicule, en comparant les fortifications de ce château à celles de Troie.

(143) P. 183. — Ch. LXXXV. Quo drasticis, etc.

Ludwig écrit, *quod plasticis*. Duchesne , d'accord avec les manuscrits de Bruges, d'Amiens, de Saint-Omer, de Thou, *quod nasticis*. Les continuateurs de Du Cange , adoptant la première version, traduisent *plastica*, fictifs, mensongers , sans doute du grec πλαστός. *Nasticis* ne se trouve point dans les lexiques. La leçon du manuscrit du Vatican, *quo drasticis*, est bien meilleure. *Drastique* est un mot grec, consacré en médecine, pour qualifier les remèdes énergiques et violents.

(144) P. 185. — Ch. LXXXV. VI nonas julii.

Le samedi 2 juillet.

(145) P. 185. — Ch. LXXXV. Algero.

Alger fut le sixième abbé de la Capelle.

(146) P. 185. — Ch. LXXXV. Petro Andrensi.

Pierre II, dont il a été question au ch. XXX.

(146 *bis*) P. 187. — LXXXVI. Et renovatus est... Spiritu mentis suæ in agnitionem et concaluit ergo cor ejus

Renovamini Spiritu mentis vestræ. (*Eph.* IV, 23.) Qui renovatur in agnitionem (*Col.* III, 10). Concaluit cor meum (*Ps.* XXXVIII, 4.)

(147) P. 189. — Ch. LXXXVII. Remensis archiepiscopus Willelmus.

Guillaume, dit *aux blanches mains*, fils de Thibaud IV, comte de Champagne, et frère d'Alix, troisième femme de Louis VII roi de France, fut archevêque de Reims, cardinal, légat du saint-siége en France, et mourut en 1202, âgé de soixante-huit ans. C'est en 1178 qu'il re rendit en pèlerinage au tombeau de saint Thomas de Cantorbery.

**(148) P. 189. — Ch. LXXXVII. Cyprico et Niseo, pigmentato et clarificato.....
Authisiodoricum vinum preciosissimum.**

Du Cange, qui cite deux fois ce passage, dit que *clarificatum* est là pour *claretum ;* que *pigmentatum* et *claretum* désignent ces vins dulcifiés et épicés, comme l'hypocras, qu'on estimait tant au moyen âge.

Le *Cypricum* désigne le vin de Chypre, qu'on devait facilement se procurer en Europe, depuis les relations ouvertes avec l'Orient par les croisades. Le *Niseum,* qui ne se trouve pas dans le texte de Duchesne, était sans doute un vin de l'archipel. Étienne le géographe cite deux villes de Nysa, dans l'île de Naxie et dans l'île d'Eubée. Il dit qu'on cultivait la vigne aux environs de la seconde, et que le raisin y fleurissait et mûrissait le même jour.

Le crû d'Auxerre est un peu déchu du haut rang que lui assigne Lambert : le nectar offert sous ce nom était sans doute du vin blanc de Chablis.

(149) P. 189. — Ch. LXXXVII. Rogantibus Francigenis.

Lambert semble indiquer que les Français n'étaient pas intrépides buveurs comme les gens du pays.

(150) P. 193. — Ch. LXXXVII. In ipso militatoriæ promotionis ejus die.

Selon la Chronique d'Andre, saint Thomas était encore chancelier d'Angleterre quand il conféra la chevalerie au comte Bauduin. C'était donc entre 1157 et 1163.

(151) P. 195. — Ch. LXXXVII. Ubi, post paucos dies, martirium suscepit.

Le martyre de saint Thomas eut lieu le 28 décembre 1170.

(152) P. 195. — Ch. LXXXVIII. Quod in coronâ regni Franciæ, etc.

Cette comparaison si recherchée fait allusion à ce que le comte de Guines était vassal à la fois du roi de France et du roi d'Angleterre.

(153) P. 197. — Ch. LXXXIX. Quoniam certum numerum non habemus, etc.

La Chronique d'Andre dit que trente-trois enfants, légitimes ou illégitimes, assistèrent à ses funérailles, en décembre 1205.

(154) P. 201. — Ch. XCI. Vix se ipsum sibi reliquit.

Du Cange fait une longue citation de ce chapitre pour montrer combien les grands d'alors étaient grugés par la tourbe des ménestrels, jongleurs, gens d'aventure, qui affluaient autour d'eux. Voir son *Glossaire*, au mot MINISTELLI. Plus bas, le chapitre CXXX nous fournira un exemple curieux de la vénalité des ménestrels.

(155) P. 203. — Ch. XCII. Arnoldum de Chaioco.

Le même qui est désigné au chapitre XXXIV comme premier mari d'Adelis de Balinghem. La Chronique d'Andre, sous l'an 1196, le qualifie, *fameux dans le monde entier par son mérite militaire.*

(156) P. 203. — Ch. XCII. Henrici juvenis Angliæ.

Il s'agit de Henri dit *au court mantel,* fils aîné de Henri II, roi d'Angleterre, et mort avant son père, en 1183.

(157) P. 205. — Ch. XCIII. Boloniensi Comiti Idæ.

Ide, fille aînée de Mathieu d'Alsace et de Marie de Boulogne, dont il a été question à la fin du chapitre LXXIII. Elle mourut en 1216.

(158) P. 205. — Ch. XCIII. Quæ priùs quidem Ghelriæ Comiti Gerardo, etc.

Gérard III, comte de Gueldre, épousa Ide en 1181, et mourut en 1183. Elle se remaria la même année à Bertold IV, duc de Zœhringen, qui mourut en 1186. Lambert semble dire qu'elle fut seulement fiancée à ces deux princes, et successivement abandonnée par eux. Cela est contraire au texte des chroniques locales.

(159) P. 207. — Ch. XCIV. Relictâ uxore suâ, etc.

Gaucher de Châtillon épousa Élisabeth, fille de Hugues IV, comte de Saint-Pol, et commença la seconde race des comtes de Saint-Pol. Marie, sœur de Gaucher, répudiée par Renaud de Dammartin, se remaria à Jean III, comte de Vendôme, lequel mourut en 1218.

(160) P. 211. — Ch. XCV. A Metensi principe.... Viridonensis civitatis in episcopum electo.

L'enlèvement d'Ide par Renaud de Dammartin doit avoir eu lieu au plus tôt en 1190 : cette année-là, en effet, est celle du départ pour la croisade qu'aurait dû suivre Arnoul de Guines en accomplissement de son vœu.

Quel était cet *élu* au siége de Verdun? Albert de Hirgis, trésorier de l'église de Verdun, fut élu en 1186, et eut pour compétiteur Robert de Grandpré. Son épiscopat fut orageux et ensanglanté : un assassinat mit fin à ses jours en 1208. Le *Gallia christiana* ne dit point quand il fut sacré.

Le primicier de Metz alors en charge s'appelait Hugues. Il paraît que l'usage dans les diocèses de Metz et de Verdun affectait le titre de *primicerius* ou *princerius* à l'archidiacre de la ville épiscopale. On en a des exemples qui remontent au IXe siècle.

Folmar, cardinal, portait le titre d'archevêque de Trèves ; il avait un compétiteur, Raoul de Weda. Tous deux furent forcés de résigner en 1190. Jean I leur succéda, et siégea jusqu'en 1212. Le *Gallia* ne fait pas mention du sacre de l'évêque de Verdun par un de ces trois prélats.

(161) P. 215. — Ch. XCV. Ignorante duce Lothariæ Balduino.

Voyez la note sur le commencement du chapitre LXXXII.

(162) P. 217. — Ch. XCVI. Cognatum suum Walterum de Clusâ.

Cette parenté est expliquée au chapitre CV, où l'on voit que la mère de Gautier de Cluse, Adèle, avait pour père le chanoine Raoul, fils

naturel d'Arnoul I d'Ardre. Or le jeune Arnoul de Guines, par sa mère,
Chrétienne d'Ardre, avait pour trisaïeul le même Arnoul I.

(163) P. 217. — Ch. XCV. Gormundo et Ysembardo, Tristranno, etc.

Le XIIe siècle eut beaucoup de trouvères. S'ils furent chassés par
Philippe Auguste au commencement de son règne, ils trouvaient ac-
cueil dans nos provinces du Nord, particulièrement auprès du comte
Philippe d'Alsace, auquel Chrétien de Troyes passe pour avoir dédié
le roman de *Tristan et Yseult.*

Quant à la légende de Gormond et d'Ysembard qui figure dans le
Chronicon Centulense, et à laquelle Mouskes consacre un grand nombre
de vers (14071 et suiv.), elle jouissait d'une grande célébrité. Hariulfe
dit qu'il ne la reproduit point en détail, parce qu'elle est dans la mémoire de tout le monde, et le sujet de chansons populaires chantées
continuellement.

(164) P. 217. — Ch. XCVI. Hugonis candentis vel campestris avenæ, etc.

Hugues IV dit Candavène, comte de Saint-Pol, mort à Constantinople
en 1205. Eustachie était sa seconde fille. Ces fiançailles n'eurent pas
de suite. (Voir chap. CXLIX.)

(165) P. 219. — Ch. XCVII. Quomodò Walterus de Clusâ, etc.

Les Bénédictins ont reproduit cette histoire d'Ardre comme une
œuvre distincte de celle de Lambert, et sous le nom de Gautier de
Cluse. (*Rec. des Hist. de Fr.*, t. XIII.)

Il me paraît que l'intervention de ce personnage n'est qu'une tour-
nure prise par Lambert à l'effet de varier son propre récit. Ne suffit-il
pas, pour s'en convaincre, de relire le dernier paragraphe du chapitre XCV? *Ad Ardensium historiam.... scriptoriam pennam transferamus.* Y a-t-il d'ailleurs quelque différence de style et de méthode
entre les chapitres XCVII à CXLXI et le reste de l'ouvrage? On peut
citer encore en preuve ce passage du chapitre XXXI : « *De illius fundatione ecclesiæ..... loco et tempore,* CUM DE ARDENSIUM PROCERUM
GESTIS, JUXTA QUOD PROPOSUIMUS, *aliquid epilogando explicabimus,
latiùs et satiùs disseremus.* »

(166) P. 219. — Ch. XCVII. A Ghisnensium Comite Eustachio.

Frameric, qui siégeait dès 975, mourut au plus tard en 1005. Ce ne pouvait donc être que Raoul, et non son fils Eustache, devenu comte vers 1034 et vivant encore en 1050, qui s'occupât de marier Adèle.

(167) P. 221. — Ch. XCVIII. Ab eo recepit in feodum.

Les alleux ainsi convertis, et repris en fief par le propriétaire, s'appelaient dans la langue féodale *fiefs de reprise*.

(168) P. 223. — Ch. XCIX. Cognomento *Crangroc.*

Il faut sans doute lire *Cromroc. Kroumm*, en allemand ; *krom*, en flamand ; recourbé, tors, de travers : *rok* ; robe, justaucorps. On dit encore à Mons, *la cronque rue*, la rue tortueuse. (Hecart.)

(169) P. 225. — Ch. XCIX. Morinensis curiæ parem.

Nous voyons des pairs du comté de Flandre, des pairs de la ville d'Ardre ; voici des pairs de la cour épiscopale. En fait, les pairs étaient des assesseurs dont le roi, le seigneur, le mayeur, l'évêque, s'entouraient pour l'exercice de leurs fonctions judiciaires.

(170) P. 227. — Ch. XCIX. Ubi usque hodie inveniuntur.

Encore aujourd'hui, dans la tourbière voisine du Vivier et des Noires terres, à 2 kilomètres nord d'Ardre, on trouve des débris d'armures et de poteries. C.

(171) P. 229. — Ch. C. Ab Ardeâ quam viderant, etc.

Si le nom d'*Ardea* eût été donné à la ville d'Ardre en mémoire de l'apparition d'un héron, aurait-elle un aigle dans ses armoiries ? Malbrancq fait avec raison cette question.

(172) P. 231. — Ch. CI. Quòd fuerunt quidam.

Sur la question traitée dans ce chapitre, voir Malbrancq, liv. VIII, ch. 12.

(173) P. 233. — Ch. CI. Sanctissimæ dominæ et matronæ Idæ.

La bienheureuse Ide, femme du comte de Boulogne Eustache II, fonda en 1098 le prieuré du Wast, où elle fut inhumée en 1113. Des colonies de moines de Cluny furent à cette époque amenées dans les monastères de Saint-Bertin, d'Auchy, de Bergues, de Saint-Vast d'Arras. C'était le temps de la plus grande renommée de l'abbaye de Cluny, sous le sage et pieux gouvernement de saint Hugues.

(174) P. 235. — Ch. CII. Pute peliche.

Sans doute, *pelisse puante.*

(175) P. 235. — Ch. CII. Wido minor.

On trouve dans la Chronique d'Andre une charte émanée de Guy le jeune (1225). Guy I ou II figure dans une charte de 1119, citée par Folquin, xxxv.

(176) P. 239. — Ch. CV. Genuit.... Radulphus canonicus Eustacium, etc.

En voyant le chanoine Arnoul avoir des enfants admis ensuite à la carrière militaire ou sacerdotale, et plusieurs exemples rapportés par Lambert, il faut se rappeler qu'au x1e siècle le concubinage des clercs était fréquent, et que Grégoire VII eut besoin de tout son zèle, de toute sa puissante énergie pour restaurer la règle du célibat ecclésiastique. En outre, des bénéfices étaient souvent détenus par des laïcs, témoin la prévôté d'Ardre (ch. cxxxvii), et la cure d'Hondschote (ch. cxlvi).

(177) P. 243. — Ch. CVII. In suum locum recesserunt.

Il résulte de là que dans ce pays les fiefs passaient aux mâles, à l'exclusion des femmes, au moins en ligne directe.

(178) P. 243. — Ch. CVIII. Cum Tydeo, arma, arma, viri, etc.

Tydée, gendre d'Adraste, roi d'Argos, et père du vaillant Diomède, fut l'un des sept chefs de l'armée des Argiens contre les Thébains dans la guerre fratricide entre Étéocle et Polynice. Lambert fait ici allusion à un passage de la *Thébaïde* de Stace, où l'ardent Tydée exhorte les chefs à la guerre, en commençant par ces mots : *Arma, arma, viri!* (*Théb.* III, 348.)

(179) P. 245. — Ch. CVIII. Senescalum et justitiarium.

Le sénéchal était primitivement un officier chargé de l'intendance de la maison. A l'exemple de ce qui se pratiquait dans le Bas-Empire, les charges domestiques chez les rois et les princes de l'Occident devinrent des charges publiques. Le sénéchal eut des attributions de commandement militaire, puis de judicature. On donna ce titre à des gouverneurs de province ou de ville, à des juges supérieurs. Du Cange cite le passage au mot SENESCALUS. Quant à *justitiarius,* il l'interprète, juge. Le grand bailli de Flandre était d'abord qualifié *justitiarius Flandriœ.*

(180) P. 245. — Ch. CVIII. Eustacius Lensim tenebat.

Eustache II avait hérité en 1054 le comté de Lens de son frère Lambert, tué dans la guerre entre l'empereur Henri III et Bauduin V, comte de Flandre.

(181) P. 245. — Ch. CVIII. Nihil proprium haberet.... præter homagium.

Ces sortes de fiefs sans propriété foncière étaient appelés *fiefs en l'air.*

(182) P. 245. — Ch. CVIII. Servorum nomen contraxerunt.

On voit plus loin (ch. CXX) Arnoul II d'Ardre réduire formellement ces étrangers à la condition servile.

(183) P. 249. — Ch. CXI. Castellionis.... oppidulum.

Cette construction n'est ni claire ni correcte. Le sens est que d'Ardre, bourgade, Arnoul voulait faire une petite ville fermée et franche. *Castrum* et *castellum,* au moyen âge, désignent une place fortifiée ; *urbs* et *civitas,* les villes importantes.

(184) P. 253. — Ch. CXIII. Contulit etiam eis et in.... feodum.

Le *Domsday book*, registre des terres distribuées par le vainqueur après la conquête de l'Angleterre, ne nomme point Arnoul et Gonfroi d'Ardre parmi les donataires directs, ni même parmi ceux qui tenaient les terres dévolues au domaine royal.

Gonfroi n'y est aucunement cité. Arnoul y figure comme tenancier de quelques-unes des immenses possessions dont fut investi le comte de Boulogne Eustache II, qui les lui aura sous-inféodées avec l'agrément de Guillaume. Ce sont :

Comté de Bedford, *hundred* de Bochelai ; Bruneham, Steventon, Pabencha : *hundred* de Wilge ; Torveic et Wadelle.

Comté de Cambridge, *hundred* de Witelesford ; Dochesworde ; *hundred* de Trepeslav ; Trumpintone. Arnoul y est appelé Ernulf de Arda, ou Arde.

Les tenures de Leleford, Toleshunt, Hoiland, dans l'Essex, également au comte Eustache, sont sous le nom d'Adelolf de Merc.

Il est difficile de reconnaître dans le *Domsday book* à quel pays appartiennent nombre de tenanciers, désignés par un simple prénom ou par un titre de charge.

Je n'ai remarqué comme appartenant certainement à la Morinie que :

Eustache, comte de Boulogne ;
La comtesse de Boulogne, sa femme (Ide de Lorraine) ;
Gonfroi et Singar de Cioches (Choques près Béthune) ;
Ernulf de Arde (Ardre) ;
Adelolf de Merc (Merck près Calais)
Ernulf de Hesdin (Hesdin, arrondissement de Montreuil),
Wautier d'Aincourt (Incourt, arrondissement de Saint-Pol) ;

Et appartenant à la Flandre :

Godefroi de Cambrai ;
Walscin de Dowai ;
Wautier de Dowai, *aliàs* de Dwai et Doai.
Wido de Reinbecurt (Raimbaucourt près Douai)
Hunfroi et Raoul de Insulâ (Lille ?) ;
Hugues le Flamand ;
Wautier, idem ;
Winemar, idem ;
Gilbert de Gand ;
L'abbaye de Saint-Pierre de Gand ;
Bailgiole (Bailleul ?).

(185) P. 255. — Ch. CXIV. Pastor Alexander.

Le berger Pâris portait aussi le nom d'Alexandre.

(186) P. 257. — Ch. CXIV. De uxore suâ Clementiâ.

Clémence avait de Hugues I , dit le Vieil , comte de Saint-Pol , trois fils : Guy , Hugues , et Eustache. Hugues I mourut vers 1070.

(187) P. 257. — Ch. CXIV. Sic et Balduinus nobilis , etc.

Bauduin de Béthune , sieur de Choques , fils de Robert de Béthune , dit le Roux, fut le troisième mari d'Hawide, comtesse d'Aumale, de la maison de Champagne , et mourut en 1211 , dépouillé de ce comté , que Philippe Auguste confisqua et transmit à Simon de Dammartin.

(188) P. 259. — Ch. CXV. Morinensis ecclesiæ episcopo Drogone.

Drogon occupa le siège de Térouenne depuis 1030 jusqu'en 1078.

(189) P. 263. — Ch. CXV. Per virentis olivæ ramum.

Cérémonie symbolique de donation. La tradition ou investiture par rain (ramum) , c'est-à-dire par une branche d'arbre, était une des plus usitées parmi tant d'autres, dont le Glossaire de Du Cange offre la nomenclature.

(190) P. 263. — Ch. CXV. Quod nunc dicitur Sanctæ Columbæ.

Sainte-Colombe de Blandecque , abbaye de Bernardines , fondée en 1182.

(191). P. 265 et 269. — Ch. CXV et CXVI. Anno MLXIX.

Cette date est démentie par l'énoncé : « Roberto Frisone , Richilde triumphatâ , Flandriam procurante. » La bataille de Cassel , qui mit Robert , vainqueur de Richilde , en possession de la Flandre , est de 1071. On ne peut lire MLXXIX , car l'évêque Drogon et la comtesse Clémence moururent en 1078. A la suite de l'acte même, on lit (p. 269) :

Indictione secundâ. L'an 1069 répond à l'indiction vii, l'an 1079 à l'indiction xi. J'adopterais avec Malbrancq cette indiction xi, et par conséquent 1073 : le *Gallia christiana* semble du même avis quant à la confirmation épiscopale : la bataille de Cassel était si récente, et d'un tel résultat, qu'il était naturel de la mentionner en datant.

(192) P. 269. — Ch. CXVI. Simili modo, etc.

L'archevêque de Reims qui confirma les priviléges de la collégiale d'Ardre doit être Manasses I de Gournai, qui siégea de 1069 à 1081. Le pape doit être Grégoire VII, qui occupa le trône pontifical de 1073 à 1085.

(193) P. 271. — Ch. CXVII. Abbas autem S. Bertini.

Heribert, qui siégea de 1065 à 1081.

(194) P. 273. — Ch. CXIX. Ardensis ecclesiæ instaurator et præpositus.

Le prévôt était le chef du chapitre. Arnoul, en fondant la collégiale d'Ardre, voulut en garder la première dignité et même la police (voir ch. cxxx), quoique les lettres de l'évêque Drogon ne parlent que de son patronage (*patrocinium*). Son fils en eut du scrupule plus tard. (Voir ch. cxxxvii.)

(195) P. 275. — Ch. CXIX. Concessit etiam ei et in feodum dedit, etc.

C'est une singulière matière à fief, que le privilége de donner un asile temporaire aux bannis. Au reste, on comprend que ce privilége était réellement important, si l'on considère ce que fût le bannissement au moyen âge.

Le mot *bannitus* a plusieurs significations : convoqué, mandé, cité, intimé, condamné par défaut, exilé, excommunié, mis au ban public, hors la loi : *ex lex* des Latins, *out law* des Saxons.

Déjà la loi romaine prononçait contre l'accusé contumace, après un ans, la confiscation des biens; et cette peine subsistait quand même l'accusé, comparaissant enfin, prouvait son innocence. (*Cod. Theod.*, l. ix, t. 1.)

Les Germains ne traitaient pas moins sévèrement le *défaut*. Au civil, ils le frappaient d'amende et en outre d'exil; au criminel, ils ajoutaient la mise hors la loi. Cette peine du bannissement avec les

plus terribles conséquences était prodiguée dans la législation fla-
mande. Aussi l'histoire locale nous montre-t-elle sans cesse la paix
publique compromise par les bannis.

Suivant la loi salique (ch. LIX), celui qui refusait de comparaître
était, après plusieurs *défauts* successifs, mis hors la loi (*extra ser-
monem regis*) ; ses biens appartenaient au fisc : nul, même sa femme,
ne pouvait, sous peine d'amende, lui donner du pain ou un gîte.

Suivant la loi ripuaire (ch. LXXXVII), héberger un banni faisait
encourir une amende de soixante sols. L'ordonnance du comte de
Flandre Philippe d'Alsace sur les attributions des baillis (1178) dit :
« Qui hébergera un banni pour condamnation pécuniaire encourra la
« même condamnation : si c'est un banni pour cause capitale, il payera
« soixante livres. »

Les *Keures* flamandes sont impitoyables pour les bannis.

Celles du Franc de Bruges (1190), d'Arras (1211), du pays de Waes
(1241), du pays de Langle (1248), prononcent contre l'hébergement
des amendes plus ou moins fortes.

Celle de Bourbourg (1240) dit : « Qui recevra dans sa maison un
« banni aura sa maison brûlée, et amendera au comte 60 livres. »

Celles de Gand (1178), d'Audenarde (1188), de Bruges (1190),
d'Arras (1211), exemptent de toute peine le meurtrier d'un banni.
Une singulière coutume admise en Artois, constatée par des lettres du
roi Charles V (1378), voulait que le meurtrier, pour jouir de l'immu-
nité, prît soin de mettre un denier d'argent sous la tête du mort.

Le privilége conféré au sire d'Ardre est relatif aux bannis contumaces, puisqu'il l'autorise à les *sauf conduire*, s'ils veulent se présenter en justice. Je ne vois pas que ce seigneur pût en recueillir un
autre avantage qu'un avantage pécuniaire, en leur faisant acheter sa
protection. Et je ne comprends guère comment le comte de Flandre
adoptait une mesure si contraire à la bonne police du pays, livré précisément alors aux plus grands désordres.

Le terme d'an et jour auquel est limitée la sauvegarde de chaque
banni s'explique par la disposition de la loi romaine, citée plus haut,
disposition qui avait passé dans la loi Lombarde, puis dans les Capitulaires de Charlemagne, et déclarait la confiscation consommée après
un an de contumace. (*Voir* Baluze (*Capit.*, t. I, p. 781), et Du Cange,
au mot ANNUS ET DIES.

(196) P. 275. — Ch. CXIX. Cùm vocasset ad se abbatem S. Bertini.

Cet abbé était Jean d'Ypre, premier du nom, qui siégea de 1081
à 1095.

(197) P. 277. — Ch. CXX. O iniquorum perfidia Comitum.

Au chapitre précédent, Lambert raconte sans observation que le sire d'Ardre, par mauvais vouloir envers le comte de Guines, a transporté au comte de Flandre l'hommage de son donjon ; dans celui-ci, il parle avec indignation de la conduite des sires de Hennin et de Lécluse, qui ont agi précisément de même vis-à-vis du sire d'Ardre.

(198) P. 279. — Ch. CXXII. de Grimbergio oriundâ.

Les Bertout, sires de Grimberge, ont été longtemps seigneurs de Malines. Voyez leur généalogie dans Butkens, tome II, page 59 et suivantes.

(199) P. 281. — Ch. CXXII. Balduino autem.... et sepulto.

Il mourut le 24 octobre 1127, d'une rupture au cerveau qu'il se fit en sonnant du cor.

(200) P. 281. — Ch. CXXII. Comite Theoderico consentiente.

On comprend la faveur d'Yvain de Gand auprès du comte Thierry d'Alsace, quand on se rappelle la part active prise par Yvain à la chute de Guillaume Cliton et à l'avénement de Thierry.

(201) P. 281. — Ch. CXXII. A Brugensibus.... interempto.

Le comte Charles le Bon fut assassiné le 2 mars 1126.

(202) P. 283. — Ch. CXXII. Julianam Duracensem comitissam.

Duras est un château voisin de Léau et de Saint-Tron, sur la frontière des provinces du Brabant et de Liége, et appartenant à cette dernière. Au xiie siècle, les comtes de Duras, sous-avoués de Saint-Tron, étaient des seigneurs puissants, mêlés à toutes les guerres alors si fréquentes entre le Brabant, le Limbourg, Namur et Liége. Ils formaient une branche de la famille des comtes de Looz. Cette branche s'éteignit à la fin du xiie siècle dans la personne des trois frères Gilles, Conon et Pierre, qui moururent sans postérité. Selon Mantelius, historien du comté de Looz, Julienne était la plus jeune de leurs sœurs. On peut alors s'étonner que Lambert lui donne le titre de comtesse de Duras, auquel elle n'avait aucun droit, puisqu'après ses frères ce comté rentra dans la main de Gérard, comte de Looz. Peut-être Bauduin de Bourbourg épousa-t-il leur mère, nommée aussi Julienne, devenue veuve du comte Godefroi. Je remarque d'ailleurs que dans un titre de 1179, où la comtesse Julienne est mentionnée avec ses enfants, ceux-ci portent les noms de Gilles, Pierre, Conon, Gerberge, et Clarisse. (*Cartul. de Heylissem.*)

(203) P. 283. — Ch. CXXII. Filiam advocati Roberti de Bethuniâ.

Robert dit *le Roux*, avoué de Béthune.

(204) P. 283. — Ch. CXXII. Radulfus ecclesiæ Noviomensis decanus.

Raoul devait succéder à l'évêque Bauduin, troisième du nom, mort en 1174; et comme on voit le siége occupé dès 1175 par Renaud, c'est à la même époque qu'il faut placer son décès.

(205) P. 287. — Ch. CXXIII. Trieterica Bacchi.

Les triéteriques, fêtes qui se célébraient tous les trois ans en l'honneur de Bacchus, conquérant des Indes. Comme elles étaient l'occasion de grandes débauches, Lambert semble indiquer que la tempérance ne présida point aux noces d'Arnoul et de Gertrude.

(206) P. 295. — Ch. CXXVI. Hugonem filium suum, etc.

Le don de la terre de Rolinghem, qu'Arnoul fit en cette occasion à l'abbaye de Saint-Bertin, fut approuvé par une charte du comte de Flandre, Bauduin *à la hache* (1117), imprimée dans le Cartulaire de Saint-Bertin, page 257 : « Quia (dit le comte) ad feodum meum à quibusdam pertinere dicitur. » Arnoul y est appelé « Arnoldus senior de Arda. »

(207) P. 299. — Ch. CXXVII. Ad sanguinis minutiones faciendas.

Il était assez d'usage, dans le moyen âge, de saigner périodiquement et plusieurs fois par an.

(208) P. 299. — Ch. CXXVII. Solariorum diversoria.

Les chambres des combles?

(209) P. 301. — Ch. CXXVIII. Scyllæa sonoritate.

Exemple curieux du style prétentieusement classique de Lambert :
« Il faut déplorer l'avarice du seigneur avec des sanglots qui fassent
« autant de bruit que la mer sur les rochers de Scylla. » Notre vieux
traducteur a laissé de côté cette phrase.

(210) P. 307. — Ch. CXXX. Capellam.... ad succurrendum factam.

Chapelle de secours, qui dépendait d'une église et n'avait aucun
droit paroissial. De là nos succursales. Du Cange cite ce passage.

(211) P. 307. — Ch. CXXX. Cal. Decembris.

Le 12 novembre : mais le concile eut lieu en 1095.

(212) P. 309. — Ch. CXXX. Cum Francorum rege Philippo.

Lambert commet ici une erreur historique. Le roi Philippe I n'alla
point à la croisade, mais bien son frère, Hugues le Grand, comte de
Vermandois.

(213) P. 309. — Ch. CXXX. Venerabili domino et consanguineo, etc.

Quel est ce personnage? Est-ce l'évêque du Puy, Adhémar de Mon-
teil, qui joua un si grand rôle dans la première croisade? Mais on ne
lui connaît aucun lien de parenté avec le sire d'Ardre ; et d'ailleurs
celui-ci revint après la prise de Jérusalem, qui eut lieu quand l'évêque
du Puy était déjà décédé. Est-ce Raymond du Puy, qui fut le second
grand-maître de l'ordre de Saint-Jean de Jérusalem (1121-1160)? Il
est possible qu'il ait été à la première croisade, quoique bien jeune
alors : il reste toujours douteux que ce seigneur dauphinois fût proche
parent du sire d'Ardre.

(213 *bis*) P. 311. — Ch. CXXX. Antiochenæ commendator cantilenæ.

Commendator ici ne présente pas de sens. *Commendare antiphonam* veut dire entonner une antienne. Est-ce à cela que fait allusion Lambert? Je lirais *commentator*, mot qu'Apulée emploie dans le sens d'inventeur, et Tertullien dans le sens d'auteur; mot venant de *commentari*, méditer, comparer, inventer, imaginer.

Il résulte nettement de ce passage que la première composition de la *chanson d'Antioche*, qu'on voit d'ailleurs si populaire dès le XIIᵉ siècle, est contemporaine de la première croisade. On n'en connaissait guère qu'une sorte d'amplification exécutée vers le temps de Philippe Auguste par le trouvère Graindor de Douai, lequel toutefois désigne lui-même l'auteur primitif sous le nom de *Richard le pèlerin*. M. Paulin Paris a retrouvé et publié en 1848 (2 vol. in-8) le texte de Richard, qui s'arrête à la prise d'Archas. Beaucoup de guerriers de nos provinces du Nord y sont cités, tandis qu'Arnoul d'Ardre y est passé sous silence.

(214) P. 311. — Ch. CXXX. O gartionum et ministerialium, etc.

Remarquez cette violente philippique contre les ménestrels, qui en général étaient mal notés des gens d'Église. Elle indique en même temps que les ménestrels, gazettes ambulantes, étaient les dispensateurs de la renommée, leurs chants fournissant, à une époque où l'on ne savait guère lire, la grande distraction des veillées dans les châteaux. Ils en tiraient bon parti. (Consultez Du Cange, au mot MINISTELLUS.) Richard Cœur-de-Lion n'aurait peut-être pas eu une renommée si colossale sans sa prodigalité envers les ménestrels.

(215) P. 313. — Ch. CXXX. Concentor.

Je lis presque partout *contentor*, dont Duchesne a fait *contemptor*. *Concentor* est la leçon du manuscrit de Saint-Omer, et me semble la bonne. *Ignominiosus ille concentor*, cet ignoble chanteur, de *concinere*, chanter. *Concentor* se trouve dans Isidore.

(216) P. 315. — Ch. CXXXII. Sed cùm soror propinquior hæres, etc.

Voir la note sur la page 147, chapitre LXIII, et le chapitre CXLIV.

(217) P. 315. — Ch. CXXXIII. Apud Markinium fuit.... vicecomes.... nomine Elembertus.

Il semble résulter de ceci que Merck fut d'abord au comte de Guines ; bientôt nous verrons (ch. cxxxiv) les gens de Merck obéissant au comto de Boulogne.

Cet Elembert, vicomte de Merck , fut un des premiers bienfaiteurs de l'abbaye d'Andre, et souscrivit, en 1084, les chartes de fondation rappelées plus haut (ch. XXX).

(218) P. 317. — Ch. CXXXIII. Videlicet et Pagano, etc.

Elembert dit Payen , vicomte de Merck , souscrivit en cette qualité, vers 1130, une donation au profit de l'abbaye d'Andre. (*Chr. d'Andre.*)

(219) P. 319. — Ch. CXXXIV. Petronillam de Buchenio.

Quelle était cette Pétronille ? quel est ce lieu de *Buchenium ? Neptis* veut-il dire ici petite-fille ou nièce?

S'il veut dire petite-fille , voyons quelle fut la postérité de Thierri d'Alsace, comte de Flandre. Il eut huit enfants, trois fils et cinq filles. Son fils aîné, Philippe d'Alsace, mourut sans enfants. Le second, Mathieu, laissa deux filles, Ide, comtesse de Boulogne , et Mathilde, mariée à Henri, duc de Brabant. Le troisième, Pierre, d'abord évêque élu de Cambrai, puis marié à la veuve du comte de Nevers, laissa une fille, Sybille, mariée à Robert de Wavrin. Des cinq filles de Thierri, deux furent religieuses ; Laurette, mariée à Yvain d'Alost, eut un fils ; Gertrude, mariée à Humbert III, comte de Savoie, eut un fils ; Marguerite, mariée à Bauduin V, comte de Hainaut, lui donna trois filles : 1° Isabelle, première femme de Philippe Auguste, roi de France ; 2° Yolande, mariée à Pierre de Courtenay, empereur latin de Constantinople ; 3° Sybille, mariée au sire de Beaujeu. Il faudrait supposer qu'Yolande ou Sybille eût porté aussi le nom de Pétronille, et eût été mariée en premières noces au sire d'Ardre, avec le titre et l'apanage de Bouchain, alors dépendant du Hainaut. Mais on ne connaît aucun document à l'appui de cette supposition ; les dates y répugnent ; et le sire d'Ardre était un bien chétif parti pour la sœur de la reine de France. On connaît à Thierri d'Alsace un bâtard, mais il fut ecclésiastique.

Il faut donc traduire *neptis* par nièce, et voir dans *Buchenium* autre

chose que Bouchain. Thierri d'Alsace a eu des frères et sœurs de deux
lits. L'aîné, Simon, duc de la haute Lorraine, laissa dix enfants.
Dom Calmet ne donne à aucun le nom de Pétronille. Une sœur, Gertrude, dite aussi Pétronille, épousa Florent II, comte de Hollande;
une autre, Ode, épousa un comte Bavarois nommé Segehard. Un
autre frère, Simon, fut comte d'Engisheim : j'inclinerais à chercher
parmi eux les parents de notre Pétronille. Il y a plusieurs lieux du
nom de Buchen, Bucken, Büchen, Bücken, dans le pays de Bade,
dans les régences de Dusseldorf et d'Arnsberg, et près d'Aix-la-
Chapelle.

(220) P. 325. — Ch. CXXXV. Speciosum formâ præ filiis Flandrensium.

Allusion au verset 3 du Psaume xliv : « Speciosus formâ præ filiis
hominum. »

(221) P. 331. — Ch. CXXXVII. Anathematisantibus.

On lit dans la plupart des textes : *Anathesantibus.* Du Cange, en
donnant le verbe *anathesare*, ajoute : *fortè anathematisare ;* puis cite
ce passage. Comme c'est la seule fois que ce mot se produit, il me
paraît évident que c'est une abréviation de copiste, et qu'il faut lire,
avec le manuscrit d'Amiens : *Anathematisantibus.*

(222) P. 331. — Ch. CXXXVII. Simoniacæ pravitatis, etc.

L'abdication que Bauduin fait, pour décharger sa conscience, de la
prévôté d'Ardre au profit de l'abbaye de la Capelle, montre que la
possession des bénéfices ecclésiastiques par les laïques, bien que fréquente, était réputée répréhensible. Un autre exemple est rapporté
au chapitre cxlvi. Une lettre de Didier, évêque de Térouenne, relatée
dans la Chronique d'Andre (1173), absout un laïque qui avait joui longtemps d'une dîme, *contra jura canonum,* et ajoute : *Cùm illicitum
sit laicis decimas possidere.*

(223) P. 331. — Ch. CXXXVII. Universis, etc.

Cette charte est imprimée dans Duchesne, maison de Guines ; dans
Miræus, I, 179 ; dans le *Gall. christ.*, X, Instr. col., 403 ; dans Ann,
Præm., I, pr. col. 187. Sa teneur, comme pour celle rapportée au
chapitre cxvi, ne paraît pas textuelle : « Quantùm meminimus in ro-

cordatione hujus privilegii, etc. » En outre, Gautier de Cluse s'excuse de ne pouvoir rendre un document latin mot à mot en langue laïcale, c'est-à-dire, en langue vulgaire, à l'usage des non clercs, des *non lettrés*.

(224) P. 335. — Ch. CXXXVII. Minimè patiatur recidium.

Duchesne et les manuscrits de Saint-Omer et de Paris écrivent *recidivum*, qui ne présente point de sens ici. Quoique *recidium* ne se trouve ni dans les lexiques ni dans Du Cange, je pense que c'est la bonne leçon, et que Lambert l'emploie comme substantif du mot *recidere*, couper, retrancher.

(225) P. 337. — Ch. CXXXVIII. A Remensi archiepiscopo, etc.

L'archevêque de Reims était Samson de Mauvoisin, qui siégea de 1140 à 1161 ; le pape était, ou Luce II, mort en 1145, ou Eugène III, mort en 1153.

(226) P. 339. — Ch. CXXXIX. Terram suam relevando.

Les fiefs étaient originairement donnés à vie. La mort du possesseur ou la confiscation les rendait *caducs*, les faisait *retomber* en la main du suzerain. Celui à qui il les confiait les *relevait*, et payait ordinairement un droit d'investiture et un cens quelconque au suzerain, droit qui s'appelait de *relief*. Quand les fiefs furent héréditaires, il y eut toujours pour l'héritier obligation de *relever* son fief.

(227) P. 343. — Ch. CXL. Extra atrium Ardeæ imbloccatum.

La sépulture chrétienne était refusée aux excommuniés ; on devait même laisser leurs cadavres exposés aux injures de l'air et aux outrages des animaux. Néanmoins, à cause de la puanteur et du hideux spectacle, on les recouvrait de terre ou de pierres, ce qu'exprimait le mot *imbloccare ; bloche*, motte de terre ; *abloquier*, en picard, maçonner.

(228) P. 345. — Ch. CXLI. Profectio autem ista, etc.

Voir plus haut, ch. LXV.

(229) P. 345. — Ch. CXLII. Suis ampliùs nunquam comparuit.

Voir plus haut, ch. LXV.

(230) P. 347. — Ch. CXLIII. Sub albi velleris vestibus.

Sous le froc blanc des moines.

(231) P. 351. — Ch. CXLIV. Peregrè profectus nondùm rediit.

Thierri ne revint qu'en avril 1150 : il était parti pour la croisade, laissant le gouvernement à sa femme Sybille, fille de Foulque d'Anjou, roi de Jérusalem.

(232) P. 359. — Ch. CXLVII. Hyadum fluctuationibus.

Les Hyades forment une constellation considérée comme pluvieuse. *Fluctuatio* ne peut être entendu ici que comme « action de verser des flots de pluie. » Ce sens n'est indiqué ni dans Forcellini, ni dans Du Cange.

(233) P. 361. — Ch. CXLVIII. Quosdam cursorios clericos.

Je ne comprends pas bien le mot *cursorios. Cursor* veut dire courrier, huissier, appariteur, héraut, courtier, tachygraphe.
Clericus cursorius se dit d'un clerc astreint à l'office canonial.
Je croirais que *cursorius* a dans la pensée de Lambert un sens satirique ; qu'il assimile ces clercs à des courtiers, à des entremetteurs colportant leurs bons offices en cour de Rome.

(234) P. 361. — Ch. CXLVIII. Alexandro, Lucio, et Cleménte.

Les trois papes désignés ici sont : Alexandre III, mort en 1181 ; Luce III, en 1185 ; Clément III, en 1191.

(235) P. 361. — Ch. CXLVIII. Hugone Cameracensi et Johanne Atrebatensi decanis.

Hugues IV du nom, doyen de Cambrai, apparaît dans des actes de 1175, 1185, 1189 ; son successeur, Adam, dans un acte de 1192.

Jean II du nom, doyen d'Arras, figure dans deux actes de 1190 et 1191;
son successeur, Elembert II, est mentionné en 1188, et le successeur
de celui-ci, Nicolas, en 1193.

(236) P. 363. — Ch. CXLIX. Eustachià, etc.

Eustachie, dont il a déjà été question au chapitre XCVI, délaissée
par Arnoul de Guines, épousa Jean de Nesle, châtelain de Bruges.

(237) P. 363. — Ch. CXLIX. Willelmo de Bethunià et fratribus ejus, etc.

Guillaume II, dit *le Roux*, époux de Mahaud de Tenremonde, prit
le titre d'avoué de Béthune en 1194, se croisa en 1200, revint en 1205,
et eut pour successeur son fils Daniel, en 1215. Conon, son frère, distingué à la fois comme diplomate, comme guerrier, comme poëte,
joua un grand rôle dans la fondation de l'empire latin de Constantinople, dont il fut plusieurs fois régent, notamment en 1220. Il mourut
en 1222, et sa mort fut envisagée comme une calamité publique. Pour
sa part de la conquête, il avait reçu la seigneurie d'Andrinople.

On a de ses poésies dans les bibliothèques du Vatican, de Berne, et
de Paris. Elles ne roulent pas exclusivement sur l'amour. Conon s'était
déclaré admirateur de la comtesse de Champagne, Marie de France,
veuve de Henri I, et fille d'Éléonore de Guyenne.

Il a été question de Bauduin, comte d'Aumale, au chapitre CXIV.

Jean, leur frère, fut évêque de Cambrai depuis 1200 jusqu'en 1219.
Il avait été nommé doyen d'York, mais n'avait pu prendre possession.

(238) P. 365. — Ch. CXLIX. Morinensis ecclesiæ antistite Lamberto.

Lambert de Bruges, d'abord chancelier de Reims, fut évêque de
Térouenne depuis 1191 jusqu'en 1207.

(239) P. 367. — Ch. CXLIX. Beatrice Broburgensi castellanà.

Béatrix, fille de Gautier, châtelain de Bourbourg, et de Mahaut de
Béthune, devint veuve d'Arnoul en 1220, et mourut à Bourbourg
en 1224.

**(240) P. 367. — Ch. CXLIX. Ut aquà benedictà exspergeremus sponsum
et sponsam, etc.**

Le Pontifical d'Arles et celui d'Auxerre, tous deux écrits dans le

XIII⁰ siècle, et cités dans le savant ouvrage de D. Martène, *de Anti-quis Eclesiæ Ritibus*, font mention de la bénédiction du lit nuptial, et indiquent les formules d'oraison à réciter : elles diffèrent de celle employée ici par le comte Bauduin. Le Pontifical d'Auxerre porte : « Incipit officium in benedictione sponsi et sponsæ *intra thalamum* à sacerdote faciendà. » On retrouve cette cérémonie dans des rituels plus récents. Celui d'Amiens, au XVII⁰ siècle, dit que les époux doivent se tenir debout au pied du lit.

(241) P. 369. — Ch. CL. Beatricem, Christianam et Matildem.

Béatrix, en 1218, se déroba de la maison paternelle pour aller prendre le voile à Bourbourg. En 1224, elle devint abbesse de Bone-ham, couvent fondé par sa mère dans les environs d'Oye.

On ne sait rien de Chrétienne.

Mathilde fut la troisième femme de Hugues V de Châtillon, comte de Saint-Pol. Elle l'épousa en 1244, n'en eut pas d'enfants, devint veuve en 1248, et mourut en 1262.

(242) P. 371. — Ch. CL. Flandriæ Comes et Hannoniæ Balduinus.

Bauduin IX, fils de Marguerite, sœur du comte Philippe d'Alsace. C'est le même qui devint empereur latin de Constantinople.

(243) P. 371. — Ch. CL. Regis Franciæ Philippi.

Philippe Auguste.

(244) P. 371. — Ch. CL. Unde et Boloniensis dicitur.

La porte *Boulisienne*.

(245) P. 371. — Ch. CL. Willelmum Audomarensem castellanum.

Guillaume V, châtelain de Saint-Omer et sire de Fauquemberg. Guillaume II, dont il a été parlé au chapitre XLVI, était son bisaïeul.

(246) P. 273. — Ch. CL. Mellifluum puerum Balduinum.

Ce fut depuis le comte Bauduin III, qui succéda à son père en 1220, et mourut en 1244.

(247) P. 373. — Ch. CL. Adelidem et secundam Beatricem.

On ne sait rien d'Adelis. Béatrix épousa Anselme, sire de Cresecques.

(248) P. 373. — Ch. CL. Consignavimus.

Consignare se disait proprement du sacrement de confirmation donné à la suite du baptême; fonction épiscopale. On l'employait aussi, dans un sens moins restreint, pour toute bénédiction donnée avec le signe de la croix.

(249) P. 373. — Ch. CLI. Eustachius de Hammis.

Eustache de Hames, qui s'intitulait aussi de Campagne, mourut en 1227, à la suite d'une longue maladie, ayant dépensé en honoraires de médecins tout ce qu'il possédait. Il ne lui restait plus de vêtements pour sa sépulture : l'abbé d'Andre, entre les bras duquel il expira, fournit à cet effet un froc de moine.

(250) P. 373. — Ch. CLI. Generationem enim ejus, etc.

Allusion au verset VIII du chapitre LIII d'Isaïe : « Generationem ejus quis enarrabit? »

(251) P. 375. — Ch. CLI. Matildem desponsavit uxorem.

On trouve dans la Chronique d'Andre deux chartes de fondation en faveur de cette abbaye, émanées d'Eustache et de Mathilde (1220). Eustache y déclare qu'il s'est croisé contre les Albigeois.

(252) P. 375. — Ch. CLI. E contra Hugo de Walo, etc.

Il était seigneur du Val en Surques, comme le constate une charte de 1218, rapportée dans la Chronique d'Andre. Il y prend la qualité de croisé. Quel est ce lieu de *Minthecas?* Est-ce Mentque, commune du canton d'Ardre, voisine de Tournehem? Mais Mentque n'était nullement du comté de Boulogne, pas même de celui de Guines. Est-ce Menty, dépendance de Verlinctun, à 13 kilomètres S.-E. de Boulogne, canton de Samer, arrondissement de Montreuil? Mais pour y parvenir, Hugues avait à franchir 20 kilomètres à travers le comté de Boulogne.

(253) P. 375. — Ch. CLI. Juxta eamdem calcatam Nivenna.

Près de la chaussée de Nieulet.

(254) P. 375. — Ch. CLI. Tempore illo Manasses, etc.

Le même dont il a été question au chapitre LXXII.

(255) P. 379. — Ch. CLII. Hic enim rustici, etc.

Cette fin de chapitre offre un renseignement curieux dans la nomenclature des ouvriers et des instruments de travail en ce temps reculé; malheureusement bien des termes sont obscurs.

Biga marlatoria est un tombereau à deux chevaux pour porter de la marne, *marla* ou *marna*, terre grasse que l'on répand sur les champs pour les amender. Du Cange cite le passage au mot *Maratoriæ*, qui me paraît une mauvaise leçon.

Carrus fimarius, tombereau à fumier. On trouve : *equus, bos fimarius*, cheval, bœuf pour traîner le fumier.

In muffulis et scapulariis. Du Cange, qui cite plusieurs fois ce passage, interprète *muffulæ* une sorte de gants de peau (les statuts de Corbeil disent en effet *wantos* et *mulfulas*; on dit encore dans ce sens *mouffles*), et *scapulare* une sorte de surtout pour le travail, Il semblerait donc que pour cette besogne d'empierrement des chemins, les ouvriers avaient des gants et un vêtement particulier. Cette explication me satisfait peu; mais je n'en trouve pas d'autre.

Fossarius, ouvrier qui fouit la terre.

Fossorium. On a dit fossière et fosseur, « ung petit piochon, autrement dit fosseur. » (Lettres de 1480.)

Ligo, bêche; *ligonista*, qui travaille à la bêche.

Pica, pic; *picator*, qui travaille avec le pic.

Malleator. Du Cange ne donne point ce mot. Il s'agit sans doute d'ouvriers qui *battaient* le terrain avec quelque instrument comme une hie.

Novaculator et *rasor.* Du Cange cite le passage à chacun de ces mots, et hésite pour l'explication. Il y voit des ouvriers, ou chargés e tailler les matériaux, ou d'enlever le gazon en planches, ou de raser, aplanir le sol.

Parator n'est pas donné par lui dans le sens qu'il peut avoir ici, celui d'un ouvrier *parant* ou revêtant un fossé.

Vallator. Du Cange fait venir ce mot de *wallum, wal,* terme anglo-saxon qui signifie *vallum, murus, agger.* On peut également le dériver de *vallare,* qui dans la bonne latinité veut dire fortifier, munir un lieu.

Deuparius. Du Cange passe sous silence l'interprétation de ce mot, qu'il cite cependant.

Hiator, qui se sert de la hie.

Onerator, chargeur.

Buttarius. Du Cange se tait aussi sur le sens de ce nom, qui est écrit au chapitre LXXXIV *bucharius,* et lui semble alors vouloir dire bûcheron.

Hoccus. Hoc, croc, crochet ; à moins qu'on ne lise : *occa,* herse.

Cespitarii cum cespitibus oblongis ét mantellatis. Du Cange traduit *cespitarii, qui cespites eruunt,* et ne donne pas le sens de *mantellatis. Mantellus,* mantelet, est un ouvrage de fortification destiné à couvrir un mur, une position. *Mantellatis* est probablement ici un terme de métier dont nous ne connaissons pas l'équivalent.

Scrupulantibus. Du Cange hésite devant ce mot, qui lui paraît indiquer une opération de tracé. Comme *scrupulus* désigne une mesure agraire, je croirais que *scrupulare* veut dire mesurer.

(256) P. 381. — Ch. CLIII. Quomodò Flandriæ regina Portugalensis Mathildis.... ab ipsis Furnensibus et Blavotinis exsuperata est.

Mathilde, appelée Thérèse en Portugal, fille du premier roi de Portugal Alphonse Henriquez, épousa en 1184 Philippe d'Alsace, comte de Flandre. Comme fille de roi, elle portait le titre de reine. Devenue veuve en 1191, elle épousa en 1194 Eudes III, duc de Bourgogne ; mais ce second mariage fut cassé en 1197 pour raison de parenté. Elle mourut à Furnes, en 1218. A la mort de Philippe, elle avait reçu en douaire un apanage important, qui comprenait Douai, Lille, Orchies, Watten, Bourbourg, Bailleul, Nieppe, Cassel, Bergues, Dunkerque, Dixmude, Furnes. Avide d'argent et d'un caractère impérieux, elle froissa par ses exactions et sa hauteur les populations de la Flandre maritime, si remuantes et si jalouses de leurs franchises. A cette occasion se ranimèrent les querelles des Blavotins et des Isangrins ou Ingrekins, qui depuis longtemps ensanglantaient cette contrée, dont on trouve des traces en 1130, 1142, 1144 (Meyer), et qui sembleraient remonter jusqu'au milieu du XIe siècle, si l'on s'en rapporte à une insinuation de notre auteur (fin du chapitre c).

Les faits racontés ici eurent lieu en 1201. Herbert de Wulveringhen, après sa victoire, incendia le château de Mathilde à Furnes, ce qui lui valut de la part de Bauduin IX, comte de Flandre, une sentence de confiscation et de bannissement. La lutte recommença en 1204, et causa encore de grands maux. Les Ingrekins y prirent une rude revanche. L'honneur d'avoir mis fin à ces éternelles et cruelles dissensions appartient à Gilles, douzième abbé de Vicogne, mort en 1235. C'était un prédicateur habile et zélé. A la suite d'un sermon pathétique, ces ennemis invétérés s'embrassèrent et prirent ensemble la croix. L'abbé Gilles partit à leur tête, portant casque et cuirasse, et son froc par-dessus. Il fit en Asie des prodiges de valeur, qui lui méritèrent au retour les éloges du pape Grégoire IX, et le surnom de *blanc gendarme*. La Chronique de Ninove le montre sautant en selle après son homélie, et se précipitant sur l'ennemi en avant de tous les siens.

D'où venait le nom de *Blavotins*, écrit *Blootins* par le chroniqueur de Saint-Denis, et *Bloetins* par Guillaume le Breton? Est ce de *bloot, bloet*, sang? de *blaeuw voet*, épervier? de *blacu voeten*, pieds bleus? Est-ce du sire de *Blaeuvoet*, château situé à Perwyse, entre Nieuport et Dixmude? Cette dernière opinion, qui est celle de Meyer, paraît assez vraisemblable en regard du nom d'Ingrekins porté par la faction opposée, à cause de Sigebert Ingeryck son chef. Mais ce nom d'Ingrekins transmis par la Chronique d'Andre et Yperius, se change en *Ingrins* dans Ph. Mouskes, et en *Isangrins* dans Guillaume le Breton et dans les Chroniques de Saint-Denis. Or, *Isangrins* dans diverses poésies populaires, et notamment dans le fameux roman du Renard, désigne le loup. Un des partis aurait-il adopté le sobriquet d'*épervier* ou de *pieds bleus*, et l'autre celui de *loup*, comme plus tard, au xive siècle, on vit la Hollande se partager en deux fractions désignées par les sobriquets de *hoeck* (hameçon) et *cabeljaw* (cabillaud)?

(257) P. 381. — Ch. CLIII. Castellum sive burgum.

Végèce a dit : « Castellum parvulum, quem burgum vocant. » On le fait dériver du grec πύργος, tour. Aussi, quoique chez les Germains on ait primitivement donné le nom de *burgum* à toute agglomération de maisons, bientôt cette expression fut consacrée à la forteresse du lieu.

(258) P. 383. — Ch. CLIII. Hebbenus vel Herebertus.

Il était sire de Wulveringhem, entre Bergues et Furnes.

(259) P. 385. — Ch. CLIV. In expeditione.... apud Radepontem.

Cette expédition eut lieu en 1203. Rigord et Guillaume le Breton en
font mention dans le récit des grandes chroniques de Saint-Denis :
« Ou darrien jor de ce meismes mois (d'août) aseia li rois le chastel
« de Raidepont. Apres ce que il ot maintenu le siege entor xv jors,
« et ot fait par maintes foix lancer pierriers et mangoniaus, il fist faire
« et drecier chastiaus de fust assis seur roues, en tel maniere que on
« les pooit mener cele part où l'on voloit ; et lors fist assalir le chastel
« par grant vertu et le prist. » (*Rec. des hist. de Fr.*, t. XVII, p. 391.)

(260) P. 385. — Ch. CLIV. Eustacius monachus de cohorte sive de cursu,
Boloniæ tunc senescalus.

Eustache était fils de Bauduin Busket, pair du Boulonais, que l'on
voit figurer dans plusieurs actes de cette époque. Il naquit à Course,
hameau de Doudauville, canton de Samer. D'abord moine à Samer, il
jeta le froc aux orties, embrassa la profession des armes, et se rendit
fameux par ses entreprises, tant sur mer que sur terre, changeant
souvent de bannière. Voici comme en parle un chroniqueur contemporain (*Histoire des ducs de Normandie et des rois d'Angleterre*) : « Chil
« Wistasses li moines estoit 1 chevaliers de Boulenois, qui moult avoit
« guerroié le conte de Bouloigne, tant le guerroia que il ala puis au
« siervice le roi d'Engletierre, por chou que li cuens estoit deviers le
« roi de France, si le servi tant que il li donna les ylles de Gerneséo ;
« mais puis fu il melles au roi ; si le fist prendre et sa feme autresi, si
« les tint longhement en sa prison : por cele haine estoit il venus à
« Looys.... maintes fois en ot la mer passée, come chil qui moult
« en savoit. »

Avant de se brouiller avec le comte de Boulogne Renaud de Dammartin, Eustache l'avait servi. Il était son sénéchal à l'époque des événements retracés en ce chapitre (1203). En 1214, le roi d'Angleterre
(Jean Sans-Terre) le tenait prisonnier au château de Porcester. En 1215,
il servait activement la cause des barons révoltés contre Jean, et de
Louis, fils de Philippe Auguste, appelé par eux. Il périt dans un combat
naval, en 1217 ; les Anglais promenèrent sa tête au bout d'une pique,
dans le comté de Kent.

Ses déprédations et ses aventures avaient laissé de profonds souve-
nirs, qui ont été consacrés dans un poëme du XIIIe siècle en 2305 vers,
qu'a publié M. Francisque Michel sous ce titre : *Roman d'Eustache le*

moine, pirate fameux du XIIIe *siècle* (Paris, Silvestre, 1834, in-8°).
J'y remarque les deux strophes suivantes :

(V. 305) A Cors en Boulenois fu nes.
Bauduin Buskes ot a non
Ses pere, pour voir le savon ;
Si estoit pers de Boulenois.

(V. 370) Li moignes servi puis le conte,
De trestout li rendoit a conte ;
Senescaus fu de Boulenois,
Pers et baillius, che fu ses drois.

(261) P. 387. — Ch. CLIV. Flandrensis comitissæ Mariæ.

Marie, fille de Henri le Libéral, comte de Champagne. Elle partit
bientôt pour l'Orient, et mourut à Saint-Jean-d'Acre, le 29 août 1204.

(262) P. 387. — Ch. CLIV. Lothariæ ducis Balduini.

Voyez la note 139.

(263) P. 389. — Ch. CLIV. Juxta Sliviacas oras.

Voyez l'INDEX GÉOGRAPHIQUE, au mot *Sliviacæ oræ.*

(264) P. 389. — Ch. CLIV. Daniel de Gandavo, etc.

C'est le même qui est mentionné au chapitre XXXIV. Il était frère
de Siger II, châtelain de Gand, et le second mari d'Adelide, héritière de Balinghem. La grand'mère d'Adelide était bâtarde du comte
Manasses.

GLOSSAIRE

DE QUELQUES MOTS FRANÇAIS QUI ONT VIEILLI.

———o O o———

N. B. La lettre D indique que le mot se trouve dans le Glossaire français de Du Cange,
la lettre R, qu'il se trouve dans le Glossaire de Roquefort;
la lettre J, qu'il se trouve dans la Vie de saint Louis, par Joinville ;
la lettre M, qu'il se trouve dans la Chronique de Ph. Mouskès.

Hécart, quelquefois cité, est auteur d'un Dictionnaire du patois *Rouchi*,
c'est-à-dire Wallon du Hainaut.

A tant. Ce mot a plusieurs significations : alors, pour lors, maintenant, cependant, en attendant. R. — pages 46, 66.

Acertené. *Certioratus.* Informé, instruit. D. R. — p. 52.

Acoucher mallade. *Accubarc.* Se mettre au lit malade. J. D. R.
— p. 208.

Adge, *ou* **aege,** *ou* **eage.** Pour âge. Il y a des exemples de ces
trois orthographes. On trouve aussi *aage, aige, euige.* —
p. 36, 198, 214, 236.

Adommaigé. Endommagé, en mauvais état. D. R. — p. 166.

Advironner, avironner. Environner, entourer. D. R. — p. 152,
168.

Advancher. Aucun glossaire ne donne la signification de ce mot,
qui est ici expliqué par le suivant, et veut dire *surprendre.* —
p. 322.

Affermer. Affirmer, assurer. D. R. — p. 96.

Aggressé. Pour attaqué. D. R. — p. 112.

Ainchois [ainçois]. Conjonction qui a plusieurs sens : volontiers,
d'abord, aussitôt, plus tôt, mais, etc. J. R. — p. 256.

Allissions. Pour allassions. — p. 366.

Amplier. *Ampliare* [ampléer, amplier] : augmenter, agrandir.
D. R. — p. 36.

Aorné [aourné] : de *adornatus.* Orné. D. R. — p. 34.

Apaly. Devenu pâle. R. — p. 52.

Arousé. *Irroratus.* Pour arrosé. Forme romane et wallone. — p. 330.

Assistée. Pour sollicitée, importunée. Je ne le trouve point dans ce sens. — p. 218.

Assouffir. Fournir la suffisance, rassasier, assouvir. D. — p. 48, 56.

Atédier. De *attœdiare.* Ennuyer, être à charge. D. R. — p. 78.

Atédiation. *Id.* Ennui. — p. 198.

Auchiez à la chasse. Selon Hécart, *aucher* veut dire remuer, secouer, agiter, agacer. Ce serait donc ici : animé à la chasse. — p. 224.

Avollé. Étranger, venu d'ailleurs, banni. D. R. On le trouve dans Froissart. — p. 244.

Basme. Baume. R. — p. 190.

Baston. Arme. — p. 86, 98.

Bastures [batures, basteures] : coups. D. — p. 122.

Bienvegnié, participe de bienveignier, bienviengnier, bienvignier, donner la bienvenue, bien recevoir. D. R. — p. 32.

Blasonneur. Médisant, qui blâme, qui drape (dans Amyot et Marot). Bouffon. D. — p. 310.

Bretesche (nom de). Sobriquet. — p. 224.

Briogans. Brigands. R. Hécart. — p. 98.

Cacher, cachier. Chasser, expulser. — p. 354, 210.

Casse. *Capsa.* Châsse, reliquaire. D. R. — p. 74.

Cauchie. Chaussée, route. — p. 384.

Chaindre. Ceindre, entourer. R. — p. 168.

Chimentierre : cimetière. — p. 272.

Compaigner. Accompagner, faire cortége. D. R. — p. 86.

Confés, confez. Confesseur. Mouskès dit confiès. — p. 118, 236.

Contemnement. On écrit aussi contempnement. Mépris. De *contemnere.* R. — p. 354.

Contendu [contendre], de *contendere,* faire effort, tâcher. D. — p. 106.

Convent. S'écrit souvent pour couvent : *conventus.* R. — p. 70, 72, 76,

Convive. On trouve aussi convis. Repas, festin : *convivium.* D. R. — p. 188.

Cotière. De *coteria.* Tenement roturier ; d'où l'expression : tenir en coterie. Cottier, celui qui est soumis à la censive sur un héritage vilain. — p. 22

Cremeu : craint. D. R. — p. 230.

Cuida, **cuidié** [cuider] : présumer, s'imaginer, prétendre. J. R. — p. 66, 310.

Debite. De *debitum.* Impôt, dette, redevance. D. R. — p. 356.

Debue, pour due ; participe de debvoir. On trouve dans Roquefort *debuement*, pour dûment. — p. 30.

Decrepite. Décrépitude. D. R. — p. 112.

Despeschier (en) le pays, en débarrasser le pays. D. R. — p. 136.

Dépopulé. Ravagé, privé de. D. R. — p. 134.

Desservir, deservir. Mériter. J. D. R. — p. 188.

Destruiment. Destruction, ruine. R. — p. 50.

Diffinir. De *diffinire.* Déterminer, fixer. Roquefort écrit deffinir. — p. 24.

Dresse. Roquefort écrit dresce. Direction, l'instrument qui dirige. — p. 202.

Embocquié. Je ne trouve dans aucun glossaire ce mot par lequel le traducteur rend *imbloccatus.* — p. 354. (Voir la note 227.)

Embut de collere. Tout enbut et maculé de sang. Arousé et enbut de la grâce. Participe de enbuver : enivrer, mouiller, arroser. R. *Imbuere.* — p. 56, 324, 330.

Emparlé. Qui parle bien, aisément, à propos. D. R. — p. 46.

Emprins, empreudre. Entrepris, entreprendre. D. R. — p. 2, 14.

Encombrier. Embarras, encombre, malheur. R. M. — p. 144.

Enfermerye. De *infirmaria.* Infirmerie, hôpital de malades. R. — p. 152, 154.

Enfermeture. De *infirmatorium.* Même sens. Mais les glossaires ne le donnent point. — p. 154.

Engin. De *ingenium.* Esprit. R. — p. 2.

Engouler. Avaler. D. R. — p. 288.

Ennorte. Exhortation, suggestion. D. — p. 162.

Ensieuvir, ensuivir [ensievre, ensievir, ensuevre, ensuir]. Suivre, imiter. J. R. — p. 42, 220, 252, 330, 342.

Entachié, entechié, enteché. Doué, sali, infecté. D. R. M. — p. 116, 102, 100.

Entremise. On a dit entremetteur, pour métayer, colon partiaire. D. R. C'est ici le sens du mot *entremise*, que les glossaires ne donnent point avec cette acception. — p. 22.

Entresuivirent (s'). Se poursuivirent mutuellement. On ne le trouve pas employé dans ce sens. — p. 372.

Escharter. Pour essarter ; du bas latin *eschartare.* — p. 236.

Eslargir. De *elargiri*. Donner, faire largesse. R. — p. 154, 160.

Eslongier le païs. Quitter, s'éloigner de... D. R. — p. 236.

Espanté. Frappé de peur, effarouché, épouvanté (Hecart). En Artois, on dit *espeuté*. — p. 124.

Estaurer [estorer]. Instituer, établir, garnir. De *instaurare*. M. R. — p. 76.

Estocq. Pieu. R. — p. 378.

Estocq. Origine, souche. R. — p. 234.

Estouper. Boucher, obstruer. M. R. — p. 166.

Estrange. Étranger. — p. 190, 244.

Estrif. Querelle, dispute, noise, chagrin. J. D. R. — p. 10, 54.

Exaulcer [exaulchier]. R. Révérer, exalter, élever, rehausser.— p. 31, 76, 248.

Exercite. Armée. R. — p. 344, 380.

Exquis. De *exquisitus*. Obtenu autrement qu'à prix d'argent. D. — p. 76.

Fermeté. Château, fortification, rempart. M. D. R. De là tant d'endroits portant le nom de *La Ferté*. — p. 128, 130, 168.

Fiens. Fumier. — p. 378.

Fillolaige. On a dit aussi filloliage, filiolage, filleurage. Don fait à un filleul. D. — p. 36.

Finer. Terminer. — p. 194.

Fourceler [forceler, fourcheller] (*foriscelare*). Tromper, cacher, receler en fraude. D. R. — p. 262.

Gaudisseur. Bouffon. R. On le trouve dans Amyot et dans Montaigne. — p. 288.

Getissions. Pour jetassions. — p. 366.

Haie, haieur. Sans doute pour hie, et hieur (ouvrier qui se sert de la hie. Roquefort donne *haye*, dans le sens de grue, mouton pour enfoncer les pieux. — p. 378.

Hastée. Notre traducteur l'emploie pour préparée : les glossaires ne le donnent pas dans ce sens. Hasté veut quelquefois dire : embroché, prêt à être rôti; peut-être a-t-il eu en vue cette comparaison familière. — p. 72.

Haver. Il est employé dans le sens de fouir. Je trouve dans le patois du Hainaut, hauwée, houe ; hauwer, travailler à la houe. — p. 386.

Hocquet. Sans doute pour haquet, petite charette. — p. 378.

Huis. Porte. — p. 312.

Hurt de terre (un). Pour heurt, amas pouvant faire obstacle. R. — p. 236.

Improperer. Reprocher, injurier. Du latin *improperare*. R. — p. 194, 232, 386.

Introduisez. Pour introduits. — p. 72.

Involvé. De *involvere*. Envelopper. — p. 96.

Jachois, jassoit. Quoique. — p. 364, 308.

Leens [leenz, leans, laians, laiens]: là dedans, *illic*, *intùs*. R.— p. 24.

Légier (de). Facilement. — p. 260.

Letz [lez]. Côté. R. M. De là la préposition : lez (à côté) : Plessis-lez-Tours. — p. 298.

Lignie, pour lignée. R. — p. 236, 280.

Machue. Du bas latin *maxuca*. Massue. D. R. — p. 86, 322.

Maculle. C'est la traduction de *macula*, tache, ordure. Je ne le trouve point ailleurs. — p. 240.

Maillotz. Pour maillets : d'où maillotins. — p. 378.

Manciper. Réduire en servitude. R. — p. 304.

Marloires. C'est le latin *marlatorius*. (Voy. ce mot au Glossaire latin.) — p. 378.

Maton de lait. Du lait caillé. R. — p. 140.

Mesprison. Il signifie ici méprise. D. et R. ne le donnent que dans le sens de délit, tort, outrage. — p. 232.

Messon. Moisson. D. R. — p. 66.

Mettes. Confins, limites. D. R. De *meta*. — p. 286, 302, 306.

Mise. Dépense. D. R. — p. 166, 180.

Mitigué. Adouci. C'est le mot latin *mitigatus* francisé. — p. 48.

Monstrelin. Je ne puis voir là qu'une faute de copiste pour estrelin, *sterling*. — p. 370.

Mucher [muchier, mucer, musser, mucier]. Cacher. D. R. — p. 308, 388.

Murdre. Meurtre. R. D. — p. 68.

Murdrier. Mettre à mort. R. — p. 54.

Nient. Néant, rien (négation). D. R. M. — p. 252.

Noise. Bruit, son, tapage. J. R. — p. 194.

Noncer. Annoncer. D. R. — p. 8.

Nouviau faicte. Nouvellement faite. *Recens facta.* — p. 342.

Novalles (terres). Nouvellement cultivées. R. — p. 262.

Œul. OEil. R. — p. 312.

Olt. Eut. — p. 28.

Olrent. Eurent. — p. 108.

Ord. Sale, malpropre. D. R. — p. 54, 240.

Oremains [oremais] : dès que, de là, désormais. — p. 86.

Orye. Pour hoirie. — p. 290.

Ou temps. Au temps. R. — p. 94, 96, 188.

Paige. Pour péage. Je ne le trouve point ailleurs. — p. 98.

Parfont. Profond. R. — p. 178, 384.

Personaige. Du bas latin *personagium*. Bénéfice ecclésiastique, droit curial. D. R. — p. 356.

Pierrerie. Carrière de pierres. Je ne trouve que pierrière et perrière. D. R. — p. 58.

Pignier. Peigner, ajuster. R. — p. 218.

Pionner. Faire ouvrage de pionnier. Je ne le trouve point ailleurs. — p. 180.

Pocesser. Pour posséder. (Fenin l'emploie.) — p. 38.

Pourcession. Pour procession. — p. 200.

Pourprins, purprins. Pourpris, enceinte, enclos. R. — p. 26, 218.

Préféré. Ce mot est employé par le traducteur dans l'acception du latin *præferre*, élever au-dessus. — p. 14.

Prépostéré. C'est encore ici un mot latin francisé. — p. 12.

Quereller. Réclamer par voie judiciaire : *per querelam.* — p. 290.

Racoutrer. Raccommoder, réparer. R. — p. 166.

Reconseillier. Réconcilier. D. R. — p. 350.

Revolver. Repasser, remémorer. R. — p. 10.

Rigle. Régulier, vivant en règle. R. — p. 92.

Rusticque. Paysan. — p. 378.

Sanctuaires, sainttuaires. Reliques, reliquaires. D. R. M. — p. 272, 308, 76.

Senne. Assemblée, synode. D. R. M. — p. 92.

Sercus *ou* **sarcus.** Cercueil, sépulcre, tablette mise au-dessus du sépulcre. R. — p. 142, 342.

Serviteresses. Servantes. D. R. — p. 298.

Sieuvir. *Voy.* Ensieuvir. — p. 152, 234.

Sollacier (se). Se récréer. R. — p. 360.

Sponde. Bord du lit. C'est le latin *sponda*. Je ne le trouve point dans les glossaires. — p. 86.

Suppediter. Soumettre, mettre sous les pieds. D. R. — p. 380.

Tenchon [tençon, tence, tanson]. Dispute. D. R. — p. 244.

Vaulte. Voûte. D. R. — p. 166.

Veulle [veul, vuel, voel, voil]. Volonté. D. — p. 50, 342.

Voirre. Verre, vitre. D. R. — p. 226.

Volille. Volaille. D. R. — p. 298.

Widdier. Vuider, quitter, sortir. R. — p. 90, 108, 360.

GLOSSAIRE LATIN

COMPRENANT LES MOTS EMPLOYÉS PAR LAMBERT D'ARDRE
QUI N'APPARTIENNENT PAS A LA LATINITÉ CLASSIQUE.

———o◉o———

D. C. indique que le passage où le mot se trouve est cité dans le Glossaire de Du Cange.
† indique que le mot manque dans le Glossaire de Du Cange.

Advocatus. Avoué. — page 25, 251.

Affectuosiùs [affectuosus]. Affectueux. Se trouve dans Macrobe.
— p. 91.

Affidare. *D. C.* Fiancer. — p. 217, 363.

Agius. Saint. C'est le grec ἅγιος latinisé. — p. 77.

Agnominatus [agnominare] †. Surnommé ; de *agnomen*, surnom.
— p. 225.

Albellus. *D. C.* Du Cange ne donne pas l'explication de ce mot.
Ses continuateurs croient qu'il faut lire *alnellus,* petit aulne.
On peut adopter cette leçon : mais il est plus probable que
Lambert désigne le peuplier blanc, *populus alba,* qui, dans nos
contrées, s'est appelé *aubeau.* Dodoens, en son ouvrage d'histoire naturelle (xvi⁴ siècle) dit formellement : Populus alba ;
aubeau. Je dois cependant ajouter que les campagnards des environs de Saint-Omer et d'Ardre appellent aubeau le tilleul ;
mais cette interprétation ne peut être adoptée ici, puisque le
texte porte : *albellus cum tiliâ.* — p. 111.

Allodium [alodus, alaudum, alodium, allodium]. Aleu, terre
franche de tout cens, de toute obligation ou sujétion féodale.
— p. 221, 231, 243, 275, 281, 291.

Amaricatus. De *amaricare,* irriter, exaspérer. On le trouve dans
saint Jérôme et saint Augustin. — p. 57, 105.

Amaricosus. †. Je ne trouve ce mot, d'ailleurs très-intelligible, dans aucun glossaire. — p. 53.

Angariare. Tourmenter, contraindre. Ce mot, consacré par la Vulgate, se lit aussi dans Ulpien. — p. 381.

Apices litterarum. Les caractères d'écriture, l'écriture. Aulu-Gelle et Sidoine l'emploient; plus tard, a signifié aussi, documents écrits. — p. 17, 63.

Apocrifus. Auteur dont on ignore le nom. — p. 5.

Apostatare, apostare. Délaisser, dédaigner. — p. 253, 305.

Apostrophatio. Du Cange ne donne point ce substantif, mais seulement le verbe *apostrophare*, apostropher. — p. 408.

Appenditium, appenditiæ. Dépendance. — p. 41, 267, 333, 365.

Appenditius (adj.) †. Inhérent, appartenant à. — p. 251.

Appropexa, appexa. †. On trouve dans Ovide : *barba propexa*, I. Fast. v. 259. — p. 219.

Appropiare. Approcher. On le trouve dans saint Jérôme et Sulp. Sévère. — p. 105.

Artigraphus. Grammairien. — p. 11.

Artium doctor. Dans le même sens qu'on disait jadis : *maître ès-arts.* — p. 171.

Asiamenta [aisiamenta, aisimenta, aisantiæ, asenciæ]. Aisances, aisements; terrains de jouissance commune. *D.C.* — p. 295.

Asiamentum. Aisance, commodité. — p. 379.

Attitulare. Inscrire sur le tableau des clercs d'une église. *Presbyteri attitulati :* prêtres habitués. — p. 167.

Augmentare. Augmenter. Déjà employé par Jul. Firmicus dans le IVᵉ siècle. — p. 223.

Auricularius. *D. C.* Conseiller intime; espion. — p. 207.

Autenticæ scripturæ. Ouvrages authentiques, dont l'auteur est connu (par opposition à apocryphes): les saintes Ecritures. — p. 5, 41, 331.

Autentici viri. Personnages importants, nobles, dignes de créance, ayant qualité. — p. 121, 365.

Autenticum. Lettre de créance, pièce authentique. — p. 365.

Balistarius. Arbalétrier. — p. 183, 371.

Ballivus. Lieutenant, vice-gérant, régent; bailli. — p. 121, 149, 245, 387.

Baneria [banneria, banera, bannearium]. Bannière, enseigne. — p. 389.

Bannitus; de *bannire,* dans le sens de semondre, assigner, citer en justice, mettre au ban public comme contumace.—p. 273, 275.

Baro. Voir la note 27. — p. 27, 121.

Bastardus. De naissance illégitime, bâtard. — p. 197.

Bellum singulare. Duel, combat singulier. — p. 313.

Behorditium [hastiludium]. *D. C.* Joute; en vieux français, *behourd*. — p. 199.

Berguaria [bergueria, bergeria, bercaria, vercaria]. *D. C.* Bergerie. — p. 303.

Bilibris. Ce mot n'est pas dans Du Cange, et en bonne latinité signifie : pesant deux livres. Lambert l'emploie dans le sens de *œquilibris*. — p. 107.

Bosculus †. Diminutif de *boscus*, bois, petite forêt. — p. 303.

Brasiator. *D. C.* Brasseur; de *braciare*, *braxare*, *bratsare*, *brassicare* : brasser, faire de la bière. — p. 227.

Bucharius ou **buttarius**. *D. C.* Du Cange n'explique pas *buttarius*, et croit que *bucharius* veut dire bûcheron ; de *bucha*, *buchia*, tronc, souche. D'après la phrase de Lambert, ce mot doit plutôt désigner une sorte d'ouvriers terrassiers. — p. 183, 379.

Burgensis. Bourgeois. — p. 251, 347, 377.

Burgum. Voir la note 257. — p. 261, 371, 379, 381.

Bustellus [bussellus]. *D. C.* Boisseau. Une charte de 1478 dit : « En chascun poquin a 8 butels. » — p. 265.

Byzantium. Bezant, monnaie du Bas-Empire, dont le nom vient de Byzance. — p. 309.

Cachepolus [cacepollus, chacepollus, chacipollus, chassipullus]; en vieux français, chacepol; de l'anglais *catchpoll*, sergent, appariteur. *D. C.* — p. 381.

Calcata [calceata, calcea, calceia, calciata, calchia]. Chaussée, chemin construit. *D. C.* — p. 347, 375, 385.

Calumnia. Dans la bonne latinité, c'est une fausse accusation : dans le latin du moyen âge, il se dit de toute action en justice; d'où le vieux français, calenge, calenger, chalenger. — p. 315.

Calumniare, calumniam facere. Réclamer par action en justice; calenger. — p. 47, 147, 357.

Cambarius. *D. C.* Brasseur; qui vend de la bière. — p. 227.

Camerarius. Chambellan, intendant, trésorier. — p. 61.

Candidatio. *D. C.* Expression métaphorique dérivée de *candidare*, blanchir, laver. — p. 373.

Canipulus. Coutelas; d'où l'anglais *knyfe*, et le français canif. — p. 99.

Cappa. Chape. — p. 93.

Carpentarius. Ce mot, qui dans la bonne latinité signifiait un ouvrier en voitures (*carpentum*), a plus tard désigné tout ouvrier en bois; charpentier. — p. 133, 297.

Carpentare. Faire un ouvrage en bois, construire une charpente. — p. 131, 297.

Carruca. Dans la bonne latinité, voiture de luxe; dans le moyen âge, charrue; charruée, terrain qu'une charrue peut labourer. — p. 89, 263, 267.

Castellaria [castelleria, castellania]. Châtellenie. p. —28 , 351, 363.

Castellio. *D. C.* Château fort ; de *castellum*. — p. 249.

Cataracta. *D. C.* Voyez la note 124. — p. 167.

Cella. Ermitage, prieuré, petit monastère dépendant d'un plus grand. — p. 25, 81, 341.

Cellarium. *D. C.* Cellier, garde-manger, et aussi, petite chambre. — p. 297.

Censualis terra. Terre *censiere* ; qui doit un cens, une rente.—p. 23.

Cervicositas. Mutinerie, obstination. On le trouve dans Sidoine. — p. 91.

Cespitarius. *D. C.* Voir la note 225. — p. 379.

Cheolare. *D. C.* Chouller; jouer à la choulle, ballon qu'on pousse du pied, ou balle qu'on fait sauter avec la crosse. En breton, *soule*. Du Cange atteste que de son temps les paysans picards jouaient beaucoup à la choulle. Le jeu de la soule est fort goûté des Bas-Bretons (*Orig. gaul.* p. 168). — p. 227.

Chronicalia scripta †. Chroniques. — p. 231, 307.

Clarificatum. *D. C.* Voir la note 148. — p. 189.

Clusa. Levée, écluse. — p. 237, 239.

Cognatus germanus. Cousin germain. — p. 31, 35, 39.

Colateralis. Compagnon, ami. — p. 31, 205, 353.

Colvekerli, Colvekerlia. Voir la note 83. — p. 87, 89.

Comitatus. Comté, seigneurie; cens dû à raison de la seigneurie. Cette dernière acception paraît plus particulière aux provinces belgiques. — pages 265, 273.

Commendatitius. Recommandable. — p. 19.

Commendator. Voir la note 213 *bis*. — p. 311.

Compatriota. Compatriote. — p. 305.

Concambium. Échange, troc. — p. 23.

Concentor. Voir la note 215. — p. 313.

Confessor. Confesseur; qui administre le sacrement de pénitence. p. 331.

Confricare. Frire, fricasser. — p. 299.

Conquirere. Conquérir. — p. 253.

Consignare. Voir la note 248. — p. 373.

Consul. Le titre de consul a été porté par les comtes de Flandre et d'Anjou. — p. 81.

Constabularius. Connétable. — p. 85.

Contestari. Affirmer, témoigner. — p. 383.

Conventualis ecclesia. Collégiale ; prieuré de chanoines réguliers ; église desservie par une communauté. — p. 260, 261.

Conventus monachorum. Réunion de moines ; d'où, couvent. — p. 73.

Conversus. On donnait ce nom à celui qui quittait le siècle pour embrasser la vie monastique. Ceux qui l'avaient suivie dès l'enfance étaient appelés *nutriti.* — p. 349.

Coquinarius. Cuisinier. — p. 323, 325.

Corniculum. Cornet, encrier. — p. 85.

Crementum. Pour *incrementum*, accroissement. Tertullien l'emploie. — p. 39.

Cruceola. *D. C.* Petite croix. — p. 317, 319.

Curialis facetia. Bonnes manières de cour. — p. 199.

Cursorius. Voir la note 233. — p. 361.

Curtillum [curtilum, curtilus, curtile, cortilium, cortilagium]. Courtil, jardin rustique, jardin avec bâtiment, petite métairie. — p. 263, 265, 267, 379.

Debriare. Le même qu'*inebriare*, enivrer. — p. 93, 331.

Decimare. Assujettir à la dîme. — p. 263.

Decimatio. Le produit de la dîme. — p. 211.

Decrustare. Dépouiller de son enveloppe. — p. 341.

Dedicere. Refuser, dire non. — p. 207.

Denominativè †. Nominativement. — p. 229.

Denominativum. Nom, dénomination. — p. 101.

Depilare. Dans le même sens qu'*expilare*, dépouiller. — p. 341.

Depitare. Mettre en pièces (s'il ne faut point plutôt lire *depilare*, peler). — p. 301.

Deservire. Desservir une prébende, une cure. — p. 273.

Detractoriè. †. D'une façon dénigrante. — p. 177.

Deuparius. *D. C.* Voir la note 225. — p. 379.

Disciplinabiliter. Avec méthode. — p. 63.

Dispendium. Détour, digression. — p. 47.

Docibilis. Facile à instruire. Se trouve dans Tertullien et Priscien. p. 363.

Dominicalis. Du dimanche, dominical. — p. 175.

Dos. Ce que le mari donne à la femme en vue du mariage ; le domaine à ce affecté. — p. 111, 113, 365, 381.

Dotalitium. Douaire, domaines constitués en douaire. — p. 327, 339, 381.

Dunæ. *D. C.* Dunes. — p. 179, 225.

Dunjo. Donjon. — p. 23, 165, 247.

Effigiare. Représenter, reproduire l'image de... — p. 201.

Electuarium. *D. C.* Elite. Du Cange ne paraît pas connaître d'autre exemple. — p. 133.

Eleemosyna. Possession ecclésiastique, résultant d'une libéralité. — p. 21, 295, 331, 337, 341.

Epilogare. Récapituler, résumer. — p. 15, 83, 103.

Equuleus. Gibet, potence. — p. 289.

Esterlingi denarii. *D. C.* Deniers sterlings, monnaie anglaise. — p. 371.

Eventura. *D. C.* Aventure. — p. 175, 217.

Excessus. Dans la bonne latinité: sortie, écart; dans la moyenne: tort, délit. — p. 355, 387.

Exclusa. Écluse. — p. 247.

Expensaticus. *D. C.* Dépensier, prodigue. — p. 321.

Extasis. État de l'âme hors d'elle-même. Tertullien et saint Augustin l'emploient. — p. 365.

Exulatus. Qui a été exilé. — p. 355.

Facetia. Voir *Curialis.* — p. 199.

Feodum, feudum. Fief. — p. 27, 39, 43, 89, 107, 203, 221, 223, 245, 275.

Ferrandus equus. *Ferrand,* cheval d'une certaine robe, qu'on croit le *pommelé.* De là les calembourgs rapportés par les historiens sur le comte Ferrand, pris à Bouvines et amené à Paris dans un chariot traîné par deux *ferrands.* — p. 343.

Fictitare. †. Imaginer, feindre, en conter. — p. 13, 103, 145.

Fidelis. Vassal, féal, homme de foi. — p. 252, 271.

Fiduciare. Fiancer; primitivement, hypothéquer. — p. 151.

Fierto. *D. C.* Monnaie équivalente à un quart de marc. De là le *farthing* des Anglais, le *viertel* des Allemands, le *quattrino* des Italiens. — p. 23.

Filiolus. *D. C.* Filleul. — p. 39.

Filiolagium. *D. C.* Don fait à un filleul. — p. 37.

Filum aquæ. Le fil de l'eau. — p. 339.

Fimarius. *D. C.* Voir la note 255. — p. 379.

Fine tenus. Absolument, perpétuellement. — p. 19.

Firmatio. Action de fortifier, œuvre de fortification. — p. 385.

Firmitas. Forteresse, place fermée. Voir au Glossaire français le mot *Fermeté.* — p. 123, 131, 181.

Fluctuatio. Voir la note 232. — p. 359.

Foraginare. *D. C.* Fourrager ; de *foderum, foderagium,* fourrage. p. 381.

Forensis canonicus. Chanoine du dehors, non résidant. — p. 273.

Foresta. Forêt ; canton destiné à la chasse. — p. 57.

Fossarius. *D. C.* Voir la note 255. — p. 181, 379.

Fossorium. *D. C.* Voir la note 255. — p. 379, 385, 387.

Furnagium. *D. C.* Taxe sur les fournées ; taxe due pour le pain cuit au four du seigneur. — p. 247, 301, 303.

Furniamentum. *D. C.* Fournée. — p. 301.

Garcifer. Même sens que *furcifer :* pendard, scélérat. — p. 325.

Garcio. Valet, servant, écuyer ; homme de peu, vaurien. — p. 191, 201, 211, 303.

Genitura. Naissance. Dans la bonne latinité, il veut dire : engendrement, horoscope de nativité. — p. 45.

Gentes. Gens. Voir la note 127. — p. 169.

Gentiles. Les gentils, les païens, les barbares alliés des Romains, les anciens habitants du pays. — p. 171, 175, 179, 227.

Geometricus. Géomètre, mesureur. On le trouve dans Boëce. — p. 133.

Geometricalis. *D. C.* De géomètre. — p. 379.

Geometricare. *D. C.* Toiser, mesurer. — p. 379.

Gernobadatus. *D. C.* Qui a des moustaches ; de *grenones, gernones, gernobada,* moustaches ; en vieux français, *grenons.* — p. 249, 279.

Gestatorium. Brancard, chaise, véhicule, voiture. Saint Jérôme l'emploie dans ce dernier sens. — p. 99.

Gestoriæ cantilenæ. *D. C.* Chansons de geste. — p. 175.

Ghilleola. *D. C.* Lisez Ghildhalla, halle. — p. 175.

Gladiatura. *D. C.* Tournoi. — p. 45, 49.

Gradale. *D. C.* Degré : adjectivement, en escalier. — p. 167, 299.

Grangia [grancia, granea, granchia, granica, grangua]. Grange. p. 379.

Gratificare. Donner, faire offrande de... (Papias.) — p. 153.

Guerra. Guerre. — p. 127, 373.

Guerrare, guerriare. Guerroyer, faire la guerre. — p. 291, 371, 373.

Gurgitosus. *D. C.* Plein d'abîmes, de gouffres. — p. 43, 247, 347.

Herkare. *D. C.* Ce mot paraît à Du Cange désigner une sorte de jeu qu'il ne caractérise pas autrement. Ses continuateurs sont tentés de lire *herpandum* ou *harpandum*, de *harpastum*, sorte de balle ou ballon mentionné dans Martial. Les Bénédictins lisent *herbandum*, de *herbare*, pacager, faire de l'herbe. — p. 227.

Hiator. *D. C.* Ouvrier qui se sert de la hie; paveur. — p. 379.

Hoccus. *D. C.* Hoc, croc, crochet; à moins qu'on ne lise *occa*, herse. — p. 379.

Homagium, hominium. Ces deux mots semblent synonymes, et au chapitre cxx, Lambert les confond. Toutefois, ailleurs, *homagium* semble vouloir dire : le service dû par un vassal à son seigneur; et *hominium*, l'acte par lequel il s'en reconnaît débiteur (Ch. cviii). — p. 35, 51, 115, 145, 163, 221, 231, 245, 275, 277, 329, 351, 353.

Honos. Charge, dignité, office. — p. 127, 143, 163, 339, 351.

Hospitale. Hôpital. — p. 155.

Houd-leda. Ancien canal. Voy. *Leda. Houd*, ancien. — p. 339.

Illusiones bellicæ. Tournois, combats simulés. Lambert les nomme aussi *bellica deliramenta*, p. 205. — p. 83.

Imbloccatus. *D. C.* Voir la note 227. — p. 343, 355.

Imperticare. *D. C.* Suspendre à une perche, à un gibet : *empercher.* — p. 327.

Impropitiatio. †. Cruauté. — p. 87, 323.

Improbranter. On ne trouve pas dans Du Cange ce mot, mais bien *improperanter* (avec reproche), que je crois la bonne leçon. — p. 7

Incathedratio. †. Inauguration. Du Cange ne donne que le verbe *incathedrare.* — p. 225.

Incensare. *D. C.* Encenser. — p. 367.

Inferentia. *D. C.* Ce mot assez obscur me paraît pouvoir être traduit par *incident.* — p. 57, 117.

Infulare. *Infula*, vêtement sacerdotal. Chez les anciens, il désignait seulement un ornement de tête pour les prêtres et les vestales. — p. 93.

Inherbare. *D. C.* Empoisonner à l'aide d'une herbe vénéneuse; *enherber* (vieux français). *Herbarius*, empoisonneur. — p. 113.

Innodare. Lier. — p. 277, 365, 377.

Innotescere. *Innotescere* n'a une signification active que dans la moyenne latinité; on le trouve ainsi dans saint Augustin. — p. 49.

Inrotare. Faire subir le supplice de la roue, rouer. — p. 327.

Inrotulare. Enregistrer. — p. 215.

Insellatus. *D. C.* Sellé. — p. 325.

Inspiliator. *D. C.* Voleur, brigand, détrousseur. — p. 99.

Instagnare. Rendre les eaux stagnantes, les convertir en étang. p. 291.

Instrumentum. Tertullien emploie ce mot pour livre; ici l'on doit plutôt lui donner le sens de *leçon, moyen d'instruction*, puisqu'il semble que Bauduin ne sut pas lire. — p. 171.

Intercipere. Entreprendre. — p. 383.

Interminatio. Ce mot, dérivé d'*interminari*, menacer de, est employé dans Justinien. — p. 121, 385.

Irrogare. Causer du détriment, du dommage. — p. 373, 375.

Joculator. Trouvère, jongleur. — p. 175, 201.

Jocundare. Réjouir. On le trouve dans Lactance et dans saint Augustin. — p. 149, 237.

Justitiarius. *D. C.* Juge. Voir la note 179. — p. 245.

Laicalis. De laïque. *Lingua laicalis*, la langue vulgaire, par opposition au latin, qui était la langue des clercs, des gens lettrés. p. 269, 337.

Laicus. Laïque; non clerc; non lettré. — 171, 175, 329.

Leda. Chemin, canal; du tudesque *leiten*, conduire. — p. 575.

Leporarius. Valet de chiens levriers. — p. 195.

Ligonista. Voir la note 225. — p. 181, 379.

Litteratus. Lettré, clerc. — p. 171.

Litteratoria professio. Enseignement de la grammaire. — p. 165.

Logium. *D. C.* Du grec λόγος, parole; la *loggia* des Italiens; le *parlouer* de nos pères : c'était comme le grand salon de conversation. Loge et logis en viennent sans doute. — p. 299.

Magister. S'emploie dans le sens de médecin; et c'est aussi l'acception des mots *maître* et *mestrie* dans le poëme de *Cleomades* et dans les *Miracles de saint Louis.* — p. 183.

Malleator. *D. C.* Voir la note 255. — p. 379.

Mansiuncula. Petite habitation. Se trouve dans la Vulgate. — p. 347.

Mantellatus. *D. C.* Voir la note 225. — p. 379.

Manutenere. Maintenir, entretenir. — p. 119.

Marcescere †. Voir la note 15. — p. 13.

Mariscus. *D. C.* Marais, marécage. — p. 179, 223, 225.

Marisculus. Petit marais. — p. 247.

Marlatorius. *D. C.* Voir la note 255. — p. 379.

Mater ecclesia. Église baptismale, paroissiale. — p. 23.

Meicula. *D. C.* Voir la note 124. — p. 167, 299.

Mensa. Patrimoine, domaine propre. — p. 119.

Mercimonium. Voir la note 48. — p. 63, 107, 199.

Miles. Chevalier, vassal armé. Voir la note 27. — p. 29, 37, 165, 171, 205, 343.

Militia. Chevalerie. — p. 193.

Militaria sacramenta. Le serment militaire, le serment qu'on prêtait en recevant l'ordre de chevalerie. — p. 37, 165, 201.

Militatoria promotio †. Promotion à l'ordre de chevalerie.—p. 193.

Ministerium. *D. C.* Ressort, district, canton. De là le nom des *Quatre-Métiers*, porté jadis par une portion de la Flandre septentrionale (Hulst, Axel, Assenede, Bouchaut). — p. 351.

Ministralis. Ménestrel, ménétrier. — p. 201.

Minoratus. *Minorare*, amoindrir. Se trouve dans Tertullien et dans la Vulgate. — p. 153.

Minutio sanguinis. Voir la note 207. — p. 229.

Misericordia. *D. C.* Sorte de poignard. — p. 325.

Modernus. Moderne, de nos jours. — p. 17.

Muffulæ. *D. C.* Voir la note 255. — p. 379.

Molendinum. Moulin. On ne le voit pas employé avant saint Augustin. — p. 237, 247, 339, 363.

Monticulosus *I. C.* Montueux. — p. 43.

Morosiùs. *Morosè*, tard; de *mora*, retard. Plus tard. Plus longtemps. — 47, 91, 117, 159.

Mortidator. *D. C.* Meurtrier. — p. 327.

Morum [morus, mora]. *D. C.* Marais; du tudesque *moore, moeren*. — p. 223, 263.

Mota. *D. C.* Butte de terre sur laquelle on élevait un château ou donjon; de là tant d'endroits appelés *La Motte*. — p. 247.

Munium. Sans doute synonyme de *munus*. Du Cange ne donne à *munium* d'autre sens que tribut, fonction, sens qui ne s'adapte pas ici. — p. 277.

Musicari. *D. C.* Être célébré en musique. — p. 311.

Mutatoria vestium. *D. C.* Vêtements précieux, de cérémonie. Du Cange l'explique en disant qu'on quittait ses vêtements ordinaires pour les endosser. La Vulgate emploie cette expression. IV, Reg., v. 5. — p. 213.

Nepos, **neptis**. Lambert emploie ces mots indifféremment dans le sens de neveu, de petit-fils, et même de cousin. La bonne latinité ne leur accordait que l'acception de petit-fils, petite-fille. — 33, 101, 105, 115, 281.

Notamen. Signe, empreinte, tache. — p. 305.

Novaculator. *D. C.* Voir la note 255. — p. 379.

Novalis terra. Terre récemment mise en culture. — p. 263.

Nuncupativè. Par surnom, par second nom. — p. 83, 101.

Nundinæ. *D. C.* Tournoi, sans doute parce que l'usage s'était établi de les donner les jours de foires et marchés. — p. 47, 83.

Objectum. Objection, reproche. — p. 105.

Obsecundare. Dans la bonne latinité, il veut dire, être favorable, secourable, obséquieux, attentif; plus tard on l'a appliqué aux fonctions de secrétaire. — p. 243.

Panetarius. Panetier, boulanger. — page 297.

Parator. Voir la note 225. — p. 379.

Parentes. Parents, membres de la famille. Dans la bonne latinité, ce mot ne s'entendait que des ascendants. — p. 375.

Parochianus. Paroissien. — p. 365.

Passionarium. *D. C.* Passionnaire, livre contenant les actes des martyrs, et dont le pape Anthère ordonna la lecture dans les églises. — p. 271.

Pastura. Lieu propre à la pâture. — p. 47, 229, 375.

Patricius. Voir la note 2. — p. 3, 17, 159.

Pausidium. *D. C.* Lieu de halte, de repos; de *pausare*, faire une halte, une pause. — p. 111.

Peditare. *D. C.* Marcher, aller à pied. — p. 127.

Pensio. Impôt, cens annuel. — p. 87, 305, 357.

Penus. Cellier, lieu de provisions. — p. 297.

Perendinare. Prolonger son séjour. — p. 87, 117, 193.

Persona, **personator**. *D. C.* Voir la note 119. — p. 161, 197, 261, 265.

Personatus. Le droit de profiter des offrandes faites à l'autel. — p 357.

Pertinentiæ. Appartenances. — p. 161, 253, 267, 333.

Petreïa †. Lieu où se trouvent ou s'extraient des pierres. Du Cange ne donne que *petraria*. — p. 59.

Phantasticus. Imaginaire, mensonger. — p. 45, 349.

Physicus. Médecin. — p. 183.

Physica ars. L'art de la médecine. — p. 173.

Pica. *D. C.* Pic, outil. — p. 379.

Picator. *D. C.* Qui travaille avec le pic. — p. 379.

Pigmentatum. *D. C.* Voir la note 148. — p. 89.

Pincerna. Bouteiller, échanson, sommelier. — p. 297.

Piscaria. Dans la bonne latinité, ce mot signifie, marché au poisson; dans la moyenne, pêcherie, vivier. — p. 339, 341.

Pira. *D. C.* Les manuscrits semblent porter *pita*. Je lis *pira*, leçon soupçonnée par Du Cange, qui reste embarrassé devant ce passage. On dit en roman : *pire, piré,* pour chemin empierré; et en bas latin : *pirius, pirgius,* dans le même sens, qui est précisément celui indiqué par Lambert. *Pita* ne se retrouve nulle part : il faudrait dire que c'est un terme local, et l'expliquer par une contraction de *pista,* participe du verbe *pinso,* piler, broyer, la matière des chaussées romaines étant formée de pierres broyées et reliées par un ciment. — p. 227.

Placitum. Volonté, gré, bon plaisir. — p. 379.

Placitare. Plaider. — p. 389.

Plectitur †. Ni les anciens lexiques, ni Du Cange ne donnent *plectere* avec la forme déponente active employée ici. — p. 55.

Polkinus. *D. C.* Mesure de capacité pour les céréales, usitée surtout dans l'ancien pays des Morins; en français, polkin, poquin, paukin. Voy. *Bustellus.* — p. 265.

Pomerium. Plantis d'arbres à fruits; verger, pommeraie. — p. 379.

Poppæa. *D. C.* Poupée; les anciens disaient *pupa.* — p. 321.

Portendiculum. *D. C.* Présage, pronostic. — p. 247.

Portionaliter †. Par portions. Tertullien emploie l'adjectif *portionalis.* — p. 41, 89.

Potentatus. Troupes, forces. — p. 383.

Potentia. Même sens. — p. 371.

Præbenda. Chez les Romains, c'était la ration militaire. Par analogie, on a désigné ainsi la distribution alimentaire à chaque religieux, puis le bénéfice destiné à l'entretien d'un chanoine, prébende. — p. 261, 265, 227, 337, 361.

Prælatus. Qui est à la tête de.... Le titre de *prælatus* a été plus particulièrement affecté aux évêques et abbés. — p. 357.

Prænosticum †. Du Cange ne le donne point, mais bien le verbe *prænosticare,* dans le sens de présager, pronostiquer. — p. 55.

Præpositus. Prévôt, première dignité d'un chapitre; et aussi, intendant. Voy. *Villicus.* — p. 23, 307, 333.

Præpositura. Prévôté, office de prévôt. *Id.* — p. 23, 135, 251, 333.

Præposterare. Renverser l'ordre des choses. — p. 13.

Primicerius. Chef du chapitre de Metz. Voir la note 160. — p. 211.

Princerius. *Id., id.* — p. 211.

Principari. Régner, exercer l'autorité. On le trouve dans Lactance et dans saint Jérôme. — p. 245, 275.

Prior. Prieur, le premier après l'abbé. — p. 341, 349, 355.

Prioratus. Prieuré. — p. 357.

Prisionare. Emprisonner. — p. 211.

Privilegiare. Privilégier, accorder un privilége. — p. 95, 267.

Probitas. Valeur, énergie. *Probus,* dans la bonne latinité, a le sens de preux, vaillant. — p. 177, 253, 309, 373.

Procurare. Procurer, fournir. — p. 179.

Procurare. *D. C.* Traiter, régaler, héberger. — p. 287, 301.

Procurare. Gérer, administrer. — p. 265, 357.

Procuratio. Fourniture des choses nécessaires à la vie. —p. 355.

Procurator. *D. C.* Voir la note 119. — p. 161, 197.

Professio. Le Code Théodosien emploie ce mot dans le sens de *oneris in se susceptio.* — p. 261.

Progressivus †. Progressif. — p. 329, 369.

Protelare. Différer, ajourner. On le trouve déjà dans saint Jérôme et dans le Digeste. — p. 219.

Provisor. *D. C.* Voir la note 119. — p. 161.

Provisorius †. Pour *providens*, qui prévoit les choses et y pourvoit. — p. 197.

Quadratura. Carrière, lieu où l'on équarrit les pierres. — p. 59.

Quadrillus. Carreau, flèche, trait. On écrit aussi *quadrellus* et *quarellus.* — p. 183.

Rapeia. *D. C.* Fourré de mauvais bois, de broussailles.—p. 23, 43.

Rasor. *D. C.* Voir la note 255. — p. 379.

Rasorium. *D. C.* Outil de l'ouvrier appelé *rasor.* — p. 379.

Recidium †. Voir la note 224. — p. 335.

Recompensatio. Compensation, remboursement, récompense (en style de palais). — p. 339.

Regalis via. Route de première classe. On trouve cette expression dans un statut d'Henri I, roi d'Angleterre, au commencement du XIIe siècle. — p. 153.

Relevare. Voir la note 226. — p. 339, 351.

Religiosus. Religieux, qui vit en règle. — p. 63, 65.

Repostulare †. Revendiquer. — p. 291, 351, 357.

Restauratio. Restauration. Ce mot n'est employé que par les juris-consultes, quoique *restaurare* soit de la bonne latinité.— p. 357.

Romanum, romana lingua, romanitatis lingua. *D. C.* Le roman, la langue vulgaire formée de la corruption du latin. — p. 173, 175.

Romanum. *D. C.* Livre écrit en langue romane. — p. 175.

Ronchinus. *D. C.* [roncinus, ronzinus, rocinus, roucinus, rous-sinus]. Cheval de moindre taille. Nos pères disaient *roncin* et *roussin.* — p. 289.

Satiem dare. Satisfaire, donner satisfaction ; de *saties*, rassasie-ment, satiété. — p. 57, 59, 207, 209.

Sacrarium. Du Cange traduit ce mot : sanctuaire, tabernacle, sa-cristie, église, cimetière, chartrier, fisc du prince. Aucune de ces significations ne s'applique ici : je pense que Lambert a voulu désigner les vases sacrés. — p. 273.

Sanctimonialis. Religieuse; femme vivant dans les exercices de piété. Ce mot est déjà employé par saint Augustin. — p. 109, 119, 241, 283, 285.

Sanctuarium. *D. C.* Ce mot se prend dans le sens de reliques des saints, ou plutôt de reliquaire. — p. 309.

Satelles. *D. C.* Soldat, serviteur armé, sergent, sbire. — p. 31, 89, 123, 125, 129, 255, 289.

Satrapa. *D. C.* Sergent, serviteur. Les satrapes ont d'abord été les premiers officiers du roi ; puis peu à peu l'on a appliqué ce titre à des services d'un ordre inférieur. C'est ainsi que les *varlets* du moyen âge sont devenus les *valets* d'aujourd'hui. — p. 87, 125, 303.

Scabinus. Échevin : magistrat dont on trouve mention déjà dans les Capitulaires de Charlemagne. — p. 250. 251.

Scapulare. *D. C.* Voir la note 255. — p. 379.

Scripulare. *D. C.* Ce mot embarrasse Du Cange, qui est tenté de lire *scrupulare*, comme au chapitre CLII. De toute façon, le sens en est assez obscur. — p. 387.

Scrupulare. *D. C.* Voir la fin de la note 255. — p. 381.

Secularitas. Le siècle profane, le monde. — p. 163.

Sermo. Sermon. — p. 173.

Serviens. *D. C.* Écuyer, sergent, serviteur. — p. 303, 359, 381.

Senescalus. Sénéchal. Voy. la note 179. — p. 113, 243, 245, 385.

Servitium. Service fait en remplissant un emploi, une charge. — p. 245.

Similitudinarius. — Semblable, pareil. — p. 153.

Solarium. Voir la note 208. — p. 299.

Sororius. Beau-frère, mari de la sœur. — p. 346.

Spatula. Petite épée, coutelas. — p. 99, 325.

Stationarius. *D. C.* Résident. — p. 203, 265, 273.

Subinferre. Ajouter. On le trouve dans saint Augustin. — p. 369.

Subjectio †. Obéissance, soumission. — p. 275.

Sublimatio. — Promotion, élévation. — p. 105.

Subsilles. *D. C.* Du Cange cite ce mot d'après Lambert seulement, et dit que, suivant Festus, ce serait la même chose que *ipsiles* ou *ipsicellæ*, lames de métal avec figures, employées aux cérémonies sacrées. Probablement autour du cimetière d'Hondschoote y avait-il des images pieuses en métal. Je donne cette explication faute d'une meilleure, et tout en soupçonnant une faute de copiste. — p. 263.

Subventus †. Secours. — p. 125.

Supra taxatus. Déjà cité. — p. 239.

Tabulatus. Voir la note 123. — p. 165, 175.

Talliare. Imposer des tailles, des taxes arbitraires. — p. 53.

Tappus. *D. C.* Tampon, bonde d'un tonneau. — p. 289.

Tenementum. Terre qui est entre les mains d'un tenancier. On trouve aussi : *tenimentum, teneamentum.* — p. 227.

Torniamentum. Tournoi. — p. 47, 199, 203, 205, 215.

Torniamentare. Prendre part à un tournoi, *tournoyer.*—p. 283, 321.

Torniator. *D. C.* Amateur de tournois; qui prend part aux tournois. — p. 203.

Transitivus. Praticable, que l'on peut traverser. — p. 347.

Translatare. Traduire. — p. 173.

Transmeabilis. Même sens que *transitivus.* — p. 347.

Transumptivè. Par allusion. — p. 53.

Treuga. Trêve. — p. 293.

Trutannus [trutanus, trudanus, truannus]. *D. C.* Truand, mendiant, vagabond et imposteur. *Trutannare*, tromper. — p. 349, 351.

Tumba. Tombe. Se trouve dans Prudence. C'est la forme latinisée du mot grec τύμβος, tombeau. — p. 315.

Turba. *D. C.* Tourbe, combustible. — p. 375.

Turpiloquium. *D. C.* Injure, laide parole. Tertullien et la Vulgate l'emploient. — p. 105.

Ursarius. *D. C.* Valet d'ours. — p. 301.

Uxorare. Se marier. — p. 153.

Vadium. Gage, nantissement, hypothèque. — p. 371.

Valedicere, Aborder en souhaitant le bonjour. — p. 33.

Valitudo. Pouvoir, force. — p. 385.

Vallator. Voir la note 255. — p. 379.

Vassus. *D. C.* Colon en chef, vassal intendant et fermier. — p. 23.

Vavassor, **vavassorius**, *D. C.* Vassal, tenancier militaire. — p. 251, 87, 95.

Vavassorissa. *D. C.* Femme de la même condition. — p. 87.

Veritas. Enquête, déposition de témoins. *Vérité,* dans le français du moyen âge. — p. 387.

Veteranus. *D. C.* Dans le langage de Lambert, ce mot est synonyme de *vavassorius*. Du Cange s'en étonne, ne trouvant pas d'autre exemple ailleurs. Je penserais que les *tenements* ou fiefs en question ayant été la récompense de services militaires, on a donné à ceux qui les recevaient le titre de *vétéran,* par allusion aux distributions de terres que recevaient les vétérans chez les Romains. — p. 87, 95.

Via regalis. Voir *regalis.* — p. 153.

Villicus. Intendant d'une *villa* ou domaine rural. Quand ces domaines se garnirent de serfs et de colons, et formèrent des centres de population, l'intendant fut plus qu'un économe, et devint une sorte de magistrat désigné par le titre, tantôt de prévôt, tantôt de maire, mayeur (*major*). Avec le développement féodal, cet office fut souvent héréditaire, et conféré en fief. — p. 23.

Virginare. *D. C.* Séduire une fille. — p. 319.

Virtuosus. Vertueux, honorable. — p. 177.

Vulgalis. Vulgaire. — p. 225, 229, 233, 394.

Villicatura. Office de *villicus.* — p. 23, 251.

INDEX GÉOGRAPHIQUE.

———◦◉◦———

Aa. *Ghislam de Aa, sive de Aquâ.* P. 113. *Aa,* seigneurie située dans la paroisse d'Anderlecht, près Bruxelles. Les sires d'Aa étaient châtelains de Bruxelles dès le xi⁰ siècle, et possédaient diverses terres importantes, entre autres Pollaer, Oultre, Santberghe, etc.

Alba Marla. P. 257, 363. *Aumale,* ville de Normandie, sur la Bresle, chef-lieu d'un comté : aujourd'hui chef-lieu de canton de l'arr. de Neufchâtel (Seine-Inférieure). 2,000 hab.

Alderwicum (VETERUM VICUS). P. 125, 127, 133, 135, 169, 329, 367. *Audruick,* chef-lieu de canton de l'arr. de Saint-Omer, 6 k. N.-E. d'Ardre, 20 k. N. de Saint-Omer. 2,300 hab. Ce canton comprend : 1⁰ la terre d'Oye ; 2⁰ le pays de Bredenarde (Audruick, Nortkerque, Polinchove, Zutkerque) ; 2⁰ le pays de Langle (Saint-Omer-Cappel, Saint-Folquin, Sainte-Mariakerque, Saint-Nicolas). La maison de campagne de M. de Keyser occupe l'emplacement du château assiégé par Arnoul de Gand. C.

Aldehem. ALDENEHEM dans la Chronique d'Andre. P. 175. *Audrehem,* canton d'Ardres, 4 k. E. de Licques, et 8 S. d'Ardre. 600 hab. Arnoul d'Audenehem, maréchal de France, mort en 1370, était seigneur de ce lieu.

Alostensis Terra. LE PAYS D'ALOST. P. 279. *Alost,* ville de Belgique, province de Flandre orientale, sur la Dendre, entre Gand et Bruxelles. Jadis chef-lieu d'un comté, réuni à celui de Flandre en 1166. 15,000 hab.

Almari Vallum. P. 131, 133, 135, 329. *Aumerval.* Cette forteresse, dont il ne reste point de vestiges, était, suivant d'anciennes cartes, dans le triangle formé par Audruick et les forts Rebul et Henuin. Il existe un autre lieu, du même nom d'Aumerval, dans l'arr. de Saint-Pol.

Altinghes. HAUTHINGHEM. P. 261, 71. *Autingues,* canton d'Ardre, 1 k. S. de cette ville. 280 hab.

Alveringhem. P. 381. Village de la province de Flandre occidentale (Belgique). 5 k. S. de Furnes, entre la route de Furnes à Ypres, et le canal de Loo. 3,000 hab.

Andria. ANDERNA. P. 63, 65, 73, 75, 83, 111, 115, 335. *Andre,* canton de Guines, 4 k. O. d'Ardre. 875 hab. L'abbaye, de l'ordre de Saint-Benoit, fondée en 1084, fut ruinée en 1347, et détruite en 1544. Il n'en reste pas de vestiges.

Aquinum. P. 21, 223. *Acquin*, canton de Lumbres, arr. de Saint-Omer, 12 k. O. de cette ville. 780 hab. Ce lieu, sous le nom d'*Atcona*, est compris dans le recensement des possessions de Saint-Bertin, fait vers 850 par l'abbé Adalard. On a écrit aussi *Aquina* et *Atquinium*. *Acquin* se lit déjà dans une charte de Didier, évêque de Therouenne (1186).

Arcœ. Jadis ARACA. P. 21, 27. *Arques*, canton de Saint-Omer, 3 k. S.-E. de cette ville. 2,800 hab. Les abbés de Saint-Bertin s'intitulaient comtes · d'Arques.

Ardea. P. 227, 229, 247, 249, 251, 287. *Ardre*, ville chef-lieu de canton de l'arr. de Saint-Omer, à 24 k. N.-O. de celle-ci. L'église paroissiale fut fondée en 1073. 2,000 hab.

Areveris flumen. P. 39. Voyez **Reveria.**

Arroasia. P. 101. *Arrouaise*, abbaye de chanoines réguliers et chef-lieu de congrégation; fondée en 1090, sur le territoire du Transloy, canton de Bapaume (Pas-de-Calais).

Astromense monasterium. P. 109. *Estrun*, monastère de Bénédictines, fondé en 1085. Canton d'Arras (Nord), à 6 k. de cette ville.

Audomari Burgum (S.) P. 261, 371. *Saint-Omer*, ville chef-lieu d'arr. du département du Pas-de-Calais. 22,000 hab.

Audenfordium. P. 21, 25. *Audenfort*, sur la rivière de Hem, 8 k. S. d'Ardre, hameau de Clercques, canton d'Ardre. 150 hab.

Axlæ. P. 385. Peut-être le lieu désigné sous le nom de *Calli-Mottes*, à 2 k. O. du fort Nieulet, et à gauche de la route de Boulogne à Calais. C.

Baigtonia, in Angliâ. P. 161. Peut-être *Baicton*, dépendance de Stokelyne, comté d'Oxford, Ploughley hundred, 4 milles N. de Bicester. Il y a plusieurs *Bacton* dans les comtés de Suffolk, Norfolk, Hereford; plusieurs *Beigton* dans les mêmes comtés de Suffolk et Norfolk, et dans le comté de Derby.

Balinghehem. BALINGHEM. P. 85, 335. *Balinghem*, canton d'Ardre, 2 k. O. de cette ville. 600 hab. La motte du château existe encore.

Balliolum. P. 109, 283, 363. *Bailleul*, ville de l'arr. d'Hazebrouck, département du Nord, sur la route de Lille à Dunkerque; chef-lieu de canton. 10,000 hab.

Basingbem. P. 317. *Bazinghem*, canton de Marquise, arr. de Boulogne, 14 k. N. de cette ville, 400 hab.

Bekescotium. P. 283. *Bixscote*, village à 8 k. d'Ypres, sur la route de Dixmude (Belgique).

Belinghem *juxta Witsandum.* P. 221. *Hervelinghem*, canton de Marquise. 4 k. E. de Wissant, 12 k. S. O. de Calais. 230 hab. ou *Inghem*, qui est encore plus voisin de Wissant au S. 30 hab.

Bellum ou BEALLOCUM. P. 315. *Belle*, canton de Desvres, arr. de Boulogne, 11 k. E. de cette dernière ville. 360 hab.

Bellum Mansum. P. 111. *Beaumetz-les-Laires*, canton de Fauquemberg, arr. de Saint-Omer, 30 k. S. de cette dernière ville. 400 hab.

Belkinium. P. 95. *Blequin*, canton de Lumbre, arr. de Saint-Omer. 25 k. S. O. de cette dernière ville. 580 hab. Les paysans prononcent *Belquin*.

Bellus Locus. P. 97. *Beaulieu*, abbaye de chanoines réguliers, fondée entre 1150 et 1160, sur le territoire actuel de Ferques, canton de Marquise, 18 k. N.-E. de Boulogne. Depuis sa destruction par les Anglais, en 1390, ce n'était plus qu'une commende.

Boninghis. P. 223, 263. *Bonningues-lez-Ardre*, canton d'Ardre, 8 k. S. de cette ville. 640 hab.

Bereborna. P. 249. *Bellebrune*, canton de Desvres, 13 k. E. de Boulogne. 200 hab. Les paysans prononcent *Bellebrone*.

Bertini monasterium (S.). P. 275, 295, 335. L'abbaye de *Saint-Bertin*, à Saint-Omer.

Bergense monasterium. P. 355. L'abbaye de *Saint-Winoc*, à Bergues, 8 k. S. de Dunkerque (Nord), fondée en 1022. Ordre de Saint-Benoît.

Bergensis castellanus. P. 235. Le châtelain de cette même ville de Bergues, chef-lieu de canton de l'arr. de Dunkerque. 6,000 hab.

Betberga, seu Hetberga. P. 73. Probablement le même lieu qui est appelé dans les chartes d'Andre, tantôt Herberghes, tantôt Ruberghe et Rosbergue. Ce serait aujourd'hui *Rebergues*, à 8 k. S.-O. de Tournehem, et 20 k. O. de Saint-Omer. 258 hab. C.

Bladringhen. P. 269. *Blaringhem*, arr. et canton d'Hazebrouck (Nord), 12 k. S.-E. de Saint-Omer, sur le canal du Neuf-Fossé. 1,800 hab.

Blendeca. P. 263, 269. *Blendecques*, canton de Saint-Omer, 3 k. S. de cette ville. 1,400 hab.

Bochordæ. *Aliàs* BUKERDES, BUCRETES, BOLCERDRÆ. P. 87, 89. *Boucres*, hameau de Hames – Boucres, canton de Guines, 4 k. N. de cette ville. 253 hab.

Bochout juxta Aquinum. P. 223. *West-Becourt*, que les paysans prononcent *Bouchout*, C. Canton de Lumbre, arr. de Saint-Omer, 13 k. O. de cette dernière ville. 126 hab. Acquin en est à 2 k.

Bolonia. BOLONIENSIS COMITATUS. P. 93, 207. *Boulogne-sur-Mer*, ville chef-lieu jadis d'un comté, aujourd'hui d'un arr. du Pas-de-Calais. 30,000 hab.

Boudinghem. P. 337. *Boisdinghem*, que les paysans prononcent *Bôdinghem*. Canton de Lumbre, 8 k. de Saint-Omer. 260 hab.

Boulinghen. P. 223. *Bouvelinghem*, canton de Lumbre, 14 k. O. de Saint-Omer. 287 hab.

Brachandorum Terra. P. 279, 387. Le *Brabant*.

Bramæ. P. 111, 291, 323, 339, 341, 353. *Brémes*, canton d'Ardre, 1 k. O. de cette ville. 900 hab.

Bredenarda. P. 39, 131. Petit pays d'environ 3 lieues carrées, faisant aujourd'hui partie du canton d'Audruick, et comprenant les communes d'Audruick, Nortkerque, Polinchove, et Zutkerque. Il avait sa coutume particulière.

Broburgum. P. 129, 133, 143. *Bourbourg*, chef-lieu de canton, 6 k. S.-E. de Gravelines, arr. de Dunkerque (Nord). 2,500 hab. Une charte du comte de Flandre, Bauduin V, mentionne déjà, en 1056, la châtellenie de Bourbourg.

Brucham. P. 77, 81, 333. *Villa* sur la limite S. du territoire de Merck, remplacée par l'abbaye de la Capelle.

Brunesbergh. P. 211, 249. *Brunembert*, canton de Desvres, arr. de Boulogne, 23 k. E de cette dernière ville. 377 hab.

Buchenium. P. 319, 327. Voyez la note 249.

Caiochum. CAIEU. CAIOCENSES. P. 171, 203, 205, 225, 85, 59. Il est difficile de dire où se trouvait la seigneurie de Caïeu, dont une famille puissante du Boulonais portait le nom, perpétué presque jusqu'à nos jours. On ne peut le mettre à Cayeux, petite ville de l'embouchure de la Somme, à 60 k. de Boulogne. Cette distance est inconciliable avec le récit du chapitre XXII, où l'on voit les gens d'Odre, sur l'avis que le comte Regemar chasse dans la forêt de Boulogne, se réunir à ceux de Caïeu pour courir à sa poursuite. Cela implique un voisinage. Il est un lieu d'Ecaux, près Offrethun, à 8 k. N.-E. de Boulogne ; un autre, au bas du mont Saint-Étienne, à 6 k. S. de la même ville : Ecaux répond-il à l'ancien *Caiochum* ? L'affirmer avec un annotateur du manuscrit de Saint-Omer me semble bien hardi. Il existait encore dans le siècle dernier un marquis des Cajeux, dont le château, anciennement connu, situé à Capecure, en face même de Boulogne, sur la rive gauche de la Liane, est, après plusieurs transformations, devenu l'hôtel Brighton. Serait-ce là le siége de notre seigneurie de Caïeu ?

Calaisiacum. P. 55, 385. La ville de *Calais*, sur la Manche, arr. de Boulogne. 11,000 hab.

Calaisiticus portus. P. 179. Le port de Calais.

Calcata. P. 317, 375. *La Chaussée*, hameau de Coquelle, 4 k. O. de Calais, sur la route de cette ville à Boulogne.

Calquella. P. 95, 231, 317. *Cauquelle* ou *Coquelle*, canton de Calais, 6 k. S.-O. de cette ville. 436 hab., compris le hameau de la Chaussée, où presque toute la population s'est portée. De Calquelle on a fait Cauquelle, puis Coquelle.

Campania. CAMPANIÆ. P. 95, 203, 205. *Campagne*, canton de Guines, 5 k. S.-O. de Guines. 426 hab. C'est sur son territoire qu'eut lieu le fameux camp du *Drap-d'Or*, en 1520.

Capella B. Mariæ. P. 77, 101, 329. L'abbaye de *la Capelle*, ordre de Saint-Benoît, fondée en 1091, ruinée en 1347. Les moines se retirèrent à l'abbaye de Saint-Jean-au-Mont, près Therouenne. La ferme dite *les Capples*, près du Pont-sans-Pareil, à 2 k. S. de l'église paroissiale de Merck, en occupe l'emplacement. On y trouve encore des fondations et de vastes caves. C.

Cappelbova. P. 241. Ce nom ne se retrouve plus ; mais il existe au territoire d'Ardre, lieu dit *le Pigeonnier*, sur le vieux chemin d'Ardre à Nortkerque, une chapelle dédiée à saint Quentin. C.

Carophum, CAROFENSE MONASTERIUM. P. 71, 73. L'abbaye de *Charroux*, en Poitou, ordre de Saint-Benoît, fondée au 8e siècle. Il s'est formé à l'entour un bourg, aujourd'hui chef-lieu de canton de l'arr. de Civray, département de la Vienne. 1,800 hab.

Casletum. P. 69. *Cassel*, ville chef-lieu de canton de l'arr. d'Hazebrouck (Nord). 4,300 hab.

Casletensis mons. P. 67. Le mont Cassel.

Colsbergium. P. 319. *Colembert*, que plusieurs chartes appellent *Coleberg*. Canton de Desvres, 17 k. E. de Boulogne. 500 hab.

Chisonium. P. 159. *Cisoing*, chef-lieu de canton de l'arr. de Lille (Nord), 8 k. S.-O. de Lille. 2,800 hab.

Clarkeæ. P. 223. *Clerques*, canton d'Ardre, 8 k. S. de cette ville. 330 hab. Sur la riv. de Hem.

Coekeæ. P. 21. *Coyecque*, canton de Fauquemberg, arr. de Saint-Omer, 20 k. S. de cette dernière ville. 680 hab.

Colvida. P. 153, 187, 203, 351, 365. Cette forteresse et seigneurie était située entre Rodelinghem, Bouquehaut, et Dipendal, à environ 5 k. S.-O. d'Ardre. L'emplacement qu'elle occupa présentait encore, il y a quelques années, des fosses et des cavités. Aujourd'hui c'est un terrain nivelé par la culture, désigné dans le pays sous le nom de *Camp de Colvède*. C.

S. Columba. P. 263. Abbaye de Bernardines, située sur le territoire de Blandecques, près Saint-Omer.

Comminiæ. P. 109. *Comines*, chef-lieu de canton de l'arr. de Lille (Nord), sur la Lys. 5,300 hab.

Contevilla. P. 95. *Conteville*, canton de Boulogne, 6 k. E. de cette ville. 270 hab. Désignée sous le nom de *Comitis Villa* dans une charte de 1121.

Corilisium. P. 251. Le moulin *Brûlé*, au Laert près Saint-Omer, sur une hauteur en face de la porte Boulenisienne, s'est appelé jadis le moulin *Corlis*. Il fut incendié lors du siége de 1487. En ce lieu existait le fief de *Corlis*, compris entre les anciens chemins de Saint-Omer à Ardre et à Boulogne. C.

Cormetæ. P. 223. *Cormette*, dépendance de Zudausque, canton de Lumbre, 6 k. E. Saint-Omer. 488 hab.

Cuerthedra. P. 285. Lieu sur les bords du Rhin, que je n'ai pu retrouver.

Caternessa. P. 287. *Gaternesse*, rive gauche de l'Escaut, 8 k. N.-E. d'Oostbourg et 10 k. E. d'Ysendick, prov. de Zélande, roy. des Pays-Bas. Une partie de son territoire a été envahie par la mer.

Dachia, DACHUS, DACHI. P. 7, 29, 31, 33, 35. Le *Danemark*, les *Danois* Les chroniqueurs du moyen âge confondent les Danois et les Daces, le Danemark et la Dacie. *Dacia sive Norregavia* (Orderic Vital, l. IV); *in quâ habitant Gothi et Huni atque Daci* (Gestes des Normands, dans Duchesne); *Dacia quæ est Danamarcha* (Guillaume de Jumièges).

Devernæ. P. 55, 209. *Desvres*, chef-lieu de canton de l'arr. de Boulogne, 18 k. S.-E. de cette ville. 2,900 hab.

Dickebuch. P. 241. Bois faisant partie de ceux qui entouraient Ardre, et que rappelle le hameau du *Bois-en-Ardre*. C.

Dokeswordia. P. 253. Appelé *Dochesworde*, dans le *Domsday Book*. *Duxford*, en Angleterre, comté de Cambridge, Whitlesford Hundred, 6 m. S. de Cambridge. 605 hab.

Dominium Martini. P. 207. *Dammartin*, ville jadis chef-lieu d'un comté : aujourd'hui chef-lieu de canton du département de Seine-et-Marne, 36 k. N.-E. de Paris. 1,800 hab.

Duacum. P. 245, 347. *Douay*, ville chef-lieu d'arr., sur la Scarpe (Nord). 20,000 hab.

Dunkerka. P. 383. *Dunkerque*, ville chef-lieu d'arr. et port de mer (Nord). 29,000 hab.

Duracensis Comitatus. P. 283. Le château de *Duras*, siége de ce comté, est à la frontière des prov. de Brabant et de Limbourg, entre Saint-Trond et Léau (Belgique).

Echardentium genus. P. 131. Il existait à Audruick, dans la partie du territoire où est le *Blanc-Bouillon*, et que traverse aujourd'hui le chemin de fer, un fief appelé *Eckarde*. Ce nom subsiste encore. C. Simon de Eckarde figure comme témoin à un acte entre l'abbé d'Andre et Bauduin II, comte de Guines. (Duch. pr. de Guines.) P. 122, 127.

Elcechum, ELCECHA. P. 27, 201, 221, 263, 267. *Nord-Ausque*, canton d'Ardre, 8 k. S.-E. de cette ville. 400 hab.

La chronique d'Andre, sous l'an 1178, dit : « L'abbé Pierre, obligé par « ses affaires à de fréquents voyages de Saint-Omer et de Therouenne, voyant « souvent la route inondée par la rivière de Tournehem, *au-dessous du vil-* « *lage de Elseka*, construisit un pont en cet endroit. »

Une charte de Clairmarais mentionne une pièce de terre à Muncq-Nieurlet *près Elseka* (Muncq-Nieurlet est une commune contiguë à Nord-Ausque).

Ces deux témoignages montrent que *Elcecha* était où est à présent Nord-Ausque, village traversé par la rivière de Hem qui vient de Tournehem, et assis sur la chaussée de Guines à Saint-Omer.

Comment *Elseka* est-il devenu *Ausque?* cela paraît d'abord moins plausible. Toutefois, il faut remarquer qu'il y a dans le pays de nombreux exemples de la contraction finale. Ainsi *Tilleka*, *Billeka*, *Mentheca*, sont devenus *Tilque*, *Bilque*, *Mentque*. *Elseka* a donc pu devenir *Elsque*. Les caprices de la prononciation populaire en auront fait ensuite *Eusque* et *Ausque*. Encore aujourd'hui les paysans appellent mont d'*Eusque* une hauteur qui domine Nord-Ausque.

Aux XIIIe et XIVe siècles le pont d'Ausque était le lieu de péage pour le droit de *travers* dû à l'entrée du comté de Guines. C.

Elembon. P. 89, 235, 243. *Alembon*, canton de Guines, 15 k. S. de cette ville. 511 hab.

Engoudeshen. P. 171. *Engoudsent*, hameau de Beussent, canton d'Hucqueliers, arr. de Montreuil, 15 k. N. E. de cette dernière ville.

Erlehem. P. 317. *Herlen*, hameau de Wissant, canton de Marquise.

Ermelinghen. P. 85. *Hermelinghem*, canton de Guines, 25 k. N.-E. de Boulogne. 270 hab. Il reste quelques traces du château dans un bois au S. du village. C.

Eringhesen. P. 375. *Rinquesen*, canton de Marquise, 18 k. N.-E. de Boulogne. La motte du donjon existe encore. 578 hab.

Exclusa. P. 245, 259, 277. *L'Écluse*, arr. de Douai (Nord), canton d'Arleux. 1,700 hab. 10 k. S. de Douai.

Falkemberga. P. 109, 371. *Fauquemberg*, chef-lieu de canton de l'arr. de Saint-Omer, 22 k. S.-O. de cette ville. 2,000 hab.

Fielnæ. P. 87, 95, 111, 235, 243, 293. *Fiennes*, canton de Guines, 26 k. N.-É. de Boulogne. 1,000 hab. Les derniers vestiges du vieux château ont été récemment effacés par la culture.

Folkestane. P. 87. *Folkstone*, sur la côte d'Angleterre, 10 k. S.-O. de Douvres.

Forois. P. 63. Comté inconnu. Voir la note 50.

Frelinghen. P. 263, 267. *Ferlinghem*, hameau de Bresmes, 2 k. S. d'Ardre. 44 hab.

Fulberti nemus. P. 127, 295, 323. Ce bois devait couvrir Ardre à l'est et au midi. C.

Furnæ. P. 225, 383. *Furnes*, ville de Belgique, prov. de Flandre occidentale, 20 k. E. de Dunkerque. 4,800 hab.

Ganapenses. P. 55. Sans doute les gens de *Guemps*, commune du canton d'Audruick, 8 k. N. d'Ardre. 740 hab. On a écrit quelquefois *Ganep*. C.

Ghelria. P. 205. Ancien duché sur la rive gauche du Rhin, aujourd'hui l'une des prov. du roy. des Pays-Bas.

Gherminiæ. P. 61. Probablement *Grimmingen*, arr. d'Audenarde, 26 k. E. de cette ville, Flandre orientale (Belgique). 500 hab.

Ghimiacum. P. 221. *Guemy*, sur la Hem, canton d'Ardre, 8 k. S.-E. de cette ville, et tout près de Tournehem. 60 hab.

Ghisnia. P. 21. Le pays de *Guines*.

Ghisnæ. P. 123, 199. *Guines*, ancien chef-lieu du comté de Guines, à présent chef-lieu de canton de l'arr. de Boulogne, 30 k. N.-E. de Boulogne, 8 k. O. d'Ardre. 4,100 hab.

Grimbergium. P. 279. *Grimbergen*, arr. de Tenremonde, à 1 k. N. de cette ville, Flandre orientale (Belgique). 2,000 hab.

Hamense monasterium. P. 77. L'abbaye d'*Ham*, ordre de Saint-Benoît, fondée en 1080, 8 k. S.-E. d'Aire, canton de Norrent-Fonte, arr. de Béthune. Ce lieu est mentionné dans une charte de 887. (Cartul. de Saint-Bertin.)

Hammæ. P. 85, 89, 121. Le siége de cette seigneurie était un château, rasé en 1558, situé dans le marais, en face de Coulogne, à 3 k. N. de l'église actuelle de Hames, qui est l'ancien *Markinium* ou Markenes. Le château de Hames est la dernière place tenue par les Anglais dans le Calaisis. Ils s'y retirèrent après la reddition de Calais et de Guines.

Hardrei Locus. P. 55. *Hardelo*, vieux château, à 8 k. S. de Boulogne, dépendant de Condette, canton de Samer. Tout proche est la forêt du même nom.

Harselia. P. 315, 351. *Herseele*, 8 k. N. de Cassel, canton de Wormhoudt, arr. de Dunkerque (Nord). 1,900 hab.

Hazebroeck. P. 177. *Hazebrouk*, ville chef-lieu d'arr. du département du Nord. 8,000 hab.

Helbedinghen. P. 375. *Hervelinghem*, canton de Marquise, à 4 k. S. d'Escales, et 22 k. S. de Boulogne. 240 hab. Le même dont il a été question à l'art. *Belinghen*.

Helbodeschen, juxta Longum Villare. P. 225. *Hubersent*, canton d'Étaples, arr. de Montreuil, 18 k. N. de cette dernière ville. 400 hab. Ou *Beussent*, canton d'Hucqueliers, arr. de Montreuil, 15 k. N.-E. de cette ville. 750 hab. Selon le Pouillé de Boulogne, ce serait Hubersent. L'un et l'autre village sont également à 4 k. de Longvilliers.

Herchem. P. 319. Lieu aujourd'hui inconnu, probablement voisin de Nielles-lez-Ardres, où l'on voit un hameau de Berthem. C. Une charte de l'évêque Gérard, en faveur de l'abbaye d'Andre (1084), mentionne *prædium ad Herkehem et ad Nielam*.

Herdebedinghen, juxta Liskas. P. 203. *Herbinghem*, canton de Guines, à 2 k. S.-O de Licques. 345 hab.

Hinniacum Letardi, P. 245, 259, 275, 313. *Hennin-Lietard*, canton de Carvin, arr. de Béthune, 12 k. N.-O. de Douai. 3,100 hab.

Hoilandia, P. 253. *Hoiland* dans le *Domsday Book*. Holland, en Angleterre, comté d'Essex, Cendring Hundred, non loin de la mer. 413 hab.

Hondescotum. P. 146, 153. *Hondschoote*, chef-lieu de canton de l'arr. de Dunkerque (Nord), 23 k. S.-E. de cette ville. 3,900 hab.

Houdleda. P. 339. *Le Houlet*, rivière de Merck qui jadis faisait suite à la rivière de Nielles, aujourd'hui le canal du Houlet, se dirigeant vers Merk. Voir *Nivenna* et le Glossaire latin au mot *Houdleda*.

Indesham. P. 317. Peut-être *Inxent*, canton d'Étaples, arr. de Montreuil, 10 k. N. de cette dernière ville. 321 hab. C.

Insulæ Burgum. P. 381. La ville de *Lille*, chef-lieu du département du Nord. 76,000 hab. Une bulle de Calixte II, en 1123, la désigne *Insula Castrum*.

Isendica. P. 287. *Ysendyck*, sur la rive gauche de l'Escaut, prov. de Zélande, roy. des Pays-Bas. 1,200 hab.

Jacbeca. P. 373. *Jacbeke*, dépendance de la commune de Wetteren, sur la rive droite de l'Escaut, 12 k. N.-O. d'Alost. Wetteren est aujourd'hui un chef-lieu de canton de l'arr. de Tenremonde, prov. de Flandre orientale (Belgique). 8,300 hab.

Kelmæ. P. 21. *Quelmes*, canton de Lumbres, arr. de Saint-Omer, 8 k. O. de cette ville. 320 hab.

Leda. P. 357. Nom de la rivière de Guines à Calais, aujourd'hui canalisée.

Leilefordia. P. 253. *Leleford*, dans le *Domsday Book*; aujourd'hui *Ilford*, comté d'Essex, Becontree Hundred, 9 m. E. de Londres. 87 hab.

Lensis. P. 245. *Lens* en Artois, ville chef-lieu de canton de l'arr. de Béthune. 9,800 hab.

Leodeberna. P. 153, 155. *Lostebarne*, hameau de Louches, entre ce village et Ardre. 100 hab.

Leonardi monasterium. (S.-) P. 113, 119. *Saint-Léonard*, abbaye de Bénédictines, fondée en 1117, à Guines, ruinée en 1347. Il n'en reste point de vestiges.

Ligeris. P. 49. La Loire, fleuve.

Lileriense Castrum. P. 71. *Lillers*, chef-lieu de canton de l'arr. de Béthune, 15 k. N.-O. de cette ville. 5,400 hab.

Lischæ, LISKÆ, P. 93, 163, 203, 317, 321, 335. *Licques*, canton de Guines, 8 k. S. d'Ardre. 1,600 hab.

Liskense cœnobium. P. 93, 95. *Notre-Dame de Licques*, abbaye de Prémontrés, fondée en 1131.

Longa Marca. P. 281. *Lang--Mark*, 6 k. N.-E. d'Ypres, arr. d'Ypres, prov. de Flandre occidentale (Belgique). 5,800 hab.

Longonessa. P. 21. *Longuenesse*, canton de Saint-Omer, 4 k. S. de cette ville. 672 hab.

Longum Villare P. 225. *Longvilliers*, canton d'Etaples, arr. de Montreuil, 10 k. N. de cette dernière ville. 512 hab. Il y avait une abbaye.

Lothesia, LOTHOSIA. P. 165, 255. *Louches* (on disait autrefois *Loutesse*), canton d'Ardre, 4 k. S.-E. de cette ville. 833 hab.

Lovania. P. 387. *Louvain*, ville de Belgique, prov. du Brabant méridional, 20 k. de Bruxelles. 30,000 hab.

Luxonium. P. 25, 27. L'abbaye de *Luxeuil*, en Franche-Comté, aujourd'hui département de la Haute-Saône, arr. de Lure. Autour s'est formé un bourg, chef-lieu de canto. 4,000 hab.

Malingæ. P. 161. *Town-Malling*, dans le comté de Kent, en Angleterre, Larkfield hundred; 6 milles N.-O. de Maidstone. 1,205 hab. « Mallyngas « cum ecclesiâ in comitatu de Chent. » Charte d'Anselme, arch. de Cantorbéry, MC. (Monast. Angl. III. 2.)

Malnio, MALNIS, MALNIIS (HUGO DE). P. 203, 205, 211. Peut-être *Moulle*, canton de Saint-Omer, 7 k. N.-O. de cette ville. 1,000 hab. C.

Malo, (HUGO DE) *sive* DE MOLLI ALNETO. P. 171. *Malaunoy*, château dont les ruines existent sur le territoire de Bourecq, entre Aire et Lillers, canton de Norrent-Fontes, arrondissement de Béthune. Au XIIIᵉ siècle, il relevait de Lillers.

Makinghehen. P. 57. *Macquinghem*, hameau de Baincthun, canton de Boulogne, 6 k. E. de cette ville, à l'entrée de la forêt.

Marchisia, MARCHISIUM. P. 59, 171, 249, 277. *Marquise*, chef-lieu de canton, arr. de Boulogne, 14 k. N.-E. de cette ville, sur la route de Calais. 2,700 hab.

Marcianenses. P. 75. Les moines de *Marchiennes*, aujourd'hui chef-lieu de canton de l'arr. de Douai (Nord), sur la Scarpe. Il y avait une abbaye de Bénédictins.

Mardica. P. 119. *Mardick*, arr. de Dunkerque, entre Gravelines et Dunkerque (Nord). 348 hab.

S. Maria de Nemore. P. 97. *Ruisseauville*, abbaye de l'ordre de Saint-Augustin, située dans la commune de ce nom, canton de Fruges, 5 k. S. de ce bourg.

Markinium, Mercha, Mercuritium. P. 123, 315, 317, 209. 55, 209, 317, 339, 385. Ces trois dénominations semblent désigner *Marck* ou *Merck*, canton de Calais, 8 k. E. de cette ville, commune dont le territoire est encore fort étendu. 2,074 hab. Néanmoins il faut remarquer qu'au chap. CXXXIII, Sarra *de Markinio* épouse Foulques *de Mercuritio*. Il y a de justes raisons de croire que *Markinium* est *Hames-Boucres*, canton de Guines, 8 k. S. de Calais. 834 hab. C. Dans cette hypothèse, Arnoul vicomte de *Markinium*, dont il est question aux chap. LII, LXV, LXVI, LXVII, CXXXIII, etc., n'aurait point eu autorité sur la terre de Merck. Voyez note 217, et p. 512.

Memerim, *aliàs* turrim celtim. P. 171. Voyez la note 130.

Meschinense monasterium. P. 161. Voyez la note 121.

Mentbecæ, Minthekensia prædia. P. 375, 27. *Mentque-Norbecourt*, canton d'Ardre, 12 k. N.-E. de Saint-Omer. 450 hab. Nous avons dit, note 252, que *Mentheca*, mentionnée au chap. CLI, ne pouvait être Mentque, qui n'était pas du comté de Boulogne. Néanmoins il faut considérer que Mentque est voisin d'Éperlecques, qui en ce temps appartenait aux comtes de Boulogne, auxquels dès lors une incursion sur ce point pouvait porter préjudice.

Monasteriolum. P. 109. *Montreuil-sur-Mer*, ville chef-lieu d'arr. du Pas-de-Calais, sur la Canche. 4,200 hab.

Monfelon, juxta Surcas. P. 47. Derrière l'église de Surques est une colline dite le mont Pinsard, sur laquelle est un tertre dit le Moufflon, sans doute ancien *tumulus*. Voyez le t. VIII des Mémoires de la Soc. des Antiq. de la Morinie. Une charte du comte de Boulogne, en 1121, donne la moitié des pâtures de Moufflelon au chapitre de Saint-Wulmer.

Mongardinium. P. 171, 203, 205, 217. *Montgardin*, hameau de Bouquehault, canton de Guines, 7 k. S.-E. de cette ville. Philippe Auguste rasa le château en 1215; il en reste quelques traces dans le bois, au N.-O. du hameau. C.

Montorium. P. 161, 163, 361. *La Montoire*, forteresse à l'extrémité du territoire de Zutkerque, canton d'Audruick, au-dessus du château de la Cressonnière et de la vallée de Nielles-lez-Ardre, 4 k. E. d'Ardre. Les ruines en subsistent encore dans le parc de la Cressonnière; elles sont considérables et imposantes.

Morinensis Ecclesia. P. 219, 221, 361. L'évêché de Thérouenne, autrement des Morins.

Morum. P. 373. Je ne connais pas de lieu de Moer ou Moor dans le comté d'Alost; peut-être s'agit-il de *Moorsel*, à 4 k. E. d'Alost. La terminaison *sel* ou *zeel* est commune à beaucoup de noms de lieu en Flandre.

Nelei Fontes, P. 39. La petite rivière de Nielles-lez-Ardre, dite aussi le *Rossignol*, qui part de Nielles, et, coulant du S. au N., va se jeter dans le canal de Saint-Omer, à Calais.

Nelensis Villa, Neleïa arva. P. 261, 161. *Nielles-lez-Ardre*, canton d'Ardre, 4 k. E. de cette ville. 200 hab.

Nelis, Nileis. P. 201, 361. Le même lieu.

Nivenna. P. 385, 389. *Le Nieulet*, cours d'eau qui suit les marais depuis Ardre jusqu'à la mer, et donne son nom au fort Nieulet, lequel défend l'approche de Calais à l'ouest. C'est en cet endroit qu'est le hameau de la Chaussée. La chronique d'André dit qu'en 1229, le comte Ferrand, venant de Gravelines, par Merk, se disposait à pénétrer dans le comté de Guines, *transito amne Nivenna*. *Enna* veut dire, eau, rivière; *Nivenna*, nouvelle rivière. C'est aussi le sens de *Nieulet*; *Nieuw-leed*, en langage germanique, nouveau canal. *Houd-leed*, houdleda (p. 339), vieux canal; *le Houlet*.

Niventonia. P. 161. « Niventunam cum ecclesià in comitatu de Chent. » MC. Charte d'Anselme, arch. de Cantorbéry. (Monast. Angl. III. 2.). On trouve dans le comté de Kent, en Angleterre, deux *Newington* : l'un à 3 lieues O. de Douvres, Folkestone hundred. 500 hab. ; l'autre, Milton hundred. 429 hab.

Noviomensis Ecclesia. P. 283. *Noyon*, jadis évêché, aujourd'hui chef-lieu de canton de l'arr. de Compiègne, département de l'Oise.

Norhout, *aliàs* Northout. P. 107, 133, 241, 317, 323, 335. Il y a entre Nielles-lez-Ardre et Ardre une petite ferme que les paysans nomment *Nortou*, et qui rappelle ce lieu. C.

Odrensis Dominus, Odrenses. P. 55, 57, 59, 249. Le siége de cette seigneurie est occupé par la ferme d'*Ordre*, à 1 k. N. de Boulogne, sur le plateau voisin de la colonne. Ce mot *Ordre* est la prononciation altérée d'Odre. La tour d'Ordre, ancien phare, voisine de la ferme, et aujourd'hui ruinée, est appelée, dans la vie de saint Folquin, *Farus Odrans*.

Oïa, d'où Oïant. P. 55. *Oye*, les gens *d'Oye*. *Oye*, commune du canton d'Audruick, 10 k. E. de Calais. 1,500 hab.

Ostburgum. P. 287, 305. *Oosthourg*, dans l'île de Cadsand, prov. de Zélande, roy. des Pays-Bas, 24 k. N.-E. de Bruges. 700 hab.

Ostrowicum. P. 181. Il n'existe plus de vestiges de cette forteresse, qui devait se trouver sur le bord de la vallée de Nieulet, dans le voisinage de Sangatte. C. Voyez *Sliviacœ orœ*.

Oudelandum juxta Liskas. P. 321. *Hodelan*, ferme à 1 k. N.-O. de Licques.

Petinghen. P. 279. *Peteghem*, près Audenarde, prov. de Flandre orientale, roy. de Belgique, sur la rive gauche de l'Escaut. 2,300 hab.

Pepelingœ, Pepelinghen. P. 221, 231, 267. *Peupelingue*, canton de Calais, 9 k. S.-O. de cette ville. 438 hab.

Peperingœ. P. 381. *Poperingue*, petite ville de Belgique, chef-lieu de canton de l'arr. d'Ypres, prov. de Flandre occidentale, voisine de la frontière française; 10 k. O. d'Ypres, 16 k. E. de Cassel. 10,500 hab.

Perona. P. 283. *Péronne*, ville chef-lieu d'arr. du département de la Somme; sur la Somme. 40 k. E. d'Amiens, 4,900 hab.

Pinkinium. P. 109. *Piquigny*, sur la Somme, chef-lieu de canton de l'arr. d'Amiens (Somme), 12 k. N.-O. de cette ville. 1,500 hab.

Pichem. P. 89. *Pihen*, canton de Guines, 6 k. O. de cette ville. 500 hab.

Plancœ ou Planchœ. P. 349, 387. *Planques*, 3 k. N.-O. de Douai (Nord), hameau de la commune de Lauwin.

Podonia, Podenia, Padonia. P. 187. Un registre des recettes de la châtellenie de Tournehem, en 1374, mentionne auprès de la Montoire des prairies, un lieu dit de *la Podenie*. C.

Pollarium. P. 113, 375. *Pollaer*, sur la Dendre, près Ninove, qui dépendait du comté d'Alost, arr. d'Alost, prov. de Flandre orientale (Belgique). 700 hab.

Pontivum Comitatus. P. 21, 221. Le *Ponthieu*, comté compris entre la Somme, la Canche, et la mer.

Pontium in Pontivo. P. 97. *Ponche-Estruval*, sur l'Authie, canton de Cressy, arr. d'Abbeville (Somme). Là passe la voie romaine d'Amiens à Boulogne. 235 hab.

Preuris (W. de). P. 201. *Preures*, canton d'Hucqueliers, arr. de Montreuil, 15 k. N.-E. de cette ville. 740 hab.

Propontidis sinus. P. 345. La mer de Marmara, entre la mer Noire et l'Archipel.

Quadhem. P. 27. *Cahem*, hameau de Licques, qu'on a écrit Quathem. C. En 1198, Robert Mauvoisin demeurait à Quahem. (Duch. pr. de Guines, p. 128.) Dans une charte d'Arnoul 1er, comte de Guines, figure Bauduin de Quathem (*Ibid.* P. 95). 156 hab.

Radepontem. P. 385. *Radepont*, canton d'Écouis, arr. des Andelys (Eure). 700 hab.

Reveria flumen. P. 39, 167. La rivière de *Hem*, qui part d'Ecuœilles, canton de Desvres, passe à Tournehem, devient le *Mulstroem* au delà de Polinchove, et tombe dans le canal de Saint-Omer à Calais. C.

Rista. P. 209. *Riste, Risse*, à présent *Riche*, village du canton de Château-Salins, sur la rivière de Petite-Seille : 14 k. N.-E. de Château-Salins (Meurthe). 330 hab. Ce lieu fut assez important dans le moyen âge, et donna son nom à une famille considérable, qui s'éteignit vers la fin du xive siècle. Le château fut pris et détruit, en 1215, par Henri II, comte de Bar, selon la Chronique d'Albéric des Trois-Fontaines.

Romania. P. 345. L'ancienne Thrace.

Rodemburgum. P. 287. Actuellement *Ardenbourg*, roy. des Pays-Bas, prov. de Zélande, frontière de la Flandre-Occidentale, 16 k. N.-E. de Bruges.

Rolinghen. P. 263, 267, 295, 357. *Rodelinghem*, canton d'Ardre, 4 k. S.-O. de cette ville. 283 hab.

Rorichovia. P. 159. Ce château, dont il ne reste point de vestiges, devait être situé sur le bord du marais de Guines, du côté d'Andre. En 1209, selon la chronique d'Andre, le comte de Boulogne fit faire une chaussée à travers le grand marais entre Rorichove et la terre ferme de Merck. En 1222, Manassès de Guines, sire de Thiembronne, donne à l'abbaye d'Andre la troisième gerbe de son manoir de Rorichove, tant sur la paroisse d'Andre que sur celle de Spelleke. (C.) Rorichove était entouré d'un triple fossé; le vivier abondait en poisson ; il y avait d'excellents prés, des vergers, des vignes. On avait travaillé durant dix-sept années à ses somptueux bâtiments. Renaud de Dammartin, comte de Boulogne, détruisit, arracha, rasa tout.

Rumis (Rabodo de). P. 171. Je ne vois pas ce nom de lieu dans la contrée : il faut lire peut-être *Hamis*, Hames ; ou *Busnis*, Busnes, village entre Lillers et Saint-Venant. 1,488 hab.

Sathania, *vel* Senclia Francorum. P. 149, 345. *Sathalie*, au fond du golfe de ce nom, province de Kutaïeh, Turquie d'Asie. C'était, au moyen âge, une des plus importantes Échelles de l'Asie Mineure. Elle a succédé à l'ancienne Attalie, port de la Pamphylie.

Salperwicum. P. 199, 201, 203, 211. *Salperwick*, canton de Saint-Omer, 3 k. N. de cette ville. 360 hab.

Samurensis. P. 65, 145, 147, de *Semur-en-Brionnais*, chef-lieu de canton du département de Saône-et-Loire, arr. de Charolles, 6 k. de la Loire et 24 k. S.-O. de Charolles. 1,600 hab.

Sangata. P. 177. *Sangatte*, sur la côte, canton de Calais, 8 k. O. de cette ville. 950 hab.

Santinghoveld. P. 97, 99, 101, 161. *Saint-Inglevert*, canton de Marquise, 22 k. N.-E. de Boulogne. 500 hab. L'hôpital fut fondé, en 1133, par Oylard.

Sancti Pauli Comitatus. P. 47, 255, 257, 259, 271, 273. Le comté de *Saint-Pol*, dont le chef-lieu était la ville de Saint-Pol, sur la Ternoise, aujourd'hui chef lieu d'arr. du Pas-de-Calais. 28 k. N.-O. d'Arras. 3,400 hab.

Saringia. P. 205. *Zeringhen*, château aujourd'hui ruiné, près Fribourg en Brisgau, titre d'un duché important. Les ducs de Zeringhen, landgraves de Brisgau, figurent dans les XIe et XIIe siècles, et s'éteignirent en 1218, en la personne de Berthold V, dont la succession passa en grande partie aux margraves de Bade.

Scalæ, Scalæ Bertiniacæ. P. 21, 25, 375, 179. *Escales*, canton de Calais, au pied du cap Blancnez, 10 k. S.-O. de Calais, 20 k. N. de Boulogne. 319 hab.

Scoches. P. 269. Peut-être faut-il lire *Scothes;* alors ce serait le lieu d'*Ecotes*, 4 k. N. de Licques. C.

Selnessa, P. 219, 221, 227, 235, 247. Le château de *Selnesse* était situé à l'extrémité nord du plateau qui sépare Ardre de la Bredenarde. On trouve encore en ce lieu, dit *les Noires Terres*, 2 k. N.-E. d'Ardre, des voûtes de cave, des pieds de murs, et dans la tourbière voisine des débris semblables à ceux signalés par Lambert. C.

Secana. P. 49. Le fleuve de Seine.

Seltunium. P. 171. *Zeltun* était une des douze baronnies du comté de Guines, ayant son siège sur le territoire de Polinchove, dans un château construit à la bifurcation de la Hem et du Tirlet. La motte existe encore, avec des vestiges de fossé. (C.) Polinchove est à 8 k. E. d'Ardre, et fait partie du canton d'Audruick.

Senghiniacum. P. 113. *Sainghin en Weppe*, près Wavrin, canton de La Bassée, arr. de Lille (Nord), 16 k. S.-E. de Lille. 2,000 hab.

Senighehem. P. 151. Voyez *Sinninghem.*

Silviacum. P. 41. L'abbaye de *Saint-Wulmer*, depuis, *Samer-au-Bois*, 16 k. S.-E. de Boulogne, est désignée dans les anciens documents : S. Wulmarus de Nemore, sive de Silviaco ; comme qui dirait, canton boisé. Cette abbaye, de l'ordre de Saint-Benoit, fut fondée par saint Wulmer, vers 688.

Sinninghem. P. 285. *Seninghem*, canton de Lumbres, 18 k. O. de Saint-Omer, à la limite de la châtellenie de Saint-Omer et du Boulonais. 685 hab.

Sithiu. P. 21, 25, 33, 271. Nom de la colline sur laquelle fut bâti l'un des monastères de Saint-Bertin. Autour se forma la ville de Saint-Omer.

Sliviacæ oræ. P. 181, 389. Les manuscrits portent *fluviacæ*, *fluviatæ*, *fliniatæ*, ce qui n'a pas de sens. Je lis *Sliviacas*, parce qu'il y avait jadis près de Sangatte une église de Saint-Martin de *Sclive*. Le mot *Sclive*, *Slive*, veut dire entaille, ouverture, *cren*. Dans le langage du pays on appelle *cren*, les ouvertures ou brèches faites dans les dunes ou falaises par les ruisseaux qui se déchargent à la mer. Un hameau voisin de Sangatte se nomme *le Cren*. Il est permis de croire que là tout proche se trouvait Ostrovic. C.

Spellekæ. P. 71, 155; 157. *Espelleke*, paroisse et faubourg de Guines. Ce nom n'existe plus.

Sperlekensia prædia. P. 27. *Eperlecques*, canton d'Ardre, 8 k. N.-O. de Saint-Omer. 1,900 hab.

Stapullæ. P. 177. *Etaples*, ville et port de mer sur la Canche, chef-lieu de canton de l'arr. de Montreuil, 15 k. de cette ville, 2,200 hab. *Villa Stapulas*, dans un titre de 1026. (Cart. de Simon. vii.)

Steventonia. P. 161, 253. *Stevington*, lieu dépendant aujourd'hui de Bartlow, Chilford hundred, à la limite des comtés d'Essex et de Cambridge.

Stistedæ. P. 161. *Stisted*, comté d'Essex, Hinckford hundred, 3 milles N.-E. de Braintree. 790 hab.

Stronæ. P. 27. *Estrouanne*, hameau de Wissant, sur le bord de la mer, entre Wissant et Escalles.

Suauaca, SUAUEKÆ. P. 223, 71, 263, 269. *Zouafques*, canton d'Ardre, 8 k. S.-E. de cette ville. 466 hab.

Surkæ. P. 47, 149, 345. *Surques*, canton du Lumbres, arr. de Saint-Omer, 24 k. O. de cette ville. 466 hab.

Sutkerka. P. 169, 365. *Zudkerque*, canton d'Audruick, 6 k. E. d'Ardre. 1,800 hab.

Tancarvilla. P. 87. *Tancarville*, arr. du Havre, canton de Saint-Romain (Seine-inférieure), sur la rive droite de la Seine, 8 k. S.-O. de Lillebonne. 378 hab.

Teruannica Terra, TERUANNENSIS COMITATUS. P. 19, 31, 265. Lambert désigne ainsi le comté de Saint-Pol, partie duquel a retenu longtemps le nom de Ternois. Il dit plusieurs fois : *Teruannici vel S. Pauli*.

Teruanna, P. 267, 269. *Terouenne*, jadis capitale des Morins et siège d'un évêché considérable ; rasée en 1553 par Charles-Quint. Aujourd'hui commune rurale du canton d'Aire, arr. de Saint-Omer ; 16 k. S. de cette ville. 935 hab.

Timbonia. P. 171. *Thiembronne*, canton de Fauquembergh, arr. de Saint-Omer, 20 k. S.-O. de cette dernière ville. 1,083 hab.

Tingreïum, P. 95, 111. *Tingry*, canton de Samer, arr. de Boulogne, 30 k. S.-E. de cette ville. 300 hab.

Toleshondia. P. 253. *Toleshunt*, dans le *Domsday book* : aujourd'hui *Tolleshaut*, comté d'Essex, Thurstaple hundred, près Malden. 665 hab. Ce nom se retrouve encore deux fois dans les mêmes parages.

Tornehem. P. 107, 121, 167, 317, 355. *Tournehem*, canton d'Ardre, 16 k. N.-O. de Saint-Omer. 963 hab. Le château a été détruit en 1542 par le duc de Vendôme. Cette petite ville était, avant la révolution, le siége d'un bailliage assez étendu.

Torthonium. P. 281. Peut-être, en lisant Corthonium, *Kortenhoek*, dépendance de Hofstade, 3 k. N. d'Alost, Flandre-Orientale.

Tropintonia. P. 253. *Trumpintone* dans le *Domsday book*, aujourd'hui *Trumpington*, comté de Cambridge, Thriplow hundred. 540 hab. 2 milles S. de Cantorbéry.

Uphem. P. 269. *Upen*, dépendance de Delette, canton de Lumbres, 14 k. S. de Saint-Omer. 200 hab. ; ou *Offin*, canton de Campagne, 14 k. E. de Montreuil. 880 hab.

Varneselia. P. 315, 351, 353. L'annotateur du Manuscrit de Saint-Omer lit *Vormeselia*. Wormezeele est en Belgique,' Flandre occidentale, à 4 k. S. d'Ypres. Je lirais plus volontiers *Veineselia*, Vinnezeele, nom d'un village contigu à Herzeele, canton de Steenvorde, arr. d'Hazebrouck. 1,500 hab.

Viridonium. P. 211. *Verdun*, en Lorraine, chef-lieu d'arr. dans le département de la Meuse. 10,000 hab.

Vonna. P. 39. Un des noms de la rivière de Hem. Voyez *Reveria*.

Vulendica. P. 287. Je ne trouve point ce nom sur les cartes de la rive gauche de l'Escaut : peut-être Vulendick a-t-il été englouti par la mer, comme une portion du territoire de Gaternesse. Si l'on voulait lire *Oudendick*, un lieu ainsi nommé, dépendant de Calloo, se trouve au S. du fort Liefkershœk, canton de Beveren, arr. de Tenremonde ; prov. de Flandre-Orientale (Belgique). Mais il y a loin de là aux lieux de Gaternesse et Isendick', nommés avec Vulendick.

Wachingen. P. 251. *Wacquinghem*, 13 k. N. de Boulogne, canton de Marquise. 122 hab.

Walaricus (S.). P. 45. *Saint-Valery-sur-Somme*, à l'embouchure de cette rivière, arr. d'Abbeville, chef-lieu de canton, 20 k. O. d'Abbeville. 3,600 hab.

Walbanium. P. 173. *Waben*, canton et arr. de Montreuil-sur-Mer, 15 k. S.-E. de cette ville. 332 hab.

Waleinæ, Welenæ, Wellenæ. P. 221, 263, 267, 355. *Welles*, dépendance de Nord-Ausque, canton d'Ardre, 8 k. S.-E. de cette ville. 23 hab.

Walteri Saltus. P. 179. L'ancienne carte de Cassini indique près d'Escales une pointe du *Waquesaut*, en dedans du cap Blancnez.

Walum P. 375. Le *Val-en-Surques*, ancienne baronnie du comté de Guines. C. Voyez *Surkæ*.

Warevella. P. 109. Ancienne abbaye en Angleterre, dont il ne reste pas de vestige, mais qui a donné son nom à la paroisse de Wherwell, dans le Hampshire, près Andover. (Voir Monast. Anglic., l. I, p. 256.)

Warennensis comes. P. 27. Voyez la note 26.

Wastum. P. 233. Le *Waast*, canton de Desvres, arr. de Boulogne, 13 k. E. de cette dernière ville. 208 hab.

Watinensis Ecclesia. P. 69, 81. *Watten*, sur l'Aa, rive droite, canton de Cassel, arr. d'Hazebrouck (Nord), 8. k. N. de Saint-Omer. Il y eut une abbaye, fondée en 1072.

Waveriacum. P. 111. *Wavrin*, canton d'Haubourdin, arr. de Lille (Nord), 13 k. S.-E. de cette ville. 2,600 hab.

Wercia. P. 281. Peut-être *Weert-Saint-Georges*, sur la Dyle, 18 k. E. de Bruxelles, arr. de Louvain, prov. de Brabant (Belgique). 650 hab.

Wisso. P. 335. *Wissocq*, hameau d'Audrehem. (Voyez *Aldehem*). 57 hab.

Witsant. P. 27, 99, 179, 221 Port aujourd'hui comblé, sur la côte, entre Boulogne et Calais, à peu près à égale distance de ces deux villes, canton de Marquise. 1,000 hab.

Wombergh, WOUBE MONS. P. 67. Le mont des Récollets, près Cassel (Nord).

Wulmarus de Nemore (S.). P. 41. Voyez *Silviacum*.

Wemelium. P. 97. *Wimille*, 4 k. N. de Boulogne. 1,780 hab.

TOPOGRAPHIE

DU COMTÉ DE GUINES,

PAR M. COURTOIS,

Secrétaire archiviste de la Société des antiquaires de la Morinie,

————o💰o————

Baronies et pairies du comté de Guines. — Ses quatre châtellenies.
Fiefs qui en relevaient. — Vicomté de Merch.
Châtellenie de Bourbourg. — Pays de Langle. — Cours d'eau du comté.

Au XIIIᵉ siècle, le comté de Guines comprenait quatre châtellenies ou fiefs dominants, dont relevaient tous les autres, sous le double rapport de l'hommage et de la justice. Ces quatre grands fiefs étaient : GUINES, TOURNEHEM, ARDRE et AUDRUICQ. Nous donnerons plus loin la nomenclature des terres à clocher et seigneuries qui relevaient de chacun de ces chefs-lieux, et formaient ce qu'on appelait alors leurs mouvances.

Comme les comtés de Flandre et de Boulogne, celui de Guines avait ses barons et ses pairs. Il résulte du récit de Lambert que, dès le XIᵉ siècle, le nombre en était déjà fixé à douze. Cet historien rapporte en effet qu'en 1069, c'est-à-dire plus d'un siècle avant l'époque où il écrivait, Arnoul de Seluesse créa, dans sa seigneurie d'Ardre, douze pairs ou barons. Il y a tout lieu de présumer qu'Arnoul n'a fait que se conformer, quant au nombre, à un usage déjà partout adopté.

Quant aux siéges des pairies, il est à croire qu'ils n'ont pas toujours été les mêmes. C'est du moins ce qui semble résulter des deux différentes listes que nous allons reproduire.

M. Marnier, bibliothécaire de l'ordre des avocats du barreau de Paris, a tiré une copie d'un manuscrit de la Bibliothèque impériale intitulé : *le Livre des lois, usages, et coustumes de la ville et conté de Guisnes*. Cette copie, offerte à la Société des antiquaires de la Morinie par l'entremise de M. Taillar, qui l'a enrichie d'une introduction et d'excellentes notes, est en ce moment sous presse. Ce recueil contient plusieurs documents relatifs aux coutumes de Guines, et notamment une charte de franchise octroyée par le comte Arnoul III, à ses hommes

et barons, en 1273. Nous y trouvons la nomenclature suivante des « barons de
« la conté et terre de Guisnes, c'est assavoir :

Guillaume, seigneur de	Fienne.
Marlz, abbé d'	Andernes (Andre).
Engueram, seigneur de	Lisques (Licques).
Robert, seigneur de	Berlinghem (sur Moringhem).
Ansel, seigneur du	Val (en Surque).
Baudin, seigneur de	La Motte (d'Ardre).
Baudin, seigneur de	Bavelinghem (Balinghem).
La dame de	Seltun (sur Polinchove).
Thomas, seigneur de	Bouvelinghem.
Baudin, connestable d'	Ermelinghem.
Baudin, seigneur d'	Alembon.
Baudin de	Piehem. »

Nous trouvons dans ce même recueil, à la page 244 de la copie de M. Marnier, n° 361, l'article suivant :

« Ensuyvent les noms des xii pers de la conté de Guisnes, premierement (1) :

Ardres.	Surques.
Nielles (lez-Ardre).	Bouvellinghem.
Autingues.	Locdebarne.
Alembon.	Fouquesolle.
Courtebourne.	Frethun.
Seltun.	Neel (Nielle-lez-Calais). »

En rapprochant ces deux listes, on remarquera que plusieurs fiefs avaient
tout à la fois le titre de baronnie et de pairie.

Le manuscrit de Lambert d'Ardre (bibliothèque publique de Saint-Omer),
copié en 1616 par Guillaume de Whitte, moine archiviste de Saint-Bertin,
contient en tête deux listes des barons et pairs du comté de Guines, un peu
différentes de celles qu'on vient de lire. Elles sont intitulées ainsi :

« Constat Ghisnensis Comitatus baronibus duodecim, totidemque paribus.

Barones.

1. Andrensis.	7. Courtebourne (sur Licques).
2. Bauelinghem.	8. Hammes.
3. De Fiennes.	9. Hermelinghem.
4. Licques.	10. Zeveland (Zeltun).
5. Du Wal en Surques.	11. La Motte d'Ardre.
6. Crezecque (sur Louches).	12. Alembon.

---

[1] Nous avons cru devoir rétablir certains noms, évidemment altérés par
suite d'une mauvaise lecture.

Parcs

1. Bouvelinghem.	7. Recques.
2. Arquingoud (sur Leulinghem	8. Lot-Barne.
lez Etrechem).	9. Awainghes (Autingues).
3. Surques.	10. Nielles–lez-Ardre.
4. Esclémy.	11. Campagne.
5. Fouquesolle.	12.* Auderbrouck (Audrehem).
6. Prieuré (d'Ardre).	

Ces deux listes sont tout à fait conformes à celles qu'a publiées Duchesne dans son *Histoire de la maison de Guines*; elles ont été vraisemblablement puisées à la même source, c'est-à-dire au manuscrit de Lambert d'Ardre, trouvé en 1586 à Audruicq. Il est évident que quelques-uns des noms ont été mal copiés. Ces fautes doivent être attribuées à l'auteur même de ce manuscrit.

Quant aux dépendances des quatre châtellenies, il n'en existe aucune liste remontant au XIIIe siècle. Celle qu'à publiée Collet, dans sa *Notice du Calaisis,* ne peut se rapporter qu'à une époque de beaucoup postérieure à celle où le comté de Guines, plusieurs fois démembré, avait été restreint dans les limites du gouvernement d'Ardre. Encore même pour cette époque, cette liste était-elle pleine d'inexactitudes, d'erreurs et de confusions.

Pour dresser cette liste aussi exacte que possible, voici quel a été notre point de départ et les données dont nous nous sommes servi.

Les limites et la mouvance de la châtellenie de Tournehem nous sont connues; elles sont positivement indiquées dans le registre aux fiefs, dressé en 1543, d'après les registres et les terriers des siècles précédents. D'autre part, les limites du pays de Bredenarde n'ont jamais changé; elles étaient encore en 1789 ce qu'elles furent à l'époque où Lambert en traçait la description.

Quant à Ardre, les différents fiefs qui en dépendaient ou appartenaient à ses seigneurs sont presque tous indiqués par Lambert lui-même.

Reste donc la châtellenie de Guines, la partie du comté qui a été la plus démembrée et a subi le plus de vicissitudes. Les données dont nous venons de parler simplifient déjà beaucoup la difficulté. En voici d'autres qui doivent nous conduire à un résultat d'une certitude presque mathématique.

Le traité de Brétigny n'attribuait à Édouard III que la partie du comté possédée par les derniers comtes de Guines. La châtellenie de Tournehem, devenue la possession des comtes d'Artois depuis la fin du XIIIe siècle, ne se trouvait point par conséquent dans cette condition; aussi ne fut-elle pas livrée à l'Angleterre. Nous en avons la preuve dans le registre des comptes et recettes de l'an 1355 à l'année 1373 (archives de Lille) : nous y voyons qu'une ligne de démarcation fut tracée entre cette châtellenie et les autres parties du comté appartenant à l'Angleterre; qu'il y eut divers procès à l'occasion de cette limite, un, entre autres, touchant les seigneuries de Cocove et de Recque, qu'un nommé Jacque Lonsil, appuyé par Matthieu de Salperwick, souverain bailli de Guines et Jehan de Bolinghem, conseiller du roi Édouard, prétendait relever de l'Angleterre, procès qui fut porté en 1364 à la prévôté de Montreuil; que la même année, les officiers du comte d'Artois à Tournehem et ceux du roi d'Angleterre à Guines firent exécuter à frais communs un nommé Pret Piétrin, qui fut pendu du côté d'Ardre dans une juridiction commune. Ajoutons que tel était le soin scrupuleux que les officiers de chaque siège mettaient à maintenir les limites de leur juridiction respective, que même dans les temps où Ardre et Tournehem étaient réunis tous deux à la France, il y eut à cet égard une foule de procès, même pour les actes les plus insignifiants.

Il suit de là, que les limites de la châtellerie de Tournehem étant toujours restées les mêmes, aussi bien que les limites du pays de Bredenarde, toute la partie du comté située en dehors de ces limites devait se rattacher exclusivement aux deux châtellenies d'Ardre et de Guines.

Or, on sait que postérieurement au traité de Brétigny, cette partie du comté se trouva de fait divisée en deux : l'une reconquise par la France et formant le gouvernement d'Ardre ; l'autre restée aux Anglais et formant, avec la vicomté de Merch, le gouvernement de Calais. Pour reconstituer la châtellenie de Guines il faut donc prendre : 1º au gouvernement d'Ardre, les fiefs qui ne dépendaient pas primitivement de cette seigneurie ; 2º au gouvernement de Calais, tout ce qui n'appartenait pas à l'ancienne vicomté de Merch. Nous devons y ajouter les terres de Colembert, de Fienne, et d'Hermelinghem, qui, par suite de la résistance du connétable de France, Robert, autrement dit Moreau de Fienne, échappèrent aux conséquences du traité de Brétigny et furent réunies au comté de Boulogne (1).

Telles sont les données d'après lesquelles nous avons tracé la carte du comté de Guines, et dressé la nomenclature des terres et seigneuries qui relevaient de chacune de ses quatre divisions féodales.

Quant aux noms de ces seigneuries, nous les avons puisés, non-seulement dans Lambert d'Ardre, mais aussi dans le cartulaire d'Andre et les anciens terriers. Le *petit Pouillé* du diocèse de Boulogne, nous a servi à rétablir d'anciens noms, aujourd'hui inconnus, tels que *Markinium* ou *Markene, Marcne, Fontenes*, Saint-Martin de Sclive, etc.

Voici maintenant la nomenclature des lieux que comprenait dans sa mouvance chacun des quatre grands fiefs du comté.

CHATELLENIE DE GUINES.

Terres à clocher.

Alembon.	Calquelle (Coquelle).
Altinghes (Autingue).	Escales.
Andernes (Andre).	Espellecke (sous Guines).
Baulinghem (Balinghem).	Fienne.
Bokerdes (Boueres).	Fontenes (Saint-Tricat).
Bochout (Bouquehault).	Frethun.
Campagne.	Guines.
Colembert.	Hammes (Saint-Martin-au-Château d').

1 Voir le tome VIII des *Mémoires des antiquaires de la Morinie*, p. 326, et les preuves de l'*Histoire de la maison de Guines*, par André Duchesne, p. 181.

Helbedinghem (Hervelinghem).
Hermelinghem.
Hocquinghem.
Landrethun (le Nord).
Licques.
Loquin (le Haut).
Lotesse (Louches).
Markene (Hammes-Boucres).
Nielles (l-ezArdre).

Nielle (lez-Calais).
Nort-Leulinghem.
Peuplingue.
Pihem.
Saint-Blaise (sous Guines).
Saint-Martin de Sclives.
Saninghem (Sanghem).
Surques.

Seigneuries.

Abbaye de Licques (l').
Arquingoud (sur Leulinghem lez-Etrehem).
Autinghem (Hauteville sur Saint-Inglevert).
Auderbrouck (sur Audrehem?).
Axles (sur Coquelle).
Bucretes (Beucres-sur-Fienne).
Berk (en Campagne).
Bessinghem (Bessingue).
Chaussée (La).
Cousebourne (*Cosebrona*, aujourd'hui le Poirier, sur Audrehem).
Courtehense (sur Louches).
Cressonnière (La) (Nielles-lez-Ardre).
Crezecque (sur Louches).

Ellingatun (Alincthun sur Pihen).
Dipendal (sur Bouquehault).
Douere (sur Pihen).
Herchem (Berthem sur Louche).
Hottinghem (sur Andre).
Lépinoy (sur Rebergue).
Mont-Gardin (sur Bouquehault).
Mauquembergue (sur Sanghem).
Mortcamp (*id.*)
Morlinghem (sur Balinghem).
Ramshaut.
Rorichove (sur Andre).
Sangate.
Scoles (Ecoles).
Saint-Martin (sur Louches).
Wadengathem (Wadenthun sur Pihen).

SEIGNEURIES RELEVANT D'ARDRE.

Aldenhove (Gaudenove sur Brême).
Boningue (lez Ardre).
Brêmes.
Capellehove (sur Ardre).
Colwide (sur Rodelinghem).
Héricat (sur Boningue).

La Motte d'Elceke (Nordausque).
Lostbarne (hôpital de) sur Louche.
Northout (sur Nielles-lez-Ardres).
Prieuré d'Ardre.
Septfontaines (Louche).
Sueveque (Zonafque).

Les seigneurs d'Ardre relevaient en outre de Guines la baronnie de Bouve-linghem ; de Tournehem, les terres de Bochout (West-Bécourt), Clerque, Cormette, Wellaine (Welle), Guény, Rodelinghem, et Ferlinghem en partie.

CHATELLENIE DE TOURNEHEM.

Terres à clocher.

Aldenhem (Audrehem).
Bainghem (Bayenghem-lez-Eperlecque).
Bochout (Nordbécourt).

Clerque.
Cormette.
Diffeque (Difque).
Ferlinghem.

Herbinghem.
Journy.
La Motte (en Audrehem).
Landrethun (lez-Ardre).
Macquinghem (sur Baincthun).

Reéques.
Rodelinghem.
Tournehem.
Wslles.

Seigneuries.

Audefort (Clerque).
Beauprez (en Boningue).
Beaurepaire (Nordbécourt).
Brunobois (Guémy).
Brugnobois (Surques).
Cahen (Licques).
Canchy (Licques).
Clinspin (Guémy).
Cocove (Reeque).
Croisille (Ferlinghem).
Esclémy (Sanghem).
Estiembecque (Louche).
Estiembeque (Clerque).
Ferlin (Clerque).
Hiet (Louche).
Inglinghem (Nordbécourt).
La Cressonnière (Surques).

La Haie (Bainghem-le-Comte).
La Pierre (Zouafque).
Le Ploitz (Nord-Ausque).
Lobel (Nordbécourt).
Monnecove (Bayenghem-lez-Eper-
    lecque).
Myente (Zutkerque).
Moyecque (Recque).
Noyelle (Louches).
Rusteghem (Rougecamp, Louches).
Val (Landrethun).
Vroland (Recque).
Waudringhem (Nordbécourt).
Westrehove (Bainghem-le-Comte). .
Windal (Nordbécourt).
Wolphus (Zouafque).

PAYS DE BREDENARDE.

Paroisses.

Alderwik (Audruicq).
Nortkerque.

Polinchove.
Zutkerque.

Seigneuries.

Crophove (sur Nortkerque).
Ekardes (sur Audruicq).
La Montoire (Haute et Basse-Zut-
    kerque).

Nieuerled (Muncq-Nieurlet).
Ostove.
Seltun.

VILLES ET CHATEAUX-FORTS DU COMTÉ.

Ardre.
Audruicq.
Colwide.
Guines.
La Montoire.

Montgardin.
Rorichove.
Sangate.
Tournehem.

CHATEAUX ET DONJONS SEIGNEURIAUX.

Alembon.   Frelhun.
Audenfort.   Hammes.
Audrehem.   Hermelinghem.
Balinghem.   La Cressonnière.
Brugnobois (Surques).   La Haye.
Colembert.   La Motte (Audrehem).
Cresecque (Louches).   Licques.
Difque.   Seltun (Polinchove).
Estiembecque (Louches).   Vroland (Recque).
Fiennes.   Wal-en-Surques.
Fouquesolle.

Nous avons fait observer plus haut que la partie du comté de Guines restée à la France se rattacha à Ardre, qui, à partir du xvᵉ siècle, en devint le chef-lieu et le siége du souverain bailliage. Ce petit gouvernement comprenait 19 villages, dont voici la liste, d'après l'intendant Bignon en 1698, avec les noms de leurs seigneurs respectifs et le chiffre de leur population à cette époque.

	Population.	Noms des seigneurs.
Ardre.	1089 h.	Le Roi.
Alembon.	220	De Roussé (marquis).
Autingues.	105	Du Plessier.
Bercq en Campagne.	96	De Launay le Sec.
Boningues-lez-Ardre.	384	Le marquis de Licques.
Bouquehaut.	362	Le marquis de Chenoise.
Bouvelinghem.	185	De Calonne de Courtebourne.
Brème.	271	Malet.
Landrethun.	167	Du Wicquet, baron d'Ordre.
Licques.	641	Le marquis de
Louches.	500	De Rothelin.
Nielles.	105	De Prémont.
Rodelinghem.	199	Du Wicquet, baron d'ordre.
Frelinghem.	42	De Launay le Sec.
Hermelinghem.	185	Le marquis d'Alembon.
Sanghem.	185	De Launay le Sec.
Zouafque.	222	Thiberge, abbé d'Andre.
Surques.	370	Mouton et de la Marnière.

Au xiⁱᵉ siècle, le comté de Guines avait pour limites : à l'ouest, le comté de Boulogne; au sud, la châtellenie de Saint-Omer; à l'est, le pays de l'Angle; au nord, la terre ou vicomté de Merch. Comme l'histoire de ces deux dernières contrées se mêle assez souvent à celle du comté de Guines, nous avons cru devoir les faire figurer sur la carte, et leur consacrer ici une notice sommaire.

VICOMTÉ DE MERCH.

Dans les chartes, *ministerium* de Merch, *vicomté* de Merch; et dans les comptes de recettes du xive siècle, *baillie* de Merch. Elle comprenait : Petresse (Saint-Pierre), Calais, qui n'a été longtemps que le port de Petresse, Coulogne, Hove (Offekerque), Hereweg (Vieille-Église), Nieukerke (Nouvelle-Église), Saint-Omaerskerke ou Saint-Omer-Église (Saint-Omer-Capelle), la vicomté d'Oye (que les historiens modernes ont souvent confondue avec *Auca, pagus Aucencis*, la ville et le comté d'Eu), et enfin Marck, qui en était le chef-lieu. INVENTAIRE DES CHARTES D'ARTOIS. — AUBERT LEMIRE, *chartes des comtes de Boulogne relatives à l'abbaye de la Capelle.* — *Comptes des recettes et despens de la baillie de Merch, de* 1334 *à* 1345.

Tous ces villages ne formaient entre eux, comme ceux du pays de Bredenarde, qu'une seule commune, administrée par un seul et même collége d'échevins, élus par les habitants eux-mêmes, divisés sous ce rapport en quatre bancs. De là, sans doute, ce nom de *Mercuritium* (Merch-Keure), que Lambert d'Ardre donne tout à la fois, au village et à la terre de Merch, dont les habitants se désignaient eux-mêmes, par rapport aux forains, comme ceux des pays de l'Angle, sous le nom de *Keure-Broeders* ou *Keure-Frères*, c'est-à-dire Frères de Loi, membres du même échevinage, de la même commune. Ce ne fut qu'en 1181 que les Calaisiens obtinrent une *quore* ou *keure* à part, et en 1200 seulement, qu'ils furent entièrement séparés de celle de Merch. *Inventaires des chartes d'Artois, à ces dates.*

La terre de Merch, qui a pour fond l'immense banc de galets ou *pierrettes* qui borde la côte en arrière des dunes, depuis Coquelle jusqu'à la rivière d'Aa et même au delà, doit avoir été, comme le fait observer Henry, la partie des marais du Calaisis la plus anciennement habitée. Il en est fait mention sous le nom latin de *Merkisa*, en 877, dans une charte par laquelle Charles le Chauve attribue à la mense abbatiale de Saint-Bertin, à l'exclusion du chapitre de Saint-Omer, certaines possessions qui y sont énumérées. De ce nombre sont celles du village de Recque, avec les huttes qui s'élèvent dans les *vornes* ou terres d'alluvion et le long de la terre de Merch, ainsi que celles de Loon à côté de Sentenes (aujourd'hui les deux Synthes): *Recca, cum sedilibus in furnis et juxta Merkisa; et Loom ad Sentinas.* En 938, Arnoul le Vieux et la comtesse Athala son épouse donnèrent à la même abbaye l'église de Pétresse (Saint-Pierre) et le fisc de Merch avec toutes ses dépendances; *fiscum* MERKI *cum omnibus adjacentiis*, etc. Cette possession dans la vicomté de Merch (*infrà ministerium de Merk*) lui fut confirmée par Yde, comtesse de Boulogne, la mère de Godefroy de Bouillon.

Selon *l'Art de vérifier les dates* (art. des Comtes de Boulogne) et d'anciennes chroniques, la terre de Merch aurait été cédée par Bauduin le Chauve à Hernequin, comte de Boulogne, son neveu, qui lui en aurait fait hommage vers l'an 880. On remarque que c'est là le premier acte d'inféodation émané des comtes de Flandre. La terre de Merch suivit depuis cette époque, quant à sa mouvance, le sort du comté de Boulogne jusqu'en 1258, où, par la mort et en vertu du testament de Mahaut de Dammartin, elle passa aux mains de Mahaut de Brabant, comtesse d'Artois, veuve de Robert 1er. Elle fut dès lors réunie à ce comté, avec Calais, jusqu'à la prise de cette ville par les Anglais, en 1347. Depuis, elle a pour toujours été distraite de l'Artois et annexée au gouvernement de Calais.

PAYS DE L'ANGLE.

Le petit pays de l'Angle (qu'on a depuis écrit Langle) comprenait les paroisses de Saint-Folquin, Sainte-Marie-Kerque, Saint-Nicolas, Saint-Omer-Capelle. Il paraît tirer son nom de sa situation sur le bord de la *bage*[1] ou delta que formait autrefois l'Aa à son embouchure. *La paroche de le boye*, tel est le nom sous lequel Arnould III, comte de Guines, désignait encore le village de Sainte-Marie-Kerque, en 1270. (DUCHESNE, *Histoire de la maison de Guines*, Preuves, page 292.)

Plus loin, à trois kilomètres environ de Gravelines, on trouve un lieu appelé *les Bagettes*, comprenant les divers angles que forment les sinuosités de l'Aa. Là est un champ connu sous le nom de *Cimetière des Bagettes*, et appartenant à l'église de Saint-Folquin.

Ce n'est que dans le cours du XIIe siècle que nous voyons successivement s'élever, avec l'autorisation de l'abbaye de Saint-Bertin, à qui appartenait le bénéfice de l'église de Bourbourg, celles de Saint-Nicolas et de Sainte-Marie-Kerque, désignées comme étant situées, la première, *juxta Graveningam in Broburg* (1114), et la seconde, *in Broburgensi castelleriâ* (1224). Vers 1248 seulement, le pays de l'Angle fut distrait, nous ne savons en vertu de quel titre, de la châtellenie de Bourbourg. Nous avons la preuve de cette distraction dans l'hommage que fit Arnoul III, comte de Guines, au comte d'Artois, en cette même année 1248, hommage suivi d'une charte par laquelle Robert confirma les coutumes et priviléges de cette nouvelle châtellenie. Les comtes de Guines, en leur qualité de châtelains de Bourbourg, ajoutèrent à ce titre celui de châtelain ou seigneur du pays de l'Angle. Ils construisirent au centre de cette contrée une maison commune, à laquelle ils donnèrent, comme à celle de Bourbourg, le nom flamand de *Geisel-hus*. C'était là que le collége des échevins et des *Keurherrs*, élus par les quatre paroisses (car celle de Saint-Omer-Capelle fut réunie au pays de l'Angle), rendaient la justice tant au criminel qu'au civil.

Le pays de l'Angle, terre presque entièrement conquise sur les eaux, est aujourd'hui l'une des plus fertiles du département du Pas-de-Calais. Il a suivi constamment le sort de l'Artois, et celui de Saint-Omer en particulier.

[1] Suivant Wachter, dans son Glossaire des antiquités germaniques, *bag*, et en d'autres dialectes *byge*, *bug*, signifiait *angulus*, *curvatura littoris*, *sinus*. C'est notre mot *baie*. Ce qu'il y a d'assez singulier, c'est que sur l'ancienne baie de l'Escaut il y avait aussi un village du nom de Sainte-Marie-Kerque et de *Baës*.

COURS D'EAU DU COMTÉ DE GUINES.

Une charte d'Eustache Ier, comte de Boulogne, en faveur de l'abbaye de la Capelle (1100), et une transaction entre les deux abbayes de Saint-Bertin et de Saint-Vulmer de Boulogne, concernant leurs pêcheries respectives (1208), jointes aux indications fournies par Lambert d'Ardre, nous font connaître quels étaient, au xIII^e siècle, les principaux cours d'eau qui sillonnaient le comté de Guines et la terre de Merch.

1° La *Reveria*. Lambert appelle ainsi la rivière d'Hem, continuée par le Tiret, ou Tirlet. De là le nom de *Reveria*, *Riwaria*, ou *Rigaria*, que donne Guillaume d'Andre à toute cette vallée.

2° La *Vonna*, qui limitait à l'est le pays de Bredenarde. On l'appelle aujourd'hui *Robecque*. C'est sur cette rivière qu'on a établi, en 1682, le nouveau canal de Saint-Omer à Calais, depuis le *Cupe*, en amont de l'écluse d'Hennuin, jusqu'à l'endroit appelé le *Fort-Rouge*, où la rivière de Nielle, désignée par Lambert sous le nom de *Fontes Nelei*, avait et a encore son embouchure dans le canal. A partir de là elle se continuait par les canaux du *Fort-Brûlé* et des *Trois-Cornets*, lesquels forment un triangle avec le nouveau canal compris entre le *Port-Rouge* et le pont à quatre branches, ou *Sans Pareil*. La *Vonna* n'était autre que la principale branche de la *Reveria*, dont la seconde branche portait le nom de *Liette* ou rivière de Ruminghem, et allait se jeter dans l'Aa au rut.

3° *Houdleda*, aujourd'hui le *Houlet*. Cette rivière prend naissance au village même de Marck, et va se jeter dans la rivière des *Trois-Cornets*. Elle est désignée dans la charte de 1100, citée plus haut, sous le nom d'*Aqua Funia*. On remarquera la ressemblance qui existe entre ce nom et celui de *Vonna*, dont le canal des Trois-Cornets n'était que la continuation.

4° La rivière d'Ardre, *fluvius Ardensis*. Elle suivait la direction du canal d'Ardre actuel : celui-ci n'a cependant pas été établi sur son lit. Elle allait joindre la Vonna au confluent de cette rivière avec le Houlet.

5° La *Leda* ou *Ghisnenlet*. C'est le canal de Guines. Il donnait son nom à la rivière, à partir de son confluent.

Ainsi la *Reveria*, la *Vonna*, les *fontes Nelei*, le *Houdleda*, le *fluvius Ardensis* et la *Leda* se réunissaient en une seule et même rivière, qui allait se jeter à la mer dans le port de Calais, en traversant cette ville en ligne droite et en passant au pied même de l'église Notre-Dame.

La charte de 1203, citée plus haut, nous fait connaître en outre qu'il existait déjà, à cette époque reculée, trois écluses sur la rivière de Calais. Elles étaient destinées, y est-il dit, à retenir les eaux lorsque la sûreté du pays l'exigeait, ce qui arriva assez souvent au commencement du xIII^e siècle : *eo quod frequenter in terrâ illâ decursus aquarum pro variis eventibus et necessi-*

tatibus patriæ obstruantur. Il résulte des indications fournies par cette charte que l'une de ces écluses, appelée *Rambrechtesgate*, était située entre Coulogne et l'embouchure de la rivière ; la seconde, au sud, et la troisième à l'est de ce village. C'était probablement au Pont-de-Briques et à l'Écluse-Carrée.

Deux autres cours d'eau secondaires se rattachaient à la principale rivière ou la traversaient. C'étaient la *Poldre* et l'*Aqua Petressa*.

La *Poldre* ou *Polder* n'est pas mentionnée dans les chartes ; mais elle est indiquée sur les cartes du xvie siècle. Elle formait la branche inférieure de la *Reveria*. Elle traversait les marais de Polinchove et d'Audruicq, et allait joindre la *Vonna* au fort Rebut. Ce cours d'eau doit être attribué, suivant toutes les apparences, à Bauduin II, comte de Guines, lorsque, comme le rapporte Lambert (chap. lxxviii), il fit dessécher, vers la fin du xiie siècle, les marais de Bredenarde et d'Audruicq. Cette conjecture est d'autant plus vraisemblable que ce cours d'eau est, à part la rivière de *Stewart*, le seul canal de desséchement qui traverse les marais d'Audruicq, et que ce nom de *Poldre* est encore usité en Flandre et en Hollande pour désigner une terre conquise sur les eaux au moyen d'un canal muni de digues. La Poldre sert encore de desséchement, non-seulement aux marais d'Audruicq, mais encore à ceux de Polinchove et de Muncq – Nieurlet, dont les eaux traversent le *Meulstroom* au moyen d'un aqueduc. Cette dernière rivière, qui fait suite à la branche inférieure de la rivière d'Hem, à partir de Polinchove, n'a été creusée qu'en 1674.

L'*Aqua Petressa* est indiquée dans la charte de 1100 comme prenant naissance au pont de Marck et allant joindre la mer, après avoir traversé la rivière de Calais. Elle a été remplacée depuis par le Watergand de Marck ou *grand duc*, qui, au delà du canal, portait encore, il n'y a pas longtemps, le nom de canal ou rivière *des Pierrettes*.

Les marais de Guines, de Hames, de Saint-Tricat, et de Frethun, étaient aussi traversés par un canal de desséchement, que Guillaume d'Andre et Lambert désignent sous le nom de *Nieuenna*. Dans les anciennes coutumes, il porte celui de *Nieunam*, près de Nieulay, qu'il conserve encore. Le pont de Nieunam, sur les cartes anglaises, *Nieunambridge*, est mentionné dans les diverses coutumes du comté de Guines, à cause du droit de *travers* qu'on y payait. Ce pont était construit à l'extrémité d'un grand vivier qui portait au ixe siècle le nom de *Wadnam*. C'était, suivant toutes les apparences, un arrière-port de Petresse. Ce port ayant été approfondi par les Calaisiens, à la fin du xiie siècle, est désigné dans les chartes sous le nom latin de *novus portus*, et dans les documents anglais sous celui de *Nieuport*. Les successeurs d'Édouard III y construisirent une citadelle, connue encore aujourd'hui comme la rivière, sous le nom de *fort Nieulay*.

La rivière de Calais paraît avoir été navigable dès les temps les plus reculés. Il résulte, en effet, d'un passage du Livre des coustumes qu'un *vaissel de quatre tonneaux* pouvait passer partout, de Calais, de Guines et d'Ardre, pour aller à Saint-Omer, et même en Flandre jusqu'à Gand et jusqu'à Tournai ; ce qui suppose que cette rivière communiquait avec l'Aa par la Vonna et la rivière de Ruminghem, et de là à l'Escaut par la Colme, l'Yser, les canaux de Bruges et de Gand, et la Lys.

Mais pendant l'occupation anglaise, les Français, restés en possession de l'Ardrésis, étant maîtres de la navigation intermédiaire entre la rivière de Calais et celle de l'Aa, les Anglais ouvrirent une nouvelle voie de communication avec cette dernière rivière, en creusant le canal de Calais à Marck, et la rivière d'Oye de Marck à Gravelines. La création du canal actuel de Saint-Omer à Calais, en 1682, rétablit l'ancienne voie navigable en l'élargissant et en y apportant d'utiles modifications.

CARTES GÉOGRAPHIQUES.

Nous joignons ici deux cartes géographiques.

La première présente le comté de Guines, tel qu'il était au XIIIe siècle.

La seconde présente ce même comté et celui de Boulogne, les bailliage et châtellenie de Saint-Omer, la vicomté de Merch, le pays de Langle, la terre de Ruminghem, la châtellenie de Bourbourg, la prévôté de Montreuil, et leurs alentours; divisions qui ont à peu près subsisté jusqu'à la Révolution.

Le tout fait aujourd'hui partie du département du Pas-de-Calais, sauf la châtellenie de Bourbourg, qui est du département du Nord.

Correction à l'index géographique.

Hauthinghem, ou Hottinghem, page 71, a été placé à tort sous la rubrique d'Altinghes. C'est un lieu distinct, aujourd'hui le hameau de Clereshond, à 2 kil. N.-E. de Guines. C.

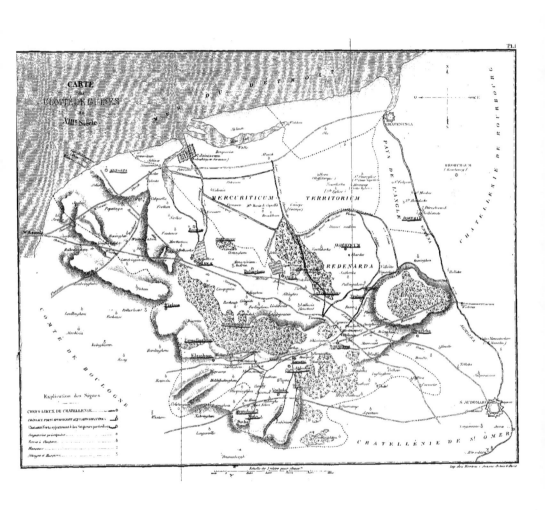

CARTE
du
COMTÉ DE GUINES
au
XIII.e Siècle

Explication des Signes

CHEFS LIEUX DE CHATELLENIE

CHATEAUX FORTS DÉPENDANT AUX CHATEAUX DE CENS

Chateaux Forts appartenant à des Seigneurs particuliers

Seigneuries qui comprennent

Terres à Clochers

Hameaux

Abbayes et Hospices

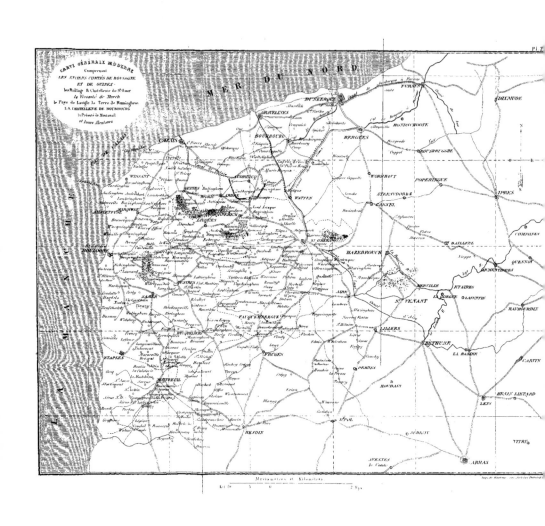

CARTE GÉNÉRALE MODERNE
Comprenant
LES ANCIENS COMTÉS DE BOULOGNE
ET DE GUINES
les Bailliage & Chatellenie de St Omer
la Vicomté de Merck
le Pays de Langle la Terre de Bredenarde
LA CHATELLENIE DE BOURBOURG
le Prévôté de Montreuil
et leurs Alentours

MER DU NORD

DUNKERQUE   FURNES   DIXMUDE

GRAVELINES

BOURBOURG   BERGUES   HONDSCHOOTE

PAS DE CALAIS   CALAIS   COURTBRUGGHE

ARDRES   WORMHOUT   POPERINGUE   YPRES

GUINES   WATTEN   STEENVORDE

MARQUISE   LICQUES   CASSEL

St OMER   BAILLEUL   COMINES

BOULOGNE   HAZEBROUCK   QUESNOY
                                                  ARMENTIÈRES

MERVILLE   ETAIRES
                    LA GORGUE   LAVENTIE

FAUQUEMBERGUE   St VENANT   HAUBOURDIN

AIRE

LILLERS   BÉTHUNE   CARVIN

HUCQUELIERS   FRUGES   PERNES   LA BASSÉE

HOUDAIN
ÉTAPLES   LENS   HENIN LIETARD

MONTREUIL

HESDIN   St POL   AUCHY   YTRES
                    AVESNES   ARRAS
                    le Comte

Myriamètres et Kilomètres

Imp. de Monrocq rue Suger 155 Paris 1855

INDEX ALPHABÉTIQUE.

———◦❀◦———

Le chiffre renvoie à la page, et quand les deux textes sont en regard, au texte latin.

A

C

Foulques DE GUINES, fils du comte Bauduin I, comte de Baruth en Palestine, 63.

Foulques DE MERCK, 317.

Frameric, évêque de Terouenne, oncle d'Adèle de Selnesse, 219, 440. Reçoit l'hommage de ses domaines, 221. La marie à Herred de Furnes, 223. Le fait pair et baron de la cour de Terouenne, 225. Le réconcilie avec le comte de Guines, 227. Remarie Adèle, 235.

Francon, sire de Varnezele et Herzele, gendre d'Arnoul II, d'Ardre, 315.

Frumold, témoin à l'acte épiscopal approuvant la fondation de la collégiale d'Ardre, 259.

Frumold DE BALINGHEM, 85.

G

Galand, témoin à l'acte épiscopal approuvant la fondation de la collégiale d'Ardre, 269.

GANAPENSES. Leurs maisons brûlées par Regemar, comte de Boulogne, 55.

Gautier D'ARDRE, fils du chanoine Raoul, 239.

Gautier DE BOURBOURG, fils du châtelain Henri I, mort jeune, 281, 283.

Gautier DE BOURBOURG, septième fils du châtelain Henri I, 281, 363. Devient châtelain, 283. Epouse Matilde de Béthune, 283.

Gautier DE CLUSE, bâtard de Bauduin, sire d'Ardre, 319, 439. Ses narrations au château d'Ardre, 217. Raconte l'histoire des sires d'Ardre, 219, 259. Se rend auprès du faux Bauduin d'Ardre, 349.

Gautier DE CHATILLON, gendre d'Hugue, comte de Saint-Pol, 207, 439.

Gautier DE HONDSCHOTE, l'un des chefs des Blavotins, 383.

Gautier DE POLLAER, mari de Gisele de Aa, 113, 427. Beau-père d'Eustache de Hames, 375.

Gautier DE SAINT-OMER, prince de Tibériade, 109.

Gautier, curé d'Ardre, 261. Premier chanoine de la collégiale d'Ardre, 265. Signe l'acte épiscopal pour cette collégiale, 269.

Gautier, dit *le Silencieux,* bailli d'Ardre et auteur d'un roman du Silence, 173.

Gehard, témoin à l'acte épiscopal pour la fondation de la collégiale d'Ardre, 269.

Généalogie des sires de Balinghem, 85. Des châtelains de Bourbourg, 279. Des sires de Merck, 315, 317.

Geofroi, sire de Semur, mari d'Adelis, fille de Bauduin I, comte de Guines, 65, 418. Leurs enfants, 65.

Geofroi, sire de Semur, fils du précédent, 65. Prétend au comté de Guines, XXXIII, 145. Se désiste, 147.

Gerard DE BAILLEUL, fils de Bauduin et d'Euphémie de Saint-Omer, 109.

Gerard, comte de Gueldre, l'un des maris d'Ide, comtesse de Boulogne, 205, 438.

Gérard, chanoine de Cambrai, 361.

Gerard, évêque de Terouenne, concourt à la fondation de l'abbaye d'Andre, 73. Déposé par le pape Urbain II, 73, 421.

Gerard, prévôt de Saint-Omer, 109.

Gerard Godnach, témoin à l'acte épiscopal approuvant la fondation de la collégiale d'Ardre, 269.

Gerold, doyen de Terouenne. Témoin au même acte, 269.

Gertrude D'ALOST, mariée à Arnoul II d'Ardre, xxxii, 287. Fêtes pour son arrivée à Ardre, 287, 289. Ses enfants, 289. Sa dureté, 303, 305. Sa mort, 317.

Gilbert DE BLEQUIN, fils d'Eustache de Fiennes dit *le Vieil*, 95.

Gilbert DE BOURBOURG, fils du châtelain Henri 1, 281. Perd la vue dans un tournoi, 283.

Gilles DE GUINES, fils du comte Bauduin II, 171. Seigneur de Louches, 433.

Gilles DE HAZEBROECK, protégé par le comte Bauduin II, 177.

Gisele DE Aa, fille d'Arnoul I, comte de Guines, mariée à Gauthier de Pollaer, 113.

Gisele DE GUINES, fille du comte Bauduin I, 65. Mariée à Winemar, châtelain de Gand, 65, 103. Mère d'Arnoul de Gand, 65, 103. Assure à son fils le droit au comté de Guines, 145, 147. A Gisele remontent toute la maison de Gand et la branche royale de Bourbon, xxviii.

Gisele DE MONTREUIL, fille de Guillaume, châtelain de Saint-Omer, 109.

Gislebert, premier abbé d'Andre, 73, 420.

Godefroi DE BOUILLON, roi de Jérusalem, 77.

Godefroi DE BOULOGNE, évêque de Paris, 65.

Godefroi, duc de Lorraine, père d'Ide, 77.

Godefroi, médecin du comte Bauduin II, 183, 187. Traducteur de l'*Art de la médecine*, 173.

Godescale, abbé de Saint-Bertin, assiste aux funérailles de la femme du comte Bauduin II, 185.

Gonfroi D'ARDRE, sire de Marquise par échange avec son frère Arnoul II d'Ardre, 277, 249. Sert Guillaume le conquérant en Angleterre, xxxii, 253, 255. En reçoit des terres, 253, 444.

Gonfroi DE BELLE, fils d'Adelis de Merck, 315.

Gonfroi DE MARQUISE, beau-père d'Arnoul I d'Ardre, 249.

Gormond, chef normand, 27, 217, 413, 440.

Gosson DE NORHOUT, tué dans une rencontre devant le château d'Au-merval, 133.

Grégoire DE BALINGHEM, moine d'Andre, 85, 423.

Grimoland, chantre de l'église de Térouenne, témoin à l'acte épisco-pal pour la collégiale d'Ardre, 269.

Guffroi, prieur de Hennin, 349.

Guffroi DE GUINES, bâtard du comte Bauduin II, et chanoine, 197.

Guffroi, abbé d'Andre, souscrit les lettres pour la remise de la collé-giale d'Ardre aux moines de la Capelle, 335.

Guffroi Baron, fils de Henri de Guines, 317.

Guillaume, fils de Lambert d'Ardre, 367.

Guillaume D'ARDRE, bâtard d'Arnoul II d'Ardre et d'une Anglaise, 253.

Guillaume, abbé de Beaulieu, 97.

Guillaume DE BELLÉ, fils d'Adelis de Merck, 315.

Guillaume, avoué de Béthune, 363, 456.

Guillaume DE BOCHORDES, 87.

Guillaume II, comte de Boulogne, 97, 425.

Guillaume DE COLVIDE, assiste le comte de Guines Bauduin II, dans sa maladie, 187. Marie sa fille Agnès à Vilain Bothet, 239. Chasse les gens de Merck du territoire de Guines, 389.

Guillaume le Conquérant, donne des terres en Angleterre à Arnoul II d'Ardre, 253.

Guillaume DE ERLEHEM, mari d'Élisabeth de Merck, 317.

Guillaume Faramus DE TINGRY, frère d'Agnès mariée à Ingelram de Fiennes, 95.

Guillaume DE FIENNES, fils d'Ingelram et d'Agnès de Tingry, 95, 424.

Guillaume DE GUINES, fils du comte Eustache, 61. A un fils bâtard nommé Bauduin, 319.

Guillaume DE GUINES, fils du comte Arnoul I, marié à Flandrine, nièce du comte de Saint-Pol, 111. Son frère lui donne Bochout, 225.

Guillaume DE Guines, fils du comte Bauduin II, 159.

Guillaume DE LÉDA, troisième prieur d'Ardre, 357.

Guillaume DE MERCK, fils de Simon, et neveu d'Arnoul IV d'Ardre, 317.

Guillaume Moran DE HONDSCHOTE, 113, fermier de la cure d'Honschote, 357.

Guillaume DE PODONIA, assiste le comte Bauduin II dans sa maladie, 187.

Guillaume, comte de Ponthieu, 41. Tradition à son sujet, 41, 43, 45, 415.

Guillaume Pragot DE NIELLE, tue Marc Du Bois, 359.

Guillaume, archevêque de Reims, 437. Se rend au tombeau de Saint-Thomas de Cantorbéry, xxxiv, 189, 437. Reçoit à Ardre l'hospitalité du comte de Guines Bauduin II, 189, 191. Intervient pour la délivrance d'Arnoul, fils de Bauduin II, 213. L'excommunie, 365. Approuve le mariage d'Arnoul avec l'héritière de Bourbourg, 365.

Guillaume, châtelain de Saint-Omer, fait amitié avec Arnoul de Gand, 107. Mari de Millesende de Picquigny, 109. Leurs enfants, 109. Leur fille Matilde épouse Arnoul de Gand, 109, 111. Guillaume conseille Arnoul pour se saisir du comté de Guines, 121.

Guillaume II, châtelain de Saint-Omer, 109, 426.

Guillaume V, châtelain de Saint-Omer, 457. Défend Saint-Omer pour le roi de France, 371.

Guillaume DE THIEMBRONNE, épouse Matilde, fille de Bauduin II, comte de Guines, 171.

Guillemot, *l'Anglais,* suivant d'Arnoul II de Guines, 211.

GUINES, comté. Prétendu par les moines de Saint-Bertin, 21. Réuni à la Flandre, 21, 29. Occupé par Sifrid le Danois, 7, 31. Dévasté par Henri de Bourbourg, 137. Sa topographie, 505. Son rang dans l'ordre des mouvances de Flandre, vi. Son sort après 1203, vi.

L

Lambert, curé d'Ardre, VII, 321. Colère du comte Bauduin II contre lui, 365, 367. Bénit le lit nuptial d'Arnoul II de Guines, 367. Baptise ses enfants, 373. Sa chronique, I. Appréciation, III. VII. Avait été marié, VII.

Lambert, évêque de Terouenne, 365, 456. Autorise l'excommunication des envahisseurs du marais d'Andre, 377.

LANGLE (pays de), 513.

Landry DE WABEN, traducteur du Cantique des cantiques , 173.

Laurette DE HAMES, belle-mère d'Eustache de Balinghem, 85.

LEODEBERNA. Arnoul IV d'Ardre y fonde un hôpital, 153, 155. Destiné aux lépreuses, 155.

Léon, abbé de Saint-Bertin, 335.

SAINT-LÉONARD de Guines, abbaye, 113. Sa fondation, 117, 119, 427. Ses abbesses, 119.

Libert, bâtard d'Arnoul I d'Ardre, 239.

LICQUES, abbaye. Sa fondation, XXXIII, 93. L'évêque Milon y appelle des Prémontrés, 93. Reçoit des reliques des onze mille vierges, 163.

Lideric D'HARLEBECK, premier comte de Flandre, 19, 29, 411.

Lodewic, habile charpentier, 297.

Louis VII, roi de France, part pour la croisade, 343, 429.

Luce III, pape, 361, 455. Délègue pour juger le différend entre l'abbé de la Capelle et le comte de Guines, 361.

Ludewig, éditeur de Lambert d'Ardre, II.

Lutgarde DE BOURBOURG, fille de Henri I, châtelain de Bourbourg, 281. Mariée à Arnoul de Cuerthedra, 285.

Lutgarde DE GRIMBERGUE, femme de Bauduin d'Alost, dit le Louche, 279.

Lutgarde DE GUINES, fille du comte Arnoul I, abbesse de Saint-Léonard de Guines, 113, 119.

Lutgarde DE SAINT-OMER, religieuse à Estrun, 109.

M

Mabile DE BOURBOURG, fille du châtelain Henri I, 281, 283. Mariée à Bauduin de Bailleul, 283.

Mabile DE GUINES, fille du comte Bauduin II, mariée à Jean de Cisoing, 159.

Mabile la Rousse, bâtarde d'Arnoul III d'Ardre, mariée à Jean d'Oudeland, 321.

Manasses D'ARDRE, fils d'Arnoul II d'Ardre, 289. Meurt dans la Terre-Sainte, 317.

P

Payen DE MERCK, fils d'Elembert, 315. Devient vicomte de Merck, et meurt sans enfants, 317.

Payen DE NORHOUT, mari de Windesmode de Merck, 317. Souscrit les lettres pour la remise de la collégiale d'Ardre aux moines de la Capelle, 335. Baptisé à dix ans par l'ermite Abraham, 241.

Petronille DE BUCHENIUM, épouse Arnoul III, d'Ardre, 319, 452. Ses ébats de natation, 321. Devient veuve, et est reconduite à Buchenium, 329.

Petronille DE CISOING, mère de Jean, marié à Mabile de Guines, 159.

Pharon (Saint), frère du comte Walbert, et évêque de Meaux, 27, 31, 413.

Phara (Sainte), leur sœur, 27, 31, 413.

Philippe, archidiacre de Terouenne, 335.

Philippe I, roi de France, 73, 265, 420, 450.

Philippe II, roi de France; se croise, 211. Le comte de Flandre, Bauduin IX, lui fait la guerre, 371. Campagne de Philippe en Normandie, contre Jean, roi d'Angleterre, 385, 462.

Philippe D'ALSACE, comte de Flandre; se rend à la Terre-Sainte, 95. Protége Gilles de Hasebroek, 177. Reçoit à sa cour le jeune Arnoul II, de Guines. 199. Veut l'armer chevalier, 199. Indique Arnoul de Caïeu pour le guider, 203. Conseille le mariage de sa nièce, Ide de Boulogne, avec le duc de Zeringhen, 205. Est défavorable à ce qu'elle se remarie à Renaud de Dammartin, 207, 435. Préfère Arnoul II, de Guines, 209. Approuve la remise de la collégiale d'Ardre aux moines de la Capelle, 335, 337.

Philippe D'ARDRE, bâtard d'Arnoul II, d'Ardre, 255. Fait des courses sur le territoire d'Ardre, 255.

Philippe DU BOIS, clerc, 361.

Philippe DE MONTGARDIN, conseiller d'Arnoul II, de Guines, 203, 205. Ses récits au château d'Ardre, 217.

Pierre, abbé d'Andre, 75, 422, 436. Auteur d'un livre sur sainte Rotrude, 75. Assiste aux obsèques de Chrétienne d'Ardre, épouse du comte Bauduin II, 185. Construit un pont sur la Hem, 494.

Pierre, abbé de Charroux, 71, 420. Envoie une colonie de ses moines à Andre, 73.

Pindare, poëte, 11, 410.

Priscien, grammairien, 11, 410.

Prosper, chroniqueur, 11, 411.

R

Rabodon DE RUMES, mari de Marguerite de Guines, fille du comte Bauduin II, 141.

S

T

FIN.

TABLE DES MATIÈRES.

———o&o———

ERRATA.

PAG.	LIGN.	AU LIEU DE	LISEZ :
II	12	lieux	lieu
III	1	lieux	lieu
X	8	abdiction	abdication
XI	10	estimé	estime
13	29	*Art.*	*Arte*
15	7	prœmium	præmium
24	20	*Luxvovium*	*Luxovium*
39	47	tiltre	title
40	27	suiant	ensuiant
	31	exaulté	exaulcé
47	9	referet	refert
43	21	se faire	ce faire
58	13	marquise	Marquise
77	17	pretiotissimos	pretiosissimos
80	13	chimetierre	chimentierre
84	4	d'exelente	d'excelente
86	2	*armez*	*armeez*
87	19	similem, et	similem et
92	20	*Presmóntré*	*Prémonstré*
	28	couvent	convent
93	14	dispensavit, ha-bendas	dispensavit habendas
96	14	*Sontinguevelt*	*Santinguevelt*
105	9	appropriare	appropiare
	33	quiequam	quicquam
115	1	gravquie	gravique
125	33	Fulberti	Fubberti
127	14	ferrâ	terrâ
145	10	eompositis	compositis
153	7	Christianum	Christianam
157	7	et unum	ut unum
174	16	paragon	parangon
222	25	Boucours	Boucourt
239	6	*Ardensis, do-minus*	*Ardensis dominus*
240	21	Dickouch	Dickbuch
253	4	*filiis*	*filius*
260	4	Antinghes	Autinghes
266	2	*appendeances*	*appendances*
276	5	controviennent	contreviennent
278	8	issues	issus
283	24	castellanus, Bro-burgensis	castellanus Broburgensis
300	28	coueillera	coeuillera
311	11	vuò	quò
316	5	conte	viconte
318	2	aianl	aiant à

PAG.	LIGN.	AU LIEU DE	LISEZ :
324	8	en but	enbut
329	26	Mariæ Capellâ	Mariæ de Capellâ
336	24	ensemble	en semblable
337	21	Milone, primo	Milone primo
339	4	*abbat*	*abbati*
354	22	remit	ravit
	23	Doterel	Boterel
363	30	insidiosam	invidiosam
370	24	touniaulx	tonniaulx
372	20	confiance	confiant
380	14	qui jamaiz	que jamaiz
410	11	Arnoul	Bauduin
411	8	318	378
418	5	Sibilllam	Sibillam
424	11	contulit	concessit
430	5	*Periihonus*	*Perithonus*
440	28	CXLXI	CXLVI
446	28	ans	an
442	10	Wido minor	Wido junior
	15	Arnoul	Raoul
450	11	Cal. Decembris xiv	Cal. Decembris
452	4	CH. CXXXIV	CH. CLIV
457	2	*Eclesiæ*	*Ecclesiæ*
	23	*Boulisienne*	*Boulenisienne*
461	28	fractions	factions
402	3	mention dans le	mention. Voici le
475	17	note 225	note 255
476	34	note 225	note 255
480	24	note 225	note 255
	35	note 225	note 255
487	14	*lenemens*	*tenemens*
497	24	canto	canton
500	2	uu	au
502	31	du Lumbres	de Lumbres
508	39	Boueres	Boucres
509	37	Gueny	Guemy
510	1	Reéques.	Recques
510	4	Wslles	Welles
520	11	Sifroi	Sifrid
	34	xvxiv	xxxiv
522	10	Sifroi	Sifrid
525	11	Sifroi	Sifrid
531	14	ALHEDEN	ALDEHEM

Imprimé en France
FROC021625090120
23143FR00012B/71/P

9 782012 530270